Historia de Medellín

TOMO II

EDITOR
JORGE ORLANDO MELO

COMPAÑÍA
SURAMERICANA
DE SEGUROS

Primera edición, 1996
© Compañía Suramericana de Seguros

DIRECTOR GENERAL
Jorge Orlando Melo

COORDINADORA GENERAL
Beatriz Barrera de Velasco

ASESORA GENERAL
Marta Elena Bravo de Hermelin

ASESORA HISTÓRICA
Catalina Reyes

ASISTENTE HISTÓRICO
Fernando Molina

INVESTIGACIÓN GRÁFICA
Patricia Londoño

CUBIERTA
Alberto Sierra

COORDINACIÓN EDITORIAL
Y DIAGRAMACIÓN
Folio Ltda

CORRECCIÓN
Óscar Torres

COMPOSICIÓN
Contextos Gráficos

FOTOMECÁNICA
Elograf

IMPRESIÓN
Formas e Impresos Panamericana

BOGOTÁ, COLOMBIA 1996

Historia
de Medellín

COMPAÑÍA
SURAMERICANA
DE SEGUROS

Contenido

SECCIÓN PRIMERA

LA
TRANSICIÓN
A LA CIUDAD
MODERNA
1880-1930

MARÍA CLAUDIA SAAVEDRA

ANN FARNSWORTH ALVEAR

MAURICIO ARCHILA

PATRICIA CASTRO

PATRICIA LONDOÑO

CATALINA REYES

JORGE ALBERTO NARANJO

María Claudia Saavedra

Tradición laboral y capacitación, 1900-1940

A MEDIDA que en Antioquia se desarrollaron actividades productivas con clara proyección al mercado y que los centros urbanos se tornaron más dinámicos, el mercado laboral adquirió tendencias menos ligadas a la vida rural. En los comienzos del siglo xx, en el contexto del proceso de industrialización, la urbanización y el mercado urbano tomaron nueva fuerza en comparación con lo que era la vida regional en el transcurso del siglo xix; el mercado laboral adquiere otras dimensiones y se hace necesario vincular, más sistemáticamente que antes, fuerza de trabajo marginal. La ampliación de la actividad económica y comercial, los servicios públicos, el crecimiento urbanístico y la administración del Estado significaron la aparición de nuevos empleos.

Medellín y su entorno más próximo en el Valle de Aburrá se van convirtiendo en un importante polo de atracción; entre otras razones, la concentración de la propiedad territorial y el agotamiento de las alternativas de vida en vastas zonas campesinas habían contribuido a estimular la actividad colonizadora y la migración a la ciudad. Pero no puede olvidarse la atracción que ofrecían –principalmente para las gentes de la subregión del oriente antioqueño– la frontera de colonización en el sur e igualmente otros espacios urbanos en las distintas subregiones: pueblos, cabeceras municipales y ciudades de una relativa importancia en relación con la capital, que también tenían su atractivo. No en todos los casos se emigraba directamente a Medellín; estos lugares pudieron operar como escalones interme-dios en el tránsito del campo a la ciudad[1].

Según datos del censo de 1905, Medellín ya concentraba el 16.8% de la población antioqueña y era el municipio más densamente poblado en el Valle de Aburrá; su crecimiento poblacional continuó siendo importante según los censos de 1912,

1918, 1928 y 1938. Bien pronto a Medellín –y por Medellín muchas veces se reconoce a todo el Valle del Aburrá– se la identificó como la ciudad industrial del departamento y del país; para 1920 se relacionaban, en el periódico *El Sol,* los siguientes establecimientos: 6 fábricas de tejidos, 5 de cigarros y cigarrillos, 3 de fósforos, 25 tejares, 11 trilladoras de café, 8 fábricas de velas y jabones, 2 de cervezas y 6 de chocolates, a más de los existentes en Envigado, Bello, Itagüí y La Estrella, entre los que se contaban varias empresas de tejidos e hilados, calzado, sombreros, trapiches de caña, curtimbres y tejares, cervecerías, talleres de metalmecánica y algunas producciones artesanales.

La capital produce cierto encanto por la creciente actividad comercial, industrial y política. Tantas posibilidades de empleo remunerado no se encontraban en ningún otro lugar de la región, como tampoco los mayores recursos de educación, salud y servicios generales que se concentraban en Medellín; sin embargo, la urbanización no significaba necesariamente mejores condiciones de vida que las que se tenían en el campo o en otras poblaciones. Innumerables elementos trataban de evocar la vida campesina, permitían afirmar la estirpe montañera de la gente antioqueña asentada en Medellín y recrear todo aquello que pudiera fortalecer la identidad paisa; por ejemplo, la construcción de las viviendas era impensable sin un área destinada al solar, donde se cultivaban productos de huerta para el consumo familiar.

En los inicios del proceso de industrialización regional fue posible aprovechar un mercado de trabajo ya existente; se pudo contar con un contingente de trabajadores acostumbrados a formas salariales, a una disciplina y dispuestos al trabajo; una población ya urbanizada y con tradición laboral, experiencia y conocimientos acumulados en distintos campos. La actividad económica y los procesos sociales en la Antioquia del siglo XIX aportaron en tales sentidos; se contaba con una tradición de fuerte arraigo que asociaba culturalmente a Antioquia con trabajo, esfuerzo y dedicación, lo que ayudó a responder inicialmente a las necesidades que planteaba la naciente industria en materia de capacitación.

La complejidad tecnológica no fue característica general del proceso regional. A la mayoría de los trabajos era posible vincularse sin grandes exigencias de conocimientos técnicos; y cuando se trató de procesos más complejos de tipo industrial, que requerían alguna capacitación, fue posible aprovechar la experiencia acumulada, la enseñanza y el entrenamiento en la misma actividad laboral, o el aprendizaje formal.

La minería –en especial la del oro– influyó significativamente en la tradición y en la capacitación laboral, no sólo en lo tocante con las técnicas de explotación sino también con los métodos de tratamiento de metales, el manejo y reparación de maquinaria y la conducción y utilización de las aguas como fuente de energía. La agricultura, en particular la producción y beneficio del café y de la caña de azúcar, incidió en el entrenamiento y en la capacitación de mano de obra: directamente, en los procesos mismos de trabajo; e indirectamente, a través del desarrollo de la metalmecánica con el establecimiento de fraguas y talleres de fundición donde se fabricaban y reparaban máquinas, herramientas e instrumentos para el laboreo de las minas, y el cultivo y beneficio del café y de la caña; esto es, molinos de pisones, molinos californianos, bombas hidráulicas, trapiches, ruedas Pelton, despulpadoras de café, y variedad de herramientas y artículos domésticos.

La Fundición La Estrella, propiedad de Jesús María Estrada y su hijo Ernesto, contaba en 1915 con 20 trabajadores, entre los cuales había algunos vinculados como aprendices. Su propietario, que trabajaba en la misma fundición, ilustra el aprovechamiento de los conocimientos y la experiencia adquiridos en otras actividades. En una entrevista publicada en el periódico *El Sol* del 4 de marzo de 1916, al preguntársele si su oficio había sido siempre el de fundidor, respondió: «No señor. Yo primero fui herrero en las minas de Remedios; luego monté una refundición muy en pequeño en Caldas; después fui trapichero aquí mismo: vea esta rueda que mueve hoy la maquinaria, es la misma del trapiche; después compré esta refundición y he ido ensanchándola poco a poco». El taller de cerrajería y fundición de los señores Velilla y Escobar, ubicado en la fracción de Robledo y comúnmente conocido como los Talleres de Robledo, constituyó otro caso de interés. Éste y otros talleres similares habían atendido la reparación y reconstrucción de maquinaria importada, averiada por las precarias condiciones de transporte; tales servicios se habían prestado a empresas como la Chocolatería Chaves y la Compañía de Instalaciones Eléctricas, pero sin lugar a dudas el caso más conocido –ampliamente referido por Enrique Echavarría en la *Historia de los textiles en Antioquia*– fue el de la maquinaria traída desde Inglaterra por la Compañía Antioqueña de Tejidos, en 1905, la cual fue reconstruida por los trabajadores de la Fundición y Talleres de Robledo, dirigidos por el mecánico Pedro Velilla.

Igualmente, con el desarrollo de la metalmecánica tuvieron que ver las obras públicas; vías, puentes y caminos y el Ferrocarril de Antioquia, que se había iniciado en 1874, generaron una demanda importante de la producción de los talleres y de los trabajadores allí entrenados, pero también significaron nuevas necesidades en materia de capacitación. En 1901, el ambiente político, luego de finalizada la guerra de los Mil Días, había permitido reactivar la construcción de la línea férrea; dos años después, el secretario de Hacienda Departamental anunciaba, en su informe anual, la puesta en marcha de una escuela para «(...) la formación de buenos mecánicos y maquinistas que sirvan a la Empresa y al desarrollo industrial de Antioquia, ante los deficientes servicios prestados por el taller en la Estación de Puerto Berrío y la necesidad de contar con obreros hábiles en el mantenimiento y la reparación de la maquinaria propiedad de la Empresa del Ferrocarril».

En la producción de alimentos elaborados parece no haber sido importante la experiencia acumulada a lo largo del siglo XIX, en cuanto a la capacitación de fuerza de trabajo se refiere. Aparte de las labores hogareñas que permitieron el entrenamiento de las mujeres en la elaboración de alimentos, en algunos renglones como la producción de sal, panela y harinas, se requerían condiciones de capacitación tan simples que fácilmente se alcanzaban en la práctica cotidiana del trabajo.

En el renglón de cervezas y bebidas gaseosas, los pequeños establecimientos que operaron en el siglo pasado en distintas poblaciones de Antioquia producían con parámetros técnicos muy rudimentarios. La asesoría de algunos técnicos extranjeros favoreció alguna difusión técnica, pero su influencia en materia de capacitación fue bastante limitada por el poco empleo que generaban las cervecerías a comienzos de la presente centuria.

La producción fabril de chocolate, de algunos

Salón de dactilografía en la Escuela Remington en 1932
(Fotografía, Francisco Mejía, Centro de Memoria Visual FAES)

pocos y pequeños establecimientos a finales del siglo XIX, tuvo que enfrentar en sus inicios la arraigada costumbre de la preparación casera del cacao; pero esto le permitió aprovechar la habilidad que habían alcanzado las mujeres en el hogar, aunque poco pudo derivarse en cuanto a capacitación específica para la producción fabril. En 1931 este renglón había alcanzado un importante grado de tecnificación. En la planta de la Compañía Colombiana de Chocolates, por ejemplo, sólo trabajaban seis obreros dedicados a vigilar el funcionamiento de la maquinaria que generaba una producción de 10 000 libras por día, y dos técnicos extranjeros –uno inglés y otro suizo– encargados del montaje de la maquinaria y de la capacitación de dos antioqueños para el mantenimiento de ésta según se relaciona en *Antioquia Industrial* (Nº 6, Medellín, marzo de 1932), revista de la Asociación de Industriales de Medellín. Para entonces, la Compañía Nacional de Chocolates había adquirido maquinaria más moderna importada de Europa.

En la economía antioqueña del siglo XIX no había tenido tradición la producción textilera. Con métodos rudimentarios se elaboraban artículos de algodón, lana, cabuya y seda en pequeña escala. Aparte de la experiencia social acumulada

en materia de tratamiento y tejido del fique, que se adelantaba artesanalmente en las subregiones del oriente y el suroeste antioqueños, fue muy limitado el aporte en cuanto a capacitación. Algunas demandas que en tal sentido planteó la industria textil ubicada en Medellín y el valle de Aburrá a comienzos del siglo XX, fueron atendidas básicamente por medio del aprendizaje en la práctica del trabajo, y la dirección de técnicos extranjeros o de maestras supervisoras que estaban a cargo de aprendices.

Hasta la segunda década del siglo XX las distintas actividades productivas que se desarrollaron en la región –con excepción quizá de la metalmecánica– aportaron más a la adaptación a la disciplina del trabajo que en cuanto a capacitación técnica propiamente dicha. Los mismos niveles de tecnificación que evidenciaba la economía regional y particularmente las actividades que se adelantaban en Medellín y sus alrededores, posibilitaron que la preparación de los trabajadores pudiera realizarse en el desempeño cotidiano del trabajo.

En el hogar y en la escuela se intentaba formar a los niños y a los jóvenes, se les enseñaba el manejo del tiempo y de la disciplina, y se les aportaban conocimientos y entrenamientos que los ayudaran a desempeñarse laboralmente. Desde la formación de la fuerza de trabajo se incidía en su capacitación; estos procesos de capacitación –bien fuera en la práctica laboral o en instituciones con carácter formal– apoyaban e insistían en fortalecer los valores éticos y morales. Por ello parece posible afirmar que formación y capacitación de la fuerza de trabajo fueron, entonces, dos aspectos de un mismo proceso.

Con frecuencia era más valorada la calidad humana de un trabajador, su honradez y sus costumbres sanas, que las destrezas técnicas que pudiera demostrar, habida cuenta de las condiciones tecnológicas que predominaban; por ejemplo, las recomendaciones familiares, religiosas o políticas solían ser más importantes que la experiencia al conseguir empleo en las fábricas textileras, y no importaba qué tan hábil fuera el trabajador o la obrera a quien se acusara de una falta a la moral, para producirse el despido[2].

Hasta por lo menos 1930, en el contexto del proceso de industrialización, el empleo urbano de Medellín y sus alrededores evidenciaba el desplazamiento a otros espacios de actividades que se realizaban en la cotidianidad de la vida familiar: talleres, fábricas y trilladoras; fue el caso de la preparación de chocolate y de arepas de maíz, la elaboración de tabacos, la costura y el arreglo de ropas, y el manejo y la selección de granos. La mayor parte de estos productos, que antes eran producidos en el hogar para atender las necesidades de la familia, se generaban ahora para el mercado y contribuían a diversificar el panorama del consumo en la ciudad.

Después de 1910 la economía regional había alcanzado mayor diversificación, lo que significó la ampliación de las opciones de empleo urbano; ante las nuevas condiciones, las pautas de formación inculcadas en la familia tuvieron que adecuarse. En lo esencial, los valores éticos y morales perduraron, y en parte permitieron la adaptación de la fuerza laboral a las nuevas situaciones que imponía el naciente proceso de industrialización. Sin menoscabo de los principios básicos se llegó a permitir, por ejemplo, desde comienzos del siglo XX y hasta por lo menos 1940, el desplazamiento de hijas menores de edad a trabajar en las fábricas y los talleres textiles del valle de Aburrá; aunque alejadas de su núcleo familiar, pero al cuidado de parientes, de paisanos conocidos o de las religiosas que tenían a su cargo los patronatos de obreras. Esta capacidad de adaptación expresaba la necesidad de subsistencia de una parte importante de la población, ya que las jóvenes trabajadoras –fuerza laboral marginal en su lugar de origen– una vez contratadas en la ciudad, aportaban del reducido jornal a sus familias aún establecidas en zonas agrarias o en cabeceras municipales.

Las tradiciones culturales en la región asignaban al trabajo la virtud de alejar de los vicios, de

Educación impartida a la mujer en 1938.
(Fotografías, Francisco Mejía, Centro de Memoria Visual FAES)

evitar comportamientos moralmente peligrosos y de permitir una vida digna, garantía de estabilidad y progreso. Así, la generación de puestos de trabajo se presentaba muchas veces como una acción de compromiso patriótico, de reconocimiento y defensa de lo regional, y de aporte a la moralidad, cuando no se mostraba como la máxima expresión de la caridad cristiana; todo ello permitió reforzar el rechazo social a la vagancia y la frecuente relación de la mendicidad con la holgazanería. Mientras las condiciones tecnológicas no hicieron necesaria la vinculación masiva de personal calificado, la dignificación del trabajo cumplió a cabalidad la tarea de sustentar la necesidad de una preparación para el desempeño laboral; así fue posible responder a necesidades muy concretas, y cuando en los procesos de trabajo se enfrentaban dificultades de orden técnico, las iniciativas de técnicos y mecánicos posibilitaron alguna alternativa de solución como ocurrió con frecuencia en las empresas fabriles de Medellín.

Desde fines del siglo XIX los temas de la educación y de la capacitación habían captado en Antioquia suficiente interés; algunos proyectos ligados con la modernización económica estaban ya en marcha por entonces. En la educación primaria y secundaria se propuso una serie de reformas de los planes de estudio, que incorporaron a la enseñanza básica algunos elementos iniciales de comercio, contabilidad y agricultura; y, en general, se insistió en la necesidad de establecer prácticas educativas con una orientación más empírica y menos literaria, que generaran un acercamiento social al conocimiento tecnológico y a la ciencia aplicada. En tales condiciones se produjo un ambiente favorable a la creación de mecanismos adecuados para la enseñanza científico-técnica; se conjugaron los intereses del Estado, de los empresarios y de la Iglesia católica, con algunas iniciativas particulares, gremiales y políticas, incluso de los mismos trabajadores, en pro de su capacitación. Todo este proceso constituía la expresión de una intención futurista y de un marcado optimismo para enfrentar los retos que planteaba el siglo XX. La búsqueda de lo práctico, lo eficiente y lo racional marcó el propósito general del sistema educativo en la región desde finales del siglo XIX; los estudios profesionales no estuvieron al margen de estas tendencias.

En materia de instituciones de nivel superior, la Escuela de Minas, fundada en Medellín en 1886, fue una de las que más decididamente contribuyeron a la formación de hombres de empresa. Desde sus inicios, estuvo dirigida hacia los campos de la minería y de las obras públicas, impartió formación técnica avanzada con métodos primordialmente prácticos y se adaptó progresivamente a las necesidades planteadas por la naciente industria. Más adelante, los estudios en la Escuela se orientaron hacia campos como la organización y la admi-

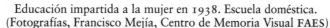

Educación impartida a la mujer en 1938. Escuela doméstica.
(Fotografías, Francisco Mejía, Centro de Memoria Visual FAES)

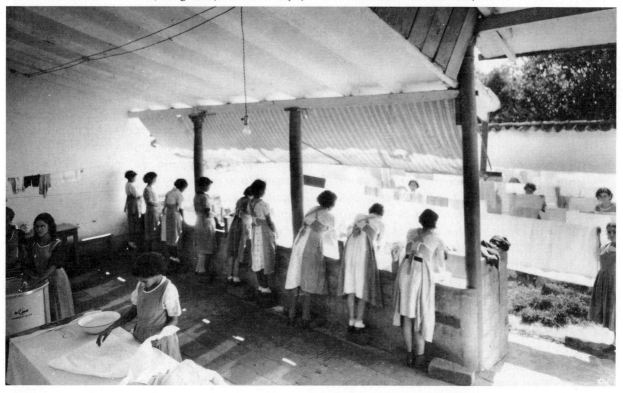

Educación impartida a la mujer en 1938. Escuela tutelar.
(Fotografías, Francisco Mejía, Centro de Memoria Visual FAES)

nistración de empresas con un sentido más amplio; y ello se materializó en la reforma del plan de estudios realizada en 1911; para entonces el desarrollo industrial de Antioquia, concentrado en Medellín y el Valle de Aburrá, mostraba algunos avances y el trabajo de los ingenieros era demandado para el montaje y puesta en marcha de nuevas empresas, como consultores y asesores en la solución de problemas relacionados con la energía hidráulica y con las instalaciones mecánicas y eléctricas de las empresas fabriles más grandes. Pero fue a partir de la inauguración de la cátedra de Economía Industrial, a cargo del profesor Alejandro López, y de la posterior iniciación del curso de Química Industrial, cuando la formación impartida por la Escuela se encaminó más decididamente hacia diversos campos de la industria.

Otra institución de nivel superior que contribuyó a la formación de empresarios fue la Escuela de Derecho de la Universidad de Antioquia. Aunque su objetivo eran los estudios de tipo jurídico, en 1920 se planteaba la necesidad de realizar una transformación similar a la que se había dado en la Escuela de Minas; no se buscaba la formación de técnicos en estricto sentido, sino de hombres de acción científica y empresarios capaces de utilizar la fuerza humana. Se daba preferencia a estudios de economía, de hacienda y de comercio en un programa que ofrecía, entre otras, asignaturas de hacienda pública,

estadística y derecho administrativo[3].

Los estudios técnicos en el exterior constituyeron una alternativa más de capacitación, que si bien –por los costos que significaban– no tuvieron un cubrimiento amplio, sí estuvieron ligados generalmente a proyectos específicos de empresas particulares. No se hacían con el fin de obtener títulos académicos u optar por una preparación formal en institutos técnicos o en universidades; predominaba la idea de ganar experiencia en otros países, para lo cual algunas fábricas proporcionaban campo de aprendizaje directo en la práctica de la producción y la posibilidad de conocer tanto la maquinaria como la organización de los procesos. Casi siempre los viajes eran realizados por los mismos socios de las compañías o los miembros de la familia propietaria de la empresa; sólo cuando la industrialización se consolidó después de 1930, esta opción de entrenamiento y capacitación en el exterior se amplió a algunos pocos casos de empleados de las fábricas grandes, como Coltejer[4].

En el renglón textil, la no existencia de estudios técnicos superiores en Antioquia hizo que en algunas ocasiones se recurriera al entrenamiento en el exterior. Así lo hicieron dos de los socios fundadores de la Compañía Antioqueña de Tejidos: Germán Jaramillo Villa trabajó durante cinco años en una fábrica de tejidos europea y Pedro Nel Ospina viajó a México y Manchester a realizar estudios sobre textiles, con lo cual pudieron

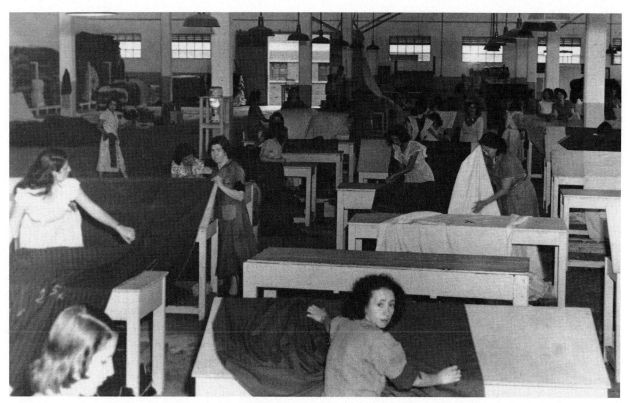

Durante la primera mitad del siglo, gran parte en la industria textil estaba a cargo de mujeres.
Aquí se observan obreras de Vicuña en 1950. (Fotografía, Carlos Rodríguez, Centro de Memoria Visual FAES)

decidir el tipo de maquinaria que importarían[5]. Las instalaciones de esta fábrica, más tarde propiedad de la Compañía de Tejidos, sirvieron de modelo para otras empresas textiles antioqueñas como Coltejer y Rosellón; con el fin de copiar las especificaciones técnicas de la maquinaria y del edificio, los empresarios se valieron de las boletas vendidas al público por la Compañía de Tejidos de Medellín para visitar sus instalaciones, que eran anunciadas en la prensa, como en el caso de *La Patria,* de septiembre 18 de 1906. Con ello se logró una difusión indirecta pero significativa de la capacitación técnica obtenida por sus empresarios en el exterior. Otras empresas textiles de carácter familiar, como Vicuña y Fatesa –fundadas en la década de 1930– estructuraron con mayor economía todo el montaje y la producción, al optar por la capacitación en Estados Unidos y en Europa; en el primero de los casos la familia Uribe, propietaria de esta empresa productora de ruanas, mantas y paños de lana, encomendó a sus hijos el estudio de ingeniería textil en los Estados Unidos, y la obtención de conocimientos en tintorería y acabados en Alemania, como parte del proyecto de la empresa. Mientras Fatesa, propiedad de la familia Echavarría, tenía como técnicos a varios de los hijos que se habían preparado trabajando en factorías y tintorerías de medias de seda en los Estados Unidos; uno de ellos estudió en una escuela textil los procesos de tintorería y

acabado; el otro realizó en Pensilvania estudios de especialización en mecánica[6].

En otros sectores productivos menos desarrollados que el textil, los viajes al exterior en busca de conocimientos y capacitación también fueron significativos para la buena marcha de las empresas. Ricardo Olano, fundador y propietario de la Fábrica de Fósforos Olano, viajó a Europa a adquirir maquinaria y a estudiar práctica y minuciosamente el negocio[7]. Otro tanto ocurrió con la producción de cigarrillos; varios socios de la Compañía Industrial Unida de Cigarrillos viajaron a Estados Unidos y a Cuba con el propósito de «estudiar la fabricación de cigarrillos en La Habana y el cultivo y preparación del tabaco en Virginia»[8]. Todas estas experiencias confluyeron positivamente en el desarrollo de la Compañía Colombiana de Tabaco, la primera gran empresa en este renglón ubicada en Medellín.

La capacitación de cuadros medios técnicos y de supervisión fue apoyada desde algunos establecimientos educativos, donde se formó un núcleo importante de técnicos y mecánicos que se vincularon a las empresas y a las obras públicas: la Escuela de Artes y Oficios, fundada por Pedro Justo Berrío en 1864; la Escuela de Artes y Maquinaria, anexa a la Universidad de Antioquia desde 1913, y el Instituto Técnico e Industrial creado en 1918.

La Escuela de Artes y Oficios, institución oficial

que funcionó con algunas interrupciones hasta 1915, estuvo dirigida por dos artesanos europeos contratados para el efecto: el alemán Enrique Haeusler y el francés Eugenio Lutz. En el momento de su apertura, 1870, contaba con 60 alumnos e impartía enseñanza en materias como carpintería, ebanistería, mecánica, herrería, latonería, cerrajería y dibujo lineal, y contaba con talleres de hilados y tejidos; también se enseñaba el cultivo del tabaco con la dirección de un experto cubano Aunque el plan de estudios incluía fundamentos teóricos, la capacitación que se ofrecía tenía un sentido eminentemente práctico. Entre los alumnos más notables de la primera época estaban algunos de los que después fueron pioneros de la industrialización: José María Villa, Manuel J. Álvarez, José María Escobar, Alejandro Echavarría y Juan de Dios Martínez, entre otros[9].

En la Escuela de Artes y Maquinaria se desarrollaba un programa más formal de adiestramiento de maestros e ingenieros mecánicos; se otorgaba el título de maestro mecánico a los estudiantes que hubieran aprobado los tres primeros años y el de ingeniero mecánico al aprobar el cuarto año de estudios. En 1918 la Asamblea Departamental creó el Instituto Técnico e Industrial con el propósito de hacer de él «un taller práctico, una fabricación de capacidades meramente industriales»[10], tratando de retomar las experiencias anteriores en materia de capacitación para orientarse hacia la educación técnico-práctica.

Estas instituciones contribuyeron a la formación de mecánicos, técnicos y supervisores. La capacitación allí impartida cumplió un papel fundamental en el proceso de adaptación y asimilación de la tecnología importada; y sirvió también de apoyo a las actividades de mantenimiento de equipos y construcción de instrumentos y herramientas; pero su mayor influencia en materia de capacitación de la fuerza de trabajo regional, consistió en la difusión de conocimientos técnicos en la práctica de la producción. Buena parte de la capacitación de técnicos y supervisores adoptó un carácter menos formal: se logró empíricamente en el trabajo cotidiano en las empresas.

La complejidad que fue ganando la economía antioqueña se expresaba en una vida urbana más dinámica que exigía el desarrollo de actividades de apoyo a la producción y al comercio. Desde los últimos años del siglo XIX se había empezado a demandar en Medellín y en el valle de Aburrá personal para llevar a cabo labores administrativas y de secretaría; esta demanda aumentó posteriormente y se atendió desde diversas instituciones.

Por lo menos en tres establecimientos educativos de Medellín se empezó, desde finales del siglo pasado, a ofrecer una enseñanza comercial que capacitara para vincularse a algunos trabajos ofrecidos por las empresas, la banca y el comercio. El Colegio de La Merced, fundado en 1898, concedía diplomas de contabilidad y dactilografía a sus alumnas; el Colegio de San José, establecido en Medellín en la última década del siglo pasado y regentado por los Hermanos de las Escuelas Cristianas, incluía enseñanza comercial en el pénsum de bachillerato; y el Instituto Caldas ofrecía asignaturas de mecanografía, taquigrafía y or-

Carnicería en la Plaza de Mercado de Medellín a comienzos del siglo XX (Fotografía, Manuel A. Lalinde. Colección particular)

tografía en un programa de enseñanza literaria y comercial[11]. Al iniciarse el nuevo siglo se fundaron otras instituciones educativas que dieron énfasis a este campo de la capacitación: en 1913 se fundó el Colegio Central de Señoritas, que incluía estudios profesionales de comercio en un programa de cinco años; el Instituto Lopera Berrío, creado en 1915, otorgaba diplomas de comercio al término de los estudios que comprendían el aprendizaje de materias como caligrafía, dactilografía, taquigrafía, contabilidad, castellano e inglés. Diplomas de comercio también eran otorgados por el Colegio de María Auxiliadora, fundado en el mismo año[12].

Además de éstas, se crearon otras instituciones especializadas en la enseñanza del comercio. La Escuela Remington inició labores en Medellín en 1916; las clases se impartían a señoras y señoritas durante el día, y de seis de la tarde a nueve de la noche a jóvenes y caballeros[13]. Dactilografía, taquigrafía, contabilidad, castellano e inglés concentraban el trabajo en la Escuela, con cursos que ordinariamente tenían una intensidad de 36 horas por cada materia; los egresados, diplomados o capacitados adecuadamente, eran más de dos mil en 1925 y estaban vinculados en el sector público o en actividades de carácter privado. La Escuela Nocturna de Comercio, por su parte, funcionaba ya en 1920 con el propósito de instruir en comercio «a la numerosa clase obrera que necesita recibir en el mínimo tiempo educación eficiente que la capacite para cumplir a conciencia los deberes de ciudadanía y para laborar con mejor éxito en la lucha por la vida»[14].

La enseñanza en las escuelas de comercio se realizaba generalmente por horas y en tiempo no laboral; esto puede indicar el sentido de promoción con que se tomaba esta capacitación. Para 1919, según datos del *Anuario Estadístico del Municipio de Medellín*, las escuelas de comercio y dactilografía contaban con un total de 354 alumnos: 199 hombres y 155 mujeres.

La capacitación de los trabajadores en la práctica de la producción fue desarrollada por empresarios y técnicos en las propias factorías, donde se orientaba en el manejo de la maquinaria y el funcionamiento de algunos procesos; ante la carencia de personal capacitado, ésta constituía una alternativa que por lo demás era la menos costosa. Los técnicos extranjeros contratados por las empresas para el montaje y puesta en marcha de la maquinaria importada, tenían además el encargo de enseñar y supervisar el trabajo de obreros y obreras.

Con este fin, algunas empresas del sector textil vincularon a técnicos de distintas nacionalidades. En la Fábrica de Tejidos de Bello se contrató a dos ingenieros ingleses para el manejo de la maquinaria y la dirección de los trabajos[15], en 1906 contaba con tres maestros extranjeros que enseñaban a los obreros, pero bien pronto fueron remplazados por trabajadores antioqueños[16]. En 1910, la Compañía Colombiana de Tejidos contrató a un técnico extranjero para dirigir el trabajo de oficiales, niños, niñas y señoritas[17]. Por su parte, Pepalfa, mediana empresa productora de medias y calcetines, también vinculó a técnicos extranjeros para atender los requerimientos de la produc-

Vendedores de escobas en la Plaza de Mercado de Medellín a comienzos del siglo XX (Fotografía, Manuel A. Lalinde. Colección particular)

ción y la capacitación, como lo anota Fernando Gómez Martínez en su *Biografía económica de las industrias de Antioquia.*

Por lo que respecta a la producción de tabaco y sus derivados, distintas empresas antioqueñas recurrieron a técnicos del exterior, especialmente cubanos, para la enseñanza del cultivo y del procesamiento de la hoja del tabaco. Por ejemplo, en 1916, la Fábrica de Cigarros y Cigarrillos de Escobar Restrepo y Cía. contaba entre sus trabajadores a un práctico cubano que fabricaba cigarrillos finos[18]. Según refiere Fernando Gómez Martínez, unos años más tarde la Compañía Colombiana de Tabaco contrató a «técnicos de las tres nacionalidades que representan las tres divisiones generales de tabacos en el mundo: siete norteamericanos, un cubano y dos griegos. No venían tan sólo a tratar el tabaco. Ante todo tenían la misión de formar técnicos colombianos a la altura de ellos».

En otros campos de la industria antioqueña, como el de la producción de calzado, de cervezas y de chocolates, los técnicos y expertos extranjeros cumplieron también funciones de enseñanza a los trabajadores; en el caso de la Fábrica de Fósforos Olano, el director técnico, de origen catalán, supervisaba el trabajo y cumplía funciones directas de producción[19].

Este tipo de enseñanzas se impartía en el horario normal de trabajo; la necesidad y el interés por la capacitación surgían de la misma actividad desempeñada, pues no se trataba –en estos casos– de una capacitación para obtener empleo. Como señala Jorge Luis Jaramillo, respecto a la empresa Vicuña, «se trataba de una modalidad de aprendizaje donde no había mucha teoría, pero sí mucha práctica, mucha observación y mucho entusiasmo»[20].

Otro mecanismo utilizado para la capacitación en el curso del trabajo fue la creación de un sistema de maestros y aprendices facilitado por la división de funciones en el proceso de trabajo y por la consecuente diferencia de remuneraciones; a través de este sistema se procuró un adiestramiento inicial en tareas simples, pero también un control interno del trabajo. Se utilizó en las fábricas de textiles, en los talleres de metalmecánica y en las empresas cerveceras, entre otros. En los talleres y fundiciones, por ejemplo, el papel de maestros lo cumplían los trabajadores que habían estado vinculados a las minas grandes o a los talleres de construcción y reparación de máquinas y herramientas, y que a su vez habían logrado aprender el oficio en la Escuela de Artes y Oficios, o de algún técnico extranjero. En 1934 Coltejer todavía tenía contratados aprendices con muy baja remuneración, justificada por el hecho de que «un aprendiz nada produce, muchas veces no aprende y se marcha antes de tiempo»[21].

La alternativa de la capacitación en la práctica del trabajo, que operó ampliamente en Antioquia desde el siglo XIX, se vio fortalecida por algunos esfuerzos de orden institucional que, aun cuando no tuvieron una cobertura muy amplia, sí generaron las condiciones favorables que en materia de trabajadores directos requería la región y, particularmente, las actividades concentradas en Medellín y el valle de Aburrá.

Una de las instituciones que más proyección alcanzaron fue la Sociedad de San Vicente de Paúl. De orientación católica y fundada en la penúltima década del siglo pasado, desplegó su actividad en muy diversos campos: promovió la atención de familias pobres, la educación y la capacitación de niños, jóvenes y adultos. En una de sus secciones, la Escuela Nocturna para Obreros, fundada en 1887, se enseñaba a leer, a escribir, a realizar operaciones aritméticas básicas y se impartían lecciones de moral a trabajadores cuyas edades fluctuaban entre 8 y 45 años; en 1894, según información aparecida en *El Movimiento,* de marzo del mismo año, sólo la Escuela Nocturna Central contaba con 210 alumnos distribuidos en tres secciones, cada una de las cuales estaba dirigida por un director apto; según los oficios, los alumnos se distribuían así: 83 albañiles, 28 sirvientes, 20 carpinteros, 15 lustrabotas, 13 sastres, seis comerciantes, seis tipógrafos, cinco dependientes, cuatro latoneros, tres herreros, tres talabarteros, dos fundidores, dos cedaceros, dos pintores, dos zapateros, un corredor de teléfonos, un jornalero, un cantero, un empleado público, un platero, un agricultor y un mozo de cordel. También contaba la Sociedad con una sección catequista en la que se enseñaba a obreros y artesanos a «moderar sus costumbres», y a llevar una vida acorde con el proyecto social e industrial promovido por los empresarios cercanos a la Sociedad.

En el Patronato y en la Casa de Menores, a cargo también de esta institución, se educaba a los niños y a las mujeres jóvenes en materias prácticas para que pudieran emplearse en las empresas fabriles o en otros espacios de trabajo. El Externado Industrial de Señoritas, otro establecimiento de la Sociedad de San Vicente de Paúl, admitía gratuitamente en 1903 –según anuncio aparecido en el periódico *La Patria*– a las alumnas para el aprendizaje de la tipografía y la encuadernación, con miras a su posterior vinculación en distintos negocios del ramo en Medellín.

En los talleres de San Vicente, instalados en el costado occidental de la Escuela de Artes y Oficios, se tenía como propósito manifiesto amparar, educar e instruir a niños huérfanos de pobreza reconocida; se les enseñaba carpintería, zapatería, sastrería, encuadernación y muy especialmente el manejo de telares –de los cuales se disponía de unos pocos de madera–; la enseñanza en el ramo de hilados y tejidos contó con el apoyo de Alejandro Echavarría, quien en 1907 fue socio fundador de la Compañía Colombiana de Tejidos.

También se trabajó en la protección de niñas desvalidas, como en el albergue que funcionó en 1917 contiguo al Hospital San Vicente. Allí se cuidaba y daba enseñanza en artes y oficios a 25 muchachas, quienes elaboraban medias de hilo y sombreros de paja para la venta al público, ayudando con lo producido al sostenimiento del edificio[22].

Llama la atención el hecho de que comparativamente con el número y la importancia de las instituciones educativas que se ocupaban de la capacitación de niños, jóvenes y adultos, fueran menos y más marginales los esfuerzos institucionales orientados a preparar laboralmente a las mujeres; máxime cuando en ellas se sustentó la mayor parte del empleo fabril en los inicios del proceso de industrialización regional. Es de anotar que se llevaron a cabo algunos proyectos destinados a la capacitación de obreras, pero simultánea y muy significativamente contribuían al control moral, a la regulación de sus costumbres y al fomento del culto religioso.

El Patronato de Obreras fue una de tales instituciones. En 1917 contaba con una sección de educación, en la cual las mujeres aprendían a realizar diferentes labores que les permitían vincularse en el comercio, en las fábricas o en las casas de familia, mediante la gestión de la Junta del Patronato que operaba como una agencia de empleos. «Esta enseñanza es gratis y se efectúa todos los domingos. Las matriculadas son quinientas y aprenden casi todo lo que una mujer necesita saber para su vida de hogar: lavar, planchar, cortar, coser, bordar, zurcir; reciben, además, todos los conocimientos de culinaria y se les enseña a hacer cigarros y cigarrillos»[23].

Algunas empresas antioqueñas promovieron los patronatos como dependencias de sus propias fábricas; ese fue el caso de Fabricato. Para ello contaron con la participación de órdenes religiosas que asumieron la dirección; lo fundamental no estaba asociado con la capacitación sino con el control, la protección y el alojamiento de mujeres jóvenes y solteras, cuyas familias no residían en Medellín o en el valle de Aburrá.

La capacitación de la fuerza laboral femenina para tareas productivas fabriles se desarrolló fundamentalmente en la práctica del trabajo, con remuneraciones mucho más bajas que las que se pagaban a los hombres. No obstante que tal recurso pudo implicar problemas de productividad, las empresas establecieron mecanismos de regulación, y requisitos para la contratación y la estabilidad en el empleo. Esta fue una alternativa transitoria; el panorama empezó a modificarse a comienzos de la década de 1920 y con mayor fuerza después de 1930. La adquisición de nuevos equipos y de maquinaria más compleja fue predominando en la región, principalmente en las empresas textileras más importantes localizadas en el valle de Aburrá, que impusieron una tendencia al cambio en la estructura ocupacional fabril e hicieron necesario otro esquema de capacitación, acorde con las nuevas condiciones tecnológicas.

Hubo otros mecanismos marginales que fueron aprovechados para capacitar mano de obra en Antioquia; se trató de instituciones diseñadas específicamente con fines coercitivos o de corrección, como el caso de orfanatos, reformatorios y cárceles.

Uno de ellos, la Casa de Menores, funcionó en Fontidueño, cerca de Bello, fundada en 1914; allí se instalaron talleres de carpintería, tipografía y encuadernación, cerrajería y herrería, y tejidos, y se dispuso de un terreno aledaño a sus instalaciones para el cultivo del tabaco. En ella se buscaba la rehabilitación de los menores por la vía de la capacitación para labores productivas, como mano de obra opcional para la industria y las obras que adelantaba el gobierno departamental. En 1941 todavía funcionaba la Casa de Menores de Medellín; se habían incorporado nuevos talleres a los existentes: los de zapatería, fundición, mecánica, peluquería, albañilería y agricultura. Los productos elaborados por los niños recluidos en esta institución eran vendidos en el mercado y sobre dicha cantidad los muchachos recibían un porcentaje que regularmente alcanzaba la suma de $0.80 diarios[24].

La influencia de estas instituciones en el proceso de capacitación de la fuerza de trabajo en Antioquia no fue cuantitativamente significativa, pero reflejaba la concepción cultural que se tenía en la región respecto al trabajo; la rehabilitación por la vía de la capacitación para labores productivas generaba a su vez mano de obra opcional para las fábricas o las obras públicas.

Aun en los discursos sobre protección de la infancia, tan en boga al calor del proceso de indus-

La planchadora, 1938
(Óleo de Eladio Vélez, Museo de Antioquia)

trialización regional, se hacía patente el interés por la capacitación para el trabajo. En fábricas y negocios se continuaba contratando a niños y jóvenes, a pesar de las regulaciones existentes; y su vinculación se justificaba aduciendo una doble razón: social y económica, asociada a un problema de moral pública. La primera apuntaba hacia la prevención del «raterismo», alejando del vicio a los menores desprotegidos; la segunda sustentaba la necesidad de crear escuelas para formar hombres prácticos de los «hijos del abandono», con un innegable sentido económico. El trabajo –se decía– posibilitaba disciplina para el espíritu y una fuente de seguridad a la infancia desprotegida de la ciudad. Así quedó consignado en las páginas de la *Revista Civismo,* en una serie de artículos publicados en 1919: «La protección de la infancia se debe emprender por caridad, por instinto de conservación, por higiene social, pero si estas poderosísimas consideraciones morales no nos mueven, apelemos a la última razón de este siglo de mercantilismo: hagámoslo por negocio».

NOTAS

1. María Claudia Saavedra, «La conformación del mercado laboral urbano en los inicios del proceso de industrialización antioqueña», tesis doctoral, Universidad Autónoma de Barcelona, Bellaterra, abril de 1994.
2. *Ibíd.*
3. Miguel Moreno J., «La Escuela de Derecho», *Colombia, revista semanal,* N° 197, Medellín, abril 7 de 1920.
4. María Claudia Saavedra, *La industrialización antioqueña y sus condiciones tecnológicas.* Inédito.
5. Enrique Echavarría, *Historia de los textiles en Antioquia.*
6. *Ibíd.*
7. Januario Henao, «Fábrica de Fósforos», boletín comercial, Medellín, septiembre de 1910.
8. K. Odak, «Perfiles sueltos», *El Sol,* Medellín, febrero 2 de 1914.
9. Lisandro Ochoa, *Cosas viejas de la Villa de la Candelaria.*
10. *La Asamblea de 1918,* Medellín, mayo 2 de 1918.
11. Agapito Betancur, y otros, *La Ciudad.*
12. *Ibíd.*
13. *El Espectador,* Medellín, enero 3 de 1916.
14. E. F. G., «Escuela Nocturna de Comercio», *Colombia, revista semanal,* vol. IV, N° 187, Medellín, febrero 25 de 1920.
15. *El Telégrafo,* Medellín, marzo 10. de 1906.
16. *La Patria,* Medellín, julio 30 de 1906.
17. Alejandro López, «La exposición industrial», en *La Organización,* Medellín, agosto 10. de 1910.
18. *El Sol,* Medellín, febrero 19 de 1916.
19. *Ibíd.,* agosto 29 de 1909.
20. Jorge Luis Jaramillo, *Colcha de retazos,* Medellín, 1987, inédito.
21. «De la Compañía Colombiana de Tejidos», *El Heraldo de Antioquia,* Medellín, mayo 6 de 1934.
22. Rufino Gutiérrez, *Monografías,* tomo I.
23. «Patronato de Obreras», *El Sol,* Medellín, marzo 20 de 1917.
24. *Temas,* Medellín, N° 7, noviembre de 1941.

Ann Farnsworth Alvear

Traducción de Judith Filc

Las relaciones cotidianas en el trabajo industrial, 1910-1935

LA HISTORIA mitológica de la industria antioqueña enfatiza la clarividencia de empresarios y líderes cívicos; los industriales importaron los telares y construyeron un sistema de paternalismo cristiano que transformó a Medellín en una ciudad compuesta no sólo de chimeneas sino también de *obreros antioqueños*. Tal como otras mitologías, ésta es una historia verdadera, pero unidimensional, de un proceso conflictivo y lleno de matices, y que oculta sus propias raíces. El paternalismo que hizo famosas a las fábricas textiles de Medellín fue, en gran parte, una respuesta al desorden de los primeros talleres industriales. Entender las relaciones laborales como parte de la historia local exige cambiar el enfoque. Antes que examinar los cuidadosos planes y proyectos de los industriales, conviene detenerse en la materia no planificada, desordenada y aparentemente mezquina de la vida cotidiana en los lugares de trabajo.

Las dos primeras décadas de la industria textil constituyen una era *prepaternalista* durante la cual las relaciones de trabajo se caracterizaron por la falta de restricciones moralistas y de control de los supervisores. La rápida expansión industrial dio a los trabajadores una ventaja importante en las negociaciones cotidianas con sus superiores. Muchos simplemente abandonaron los trabajos que no les gustaban, y se fueron a cualquier otra fábrica, y así obligaron a los supervisores a ignorar transgresiones que años más tarde serían motivo de despido inmediato. Entre 1905 y 1936, los trabajadores emprendieron formas de resistencia colectivas, al organizar pliegos de peticiones y huelgas en las fábricas textiles: los trabajadores de Rosellón se declararon en huelga en febrero de 1920 –una semana antes de la famosa huelga de Bello– y nuevamente en 1929; Fabricato enfrentó intentos de agremiación en 1934, y la ciudad en pleno fue testigo de una ola de huelgas textiles en 1935 y 1936 –en Coltejer, Rosellón y Tejidos de Bello–. Sin embargo, estos momentos de resistencia colectiva no emergen de la nada; las huelgas y los pliegos de peticiones representan sólo la punta del *iceberg*. La tarea, entonces, es sacar a la superficie todo aquello que permanece congelado en el fondo: los conflictos diarios que marcaron las experiencias de los trabajadores en las primeras décadas de la industrialización textil.

Indisciplina cotidiana

Muchas de las fuentes que usamos para escribir la *historia obrera* (como la prensa y los documentos gubernamentales) son textos que ignoran los pequeños desafíos de cada día, que también constituyen luchas de poder, aun cuando sean conflictos pasajeros entre un individuo y un supervisor, o entre un grupo de trabajadores y el patrón. En 1923, por ejemplo, bajo el título «Tentativa de rebelión», Jorge Echavarría describió en su diario un incidente en el cual las trabajadoras interrumpieron el trabajo:

«Anuncié los precios de contrato... les parecieron muy bajos a las pobres bobas que sólo saben de telares simples. Comenzaron a hablar de esto en corrillos y pararon todos los telares. Cuando supe lo que estaba ocurriendo paré los dos motores y dije que cuando los motores volvieran a empezar cada telar debería estar trabajando. Sólo cuatro desobedecieron y fueron despedidas inmediatamente»[1].

Si bien está escrito desde la arrogancia del poder, este pasaje da idea de cuán dramático fue ese momento para las trabajadoras. ¿Quién sería la primera en encender su máquina? ¿Quién se enfrentaría con el patrón? No hay ningún registro de dichos sucesos, de las pequeñas insurrecciones que cubren la brecha entre la desobediencia indi-

Fábrica de Tejidos Unión, 1935
(Fotografía Francisco Mejía, Centro de Memoria Visual FAES)

Interior en 1941 de los Laboratorios Ascaridol
(Fotografía Francisco Mejía, Centro de Memoria Visual FAES)

vidual y las huelgas declaradas. Sin embargo, una exploración de las fuentes fabriles nos permite vislumbrar por momentos la influencia de la indisciplina, el ausentismo y las simples negativas de todos los días.

Al registrar el hecho, Echavarría advierte la importancia de estas confrontaciones efímeras, cuya significación se hace evidente también en otros documentos de la fábrica. En el *Libro de personal* correspondiente a los años 1918-1934, el administrador de Coltejer se queja constantemente de la «desobediencia», «altanería» y «grosería» tanto de las obreras como de los obreros[2]. Altanería en una mujer consistía en una respuesta brusca: «que yo no era su padre para regañarla»; o desafiante: «que si don Eduardo la regañaba también le contestaba». Muchas mujeres son descritas como «grosera y respondona», frase que asimila los conceptos de vulgaridad e insubordinación. Son recurrentes anotaciones como: «despedida por grosera con la Directora, mala obrera, perezosa y necia» o «grosera con los superiores. Se portó [mal] al salir insultando como una mujer cualquiera, *grosera*». Los administradores son particularmente ajenos al lenguaje de las obreras: una niña de 16 años fue despedida de Fabricato porque «daba escándalo en el salón en sus maneras de hablar,» así como Rosario Arango, una operaria de Coltejer, quien le dijo a la vigilante

«H.P»[3]. Algunos insultos iban más allá de la insubordinación verbal. Una mujer le tiró un cono de hilados a una vigilante, y otra eligió una forma de burla más juguetona, la de esconderle los zapatos. El aparato administrativo de las primeras fábricas era bastante elemental aun en las más grandes de la ciudad: un gerente general, un par de supervisores y tres o cuatro vigilantes. (*Las vigilantas* estaban encargadas tanto de la disciplina como de la moral, y su presencia en los talleres antioqueños era requerida por la Ordenanza de Policía de Fábricas de 1918). En ese ambiente las relaciones de poder fueron hechas o deshechas en enfrentamientos personales. Por tanto, los insultos y bromas cuyo objeto era poner en ridículo al superior tenían un contenido subversivo inmediato.

La amenaza de violencia física hacía particularmente frágil la autoridad de las vigilantes. Es el caso de María Arango y Berta Montoya, quienes se vengaron de sus vigilantes en Coltejer después del trabajo; los comentarios corresponden a 1926 y 1934, y dicen lo siguiente: «Despedida por necia desobediente charlatana e insoportable. Se manejó canallamente pues esperó a la Señora Vigilanta y la aporreó y ultrajó en media calle»; y «Despedida por grosera con la Directora, tanto ella como la familia esperaron a la Directora para insultarla y pegarle en la calle».

Era lógico esperar para tomar revancha en la

calle, pero estas confrontaciones violentas también podían ocurrir en el trabajo. En octubre de 1935, una mujer de veintiún años fue suspendida de Fabricato «por haber tratado mal a una vigilanta». Furiosa, «dijo que se retiraba definitivamente. Después de esto le dio en el mismo salón de trabajo tres golpes a la vigilanta quien antes la había tratado mal». En Coltejer, Gabriel Suárez atacó a un supervisor: «le gritó y amenazó con cuchillo en el salón, poniendo un gran pereque». Por muy escasas que fueran, estas confrontaciones violentas eran amplificadas, sin duda, al ser contadas una y otra vez como el mejor chisme de la semana. Su existencia recuerda que las relaciones de poder de los primeros talleres industriales eran muy frágiles; la cercanía diaria entre los obreros y altos empleados daba lugar no solamente a la deferencia sino también a la posibilidad de un rechazo directo.

La movilidad

La altanería y las manifestaciones de autonomía de los trabajadores generaban frustración en los administradores, quienes hacían esfuerzos por asegurar niveles de producción que no dependieran de la incoherencia de los ritmos humanos sino de los cálculos de los técnicos y de los libros de cuentas. El modelo importado del trabajo industrial exigía de los trabajadores que se presentaran a trabajar con regularidad, que no se retiraran durante horas laborales y que regresaran a la mañana siguiente. Pero en el Medellín de las primeras industrias la estabilidad estaba lejos de lograrse. Mientras en décadas posteriores a 1930 el llegar tarde al trabajo o la baja calidad del producto podrían causar una suspensión de uno a tres días, entre 1905 y 1935 dichas infracciones se castigaban más que todo con multas, por el hecho de que la suspensión fácilmente podría terminar en el despido de la trabajadora o del trabajador. Por esta razón, muchos industriales se negaron a ceder ante la petición del inspector de fábricas cuando éste intentó limitar el uso de las multas. En una visita a Tejidos Hernández en 1920, por ejemplo, el inspector criticó un cartel que decía que a las obreras que no regresaran después del almuerzo «no se les pagará la mañana». El administrador se rehusó a quitar el cartel aduciendo que «las obreras causan grandes perjuicios a la Empresa con no dar aviso de que faltan al mediodía»[4]. Vista a través de los impacientes ojos de los administradores, la inestabilidad de los trabajadores era el problema central de la disciplina de la fábrica.

En el *Libro de personal* correspondiente a los años de 1918 a 1934, el gerente de Coltejer manifiesta su enojo frente a la gente que «se creía necesaria». En 1928 señaló que Sofía Echeverri «desde tiempo atrás estaba de mala gana, mala asistencia y respondona, se aprovechó de la nece-

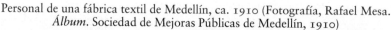

Personal de una fábrica textil de Medellín, ca. 1910 (Fotografía, Rafael Mesa. *Álbum*. Sociedad de Mejoras Públicas de Medellín, 1910)

CUADRO 1
INESTABILIDAD OBRERA EN COLTEJER, 1918-1934[1]

Años cumplidos en la empresa	Mujeres		Hombres		Total	
	N°	%	N°	%	N°	%
0 < 1	32	30	14	36	46	32
1 - 2	23	22	16	41	39	27
2 - 3	12	11	4	10	16	11
3 - 6	11	10	1	3	12	8
> 6	5	5	0	0	5	3
Sin información[2]	22	21	4	10	26	18
Total[3]	105	99	39	100	144	99

1. FUENTE una muestra de 144 registros de los 1 446 en el «Libro de Personal, 1918-1934» que se conserva en la hemeroteca de Coltejer en Itagüí; se tomó un registro de cada diez.
2. Estos son trabajadores que todavía estaban trabajando en 1934, el último año de ese libro. De ellos, más de tres cuartos habían entrado después de 1930 y casi un cuarto habían entrado en 1933.
3. Como se han dado los porcentajes en números enteros, no suman 100%

CUADRO 2
DESPIDOS Y RETIROS VOLUNTARIOS EN COLTEJER, 1918-1934[1]

Razón anotada	Mujeres		Hombres		Total	
	N°	%	N°	%	N°	%
Salió sin avisar	34	29	10	25	44	28
Salió:						
-por un regaño	8	7	4	10	12	8
-por cambio de máquina	7	6	3	8	10	6
-por enfermedad	8	7	1	3	9	6
-para otro trabajo	3	3	5	13	8	5
-para viajar	7	6	1	3	8	5
-por razones familiares	7	6	0		7	4
-para casarse	6	5	0		6	4
-por otro motivo	6	5	3	8	9	6
Total de retiros voluntarios:	86	74	27	68	113	72
Despidos:	8	7	9	22	17	11
Todavía en el empleo de la empresa en 1934:	22	19	4	10	26	17
Total[1]	116	100	40	100	156	100

1. FUENTE: véase la nota del Cuadro 1.
2. La muestra incluye a 105 mujeres y 40 hombres, pero como varias personas entraron y salieron más de una vez, las razones de la salida exceden el número de personas.

Patronato de obreras en Medellín en 1918, en oración
(Fotografía Benjamín de la Calle Centro de Memoria Visual FAES)

sidad por falta de obreras. *Mal agradecida*». Y aun así no la despidió: ella renunció cuando la regañaron por negarse a enseñarle el oficio a una aprendiz. La renuncia de Sofía es significativa: las fábricas tuvieron altos niveles de rotación del personal durante este período[5]. Además, la mayoría de los trabajadores tendían a dejar su trabajo por decisión propia mucho más que por despido (*véanse* Cuadros 1 y 2). Las razones para retirarse iban desde el enojo por la asignación de nuevas tareas o por un regaño, hasta la consecución de un nuevo trabajo o el tener que ocuparse de familiares; este último motivo y el matrimonio se limitaban a las mujeres. Con más frecuencia aún abandonaban el trabajo sin dar razones, y así dejaban que el supervisor sospechara que estaban *aburridas* o que se habían marchado a otra fábrica. Renunciar al trabajo en un lugar determinado no significaba quedarse sin empleo, ya que la rápida expansión industrial de los decenios del veinte y del treinta dio a los trabajadores fabriles una enorme flexibilidad, muchos incluso podían darse el lujo de contestar con insolencia o de renunciar.

Como puede verse en el Cuadro 2, muchas mujeres y muchos hombres renunciaban a sus cargos en Coltejer por estar enojados –por un regaño o por un cambio de máquina–. La operaria Ana Tabares se fue cuando la multaron por la mala calidad de su trabajo: «se le castigó, quitándole una máquina... y dijo que más bien se salía [...] contestando mal al superior. Era necia, indolente y de cabeza dura». Otras no renunciaban por los regaños sino porque se negaban a cumplir una determinada tarea. Florentina Ríos se fue cuando la cambiaron al tejido de dril; Ángela Posada renunció antes que tener que barrer, alegando que «no se dejaba humillar más».

Un joven de la misma fábrica «avisó se salía por ponerse pantalones largos y darle vergüenza repartir bobinas». Renunciar por un cambio de *destino* implicaba un rechazo explícito de la disciplina industrial, de igual magnitud que la renuncia por regaño, ya que para el lenguaje industrial ser operario significaba ser intercambiable. La asignación de puestos en la maquinaria de producción era la función de los administradores. Sin embargo, interpretar las renuncias como una forma de resistencia al sistema fabril no es adecuado; el término *resistencia* limita el marco interpretativo al de la oposición patrón/obrero, ya que ignora el hecho de que los trabajadores dejaban las fábricas por sus motivos personales. La renuncia ocurría con más frecuencia por el deseo de dejar la ciudad, casarse o visitar a un pariente, que por el de protestar contra un supervisor. La movilidad de los trabajadores aparece como una forma de resistencia en los registros de los administradores de las fábricas, pero su significado histórico es escurridizo: recuerda, sobre todo, que la jerarquía de la fábrica sólo ejercía un control parcial sobre las vidas de los trabajadores, especialmente durante las primeras décadas de la industrialización.

La moral y la vida social del trabajo

Hacia mediados de la década del treinta, este control había aumentado gracias a la consolidación de la disciplina fabril en un sistema cuidadosamente diseñado de beneficios paternalistas y controles moralistas, en el que la Iglesia tuvo el papel clave. Como se sabe, Coltejer y Fabricato convirtieron la castidad en un requisito explícito para obtener empleo. Por otra parte, el coqueteo y el uso del lenguaje *inmoral* eran causa de suspensión, mientras el embarazo significaba el des-

Obrera de la trilladora de Ángel López y Cía, ca. 1923
(Fotografía Benjamín de la Calle, Centro de Memoria Visual FAES)

pido inmediato[6]. Con frecuencia, el moralismo industrial de la década del cuarenta ha sido proyectado hacia los comienzos de la industria en Medellín. Sin embargo, ver los primeros años de la industria antioqueña como un período prepaternalista es reconocer que durante las primeras décadas las preocupaciones morales eran relativamente independientes de las relaciones disciplinarias. En primer lugar, porque los gerentes estaban dispuestos a ignorar infracciones morales de vez en cuando; y en segundo lugar, porque existían instituciones fuera de las fábricas que se ocupaban del problema de la inmoralidad en los nuevos lugares de trabajo. No sólo se trataba de obras católicas, como el Patronato de Obreras, sino también de proyectos gubernamentales, como la Oficina del Inspector de Fábricas, la cual se encargaba de hacerles cumplir a los empresarios la Ordenanza de 1918, en lo referente al nombramiento de las vigilantes y la observancia de las restricciones sobre el empleo de menores, entre otros. Estas instituciones decayeron a fines de la década del treinta, precisamente cuando las mismas fábricas impusieron una disciplina moral.

Durante los primeros años, Coltejer, Fabricato, Rosellón y la Fábrica de Bello aceptaban mujeres casadas; algunos administradores también estaban dispuestos a ignorar los deslices morales[7]. Cuando Eloísa Rendón se retiró de Coltejer en 1934, el gerente señaló que existían dudas acerca de su «conducta moral» y que ella había tenido un hijo natural; sin embargo, este hecho no fue el que causó su despido. Otra mujer se salió de la fábrica en 1929 «para volver a juntarse con el marido»; el ser casada y el haberse separado de su marido no impidieron que se la contratara. Además, la anotación casual que hace el administrador sobre

Gabriela Uribe demuestra que al comienzo de los años treinta una relación sexual ilícita no causaba automáticamente el despido de Coltejer: «Dijo se salía para irse para San Roque. No dio aviso con tiempo para enseñar otra. Estaba de novia con J... que era casado». Éstos y otros casos resultan sorprendentes solamente a la luz del paternalismo de las décadas siguientes, y alertan sobre el peligro de proyectar hacia atrás el moralismo industrial de las décadas del cuarenta y del cincuenta.

Los reglamentos, como el de la Fábrica de Bello correspondiente a 1935, en el que se prohibía «entablar conversaciones entre el personal de hombres y el de mujeres, dentro de la fábrica, sea en horas de trabajo o de descanso», demuestran que las cuestiones de disciplina e indisciplina no incluían sólo las relaciones entre trabajadores y supervisores sino también las relaciones de los trabajadores entre sí[8]. La concentración de muchos trabajadores en pocos salones ocasionaba que los lugares de trabajo fueran también lugares de vida social; allí los jóvenes trabajadores de Medellín se hacían amigos, se peleaban y coqueteaban, a espaldas de supervisores y vigilantes. Vistas desde abajo, las interacciones diarias de los trabajadores aparecen como un proceso fragmentario y discontinuo, por el cual los trabajadores de Medellín transformaban el espacio disciplinario de la fábrica en un espacio de reciprocidad íntima.

En el caso de las jóvenes, la fábrica puede haber traído consigo libertades (de conversar en secreto y de momentos sin chaperona) que no tenían en la casa de sus padres, en una atmósfera más segura que la calle. El gerente de Coltejer caracterizaba a docenas de mujeres de «charlatana[s] con los hombres» o simplemente «charlatana[s]». A otras se las describía como «buena obrera pero muy coquetona». En Fabricato, Jorge Echavarría se preocupó por una joven que, según él, «me da pues temor, de que esta niña me complique la situación con el mecánico Jefe... que ha sido uno de los blancos de la simpatía de esa niña»[9]. Pero las obreras no escamoteaban tiempo de trabajo solamente para coquetear con los hombres; la fábrica era también un lugar especial donde hacerse amigos y enemigos así como para la vida social con el mismo sexo. En las hojas de vida de la década del veinte, el administrador de Fabricato califica a las mujeres como: «juguetona», «muy conversadora», y «chismosa y fugada»; otras notas en archivos de personal de este período se refieren a «juegos de manos» o a bromas infantiles. En Coltejer, Margarita Mora llenó de desperdicio de algodón el tarro de una compañera, y Alicia Hoyos tiró agua a otras obreras. Además, había peleas: Eduardo Betancur fue despedido «por pegarle a otro obrero» y María Gómez cambió el hilo en las baterías de la compañera «por envidia porque ésta ganaba más». En ocasiones, el registro del personal detalla un poco más, como en el caso de Cruz Valencia, quien fue «despedida por quejas de otras obreras de su mala conducta en la calle, la cual se ratificó después –tanto ella como su mamá y hermana esperaron a las obreras de la queja para insultarlas y amenazarlas». Si bien la palabra resistencia parece demasiado pretenciosa para describir tales bravatas y alborotos, la vivencia de los trabajadores de la fábrica, como mundo social, contradecía profundamente la visión que el empresario tenía de la entrada de la fábrica como el límite entre el trabajo y el ocio.

Las narraciones históricas ofrecen una coherencia engañosa de los sucesos y de las instituciones. Sin duda, se fundaron fábricas en Medellín a principios del siglo. Pero ¿qué significa la palabra fábrica, y cuáles son las imágenes evocadas por ésta? Si lo que viene a la mente son todas las máquinas en línea y las obreras sometidas y sumisas, esta visión es, entonces, profundamente ahistórica.

Si bien era un modelo disciplinario, la fábrica también era un sitio de conflicto y de incoherencia humana, sobre todo en los primeros años de su aparición. Tanto en Medellín como en las otras partes del mundo, los proyectos de disciplina industrial se basaron en la indisciplina prosaica de la vida social.

NOTAS

1. Diario de Jorge Echavarría, 1923-1926, citado en Anita Gómez de Cárdenas, *Medellín: los años locos,* Medellín, Fabricato, 1985, p. 67.

2. Tanto estos como los siguientes ejemplos citados para Coltejer fueron tomados de dicho *Libro de personal,* el cual se encuentra en la hemeroteca de la empresa en Itagüí. La autora agradece a Orlando Ramírez, jefe de administración de documentos en Coltejer, y también a Gabriel Alzate, de la hemeroteca de esta empresa, por la colaboración brindada, y por su interés por la historia. Igualmente, agradece a Gildardo Martínez y a Édgar Moná, del Archivo Histórico de Fabricato; sin su apoyo este trabajo no habría sido posible.

3. Se han cambiado todos los nombres, aunque se trata de casos verdaderos. Los ejemplos citados para Fabricato se han tomado de las antiguas hojas de vida guardadas en el Archivo Histórico de Fabricato y en la Oficina de Administración de Personal.

4. Acta N° 715, *Libro de actas del inspector de fábricas,* 22 de junio de 1920, signatura 8929, Archivo Histórico del Departamento de Antioquia.

5. Se advierte al lector que esta afirmación es controversial, contradice los resultados de algunos otros estudios y se basa en fuentes que no estaban disponibles anteriormente. Para una discusión más detallada, *véase* Ann Farnsworth Alvear, «Gender and the Limits of Industrial Discipline: Textile Work in Medellín, Colombia, 1905-1960», PhD. Dissertation, Duke University, 1994.

6. Se refiere a Coltejer, Fabricato y Rosellón; ni Tejicondor (fundada en 1935) ni la más antigua, Tejidos Leticia, pretendieron excluir a las madres solteras.

7. Luz Gabriela Arango encontró seis casos de mujeres casadas en los primeros registros de Fabricato, y corrobora que la exclusión de mujeres casadas aparece después de un período inicial de indulgencia; en *Mujer, religión e industria,* p. 48.

8. *Reglamento de la Fábrica* (Tejidos de Bello), agosto de 1935. Volumen 881, Archivo Fabricato.

9. Citado por L. Arango, *op. cit.,* p. 55.

Mauricio Archila Neira

La organización de la clase obrera en Medellín, 1900-1930

...bien dijo quien dijo que el porvenir es de quien organice al pueblo. Si le organizamos para Cristo bajo la santa enseña de la cruz, según el deseo del Papa, Cristo y su cruz bendita reinarán en el mundo; si le organizan los malos bajo sus satánicas banderas, ¿quién pondrá un dique capaz de contener el avance formidable de esta ola funesta de errores y pasiones contra los sanos principios de la religión y la moral?[1].

LA ACCIÓN Social Católica era, más que una idea, una propuesta emanada del Vaticano para organizar a los obreros, que el clero colombiano intentó llevar a la práctica. Y fue en Medellín donde cosechó más triunfos. Ella consistió, en síntesis, en una ofensiva eclesial antimoderna basada en valores tradicionales como la apelación a la familia, a la comunidad y a lo corporativo. Tropezó, sin embargo, con formidables obstáculos provenientes no sólo de las fuerzas *satánicas* opuestas a la acción clerical, sino también del individualismo y otras trabas asociativas que impregnaban la cultura popular antioqueña.

Estas páginas se dedicarán a contrastar los esfuerzos organizativos del clero con los de los activistas liberales y los socialistas, en el marco de la agitación social de los tres primeros decenios de este siglo. Para el balance sobre los efectos de las respectivas campañas se tendrá presente que la actividad de la clase obrera no respondió enteramente, como la de ninguna clase, a objetivos planeados.

La Iglesia católica y las primeras organizaciones laborales

En Medellín y en otras partes del país, después de la desaparición de la Sociedad Democrática y de su contraparte, la Sociedad Patriótica Hisperia, a mediados del siglo pasado, la sociabilidad de los sectores populares urbanos se expresó en las asociaciones de ayuda mutua. Dichas agrupaciones respondían a la necesidad de atenuar la pobreza individual, especialmente en momentos límites como la enfermedad o la muerte, por medio del apoyo colectivo. Aunque tuteladas por el clero, y bautizadas en su mayoría con nombres del santoral católico, su dinámica estuvo en manos de los mismos usuarios. La más antigua, la Congregación de San José, fundada en 1846, resurgió

Reglamento de la primera Sociedad del Mutuo Auxilio, Medellín 1897 (Colección Universidad de Antioquia)

REGLAMENTO

DE LA

PRIMERA SOCIEDAD DE MUTUO AUXILIO

Habiéndose reunido cierto número de ciudadanos de Medellín, con el objeto de discurrir sobre la manera de aliviar en algo las circunstancias que afligen á las clases obreras, tuvieron á bien formar una sociedad cuyos miembros puedan, de acuerdo y dando todos una corta contribución semanal, auxiliar al socio ó socios que por cualquier motivo legítimo relativo á la salud, lleguen á hallarse impedidos para trabajar.

CAPÍTULO I

Obligaciones de los socios.

Art. 1º Tanto en su instalación como en el curso de su existencia, será regida la Sociedad por un Reglamento discutido y aprobado por la mayoría de los miembros; y para ejecutarlo y hacerlo cumplir habrá un Consejo administrativo, compuesto de los siguientes empleados: un Presidente, un Vice-Presidente, un Secretario, un Tesorero, un Representante, cuatro Agentes notificadores y una Comisión visitadora formada de tres individuos.

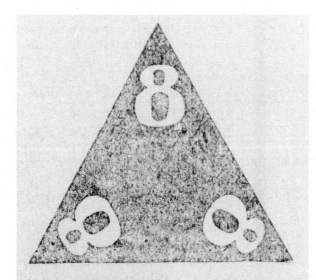

Explicación de los tres ochos.

Como nuestros obreros no sa ben el contenido de los tres o chos nospermitimose xplicarles el ía y la noche, que son vein ticuatro horas estan divididas así: ocho horas para trabajar, ocho horas para estudiar yocho para descansar. Esto es lo que nuestros obreros no han queri do entender.

Esta explicacion será perma nente.

Los dirigentes obreros en el decenio de 1920 iniciaron una campaña para repartir el tiempo de la clase obrera en «tres ochos»: ocho para trabajar, ocho para estudiar y ocho para descansar. (*El Luchador*. Medellín, serie IX, N° 47 y 48, 1919 y año 40, N° 238, 1923)

bajo la protección de la Acción Social Católica, en 1910. Pero a su lado brotaron muchas más a lo largo del siglo XIX. Para 1920 subsistían unas cuantas, consideradas como sindicatos por la endeble legislación del momento. Tal fue el caso de la Unión de Artesanos y Obreros y de la Unión General de Carreros. Por su parte, los dirigentes liberales, algunos de ellos con tenues ideas socialistas, percibieron la importancia de estas asociaciones mutuales, por lo que se dieron a la tarea de crear otras al margen del control clerical. Así sucedió con la Mutualidad del Pueblo, nacida en 1913,

las sociedades Uribe Ángel y Los Aliados en 1918, las sociedades Unión de Artesanos y Porvenir de Familias en 1919. En todo caso, las mutuarias, clericales o seculares, aunque se prolongaron casi hasta nuestros días, fueron cediendo terreno a formas organizativas más integrales y modernas que abarcaban dimensiones sociales y económicas de la vida laboral, como los sindicatos.

La acción eclesial, durante el siglo XIX, no se limitó a las mutuarias, las que al fin y al cabo eran de responsabilidad de los usuarios y no del clero. Desde una perspectiva que privilegiaba la beneficencia se crearon distintas instituciones caritativas; la más importante de ellas fue la Sociedad de San Vicente de Paúl, fundada en 1882. Integrada por prominentes varones antioqueños, la sociedad se dio inmediatamente a la tarea de educar a jóvenes aprendices en escuelas y talleres propios de la institución –continuando una tradición que se remontaba a la Escuela de Artes y Oficios del Estado Soberano de Antioquia, fundada en 1864. La Sociedad de San Vicente también incursionó en obras de beneficencia para mendigos, huérfanos, ancianos y pobres en general. Con dineros de gente pudiente como Marco A. Santamaría, construyó casas para obreros. En 1922 contaba con 70 construidas y en 1932 el número se elevó a 142. Su impronta se reflejó no sólo en las obras dejadas sino también en las gentes que desfilaron bajo su manto, como Carlos E. Restrepo, miembro fundador de la Sociedad.

Hasta comienzos de siglo, sin embargo, la actividad social del clero de Medellín no se destacaba con relación a la del resto del país; con la organización de la Acción Social Católica dicha actividad logró ejemplar éxito. Fundada por las conferencias episcopales de 1908, 1912 y 1913, bajo auspicios del Vaticano –especialmente a la luz de las encíclicas *Rerum novarum* de 1891 e *Il fermo proposito* de 1905–, la Acción Social buscó acercar al clero con el mundo de los obreros. Su intención era contrarrestar el individualismo que atomizaba a los pobres, y así salirle al paso a la posible difusión de doctrinas socialistas, consideradas peligrosas por la dosis de anticlericalismo y los ataques a la propiedad privada que encarnaban.

Como dice el padre Fernández en el epígrafe de este artículo, la Acción Social Católica no era una sola organización, sino un conjunto de instituciones que tocaban distintas dimensiones del mundo laboral. En el plano general, la Acción Social convocaba a la creación de uniones populares, inspiradas en la experiencia alemana y cuya concreción no es fácil comprobar, al menos para el caso de Medellín. Más en particular se proponía, por medio de secciones, atacar problemas económicos, sociales y educativos. Para la educación se sugerían bibliotecas parroquiales, escuelas formales profesionales y técnicas, o informales nocturnas y dominicales. Ante el alcoholismo se convocaba a la creación de sociedades de temperancia. Para salir de la miseria se proponían mutualidades, cajas de ahorro, bolsas de trabajo y diversas modalidades de cooperativismo. Y, finalmente, para buscar satisfacción integral de las distintas necesidades humanas, se llamaba a organizar patronatos para jóvenes, círculos y sindicatos de obreros, uniones profesionales e incluso asociaciones deportivas. Era, en síntesis, una propuesta integral que buscaba agrupar a los trabajadores, y a los pobres en general, en torno a la estructura eclesial, cuyo núcleo seguía siendo la parroquia.

Al contrastar esta propuesta con la realidad, se tiene que admitir que en Medellín fue donde más lejos y con más éxito llegó el clero. En 1910, por

ejemplo, renació la Congregación de Obreros de San José. Desde este momento ella fue no sólo la pieza fundamental de la acción clerical, sino también la organización matriz de muchas obras enmarcadas en la misma filosofía. Podían pertenecer a ella todos los trabajadores, desde jefes de talleres y profesionales, hasta artesanos y obreros. Pomposamente, la Congregación proclamaba que a ella pertenecían «todas las artes y oficios» de la ciudad. En 1911 decía contar con más de dos mil afiliados, número que con oscilaciones mantuvo hasta la década del treinta, cuando se convirtió en Centro Obrero de San José, el primero del departamento y seguramente del país.

La actividad de la Congregación abarcaba distintas dimensiones de la vida de los trabajadores varones, pues para las mujeres existían los patronatos. Bajo su amparo se desarrollaron cooperativas, experimentos educativos, oficinas de colocaciones, actividades recreativas y, sobre todo, espirituales. Una de las proyecciones más importantes fue la

María Cano
y Eddy Torres, 1926.
(Fotografía, Melitón
Rodríguez, Archivo
Foto Rodríguez)

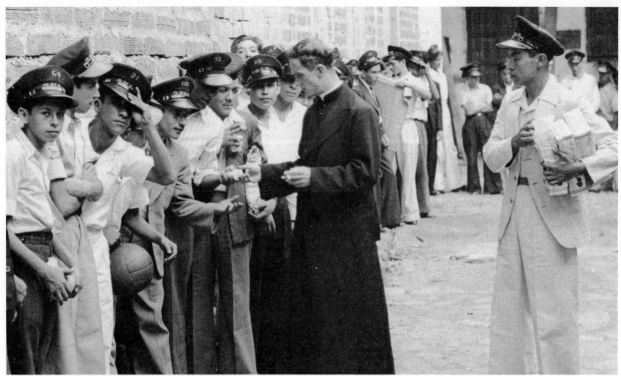

Inauguración de la sede de la Congregación de Obreros de San José en la América, Medellín 1927.
(Fotografía. *El Obrero Católico*. Medellín, año II, N° 138, 1927)

difusión del pensamiento católico por medio de la prensa; de esta forma funcionó a principios del siglo XX el periódico *Obrero;* y a partir de 1924 se inició la publicación de *Obrero Católico,* periódico de gran influjo en el obrerismo antioqueño y nacional, que subsistió casi sin interrupción hasta mediados del siglo. Su creador fue el jesuita Germán Montoya, director de la Acción Social en la década del veinte. El propósito de dichos periódicos, que a su vez reflejaba el de la Congregación y en general el de la Acción Social, era consolidar una identidad católica entre los trabajadores. Por eso se crearon en las parroquias círculos de lectores que difundían y se apropiaban del pensamiento clerical. Asociados también con los criterios católicos, pero sin formar parte de la organización clerical, estaban los periódicos *La Defensa* y, el más conocido, *El Colombiano.* El primero, en sus inicios, dijo ser difusor explícito de las obras de la Acción Social.

Mientras la Congregación de Obreros de San José se ramificaba en distintas instancias, los jesuitas, con apoyo de prestantes miembros de la élite antioqueña, decidieron organizar patronatos para jóvenes trabajadoras. El primero surgió en Medellín en 1912. Era una especie de internado para muchachas obreras o que se aprestaban a ingresar al mundo laboral. Allí se les daba, además de alimentación y dormitorio, instrucción técnica y sobre todo espiritual; se les controlaba hasta el último detalle de su tiempo libre, y se

llegaba al extremo de fomentarles la soltería. La intención era clara: disciplinar a las trabajadoras, por lo general jóvenes provenientes de los campos, para su mejor ingreso a las fábricas; y, de paso, reafirmarles su educación católica.

El Patronato, por medio de distintas secciones, prácticamente abarcó todas las dimensiones laborales que en forma ideal se planteó la Acción Social. De esta forma se fueron creando secciones como la de Conferencias Religiosas (1912), para programar las charlas que los sacerdotes daban a las trabajadoras. Ésta se reforzó en 1915 con la del Culto, orientada a organizar las ceremonias religiosas, especialmente los retiros espirituales, práctica central para los jesuitas. Con proyecciones más materiales se crearon las secciones de Restaurante en 1912, de Dormitorio en 1914, de Colocaciones –para buscar empleos– y de Recreo en 1916. En términos más económicos aparecieron las secciones de Socorro Mutuo en 1912, Ahorros en 1914, y Préstamos en 1916. Para actividades educativas se crearon las de Escuela Dominical en 1915, de Propaganda –para promocionar las buenas lecturas– y de Catequista en 1916. Finalmente, no podía faltar la Sección del Sindicato, creada en 1919, que actuaba como la organizadora de eventos masivos. Así sucedió con la misa campal del 4 de mayo del mismo año, con asistencia de más de la mitad de la fuerza laboral femenina de la ciudad, calculada en 2 150 personas.

Fue tal el éxito logrado por el Patronato que

Miembros de la Sociedad del Mutuo Auxilio de Lustrabotas, 1946
(Fotografía Carlos Rodríguez, Centro de Memoria Visual FAES)

algunas empresas no sólo lo apoyaron económicamente sino que luego desarrollaron uno propio. Ese fue el caso de Fabricato, que inauguró en 1933 el Club Patronato con la colaboración de las Hermanas de la Presentación. El Patronato, como antes la Congregación de Obreros, también fue cuna de otras formas de asociación femenina. En 1914 se creó la Congregación de Hijas de María y al año siguiente la Liga Eucarística.

Pero todo este vasto esfuerzo organizativo no se debe exclusivamente a la febril actividad del clero. Sin la colaboración de jóvenes laicos, hijos de las familias pudientes de la ciudad, la actividad habría quedado trunca. Con la mira de organizar a estos muchachos y canalizar mejor sus esfuerzos se estructuró en 1913 la Juventud Católica. Además de apoyar la labor de la Acción Social, su principal tarea fue dar instrucción a obreros y obreras por medio de las escuelas dominicales, que se transformaron en 1921, según *La Defensa*, en centros docentes católicos. Cuando la coyuntura política se tornó crítica para los conservadores, especialmente en la década del veinte, la Juventud Católica hizo apariciones políticas de manifiesto apoyo a las iniciativas del régimen.

El clero antioqueño, por último, acompañó su labor organizativa con una incansable actividad espiritual, con tintes políticos tradicionalistas. Nos referimos a la cotidiana práctica sacramental y oratoria, y especialmente a la continua convocatoria a obreros y miembros de la élite a ejerci-

cios espirituales y, a finales de la década del veinte, a las semanas sociales. Estas últimas fueron jornadas masivas de reflexión sobre la crítica situación de los pobres en la ciudad y en el país. Todo ello constituyó el despliegue clerical y laico para controlar el naciente mundo laboral.

Las organizaciones sociales modernas

A pesar de la exitosa actividad eclesial, en una ciudad con gran influencia cultural del catolicismo, el mundo laboral no pudo ser copado totalmente por ella. Esto ocurrió en buena parte porque además de los valores individualistas propios de la cultura antioqueña, subsistían tradiciones disidentes de la religión oficial; en parte, también, por problemas derivados de las mismas organizaciones clericales. Según se ha podido confirmar en esta investigación histórica, la Acción Social Católica tuvo más impacto en el mundo laboral de la industria manufacturera que en los talleres artesanales y en el sector del transporte. Esto marcó zonas de influencia aunque no totalmente delimitadas.

Anteriormente se vio la existencia de mutualidades impulsadas por dirigentes liberales o socialistas. En 1918 surgió en Medellín una ejemplar cooperativa secular conformada por artesanos y algunos intelectuales progresistas: la Sociedad de los Luchadores. Su primera tarea fue comprar una imprenta para publicar el periódico *El Luchador,* con la mira de educar al pueblo antioqueño. Aunque su impacto no fue de la magnitud del de la Acción Católica, la Sociedad de Luchadores incursionó también en la acción educativa por medio de escuelas y centros de lectura, apoyó mutualidades e incluso postuló asociaciones de colonos para zonas de frontera agrícola. Su historia se fusionaría en la misma década con la del socialismo criollo, que tuvo en Medellín uno de sus núcleos más activos.

Desde la primera década del siglo xx se venía agitando en el país la necesidad de formar una agrupación obrera distanciada de la política tradicional, especialmente conservadora. El mismo Rafael Uribe Uribe había apoyado con entusiasmo esta idea antes de su trágica muerte. En 1916 se creó el Partido Obrero, con seccional en Medellín. Allí convergían dirigentes artesanos y profesionales con el beneplácito del patricio liberal don Fidel Cano. La presencia cultural de disidencias como el teosofismo, la masonería y el espiritismo, se hacía manifiesta en estos círculos. Incluso, la existencia de sociedades de temperancia seculares, impulsadas por el mismo Rafael Uribe, dejó una impronta organizativa en la capital antioqueña.

En 1919, por fin se fundó un Partido Socialista en Colombia con una seccional en Medellín. Esta agrupación, de corte reformista, marcó un hito político en la historia del país, pues por primera vez irrumpió una fuerza electoral diferente del bipartidismo. De hecho, el socialismo logró la mayor votación en algunos puertos del Magdalena y arrebató al liberalismo el segundo lugar de las elecciones municipales de febrero de 1921, en Medellín y otras ciudades. En la capital antioqueña obtuvo 880 votos contra 2 900 conservadores y 750 liberales. Pero el socialismo de principios de la década del veinte distaba de ser una fuerza cohesionada e independiente del liberalismo. Por las tradiciones culturales de las que se nutría (disidencias religiosas, radicalismo decimonónico y anticlericalismo) el socialismo antioqueño, como el colombiano en general, era cercano al Partido Liberal. De hecho, apoyó sin reparos al general Benjamín Herrera en su fallida candidatura de 1922. Con su fracaso también se ahogó este temprano socialismo.

Sin embargo, la actividad organizativa laica continuó. En 1923 se creó en Medellín la Unión Obrera, la cual afirmó inicialmente su distancia de la política, pero terminó aliándose con el liberalismo; consiguió un relativo éxito en las elecciones municipales de ese año. La independencia política del naciente socialismo quedaba nuevamente sacrificada. A pesar de ello, la Unión Obrera contribuyó a agitar reivindicaciones sociales importantes; por ejemplo, proclamó la igualdad económica y legal de hombres y mujeres, la nacionalización de la tierra, el acortamiento de la jornada de trabajo, un salario mínimo y la no obligatoriedad del servicio militar.

Aunque el socialismo desapareció temporalmente después de 1922, sus ideales subsistieron entre la reducida intelectualidad antioqueña y algunos núcleos artesanales. En la mezcla de diletantismo bohemio con rápidas lecturas políticas, fueron formándose en Medellín algunos dirigentes de izquierda. Al abrigo de los Panidas y otros intelectuales, se desarrollaban creativas tertulias como la que funcionó en el Café Bastilla en esta época. Allí tuvieron asiento, entre otros, el poeta León de Greiff, el escritor Tomás Carrasquilla, el joven dirigente Tomás Uribe –sobrino del general Rafael Uribe Uribe y futuro secretario del Socialismo Revolucionario–, el periodista Luis Tejada y el caricaturista Ricardo Rendón. Entre humo de cigarrillo, tinto y uno que otro trago, se engendraba día a día una de las más demoledoras críticas de la hegemonía conservadora. Pero no todo era bohemia; estos jóvenes intelectuales se dieron a la tarea de organizar grupos de discusión sobre panfletos anarquistas o socialistas que caían en sus manos. Así, se habla de efímeros círculos a los que Tejada y, posiblemente, Tomás Uribe asistieron en 1920: el de Estudios Leninistas o el Grupo de los Tres Ochos –ocho horas de trabajo, ocho de estudio y ocho de descanso. Finalmente, la hostilidad de la élite conservadora antioqueña y las limitaciones profesionales obligaron a estos jóvenes intelectuales a emigrar a la capital del país. Pero con ello no desapareció el socialismo de Medellín.

Por el contrario, con el nombramiento de María Cano Márquez como Flor del Trabajo, en 1925, la causa socialista cobró nuevo ímpetu. Su antecesora, Teresita Acosta, se había limitado, como era común en las *flores del trabajo,* a una labor asistencialista y caritativa. María Cano le dio un vuelco a esta tradición, al visitar directamente las fábricas y, aventura inusitada para una mujer de la época, las minas de oro de Segovia. Pero sus visitas no eran para predicar la resignación. Con un verbo incendiario, desenmascaraba la condición miserable de los obreros y especialmente de las obreras. Su labor en torno a la identidad obrera antioqueña, por medio de himnos, banderas y especialmente la construcción de la Casa del Obrero como lugar de aprendizaje y reunión, le merecieron reconocimiento nacional. El nuevo Partido Socialista, apellidado Revolucionario (PSR) para distinguirse de agrupaciones previas, la consagró en 1926 Flor Revolucionaria del

Sede de *El Obrero Católico*, 1946
(Fotografía Carlos Rodríguez, Centro
de Memoria Visual FAES)

Trabajo y la convirtió, por pocos años, en una máxima dirigente femenina nacional. Pero, como dice el dicho, nadie es profeta en su tierra. Esa consagración nacional no le ganó afecto local y, por el contrario, le trajo desgracias no sólo con sus conciudadanos sino incluso con sus mismos camaradas. Si no hubiera sido por sus hermanas, una de ellas reconocida espiritista, y por el estrecho círculo de amigos, María Cano difícilmente hubiera subsistido después de su marginamiento político a partir de la década del treinta.

El flamante PSR, creado por el Tercer Congreso Obrero en Bogotá en 1926, se dio a la tarea de organizar al pueblo para lo que consideraban como inminente caída del dominio conservador. En ello nuevamente el socialismo coincidiría con el liberalismo, al menos con su sector más guerrerista. María Cano, la figura del PSR en Medellín –pues algunos hijos de esta tierra estaban muertos (Luis Tejada) o en el exilio interno (Tomás Uribe)–, lideró protestas, junto con dirigentes liberales,

contra el encarcelamiento de sindicalistas petroleros (1925), la reimplantación de la pena de muerte (1926) y las leyes represivas como la llamada Heroica. Desde su inicial acercamiento al socialismo revolucionario, María Cano tuvo radical apoyo liberal, concretado en el Centro Fraternidad y Rebeldía que publicaba el periódico *El Rebelde*. Tanto esta proximidad política, común a la corta historia del PSR, como la participación en el proyecto insurreccional, le costaron a María Cano el ostracismo político del nuevo Partido Comunista, creado en 1930 en Bogotá. Ella participó de la creencia, explicable por las circunstancias de crisis política que se vivían a fines de la década del veinte, de que la hegemonía conservadora tenía sus días contados. Ese anhelo era alimentado paradójicamente por los temores oficiales que veían bolchevismo en todas partes. Los socialistas revolucionarios, acompañados de algunos viejos combatientes liberales, planearon una insurrección a fines de 1929, que fue un fracaso, entre otras causas por problemas de comunicación. Con ello se hundió uno de los proyectos políticos alternativos más creativos de la historia nacional que, sin embargo, dejó huellas por las reivindicaciones reclamadas y algunas formas organizativas desarrolladas.

La protesta obrera en la década del veinte

La meteórica carrera de la Flor del Trabajo no opacó al obrerismo de Medellín; sus historias tienen mucho en común, pero también algunas diferencias, por lo menos en los rumbos que tomaron. Mientras María Cano desapareció de la escena política a partir de la década del treinta, el obrerismo marcó presencia precisamente en esos años, para saltar al protagonismo en la década siguiente, pero no dentro de los ideales de aquella mujer sino de los de la Acción Católica.

Algo común entre María Cano y el mundo laboral de Medellín fue la destacada presencia femenina; no sólo el peso cuantitativo en las fábricas, sino también cierto protagonismo social no estrictamente político. En el Medellín de la década del veinte, aparentemente controlado por el clero y la cultura patriarcal, algunas obreras sobresalieron por la denuncia de sus condiciones. Antes de María Cano, la textilera Betsabé Espinosa había cuestionado el orden social vigente. Al frente de unas trescientas cincuenta trabajadoras y de unos ciento cincuenta tímidos varones, protagonizó una de las más sonadas huelgas del decenio. En efecto, en febrero de 1920 las trabajadoras de la Fábrica de Tejidos de Bello paralizaron actividades para exigir mejoras salariales, disminución de las horas de trabajo, trato justo y decente –especialmente contra el acoso sexual de algunos vigilantes– ¡y autorización para ir calzadas a la fábrica! La huelga fue todo un éxito pues movilizó a la población de Bello y de Medellín, y contó con el beneplácito de sectores de la élite antioqueña y aun con la bendición del clero –reacción sorpresiva dada la condena explícita de la Acción Social Católica a las acciones directas de este tipo.

Antes de la huelga textilera, ya algunos trabajadores del valle de Aburrá se habían levantado para exigir condiciones laborales mínimas. Tal fue el caso de los ferroviarios en enero de 1918. En 1920, además del citado cese laboral, pararon los sastres y zapateros de Medellín (enero y febrero, respectivamente), los obreros de la Vidriera Caldas (febrero) y los tipógrafos de la Imprenta Industrial (marzo). En mayo de 1923 lo hicieron los matarifes de plazas de la ciudad; en mayo de 1924 los voceadores de lotería y en agosto los trabajadores del periódico *Antioquia Liberal*. En agosto de 1927 pararon los taxistas, quienes repitieron en junio de 1929. En este mismo mes se presentó otra famosa huelga textilera, esta vez en Rosellón, empresa donde el descontento se venía gestando desde 1927 cuando hubo un accidente ocasionado por la caída de un muro. A pesar de las promesas, a los afectados no se les pagó indemnización y las condiciones de trabajo siguieron siendo peligrosas. Por ello, en 1929 cerca de ciento ochenta y cinco trabajadoras y de quince varones pararon para reclamar la destitución del administrador y aumentos salariales. La huelga no tuvo el éxito de la de Bello, en parte por las duras circunstancias políticas nacionales: el gobierno conservador veía una insurrección en cada huelga y un bolchevique en cada trabajador. Por tanto «el palo no estaba para cucharas» en términos de negociación laboral, y así lo sintió la textilera de Rosellón. En todo caso, se habían dado los primeros pasos para denunciar las injusticias laborales que vivían, y para mostrar que la mujer trabajadora antioqueña no era tan dócil como deseaban el clero y los empresarios.

¿Quiere decir esto que las fuerzas *satánicas* triunfaron en la organización de los obreros antioqueños? A la luz de lo visto, no sólo sería dudosa una respuesta afirmativa, sino descabellada. La actividad huelguística en el valle de Aburrá representaba cerca del diez por ciento del conjunto nacional, cifra no despreciable pero distante de la esperada para la zona más industrializada del país. En ciudades como Bogotá y Barranquilla, o en los puertos del río Magdalena, la proporción de protestas fue mayor. La actividad de la Acción Social Católica se hacía sentir. Esta hipótesis se ratifica cuando observamos los sectores donde se ejerció la huelga. Salvo los dos casos textileros anotados y la fábrica de vidrios, el resto ocurrió en actividades artesanales, de transportes y tipográficas, tres gremios en los que la influencia clerical fue menor, entre otras razones por su marcada indisciplina.

Pero tampoco podría afirmarse un éxito rotundo de la Acción Social Católica. La situación real, como suele suceder, fue mucho más compleja. Tomemos el caso de la huelga textilera. Si bien ella fue responsabilidad de las trabajadoras, pues los varones al principio se resistieron a acompañarlas, la Acción Católica tuvo participación. Aunque ella no organizó la huelga, la apoyó o la soportó, tal vez con la intención de propiciar reformas entre los empresarios más tacaños y reacios. Sin embargo, ello mismo fue contradictorio con el planteamiento social católico que no veía con buenos ojos las acciones de fuerza. A regañadientes, el clero antioqueño tuvo que aceptar que no sólo había reivindicaciones justas, cosa que en el papel reconocía, sino que las odiadas huelgas –armas *satánicas* proclamadas por los socialistas– eran legítimas en ocasiones. Los extremos se acercaban. Ello produjo mayor reflexión en los agentes de la Acción Social Católica; y aprendieron la lección, como se reflejará en la creación de la Unión de Trabajadores de Antioquia, Utrán, en el decenio del cincuenta.

El balance de la actividad organizativa obrera de Medellín no permite sacar conclusiones definitivas sobre el éxito de una u otra estrategia, pues en realidad existieron más de dos. Lo que esto enseña es la existencia de conflictos laborales que, independientemente de quienes querían acallarlos o proclamarlos a viva voz, movían a algunos trabajadores y trabajadoras. Allí no ganó definitivamente ni Satán ni la Cruz.

Ahora bien, observando los sectores laborales específicos sí puede haber alguna inclinación de la balanza para un lado u otro. Entre los ferroviarios, tipógrafos, sastres, zapateros y otros gremios artesanales, el discurso radical anticlerical caló más, y su práctica fue más indisciplinada en términos del capital. Por el contrario, entre los trabajadores de la industria manufacturera, en su mayoría mujeres, la obra de la Acción Social Católica con el apoyo empresarial logró mayores éxitos. Y ésta era la mano de obra moderna, la que correspondía al imaginario del típico proletariado.

Pero si esa es la lectura balanceada de los resultados locales del conflicto social, la conclusión no puede ser la misma cuando se mira la política, que necesariamente se refiere al marco nacional. Los socialistas, y en particular la carismática figura de María Cano, tuvieron en la década del veinte su «cuarto de hora». Fracasaron, no tanto por falta de voluntad o por traición a ideales abstractos del proletariado, sino por errada captación de la coyuntura. Y en ello fueron alimentados por las voces del bando contrario: las de la hegemonía conservadora, en las que militaron abiertamente no pocos jóvenes católicos y algunos clérigos. Lo

que se vivía en Colombia a fines de dicha década no era una situación preinsurreccional, sino un profundo descontento con la gestión conservadora, fruto del abandono del Estado de una función clave: crear consenso y servir de árbitro para dirimir los conflictos laborales. Socialistas, conservadores y algunos liberales pensaban que la única salida a la cuestión social era por la fuerza: insurrección o represión violenta. Sólo algunos liberales e intelectuales reposados percibieron que en esos extremos no estaba la salida; que había que hacer una doble tarea: dotar al Estado de capacidad mediadora en el plano laboral y fortalecer la organización legal de la clase obrera, dándole carta de ciudadanía. Como quien dice: «Ni tan cerca que queme al santo ni tan lejos que no lo alumbre». Esa fue la visión que ganó las elecciones de 1930 y dejó a la vera del camino la hegemonía conservadora y la pretendida insurrección socialista.

NOTAS

1. Jesús María Fernández, S. J., *La Acción Social Católica en Colombia*, Bogotá, Arboleda y Valencia, 1915, p. 39.

Bibliografía

Arango, Luz Gabriela, *Mujer, religión e industria*, Medellín, Universidad de Antioquia-Universidad Externado, 1991.

Archila N., Mauricio, *Cultura e identidad obrera*, Bogotá, Cinep, 1991.

Bernal, Jorge y Ana María Jaramillo, *Sudor y tabaco*, Medellín, Sintracoltabaco, 1987.

Bustamante, Víctor, *Luis Tejada*, Medellín, Babel, 1994.

Mayor, Alberto, *Ética, trabajo y productividad en Antioquia*, Bogotá, Tercer Mundo, 1985.

Mejía, Gilberto, *El comunismo en Antioquia*, Medellín, Ediciones Pepe, 1986.

Osorio, Iván Darío, *Historia del sindicalismo antioqueño, 1900-1986*, Medellín, IPC, 1987.

Uribe, Tila, *Los años escondidos*, Bogotá, Cerec-Cestra, 1994.

Villegas, Hernán Darío, *La formación social del proletariado antioqueño*, Medellín, Concejo de Medellín, 1990.

Primeras comuniones durante el II Congreso Eucarístico Nacional realizado en 1935.
(Fotografía Francisco Mejía, Centro de Memoria Visual FAES)

Patricia Castro H.

Beneficencia en Medellín, 1880-1930

«Centavo de
Navidad», 1918
(*Sábado*. Medellín,
N° 65, 1922)

A FINALES DEL siglo XIX,
Medellín –como otras ciu-
dades colombianas– apenas
era una aldea que aspiraba a
poseer el estatus de ciudad. Su
consolidación como centro urbano estuvo acompañada de la
dificultad de enfrentar la pobreza,
el marginamiento, la precariedad y el
hacinamiento en las viviendas, así como la
desnutrición y las deficiencias de salubridad pública producidas por el rápido crecimiento de la población. Entre 1883 y 1912, la población se
duplicó al pasar de 37 237 a 70 547 habitantes[1].

Frente a la pobreza e insalubridad apareció
una nueva sensibilidad social que en contraposición con la caridad cristiana se expresó en términos de asistencia y filantropía, reforzada por la
política social católica que, bajo el papado de
León XIII (1878-1903), trató de neutralizar los
conflictos entre trabajadores y patronos en la
Europa de fines del siglo XIX. La nueva alternativa
consistió en crear instituciones que canalizaran
las limosnas, las donaciones y los auxilios oficiales para solucionar la situación de miseria de una
población en la que aumentaba el número de
enfermos, ancianos, mujeres y niños desposeídos;
y que a su vez permitieran combatir la ociosidad y
transformaran a pobres y mendigos en seres útiles
para el trabajo.

Sociedad de San Vicente
de Paúl

La Sociedad de San Vicente de Paúl fue fundada
en Medellín en 1882 por un grupo de notables, entre los cuales merecen destacarse por su prestancia
social y política: Mariano Ospina Rodríguez,
Abraham Moreno, Ricardo Escobar, Wenceslao
Barrientos y Estanislao Gómez. El objetivo específico de esta institución era atender la miseria física
y moral de los habitantes de la ciudad.

Entendida como una sociedad permanente de
caridad, su finalidad fue suministrar asistencia a
los pobres, visitar y socorrer a los desvalidos,
difundir entre éstos «consuelo y esperanza», impartir instrucción primaria a los niños pobres y a
los presos, y procurar ocupación productiva a las
personas indigentes, en especial a las mujeres, que
tuvieran aptitudes para el trabajo.

En sus primeros años la Sociedad, por medio
de la Sección Limosnera, se ocupó principalmente
de la entrega de dineros a familias necesitadas,
para el pago de sus viviendas y para la consecución de alimentos; esta sección se encargaba
además de visitar a las familias auxiliadas, con
el fin de obtener una información verídica sobre
éstas, retirar las limosnas a aquellas que no lo
merecieran y darlas a quienes reunieran las condiciones exigidas por el reglamento.

Las «visitas domiciliarias» destinadas a la localización de los «buenos pobres» se volvieron cada
vez más rigurosas. En 1893 la Sección Limosnera
suprimió las limosnas a mendigos; restringió la lista de auxiliados a pobres que vivieran en «casas
bien reputadas» y exentos de vicios como el alcoholismo, «el desenfreno» y las malas costumbres; y
recomendó no hacer visitas –requisito indispensable para la obtención de auxilios– a mujeres jóvenes que viviesen solas, ya que si existían tantas
personas por socorrer era preferible aliviar los males de aquellas que no presentaran inconvenientes
para la buena reputación de la Sociedad.

El gran crecimiento de la población ocasionado
por la migración hacia la ciudad hizo que el problema de la vivienda popular llegara a un punto
crítico. En 1896 el Consejo de la Sociedad autorizó
a las tres subdivisiones de la Sección Limosnera
para que arrendasen algunas casas en los respecti-

Casa de Mendigos, ca. 1910. (Fotografía Benjamín de la Calle. *Medellín el 20 de julio 1910.*
Leipzig, s. f., Álbum Sociedad de Mejora Públicas, 1910)

vos barrios que tenían a cargo y cedieran la renta a las familias auxiliadas.

La primera subdivisión tenía a su cargo la vigilancia del lado derecho de la quebrada Santa Elena (Barrio Norte), donde arrendaba once casas con las que auxiliaba a 21 familias. La segunda vigilaba el barrio de la banda izquierda de la quebrada hasta la calle Maturín. Contaba con 20 casas con las que socorría a 24 familias y patrocinaba a ocho niños en la Casa de Beneficencia. La tercera se encargaba del Barrio Sur (desde Maturín hasta Guayaquil), donde atendía a 31 familias con la ayuda de siete casas. Llamadas Casas de San Vicente, en varias oportunidades se hicieron desocupar para conservar en el barrio «la moralidad y disciplina apetecibles».

La Sociedad también fue consciente de la importancia de la educación primaria como instrumento para inculcar la religión, la moralidad y el orden social, propagar conocimientos y fomentar el desarrollo económico. En 1887 abrió una escuela nocturna para impartir lecciones de religión, lectura, escritura, aritmética, gramática y dibujo lineal a trabajadores y artesanos.

Carlos E. Restrepo, como director de la Sección Docente a cuyo cargo estaba la escuela, resaltaba en 1897 la importancia que para el Departamento representaba la creación de nuevas escuelas nocturnas no sólo en Medellín sino también en los demás municipios. Afirmaba que «dando de noche al pueblo que trabaja de día, una instrucción sólida y sana, haremos por Antioquia más de lo que nuestras aspiraciones regionales prevén, y nos anticipamos a poner vallas al socialismo, el cual después de que se desborda no se detiene»[2].

En 1907 funcionaban siete escuelas nocturnas en el Puente de La Toma (con 47 alumnos), Guanteros (68), Cárcel de Varones (72), Pichincha (85), Villanueva (190), Penitenciaría (174) y Talleres de San Vicente (46). Gracias al impulso que la administración del presidente Rafael Reyes dio a la enseñanza nocturna, estas escuelas eran ya sostenidas por los gobiernos nacional y municipal; la Sociedad se limitaba a estimularlas con visitas y premios para los alumnos.

En 1889 la Sección Docente decidió fundar los Talleres de San Vicente para recoger el mayor número de niños desamparados y darles alimentación y asilo, inculcarles principios morales y religiosos, enseñarles una profesión lucrativa, y formar así «ciudadanos útiles, laboriosos y honrados» que a su vez fueran respetuosos de la autoridad y amantes del trabajo. Se resolvió, en primer lugar, que se enseñaría la industria de los tejidos, ya que ésta «no muy tarde será un factor más de la riqueza pública»[3].

Los talleres se abrieron el 1º de noviembre de 1889 con seis huérfanos. Los jóvenes se ocupaban de la elaboración de tejidos de lana, algodón, cabuya y pita y confeccionaban frazadas, telas, toallas, ruanas de hilo y camisetas, labores que estaban obligados a realizar so pena de recibir castigos como amonestaciones en privado o en público, privación de paseos, encierro, privación de comidas, castigos corporales moderados o, por último, expulsión. El reglamento contemplaba también la obligación de que los jóvenes observaran buena conducta y todas las prescripciones de moralidad, orden y aseo acostumbradas en los establecimientos de educación, así como la asistencia a las clases de educación primaria, y concurrir a la misa todos los domingos, confesarse y comulgar.

En 1910 fueron clausurados los Talleres por falta de recursos y los pocos jóvenes que aún quedaban fueron colocados en la industria privada o entregados a sus acudientes.

El Externado Industrial de San Vicente fue creado por la Sección de Amparo en 1899 y administrado por la Asociación del Sagrado Corazón de Jesús. Con el fin de proporcionar «educación industrial» a jovencitas, el Externado Industrial inició labores con talleres de tipografía y encuadernación; igual que las Escuelas Nocturnas y los Talleres de San Vicente, fueron considerados una de las principales obras de la Sociedad.

Estas obras fueron quizá las más importantes en su género, ya que coadyuvaron en gran medida en la formación de una fuerza laboral disciplinada y capacitada, y así proporcionaron a la naciente industria una mano de obra respetuosa de la autoridad y amante del trabajo.

En su intento por mejorar las condiciones de vida de los «desheredados de la fortuna», la Sociedad emprendió en 1890 la creación de la Agencia de Pobres y la Caja de Ahorros. Con la primera se intentó proporcionar trabajo a personas que carecieran de él. La Caja de Ahorros, por su parte, trató de fomentar hábitos de ahorro entre los trabajadores como una nueva forma de ayuda al desvalido, y utilizó las Escuelas Nocturnas para enseñar a artesanos, peones, criados y otros las ventajas de dicha actividad.

En 1892, ante la carestía de los artículos alimenticios, el consejo de la Sociedad decidió crear la Cocina Económica en la que se suministraba una porción diaria y gratuita de alimentos, consistente en un cuarto de libra de carne, un cuarto de libra de panela y sal, a las familias necesitadas. En 1902 funcionaban dos cocinas que repartían un promedio de quinientas raciones diarias.

Debido a la experiencia alcanzada con las cocinas económicas, la Sociedad se hizo cargo de la alimentación en los establecimientos de castigo, en 1895. Esta nueva actividad llevó a que la Sociedad tomara conciencia de las necesidades de los detenidos, los presos y los reos, en lo referente a la defensa de sus derechos civiles. El 7 de mayo de 1897 se estableció la Secretaría de Pobres con el fin de ayudar a éstos cuando eran objeto de procesos criminales en su contra, procurándoles defensores idóneos, y de mejorar la suerte y condición de los reclusos en dichos establecimientos.

Asociación del Sagrado Corazón de Jesús

Se estableció en Medellín en julio de 1871, por iniciativa de un grupo de damas de la alta sociedad, quienes bajo la dirección del presbítero José Dolores Jiménez se asociaron para promover la instrucción de los ignorantes en la doctrina cristiana, reformar sus costumbres y aliviar las

El Manicomio
Departamental
hacia 1921.
(*Sábado*.
Medellín,
Nº 11, 1921

Orfelinato de
San José,
ca. 1938
(Fotografía
Francisco Mejía,
Centro de
Memoria Visual
FAES

necesidades materiales de éstos por medio de obras de misericordia. Su personería jurídica sólo se reconoció en 1883 con el decreto 389 del 17 de abril del mismo año.

Para atender a los ancianos y desvalidos, la Asociación fundó el Asilo de Ancianos y la Casa de Refugio en 1873. Además, a través de los centros dominicales impartió educación religiosa a niños y empleadas domésticas. Para evitar la «perdición» de niñas desvalidas creó la Casa de Jesús, María y José en 1893, donde se las capacitaba en diversos oficios y se les impartía la enseñanza del catecismo.

Hospital
San Juan de Dios

En los inicios de este siglo, Medellín sólo contaba con el Hospital San Juan de Dios para el socorro de los enfermos pobres. El Hospital, que funcionaba desde el siglo XVIII y que desde 1876 era administrado por las Hermanas de la Caridad o de la Presentación, se costeaba con fondos del gobierno departamental; y era un lugar de aislamiento de enfermos sin recursos, para ayudarlos a «bien morir», más que un lugar de curación.

En 1911 nace la idea de acondicionar plenamente el Hospital para prestar un servicio más moderno y responder así a las necesidades de una ciudad en franco crecimiento, idea que sólo llegó a materializarse en 1913, cuando por iniciativa del industrial Alejandro Echavarría se creó la junta directiva del Hospital San Vicente de Paúl para construir el Hospital en las afueras de la ciudad. Finalmente, en 1916 se inicia su construcción y después de grandes esfuerzos económicos, como la venta de la estampilla de San Vicente, el centavo de Navidad, numerosas rifas y donaciones, se inauguró en 1934. Las instalaciones del Hospital San Juan de Dios pasaron a ser el Hospital del Ferrocarril.

Casa de Enajenados
y Manicomio Departamental

A principios de 1875 la Junta Suprema del Hospital del Estado de Antioquia u Hospital San Juan de Dios, presidida por el gobernador Recaredo de Villa, inicia una colecta entre los principales vecinos de Medellín para fundar una casa de enajenados. Según informe del síndico de la Casa de Enajenados, de 1890, la colecta se dio porque durante una reunión de la asamblea liberal en la cárcel, los dementes no permitieron, con sus ruidos y alborotos, deliberar a este cuerpo político; se pensó, por tanto, realizar una colecta y conseguir una casa para trasladarlos allí.

La Casa de Enajenados comenzó a funcionar en 1878 bajo los auspicios del Concejo Municipal con el fin de trasladar allí a los locos que permanecían en la cárcel del Distrito. El Municipio pagaba el local y daba quince pesos diarios por cada loco y el gobierno departamental cien pesos mensuales; se nombró como primer director al doctor Tomás Quevedo y como administradora a doña María de Jesús Upegui, quien desde su juventud se había dedicado a los pobres. La ley 127 del 17 de marzo de 1882 creó el Manicomio Departamental, donde fueron aislados tanto los locos recluidos en la Casa de Enajenados como los que vagaban por las calles de la ciudad.

A pesar de la preocupación por recoger a los dementes y de que la dirección del Manicomio estuvo en manos de prestigiosos médicos como Tomás Quevedo, J. B. Londoño y Uribe Calad, la actitud frente a ellos no se modificó sustancialmente: el aislamiento en condiciones locativas infrahumanas fue la base de la mayor parte de los tratamientos; además, la camisa de fuerza, el cepo, las jaulas, el procedimiento contra la locura «furiosa e indomable», los baños fríos, el bromu-

Uno de los comedores de las Escuelas Populares de Medellín en 1941 (Fotografía Francisco Mejía, Centro de Memoria Visual FAES)

ro y la trementina fueron otros tratamientos que los enajenados recibieron.

En cuanto a los estudios sobre las causas de la locura, los especialistas seguían considerando la herencia como factor primordial; y puesto que el mayor número de enfermos eran campesinos pobres y sirvientes, los especialistas creían que «tan elevado porcentaje se debe a la degeneración de la raza»[4].

Casa de Mendigos

Mediante el acuerdo N° 7, de julio de 1889, se creó la Junta Reglamentaria de la Mendicidad, cuya tarea fundamental era fundar una casa para atender a los mendigos que recorrían las calles de la ciudad. La Casa comenzó a funcionar en 1891 bajo los auspicios del Concejo Municipal, en las inmediaciones del barrio Villanueva. Aunque su objetivo inicial fue recluir a los indigentes que recorrían las calles de la ciudad, la Casa recogió a toda clase de pobres, tanto adultos como niños abandonados, pues era difícil rechazarlos dada la escasez de instituciones que pudieran satisfacer sus necesidades. Muchos de los asilados allí no eran propiamente mendigos ya que en el establecimiento residía un alto porcentaje de enfermos, con padecimientos como tisis, sífilis, bubas, tifoidea, disentería y trastornos mentales.

Al finalizar el siglo xix, la Junta Reglamentaria de la Mendicidad comprendió la necesidad de confiar la Casa a una comunidad religiosa para su mejor organización. En 1900 se celebró en Bogotá el contrato con las Hermanas de la Presentación para que éstas se encargaran desde entonces de su administración.

La Beneficencia y la niñez

Una de las más importantes instituciones de beneficencia encargadas de la asistencia de los niños pobres fue la Gota de Leche. Fundada en 1917 por la Asociación de Madres Católicas y atendida por las Hermanas de la Presentación, su objetivo fue proporcionar un litro de leche diario a niños menores de seis meses que no podían ser alimentados por sus familias. En 1918, para completar la labor de la Gota de Leche, se fundaron las Salas-Cunas destinadas a recibir niños de madres trabajadoras. El doble objeto de las Salas-Cunas fue recoger a los niños para atender su educación y subsistencia, y aligerar el trabajo doméstico de las madres obreras para facilitar la colocación de éstas en las fábricas y así incrementar los exiguos ingresos familiares.

Otras instituciones creadas para la atención de los niños fueron el Orfelinato de San José en 1915 y el Club Noel en 1916. El Orfelinato dio albergue y educación a niños huérfanos, quienes debían permanecer en la institución hasta que estuvieran en capacidad de ganarse la vida honradamente o hasta que personas honorables, a juicio de la junta directiva, se encargasen de educarlos adecuadamente. Por su parte, las socias del Club Noel confeccionaban vestidos para repartirlos a los niños en los días de Navidad y de Reyes. Posteriormente, en 1923, el Club creó la Clínica Noel en las instalaciones del Hospital San Juan de Dios, para atender niños sin recursos.

La clínica se sostenía con el producto de la Lotería Noel; pero, posteriormente, al establecerse en 1926 la Lotería de Medellín, la Asamblea Departamental resolvió suspender la Noel y dar a la clínica un auxilio mensual de 1 000 pesos. Más tarde este auxilio fue suspendido y la clínica redujo sus servicios a tres enfermos.

En 1932, al trasladarse los enfermos del Hospital San Juan de Dios al Hospital San Vicente de Paúl, el Club Rotario tomó cartas en el asunto para poner de nuevo en funcionamiento la clínica. Al lograr un auxilio de 500 pesos mensuales, de los gobiernos departamental y municipal, la clínica reanudó sus servicios.

La élite local entendió que el Estado, sin renunciar al apoyo de personas caritativas, debía proporcionar bienestar y seguridad a los ciudadanos, y afrontar el financiamiento y manejo de las instituciones de beneficencia. Sin embargo, el resultado final fue la subrogación de estas obligaciones en las comunidades religiosas y en los particulares, quienes asumieron la asistencia como la materialización de los principios cristianos, de la caridad y de la moral católica, y que en buena medida liberaron al Estado de la carga de su sostenimiento.

Las instituciones creadas tuvieron como objetivos fundamentales la moralización, la educación y el control de los sectores marginados. El propósito era formar individuos disciplinados, eficientes y sanos que interiorizaran el valor del trabajo y amoldaran sus costumbres al modo de vida impuesto por la disciplina fabril.

La consolidación del proceso de incorporación de los sectores desposeídos de la ciudad podría entenderse como una solución estratégica para moderar las diferencias sociales o atemperar los conflictos; como descargo de una conciencia de culpabilidad social, o, también, como la proyección social de una moral católica profundamente arraigada. En buena medida, las instituciones de beneficencia fueron las únicas que pudieron establecer un puente entre ricos y pobres, entre la ciudad y el campo; ellas produjeron un mínimo de bienestar social en la ciudad al servir de discretas mediadoras entre los ciudadanos que podían aportar dinero, ropa y comida, y aquellos que necesitaban estos elementos. Constituyeron mecanismos que paulatinamente fueron dotándose de medios de organización racional, orientados hacia la formación, capacitación y disciplinamiento de una población inmersa en un rápido proceso de urbanización y de industrialización.

NOTAS

1. *Anuario estadístico del Distrito de Medellín*, Medellín, Litografía e Imprenta J. L. Arango, diciembre, 1916, p.3.

2. Sociedad de San Vicente de Paúl de Medellín, *Memoria del presidente y discurso del socio Antonio Mejía leídos en la sesión solemne del 20 de julio de 1897*, Medellín, Imprenta del Departamento, 1897, p. 26.

3. «Carta de la Sección Docente de la Sociedad de San Vicente de Paúl al presidente del Concejo Municipal», *Archivo Histórico de Medellín*, Concejo Municipal de Medellín, Informes y Asuntos Varios, T. 242.

4. «Informe de J. B. Londoño, médico director del Manicomio», *Informe del secretario de Gobierno*, Imprenta del Departamento, 1916, p. 62.

Bibliografía

Brew, Roger, *El desarrollo económico de Antioquia desde la independencia hasta 1920*, Bogotá, Banco de la República, 1977.

Castro H., Patricia, *Beneficencia en Medellín, 1880-1930*, Medellín, monografía de grado, Universidad de Antioquia, Departamento de Historia, 1994

Enriqueta Sofía, *Hermanas Dominicas de la Presentación. Provincia de Medellín 1930-1980*, Medellín, Bedout, 1980.

García, Julio César, *Bodas de oro. La Sociedad de San Vicente de Paúl, 1882-1932*, Medellín, Tipografía del Externado, 1932.

Ramírez U., Ulpiano, *Historia de la Diócesis de Medellín. Segunda parte, 1886-1902*, Medellín, Tipografía de San Antonio, 1922.

Reyes, Catalina, *¿Fueron los viejos tiempos tan maravillosos? Aspectos de la vida social y cotidiana de Medellín, 1890-1930*, Medellín, tesis de maestría en Historia, Universidad Nacional, Facultad de Ciencias Humanas, 1993.

Villegas, Hernán Darío, *La formación social del proletariado en Antioquia*, Medellín, Concejo de Medellín, 1990.

Patricia Londoño

Religión iglesia y sociedad, 1880-1930

EN LA PROVINCIA de Antioquia, durante el período colonial, la Iglesia no fue importante como institución en el sentido tradicional de América Latina. En contraste con otras partes del territorio que luego sería Colombia, como el altiplano cundiboyacense, Pasto o Cartagena, donde abundaron las órdenes religiosas, Antioquia, en vez de conventos, frailes o religiosos, tuvo un activo clero secular sentado en los dispersos poblados, laborando en parroquias y viviendo de una profusión de capellanías.

Sin embargo, a partir de la segunda mitad del siglo XIX aumentó la presencia institucional de la Iglesia, y los valores religiosos llegaron a ser un elemento importante en la cultura antioqueña. Al cerrar el siglo y comenzar el presente este grupo fue visto como el más católico en Colombia, país que era considerado entonces como uno de los más católicos en América. En el decenio de 1960 Antioquia contaba aún con el mayor número de parroquias en el país, el mayor número de sacerdotes en relación con sus habitantes, el mayor número de vocaciones religiosas masculinas y femeninas, y la mayor cantidad de asociaciones devotas, por lo regular ligadas a las parroquias.

Este artículo se centra en las comunidades religiosas y en las asociaciones devotas que desplegaron su actividad en Medellín entre 1880 y 1930. Estos dos elementos han sido poco estudiados y permiten formarse una idea de la presencia de la Iglesia y de la religiosidad en dicho período.

Las comunidades religiosas

A partir del último cuarto del siglo pasado, en especial desde la firma del Concordato de 1887, al mejorar las relaciones entre las iglesias y el Estado, después de años de conflictos ocasionados por las reformas liberales, la Iglesia emprendió una reorganización en todo el país y parte de este trabajo fue llevado a cabo por las comunidades religiosas. La labor del clero secular y de las monjas en la educación y en instituciones de beneficencia (hospitales, orfelinatos y otros centros para socorrer a los abandonados, los ancianos y los enfermos) sin duda contribuyó al grado de cohesión de la sociedad colombiana. Con mayor razón en Antioquia, pues allí la actitud positiva frente a la religión, no sólo abrió las puertas a las comunidades religiosas, sino que creó un ambiente fecundo para las vocaciones. Desde el último cuarto del siglo XIX, muchas de las comunidades religiosas que llegaron a Colombia se asentaron en Antioquia, y la región vio surgir cinco comunidades propias.

Entre 1850 y 1930 se establecieron en el país 15 comunidades religiosas masculinas y 29 femeninas. En este período se radicaron en Antioquia ocho comunidades masculinas y 20 femeninas. La mayor parte inició actividades durante el segundo y el tercer decenios del siglo XX. Casi todas eran extranjeras, provenientes de España, Italia y Francia. Una de las comunidades masculinas y cuatro de las de monjas fueron fundadas en Antioquia, una de éstas en Medellín: la Congregación de Siervas del Santísimo y de la Caridad, establecida en 1903 por iniciativa de María de Jesús Upegui Moreno, con fines caritativos.

Gran parte de las comunidades religiosas de ambos sexos activas en Antioquia se instalaron en Medellín y repartieron su tiempo, las masculinas entre el trabajo parroquial y la enseñanza, y las monjas entre la educación y la caridad.

En 1915 en Antioquia se localizaba el mayor número de comunidades religiosas masculinas del país. De 72 casas de comunidades masculinas, Antioquia albergaba 16. Según el censo de 1938, mientras el país tenía 2.3 religiosos por cada 100 000 hab., en Antioquia esta proporción era de 19.3.

Novicias de la Presentación, ca. 1932
(Fotografía Francisco Mejía, Centro de Memoria Visual FAES)

De acuerdo con el censo de 1851, en Antioquia había sólo 21 religiosas, todas de clausura y pertenecientes a las Carmelitas Descalzas. En contraste, Cundinamarca tenía 164. En 1892, la Diócesis de Medellín, que abarcaba la mitad del territorio antioqueño, tenía 54 monjas: 24 eran del Convento de las Carmelitas y el resto eran Hermanas de la Caridad. En 1915 Antioquia ocupaba el segundo lugar en cuanto al número de religiosas: 457, el 20% del total nacional. En 1938 había 1 189 monjas, lo cual daba una proporción de 11.6 por cada 10 000 habitantes, por encima de 6.6 que era la proporción nacional.

Las comunidades religiosas masculinas

Desde los eclesiásticos activos en Medellín en-tre 1880 y 1930, los más influyentes fueron los jesuitas. Habían regresado al país en 1842, y a los dos años estaban de nuevo en Antioquia. En Medellín fueron muy bien recibidos y se hicieron cargo de la Iglesia de San Francisco y del Colegio Académico. Gracias a su labor aumentó el fervor religioso. Captaron una audiencia masiva a través del público de la Iglesia de San Francisco –hoy San Ignacio–, el cual convirtieron en el más importante de la ciudad. Además impusieron la costumbre de los ejercicios espirituales, de las prédicas de los Viernes Santos y organizaron tres congregaciones piadosas: para estudiantes la Congregación de la Anunciación, para artesanos la Congregación de San José y para señoritas la Congregación de la Inmaculada Concepción o Corte de María. En 1846 abrieron el colegio de San José y al poco tiempo emprendieron la edificación de una iglesia con el mismo nombre. (*Véase* Cuadro 1)

Expulsados de nuevo del país en 1850, retornaron en 1858, pero esa vez no alcanzaron a llegar a Antioquia, pues tuvieron que volver a salir de Colombia en 1861. Gracias a un contrato firmado por el entonces gobernador, Marceliano Vélez, regresaron a Antioquia en 1886, esta vez para quedarse. Ese año abrieron el Colegio de San Ignacio, que llegó a ser uno de los más importantes para la clase alta en la ciudad. Promovieron una serie de asociaciones devotas, además de continuar las tres que habían fundado en 1846. Se destacan la Asociación de la Buena Muerte (1886), el Apostolado de la Oración (1887), la Congregación Mariana (1899), la Asociación de Madres Católicas (¿1915?) y la Acción Social Católica (1917).

A partir de la segunda década del siglo XX los jesuitas cumplieron un papel decisivo en el intento de darle un contenido católico a la «cuestión social». En Medellín lograron cambiar las viejas asociaciones de contenido piadoso por sociedades de ayuda mutua y, después de 1930, por sindicatos católicos. En esta etapa su apostolado estuvo dirigido sobre todo a la naciente clase obrera de Medellín.

Los Hermanos de las Escuelas Cristianas y los Salesianos combinaron labores docentes y obras de caridad. Los Hermanos Cristianos llegaron a Colombia en 1890 y se establecieron directamente en Medellín, donde se ocuparon del Instituto de Educación Cristiana, que había sido fundado en 1883 por el obispo. Por medio de dicho establecimiento patrocinaron varias escuelas gratuitas. Se ocuparon también de la Casa de Huérfanos. En el mismo año fundaron el Colegio de San José para alumnos de clases acomodadas. En 1909 iniciaron el programa de la sopa escolar en un local cerca de la Plaza de Flórez, con apoyo del Concejo de Medellín y de la Sociedad de San Vicente de Paúl, para mejorar la alimentación de los niños de sus escuelas.

Los Salesianos llegaron en 1912 y se hicieron cargo del hospicio y escuela para jóvenes desamparados conocido como el Dormitorio del Limpiabotas y Niños Desamparados. Además fundaron el Instituto de Artes y Oficios, una escuela industrial, la cual en 1922 tenía talleres de sastrería y zapatería. En 1925 se agrega un taller de mecánica, y posteriormente un taller de encuadernación y una tipografía. Más tarde se convirtió en el Instituto Salesiano Pedro Justo Berrío, con primeros egresados en 1930.

Algunas comunidades se dedicaron a atender el trabajo parroquial y el culto, los seminarios y las misiones. Los Franciscanos, quienes habían estado en Medellín entre 1803 y 1821, regresaron en 1895 y en 1900 se encargaron de la entonces humilde Capilla de San Benito. Los Hermanos de la Bienaventurada Virgen María del Monte Carmelo (Padres Carmelitas Descalzos) llegaron a Medellín en 1911 y se ubicaron en el barrio Manrique donde construyeron una iglesia sencilla y un convento. A los Misioneros del Inmaculado Corazón de María (Claretianos), establecidos en Medellín en 1925 por iniciativa del arzobispo M. J. Cayzedo, se les confió el templo de Jesús Nazareno. La Orden de Recoletos de San Agustín (Padres Agustinos Recoletos) llegó en 1929 y asumió la Iglesia de San Miguel y el noviciado de las Hermanas de la Presentación.

Las comunidades religiosas femeninas

Desde el último cuarto del siglo pasado las comunidades religiosas femeninas asentadas en la región tendieron a desempeñar un rol apostólico en función de la educación y de la asistencia social. En 1930 las únicas monjas contemplativas en Antioquia eran las Carmelitas y las Clarisas.

De las religiosas establecidas en Antioquia entre 1850 y 1930, las más importantes, tanto por la cobertura como por la variedad de sus formas de apostolado, fueron las Hermanas de la Caridad Dominicanas de la Presentación de la Santísima Virgen de Tours, conocidas como Hermanas de la Caridad o de la Presentación. (*Véase* Cuadro 2).

Las primeras cuatro hermanas llegaron a Medellín en 1876 y se pusieron al frente del Hospital San Juan de Dios. En 1880 se les sumaron otras siete que fundaron el Colegio de la Presentación.

Una multitud salió a esperarlas en Buenos Aires, en las afueras de la ciudad, y para darles la bienvenida hubo una solemne función religiosa en la Catedral.

En 1898 se encargaron del manicomio de Medellín. En la segunda década del siglo XX manejaban la Casa de Mendigos (1915), el Orfelinato de San José (1915) y la Clínica Noel (1916), creada ese mismo año por el Club Noel y anexada en 1923 al Hospital San Juan de Dios. En 1918 asumieron las salacunas, guarderías populares que complementaron la labor de las Gotas de Leche creadas en la ciudad el año anterior.

Pocos años después las Hermanas de la Presentación empezaron a administrar el Patronato de María Inmaculada y de San Francisco Javier, más conocido como el Patronato de Medellín (1923) y ese mismo año inauguraron la Casa de la Merced, otro dormitorio para obreras entre 12 y 18 años de edad. En 1930 fundaron la Casa de Jesús, María y José, cuyo objetivo era regenerar «jóvenes caídas», que ayudaban a sostenerse con su trabajo, haciendo costuras o colocándose en casas de familia. Por último, en ese mismo año, la comunidad estableció un noviciado en el barrio Los Ángeles al nororiente de Medellín. También abrieron sedes en los pueblos.

Otras religiosas que repartieron su tiempo entre la caridad y la educación fueron las Hermanas de Nuestra Señora de la Caridad del Buen Pastor y las Hijas de la Caridad de San Vicente de Paúl (Hermanas Vicentinas). Las monjas del Buen Pastor estuvieron al frente de una Escuela de Artes y Oficios Femeninos, entre 1889 y 1992, dedicada a reeducar «mujeres caídas». En 1914 dirigieron la Escuela Tutelar, fundada por Francisco de Paula Pérez para recluir delincuentes del sexo femenino menores de edad, y menores acusadas por mal comportamiento doméstico.

Más concentradas en la beneficencia estuvieron la Congregación de Siervas del Santísimo y de la Caridad, las Hijas de María Auxiliadora (Salesianas) y las Hermanitas de los Pobres. La primera de ellas fue fundada en 1903, abrió la Casa de la Misericordia en 1929, para dar asilo a niños y jóvenes abandonados menores de doce años. Las Salesianas, establecidas en Medellín en 1906, estuvieron al frente de la Casa Taller de María Auxiliadora, donde les enseñaban a trabajadoras jóvenes a lavar, planchar, costura, bordado y otros oficios domésticos. En 1915 las Salesianas fundaron un colegio de secundaria para señoritas. Las Hermanitas de los Pobres, una orden francesa, llegó en 1913 para encargarse del Asilo de Ancianos de Medellín fundado en 1873.

CUADRO I
COMUNIDADES RELIGIOSAS MASCULINAS
ACTIVAS EN MEDELLÍN 1850-1930

Fecha de llegada a Medellín	Nombre de la comunidad	País de origen	Año de fundación	Fecha de llegada a Colombia	Funciones
1720?-1767 1844-1850 Regresan 1885	Compañía de Jesús	España	1540	1603	Enseñanza, parroquial
1803-1821 Regresan 1895	Orden de los Franciscanos	Italia	1209	1509	Enseñanza, parroquial
1890 ó 1883?	HH. de las Escuelas Cristianas o Hermanos Cristianos	Francia	1680	1890	Caridad, Enseñanza
1911	Orden de los Carmelitas Descalzos	España	1588	1909	Misiones, parroquial
1915	Pía Sociedad Salesiana o Salesianos	Italia	1859	1890	Enseñanza, caridad parroquial
1925	Misioneros del Inmaculado Corazón de María o PP. Claretianos	España			Misiones, parroquial
1929	Orden de los Recoletos de San Agustín o PP Agustinos Recoletos	Italia	1559	1604	Parroquial, misiones

* Si tiene ? indica fecha de referencia más temprana hallada

CUADRO 2
COMUNIDADES RELIGIOSAS FEMENINAS ACTIVAS EN MEDELLÍN 1850-1930

Fecha de llegada a Medellín	Nombre de la Comunidad	Nombre País de origen	Año de fundación	Fecha de llegada a Colombia	Funciones
1782 ?	Carmelitas Descalzas	España	1562	1606	Contemplativa
1876	Hermanas de la Caridad Dominicas de la Presentación de la Santísima Virgen de Tours	Francia	1694	1873	Caridad, enseñanza, misiones
1890 ?	Congregación de Nuestra Señora de la Caridad y del Buen Pastor	Francia	1829	1890	Enseñanza, caridad
1899	Compañía de María Nuestra Señora o Religiosas de la Enseñanza	Francia	1607	1783	Enseñanza
1903	Congregación de Siervas del Santísimo y de la Caridad	Medellín	1903	—	Caridad
1906	Congregación de Hijas de María Auxiliadora o salesianas	Italia	1872	1897	Enseñanza
1913	Congregación de Hermanitas de los Pobres	Francia	1839	1889	Caridad
1920 ?	Congregación de Hijas de la Sabiduría	Francia	1703 ?	1905	Enseñanza, misiones
1929 ?	Hermanas de la Caridad de San Vicente de Paúl o Vicentinas	Francia	1591	1882	Caridad, enseñanza
1930	Madres de la Sociedad de Sagrado Corazón de Jesús España	Francia	1800	1907	Enseñanza

En 1921 se trasladaron a un nuevo y amplio edificio en San Juan con Girardot, donde permanecen actualmente. Por último, alrededor de 1920 las Hijas de la Sabiduría abrieron en Medellín un instituto para ciegos y sordomudos.

Las Religiosas de Nuestra Señora de la Enseñanza (o Compañía de María) llegaron a Medellín en 1899, con el fin de abrir un colegio para niñas de familias acomodadas. Las Madres de la Sociedad del Sagrado Corazón tuvieron en 1930 un establecimiento similar en el sector de El Poblado y una escuela gratuita para niñas pobres.

Las asociaciones devotas

Entre 1850 y 1930 aumentaron en Medellín y en los pueblos de Antioquia la cantidad, variedad e importancia de las asociaciones devotas creadas bajo la forma de cofradías, congregaciones, cofraternidades, sociedades, coros, uniones o ligas. Promovidas sobre todo por los párrocos y los jesuitas, dichas asociaciones estuvieron abiertas a hombres y mujeres de variada extracción social. Aparte de su finalidad piadosa y de su deseo de difundir la doctrina cristiana, algunas ejercieron además la beneficencia, encargándose de hospitales y colegios, o estimularon formas de ayuda mutua entre los grupos menos favorecidos de la sociedad.

Las sociedades pías no fueron un rasgo típico de la sociedad medellinense, ni de este período. Las hubo en épocas anteriores y en otras partes de Antioquia, de Colombia y de otros países. Lo llamativo para los años en estudio fue lo numerosas que llegaron a ser en Medellín (55) y en Antioquia (188; la mayor parte de estas sedes alternas eran de las de Medellín).

Por lo regular los socios o afiliados recibían una banda, medalla o escapulario como constancia de su membrecía, cuyo tamaño, color o forma podía variar según su categoría. Era obligatorio lucir tales emblemas para asistir a la misa dominical, a los desfiles, procesiones y peregrinaciones. Si un socio se portaba mal, se le confiscaban; por tanto su posesión era una especie de certificado público de buena conducta. En las celebraciones colectivas cada asociación desplegaba sus estándares o banderas pacientemente bordados con sus símbolos. Todo ello infundía cierto sentimiento de respeto, de importancia y de propósito en la vida, tanto para quienes las elaboraban como para quienes las portaban u observaban. Los beneficios recibidos por los miembros de las asociaciones piadosas se medían en términos de una mejor vida eterna, pues la pertenencia y la ejecución de ciertas actividades piadosas, según constaba en los estatutos, otorgaban indulgencias, y además otorgaban beneficios terrenales, no sólo derivados de las formas de ayuda mutua, sino para llenar de significación sus vidas, por procurarles un pasatiempo. No se puede olvidar que, comparada con la actual, aquélla era una época con menos alternativas institucionales de realización personal. (*Véase* Cuadro 3).

Congregación de Obreros de San José

Conocida también como Congregación de Artesanos de San José y de la Asunción o Cofradía de Hijos de San José, fue fundada en Medellín en 1846 por los jesuitas, con sede en la Iglesia de San Francisco, hoy San Ignacio. Al poco tiempo llegó a tener 600 congregantes.

En 1910 fue revivida con el nombre de Centro de Industriales y Obreros o Congregación de Industriales y Obreros de San José. Además de artesanos, agrupaba a trabajadores de todas las artes y oficios, y empleados y profesionales como médicos y abogados. En 1912 alcanzó el mayor número de afiliados, unos 6 000. Entre 1911 y 1919 abrió sucursales en varios pueblos antioqueños. De acuerdo con los estatutos, sus objetivos eran «... fomentar entre artesanos, industriales y obreros la vida cristiana, ayudarse mutuamente en sus profesiones y en la vida ordinaria, instruirse moral e intelectualmente, y procurarse recreaciones honestas en los días de descanso».

Los socios tenían la obligación de asistir a misa los domingos y festivos y no trabajar en dichas fechas. En los eventos en los que participaba la Congregación debían lucir una cinta azul en el pecho, con la medalla de la Virgen.

Entre sus principales obras figuran la dotación de una sede propia (1911), con salones para sesiones de las juntas, reuniones de los socios, conferencias educativas o recreativas, un patio cubierto para juegos y recreo, y una biblioteca. El periódico *El Obrero* (*véase* Cuadro 4), órgano de la congregación y medio educativo, circuló de mayo de 1911 a marzo de 1914, con un tiraje de 1 400 ejemplares. La Botica de San José (1911), una Caja de Ahorros (1911), una Cooperativa de Consumo (1911) para los socios que presentaran un testimonio firmado por el director de la Congregación. Una Oficina de Información (1912) a donde, sin pagar comisión, podían acudir los empresarios a buscar maestros oficiales o peones bien recomendados. Por último, una Sección de Auxilios Mutuos (1913) donde, a cambio de pequeñas cuotas semanales, se ofrecía a los afiliados medios de subsistencia en caso de enfermedad y un modesto entierro en caso de muerte.

SOCIEDADES DEVOTAS EN MEDELLÍN, 1850-1930

Fecha *	Nombre	Sede	Sexo	Número de miembros (fecha)	Miembros	Creadores	Santo patrono	Año hasta el cual duró **
1789 ?	Cofradía de Nuestra Señora de los Dolores	Medellín	F				Nuestra Señora de los Dolores	1924
1786	V Orden Tercera de San Francisco de Asís	Medellín					San Francisco de Asís	
1846	Congregación de San José	Medellín El Poblado La América	M	600 (1846) 6 000 (1912)	Artesanos Empleados Profesionales	Jesuitas ?	San José y la Asunción de La Virgen	1934
1846	Congregación de la Anunciación y San Luis Gonzaga	Medellín	M		Señores	Jesuitas ?	La Anunciación; San Luis Gonzaga	1910
1846 ?	Corte de María	Medellín	F		Señoras Señoritas	Jesuitas	La Inmaculada Concepción	
1871	Asociación del Sagrado Corazón de Jesús	Medellín	F	628 (1874) 1209 (1888)	Señoras Señoritas	Conservadores laicos	Sagrado Corazón de Jesús	1916
1872	Sociedad Católica	Medellín	M		Señores	Conservadores		1877
1873	Asociación de Hijas de María	Medellín	F		Señoras Señoritas		La Inmaculada San Luis	1933
1881?	Cofradía de las Mercedes	Medellín						
1881?	Cofradía de San Benito	Medellín					San Benito	
1881?	Cofradía del Espíritu Santo	Medellín					Espíritu Santo	
1881?	Cofradía del Corazón deMaría	Medellín					Corazón de María	
1881?	Cofradía de San Juan de Dios	Medellín					San Juan de Dios	
1881?	Cofradía del Santísimo	El Poblado						
1882	Sociedad Pequeña del Sagrado Corazón de Jesús	Medellín	F		Niñas	Sotero A. Martínez, Pbro.	Sagrado Corazón	
1882	Asociación de Madres Católicas	Medellín	F		Madres		Santa Mónica Nuestra Señora de los Dolores La Inmaculada	1927

* Indica año de fundación; si va con ?, de la referencia más temprana que se halló.
** Indica la referencia más tradía que se encontró.

Fecha *	Nombre	Sede	Sexo	Número de miembros (fecha)	Miembros	Creadores	Santo patrono	Año hasta el cual duró **
1882	Cofradía de la Inmaculada Concepción	Medellín	M		Jóvenes			
1886	Cofradía del Santísimo Corazón de Jesús	Medellín Iglesia de la Veracruz	F-M			Bernardo Herrera Obispo de Medellín	Jesús Sacramentado	1893
1886	Asociación de la Buena Muerte	Medellín Iglesia de San Francisco	F-M		Señores Señoras Señoritas	Jesuitas	Virgen de los Dolores y San José	1924
1890 ?	Cofradía de la Virgen del Carmen	Medellín					Virgen del Carmen	1920
1887	Apostolado de la Oración	Medellín Iglesia de San Francisco	F-M			Jesuitas	Sagrado Corazón de Jesús.	1993
1891 ?	Liga de Damas Católicas o Unión de Damas Católicas	Medellín, Belén	F		Mujeres trabajadoras	Bernardo Herrera Obispo de Medellín	Sagrado Corazón de Jesús.	1929
1894	Asociación de la Adoración Reparadora	Medellín Iglesia de la Veracruz Iglesia de San José. Luego casi todas las parroquias	F-M					1927
1899	Congregación Mariana de Jóvenes	Medellín	M		Jóvenes			1904
1900 ?	Cofradía de La Merced	Medellín Capilla de San Benito						1900
1904 ? 1842 ?	Congregación de Obreros de Nuestra Señora de la Candelaria	Medellín	M		Obreros		Nuestra Señora de la Candelaria	1927
1904	Cofradía del Viacrucis	Medellín	M	150 (1913)	Señores	Jesús María Jaramillo	Jesús Crucificado o Sacramentado	1913
1908 ?	Asociación del Apostolado Doméstico del Sagrado Corazón de Jesús	Medellín					Sagrado Corazón de Jesús	1908

Fecha *	Nombre	Sede	Sexo	Número de miembros (fecha)	Miembros	Creadores	Santo patrono	Año hasta el cual Duró **
1908 ?	Asociación del Inmaculado Corazón de María	Medellín					Inmaculado Corazón de María	1908
1908	Coro de la Comunión Reparadora	Medellín						1908
1908	Liga Eucarística	Medellín						1908
1908	Confraternidad de La Doctrina Cristiana	Iglesia de la Veracruz La Catedral	F					1908
1910	Obra de los Tabernáculos o Iglesia de los Pobres	Medellín	F		Señoras Señoritas	Manuel José Cayzedo, arzobispo de Medellín		1921
1911	Congregación de la Santa Pureza	Medellín	F-M					1921
1913	Comité Diocesano del Congreso Eucarístico Nacional	Medellín	FM		Señores Señoras	Manuel José Cayzedo, arzobispo de Medellín		1913
1913 ?	Círculo de Obreros Católicos	Medellín	M		Obreros y propietarios		La Inmaculada Sagrado Corazón de Jesús	1913
1913	Juventud Católica	Medellín	M		Estudiantes Maestros Obreros Jóvenes		La Inmaculada Sagrado Corazón de Jesús	1932
1922	Vanguardias de la Juventud Católica	Medellín	M		Niños	Juventud Católica	La Inmaculada San Gabriel de la Dolorosa	1922
1917 ?	Acción Social Católica de la Arquidiócesis de Medellín	Medellín	F-M					1960
1917	Asociación Unión Caritativa del Clero	Arquidiócesis	M		Sacerdotes	Sacerdotes de Arquidiócesis		1921

Fecha *	Nombre	Sede	Sexo	Número de miembros (fecha)	Miembros	Creadores	Santo patrono	Año hasta el cual duró **
1919	Asociación Nocturna de San Benito	Medellín					San Pascual Bailón	1919
1919	Congregación Mariana de Jóvenes o Jóvenes de la Inmaculada Concepción	Medellín	F-M	50 (1950) 270 (1920)	Empleados Mujeres Jóvenes Estudiantes Comerciantes	Jesús Jaramillo Manuel José Caycedo Arzobispo de Medellín	La Inmaculada San Luis Gonzaga San Estanislao Kostka, S.J.	1922
1921?	Asociación de Nuestra Señora de las Victorias	Medellín					Nuestra Señora de las Victorias	1921
1923?	Sociedad de Obreros de San Vicente	Medellín			Obreros		San Vicente	1923
1923?	Sociedad de Obreros del Apostolado	Medellín			Obreros			1923
1923?	Sociedad de Obreros de la Virgen del Carmen	Medellín			Obreros		Virgen del Carmen	1923
1923?	Sociedad de Obreros del Corazón de Jesús	Medellín			Obreros		Sagrado Corazón de Jesús	1923
1923?	Sociedad de Obreros de las Benditas Animas	Medellín			Obreros		Benditas Animas	1923
1923?	Sociedad de Obreros de San Zacarías	Medellín			Obreros		San Zacarías	1923
1924?	Asociación de San Pascual Bailón	Medellín					San Pascual Bailón	1924
1924?	Pía Unión de San Benito	Medellín					San Benito	1924
1924?	Asociación de Agonizantes de San José	Medellín					San José	1924
1925	Propagación de la Fe	Medellín en: La Catedral, El Sufragio, Seminario						1925
1927	Confraternidad de Jesús, José y María	Medellín					Jesús, José, María	1927
1927	Congregación de la Adoración	Medellín						1927

CUADRO 4

PUBLICACIONES PERIÓDICAS DE LAS ASOCIACIONES
DEVOTAS EN MEDELLÍN 1850-1930

ASOCIACIÓN	PUBLICACIÓN
Sociedad Católica	La Sociedad Medellín (1872-1876)
Apostolado de la Oración	La Familia Cristiana Medellín (1906-1932)
Congregación de Obreros de San José	El Obrero Medellín (1911-1914)
Comité Diocesano del Primer Congreso Eucarístico Nacional	Mensajero Eucarístico Medellín (1913-)
Acción Social Católica de la Arquidiócesis de Medellín	El Social Medellín (1917-1919)
Congregación Mariana de Jóvenes o de la Inmaculada Concepción	Antioquia por María Medellín (1919-1930)
V. Orden Tercera de San Francisco de Asís	La Buena Prensa Medellín (1920 ? -)
Juventud Católica	El Obrero Católico Medellín (1925-1960 ?)

En el desarrollo de las actividades de la Congregación se propició, en ocasiones de manera bastante explícita, un acercamiento entre los estratos sociales. Ello ocurría, por ejemplo, durante las fiestas de sus santos patronos –la Asunción, San José, y la Inmaculada– y en las «veladas», fiestas de carácter familiar organizadas cada mes en el Colegio de San Ignacio para brindar esparcimiento a los congregantes.

Sociedades Católicas

Surgieron en el decenio de 1870 en varios estados del país para defender doctrinas de la Iglesia, combatir ideas corruptas y ayudar a los pobres. Publicaron artículos de prensa, organizaron ejercicios espirituales y combatieron el liberalismo y la educación laica que éste trataba de imponer.

La Sociedad Católica de Medellín inició sesiones en 1872 en la Iglesia de San José, por un grupo de laicos, la mayoría de familias acomodadas, encabezados por Mariano Ospina Rodríguez, quienes se consideraban a sí mismos como «... simples milicias que se organizan para salir a campaña en el momento del peligro», según publicó el periódico La Sociedad.

Asociaciones del Sagrado Corazón de Jesús

Surgieron en Colombia a comienzos del decenio de 1870 para señoras de clase alta, con dirigentes masculinos. La de Medellín fue fundada por iniciativa de un grupo de laicos conservadores en 1871 con el propósito de propagar la doctrina cristiana, reformar las costumbres y ejercer la misericordia. Para lograr estos objetivos, promovió misiones al campo, ejercicios espirituales, colaboró con las parroquias, creó hospitales y casas de asilo y fundó escuelas y colegios, todo ello con fondos recogidos en bazares, rifas, costureros y donaciones de simpatizantes. Muchas de sus afiliadas eran esposas de miembros de las Sociedades Católicas, como Henriqueta Vásquez de Ospina, Elena Uribe de Vásquez, Ana Vélez de Jaramillo, Virginia Obregón y Rosalía Eusse de Restrepo. Contaba con varias secciones: Caritativa, Limosnera, Catequista, de Culto, de Costura y Docente. Las cofrades se trataban en términos de «hermanas» y portaban el escapulario del Sagrado Corazón de Jesús rodeado de la Corona de Espinas, la Llaga del Costado y la Cruz.

Entre las principales obras de la Asociación figuran: Asilo de Ancianos Desvalidos (1873-1912), Refugio de Mendigos (1884), Escuela de Artes Domésticas para señoritas pobres (1910) y Taller de la Joven Desamparada, creado en 1894 por la Sociedad San Vicente de Paúl, el cual 1912 quedó a cargo de la Asociación.

La Asociación participó activamente en procesiones, desfiles y peregrinaciones con sus vistosas banderas y estandartes. Parece que en cada parroquia de la Diócesis de Medellín y de Antioquia se organizó una sede alterna de la Asociación.

Congregación de Hijas de María

Originadas en Barcelona en el siglo XIX, la de Medellín fue establecida en 1873 en la Iglesia de la Candelaria, gracias a las gestiones adelantadas por la señora Mariana Arango de Restrepo. En 1893 se trasladó a la Iglesia de San Ignacio. En 1930 aún seguía activa en Medellín y en varias poblaciones antioqueñas.

Recibía únicamente mujeres solteras, obedientes y modestas. Las socias, aparte de rendir culto a María, debían recoger limosnas, enseñar el catecismo a los niños pobres y prepararlos para la primera comunión. Las Hijas de María que quisieran dedicarse de manera especial al servicio de la Virgen, podían ingresar a la Corte de María, un grupo selecto, con un rito de iniciación aparte. Entre éstas figuraron mujeres de familias distinguidas, pero también las hubo de origen popular, por ejemplo, obreras de Fabricato.

Juventud Católica

Se fundó en Medellín en 1913 para estimular en los jóvenes la piedad, procurar su bienestar espiritual y material, y prepararlos «... por medio de la pluma y la palabra...» para convertirlos en defensores de la Iglesia, y para fomentar la educación cristiana de los obreros. Admitía jóvenes entre 16 y 30 años. Al comienzo ingresaron, sobre todo, estudiantes y maestros, y luego obreros. Sus miembros se dedicaban a la enseñanza y a la propaganda católica a través de hojas volantes, folletos y libros. En 1927 la Juventud Católica auspició en Medellín una serie de Escuelas Dominicales para obreros en los barrios Gerona, Guayaquil, La Toma, Sucre, Villanueva y Tenche. Entre 1925 y los años cincuenta editó el periódico semanal *El Obrero Católico*. Desde la década del veinte, la Juventud Católica estuvo vinculada a la Acción Social Católica, organización que termina por asimilarla en 1932. De ahí en adelante se conoce como Juventud Obrera Católica, inspirada en el «jocismo» europeo, sobre todo belga, que se difundió por todo el país.

Entre 1912 y 1933 se crearon sucursales de la Juventud Obrera en varios municipios antioqueños, dotadas de bibliotecas públicas. Las Vanguardias de la Juventud Católica fueron semilleros conformados por niños de 10 a 16 años.

Acción Social Católica, ASC

Con este nombre se estableció una serie de asociaciones en la nación, para contrarrestar el influjo de las ideas comunistas y socialistas entre los trabajadores. Parece que donde más éxito tuvieron fue en Antioquia. La sede de Medellín se fundó hacia 1917 merced al entusiasmo de los jesuitas. La ASC organizó a los obreros apoyándose en organizaciones mutuales, congregaciones y patronatos ya existentes. Su base principal fueron las parroquias y uno de sus medios de difusión de las Escuelas Dominicales. Publicó el periódico *El Social*. En 1921 abrió el Centro Docente Católico de Obreros. La ASC llegó a abarcar la Juventud Católica, los Centros Obreros, las Vanguardias Católicas y el Patronato de Obreras de Medellín. Tuvo bastante injerencia en la censura de prensa, las campañas contra el cine, los espectáculos teatrales y el juego.

En Antioquia, a fines del siglo pasado y principios del presente, era usual que la gente se agrupara en numerosas asociaciones voluntarias: devotas, cívicas, gremiales, literarias, de temperancia, teatrales, musicales, etc. Las devotas fueron las más abundantes. Estas formas de sociabilidad sugieren un deseo de progreso, de alcanzar un bienestar espiritual y material. Son la expresión de una sociedad civil compleja y articulada, optimista y constructivista. Inculcaron motivaciones para acciones públicas y ayudaron a adecuar los comportamientos privados a la realidad social y cultural. En general era bien visto pertenecer a ellas, salvo por las mentes más avanzadas o liberales, que las satirizaron, como lo hizo el viajero español Pierre D'Espagnat a su paso por Medellín en 1890. Le llamó la atención «la contristada multitud de mantillas arrodilladas que arrastraban por las lozas un luto eterno y fascinador». Agrega que en casi todas las familias había una «víctima involuntaria», «tal vez por un hastío prematuro de la vida, acaso por una ardiente aspiración desviada de su curso, o por la añoranza de un novio».

Para concluir, en la sociedad medellinense de aquel entonces los valores religiosos, fomentados en gran medida a través de las comunidades religiosas y de una red de asociaciones devotas, le dieron bastante cohesión a la sociedad antioqueña, y sirvieron de puente entre las clases, al unificar expectativas y metas. Fueron un referente cultural común que relegó a un segundo plano las diferencias sociales.

Bibliografía

Arango, Gloria Mercedes, *La mentalidad religiosa en Antioquia. Prácticas y discursos, 1828–1885*. Medellín, 1993.

— *Anuario de la Iglesia Católica en Colombia*. [Bogotá], 1938.

Restrepo Gallego, Beatriz, «Religiosidad y moralidad en Antioquia», Gobernación de Antioquia, *Memoria de Gobierno*, t. I, Medellín, 1990.

Gómez, Antonio J., *Monografía eclesiástica y civil de Medellín por un sacerdote secular colombiano*, Medellín, 1952.

Hermana Teresa de la Inmaculada, *¿Quién ha educado la mujer en Colombia?*, Bogotá, 1960.

Pérez, Gustavo, e Isaac Wurst, *La Iglesia en Colombia. Estructuras eclesiásticas*, Bogotá, 1961.

Piedrahita, Javier, Pbro., *Historia Eclesiástica de Antioquia*, Medellín, 1992.

Warming, S. Hoeg, «La Santa Iglesia Católica», en Ministerio de Fomento, *Boletín Trimestral de Estadística Nacional de Colombia*, N° 1, Bogotá, 1892.

Catalina Reyes Cárdenas

Vida social y cotidiana en Medellín, 1890-1940

EL MEDELLÍN de las décadas del veinte y del treinta que contemplamos en fotos de este siglo como una apacible y pequeña ciudad, no corresponde a la imagen que sobre ella tuvieron los hombres y mujeres que vivieron en esa época. En las primeras cuatro décadas del siglo XX la ciudad sufrió cambios dramáticos que afectaron la vida de sus habitantes. No pocas veces se quejaron los vecinos de la rapidez, trajín y exceso de modernismo al que estaban sometidos. Aun en la revista *Progreso*, órgano de la Sociedad de Mejoras Públicas y vocero autorizado de la modernización y del progreso local, el escritor Alfonso Castro se quejaba de que no valía la pena «tanta rapidez, ni tan monstruosa falsificación de la cultura. El hombre moderno rodeado de aparatos, cables, alambres, máquinas y laboratorios y bibliotecas es más antiguo»[1].

No sólo aumentaba en forma considerable la población de la ciudad, la cual pasó de 37 237 habitantes en 1883 a 168 266 en 1938, sino que su aspecto físico, su equipamiento urbano y su ritmo de vida se transformaban. La ciudad sufrió, como muchas otras de Latinoamérica y del país, un proceso de modernización económica relacionado fundamentalmente con la vinculación a la economía internacional. La actividad de Medellín como centro comercial, sus numerosos negocios de exportación y trilla de café y su acelerada industrialización hicieron que este proceso fuera significativo dentro del contexto nacional. Su éxito económico dinamizó y volvió más compleja la sociedad local; la especialización y diferenciación de actividades y oficios aumentó; la élite se consolidó económicamente y la clase media, antes casi inexistente, cobró importancia. De ella empezaron a formar parte la burocracia local, los policías, los maestros, los administradores y empleados de almacenes, los tenderos, y otros más.

Los grupos sociales

En el siglo XIX poseer un título universitario significaba pertenecer a la élite; en el siglo XX esta posibilidad se extendió a sectores medios e incluso a estudiantes pobres destacados de localidades alejadas de Medellín, los cuales recibían becas del Ferrocarril de Antioquia o de la misma Facultad de Minas, en el caso de los ingenieros. Aunque en 1917 Medellín sólo contaba con 56 médicos, 61 ingenieros, 73 abogados y 37 dentistas, este grupo era representativo en la ciudad y muchos de ellos participaban activamente en la vida política y cívica de Medellín, y pertenecían a la Sociedad de Mejoras Públicas y al Concejo Municipal. Las asociaciones científicas y profesionales, como la Academia Médica de Antioquia y la Sociedad Antioqueña de Ingenieros, tenían gran importancia y eran voces acatadas en los asuntos urbanos. Si bien el número de personas con estudios superiores aumentó lentamente, cada vez se volvía más clara la opinión de que la educación era un factor importante de ascenso social.

Los capitalistas, como se llamaba en esta época a los grupos de élite, hasta la década del cuarenta no llegaron a representar más del cuatro por ciento de la población local. Ejercían diversas actividades: algunos eran propietarios de fincas o minas, otros se dedicaban a la exportación de café y una buena parte a las actividades comerciales. A pesar de esta variedad de ocupaciones, hasta bien entrada la década del cuarenta se siguieron considerando el comercio y la posesión de almacenes como signo de prestigio.

La primera década del siglo XX, con su inestabilidad monetaria y con los efectos de la guerra de los Mil Días, fue un período especialmente propicio para aventuras y negocios de especulación. La facilidad para conseguir dinero, pero también para perderlo, caracterizó esta inestable época. Muy pocas fortunas del siglo XX son las mismas de la segunda mitad del siglo XIX. Nuevos ricos surgidos en la ciudad o procedentes de otros lugares cercanos o lejanos entraron a competir con los comerciantes tradicionales, y surgieron nuevos apellidos como Ángel, Mora, Sierra y Olano. Se vivió un proceso de movilidad social muy bien descrito por Tomás Carrasquilla en novelas como *Grandeza*. Quienes por su dinero lograban entrar al mundo de la élite, para legitimar su ingreso renunciaban a sus orígenes y adoptaban las maneras «elegantes y europizantes de las élites locales». A pesar de que muchos de los nuevos ricos procedían de zonas rurales, se manifestaba, según Carrasquilla, un desprecio por lo campesino, «por lo mañé» -palabra acuñada por este escritor y que se refiere a lo campesino, a lo no urbano y poco refinado-. Palabras como *zambo*, *ñapango*, *caranga* y *negro* se generalizaron, y si anteriormente implicaron características raciales, cada vez sirvieron más en estos años para señalar a los advenedizos que querían ocupar un lugar entre lo principal de la ciudad.

El progreso económico de Antioquia, y en particular de Medellín, reforzó el mito de la *raza paisa*. La mayoría de los autores locales de principios de siglo coinciden en que el componente racial antioqueño «es español, castellano, con un poco de sangre semítica en sus venas»; esta última raza explicaba la inteligencia y la comprensión en los negocios de los paisas. También concuerdan en que los componentes indígena y negro son insignificantes. Los negros se caracterizaban como pillos, perezosos, viciosos, bulliciosos e indisciplinados y, obviamente, de la clase pobre.

Don Tulio Opina Vásquez, en la introducción a su *Protocolo hispanoamericano de la urbanidad y el buen tono*, texto que tenía la firme intención de *civilizar* a los nuevos sectores medios, asegura que mientras las clases altas locales son cultas, «las populares, descendientes en gran parte de indios y negros cuyos abuelos eran salvajes hace apenas dos o tres siglos, se hallan atrasadísimas en materia de cultura»[2].

La nueva clase media, cercana en su forma de pensar a la élite, luchó con tenacidad por su ascenso y reconocimiento social. Como armas esgrimió la dignidad, el decoro, la laboriosidad y su capacitación intelectual y técnica. Como virtud practicó rigurosamente el ahorro para mejorar su nivel de vida. Su ánimo de imitación de la clase alta la hizo seguidora de la moda, aun desafiando sus escasos recursos. Y su afán de culturizarse la

Primera comunión de Olga Vélez y sus hermanas en 1936
(Fotografía Rafael Mesa, Centro de Memoria Visual FAES)

hizo consumidora de periódicos, revistas y libros que circularon durante los treinta primeros años del siglo. Ante la imposibilidad de ser socia de los selectos clubes privados, convirtió el café en su lugar predilecto de sociabilidad, donde discutía sobre política, ciencia y arte. La Cantina de la Mora, el Disloque, el Globo y el Chanteclair fueron sitios frecuentados por los hombres.

La vida de la clase media no fue fácil, y la vida digna y decorosa tambaleaba ante cualquier eventualidad. La pérdida de empleo o problemas de salud fácilmente truncaban todos los sueños de movilidad y ascenso. En la obra de teatro *Susana* del escritor local, bastante popular a principios de siglo, Gabriel Latorre, se describe descarnadamente la vida de este sector. «Es el eterno clisé de todos los desheredados. El pan que no alcanzamos a saborear siquiera, ya conseguido, porque va empapado de amargura. Las ropas amarillentas retocadas... la casa escueta de muebles, reluciente de limpieza, con toda esa meticulosidad que está proclamando a gritos ¡hay pobreza! Las economías pueriles del tabaco suprimido, de las corbatas vueltas y rehechas, los botines remontados, de las bujías apagadas... La ausencia de los extras gratos de la vida y todas las superficialidades costosas que la embellecen. Las prendas comunes para todas las mujeres de la casa, los embustes sociales y los pretextos inventados para sostener el rango...»[3].

La situación de los maestros era particularmente difícil; no sólo sus sueldos eran bajos sino que muchas veces no les pagaban. En el archivo de correspondencia de Clodomiro Ramírez Botero, gobernador en dos ocasiones y ministro de Gobierno de Carlos E. Restrepo, reposan numerosas solicitudes de maestros en las que piden que les consiga otro empleo. Uno de ellos argumenta: «hace ocho años que trabajo en la instrucción pública y aunque la enseñanza me proporciona un gran placer, veo que continuar en ella es continuar una vida de sufrimientos y privaciones... quisiera un destino de más decente remuneración»[4].

Es cierto que la laboriosidad, la honradez, el ahorro, la tenacidad y la instrucción llevaron a algunas pocas familias de clase media a ascender socialmente y a conquistar su ingreso en el mundo de la élite, pero en realidad una inmensa mayoría vivió entre la estrechez, la humillación y la pobreza, la cual se hacía más angustiosa cuando había que llevarla con dignidad y decoro.

Modernización y modernidad

El caso de Medellín en los primeros 30 años del siglo XX se puede caracterizar como un proceso de modernización tradicional[5]. La ciudad vivió una acelerada transformación económica y tecnológica, pero avanzó lenta y desigualmente en los aspectos político, social y cultural. La Iglesia en la segunda mitad del siglo XIX, en particular bajo el régimen de Pedro Justo Berrío, ocupó un lugar predominante en el control social. A finales del siglo XIX y en la primera década del XX la llegada de varias comunidades religiosas masculinas y femeninas procedentes de Europa -Hermanas de la Presentación, Hermanos Salesianos, Compañía de María, Hermanitas de los Pobres, Hermanos Cristianos- y, sobre todo, la eficaz presencia de los jesuitas garantizaron instituciones educativas, asociaciones cristianas y prácticas cotidianas que hicieron de la ciudad un ejemplo de sociedad férreamente católica dentro del contexto nacional. El rosario en familia, los primeros viernes, el culto al Sagrado Corazón de Jesús y los ejercicios espirituales reforzaron el ambiente religioso, los mecanismos de control y el reconocimiento social de todos los que se mantenían dentro de las normas de la moral religiosa.

Las Asociaciones Católicas femeninas y masculinas fueron una pieza clave para garantizar la influencia de la Iglesia dentro de los distintos sectores sociales. El Apostolado de la Oración, la Liga Eucarística, las Cruzadas Eucarísticas, la Asociación de Apostolado Doméstico del Sagrado Corazón, las Madres Católicas y las Hijas de María fueron algunas de las principales. En los sectores obreros se destacó la Asociación Católica San José Obrero y los Patronatos de Obreras bajo el tutelaje de los jesuitas y la administración de las hermanas de la Presentación. Asimismo, el arzobispo Manuel José Cayzedo, quien tuvo a su cargo los destinos religiosos de la ciudad entre 1906 y 1934, le dio cohesión y fortaleza a la Iglesia local.

A pesar de los denodados esfuerzos de la Iglesia y de sectores de la élite por mantener un férreo control social, el modelo de sociedad católica tenía sus fisuras. El alto consumo de alcohol, que incluso sobrepasaba a poblaciones vecinas como Rionegro y Sonsón, la proliferación de bares y cantinas, el alto número de prostitutas, la pasión generalizada por el juego, los vagos y mendigos que deambulaban por las ciudades, la acogida de prácticas esotéricas como el espiritismo y la simpatía por la masonería en sectores intelectuales y liberales, son muestra de la resistencia al modelo católico autoritario. La influencia de nuevas ideas, las actividades y la libertad que permitía la vida urbana, las lecturas, el teatro, el cine, los

En los años treinta se desarrollaron diferentes políticas de higiene en la ciudad. En la gráfica, un aspecto de una campaña de aseo infantil (Fotografía Francisco Mejía, Centro de Memoria Visual FAES)

deportes, las cantinas, las modas y los bailes fueron signos de modernidad y blanco de los virulentos ataques eclesiásticos. El siguiente es el diagnóstico sobre la sociedad local que hizo el obispo Manuel José Cayzedo en 1916, en una de sus pastorales: «Hoy, una sensualidad febril lo invade y lo corrompe todo; únicamente se quiere gozar y gozar a todas horas y para ello se multiplican los lugares de diversión no siempre honestos: salones, teatros, cinematógrafos, clubes, tanto más estimados cuanto más enciendan las pasiones»[6].

Higiene y salud. ¿La tacita de plata?

A pesar de los nuevos desarrollos tecnológicos en la industria y en los medios de transporte, las condiciones de vida de los habitantes de Medellín tuvieron graves deficiencias en la higiene y la salud, durante las tres primeras décadas del siglo XX. El rápido crecimiento de la población agudizó problemas que la pequeña ciudad de fines del siglo XIX había logrado mantener bajo relativo control. Las teorías *pasteurianas* sobre el mundo bacteriano fueron conocidas por los médicos locales a fines del siglo XIX; aunque gozaron de difusión y contribuyeron a la higiene de los espacios domésticos y a la incorporación de hábitos de limpieza corporal, su implantación se limitó a causa de las carencias de la infraestructura urbana y por la resistencia de la gente para acoger las nuevas normas de higiene que los médicos trataban de implantar .

La calidad y la normalización del servicio domiciliario del agua, los sistemas de alcantarillado, el uso de letrinas y sanitarios, la limpieza de los espacios domésticos, la recolección de basuras, el estado de las quebradas y del río Medellín, la pavimentación de calles y la creación de una infraestructura hospitalaria, fueron tareas que debieron emprenderse en estas primeras décadas del siglo. La influencia de los médicos y de la Academia de Medicina en el proceso de higienización de la ciudad fue grande; pero éste tomó su tiempo y algunos aspectos nunca se asumieron de manera satisfactoria, lo que creó un progresivo deterioro ambiental que continúa hasta hoy. Las quebradas y el río, antes límpidas fuentes de agua, se fueron convirtiendo en las cloacas de la ciudad. En 1911 se estableció la Policía de Aseo, posteriormente denominada Sanitaria. Sus funciones eran atender preferentemente el aseo de la ciudad, la vacunación de animales y la limpieza de los arroyos que cruzaban la urbe. Se le daba facultad para aplicar multas a quienes arrojaran basuras.

Desde principios del siglo XX en las zonas más urbanizadas de la ciudad escaseaba el agua de uso domiciliario, a pesar de ser atravesadas por nu-

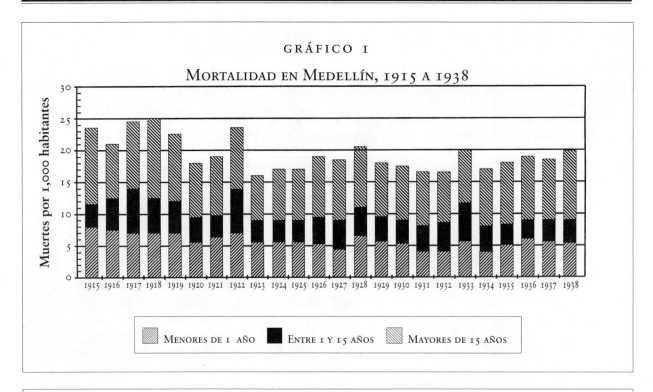

GRÁFICO 1

MORTALIDAD EN MEDELLÍN, 1915 A 1938

MENORES DE 1 AÑO   ENTRE 1 Y 15 AÑOS   MAYORES DE 15 AÑOS

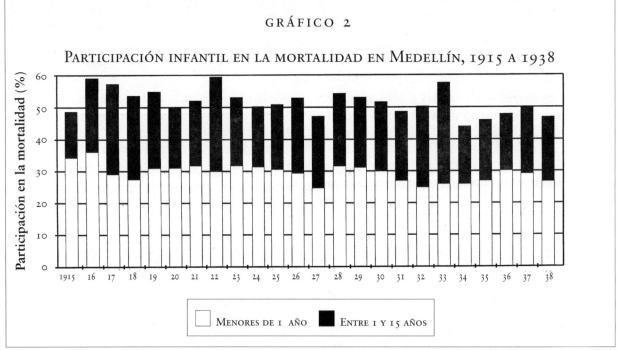

GRÁFICO 2

PARTICIPACIÓN INFANTIL EN LA MORTALIDAD EN MEDELLÍN, 1915 A 1938

MENORES DE 1 AÑO   ENTRE 1 Y 15 AÑOS

merosas quebradas tales como Santa Elena, la Loca, la Palencia, la Castro, la Hueso y la Ayurá. La mayoría de fuentes eran propiedad privada, usufructuadas sólo por sus propietarios. Otras quebradas se hallaban contaminadas por desechos humanos y basura. A finales del siglo XIX el médico Eduardo Zuleta describía así la quebrada de Santa Elena: «De Junín a Palacé, especialmente a la izquierda, se ven en las cártes posteriores de las casas, balconcillos excusados, basuras colgando, ratones muertos y el riachuelo arrastrando des-

perdicios, sucio, casi oscuro. Por ahí entre dos piedras y sin que la corriente haya podido llevarse, se ve una gallina desventrada, la cabeza monda y el pico abierto. En el aire bacilos de Eberth, niditos de plasmodios lavereanos, todo una falange microbiana, para hablar en el lenguaje moderno»[7].

La escasez de aguas domiciliarias había llevado al Concejo de la ciudad a construir un acueducto aprovechando las aguas de Piedras Blancas. Éste fue dado al servicio en 1892 y surtía parcialmente la ciudad a través de una tubería de barro. La generalización de hábitos de higiene y la facilidad del agua hizo que se implantaran normas de aseo como el baño diario, al menos entre las clases pudientes. Éstas, en los patios internos de sus casas, construyeron lujosos baños de inmersión, especie de pequeñas piscinas al aire libre rodeadas de plantas. Antes de la generalización del agua domiciliaria, el baño se tomaba en el río o en los baños públicos.

La generalización de la higiene corporal diaria entre toda la población no sólo requería mejoramiento del servicio de agua domiciliaria, sino también que se desmoronaran las creencias populares sobre los peligros del baño diario para la salud. En sus populares conferencias sobre higiene dictadas en escuelas y colegios de la ciudad, Carlos de Greiff explicaba que el baño era necesario para desprender «el sudor solidificado que contiene gérmenes de varias enfermedades»[8]. La mayoría de la gente utilizaba espuma extraída del árbol del chumbimbo para el baño y el lavado de la ropa; sólo los pudientes tenían acceso a jabones importados. Los manuales de higiene de la época recomendaban el baño frecuente y enfatizaban que éste se tomara siempre con ropa interior; el baño privado con el cuerpo desnudo continuó condenado hasta los años cuarenta.

El acueducto de Piedras Blancas no sólo fue insuficiente para el ritmo de crecimiento de la ciudad poco después de su construcción en 1909,

sino que su tubería de barro resultó permeable y permitió la contaminación de las aguas del acueducto por las aguas negras del precario alcantarillado de entonces. Todavía en 1921, cuando no se había concluido la construcción de la tubería de hierro, el médico Salvador Jaramillo Berrío, después de analizarlas, calificó las aguas de Medellín como una «solución de materias fecales»[9]. A pesar de las continuas recomendaciones del cuerpo médico sobre la necesidad de un acueducto con tubería de hierro, éste sólo se convirtió en realidad en el año de 1925, cuando también se inició la clorinización del agua por recomendación del ingeniero norteamericano George Bunker, contratado como asesor por las Empresas Municipales. Estas medidas contribuyeron al mejoramiento de la salud y de la higiene de la ciudad.

La contaminación de las aguas del acueducto es uno de los principales agentes que explica la alta participación infantil en la mortalidad total de la ciudad, la cual representó 60% en 1922. El promedio entre 1916 y 1940 fue 44% con 169 defunciones por 1.000 nacimientos; en 1922 hubo 231 fallecimientos infantiles por 1.000 nacimientos (véanse gráficos 1, 2 y 3).

Entre los menores de un año las enfermedades digestivas representaban 35% de las causas de mortalidad, y entre los de uno a 15 años éstas representaron hasta un 40%. Eran particularmente numerosas las muertes por diarrea y otros trastornos intestinales, causas asociadas con la baja cali-

GRUPO DE ENFERMEDADES MORTALES 1915-1929

Niños menores de 1 año

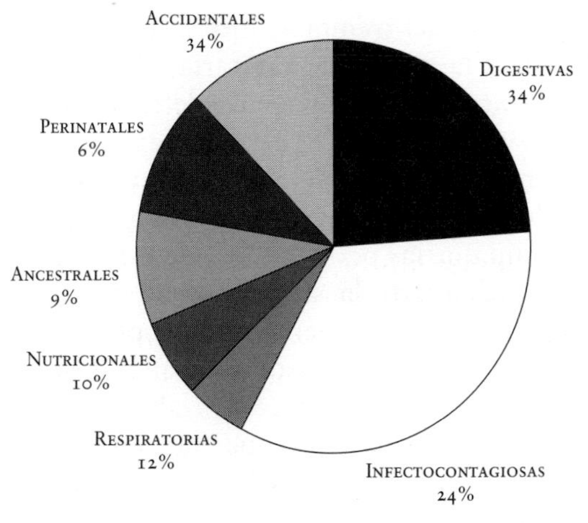

ACCIDENTALES 34%
DIGESTIVAS 34%
PERINATALES 6%
ANCESTRALES 9%
NUTRICIONALES 10%
RESPIRATORIAS 12%
INFECTOCONTAGIOSAS 24%

GRÁFICO 3

Niños menores de 1 a 15 años

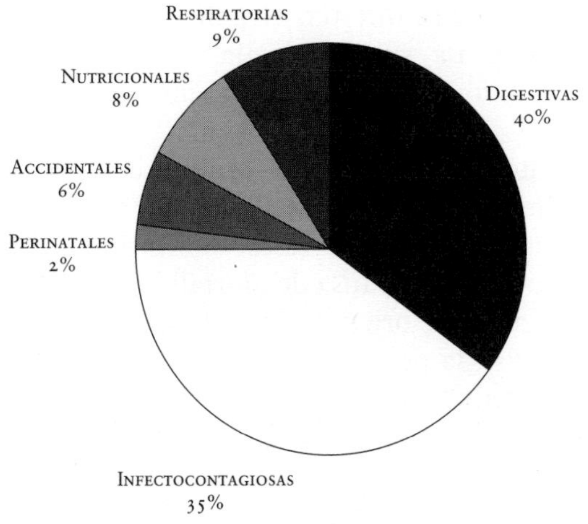

RESPIRATORIAS 9%
NUTRICIONALES 8%
ACCIDENTALES 6%
PERINATALES 2%
DIGESTIVAS 40%
INFECTOCONTAGIOSAS 35%

GRÁFICO 4

Juego infantil a comienzos del siglo
(Fotografía s. i. , Centro de Memoria Visual FAES)

dad hídrica, las deficientes condiciones sanitarias de vida de las clases populares y la falta de cuidados médicos. Entre 1916 y 1940 la mala calidad del agua contribuyó en buen porcentaje a las muertes infantiles, sobre todo al causar enfermedades como el tifo y la disentería; en 1917 una epidemia de este último mal produjo la muerte de 121 niños *(véase gráfico 4)*[10].

Adicionalmente eran frecuentes entre los niños, como causas de muerte, la viruela, el cólera, la tosferina, la difteria, el paludismo y la gripe bogotana. La sola epidemia de sarampión de 1922 provocó la muerte de 130 infantes en Medellín.

Tanto en niños como en adultos la mayor causa de mortalidad en Medellín eran las enfermedades digestivas; en el resto de Antioquia y en Bogotá la mayor causa de mortalidad eran las enfermedades de origen respiratorio tales como la bronquitis, la pulmonía y la tuberculosis.

Otra cifra que llama la atención es el alto número de niños nacidos muertos entre 1916 y 1940, en promedio 17 por cada mil nacimientos. Las causas fueron posiblemente de origen congénito, hereditarias o debido a las dificultades de

llevar a feliz término los partos complicados. El alumbramiento, generalmente atendido por comadronas, significaba un riesgo para la vida de la madre y el niño. Después de la creación de las casas de salud o clínicas en 1920 la cifra no disminuyó considerablemente, tal vez por la resistencia de muchas mujeres a ser atendidas por médicos hombres y por la falta de recursos económicos de gran parte de la población para asistir a estas instituciones. La primera clínica de Medellín fue la Casa de Salud de Medellín fundada en agosto de 1919; dos años más tarde cambiaría el nombre por Clínica Gil, dirigida por el prestigioso médico Gil J. Gil. En 1920 se fundó la Casa de la Salud La Samaritana, cuyos promotores fueron los doctores Juan B. Montoya, Braulio Mejía, Gustavo Uribe Escobar, Luciano Restrepo y Braulio Henao. Dichos establecimientos debieron vencer la resistencia e incomprensión de los habitantes, que no se resignaban a abandonar el hogar cuando se sentían enfermos, y el mismo escepticismo del cuerpo médico local. Con el tiempo estas instituciones fueron vistas como una verdadera mejora urbana.

La alta mortalidad sometía la vida cotidiana de los habitantes a permanente zozobra. La indefensión frente a los males y las frecuentes muertes de seres queridos influyeron para fortalecer la presencia de la Iglesia en una sociedad amenazada por la muerte. La religión, las oraciones por los difuntos, los largos lutos y duelos y las prácticas piadosas eran el consuelo para quienes enfrentaban la pérdida de sus seres queridos.

A medida que avanzaba el siglo los hábitos de higiene mejoraban considerablemente, y los manuales de higiene y urbanidad se popularizaron. Se insistía en bañarse diariamente, lavarse las manos, evitar que los niños consumieran tabaco, mantener aseadas y aireadas las habitaciones, y sacar al sol los colchones por lo menos una vez a la semana para limpiarlos de pulgas y chinches. En la década del treinta se introdujo la plomería moderna y la porcelana sanitaria, elementos que reemplazaron las antihigiénicas letrinas por sanitarios, y se generalizó el uso del papel higiénico. Se extendieron el uso del desodorante y el cuidado de los dientes. Todavía en la década siguiente era común que las personas de pocos recursos dejaran deteriorar toda su dentadura y luego, sin consideraciones, la hicieran extraer para colocarse prótesis. Una de las costumbres más difíciles de erradicar por maestros, médicos e higienistas, fue la de andar sin zapatos, que muchas personas, por falta de recursos, no utilizaban. Pero era común entre estratos sociales medios, y aun altos, que niños y muchachos tampoco los usaran por la incomodidad que causaban. Andar a pie limpio no sólo propiciaba las molestas niguas sino también la anemia tropical (tun-tun) producida por la uncinariasis, parásito que también entra por los pies. En 1925 llegó al país la Misión Rockefeller, coordinada por el doctor Chapiro, con la intención de erradicar la anemia tropical, y una de sus tareas fue inculcar el uso del calzado.

Alcoholismo y enfermedad mental

En 1892 se construyó el Manicomio Departamental en la colina de Bermejal; pero en 1906 sus instalaciones dejaban mucho que desear, según la descripción de su propio director: «El edificio tenía celdas y pasadizos tan oscuros que necesitaban luz artificial para entrar en ellos. Éstas tenían el piso entablado con madera verde, desajustado, lo que dificultaba el aseo y las volvía fétidas. Como no había número suficiente de celdas, en algunas dormían hasta tres enfermos»[11].

Al revisar las hojas clínicas del Manicomio entre 1906 y 1930, se descubre que la mayoría de los enfermos eran mujeres jóvenes y solteras dedicadas al trabajo doméstico. Más del 40% eran negras y mulatas. Esto recuerda que muchas mujeres de pocos recursos trabajaban como cocineras, dentroderas y niñeras; y que las condiciones económicas y afectivas, la falta de libertad personal y el encierro que soportaban eran 'duros'. Las causas más frecuentes de ingreso de las mujeres eran definidas como «manía crónica e histeria»; un número no despreciable de ellas eran madres solteras, y la gran mayoría tenían antecedentes o presencia de alcoholismo o de locura en su familia. La miseria, la desnutrición y la anemia se señalan numerosas veces como antecedentes de la locura masculina y de la femenina.

Las mujeres de raza blanca recluidas desempeñaban oficios de maestras y costureras. La causa más frecuente de locura era la «melancolía crónica». Algunas eran viudas de escasos recursos, incapaces de sobrellevar su nuevo estado de desprotección económica y afectiva. No eran escasas las locuras puerperales o de posparto, y en algunos casos fueron internadas después de fiebres altas de tifo o paludismo. En la historia clínica de una maestra recluida, el director del Manicomio, Lázaro Uribe Calad, anotó como explicación de la locura el exceso de lecturas «poco convenientes para su sexo y posición»[12].

Grupo de mujeres acudiendo en 1930 a la consulta gratuita que ofrecía el Instituto Profiláctico para los pobres. (Fotografía Francisco Mejía 1930, Centro de Memoria Visual FAES)

Los hombres eran recluidos por «manías y delirios»; muchos tenían también antecedentes personales de alcoholismo y no pocos de sífilis. Sus oficios eran generalmente los de agricultor o jornalero y en menor proporción de artesano, zapatero o sastre. El excesivo consumo de bebidas alcohólicas de este último grupo podía obedecer a más libertad personal y a la falta de control rígido en su jornada de trabajo, pero también al desplazamiento y la desmejora en sus condiciones de vida y de estatus social, a medida que avanzaba el proceso de industrialización.

Las causas más frecuentes de muerte de los recluidos eran la caquexia demencial y las diarreas; ambos trastornos se asociaban con estados de desnutrición, debilidad general y precarias condiciones de higiene del hospital.

En 1920 periodistas de la revista *Sábado* visitaron el manicomio y constataron que sus condiciones eran más deficientes que las descritas en 1906. Notaron el desagradable olor de las ropas sucias de los enfermos, y su apariencia mísera y raída. Las jaulas en que se encerraba a los más peligrosos estaban construidas con «fortísimos listones de ángulos finos e hirientes, que con fiereza desgarran las carnes de los infelices».

Beber para celebrar, beber para olvidar

El consumo generalizado de bebidas embriagantes y los antecedentes familiares alcohólicos aparecen como constante en los pacientes del hospital mental. Dicho consumo preocupó a las autoridades médicas, estatales y educativas de la ciudad. Si bien el código de policía penalizaba la embriaguez con detenciones que iban de 24 horas a seis meses y prohibía la venta de bebidas alcohólicas a los menores, estas medidas mostraron ser completamente ineficaces. Los médicos advertían sobre las peligrosas relaciones entre el alcoholismo y las enfermedades como la sífilis y la tuberculosis, y aun sobre su relación estrecha con la criminalidad. Las autoridades y la Iglesia recalcaban sobre el peligro de las cantinas para la naciente clase obrera. La taberna era el lugar de corrupción, de aniquilamiento de las fuerzas físicas y de derroche de dinero. El temor a que el tiempo libre de los obreros se malgastara en las cantinas explica en parte la resistencia de los patronos locales y de algunas instituciones para reglamentar una jornada laboral de ocho horas.

En 1928 Medellín contaba con 800 cantinas, además de múltiples tiendas y graneros de barrio, cuyo mayor atractivo era la venta de aguardiente; el paso por estos lugares se convirtió en un rito para muchos asalariados y empleados; allí, al calor del licor, se reconstruían formas de sociabilidad en las que el tendero, el cantinero y los vecinos representaban parte de las viejas formas tradicionales de sociabilidad comunitaria campesina, las cuales se perdían en el anonimato de la ciudad que crecía a ritmo veloz. Aunque la bebida era condenada, reprimida y desaconsejada desde el discurso religioso y moral, al mismo tiempo se convertía en un imperativo cultural asociado con la condición masculina: el bebedor fortalecía así su imagen viril. En Medellín circularon cartillas antialcohólicas y se propuso la creación de una liga de temperancia, la cual tuvo menos éxito que en otros lugares del departamento. Mientras en 1930 en Medellín se consumían 2.35 litros de aguardiente por persona, en pueblos como Andes se consumían 0.58 litros, en El Peñol 0.40 litros y 0.29 en El Santuario.

La prostitución

El alto consumo de alcohol se asociaba también con la proliferación de la prostitución y con la falta de control para que los jóvenes no frecuentaran las casas de lenocinio donde, según la prensa local, protagonizaban escándalos y riñas. Es bastante probable que el aumento de la prostitución se asociara al hecho de la migración campesina porque las fábricas y el trabajo doméstico no alcanzaban a absorber toda la población femenina con capacidad de trabajar. Por otra parte, los salarios, hasta 40% más bajos que los de los hombres, obligaban a algunas a completar sus ingresos con esta actividad, sobre todo a jóvenes campesinas desprotegidas y sin hogar. En 1930 la prensa local denunció la existencia de una red de trata de blancas que operaba en la estación del ferrocarril, donde se reclutaban campesinas recién llegadas a la ciudad.

El burdel se convirtió en un sitio importante de sociabilidad masculina. Se consideraba sitio tétrico pero excitante a la vez. La prostitución cumplía tres funciones fundamentales: iniciar a los jóvenes, satisfacer a los célibes y apaciguar a los maridos insatisfechos.

Para las autoridades uno de los aspectos más importantes era definir dónde se debían ubicar las mujeres públicas. El Código de Policía mantuvo desde principios del siglo hasta 1936 la prohibición de estos establecimientos cerca de templos, planteles de educación, fábricas, talleres, establecimientos industriales y plazas de mercado. A fines del siglo XIX, según estudio del doctor Aureliano Posada, Medellín contaba con 175 prostitutas ubicadas fundamentalmente en los barrios Guanteros y Chumbimbo. A principios del siglo

XX estos sitios no estaban claramente delimitados y las prostitutas se situaron en El Carretero (Carabobo), otras en Quebrada Arriba, cerca del Parque de Berrío; del Puente de Hierro hasta el Puente de Boston habitaron en humildes casuchas. El lugar de reunión de los hombres de este sector era la cantina El Kiosco. Al no estar claramente delimitadas las zonas de prostitución, las prostitutas eran frecuentemente víctimas de hostilidades y de chantajes por parte de la policía. En 1917 varias de ellas enviaron memoriales al Concejo de Medellín pidiendo que les asignaran un barrio donde pudieran ejercer su oficio tranquilas y libres de la persecución policial. El Concejo, después de estudiar la solicitud, no consideró propio fijarles un barrio[13].

En la década del veinte Medellín contaba con cuatro zonas de prostitución: La Guaira en Guayaquil, El Chagualo cerca de San Vicente de Paúl, Orocué en Maturín con Cúcuta y La Bayadera en La Toma. Poco después se consolidó El Llano, situado en los alrededores del Cementerio de San Pedro y más conocido como Lovaina, barrio que se convirtió en la zona más apreciada. Su radio de acción se iniciaba en la calle Manizales, cerca del aristocrático barrio de Prado, y llegaba hasta el Parque de Acevedo en la antigua carretera a Bello. Durante los fines de semana reinaba allí un ambiente de música, fiesta y licencia. Numerosos bares competían por la clientela masculina; entre los más destacados estaban la Curva del Bosque, el Benedo, El Colegio y el American Bar.

Los burdeles no sólo eran teatros del placer sino también espacios más libres que se convirtieron en los sitios de reunión de estudiantes, bohemios, artistas e intelectuales. En la década del cuarenta varias mujeres públicas se hicieron famosas por su generosidad y amistad con hombres de distintos círculos de la ciudad. Este fue el caso de la célebre María Duque, inmortalizada en la obra de Fernando Botero; de La Mona Plato, quien gozaba de gran aprecio entre los estudiantes, o de Ana Molina, quien combinaba sus atractivos sexuales con inteligentes consejos[14].

Una de las consecuencias que trajo la prostitución fue el aumento de las enfermedades venéreas. Desde 1898 existió la preocupación manifiesta por su control, cuando el Concejo Municipal reglamentó por primera vez la creación de un dispensario que atendiera a los pacientes infectados por el contagio venéreo. El dispensario se encargaría además de proveer a las mujeres públicas un certificado de sanidad que debían colocar en un lugar visible y hacer renovar cada mes. Sin embargo, la aplicación de esta ley sólo se hizo efectiva en 1917, cuando se creó el Instituto Profiláctico. Las estadísticas del dispensario son fragmentarias y fluctuantes: en 1919 se atendieron 500 prostitutas; después la cifra bajó significativamente, lo que hace suponer que las autoridades locales fueron menos drásticas con este control.

Al mediar la segunda década de este siglo, en distintos medios se hicieron comunes los relatos sobre inocentes esposas contaminadas de algún vergonzoso mal por su cónyuge. Los manuales de higiene y pedagogía doméstica recomendaron que a los niños recién nacidos se les aplicara nitrato de plata en la conjuntiva. Esta medida contrarrestaba la conjuntivitis blenorrágica contraída por la madre supuestamente infectada con alguna enfermedad sexual. El aumento de las enfermedades sexuales llevó a que el médico Laurentino Muñoz propusiera en su tesis de grado el certificado médico prenupcial, como forma para proteger a las mujeres del contagio sifilítico[15].

En Medellín, a finales de 1940 se calculaba que había una prostituta por cada 40 hombres. Para los observadores locales más moralistas, la ciudad parecía un gran prostíbulo. Las mujeres exhibían sus cuerpos en los cafés de la calle Junín, compitiendo entre ellas no sólo por los clientes sino también por un puesto fijo. Las inmigrantes campesinas debieron afrontar la competencia de las chocoanas y de mujeres llegadas de distintas zonas del país.

El mundo femenino y la vida familiar

Tanto en la cultura local como en la regional la familia tuvo un papel importante como cohesionador social, y fue el espacio privilegiado para la socialización y la educación de los hijos. Dentro de la familia, el papel de la mujer revistió gran importancia. Ella no sólo debía ser la responsable del buen funcionamiento del hogar sino también de la educación, de la formación moral y de la integridad física de todos los miembros de su familia. A todas estas actividades se les asignó a principios de siglo el pomposo nombre de *ama del hogar*. La mujer identificada con la virgen María, reina de los cielos, asumió el papel de reina del hogar. Sin embargo, continuó sometida al hombre pero dignificada en su rol de madre y esposa. Virtudes como la castidad, la modestia, la abnegación, la sumisión y el espíritu de sacrificio, la debían acompañar en su misión. La mujer era la responsable de guiar al hombre y a los hijos por el buen camino. El mejor homenaje que podía hacer un marido a su esposa era afirmar que ella «era una santa». Un padre le escribe a su hija, en vísperas de contraer matrimonio, los siguientes consejos: «No pierdas de vista que el marido, dígase lo que se quiera, es el amo y señor de su mujer; que ésta le debe amor, sumisión, respeto y obediencia. La mujer no triunfa noblemente sino obedeciendo, humillándose y hablando con dulzura y mansedumbre. La mujer es irresistible cuando se refugia en su propia debilidad...»[16.]

Las mujeres de las clases altas, además de garantizar la integridad moral de sus hogares, tenían la tarea de convertirse en especies de misioneras sociales que a través de la caridad y la educación contribuyeran a inculcar las virtudes cristianas a las clases pobres. Su papel fue definitivo en la organización de las numerosas instituciones de caridad que para niños, obreras y jóvenes desamparadas existieron en la ciudad. La caridad y beneficencia les permitía a las mujeres pudientes salir de su espacio doméstico. Asimismo, este tipo de actividades contribuían al reforzamiento de su estatus social.

Sin embargo, las mujeres no se adaptaban totalmente al arquetipo de reinas del hogar y de madres. Eran frecuentes los artículos en la prensa católica, especialmente en la revista *La Familia Cristiana*[17], donde se les encomendaba controlar la coquetería, el exagerado interés por la moda, las malas lecturas, el cine, el teatro y los deportes. Estos artículos evidenciaban el interés de la Iglesia por mantener a la mujer alejada del mundo moderno,

Pero eran aún más enfáticas las exhortaciones para que permanecieran en el hogar. La facilidad de contar con servicio doméstico permitió que las mujeres, aun de clase media, descargaran parcialmente sus obligaciones en las sirvientes. Al respecto se criticaba: «Hogares de clase media que sostienen costurera, lavandera, sirvienta, niñeras, ¿mientras qué hace la dueña del hogar? En el salón de belleza, en el juego, tomando té en la casa de la amiga... en el teatro. En una palabra, cumpliendo sus deberes sociales»[18].

El uso de servicio doméstico fue común en la ciudad. A principios de siglo, en las familias ricas se acostumbraba emplear cocineras, dentroderas, niñeras y cargueras que asumían completamente el cuidado del recién nacido; nodrizas para su alimentación y un paje que se encargaba de caballos y vacas, y que generalmente era el compañero de juego de los niños de la casa.

La Iglesia también descalificó el trabajo obrero femenino, pues consideraba que el lugar de la mujer era el hogar y no la fábrica. En el periódico católico *El Social* del 8 de julio de 1917 se lee: «La obrera es una familia destrozada. La obrera es una mujer sacada del puesto al que estaba destinada y desviada del camino por donde Dios la dirigía». Esta posición era bastante contradictoria en una ciudad donde, en 1923, 2 815 obreras representaban 75% de la fuerza laboral local. La condena del trabajo fabril femenino y la falta de oportunidades para la capacitación de las mujeres de los sectores obreros contribuyeron en parte al proceso de reemplazo de la fuerza de trabajo femenina por la masculina, sobre todo en las textileras. A muchas mujeres de los sectores populares, restringido su ascenso social a través del trabajo obrero y sin oportunidades de educación, no les quedó otra alternativa que el servicio doméstico.

Matrimonio y mortaja del cielo bajan

En las tres primeras décadas del siglo XX se presentaron en la ciudad algunos comportamientos interesantes en cuanto a la natalidad y la nupcialidad. Para 1905 la población de Medellín sumaba 65 547 personas. La tasa de crecimiento de la ciudad había aumentado 2.39% en relación con los últimos años del siglo XIX; sin embargo, en el mismo período sus niveles de natalidad y nupcialidad habían decrecido. En 1912 su tasa de natalidad era 36.3 por 1 000 habitantes y la de nupcialidad de 5.5 por 1 000 habitantes. La tasa de natalidad de Antioquia para el mismo año era de 40.6% y 7% la de nupcialidad. En el período comprendido entre 1912 y 1924 la tasa de natalidad había disminuido en un 19%.

El ingeniero Jorge Rodríguez, quien manejaba la Oficina de Estadística del Municipio de Medellín, era consciente de este fenómeno, y basaba la disminución de estas tasas en la supuesta degeneración de la raza por la pérdida de vigor causada por el alcoholismo y la sífilis; y, sobre todo, por la mala situación económica que impedía los matrimonios o hacía aumentar la edad para casarse. Contrario a la visión generalizada, estas cifras muestran que algunas mujeres no contrajeron matrimonio, otras no lo hicieron muy jóvenes y el número promedio de hijos por familia tampoco fue excesivo, al menos hasta 1930. Sin embargo, estas conclusiones, válidas estadísticamente para el conjunto de las mujeres, no necesariamente se cumplieron en los sectores altos de la sociedad, donde la ausencia de preocupaciones económicas permitió que se continuaran casando desde muy jóvenes y que las tasas de natalidad fueran altas.

Es posible que tales tasas estuvieran determinadas por las duras condiciones de vida de los sectores asalariados en esta primera etapa de industrialización, y por la incompatibilidad entre

Boda en Medellín en la década de 1910
(Fotografía s. i. , Centro de Memoria Visual FAES)

trabajo y matrimonio para las mujeres obreras.

Existe la tendencia a pensar que hasta tiempos recientes el matrimonio en la sociedad local fue una imposición familiar. Lo cierto es que la Iglesia, acogiendo la recomendaciones del Concilio de Trento, consideró que el matrimonio católico debía realizarse con mutuo consentimiento. Excepcionalmente pudieron presentarse casos en los que los padres obligaran a los hijos, sobre todo a las mujeres, a contraer matrimonio. Hay evidencia de que tanto las mujeres de los sectores altos como de los medios y populares se cuidaron mucho de contraer matrimonio contra la opinión de la familia. Casarse con alguien vetado por la familia condenaba a la mujer a la pérdida del afecto y del apoyo, y al destierro del hogar paterno por largos años y aun de por vida. La posición de sometimiento que ocupaba la mujer en relación con el padre y los hermanos, hace muy probable que la opinión de éstos y sus consejos incidieran de forma definitiva en la elección del futuro esposo.

Durante la colonia, en la ciudad existió la práctica del matrimonio endogámico. En los siglos XIX y XX, aunque no se dio con la misma intensidad, sí apareció como rasgo de la sociedad local. Los matrimonios entre primos, familias allegadas y hermanos de una misma familia con hermanas de otra, fueron frecuentes. Estos matrimonios, que tenían visos de ser *arreglados*, eran

muchas veces el resultado de la atracción entre jóvenes que gracias a la amistad o parentesco de los padres habían crecido juntos y disfrutado de paseos y fiestas familiares desde la infancia. Sin duda, los padres deseaban y propiciaban estas uniones. Además, se tenía la idea de que uniones entre jóvenes de familias con condiciones socioeconómicas y culturales similares facilitaban la vida conyugal.

El hecho de que el matrimonio proporcionara a la mujer un estatus social y una seguridad económica no permite desechar los matrimonios por conveniencia en los que la mujer ascendía socialmente. Como bien lo expresa doña Leonilde, matrona de la novela *Grandeza* de Tomás Carrasquilla, cuando le pide a la joven casamentera Magola Samudio que adopte un sentido práctico en las relaciones amorosas: «Esas son bobadas de óperas y zarzuelas. ¡Busque plata, niña, que el amor no se echa en la olla!». Al revisar la correspondencia y la literatura de la época, podrían definirse estas relaciones matrimoniales con el término compañerismo. El matrimonio era una suerte de empresa común en la que el interés por los hijos, la estabilidad y el funcionamiento del hogar ocupaban la vida cotidiana de la pareja. Esta correspondencia muestra ahora que tras la imagen del antioqueño andariego existía un hombre profundamente hogareño en quien el interés por la familia era prioritario. La mujer, ante las ausencias del marido, se convertía en el eje de la vida familiar, y así garantizaba el funcionamiento y la cohesión del grupo familiar[19].

La vida familiar de los sectores altos y medios durante las primeras décadas del siglo XX se fortaleció más en torno a la familia nuclear que a la familia ampliada. La pareja consideraba ideal vivir en casa propia, separada de los padres. «El que se casa quiere casa», rezaba el adagio popular. Si bien el hogar aún se compartía con personajes como los del servicio doméstico, sobrinos huérfanos, niños recogidos y parientas viudas, cada vez había un sentido más firme de autonomía, de afirmación de la pareja y búsqueda de la intimidad familiar. Y si bien la mujer se sentía cada vez más atraída por el mundo exterior, para el hombre también era importante no sólo contar con la madre de sus hijos sino con la esposa que lo acompañara en la vida social a la que tenía acceso en la ciudad. Además de la caridad y de las obras de beneficencia, era necesario que la mujer asistiera al club, a las fiestas, a los paseos y reuniones, como compañera del marido.

Las familias de los sectores populares, por restricciones económicas, continuaron compartiendo el espacio doméstico con padres, hermanos y otros familiares. Muchas veces las mujeres debían realizar sus actividades fuera del hogar, en oficios domésticos tales como el lavado de ropa y de pisos, o la venta de los más variados productos en las calles de la ciudad.

Aunque por debajo de las cifras de Cali o de Bogotá, en las tres primeras décadas de este siglo en Medellín aumentó el número de nacimientos ilegítimos. Esta cifra habla de muchos hogares sin padre. Algunas madres solteras encontraron apoyo familiar para sobrellevar su situación, pero el Archivo Judicial de Medellín da testimonio de cómo muchas de estas jóvenes solteras prefirieron recurrir al aborto e incluso al infanticidio, desafiando así los preceptos morales antes que someterse a la difícil situación de madre soltera. La *mujer caída en desgracia* generalmente era expulsada del hogar paterno y del trabajo, y quedaba sin posibilidades de sobrevivir, por lo que solía recurrir muchas veces a la prostitución.

Los hijos al internado

En las clases altas y medias, mientras la mujer se integraba cada vez más a diversas actividades,

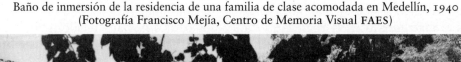

Baño de inmersión de la residencia de una familia de clase acomodada en Medellín, 1940
(Fotografía Francisco Mejía, Centro de Memoria Visual FAES)

el funcionamiento del hogar quedaba en manos de expertas del servicio doméstico. Además, desde principios de siglo se habían generalizado en Medellín los internados; los religiosos recomendaban a los padres que internaran a sus hijos e hijas para garantizar así un eficaz control sobre su educación. Los internados cumplían una función disciplinaria y de vigilancia en las edades en que la sexualidad y la rebeldía podían crear problemas a los padres; además de la modalidad de internado, se contaba con el requinternado para quienes no podían abandonar el plantel ni siquiera en la Navidad. En un principio contaban con internado los colegios de San Ignacio, para hombres, y de la Presentación, la Enseñanza y María Auxiliadora, para señoritas; en éstos, las jóvenes eran vigiladas en todo momento y no debían permanecer ociosas. Al leer la correspondencia familiar de los internos de diferentes épocas, puede concluirse que éstos no fueron muy felices en su confinamiento. En 1898 el joven Francisco Pastor Ospina Vásquez, hijo de Mariano Ospina Rodríguez, le escribió a su hermana María la siguiente nota: «no se quitan de mi cabeza las imágenes de mi papá y mamá, y los recuerdos de cuando yo vivía diferente a ahora. Y es tal mi desespero, que no me he salido, porque no sé qué me ataja, pero al medio año me salgo, aun por encima de cuanto se me oponga, es imposible que yo siga aquí por más tiempo. Están tan aburridos todos los muchachos... Se suicidó el hijo del doctor Peña (Germán) y un hijo del doctor Estrada; el primero se tomó un vaso de antropina y el otro se enterró un puñal en el costado»[20].

Sofía Ospina de Navarro recuerda su época de internado a principios del siglo XX, en los siguientes términos: «La incómoda vigilancia de los profesores, el silencio nocturno, el despertar a golpes de campana, la ausencia de rostros familiares, nos producían la triste sensación de haber sido expulsados del hogar para ir a purgar en la cárcel una grave falta cometida (...) Las visitas de los padres eran de etiqueta a través de la reja del locutorio conventual y bajo el control de una testigo»[21]. Las infracciones de cualquier norma eran castigadas con la supresión de la salida semanal o de las visitas familiares. Estas descripciones y otras que se encuentran en la literatura y la correspondencia de la época, permiten concluir que, aunque efectivo, el internado se convirtió para la mayoría de los jóvenes en un mal recuerdo.

Estudiar y progresar

La educación femenina de las clases altas se reducía a un barniz cultural y a una excelente preparación como futura ama de casa, aunque contemplaba numerosas asignaturas. El pénsum de los estudios superiores de colegios como La Enseñanza y La Presentación incluía las siguientes materias: religión, escritura, lectura, historia sagrada, historia universal, historia eclesiástica, composición, física, historia natural, estética, economía doméstica, labores de mano, dibujo, modistería, piano, francés, inglés, dactilografía y cocina.

Para las mujeres educadas de sectores medios con escasos recursos, ser maestras era casi la única alternativa. El magisterio, aceptado como una prolongación del destino femenino maternal, fue una de las pocas profesiones permitidas a la mujer. En 1875 se fundó en la ciudad la Escuela Normal para Institutoras, la cual preparaba maestras de escuela elemental, infantil y superior. La vida de las docentes no era fácil; después de terminar sus estudios, generalmente debían aceptar plazas en pueblos pequeños y lejanos; sus salarios eran exiguos y su condición de mujeres independientes, con nivel cultural y muchas de ellas con inquietudes intelectuales, las convertía en blanco de murmuraciones y en objeto de control clerical. En Medellín, a principios del siglo XX se destacaron numerosas mujeres como educadoras y rectoras de colegios. Lisandro Ochoa, en su libro *Cosas viejas de la villa de la Candelaria*, menciona las siguientes instituciones con sus respectivas directoras: Escuela de las Suárez, dirigida por doña Leoncia Suárez, Colegio de Doña Braulia Vega, dirigido por la misma doña Braulia, Colegio de Pastora Restrepo, Colegio de doña Ana María Mejía, Colegio del Espíritu Santo, dirigido por doña Rosalía Restrepo, Colegio de doña Amalia Bravo, y Colegio de las Duques, dirigido por Ester y Rebeca Duque. En 1915 la maestra Laura Toro creó el primer internado para niñas pobres, con el fin de protegerlas de los peligros de la calle, en la Escuela Modelo Municipal No. 1, situada en el Bosque de la Independencia, la cual en 1925 contaba con 120 niñas que recibían adiestramiento en corte, costura y sombrerería.

Los cambios producidos por la primera guerra mundial obligaron a la mujer a entrar masivamente al mundo del trabajo, y se reflejaron en la naciente ciudad industrial. Este hecho, unido a las necesidades de la industria y del comercio, permitió que las mujeres de clase media tuvieran oportunidad de vincularse a nuevas actividades. Hubo necesidad de secretarias, cajeras, contabilistas, telefonistas y, por supuesto, dependientes de almacenes. Para muchas mujeres estos oficios fueron la oportunidad de mejorar los recursos económicos de sus familias. Mediante la Ordenanza 17 de la Asamblea Departamental se creó el Colegio Central de Señoritas, el cual inició funciones en 1913 con 250 alumnas; el pénsum constaba de estudios profesionales en comercio, modistería, sombrerería, enfermería, cocina, pintura y música; el objetivo era formar mujeres capaces de ganarse la vida en la banca, el comercio, los talleres y la oficina. En esta misma línea, Gustavo Vásquez y su hermana Luisa fundaron la Escuela Remington en 1915, especializada en la formación de secretarias y de empleadas para la industria y el comercio; allí se les enseñaba dactilografía, taquigrafía, contabilidad, ortografía e inglés; hasta 1925 habían pasado más de dos mil alumnas por este plantel.

La demanda de este tipo de capacitación aumentó; además de estas instituciones, surgieron, con formación similar, el Colegio la Merced y el Instituto Lopera Berrío. Esta rápida vinculación de las mujeres de la clase media llevó a que Lola González, destacada maestra del Ateneo Antioqueño, dijera: «La mujer antioqueña en los últimos doce años ha llevado a cabo un verdadero despertar más consciente y más lleno de deberes que cumplir. Era imposible para la mujer resignarse a llevar solamente una vida de costurero y visitas, de ser una muñeca preciosa en espera de marido, y cuando éste llegara, someterse incondicionalmente a su voluntad...»[22.]

Uno de los oficios más practicados por las mujeres de los sectores medios de la sociedad fue el de costurera y modista; algunas prestaban sus servicios en las casas de la élite y otras permanecían en sus casas dedicadas a largas jornadas de costura. Desde 1903 en la prensa local se promovieron con insistencia las academias de corte y costura; y en 1906 en Antioquia se habían vendido 8 000 máquinas de coser, la mayor parte en Medellín. Para los hogares de clase media la costura permitió aligerar el presupuesto familiar porque la mujer elaboraba la ropa de sus hijos. Algunas costureras, después de trabajar duramente, lograban crear su pequeño taller de modistería en el que empleaban a otras tres o cuatro, y se dedicaban con preferencia a la confección de ajuares de novia. Esta tradición de costura y confección femenina no debe desestimarse, pues en ella se encuentra el antecedente de Medellín como centro de confección.

Muchas mujeres que no podían salir de sus hogares prolongaban sus actividades tradicionales al abrirlas al público. Este fue el caso de la panadería, la cual gozó de gran auge en las primeras décadas del siglo. Los acostumbrados *algos*, consistentes en un chocolate espumoso acompañado

Alcoba de la finca *La Francia*, localizada en el distinguido sector del Poblado, 1942
(Fotografía Francisco Mejía, Centro de Memoria Visual FAES)

de la tradicional *parva*, promovieron este tipo de actividad. La panadería de la Ñata Baena merece recordarse pues en ella se inventó el clásico *pastel de gloria*. La señora María Luisa Toro, dueña de una panadería en Ayacucho con Córdoba, se hizo célebre por la famosa *marialuisa*. Con la venta de pasteles, *bizcochos*, pandequesos y mojicones, muchas mujeres se ganaron la vida y educaron a sus hijos; además, por su labor merecen un lugar destacado en la tradición culinaria de esta región.

Del caballo al avión

En 1914 la sirena del ferrocarril rompió el ritmo sosegado de la vida; y con él Medellín y la región antioqueña superaron su aislamiento parcial y aceleraron su modernización económica al proveer la infraestructura necesaria a la economía cafetera y al comercio. Los dispendiosos viajes a la capital que tomaban veinte días en verano y treinta en invierno, se redujeron a cuatro.

La estación del ferrocarril fue la expresión arquitectónica de los nuevos tiempos. Esto explica su imponente arquitectura y el cuidado en sus detalles internos. Su ubicación en Guayaquil hizo de esta zona de la ciudad un lugar dinámico por el movimiento de mercancías y de gente; una especie de puerto seco, según la opinión de varios autores. No sólo pululaban allí pequeños negocios, como ferreterías y cacharrerías, sino también pensiones y, hacia la década del veinte, numerosos bares y cantinas. Su carácter de puerto hacía más libre el ambiente, y allí se relajaban las normas y códigos morales que regían la ciudad. Era frecuente ver culebreros, timadores profesionales, jugadores de dados, ladronzuelos, bebedores y prostitutas. En ese ambiente algunos intelectuales y bohemios buscaron escapar del rígido control moral que se vivía en la ciudad. Luis Guillermo Echeverri, autor de crónicas sobre la ciudad, describe el ambiente de bares como El Cafetal en los siguientes términos: «servidos y visitados por hombres afeminados que retozan descaradamente y bailan entre sí hasta el amanecer, borrachos y excitados. Es un pedazo de Sodoma»[23].

A principios del siglo XX, los únicos medios de transporte que conocía la mayoría de los habitantes de la ciudad eran sus propios pies y los caballos; contados ricos tenían carrozas o victorias para su servicio personal. El tranvía de mulas, que funcionó a fines del siglo XIX desde la Iglesia de la Veracruz hasta El Edén, y posteriormente hasta el Bosque de la Independencia, tuvo corta vida.

El tranvía representó la gran transformación del transporte urbano masivo. En 1910 se inició el trazado y en 1921 se inauguraron las líneas de La América, Buenos Aires y El Bosque. Posteriormente, entre 1922 y 1923 se inauguraron las de Sucre y Manrique, y se establecieron las de Robledo, Belén, Aranjuez y Envigado. Este vehículo unió los nuevos barrios de clase media y de obreros con el centro de la ciudad, creando así un ágil y económico sistema de transporte. Sin tener en cuenta diferencias sociales, el tranvía era un medio de transporte utilizado por la mayoría de los habitantes de la ciudad. Los estudiantes se beneficiaban especialmente, pues pagaban una tarifa más económica.

Aunque se introdujeron algunos vehículos de uso particular desde principios de siglo, sólo a fines de la década del veinte se volvieron más usuales en los sectores altos. Al iniciarse la década siguiente el automóvil era el amo de las calles de la ciudad. Por estos años varios artículos de prensa se quejaban de la forma como se abusaba de las bocinas, de la velocidad y, en general, de la forma descuidada de conducir. El automóvil era un signo de prestigio y de diferenciación social; tenerlo colocaba a su dueño en el grupo de hombres y mujeres modernos, solventes y dueños del tiempo. La publicidad de automóviles no sólo iba dirigida a los hombres sino particularmente a las mujeres; según los avisos, ellos implicaban «placer, prestigio, orgullo y elegancia»[24].

A pesar de los modernos medios de transporte, los caballos siguieron siendo comunes en la ciudad, lo mismo que los carros tirados por bestias para el transporte de alimentos y materiales. Sólo en 1925, por el descuido y la falta de higiene, la Comisión de Higiene del Concejo de Medellín tomó la determinación de clausurar las numerosas pesebreras que había en la ciudad.

El avión inició operaciones en 1902 y se convirtió en medio de transporte más corriente a partir de 1930, cuando se popularizaron los hidroaviones; el viaje en éstos se realizaba en dos etapas, cada una de dos horas y media: Puerto Berrío-El Banco, El Banco-Barranquilla. Los pasajeros que se dirigían a Bogotá viajaban de Puerto Berrío a Girardot. A este medio de transporte se recurrió ante las dificultades de la navegación por el río Magdalena, pues el surgimiento de bancos de arena, ocasionados por la deforestacion ribereña, hacía la navegación particularmente difícil durante el verano.

Servicios públicos y cambios de hábitos

El 7 de junio de 1898 la gente de Medellín recorrió maravillada las calles de la ciudad iluminadas por los faroles eléctricos. En ese día se enloquecieron con la luz, como bien le cuenta María Ospina Vásquez a su esposo en una carta: «El 7 inauguraron la luz eléctrica, pero desgraciadamente la gente bebió mucho, hicieron unos disparates muy grandes como abrir las barberas y presentárselas a los caballos cuando pasaban, pues esa noche montaron por lo menos trescientos cachacos y les tiraban encima los caballos a la gente...»[25].

La iluminación nocturna cambió los hábitos de los medellinenses. Las cantinas y cafés reemplazaron las tertulias de fines del siglo XIX que se realizaban al caer la tarde en las boticas. En medio del olor a agua de rosas y sustancias medicinales, políticos, intelectuales y buenos conversadores daban rienda suelta al placer de la palabra y del ingenio. Una de las tertulias que más duró fue la de la Botica de los Isazas, llamada Sinagoga Goda, a la cual asistían Wenceslao Barrientos, Guillermo Restrepo, Juan Pablo Arango y Antonio José Uribe, entre otros. Además de esta tertulia, funcionaban la de la Botica de Pastor y Vicente Restrepo y la de la Botica Peña, promovida por el médico farmaceuta Federico Peña, librepensador, liberal e inventor de la célebre Pomada Peña; algunos de los miembros de esta tertulia fueron Julián Restrepo Uribe, Germán Santamaría, Ramón Upegui, Luis de Greiff y Luis Eduardo Villegas. En 1888 se fundó el conocido Casino Literario, cuyo miembro principal era Carlos E. Restrepo; los miembros del casino dirigieron la publicación de la revista *La Miscelánea Literaria y Científica*.

En un principio, el servicio eléctrico, manejado por particulares -Compañía de Instalaciones Eléctricas- era deficiente, y la prensa local denunciaba con frecuencia el mal servicio. «En verano dicen que es por falta de agua, pero en invierno no hay disculpa. *Palo porque bogo y palo porque no bogo.* La empresa eléctrica es hoy en día una rémora. No parece sino que la empresa de luz eléctrica tiene muchos derechos que ejercer, y ningún deber que cumplir»[26]. El servicio eléctrico mejoró al municipalizarse en 1920.

La vida nocturna de Medellín se fue haciendo mucho más activa. El temor a espantos y fantasmas desapareció en las iluminadas calles. En 1920 la *Revista Sábado* describió así la vida nocturna de Medellín: «Oíd desde prima la noche el palpitar de las cantinas, oíd luego cómo braman los autos, calle arriba y calle abajo, cual fieras enceladas; cómo las pianolas arrabaleras desgranan por los ámbitos las armonías del baile cantinesco. Contemplad este ardiente culto a Baco y Afrodita; para quienes preferían placeres menos pecaminosos, estaba la tertulia amistosa, el deporte saludable del bi-

llar, el juego de naipes, el teatro, el cine, el sarao de gala, los centros musicales, la bohemia del libro»[27].

Las voces que invaden

Otra de las innovaciones técnicas que introdujeron cambios en la vida cotidiana de los habitantes fue la instalación del teléfono en 1891; antes, la gente se veía precisada a la comunicación directa o al uso de la correspondencia. El teléfono reemplazó el género epistolar, y las tarjetas de visita de uso tan extendido se hicieron innecesarias; su difusión obligó a que los manuales de urbanidad reglamentaran el uso de tan novedoso aparato. Para llamar a una persona de más jerarquía se debía obtener primero su autorización; «las personas humildes no tienen derecho a llamadas personales»; los jóvenes tenían prohibido el uso del teléfono; y los novios sólo podían utilizarlo para llamadas breves y con consentimiento de la madre de la novia[28].

El tiempo libre y las diversiones

Una de las costumbres más típicas de la ciudad, que hoy perdura a pesar de los continuos cambios y que contrasta con las de otras regiones, es la visita a los amigos y familiares; *hacer una visita* fue una expresión común en todos los sectores sociales. Sin embargo, las restricciones de la intimidad del hogar exigían una mínima reglamentación de esta actividad; reglas que muchas veces se pasaban por alto, pues la mayoría de los habitantes consideraban las visitas como un gesto amistoso.

A principios del siglo las visitas se dividían en las de etiqueta, las de té y las de roncha, según clasificación de Tomás Carrasquilla. Las de roncha eran las «de confianza», generalmente entre parientes o mujeres amigas; eran frecuentes y no requerían avisos previos. Las de etiqueta eran las de pésame o las de felicitación por el anuncio de un compromiso matrimonial; las de despedida por un viaje, siempre que éste tomara más de un mes; las de agradecimiento, por haber sido invitado a un baile o comida; y las de vecindad, las que el nuevo vecino debía hacer a los habitantes del barrio. Las de té o «recibos» eran las que acostumbraban algunas señoras en las horas de la tarde, a las que asistían personas de distintos sexos; en ellas se comentaban sucesos sociales y literarios y en vez del tradicional chocolate con parva se tomaba el té, bebida que se popularizó en la década del treinta, pues antes era considerada un sudorífero con propiedades terapéuticas.

La buena conversación era el éxito de las visitas. Los manuales de urbanidad de la época hacían recomendaciones frecuentes para lograr una velada agradable. Se consideraban temas de muy mal gusto los del tiempo, la salud, la mala situación económica, el mal servicio doméstico, los vestidos y las ventajas de las compras. A la gente de poca instrucción se le recomendaba la lectura de diccionarios enciclopédicos para enriquecer su capacidad de conversación.

Las amistades, tanto entre hombres como entre mujeres, se conservaban por muchos años y hasta por toda la vida. Los amigos o hermanos que se separaban alimentaban las relaciones a través de una prolija correspondencia y el frecuente intercambio de retratos familiares. Entre las mujeres amigas eran comunes la visita en las horas de la tarde, en las que se hablaba bastante, se cosía y no pocas veces se combinaba con el juego, pasión que la mayoría compartía. A fines de la década del veinte las costuras realizadas en estas reuniones femeninas se destinaban a instituciones de caridad para niños pobres, y así surgieron los famosos costureros. En la década del cincuenta estas reuniones sólo conservaron el nombre, pues en su mayoría se transformaron en sesiones de juego, conversación y chismorreo.

Los clubes sociales

Paulatinamente aparecieron nuevos espacios de sociabilidad que hablaban de la modernización de Medellín. Los clubes se convirtieron en lugares exclusivos para iguales; en éstos se podía realizar buena parte de las actividades sociales que antes sólo tenían cabida en el espacio doméstico. En la segunda mitad del siglo XIX surgieron los primeros. Es muy posible que su existencia haya sido copiada de los clubes universitarios europeos y norteamericanos. En un principio eran círculos cerrados de amigos, generalmente compañeros de colegio, que se reunían para realizar actividades como cabalgatas, cacerías y fiestas. Sin duda, los programas de estos clubes contribuyeron a sacar a Medellín de su letargo social y a ponerla a tono con la vida urbana moderna. Uno de los más antiguos fue el Club de la Concordia, cuyos miembros llevaban como emblema una saeta de plata; a él pertenecieron Miguel Latorre, Carlos Latorre, José María Martínez, Germán Jaramillo, Alejandro Villa, Antonio Santamaría, Clímaco Uribe, Marcelino Restrepo, Lázaro Mejía y Pedro Herrán, entre otros.

Posteriormente muchos de estos clubes consiguieron local donde se reunían para largas y animadas tertulias. Algunos llegaron a poseer su propia biblioteca. En 1881 se inició el Club La Varita con veinte miembros. Su nombre se tomó de un delgado bastón que estaba de moda. Sus miembros debían asistir al teatro vistiendo levita y llevando en su solapa una áncora de plata. Entre sus socios se contaba a Basilio Martínez, Emilio Johnson, Francisco Piedrahita, Francisco Olarte, Carlos Bravo, José Manuel Restrepo, Jesús Tamayo, Víctor Toro, Lisandro Uribe y Juan Pablo Arango[29].

Uno de los clubes más activos fue el de La Mata de Mora. Este nombre surgió de la expresión de que en Medellín «no había más moral que la mata de mora», frase que se refería al deterioro de los valores morales y católicos tradicionales. Tuvo vida entre 1883 y 1892, y se convirtió en un activo organizador de fiestas y eventos sociales, como los regocijos populares de cada 20 de julio. La Mata de Mora se hizo notable por haber introducido en el medio local el uso del póker.

Existieron además los clubes La Bohemia, Belchite, Boston, de los Trece y el El Palito. Este último se distinguió por promover una intensa vida social al volver populares los paseos, las cabalgatas, las serenatas y los bailes. El Club Brelán se dedicó a brindar apoyo a la cultura y las bellas artes; fue así como impulsó una exposición del maestro Francisco Antonio Cano a fines del siglo XIX, con el fin de recoger fondos para qué este pudiera viajar a Europa a continuar sus estudios. También promovió la organización de los carnavales de Medellín; los primeros se realizaron en 1899 y duraron cinco días. Tales festejos se suspendieron en 1925, pues las autoridades eclesiásticas y municipales los consideraron bochincheros. Durante los carnavales, el Club Brelán subvencionaba grupos de danzas y comparsas populares; por su parte, la elite programaba lujosos bailes de disfraces. El carnaval se iniciaba con un desfile de carrozas antiguas y de jinetes disfrazados, acompañados de chirimías; en las tardes había corridas de toros, que más bien pueden considerarse corralejas. El toro salía engalanado con monedas, y quien quisiera ganárselas debía arrancárselas.

En la tarde los jóvenes de la élite disfrazados, casi siempre de animales como perros, sapos, loros y gatos, paseaban frente a las ventanas de las jóvenes, a quienes obsequiaban con pequeños regalos y confeti si éstas adivinaban la identidad. Al día siguiente las comparsas, después de obtener el permiso del dueño de casa, las visitaban en compañía de músicos[30].

Otro de los clubes, El Tandem, introdujo en la ciudad la moda de la bicicleta de dos y tres puestos que sus miembros habían importado de Euro-

Almuerzo de campesinos en Medellín en los años diez del presente siglo
(Fotografía s. i. , Centro de Memoria Visual FAES)

pa. En este vehículo se realizaban alegres paseos mixtos, obviamente con chaperona a bordo, por los alrededores de la ciudad. En 1905 los socios del Tandeem se unieron con otros clubes para fundar el Club Unión, el cual existe en la actualidad. La idea del Unión trascendió el grupo de amigos y se propuso crear un lugar exclusivo y distinguido que fuera el punto de encuentro para actividades sociales y culturales. Estos centros fueron en un principio sólo para hombres; el ingreso de las mujeres apenas se generalizó en los años veinte, pues antes sólo asistían con ocasión de los bailes y siempre en compañía de su esposo o del padre.

Deportes

Se dice que en 1910 llegó a la ciudad el primer balón de fútbol, deporte que empezó a tener gran acogida; en el colegio de San Ignacio apareció el primer equipo con el nombre de Antioquia Football Club. En 1914 Alberto Uribe Piedrahíta organizó los primeros equipos profesionales. En 1915 se realizo el primer partido público de fútbol en el Bosque de la Independencia; el equipo ganador fue el Sporting. En 1916, además de los dos equipos mencionados existió el Universidad Football Club. En la década del veinte este depor-

te se popularizó y los artesanos organizaron dos equipos: el ABC y el Romano De ellos surgió el Medellín, el cual conquistó en 1934 el campeonato departamental y en 1938 el nacional. También en 1910 se abrieron en la ciudad los primeros salones de tenis y de patinaje. Estos últimos surgen como una iniciativa de beneficencia, pues los fondos que se recolectaban en ellos eran destinados a la recién fundada Cruz Roja. El más popular, el Salón España, estaba situado en Sucre, y en él también se jugaba basketball y se daban clases de baile. El tenis, el basquetbol y el patinaje fueron rechazados por la Iglesia ante la acogida que tuvieron entre el sexo femenino. En 1916, la ciudad contaba con tres clubes de tenis –The British Tennis Club, The Medellín Tennis Club, The Colombia Tennis Club– y un club de golf. Ante la popularidad que alcanzaron los deportes entre la elites que los había importado de Europa y los Estados Unidos, don Germán Olano decidió promover la creación del Club Campestre, concebido no solo como centro social, sino también de práctica deportiva. Además de tenis y fútbol, la natación y el baloncesto femenino gozaron de popularidad en el club. En la década del treinta el deporte y la educación física se habían convertido en práctica indispensable para conservar la salud del cuerpo y del alma. Por tal razón, se introdujo como parte del pénsum escolar.

El teatro

El teatro fue una de las actividades que tuvieron un desarrollo importante en la ciudad. En 1909 la sociedad compuesta por Udislao Vásquez, Enrique Echavarría y Daniel Botero emprendió la construcción de un «circo digno de la ciudad.» Se edificó el Circo España en la calle Caracas con Girardot, el cual tenía capacidad de 4 000 personas para presenciar toros y 6 000 para otros espectáculos. Al circo asistían todos los grupos sociales. Por su forma circular, cuando se presentaba cine los que quedaban detrás de la pantalla pagaban una tarifa menor; a través de un espejo veían la película al revés. Una de las compañías más exitosas y afamadas que visitó la ciudad fue la Compañía Tournee Artístico Mundial-Virginia Fábregas, la cual a los ojos de los caballeros de la ciudad estuvo apoteósica. Algunas crónicas sobre la ciudad insinuaban que no pocas artistas de variedad, además de ofrecer un espectáculo artístico, se convertían en agradables entretenciones para los señores de la ciudad.

En 1919 se inauguró el Teatro Bolívar que, remodelado, reemplazó al decrépito Teatro Municipal. Tenía capacidad para 1 278 personas, de las cuales 270 ocupaban la galería sin numerar con silletería de bajos precios. En 1920 se conformó el Grupo Escénico de Medellín, en el que por primera vez participaron «distinguidas señoritas de la sociedad», entre ellas Teresa Santamaría, Amalia Vélez, Graciela Gómez y Pepa Trujillo. El grupo recreaba a público con obras de teatro y divertidas comedias[31]. En 1924 se inauguró el Teatro Junín con 4 000 silletas. En esa época eran muy frecuentes las presentaciones de espectáculos extranjeros; entre éstos se destacaron la Opera Bracalle que presentó *El Barbero de Sevilla*, la Compañía de María Uguetti y la Compañía Española de Comedias Rafael Arcos. Las cantantes populares españolas gozaban de favoritismo; las más aplaudidas fueron: Paquita Escribano, Amalia Molina, Tórtola Valencia y Carmen Flórez. Los costos para traer los espectáculos eran asumidos por la Gobernación, la Compañía Teatro Bolívar y la Junta Administradora del Ferrocarril. El teatro, además de la diversión que proporcionaba, era también un lugar para la exhibición y la ostentación. La élite asistía con sus mejores galas: el señor vestido de etiqueta, con *smoking* impecable; la mujer con los brazos enguantados, vestido largo y sus mejores joyas.

El auge del teatro, de otros espectáculos escénicos y en particular del cine, fue duramente criticado por la prensa católica. Se los tildaba de espectáculos escandalosos y picantes, que sólo conducían al relajamiento y a las infidelidades.

Los bailes

Según el escritor Eladio Gónima, el baile había gozado desde el siglo XIX de gran predilección por parte de los habitantes de la ciudad. En particular describe los animados bailes populares de Guanteros que a veces terminaban en trifulcas y peleas. Con ocasión de los bailes de la clase alta, las residencias se engalanaban y los pisos se forraban con telas a las que se les derramaba esperma de vela para que las parejas se deslizaran fácilmente. En la década del veinte eran frecuentes los bailes en residencias, clubes y hoteles. Se inauguraron, además, salones de té, donde era posible bailar; el más renombrado fue el Salón Noel. Algunos cafés elegantes también establecieron la costumbre del baile, el cual se realizaba los domingos de diez a doce del mediodía, animados por los músicos locales; las jóvenes asistían acompañadas de la madre o de una chaperona. A principios de siglo se bailaban la mazurca, el vals, el chotis, el pasillo y la polka. A pesar de las duras críticas, en la década del treinta se bailó charleston en Medellín, para muchos un «baile indecente, repugnante, sucio, propio de seres inferiores...»[32]. Igualmente, gozaron de popularidad el ragtime, el foxtrot y el valse lento.

El auge de los bailes fue tal que el Concejo Municipal de 1921 estudió la posibilidad de decretar un impuesto alto a este tipo de diversiones, medida poco popular que fue bastante discutida en la prensa. Desde principios de siglo los ediles, presionados por las autoridades eclesiásticas, los habían prohibido, medida que se consideraba necesaria para controlar actividades inmorales.

A partir de la década de 1920 se realizaron elegantes bailes en los clubes Unión y Campestre. También se bailaba en el Bosque de la Independencia, donde las clases populares empezaron a asistir asiduamente en las tardes del domingo, luego que las clases alta y media se marchaban a eso de la una de la tarde. En 1940, en los salones del recién inaugurado Hotel Nutibara y al ritmo de la orquesta de Lucho Bermúdez, se llevaron a cabo las célebres *empanadas bailables*.

Los caballos y el hipódromo

El caballo, además de medio de locomoción, era una de las aficiones más arraigadas de los medellinenses. Los *cachacos* de la ciudad, al finalizar la tarde acostumbraban animadas cabalgatas, a las que muchos asistían elegantemente vestidos. Igualmente populares eran las cabalgatas los domingos al «charco de Las Perlas», en la carretera a Santa Elena, o a otros lugares cercanos; después se hacían a los baños públicos del Edén, situado cerca del Bosque de la Independencia, a los de Amito en el Bermejal y a los del Jordán en Robledo. Estos lugares, especies de piscinas individuales y colectivas, gozaron de gran aprecio entre el público masculino. El baño ordinariamente se acompañaba de sabrosos anisados y «apetitosas empanaditas y pandequesos calientes. Contaban además estos lugares con aditamentos como cantina, billares, pianola y cantantes populares»[33].

El gusto por las carreras de caballos permitió que la ciudad contara desde principios del siglo con un hipódromo. En el Frontón de Jai-Alai, situado en la calle San Juan, se realizaban las competencias. En 1905 se inauguró un nuevo hipódromo en la Floresta. En 1915 se inauguró el del Bosque de la Independencia, que contaba con dos pequeñas pistas. Existieron además el Hipódromo Municipal en el sector de San Joaquín, el Hipódromo San Fernando en Guayabal, y en 1927 se inauguró el lujoso Club Hípico, en el que

semanalmente se realizaban carreras. Las fotografías de la época proporcionan una idea de las galas que tanto hombres como mujeres utilizaban. Era frecuente ver a los caballeros vestidos de pantalón de fantasía, *smoking* gris o negro y sombrero de copa; las mujeres asistían con elegantes vestidos acompañados de llamativos sombreros. Después de las carreras había orquesta y los asistentes se dedicaban al baile. Igualmente, en la década del veinte se puso de moda, entre la élite, el polo, importado por los jóvenes que salían a estudiar al exterior.

Los paseos

A principios de siglo eran frecuentes las caminatas al caer la tarde. Se acostumbraba caminar por la calle Ayacucho hasta la Puerta Inglesa, o por la alameda de árboles de la calle Colombia hasta los bordes del río Medellín. Estas eran praderas cubiertas de sauces y otros árboles nativos. Los fines de semana se hacían paseos a los cerros que rodean la ciudad, en especial al cerro de El Salvador, a visitar el monumento del mismo nombre, inaugurado en 1917. También eran frecuentes los paseos a los numerosos charcos que

formaban el río y la quebrada Santa Elena. Los más populares eran el charco de los Naranjos, debajo del puente de Guayaquil, el de La Palma, frente a la finca de ese mismo nombre, el del puente de Colombia, muy del gusto de los jóvenes que se tiraban desde el puente al río; este charco era escenario de peleas a piedra entre grupos de muchachos. El charco de Los Sauces, frente a la calle de San Benito, era indicado para aprender a nadar por lo tranquilo de sus aguas. Finalmente estaba el charco de El Mico, frente a la colina de Bermejal. A ellos se iba en familia, incluyendo la niñera, con un fiambre compuesto de variadas viandas; en algunas ocasiones se incluían músicos.

Las fiestas patronales

Las fiestas patronales de la Virgen de la Candelaria que se celebran el 24 de enero fueron durante la colonia el principal acontecimiento social. Durante el siglo XIX conservaron parte de su esplendor. En ellas se realizaban carreras de caballos, corridas de toros, presentación de danzas en la plaza, maromas y riñas de gallos[34].

En la primera década del siglo XX esta fiesta se celebraba con salves en la iglesia; la Banda Pani-agua congregaba a la gente en el atrio. Entre cada pieza musical se lanzaban cohetes de pólvora y las chirimías alegraban las calles. Estas fiestas fueron perdiendo brillo con el avance del siglo.

La Semana Santa

La gran influencia de la Iglesia dentro de la vida cotidiana de la ciudad hizo que las fiestas religiosas desplazaran las demás celebraciones. La Semana Santa se convirtió en una ocasión especialmente solemne. Gente, tanto humilde como pudiente, compraba buenas galas para esta ocasión, e incluso algunos que nunca se calzaban, a pesar de lo torturantes e incómodos, compraban zapatos para las procesiones. Los almacenes elegantes anunciaban con anticipación la llegada de finos paños oscuros, variedad de zapatos, medias, sedas, bordados, velos y sombreros. Las solemnidades religiosas iban de sábado a sábado, e incluían misas capitulares, pontíficas, procesiones diarias, rosarios, tinieblas, sermones y Stabat Mater. Los pasos de las procesiones iban en hombros de penitentes encapuchados de negro. La ciudad se sumía en un ambiente solemne y silencioso, sin otra música que la religiosa.

IZQ. Y DERECHA
Grupos familiares de diferentes estratos sociales. A la derecha Francisco Álvarez y familia de Fontidueño en 1922, a la izquierda Enrique Echavarría y familia de Medellín en 1915 (Fotografía Benjamín de la Calle, Centro de Memoria Visual FAES)

La Navidad era también una fiesta religiosa de importancia familiar. Las personas pudientes abandonaban la ciudad de diciembre a enero, para temperar en sus fincas en El Poblado, El Picacho, Robledo, El Cuchillón, La Estrella, Santa Elena y Bello. La elaboración del pesebre, la novena, la pólvora en exceso, los traídos del niño y las ricas viandas, entre ellas la natilla, los buñuelos y las hojuelas con miel, hacían las delicias de todas las clases sociales. El 31 de diciembre era tradicional la elaboración de un muñeco relleno de pólvora que simbolizaba el año viejo, y que se quemaba a las doce de la noche para representar la esperanza de cambios en el año nuevo. Sin embargo, en la ciudad las celebraciones del 31 de diciembre y del 6 de enero o fiesta de reyes nunca alcanzaron a igualar las celebraciones navideñas.

En la segunda mitad del siglo XIX la fiesta del 20 de julio alcanzó una gran importancia. Ese día se organizaban «regocijos populares con cucañas en la plaza, juegos de habilidad con premios, hermosas contradanzas, tablados populares, toros de risa y rejoneo». Ya en 1921 el liberal Ricardo Uribe Escobar se quejaba de que estas costumbres hubieran desaparecido y que los festejos patrios ya no tuvieran ninguna significación en la ciudad.

A pesar de las ocasionales diversiones, los jóvenes, que llegaban al fin de la infancia, al «largarse los pantalones y usar cachucha» encontraban la vida de la apacible villa aburrida y monótona, y manifestaban formas de rebeldía frente al fuerte control clerical y la autoridad familiar. En la prensa local, tanto la liberal como la conservadora, se encuentran frecuentes recomendaciones a los padres de familia para que controlen a sus hijos jóvenes. Se mencionaba la constante presencia de los muchachos en los cafés y cantinas, dedicados a alegres libaciones; sus frecuentes visitas a los prostíbulos, donde protagonizaban escándalos y riñas; y la desaforada pasión por el juego, que muchas veces los llevaba, aun siendo de *buenas familias*, a la estafa y al robo.

El periódico liberal *La Organización* sugería como forma de escarmiento de los jóvenes de élite la publicación en la prensa de los nombres que la policía señalara como ebrios, visitantes de prostíbulos o protagonistas de escándalos. En 1904 un articulista de este mismo periódico señalaba como culpables del relajamiento moral de los jóvenes a los propios padres: «Trabajáis demasiado, oh padres desventurados, por el acrecentamiento de vuestros caudales; pero descuidáis por completo el porvenir y el buen nombre de vuestros hijos. Dejaréis al morir muchos millones... pero esos millones no pasarán ciertamente a una segunda generación y solo servirán para arrastrar por el lodo vuestros nombres...»[35].

Alrededor de 1905 surgió un grupo conformado por jóvenes de la élite y autodenominado La Mafia porque se dedicó a romper la calma de la ciudad con todo tipo de travesuras. Según lo recuerdan sus contemporáneos, esta barra estaba compuesta por Alejandro Villa, Gabriel Martínez Amador, Arturo Jaramillo Restrepo, Luis Restrepo Wills, Abel y Raúl Restrepo, Juancho Martínez, Arturo Restrepo Isaza, Jorge Posada Callejas, Manuel J. Vidal, Eduardo Mazo y Jorge Restrepo Restrepo. Sus fechorías, planeadas en la cantina, producían en la gente de la ciudad irritación e hilaridad. Los integrantes de La Mafia taponaban los candados de las puertas y las chapas de las casas para que la gente no pudiera abrirlas; enviaban telegramas falsos, en las procesiones anudaban los pañolones de las señoras con las ruanas de los señores, cambiaban los nombres de los negocios respetables por algunos menos respetables: «Artículos para damas», se convertía en «Culos para damas». Publicaban en la prensa carteles que invitaban a entierros de personas vivas. Para el entierro de un reconocido borrachín imprimían carteles en los que invitaban a las exequias de la Liga de Temperancia Local. Ricos e irresponsables, asumían la vida de forma iconoclasta, y con sus parrandas y escándalos desafiaban el espíritu mojigato y tradicional de la sociedad local.

Los jóvenes de sectores populares unían a su inconformidad juvenil la falta de claras perspectivas para su futuro. Muchos de ellos convirtieron a Guayaquil en su sitio de encuentro. La Barra de Guayaquil era dueña de su territorio y ni el osado grupo La Mafia se atrevía a entrar en los lugares predilectos de esta barra. Guapos, agresivos y peleadores sin motivo, arriesgaban sus vidas en encuentros a machete, puñal y cuchillo, cuyo manejo convertían en un arte.

Este recuento de algunos aspectos de la vida cotidiana y familiar de Medellín deja entrever la complejidad del proceso de modernización y de transformación que sufrió la ciudad en las cuatro primeras décadas de este siglo. Aunque la vida era relativamente tranquila, los procesos de industrialización y de urbanización no fueron ideales. En éstos aparece la otra cara de la moneda del mito de ciudad tranquila y sin mayores diferenciaciones sociales. Estos procesos significaron el desarraigo de una población campesina que debió adecuarse a una vida urbana que no siempre fue fácil. La Iglesia y la élite local, en forma hábil, trataron de reforzar los valores católicos adecuándolos a un proceso de modernización capitalista; y si bien fueron bastante exitosos en el ejercicio del control social, este breve recuento también muestra que el modelo católico no fue homogéneo y que desde muy temprano mostró sus fisuras e incongruencias dentro del camino hacia la modernidad.

NOTAS

1. Revista *Progreso*, Nov. 17, 1940.
2. Tulio Ospina Vásquez, *Protocolo hispanoamericano de la urbanidad y el buen gusto*, Medellín, Félix de Bedout. 1910. Este libro alcanzó tres ediciones y fue texto obligatorio en la Escuela de Minas.
3. Gabriel Latorre, *Susana* , Medellín, Fondo Cultural Cafetero, 1977.
4. Archivo Clodomiro Ramírez Botero, FAES, Folio 4, 3 de abril de 1913.
5. Jorge Orlando Melo, *La modernización en Colombia*, Foro, Bogotá.
6. José Manuel Caycedo, *Cartas Pastorales del Excelentísimo Sr. Dr. Manuel José Cayzedo*. Medellín, Imprenta Departamental, s.f. pag. 157. El tema del modernismo fue abordado varias veces por Cayzedo, incluso tiene varias pastorales dedicadas exclusivamente a este tema: «Oposición entre el espíritu de Jesucristo y el espíritu del mundo», «Vida moderna», «La falsa libertad», «La familia: sus enemigos modernos» y «La esposa, reina del hogar».
7. Citado por Nepomuceno Jiménez, *Notas sobre las aguas de Medellín*. Tesis de Grado. Facultad de Medicina. Medellín, Imprenta del departamento, 1895.
8. Carlos De Greiff, *Conferencias de higiene en las escuelas de Medellín*, Medellín, Tipografía del Comercio, 1907.
9. Salvador Jaramillo Berrío, *Análisis bacteriológico de las aguas de Medellín*. Tesis, Universidad de Antioquia, Medellín, 1921.
10 . Promedios construidos por la autora con base en las cifras de los Anuarios Estadísticos de Medellín.
11. Archivo Histórico Muncipal de Medellín. Gobierno Ramos, 1906. Informe del director del Manicomio.
12. Astrid Mora y Claudia Zuleta, *Clasificación y descripción del Archivo de Historias Clínicas del Hospital Mental de Antioquia*. Trabajo de Grado. Universidad Nacional, sede Medellín, 1993.
13. Actas del Concejo de Medellín, tomo No. 33, Acta No. 66, y Mayo 11, 1917.
14. Jorge Franco, *Hildebrando*, 7a. ed., Medellín, Presencia, 1987. Jaime Sanin Echeverri, *Una mujer de cuatro en conducta*, Lima, Editora Panamericana, s.f.
15. Laurentino Muñoz, *El Certificado Médico Prenupcial*. Tesis. Universidad de Antioquia. Medellín, 1930.
16. Carta de Aureliano Alvarez a su hija, antes de su matrimonio en 1909.
17. Revista dirigida especialmente a las amas del hogar y que tuvo existencia entre 1906 y 1932.
18. *La Familia Cristiana*, Mayo 8 1922.
19. Para la realización de este trabajo se revisó la correspodencia conyugal del archivo Clodomiro Ramírez Botero, Salvador Navarro Eusse, Mariano Ospina

Rodríguez, y algunas cartas de Ana Mejía de Restrepo.
20. Archivo Rafael Navarro y Eusse, folio 20, 15 de abril de 1888.
21. Sofía Ospina de Navarro, *La abuela cuenta*, Medellín, Ediciones La Tertulia, 1964, p. 110 y 111.
22. Revista *Sábado*, 29 de abril de 1922; afirmación expresada en una conferencia en el Paraninfo de la Universidad de Antioquia.
23. Luis Guillermo Echeverri, *Obras completas*, Medellín, Bedout, 1983, p. 213.
24. Revista *Letras y Encajes*, No. 4, noviembre de 1926.
25. Archivo Rafael Navarro y Eusse. Folio 8, junio 12, 1898. Carta de María Ospina a su esposo Salvador Navarro y Eusse.
26. *La Prensa*, Medellín, 13 de agosto de 1903.
27. *Revista Sábado*, No. 1, 7 de mayo de 1921; artículo de Tomás Carrasquilla.
28. Tulio Ospina, *op. cit.*
29. Lisandro Ochoa. *op. cit.* pp. 93-113.
30. Enrique Echavarría, *Crónicas*, Medellín, Tipografía Industrial, 1936, p. 23.
  Sofía Navarro de Ospina, *La abuela cuenta*, *Op. cit.*, p. 116.
31. Revista *Sábado*, 7 de mayo de 1921.
32. Marcelino Uribe Arango, *Al oído femenino*, s.e. 1930, p. 64.
33. Tomás Carrasquilla, *Obras completas*, Madrid, Espasa, p. 1837.
34. Eladio Gónima, *Historia del teatro y otras vejeces de Medellín, op. cit.*, p. 95.
35. *La Organización*, 12 de enero de 1904.

Bibliografía

ARCHIVOS PRIVADOS, MEMORIAS Y DIARIOS
Archivo de Correspondencia Rafael Navarro y Eusse, FAES, Medellín.
Archivo de Correspondencia Clodomiro Ramírez Botero, FAES, Medellín.
Archivo de Correspondencia Ana Mejía de Restrepo, Medellín, Sala Antioquia, Biblioteca Pública Piloto.
Archivo de Correspondencia Mariano Ospina Rodríguez, FAES, Medellín.
Diario de Pedro Antonio Restrepo, FAES, Medellín.
Diario de Ricardo Olano, FAES, Medellín.
Memorias de Justiniano Macías, Departamento de Historia, Universidad de Antioquia.

Se consultaron 32 tesis de grado de medicina y derecho, escritas entre 1890 y 1950. Sala Antioquia, Biblioteca Universidad de Antioquia.
Se consultaron 15 manuales de higiene, pedagogía y urbanidad, escritos entre 1890 y 1940. Entre ellos merecen destacarse:
Ballesteros, Samuel, *Manual de los padres de familia*, LUX, Veritatis, 1938.
Bernal Nichols, Alberto, *Su majestad el niño*, Tipografía Industrial, Medellín, 1937
De Mejía, Argemira, *El buen ciudadano, Manual de cívica y urbanidad*, Medellín, Imprenta Oficial, 1935.

Ospina Vásquez, Tulio, *Protocolo hispanoamericano de urbanidad y buen tono*, Medellín, Félix de Bedout, 1910.

Restrepo Mejía, Martín, *Pedagogía doméstica*, Barcelona, Tipografía F. Madriguera, 1914.

Robledo, Emilio, *Higiene de la infancia*, Medellín, Imprenta Departamental, 1900.

PERIÓDICOS

El Bateo, El Látigo, El Luchador, El Obrero, El Social, La Información, La Patria, La Prensa, La Organización Liberal.

REVISTAS

Alpha, Cyrano, La Familia Cristiana, Labor, Lecturas Breves, Letras y Encajes, Panida, de la Policía Departamental.

LIBROS

Botero, Camilo, *Crónicas póstumas y anécdotas humoradas*, Medellín, s.p.i.

Cano, María, *Escritos*, Medellín, Extensión Cultural Departamental, 1985.

Carrasquilla, Tomás, *Obras completas*, Madrid, Espasa, 1952.

Castro, Alfonso, *Cuentos y ensayos*, Cali, Norma, s.f.

Echavarría, Enrique, *De Medellín a Buenos Aires*, Medellín, Bedout, 1935.

Gómez, Clarita (ed.), *Lo mejor de Efe Gómez*. Bogotá, Universidad Nacional, 1986.

Gallego, Romualdo, *Cuentos y crónicas*.

Latorre, Gabriel, *Susana*, Medellín, Fondo Cultural Cafetero, 1977.

Tejada, Luis, *Mesa de redacción*, Medellín, Universidad de Antioquia, 1989.

Varios autores, *La historia de Antioquia*, Medellín, Suramericana de Seguros, 1989

Jorge Alberto Naranjo Mesa

La ciudad literaria: El relato y la poesía en Medellín, 1858-1930

Fronteras de ignorancia

EN MEDELLÍN se escribió muchísimo desde mediados del siglo XIX. Entre 1835 y 1894, año en que se inicia la segunda época de *La Miscelánea,* se tiene registro de más de doscientas publicaciones periódicas editadas en esta ciudad[1], muchas de ellas de índole eminentemente literaria y casi todas con una sección dedicada a «las bellas letras», por lo menos. La mayor parte del material narrativo o poético que contienen esas publicaciones permanece sin ser leído y asimilado por nuestros historiadores. Los pocos trabajos escritos –por méritos que tengan– apenas si logran reconstruir unos pocos capítulos de esa historia densa y pletórica de huellas, y se basan en la lectura de un mínimo porcentaje de lo que se escribió. Lo que aquí se leerá apenas podría tomarse por un esbozo, al menos probable, de una historia de la narrativa y de la poesía medellinenses, la cual, como es de esperar, podrá hacerse en algunos años con el concurso de varios investigadores.

De Jardín del Edén a calvario espinoso

Entre los primeros relatos referidos a la vida medellinense se encuentran «Arturo y sus habladurías» de Juan de Dios Restrepo (seudónimo Emiro Kastos) y «Felipe» de Gregorio Gutiérrez González. Son narraciones con notables paralelismos, tanto por la perspectiva asumida por los narradores y por los puntos de vista acerca de la ciudad y de su gente como –ya en los detalles– por el desarrollo argumentativo en el propio relato. En el primero de ellos, escrito para *El Pueblo* en 1856, se pinta la vida somnolienta de los domingos en la Villa de esa época, la estrechez de horizontes espirituales, la poca intensidad de la vida social. Las habladurías de Arturo tienen un tinte corrosivo y sarcástico que no encuentra atenuante para los denuestos y juicios llenos de acritud,

acerca de las costumbres y de la gente medellinense: ¡qué aburridos pinta a hombres y a mujeres, cuán tontos y filisteos ellos, cuán vacías ellas! No saben vivir, no se merecen la riqueza que poseen, ignoran el arte del disfrute. En otro cuento, «Julia», de 1855, afirma Emiro Kastos que en Medellín se desconoce el sentido de «lo confortable». Son «mendigos que pasan por la vida sin conocerla»[2]. Lo único que sale indemne es el paisaje. Este valle semejaba la tierra del Edén, no sólo en palabras de Arturo, sino en las de cantidad de poetas. Lástima por la gente, por esos habitantes a quienes «el egoísmo, la codicia y la fría especulación esterilizan y secan» el corazón. El desengaño y el desdén de Arturo no parecen tener límites.

Y un punto de vista semejante se expone en el relato de Gutiérrez González, publicado por esa misma época. Felipe, el protagonista principal, se embelesa, desde el Alto de Santa Helena, en la contemplación del Valle de Medellín; cree haber llegado al jardín del Paraíso. Y unas semanas después lo mata el aburrimiento: «gólgota» él, lo tienen ya en el Gólgota. Nada de amigos, de bailes, de tertulias, de paseos; va a casarse porque «en esta tierra hay que casarse para poder conversar con alguna mujer». Pero, averiguando, resulta que Felipe no parece hábil para negociar, administrar y hacer riqueza; «luego» debe ser un mal partido, y su solicitud matrimonial es rechazada. Y se devuelve a su patria santafereña cargado de amargura y despecho. En una pared de la casa-fonda de Baena, en el Alto de Santa Helena, escribe:

De una ciudad el cielo cristalino
Brilla azul como el ala de un querube,
Y de su suelo cual jardín divino
Hasta los cielos el aroma sube.
Sobre ese suelo no se ve un espino,

Bajo ese cielo no se ve una nube...
...Y en esa tierra encantadora habita...
La raza infame, de su Dios maldita.
Raza de mercaderes que especula
con todo y sobre todo. Raza impía,
Por cuyas venas sin calor circula
La sangre vil de la nación judía;
Y pesos sobre pesos acumula
El precio de su honor, su mercancía,
Y como sólo al interés se atiende
Todo se compra allí, todo se vende.
Allí la esposa esclava del esposo
Ni amor recibe ni placer disfruta,
Y sujeta a su padre codicioso
la hija inocente...[3]

Lo único indemne, otra vez, resulta ser el paisaje. Como si Medellín sólo fuese bella desde lejos y por fuera; como si por dentro el Jardín del Edén se tornase espinoso calvario.

Arturo y Felipe enuncian la que llamaremos *perspectiva gólgota* sobre Medellín. Quizás el propio Emiro Kastos compartía, entonces, el punto de vista de su amigo Arturo (juicios semejantes se expresan en *Julia*), así estemos seguros de su posterior rechazo a esa perspectiva[4]. Gutiérrez González muestra un poco más de distancia –algo así como una amable indiferencia– respecto de las apreciaciones de su amigo Felipe. Pero ambas narraciones transmiten una común desilusión de los protagonistas principales con esa Medellín de mediados del siglo pasado. Hasta *judíos* se les dice, en ambos relatos, a los medellinenses. Para un *gólgota* este era un juicio contundente...

Por lo demás, las descripciones de Medellín logradas en esos dos relatos son muy bellas e interesantes, sean cuales fueren los sesgos ideológicos que se les encuentre. Las páginas referidas al paisaje del Valle y de la Villa son de antología.

Una vida cultural muy activa

Los relatos medellinenses anteriores a 1870 son, hasta donde se sabe, esporádicos. De ese año en adelante, el movimiento literario se va robusteciendo sin pausa hasta el fin del siglo. Cada vez más autores, cuadros más elaborados, buenos cuentos, y hasta unas primeras incursiones en la novela. En el Cuadro 1 se presenta una lista de narraciones medellinenses anteriores a 1880. Debe haber más, pero la muestra es indicativa: el tema de la vida y las costumbres de la Villa empieza a plantearse como un problema literario, y a diferenciarse dentro del género de la literatura costumbrista como tema específico desde antes de 1880. Particularmente, en la década del setenta

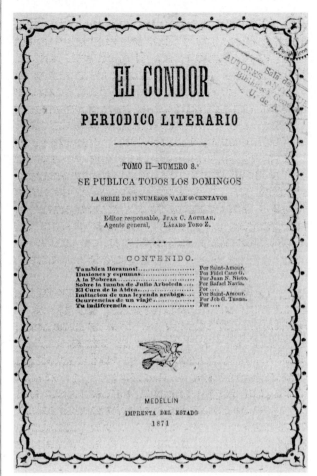

El Cóndor, periódico literario que circuló en Medellín hacia 1870. (Archivo Clodomiro Ramírez Botero, FAES)

decimonónico, cuya atmósfera intelectual tan bellamente reconstruyó Carrasquilla mucho tiempo después, el «punto de vista gólgota» sobre Medellín se rebasa por los hechos y por las palabras. El mismo Carrasquilla señala explícitamente el rebasamiento:

«El dinero, como en todo tiempo y lugar, constituía la aristocracia. Las riquezas conseguidas en las minas y aumentadas por el comercio y la arriería, se iban acumulando en esta Villa de la Candelaria. [...] Relativamente a la población, era muy numerosa la plutocracia, mas no eran estos ricos los avaros de aldea a lo Colmenares ni al estilo de Mi Compadre Facundo. Casi todos gastaban fausto en sus caserones de la ciudad, en sus quintas de recreo y en sus caballos, ya que no en invitaciones sociales. [...] Mas no vaya a creerse por todo lo expuesto que esta Villa fuese completamente mercantil y filistea, como tanta gente se lo ha supuesto. Tal vez en ninguna época de nuestra historia regional se ha visto en la tierra más entusiasmo por la instrucción y el culto ideológico, con nuestras propias iniciativas»[5].

Las narraciones de esa época registradas en el Cuadro 1 son muy interesantes, aunque no todas

CUADRO I
NARRATIVA SOBRE MEDELLÍN ANTERIOR A 1880

OBRA	AUTOR	GÉNERO	FECHA
Carta tercera a un amigo de Bogotá	Emiro Kastos	Carta	1852, El Neogranadino
Julia	Emiro Kastos	Cuadro-cuento	1855, El Pueblo
Un baile en Medellín	Emiro Kastos	Cuadro	1855, El Pueblo
Arturo y sus habladurías	Emiro Kastos	Cuento-cuadro	1856, El Pueblo
Carta quinta a Camilo A. Echeverri	Emiro Kastos	Carta	1858, El Pueblo
Felipe	Gregorio Gutiérrez González	Cuento	1870, Antioquia literaria
Un baile con carrera	Ricardo Restrepo	Cuento	1870, Antioquia literaria
Si yo fuera dictador	Ricardo Restrepo	Cuento	1871, Antioquia literaria
El final de un proceso	Juan J. Molina	Cuento	1872, La Sociedad
Pergoleso y Annunzziata	Juan J. Molina	Novela	1872
Con la vara que midas	Demetrio Viana	Novela breve	1872
El llanto de una madre	Camilo Botero G.	Cuento-cuadro	1874, La Sociedad
Los entreactos de Lucía	Juan J. Molina	Cuento	1878, Antioquia literaria
Un ramo de pensamientos	Eduardo Villa	Novela breve	1878, Antioquia literaria

muestran igual calidad literaria. La narración de Ricardo Restrepo[6] es un delicioso cuadro de un baile de garrote entre artesanos de la Villa (medio socialistas algunos), y contrasta significativamente con las narraciones de bailes de garrote campesinos que, por la misma época, y en forma de poemas costumbristas, hicieron Vicente A. Montoya y Pedro A. Isaza y C. El baile urbano es más encerrado y sombrío, la suspicacia está a la espera de ocasión para blandir el mazo, y los bailes y vestidos nada tienen de autóctonos. Es un baile de gentes pobres que imitan a gentes ricas. La caracterización de los personajes y grupos de la fiesta es de indudable valor sociológico. Y el buen humor con que se narran las desventuras del narrador le da al relato cierta gracia. «Un baile con carrera» preludia en esto las narraciones semijocosas semitrágicas en que sobresaldría después Don Juan del Martillo.

Las narraciones de Botero Guerra y Demetrio Viana registradas en el Cuadro I describen historias en torno de dos de los lugares más tristes de la Villa: la prisión y el sanatorio. El aspecto moralizante en ellas –y sobre todo en la de Viana– es evidente y excesivo. La narración de Viana, extensa y con aires de novela breve, no logra dar vida a los personajes principales sino en ciertos pasajes. Pero en tanto retrato del Medellín de la época deja varios cuadros muy notables, como las descripciones del manicomio.

«Un ramo de pensamientos» de Eduardo Villa es una preciosa narración, en la que se enfoca ya de manera muy clara el desajuste entre las costumbres de la Villa y las del campo. La poesía del relato, la riqueza de las descripciones y la veracidad de los personajes representan motivos suficientes para rescatar este relato del olvido[7].

Los trabajos literarios de Juan José Molina

El acontecimiento literario de la década de 1870 en Medellín fue la publicación de la antología, realizada por Juan J. Molina, *Antioquia literaria*, un grueso volumen con prosas y versos de escritores antioqueños desde los tiempos de la Independencia hasta la fecha de publicación.

Camilo Botero Guerra, autor que escribía bajo
el seudómino de «Don Juan del Martillo», ca. 1896.
(*El Repertorio*. Medellín, serie 1 Nº 2)

Tomás Carrasquilla señala en *Hace tiempos* que
la obra fue un éxito editorial. En rigor lo merecía,
ya que era una exposición muy amplia del estado
del arte literario en Antioquia. También Eduardo
Zuleta, en su libro *Manuel Uribe Ángel y los literatos antioqueños,* dedica muchas páginas a contar la importancia de ese libro entre los profesores
y los estudiantes medellinenses, hacia 1880.

Sin embargo, los trabajos literarios de Molina
fueron mucho más allá de la meritoria antología.
Como ensayista mostró especial interés por la
filosofía del arte; escribió estudios sobre Rossini y
Donnizetti, San Jerónimo y Santa Teresa, la música y la novela, de los cuales el dedicado a este último tema es un documento fundamental para que
el lector se forme una idea precisa de la vida cultural medellinense[8]. Según Molina –y en esto coincide con las apreciaciones de Carrasquilla– aquí
se leía prioritariamente a los novelistas españoles:
Fernández y González, P. A. de Alarcón, Trueba,
Selgas, Pérez Escrich, María del Pilar Sinués de
Marco, Fernán Caballero, Valera, Pérez Galdós,
Pereda, Tarago y Mateos, y otros más; pero también ya se hacían populares muchos escritores de
otras lenguas: Fenimore Cooper y Dickens,

Dumas y Balzac, Sue y Zola, Manzoni y G. Sand,
Cherbuliez y Ohnet, entre muchos otros. De los
escritores colombianos cita a Felipe Pérez *(Los
pizarros),* Isaacs, Ángel Gaitán (*El doctor Temis*),
José María Samper (Martín Flórez), Caicedo y
Rojas, Soledad Acosta de Samper, Madiedo y
otros.

La cultura literaria de Molina era amplísima.
Sólo como ejemplo se cita su clasificación de las
novelas en el estudio referido: a) poéticas, como
las de Chateaubriand y Lamartine; b) filosóficas:
las de Cervantes y George Sand; c) épicas: Fenelón
y Goethe; d) históricas: W. Scott y A. Maquet; e)
descriptivas: Balzac y Fenimore Cooper; f) costumbristas: Lesage y F. Caballero; g) domésticas: Dickens y Mme. Craven; h) imaginarias: Hoffmann y
Poe; i) científicas: Verne y Berthoud; j) nómadas: L.
Enaud y Mayne Reid; k) patrióticas: Pérez Galdós
y Erckmann Chatrian; l) judiciales: Gaboriau. Para
semejante abanico se necesita haber leído mucho y
haber rumiado bastante lo leído. Y así se evidencia, leyendo a Molina y a Carrasquilla, que las memorias de Sanín Cano sobre el Medellín de esa
época se habían empobrecido hasta tomar visos
dudosísimos[9]. Y si se tiene en cuenta la infatigable
y eficaz labor de Molina como editor y divul-
gador de lo propio y de lo ajeno en literatura, se
comprenderá cuánto debió ser el beneficio colectivo de sus trabajos. En la revista *La Miscelánea*,
que fundó en 1886, se publicó la mejor literatura
regional de las siguientes dos décadas. Los principales hombres de letras antioqueños –y colombianos– encontraron en ella espacio y eco. En total,
la revista publicó cerca de siete mil páginas de literatura. Escritores como Juan José Botero,
Eduardo Zuleta, Samuel Velásquez, Eduardo Villa, Lisandro Restrepo, Eladio Gónima, José A.
Gaviria, y muchos otros, hicieron sus primeras
publicaciones y editaron sus primeros libros gracias a los trabajos de Juan José Molina. El libro
de éste, *Ensayos de literatura y de moral*, publicado en 1886, puede considerarse el primero que se
produjo sobre filosofía del arte, en nuestro medio.

Como narrador, dejó Molina una selecta producción; y en lo referente a relatos medellinenses,
dos que sobresalen: «Los entreactos de Lucía» y
«El final de un proceso»; el primero, un cuento
que Manuel Antolínez[10] consideró dentro del estilo de los dramas de Alarcón; el segundo, un relato
más extenso, con visos de novela breve, que bien
podría considerarse una tragedia de corte
calderoniano[11]. «Los entreactos de Lucía» narra
la primera presentación de Lucía de Lamermour
en Medellín, en 1865, y aprovecha los entreactos
para narrar una terrible historia de amores

CUADRO 2

OBRAS DE CAMILO BOTERO GUERRA ANTES DE 1890

Título	Fecha	Publicación
Mesa revuelta	1884	*El Trabajo*
Cosas feas	1884	*El Trabajo*
Furor poético	1884	*El Trabajo*
Cataclismos microscópicos	1884	*(Brochazos)*
Gran baile del Club de la Varita	1885	*(Brochazos)*
Un 20 de julio en Medellín	1885	*El Trabajo*
Teatro de variedades	1885	*El Trabajo*
Achaques	1885	*El Trabajo*
Un par de importunos	1885	*El Trabajo*
Ruedas de molino	1886	*El trabajo*
Abuela y nieta	1887	*(Brochazos)*
La caída de un alma	1887	*(Brochazos)*
Culantrico	1887	*La Miscelánea*
Carta del Pelón P. Pino al Panzón I. Caro	1887	*La Miscelánea*
Los petardistas	1887	*La Miscelánea*
Calenturas y contracalenturas	1888	*La Miscelánea*
Vanitas y vanitatum	1888	*La Miscelánea*

santafereños en los tiempos de la revolución de Melo. La relación entre los dos planos de la narración se establece por la presencia, en el teatro, de un anciano y su joven esposa, protagonista él de la historia antigua, y fruto ella de la antigua tragedia. La narración es sencilla, y la modulación de las dos historias muy hábil. Los análisis musicales, la descripción del arte de Assunta Mazetti, el proceso de elucidación mutua entre el drama operístico y el que se narra en los entreactos, son logros indudables de la obra, que bien merece –como todo lo de Molina– reeditarse. En el otro relato mencionado, «El final de un proceso», los aconteceres transcurren en la Villa de la Candelaria y en una finca retirada en la montaña antioqueña. Molina maneja con destreza varios planos temporales, para hilar una vieja historia con la que se va desarrollando en presente, durante una cacería. Un proceso bien contado y un justo final —en el sentido calderoniano–.[12]

Tomás Carrasquilla indica en *Hace tiempos*[13] que en 1874 y 1875 era un éxito editorial una novela de Juan J. Molina, *Pergoleso y Annunzziata*. A juzgar por el comentario de Carrasquilla, bien podría considerarse la novela medellinense la primera en la historia de la narrativa urbana de esta ciudad. Una razón de más para llamar la atención de los estudiosos hacia la figura de Molina como escritor e impulsor de toda la empresa cultural

Juan José Botero, autor de la Novela *Lejos del Nido*, en 1895. (Fotografía Melitón Rodríguez, Foto Rodríguez)

antioqueña de fines del siglo XIX. Sin temor a exagerar, los artículos literarios de este autor merecen tanto aprecio como los de Emiro Kastos.

Don Juan del Martillo, cronista finisecular

En la década del setenta publican sus primeros trabajos literarios, escritores que hacia 1900 se considerarían valores indiscutibles de nuestra literatura, como Lino R. Ospina y Lucrecio Vélez, Juan José Botero y Camilo Botero Guerra; este último, posiblemente, el primer escritor antioqueño que dio señas de una búsqueda sistemática de nuevos planos narrativos, y que –después de J. J. Molina– logró dominar de manera segura formas de relato más elaboradas que el mero cuadro o la crónica. Botero Guerra atravesó, el primero entre los escritores jóvenes de la época, el umbral del cuento y la novela, y dejó obra suficiente para ser considerado como un narrador con oficio. Su larga serie de narraciones de *Casos y cosas de Medellín* se inició en 1884, en las páginas de *El Trabajo*, y se prolongó sin solución de continuidad en las páginas de *La Miscelánea* hasta comienzos del siglo xx. Bajo el seudónimo de Don Juan del Martillo, Botero Guerra se ocupó de infinidad de aspectos de la vida medellinense *fin de siglo*. Anciano de 85 años, pacífico, este Don Juan del Martillo puede adentrarse hasta los costureros y los cuartos de las damas sin levantar suspicacias siquiera; bondadoso consejero, indulgente sicólogo, aconseja y critica con la mayor suavidad. Sus burlas son una delicia; sus críticas las hace con espíritu risueño y jovial. Ese viejo desvencijado, que sabe reírse de sí mismo, curioso hasta donde puede sin herir a persona alguna, con una cierta cultura para apreciar el arte, que se derrite por la farándula y va a todos los espectáculos –ópera, concierto, recital o teatro–, que no se pierde la lanzada de un volador, es uno de los mejores testigos que nos quedan del Medellín que apenas comenzaba a ser, según la expresión de Carlos E. Restrepo, una «parroquia grande». Cronista de sociedad, de farándula, de domesticidad, Botero Guerra dejó un vivo testimonio de la cultura y de la incultura finiseculares nuestras. En el Cuadro 2 se listan algunas de las crónicas y relatos medellinenses que publicó antes de 1890 el fecundo escritor costumbrista; se encuentran allí varios «croquis de novelas», y una novela segura, *Abuela y nieta*, que bien podría clasificarse como doméstica en la terminología de J. J. Molina. En ella se narran las costumbres de una casa antigua, cuyos moradores –la abuela y la nieta– no perdonan todavía a la Independencia el haberlas liberado del yugo de Fernando vii; y se muestran los desajustes que esos seres encerrados en el pasado han de sufrir en la Villa finisecular. En otra novela que Botero Guerra publicó en 1892 ó 1893 en los folletines de *El Movimiento*, y que intituló *Rosa y cruz,* describe otro aspecto del viejo orden y sus secuelas en el tiempo: el de la absurda soledad de los esclavos libertos, tan libres y tan maniatados para ejercer su libertad. Cruz, hijo de esclava liberta, se enamora desde niño de una hija de sus patronos blancos, Rosa, y por ella sufre las más absurdas vejaciones. Así mismo, la «niña Rosa» –que también lo ama– sufre parejo con él, y juntos se pierden en un laberinto de dolores. Hay escenas espléndidas en las dos novelas. Los amores de los dos chicuelos, los paisajes de «Otrabanda» hacia 1880 y la lucha de razas, se pintan con muy sencillos pero precisos trazos.

Sin embargo, la novela propiamente urbana del primer Botero Guerra fue *El oropel,* publicada también en los folletines de *El Movimiento* en 1893. El tema central es la diferencia y el conflicto entre el campo y la ciudad. Una joven campesina es atraída con engaños, por el hijo del patrón, a la Villa. La intención del señorito es aprovecharse de ella para su placer y el de sus amigos de un club de dudosa reputación. (Hubo varios; uno de ellos llamado *La Maffia* o *Los Maffios*, aparece mencionado por varios escritores)[14]. Las aventuras de la joven campesina en la Villa presentan la pequeña ciudad en su conjunto: edificaciones, parque principal, calles comerciales y arrabal; teatro y ópera, antros y violencias. En varios aspectos *El oropel* es una obra de corte dickensiano, un «Cuento de Boz» a lo paisa (es decir, a lo antioqueño). No es una novela excelente; hay personajes tratados con suma brusquedad e intromisiones del autor no siempre oportunas. Sin embargo, en su conjunto, *El oropel* es un relato coherente, quizá no tan bello como *Rosa y cruz* pero con una mayor complicación de la trama, y con una percepción nítida de los materiales novelables de esta parroquia grande.

Cuando Botero Guerra recogió en un libro varias decenas de narraciones, en el *quinquenio de oro* de nuestras letras, el resultado se recibió con los mejores elogios[15]. Pero muchos *Casos y cosas de Medellín* quedaron dispersos en revistas. Según el relato de Antonio J. Cano, Botero Guerra se retiró a la vida privada a principios del siglo, aunque escribió por lo menos otras siete novelas extensas hasta 1930[16]. Sólo conozco una de ellas, *Sacrificio,* obra en la que el filón regionalista, «netamente antioqueño», y el tono agresivo contra los «decadentes» se exageran un poco. De todas formas está escrita con esa prosa deliciosa, liviana y fácil con que escribía Botero G.; y el desarrollo argumental, el proceso del sacrificio, queda muy bien plasmado. Quizás este autor

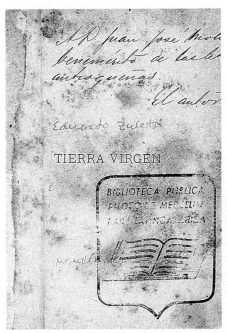

Portadas de algunos libros que circularon en Medellín. *Tierra Virgen* de Eduardo Zuleta, Medellín, 1897 y *Navidades* de Fidel Cano, Medellín, 1902. (Biblioteca Pública Piloto, Sala Antioquia)

Detalle del manuscrito de *Tonalidades*, libro de cuentos ilustrado por su autor Arturo Jaramillo, 1901. (Colección FAES)

brinde el ejemplo más adecuado de lo que se llama el *espíritu regionalista* y de la involución espiritual que lo amenaza siempre...[17].

Las tertulias literarias finiseculares

Botero Guerra no fue, en todo caso, un fenómeno aislado. La vida cultural iba en auge; particularmente, al concluir la guerra civil de 1885 –y tal vez como una especie de terapia colectiva– se intensificó la actividad literaria. Según Manuel Antolínez, uno de los mejores testigos de esa época de nuestra literatura regional, por esos años se crearon en Medellín varias sociedades y círculos de aficionados a la literatura. Entre ellas la más notable fue *El Casino Literario*. Fundada en 1887 bajo la inspiración y orientación de Carlos E. Restrepo, esta sociedad hizo por el fomento de nuestras letras un trabajo muy importante: reunió a valores ya consagrados con jóvenes prometedores, enriqueció los horizontes culturales, fomentó la crítica literaria y dio ánimos a los socios para que escribieran sus propias obras. El dinamismo de Carlos E. Restrepo –«nació para mandar», dice de él Carrasquilla– logró reunir en un libro, hacia 1890, gran parte de las colaboraciones *casinistas*[18].

A *El Casino Literario* pertenecieron figuras claves de nuestra historia literaria: Enrique W. Fernández (seudónimo: Betis), crítico literario y ante todo poeta bien conocido en la época; Carlos E. Restrepo, interesante traductor de poetas

anglo-norteamericanos, autor de cuadros y crónicas, crítico literario; Nicanor Restrepo, traductor cuidadoso de Washington Irving; Rafael Giraldo y Viana, autor de crónicas y poesías; Juan de Dios Vásquez, cuentista que, según juicio apresurado de Sanín Cano, era el mejor de los autores jóvenes antioqueños[19]; el músico y poeta Gonzalo Vidal, junto con su hermano Javier, maestro de varias artes; Carlos E. López (seudónimo: Luis Ángel), poeta; Antonio J. Uribe, poeta; varios ensayistas (de filosofía de las costumbres y de moral, especialmente), cuentistas y poetas esporádicos, como Juan de la Cruz Escobar, Camilo Villegas y G., Samuel Velilla, Joaquín E. Yepes, Sebastián Hoyos, José de J. Villegas, Juan Pablo Bernal, Teodomiro Isaza. Todos estos autores dejaron sus obras diseminadas en revistas y folletos, y algo se conserva todavía[20]. Igualmente, fue socio Enrique Ramírez G., tutor de Carrasquilla y de Rendón en sus años de estudiantes en la Universidad de Antioquia, y autor de varios ensayos morales publicados en revistas de la época.

La lista, aunque incompleta, es elocuente por sí sola y da idea de cuán importante debe ser, para formarse una imagen adecuada del estado del arte literario entre nosotros a fines del siglo XIX, el volumen casinista que recogió colaboraciones de todos los socios. Además, *El Casino* tiene una importancia adicional para esa historia: allí se dio a conocer como escritor, además de Carrasquilla, Francisco de Paula Rendón[21]. Y lo más importan-

Concurso de portadas

Tonc.

Segundo premio   L. Melitón Rodríguez

MELANCOLIA.

Accesit   F. Cano Isaza

EL·CAMINO·DEL·ABISMO

Grab. por E. Vidal

Lit. J. _. Arango - Medellín.

Mosaico de las portadas premiadas en el concurso de la revista *Lectura y Arte* en 1904
(*Lectura y Arte*, Medellín, Nos 7 y 8, 1904)

te: fue en una reunión casinista donde se planteó el problema de si entre nosotros había o no materia novelable, y en la que Carrasquilla recibió el encargo de probar que sí la había. Me parece que esa «discusión sobre nuestra materia novelable» marca un hito en la historia de nuestra literatura. Un grupo amplio de escritores comienza la sesión juzgando que nada nuestro da tema para novela. Carrasquilla y Carlos E. Restrepo son los únicos que opinan distinto, y argumentan con tal brío y elocuencia que convencen al resto. La tarea impuesta a Carrasquilla busca la prueba de hecho, pero la sesión ya tiene la prueba de derecho. La novela surge como reto en el horizonte de esos escritores. Y un año más tarde, en diciembre de 1891, ya Carrasquilla (otra vez con el seudónimo de Carlos Malaquita) publica una versión preliminar del capítulo X de *Frutos de mi tierra*[22].

Parece que *El Casino Literario* se disolvió tres años después de fundado, a fines de 1890 o comienzos de 1891. Pero poco más tarde los antiguos casinistas se reunificaron en *La Tertulia Literaria*, «una sociedad sin reglamento, sin presidente, sin parlamentarismo, con mucho amor al arte y a las glorias patrias», según Antolínez; allí estuvieron, entre otros, Uribe Ángel, Botero Guerra, Lucrecio Vélez (seudónimo: Gaspar Chaverra), Eduardo Zuleta, Carlos E. Restrepo, Giraldo y Viana, Juan de Dios Vásquez, C. E. López, José María Escovar, José J. Hoyos y Gonzalo Vidal; según los datos suministrados por Vives Guerra, también participaban en *La Tertulia Literaria* Pedro Nel y Mariano Ospina, Efe Gómez y Tomás Carrasquilla, quizá Fidel Cano y Luis E. Villegas y, con seguridad, el propio Vives Guerra[23].

Quedan bastantes señales de la actividad cultural desarrollada por esa sociedad literaria. De algunas sesiones especiales se conservan amplias reseñas. En una de ellas se narra que en un cumpleaños del «venerable» Uribe Ángel los miembros de *La Tertulia* organizaron un sobrio y cálido homenaje, durante el cual se leyeron obras de Juan de Dios Vásquez, Julio Vives Guerra, Carlos E. Restrepo y Camilo Botero Guerra. El propio Uribe Ángel presentó –en estreno también– un bello relato de una vieja leyenda del Valle de Aburrá, «La Llorona». Fiestas espirituales de esa índole se repitieron varios años en homenaje del ciego ilustre[24]. Y son abundantes las publicaciones de los socios de *La Tertulia* en las principales revistas. Obras claves de la narrativa y la poesía nuestras se dieron a conocer gracias al apoyo de esa sociedad.

Otro de los grupos culturales importantes de la época es el conocido como *Sociedad de la Bohemia Alegre*. Lo conformaron Antonio José Montoya, autor de buenos cuentos y crítico literario de alguna importancia en las décadas siguientes; Jesús Ferrer, ensayista y comentarista literario; Tomás Quevedo Álvarez, poeta ocasional, y su hermano Emilio (seudónimo: Emile Dravick), crítico literario y autor de algunos cuadros; Alfonso Castro, cuya importante obra narrativa apenas se iniciaba; Pedro P. Londoño, cuentista esporádico; Antonio J. Cano, poeta y ensayista; Federico Carlos Henao (seudónimo: Carlos Espinela), interesante poeta, uno de los primeros en la época; José Velásquez García (seudónimo: Julio Vives Guerra), gran narrador, poeta notable y excelente cronista; Antonio M. Restrepo (seudónimo: Abel Farina), el poeta más conocido y discutido de las décadas siguientes; y –último pero no menos importante– Saturnino Restrepo, que recién llegado a Medellín ya se daba a conocer como agudo crítico de arte e interesante cuentista[25].

Los *alegres bohemios* tenían una revista con el nombre de su sociedad, en la cual publicaron, entre 1895 y 1897, una serie significativa de relatos, poesías y ensayos de análisis literario[26]. Vives Guerra dejó una bella página acerca de las tertulias del grupo, los sábados desde el mediodía en el Café La Bastilla. Es evidente, por esa crónica, el marco de dificultades materiales en que vivían, el duro precio de su alegría[27]. En los años siguientes, varios emigraron en busca de mejores oportunidades, pero dejaron las bases de una empresa editorial que se prolongó en *El Repertorio, El Montañés, Lectura y Arte* y *Alpha*; es decir, en las revistas que realmente hicieron contrapeso a la excelente *La Miscelánea* de Juan de J. y Carlos A. Molina.

Las tres sociedades literarias referenciadas, por importantes que fuesen, sólo representan una pequeña porción de las que había en funcionamiento. En torno de cada revista –y hubo bastantes– se congregaba un grupo de aficionados a las letras. Y el volumen y la calidad de las colaboraciones iban en ascenso cuando se inició *el quinquenio de oro* de nuestra narrativa, hacia 1895.

El quinquenio de oro de nuestras letras

Entre 1890 y 1895, la producción literaria de Botero Guerra, Lucrecio Vélez, Uribe Ángel, Lino R. Ospina y otros narradores, es abundante. A la vez, otro grupo publica sus primeras obras durante este quinquenio: Lisandro Restrepo, Juan de Dios Vásquez, Tomás Carrasquilla y Francisco de Paula Rendón[28]. Pero el gran período de nuestras letras fue el quinquenio siguiente, 1895-1899, durante el cual se produjo una abundante serie de

CUADRO 3
NARRATIVA MEDELLINENSE DURANTE EL QUINQUENIO

Obra	Autor	Género	Fecha	Publicación
La Llorona	Manuel Uribe Ángel	Cuadro-cuento	1895	La Miscelánea
Circunstancias	Mariano Ospina Vásquez	Cuento	1895	La Miscelánea
Una vela a San Miguel	Camilo Botero Guerra	Novela breve	1895	La Miscelánea
Y le dije	Efe Gómez	Cuento	1895	La Miscelánea
Del revés	Efe Gómez	Cuento	1895	La Bohemia Alegre
Domingo P. M.	Efe Gómez	Cuento	1896	El Repertorio
Pan y versos	Saturnino Restrepo	Cuadro	1896	La Bohemia Alegre
Un héroe de los de dura cerviz	Camilo Botero Guerra	Cuadro-cuento	1896	El Repertorio
Frutos de mi tierra	Tomás Carrasquilla	Novela	1896	Imprenta Nacional, Bogotá
Las vacas de la fiesta	Lucrecio Vélez	Cuento	1896	La Miscelánea
Las bodas de mi sobrino	Lisandro Restrepo	Cuadro-cuento	1896	La Miscelánea
Un tope	Lisandro Restrepo	Cuadro-cuento	1896	El Repertorio
En el manicomio	Eusebio Robledo	Crónica	1896	El Repertorio
Mis malas	Lisandro Restrepo	Cuadro-cuento	1896	La Miscelánea
Cuánto me costó la burra	Manuel Uribe Ángel	Cuento	1896	El Repertorio
Tenoria	Antonio José Montoya	Cuadro	1896	El Repertorio
La antioqueña	Camilo Botero Guerra	Cuento-novela corta	1897	Brochazos
Blanca	Tomás Carrasquilla	Bosquejo de novela	1897	El Montañés
Tierra virgen	Eduardo Zuleta	Novela-cuadro (capítulo)	1897	Imprenta Departamental
Ernesto	José Antonio Gaviria	Novela breve	1897	La Miscelánea
De paso	Alfonso Castro	Cuadro	1897	El Repertorio
Dúo	Efe Gómez	Cuento	1897	El Repertorio
Un duelo de familia	Lisandro Restrepo	Cuadro-cuento	1897	La Miscelánea
Vejeces	Eladio Gónima	Crónicas y cuadros	1897	La Miscelánea
Un idilio	Eusebio Robledo	Cuento	1897	El Repertorio
Conversación familiar	Eusebio Gónima	Crónicas históricas	1897	La Miscelánea
La jeringuilla de Pravaz	Antonio José Montoya	Cuento	1897	El Montañés
Feminismo	Antonio José Montoya	Cuento	1897	El Montañés
Noche de bodas	Sebastían Mejía	Cuento	1898	La Miscelánea
San Antoñito	Tomás Carrasquilla	Novela breve	1898	El Montañés
Los claveles de Beatriz	Pablo E. Gutiérrez	Novela breve	1898	La Miscelánea
Más vejeces	Eladio Gónima	Crónicas y cuadros	1898	La Miscelánea
Post nubila	Camilo Botero Guerra	Cuento	1898	La Miscelánea
La raza	Antonio Posada H.	Crónica	1898	La Miscelánea
Contrastes	Juan de Dios Vásquez	Cuadro urbano	1898	El Montañés
Inofensivo	Efe Gómez	Cuento	1898	El Montañés
Otello	José Antonio Gaviria	Cuadro-cuento	1899	El Montañés
Neurosis	Juan de Dios Vásquez	Cuento siquiátrico	1899	El Montañés
El baile blanco	Tomás Carrasquilla	Crónica-cuadro	1899	El Montañés
Nochebuena	Seud. Max Thein	Cuadro	1899	El Montañés
Causas menudas	Lucio Camacho	Cuadro-cuento	1899	La Miscelánea

Ex libris
de Alonso
Restrepo

«Libélula».
(Viñeta Marco Tobón Mejía,
Lectura y Arte. Medellín, # 12, 1906)

narraciones, ensayos, poemas y traducciones, y surgió un significativo número de autores. En ese momento se atraviesa, colectivamente, el umbral del cuento y de la novela. No uno ni dos autores, sino decenas, acceden casi por la misma época al dominio de formas compositivas más complejas, y rebasan así la facilidad del mero cuadro costumbrista. Es el momento –sobre todo– en que nuestros hombres de letras vencen un verdadero obstáculo epistemológico al comprender por la reflexión y por los hechos que nuestra realidad está llena de materia novelable. Todavía en diciembre de 1894 se pregunta Antolínez por qué no hay novelistas –excepto Botero Guerra– entre nosotros. Cinco años después, el panorama se transfó radicalmente.

El mérito de Carrasquilla y de *Frutos de mi tierra* en la prueba de si era posible escribir novela medellinense es incuestionable, pero no debe sobreestimarse: *Frutos* marca un punto de no retorno de nuestra literatura, es cierto; pero Carrasquilla no fue el único en saber extraer nuestras materias novelables ni *Frutos* es obra aislada. Visto el conjunto de las obras escritas y publicadas en el quinquenio, se hace patente que el gran novelista no fue autor insular (*véase* cuadro 3), que estuvo inmerso en un ambiente literario intenso y bastante desarrollado, y que interactuó con decenas de hombres de letras. *Frutos* fue un acontecimiento, pero antes y al tiempo de publicarse ya se contaba con una densa producción de relatos medellinenses. «Una vela a San Miguel y dos al Diablo», «La Llorona» y «Del revés» son tres ejemplos importantes por aducir, nada más en 1895. Y a la hora de aparecer la gran novela ya eran varios los

escritores antioqueños con obra suficiente para ser considerados como narradores con oficio: Camilo Botero Guerra, Lucrecio Vélez, Lino R. Ospina, Juan José Botero y Manuel Uribe Ángel.

Frutos de mi tierra, en todo caso, puso una cota muy alta en cuanto a realización estética. Abrió horizontes y manejó complejidades argumentales sin antecedentes. Dio la palabra a Medellín en conjunto, a todas sus clases sociales, a su vida pública y privada, a su paisaje céntrico y periférico. Desde su publicación, esta novela se consideró una lección de sociología del pueblo antioqueño (Carlos E. Restrepo), un estudio clínico y sicológico del alma colectiva (Julián Páez M.), un hito de la literatura antioqueña (Manuel Antolínez). A cien años de distancia es fácil notar que *Abuela y nieta* (1887), *El oropel,* y con toda seguridad, *Frutos de mi tierra* son de las más tempranas novelas urbanas escritas en Hispanoamérica.

Y gracias a esa gran novela se intensificó de manera increíble la actividad literaria medellinense. La admiración por Carrasquilla iba pareja con el deseo de emularlo. En 1897, al primer concurso de narrativa costumbrista convocado por *La Miscelánea* se presentaron 58 obras, entre ellas varias novelas breves con temas medellinenses: *Ernesto,* segundo premio, de José A. Gaviria; *Noche de bodas,* un cuento extenso, primera mención, de Sebastián Mejía (seudónimo: Manuel Antolínez); y *Los claveles de Beatriz,* novela de costumbres, mención, de Paulo E. Gutiérrez, entre otras. La novela breve de Gaviria escenifica la vida de unos jóvenes de clase alta en el Medellín finisecular; el cuento de Antolínez muestra cuadros muy vivos de las costumbres de los artesanos, y describe la impresionante crecida de la Iguaná, que barrió con el poblado de San Lorenzo de Aná. La novela de Gutiérrez es un asfixiante relato de la vida de clase media y la estrechez de sus recursos. El concurso de *La Miscelánea* se reconoció como uno de los principales dinamizadores de nuestra narrativa. La obra ganadora, *Madre,* es una cima en la novela breve hispanoamericana[29].

Otro acontecimiento del quinquenio fue la publicación, en 1897, de *Tierra virgen,* la novela de Eduardo Zuleta. Desde 1887 y 1888, Zuleta venía animando la vida cultural de la ciudad con interesantes críticas literarias –algunas muy discutidas por cierto–[30]. Pero en el quinquenio se presenta sólo como narrador. Su novela dividió las opiniones. Carrasquilla –aunque después lo lamentaría– fue uno de los que más lúcidamente elogiaron la obra[31]. Hay un capítulo de *Tierra virgen* que por sí mismo es un relato medellinense de gran interés, gracias a la descripción de las dificultades por las que pasaba un estudiante pobre en esta capital del Estado, hacia 1880.

Hubo otros libros de gran importancia publicados en ese quinquenio: *Brochazos,* de Botero Guerra (1897); *Ensayos literarios* (1899), de Lisandro Restrepo (seudónimo: Ramón Pérez); *Vejeces, Más vejeces y Apuntes para la historia del teatro en Medellín,* de Eladio Gónima (seudónimo: Juan). El libro del primero mencionado recibió cálidos elogios de Juan J. Molina, Rivera y Garrido, Julián Páez, y –algo más reservados– Antolínez; el del doctor Lisandro se recibió más fríamente, tal vez sin una clara apreciación del aporte literario de Restrepo: las *Memorias íntimas,* que con la firma de Ramón Pérez constituyen la primera parte del libro de Restrepo, son una crónica bien hilada, con humor y profundo sentido ético, de la vida de un empleado público, y de sus maniobras espirituales y materiales, en la Villa finisecular (*véase,* por ejemplo, el relato «Las bodas de mi sobrino»). Hace algunos años, la Universidad de Antioquia reeditó «Colás», un cuento extenso, especie de *novela ejemplar* del mismo autor, cuya lectura se recomienda para formarse una idea cabal de las pernicias que ya se acostumbraban por entonces con los desvalidos.

En los libros de Botero Guerra y Restrepo se encuentran varias decenas de cuadros, cuentos y bosquejos de novelas de tema medellinense; y varias novelas breves: *Cataclismos microscópicos,* a mi juicio, con un guión perfecto y aire chestertoniano; *Una antioqueña,* obra hermana de *Tierra virgen* en el elogio a las madres y esposas antioqueñas, ambas de Botero Guerra; y *De paso,* novela

incluida en el libro mencionado de Lisandro Restrepo.

Pero mayor resonancia tuvieron los deliciosos libros de Gónima, evocación del Medellín de 1830-1850 y reconstrucción de diversas tradiciones, decires, leyendas, tipos y personajes de esta ciudad decimonónica. Y en cuanto a la historia del teatro, deja Gónima un registro muy fino de obras y autores, compañías y actores, representaciones y escenarios del teatro medellinense[32]. El lector podrá juzgar en breves páginas el arte narrativo de Gónima, su fruición de narrador, esa marrulla con que se entrevera en la historia para poner su cuota de ironía y de escepticismo benévolo hacia lo que narra tan bellamente. Era un gran escritor, formado en las *Tradiciones peruanas* de don Ricardo Palma y en los *Recuerdos del tiempo viejo* de José Zorrilla.

También se engrandece el quinquenio de oro con las primeras publicaciones de Efe Gómez, Alfonso Castro, Eusebio Robledo, Antonio José Montoya y otros importantes narradores antioqueños. En conjunto, el panorama de la narrativa antioqueña antes de iniciarse la guerra de los Mil Días era amplio y variado. Se hablaba de la literatura antioqueña como de algo evidente, y se la reconocía como la primera de la nación por hombres autorizados, que no eran antioqueños, lo que tiene más gracia (Rivera y Garrido, Julián Páez, Jorge Roa). Los recuentos anteriores tal vez muestran algo más: la narrativa urbana de Medellín fue ya un cuerpo literario muy denso hace cien años; Medellín, una de las primeras ciudades literarias construidas en Hispanoamérica, y Antioquia la Grande fue la primera provincia o región colombiana en adquirir identidad literaria. Hubo *polos de enunciación* en Santo Domingo, Santa Fe de Antioquia, Sonsón, Jericó, Rionegro, Manizales, Medellín, Andes, Yarumal y otras poblaciones; y novelas regionales y lugareñas que se cuentan por decenas. En lo que llevo inventariado, diez por ciento del total, hay aproximadamente treinta novelas y mil cuentos antioqueños, anteriores a 1910; antes de 1900 se escribieron más de diez novelas de tema medellinense[33].

La poesía finisecular medellinense

No menos denso y rico que el movimiento narrativo fue el movimiento poético. Tampoco Gregorio Gutiérrez González y Epifanio Mejía fueron poetas insulares. En la década del setenta hubo otros poetas de interés; y muchos *cometieron* versos. Hay un cuento medio en serio medio en broma, «Si yo fuera dictador», publicado en 1871 por Ri-

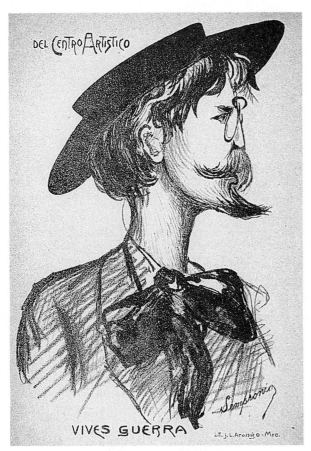

DEL CENTRO ARTÍSTICO

VIVES GUERRA

Caricatura del escritor Julio Vives-Guerra, ca. 1905.
(*Lectura y Arte*. Medellín, N°11, 1905)

cardo Restrepo, y cuyo tema es precisamente la *nueva poesía antioqueña*, la cual juzga el autor contaminada por dañinos influjos, como la imitación de la sintaxis de José Selgas, o la simulación de sentimientos –un poeta *chato Buitrago* se cree Tántalo, por ejemplo–, o la disimulación retórica de un vacío de ideas –como sucede, dice el autor, con esos poetas incomprensibles por etéreos y sublimes.

Entre los poetas de esa época merecen mención, aparte de Gregorio Gutiérrez González y Epifanio Mejía, costumbristas como Pedro A. Isaza y C. y Vicente A. Montoya, autores de hermosas descripciones de bailes de garrote en el campo; y Juan José Botero, autor de sainetes magistrales, de varios poemas extensos («Historia de un bagaje contada por él mismo» es un buen ejemplo) y de incontables poemas sueltos, de temas bucólicos y de costumbres campesinas, en ocasiones plenos de un humor festivo que, según parece, hizo de sus poesías las más populares tras el vacío de la muerte de Gutiérrez González y de las sombras que subieron a la cabeza de Mejía. Los romances y canciones de Botero son poesía suntuosa, que evoca algunas de las mejores composiciones del Góngora popular –bien conocido aquí[34]. Este gran escritor rionegreño no merece tanto olvido.

Pero esos poetas sólo esporádicamente hicieron poesía de la urbe candelaria. Más característicos, en tal sentido, son los trabajos poéticos de Domingo Díaz Granados, Juan Cancio Tobón, Antonio J. de Toro, Antonio J. Restrepo, Fidel Cano y otros. El que muestra de ellos una vocación más constante y deja la obra poética más extensa es Fidel Cano, a quien se criticó duramente; como traductor no pasó la prueba. Pero críticos de opiniones casi siempre opuestas elogiaron sin reservas algunos de sus poemas[35].

El movimiento poético de la década siguiente se intensifica. Es la época del último Epifanio Mejía lúcido, de la plena producción poética de Juan José Botero y Fidel Cano, de la aparición de los primeros trabajos de Enrique W. Fernández, con el seudónimo de Betis, uno de los poetas más importantes de fin de siglo. Traductor de Horacio y de Prudhomme, ensayista esporádico, Fernández dejó una vasta obra poética, especialmente notoria en su faz nostálgica y religiosa, en su anhelo místico –según el cuidadoso análisis que de su obra hizo Fidel Cano[36]. No le faltaron sus cantos a Medellín[37].

Betis se radica en Bogotá hacia 1888. En la década siguiente se transforma el panorama de la poesía antioqueña. Aparecen Julio Vives Guerra, Carlos Espinela, Samuel Velásquez, Abel Farina, Gabriel Latorre, Antonio J. Cano, Tobías Jiménez y Eusebio Robledo, todos estos poetas de obra amplia y en muchos sentidos admirable; son magníficos los poemas de Julio Vives Guerra sobre *amores montañeses*[38] y los de Tobías Jiménez sobre *tipos* antioqueños[39]; y es hermoso «Marichú», de Espinela, como debió ser hermosa la dama; y «La lucha de un rey», de Velásquez, merece un puesto junto a «La muerte del novillo», de Epifanio Mejía. En cuanto a las producciones de Farina, éstas conformaron desde el comienzo una de las poéticas más personales, más singulares, y más decididamente modernas por el espíritu pesimista y desencantado que la inspira, y por la clase de belleza a la que aspira, al final de una senda vital locamente auténtica. Farina polarizó las opiniones, y atrajo sobre sí muchos rayos de fulminación por sus ideas y sus formas poéticas. Tipificó –y no es poco homenaje– al poeta modernista, al único espíritu con temple para saber representarlo, a juicio de críticos tan finos como Efe Gómez, Antonio José Montoya y Tomás Carrasquilla.

Latorre sobresale como traductor (de Heine y de D'Annunzio, entre otros) y como esteta[40], pero también deja muchos poemas diseminados en revistas, algunos muy bellos. Carlos E. Restrepo, traductor también, escribió varios sonetos de homenaje, de los cuales «Quijote y Sancho» y los

CUADRO 4
NARRATIVA MEDELLINENSE PUBLICADA ENTRE 1901 Y 1910

Obra	Autor	Género	Fecha	Publicación
El recluta	Varios (10)	Cuentos (10)	1901	H. Gaviria
Notas humanas	Alfonso Castro	Cuentos	1901	
Sarta de cuentos	Antonio J. Montoya	Cuentos	1901	
Vibraciones	Alfonso Castro	Cuentos	1903	Imprenta Oficial
El camino de Palonegro	Lucrecio Vélez	Crónica	1903	
Kundry	Gabriel Latorre	Novela	1904	
Post-Mortem	Horacio Gaviria I.	Cuento	1905	Lectura y Arte
Hija espiritual	Alfonso Castro	Novela breve	1905	Lectura Amena
Aná	Carlos A. Molina	Crónica	1905	La Miscelánea
Mirra	Tomás Carrasquilla	Cuento	1907	Alpha
Paisaje matinal	Antonio José Montoya	Cuadro	1907	Alpha
Susana	Gabriel Latorre	Drama	1908	Alpha
Letras giradas	Lucrecio Vélez	Cuento-cuadro	1908	Alpha
Obras son amores	Lucrecio Vélez	Cuento-cuadro	1908	Alpha
Idilio	Lucrecio Vélez	Cuento-cuadro	1909	Alpha
Fragmento de novela	H. Jaramillo	Cuento-cuadro	1909	Alpha
Reciprocidad	Lucrecio Vélez	Cuento-cuadro	1909	Alpha
Regalo de bodas	Lucrecio Vélez	Cuento-cuadro	1909	Alpha
Vindicta	Lucrecio Vélez	Cuento-cuadro	1910	La Miscelánea
Para un príncipe	H. Jaramillo	Cuento-cuadro	1910	Alpha
Germen de estrago	Lucrecio Vélez	Cuento	1910	Alpha
Nido de odio	Alfonso Castro	Cuento	1910	Alpha
Los humildes	Alfonso Castro	Novela	1910	Imprenta Editorial
Rara avis	Lucrecio Vélez	Novela	1910	Librería Restrepo
Grandeza	Tomás Carrasquilla	Novela	1910	Imprenta La Organización
Momentos de vida	Miguel Agudelo	Novela breve	1910	Imprenta Editorial
Diálogos históricos	Eduardo Zuleta	Cuadro	1910	Alpha

dedicados a Berrío e Isaacs son interesantes. Efe Gómez y Saturnino Restrepo también *cometieron* sonetos. Gonzalo Vidal, como poeta jocoso, deja uno magnífico: «El monólogo de la estatua de Berrío». Rafael Giraldo y Viana, J. M. Trespalacios, Pedro Nel Ospina, J. M. del Corral, J. J. Hoyos, Ricardo López, en fin, por lo menos otra decena de nombres podría citarse, de poetas medellinenses finiseculares con obra interesante y algún poema o ciclo poético notable. La historia de la poesía medellinense no consiste en un salto mortal de Gregorio Gutiérrez González a Laus Leo; fue también un proceso de adaptación colectiva a formas nuevas, un estudio en común de las nuevas corrientes literarias, y una crisis de los moldes y temas costumbristas. Sucedió igual que con el relato: los mejores logros en el viejo estilo se dieron en el mismo momento en que ese estilo se rebasaba. Vives Guerra simboliza bien ese momento transi-

cional; poeta bucólico y rural, poeta industrioso de la urbe, e igualmente cronista de la ciudad antigua y de la nueva. Tanto Vives Guerra como Farina publicaron por esa época sus primeros libros: *Prosas y versos,* del primero, durante el quinquenio de oro; *Páginas locas,* del segundo, en plena guerra de los Mil Días; ambas obras son joyas de nuestra literatura. Parece que los poemas de Espinela no se recogieron en un libro[41].

La primera década: de El recluta a Grandeza

La guerra de los Mil Días, nefasta para la patria, no lo fue menos para las artes y la literatura. Por dificultades materiales y censuras políticas (a veces lo uno vale por lo otro) importantes revistas se interrumpen o se acaban: *La Miscelánea, El Montañés, El Cascabel, El Repertorio Ilustrado...* La edición de libros disminuye drásticamente y las bibliotecas públicas se cierran[42]. «Fieras indomables vueltas hombres», como dijera Alfonso Castro, devastaciones sin cuento. Los presidentes *gramáticos* violan todos los derechos humanos en uso de su buena sintaxis[43].

No obstante, durante esa época se escribió mucho. Carrasquilla y Rendón, Efe Gómez y Castro, Carlos E. Restrepo y Saturnino Restrepo, Farina y Vives Guerra, José Montoya y Lucrecio Vélez, Latorre y los Cano, en fin, muchos autores antioqueños dejan señas de sus callados trabajos literarios en esa época aciaga; y finalizada la guerra se reemprende con vigor la tarea de publicaciones. Ante todo se debe mencionar el volumen de cuentos *El Recluta,* una condena unánime de nuestros narradores a la guerra[44], y *El camino de Palonegro,* de Lucrecio Vélez, testimonio personal de esa barbarie. Pero inmediatamente aparecen libros con otras temáticas: fuera de *Páginas locas,* de Farina, ya mencionado, *Aires antioqueños,* de Vives Guerra, *Navidades,* de Fidel Cano, *Sarta de cuentos,* de José Montoya, y *Notas humanas,* de Alfonso Castro, obras todas pertenecientes en rigor a la literatura medellinense.

Mención especial merece el libro de Alfonso Castro, posiblemente la primera colección de cuentos urbanos publicada aquí (en 1901). El joven escritor se mostró desde entonces como un narrador de nuevo estilo, por fuera de los cánones del costumbrismo tradicional; con perspicacia de clínico y rigor de cirujano, en *Notas humanas* Castro describe al Medellín de las pobres gentes,

la ciudad de muchas indolencias culpables con los humildes[45]. En toda su obra posterior se encontrará la misma preocupación ética, la perspectiva reiterada del salubrista y del médico social aplicada al análisis de diversas y complejas situaciones humanas, con independencia de criterios y coherencia afectiva indestructibles; y con arte: como cuentista es uno de los primeros de la literatura antioqueña, autor de piezas antológicas[46].

El robustecimiento de la vida literaria medellinense fue, pues, más o menos rápido. Nacieron revistas de gran calidad, *Lectura y Arte* (1903-1906) y *Lectura Amena* (1904-1905), de Luis Cano, que suplieron el vacío dejado por el cierre de *El Montañés.* Y poco después de desaparecida la bellísima revista *Lectura y Arte,* de Antonio José y Francisco Antonio Cano, Marco T. Mejía y Horacio M. Rodríguez, se fundó *Alpha* (1906-1912), la revista más apreciada de esa década (aunque no tan bella como *Lectura y Arte*). En esa época Saturnino Restrepo reunió una extensa serie de ensayos de filosofía política, más de setenta, que por sí solos bastarían para darle un lugar preeminente en la historia de la cultura colombiana. Además, escribió una pequeña pero interesante obra narrativa. Fue, a la vez, la *eminencia gris* de muchos proyectos editoriales y de uno que otro gobierno.

En el Cuadro 4 se presenta una lista, sin duda no exhaustiva, de narrativa medellinense publicada entre 1901 y 1910. Aparecen varias novelas importantísimas, varios libros de cuentos y una

Portadas de algunos libros que circularon en Medellín.
La hija de la montaña de Ernesto Gómez, Medellín, 1911. (Biblioteca Pública Piloto, Sala Antioquia)
Volanderas. . . Y tal de Julio Vives-Guerra, Medellín, 1911. (Biblioteca Pública Piloto, Sala Antioquia)
Cuentos de juventud de José Luis Restrepo, Medellín, 1923. (Biblioteca Pública Piloto, Sala Antioquia)

CUADRO 5

NARRATIVA PUBLICADA EN LOS PRIMEROS NÚMEROS DE *SÁBADO*

Obra	Autor	Género	Fecha	Publicación
La bola de la felicidad	Francisco (Quico) Villa L.	Cuento	1921	*Sábado*
De la vida: los felices	Lorenza Quevedo de C.	Cuento	1921	*Sábado*
La visión suprema	Bernardo Vélez	Cuento	1921	*Sábado*
Esta sí es bola	Tomás Carrasquilla	Cuento	1921	*Sábado*
Ascendiendo	Gloria Rey	Cuento	1921	*Sábado*
Sansón Montañés	Alfonso Castro	Cuento	1921	*Sábado*
En el fondo	Francisco Villa L.	Cuento	1921	*Sábado*
De pura cepa	José L. Restrepo J.	Cuento	1921	*Sábado*
Azulerías	Ricardo Uribe E.	Cuento	1921	*Sábado*
El loco	Bernardo Vélez	Cuento	1921	*Sábado*
La abuela recuerda	Lydia Bolena	Cuento	1921	*Sábado*
¡Ah, hombres!	José L. Restrepo	Cuento	1921	*Sábado*
De la montaña	Blanca Isaza de Jaramillo	Cuento	1921	*Sábado*
Regresión	Justo Montoya	Cuento	1921	*Sábado*
Edgidia	Justo Montoya	Cuento	1921	*Sábado*
La ciega	Enriqueta Angulo C.	Cuento	1921	*Sábado*
Ilusiones	Sofía Ospina de N.	Cuento	1921	*Sábado*
La herencia	Blanca Isaza de Jaramillo	Cuento	1921	*Sábado*
De mala raza	Tila Botero de Molina	Cuento	1921	*Sábado*
Viajes en aeroplano	Efe Gómez y Jota (Mejía?)	Cuento	1921	*Sábado*
El gordo	José Restrepo J.	Cuento	1922	*Sábado*
Fatalidad	Roberto Montoya	Cuento	1922	*Sábado*
Rafaelito Garcés	Manuel Uribe Angel	Cuento	1922	*Sábado*
Más fuerte que la muerte	Jacobo Gómez	Cuento	1922	*Sábado*
El castigo	Roberto Montoya	Cuento	1922	*Sábado*
Contrastes	Seud. Marta	Cuento	1922	*Sábado*
Hijos del dolor	José Restrepo J.	Cuento	1922	*Sábado*
El abanico de la condesa	Cilia de Vornevas	Cuento	1922	*Sábado*
¿El amor...?	Jacobo Gómez	Cuento	1922	*Sábado*
Él	José Restrepo J.	Cuento	1922	*Sábado*
El triunfo	Ana Cárdenas de Molina	Cuento	1922	*Sábado*
En la fragua	Uva Jaramillo Gaitán	Cuento	1922	*Sábado*
La pobre vergonzante	Graciela Gómez H.	Cuadro	1922	*Sábado*
El limpiabotas	Blanca Isaza de Jaramillo	Cuadro	1922	*Sábado*
El filipichín	Romualdo Gallego	Cuadro	1922	*Sábado*
La señora entrometida	Seud. Don Hilario	Cuadro	1922	*Sábado*
El caballero de industria	L. Rodríguez Mina	Cuadro	1922	*Sábado*
El limpiabotas	Graciela Gómez H.	Cuadro	1922	*Sábado*

serie de cuadros de la vida urbana, estos últimos escritos por Lucrecio Vélez –que, en conjunto, forman un cuerpo narrativo casi tan denso como el del quinquenio de oro. En novelas extensas, el conjunto favorece al período de posguerra: *Kundry, Los humildes, Rara avis...,* y *Grandeza.* Y debe haber mucho más en publicaciones que no hemos consultado *(Vida nueva, El Medellín* y *Lectura amena,* entre otras). El movimiento narrativo crecía: al concurso que convocó *Lectura y Arte* concurren veinticinco narraciones y al de *Alpha,* narraciones en «número considerable».

Los jurados de este último certamen constatan en su informe el valor promedio tan alto que ya tiene la narrativa antioqueña.

Otra cosa sucedía con los poetas. Desde los tiempos de *El Montañés,* y a través de los artículos demoledores de Saturnino Restrepo acerca de «Los novísimos en literatura»; de la «Carta a Farina» de Efe Gómez; de las «Homilías» de Carrasquilla; de una «Carta» de Uribe Uribe, etcétera, se venía cuestionando duramente al modernismo y al decadentismo, y tal vez con ello se desestimuló un tanto a los que principiaban.

CUADRO 5 *(Continuación)*
NARRATIVA PUBLICADA EN LOS PRIMEROS NÚMEROS DE *SÁBADO*

Obra	Autor	Género	Fecha	Publicación
El empleado público	José Restrepo J.	Cuento	1923	*Sábado*
Viajera	Adel López Gómez	Cuento	1923	*Sábado*
Perfume	José Restrepo J.	Cuento	1923	*Sábado*
Elías	Seud. Edmundo Martel	Cuento	1923	*Sábado*
Querella infantil	Uva Jaramillo G.	Cuento	1923	*Sábado*
Diálogo entre dos retratos	Juan J. Botero	Cuento	1923	*Sábado*
El amor en la reja	Seud. Alhi Ven Amur	Cuento	1923	*Sábado*
Flor de idilio	Bernardo Vélez	Cuento	1923	*Sábado*
Mi amigo	Romualdo Gallego	Cuento	1923	*Sábado*
Discos cortos (Candelaria)	Tomás Carrasquilla	Cuento	1923	*Sábado*
El mango	S. M. O.	Cuento	1923	*Sábado*
Los caprichos de Magola	F. Villa L.	Cuento	1923	*Sábado*
Crónica antigua	N. M. Dz.	Cuento	1923	*Sábado*
La gavota de Chaminade	Bernardo Vélez	Cuento	1923	*Sábado*
María	Adel López Gómez	Cuento	1923	*Sábado*
A escondidas	Adel López Gómez	Cuento	1923	*Sábado*
La garra de los vivos	Adel López Gómez	Cuento	1923	*Sábado*
Guayabo negro	Efe Gómez	Cuento	1923	Lectura Breve
Menos redes...	Sofía Ospina de N.	Cuento	1923	Lectura Breve
Martín Rúa (reed.)	Lucrecio Vélez	Cuento	1923	Lectura Breve
Copas	Tomás Carrasquilla	Cuento	1923	Lectura Breve
La senda roja	Bernardo Vélez	Cuento	1923	Lectura Breve
El valle del Penderisco	Roberto Botero S.	Cuento	1923	Lectura Breve
Vidas	José Restrepo J.	Cuento	1923	Lectura Breve
Evohé	Efe Gómez	Cuento	1930	*Claridad*
Croniquillas -Tríptico	Efe Gómez	Croniquilla	1930	*Claridad*
El Monito Fleis	Efe Gómez	Cuento	1930	*Claridad*
El barrio San Benito	Seud. Erasmo Gamoneda	Cuadro	1930	*Claridad*

Pocos tenían el temple de Farina o de Vives Guerra para seguir su camino, burlones o risueños, trágicos o livianos. El concurso de poesía de las Fiestas Florales se declaró desierto en 1905 y 1906. Los jurados mencionan poemas interesantes y mejorables, pero ninguno merecedor del gran premio[47].

Sin embargo, en retrospectiva, el panorama no parece tan desolador. Farina publica también *Crisálidas* y *Flautas de Pan, Modernas* y *Evangelios y otros poemas,* fuera de abundantes poesías sueltas; Vives Guerra publica también numerosas crónicas y algunos poemas de libros inéditos. Eusebio Robledo publica varios poemas extensos («Sibila»), y Antonio J. Cano da a conocer muchos de sus madrigales. Gonzalo Vidal publica un libro de poemas jocosos y burlescos. Poetas ya consagrados como Fidel Cano, A. Merizalde y Juan J. Botero, y poetas nuevos como Jaramillo Medina, Luis Cano, Bernardo Jaramillo y Dimitri Ivanovich, nutren las revistas medellinenses de interesante poesía. Carlos E. Restrepo traduce textos de Rostand; y Latorre, de Schiller, D'Annunzio, Gide y Poe. Hubo mucho más: los poemas de Abel Marín, los de Carrasquilla y las recopilaciones folclóricas de Januario Henao y de otros estudiosos... Y se publicaron con frecuencia poemas de Grillo, Ricardo Nieto, Soto Borda, Solano y Tablanca. Las interacciones con la prensa literaria santafereña, caucana, costeña y santandereana eran fuertes. Y se reprodujeron artículos, reseñas y polémicas[48].

La segunda década: la hora Panida

Las crónicas literarias eran un género favorito de los lectores antioqueños. Y desde muy temprano se encuentran buenos cronistas: Don Juan del Martillo y Gaspar Chaverra. Pero la gran época del género se inicia con el siglo XX y su momento más brillante está entre 1910 y 1930, con autores como Vives Guerra, Jesús del Corral, Tomás Carrasquilla y Ciro Mendía. En 1911 apareció un precioso libro de Vives Guerra, *Volanderas y tal,* que saludaron con elogios Lucrecio Vélez (seudónimo: Gaspar Chaverra), Juan José Botero y Eduardo Zuleta. Por la misma época Jesús del

Corral y Luis Tejada publicaban deliciosas crónicas en la prensa bogotana, recogidas en libro, *Cuentos y crónicas,* en 1940. Y años más tarde, entre 1914 y 1923 aproximadamente, abundaron las jugosas crónicas de Tomás Carrasquilla: las famosas «Dominicales» y muchas «Acuarelas» en *El Espectador,* los «Discos cortos» en *El Bateo* y en *Sábado.* Por esa época, y sobre todo en 1930, Ciro Mendía acostumbraba verter ácidos en las crónicas que con otro seudónimo publicó en la revista *Claridad*[49]. El arte del artículo de ocasión, breve y circunstancial, tuvo aquí una verdadera escuela, palpable también en las bellas crónicas de Sofía Ospina de Navarro (en la revista *Sábado,* especialmente) y en las de Luis Felipe Osorio, algo más tardías.

Sin embargo, en 1910 se constata un cambio de rumbo de la literatura antioqueña. El movimiento solidario, por así decir, se resquebraja. La tarea de enunciación colectiva se disemina en muchas tareas individuales y de grupo. *Alpha,* columna vertebral del período anterior, se cierra «por falta de presión atmosférica». Ya en el propio quinquenio de oro se produjeron testimonios elocuentes de la distancia casi brutal que se instauraba aquí, entre la poesía como oficio y la lucha por el pan: las meditaciones de Efe Gómez al respecto, la carta de Uribe a los poetas, el cuento de S. Restrepo «Pan y Versos», dan seña de ese contraste entre los que tienen «talento del malo» –y son poetas o cuentistas o pintores o músicos– y los que tienen «talento del bueno» –y negocian y crecen en todas las dimensiones materiales... Hacia 1910, resquebrajada la propia fe y la autoestima nacional, y cuando se afirmaban en la ciudad una burguesía comercial y pragmática, un espíritu de utilitarismo y una moral muy estrecha (Cf. *Rara avis, Grandeza* y *Los humildes* como estudios y descripciones muy finos del nuevo contexto económico e ideológico en que se mueve la vida medellinense), el éxodo de los espíritus más libres y cultivados fue produciéndose por lógica consecuencia, y cada vez con mayor pérdida para los que se iban quedando. Durante el gobierno de Reyes, y poco después, hubo una especie de corriente migratoria de artistas y de escritores: Francisco A. Cano, M. Tobón Mejía, Fidel y Luis Cano, Alfonso Castro, Eduardo Zuleta, Carlos Espinela, Vives Guerra, Jesús del Corral, Miguel A. Osorio, Ricardo Rendón y Luis Tejada; Tomás Carrasquilla se va por unos años; Efe Gómez deriva hacia el suroeste; Botero se silencia largo tiempo y Francisco de P. Rendón se va para siempre... En torno del Negro Cano y de Tomás Carrasquilla –cuando está– se reúnen todavía los viejos autores,

pero cada vez se notan más los ausentes y los jóvenes que, con timidez, buscan vías nuevas[50]. Y para redondear ese vacío, se van Carlos E. Restrepo y Saturnino Restrepo, guías de cada empresa editorial. La vida cultural antioqueña se resintió con esas ausencias y reorientó sus rumbos: hubo un relevo de espíritus, un reordenamiento de objetivos literarios y muchos intentos fallidos de hacer revistas que lograran el enlace con la desaparecida *Alpha* y la agonizante *La Miscelánea.* Entre esas revistas merece mencionarse *Arte,* que dirigieron José Joaquín Hoyos, Quico Villa y otros, y que duró un año, entre 1913 y 1914; y *La Semana,* suplemento literario de *El Espectador* durante 1915-1916; *Civismo,* que nació y murió en 1919; y *Cyrano* (1921-1922), que alcanzó veinte números.

Tal vez los Panidas simbolizan con la mejor exactitud el nuevo tiempo. Fueron breves, un fenómeno de transición; pero alcanzaron a conmover las costumbres literarias, gráficas y editoriales de Medellín, y sembraron inquietudes filosóficas y poéticas de muy largo alcance. Empezaron reuniéndose en *El Globo,* hacia 1912, y en 1915 se decidieron a crear una revista. Tenían una buhardilla –que les pagaba Carrasquilla, según se dice– como oficina de redacción. León de Greiff, Fernando González, Ricardo Rendón, Libardo Parra Toro (Tartarín Moreira) y Félix Mejía fueron Panidas. «La balada de los búhos estáticos apareció en el primer número de la revista, y conmovió a todos los círculos literarios. Los antiguos socios de *La Maffia* fundaron un café llamado *Los Búhos Estáticos,* y los Panidas, ricos sólo en arte, elevaron sus bohemias al doble, en *El Globo* y al frente... Diez números después, agotados los fondos y desilusionados ('gente local, y necia, y chata, y roma') los Panidas se disolvieron»[51].

La inestabilidad de esas publicaciones y su fugacidad como proyecto editorial eran preocupantes. Desde la tertulia de Cano se insistía en crear una revista que reuniera y fomentara la creación literaria. Fruto de ese esfuerzo fue la revista semanaria *Colombia,* fundada en 1916, bajo el dinamismo de Cano y Carlos E. Restrepo, que alcanzó 300 números hasta 1923, cuando se transformó en periódico. *Colombia* tuvo larga vida y acogió a todos los escritores antioqueños con algún mérito.

Así que, visto en conjunto, y aunque algo más desvertebrado que en los períodos previos, el movimiento literario no perdió sus ímpetus, así los reorientase. El grupo de autores que surgió en esa época y las obras que se publicaron representan un balance favorable para nuestras letras. En la novela, el cuento, la crónica y la poesía se multiplican los estilos. Roberto Botero Saldarriaga, Manuel Baena, Julio Posada, Quico Villa, Ciro Mendía, León de Greiff y Fernando González surgen a la vida literaria en esa década. Los escritores veteranos continúan sin pausa sus trabajos literarios, cada uno según vías muy propias: Tomás Carrasquilla y Efe Gómez, Botero G. y L. Vélez, Farina, Montoya, Vives Guerra, Alfonso Castro...

Además, de esa década, 1910-1920, fue la primera edición del *Cancionero de Antioquia*, de Antonio José Restrepo (1917), un acontecimiento en la historia de nuestra literatura. Son más de mil coplas comentadas con cierta maña filológica; no todas pasan las pruebas de rigor, pero la sola masa documental acopiada por «Ñito» Restrepo ya la amerita como una obra imprescindible de nuestra folclorología. Junto con los complementos de Benigno A. Gutiérrez, muy importantes, el *Cancionero* se ha editado varias veces; e insinuamos su estudio cuidadoso.

La década de Sábado. *La gran crisis*

El eje de la enunciación colectiva de nuestra literatura en la década del veinte fue la gran revista semanaria *Sábado*, patrocinada por una amplia sociedad editorial y por las mejores plumas antioqueñas; entre sus directores sobresalen Quico Villa, Ciro Mendía, Bernardo Vélez y José Montoya. En total, a lo largo de su existencia (1921-1929), *Sábado* suma unas dos mil páginas de artes y letras. Allí abundan la narrativa y la poesía medellinenses, y –lo que es significativo– un buen porcentaje escrito por mujeres (*véase* Cuadro 5). En *Sábado* se dieron a conocer escritoras como Sofía Ospina de Navarro, Blanca Isaza de Jaramillo M., Lydia Bolena, Tila Botero de Molina y Graciela Gómez H., varias de ellas con mucho éxito. Sofía Ospina, en particular, suscitó la admiración de variadísimos lectores. Y lugar aparte merece Adelfa Arango de Jaramillo, pariente de Tomás Carrasquilla, cuyos trabajos sobre historia del arte y estética publicó *Sábado*. Estudiosa, sensible y amplia de criterios, Adelfa Arango escribía con erudición sobre arte renacentista y egipcio, o sobre artes picassianas y de vanguardia. Varias de estas escritoras fueron luego alma de *Letras y Encajes,* la revista femenina que se fundó en Medellín hacia mediados de la década.

En el Cuadro 5 se presenta una lista apenas parcial de las publicaciones narrativas en *Sábado* (hasta el N° 100). Algo semejante puede observarse con la poesía. Una cascada de nuevos autores y obras, aunque figuran en ese cuadro multitud de obras de Tomás Carrasquilla, las cuales por sí solas son rico testimonio del Medellín de la épo-

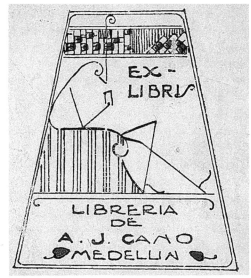

Ex-libris de A. J Cano ca. 1925 (*Lectura Breve*, Medellín, vol II, N°s 24 y 25, 1925)

ca: las crónicas de *El Espectador,* de *El Bateo;* el bello relato *Ligia Cruz* y *El Zarco.* Tomás Carrasquilla, en esa época, era la figura nacional, escritor de camino literario probado. Casi una pieza de museo, a la que hasta «homenajes de reparación» le hizo por 1930 la revista *Claridad.* Y no figuran muchas obras de Efe Gómez por no ser de tema medellinense.

Década de José Restrepo Jaramillo, Luis López de Mesa y Fernando González, novelistas

Polémicas ariscas suscitaban *El viaje a pie* y *La novela de los tres* (entre Monseñor Tranquilo, Rafael Maya, José Restrepo J. y Fernando González, pueden seguirse varios debates en *Claridad*). Década de *El zarco* y *La marquesa de Yolombó.* Del Efe Gómez de las *Croniquillas* y *El monito Fleis* (dedicado este cuento a las víctimas de la gran crisis del 30). Fluían los cuentos y novelas de Alfonso Castro y Roberto Botero Saldarriaga. Y las novelas de Arturo Suárez –novelones, decían algunos– eran éxito editorial inatajable (aunque no hay, que se sepa, novela de Suárez con tema específico medellinense). Fluían bellas crónicas en las prensas literarias, autoría de Carrasquilla, Efe Gómez, Alfonso Castro, Sofía Ospina, Blanca Isaza, Vives Guerra y Del Corral. La ciudad literaria, pese a todas las adversidades, se levantó muy alto en este valle. La gran crisis de 1930 causó, no obstante, un daño irreparable. *El monito Fleis* puede simbolizar bien ese momento de profunda depresión colectiva.

La revista *Claridad* nació para entonar el fin de una edad de nuestra literatura. Dio cabida a De Greiff (poeta muy querido desde la época panida), a Ciro Mendía, a los escritos póstumos de Farina, a José Restrepo Jaramillo, a Fernando González, a Rafael Maya –lector dedicado de nuestra literatura regional–, a Efe Gómez y a Tomás Carrasquilla, entre muchos otros. No obstante, decía J. Yepes Morales, director de *Claridad,* que Medellín era «la antítesis del arte». Visto en retrospectiva, el panorama no parece tan desolador. Aún en 1923, Luis Enrique Osorio, director de *La Novela Semanal,* reconocía que el más vital movimiento literario nacional seguía siendo el de Antioquia. Y lo que se escribió en el resto de esa década no es insignificante. Pero con la crisis económica se hundieron varios proyectos literarios claves. *Claridad* fue uno de ellos; y se diseminó una especie de depresión colectiva: los últimos números de *Claridad* son verdaderamente tristes.

NOTAS

1. Jorge Restrepo Uribe, *Medellín, su origen, progreso y desarrollo,* Medellín, Servigráficas, 1981. En especial, p. 557 y siguientes.

2. Emiro Kastos, «Arturo y sus habladurías», *Artículos escogidos,* Bogotá, 1859, reedición de la Biblioteca del Banco Popular, 1972. Con la misma paginación de la primera edición.

3. Gregorio Gutiérrez González, «Felipe», *Antioquia literaria,* Medellín, Imprenta del Estado, 1878, tomo I, p. 202 y ss. Antología realizada por Juan J. Molina.

4. Camilo A. Echeverri, *Obras completas.* «carta a Emiro Kastos», Medellín, Ediciones Académicas, 1970, tomo I, p. 219 y ss.

5. Tomás Carrasquilla, *Hace tiempos, III, Obras completas,* Madrid, Epesa, 1952, pp. 1100-1101. También «El Zarco» incluye amplias evocaciones del Medellín de esa década, 1870-1880.

6. Ricardo Restrepo, «Un baile con carrera», *Antioquia Literaria,* p. 166 y ss.

7. Eduardo Villa, «Un ramo de pensamientos», *Antioquia literaria,* p. 185 y ss.

8. Juan J. Molina, «La novela», *Ensayos de literatura y de moral,* Medellín, Imprenta Republicana, 1886, pp. 295-320. En esa obra se encuentran reimpresiones de los estudios mencionados y de otros (San Agustín y F. Caballero, por ejemplo) no menos interesantes. Algunos de esos estudios fueron publicados en *La Sociedad,* 1876, y otro, «La música», en *Antioquia literaria,* 1878.

9. Baldomero Sanín Cano, «Medellín hace sesenta años», *De mi vida y otras vidas,* 1949, reeditado en el volumen 23 de la Biblioteca Básica Colombiana, Bogotá, Instituto Colombiano de Cultura, 1977, p. 455 y ss. El volumen antológico de don Benigno A. Gutiérrez, *Gente maicera,* Medellín, Bedout, 1950, incluye un amplio trozo del relato de Sanín Cano.

10. Sebastián Mejía (seudónimo: Manuel Antolínez), «Palique», *La Miscelánea,* noviembre de 1895.

11. Juan J. Molina, «El final de un proceso», *La Sociedad,* N° 5, julio 13 de 1872.

12. El cuento de Molina evoca el drama de Calderón «A secreto agravio secreta venganza». Hay anotaciones diversas –y siempre críticas– de Carrasquilla al rasgo calderoniano de muchos matrimonios antioqueños. El relato de D. Viana citado antes perfila una tragedia del mismo tipo.

13. Tomás Carrasquilla, *Hace tiempos, III,* p. 1101 en las *Obras completas* editadas por Epesa. Otros relatos de Molina, referenciados en «El relato en Antioquia»,

cap. XII, J. A. Naranjo, Seminario en la Biblioteca Pública Piloto, Medellín, 1993.

14. Hay referencias de Carrasquilla al Club de la Varita y La Mata de Mora; este último, según afirma un personaje de *Hace Tiempos,* «aunque sea de gente muy buena, es una escuela para aprender a jugar, a beber y a perder el tiempo» *(Obras completas,* Madrid, Epesa, 1952, p. 1123). Botero Guerra se refiere a la Sociedad del Gran Turco con enorme desdén, y al Club de la Varita con cortesía. Sobre Los Maffíos hay una referencia en «Mi estimao», cuento de Efraín de la Cruz escrito en fecha cercana a 1900 y reproducido por don Benigno A. Gutiérrez en *Gente maicera.*

15. Camilo Botero G., *Brochazos,* Medellín, Tipografía Central, Editor Carlos A. Molina, 1897. El libro fue saludado con ensayos, entre otros, de J. J. Molina, Julián Páez y L. Rivera y Garrido. *Véase* J. A. Naranjo, *El relato en Antioquia,* Medellín, Seminario en la Biblioteca Pública Piloto, 1993, cap. 5.

16. Camilo Botero G., *Sacrificio.* Prólogo de A. J. Cano.

17. Cierto que esa propensión regionalista se denota desde las obras tempranas de Botero, por ejemplo en *El oropel* y *Una antioqueña.*

18. Sebastián Mejía (seudónimo Manuel Antolínez), «Palique», en *La Miscelánea,* abril de 1896, p. 285 y ss. Acerca de *El Casino Literario,* cf. Carlos E. Restrepo, artículo en *La Miscelánea,* diciembre de 1898; citado por Kurt Levy en *Vida y obra de Tomás Carrasquilla,* Medellín, Bedout, 1958, p. 258.

19. El juicio de Sanín Cano debió ser anterior a 1895, ya que lo cita Carlos E. Restrepo en su artículo «Por Uribe Ángel», *La Miscelánea,* octubre de 1895, p. 109 y ss., y el cual no he tenido posibilidad de leer. Tiene que ser un juicio apresurado, pues J. de D. Vásquez había publicado muy poco (apenas se han localizado dos cuentos) antes de esa fecha. Y ante obras cuentísticas como las de Castro, Montoya, Vives Guerra, Efe Gómez, Saturnino Restrepo, jóvenes todos como Vásquez, el juicio de Sanín Cano carece de mínimo valor prospectivo.

20. Especialmente en *La Miscelánea* se encuentran abundantes producciones firmadas por casinistas.

21. Se ignora el trabajo literario presentado por Rendón en El Casino, razón suficiente para urgir que se divulgue el contenido del volumen casinista.

22. El texto fue localizado por la historiadora Estella Córdoba, en la *Revista Santandereana,* diciembre, 1891, y se intitula «Jamones y Solomillos» (fragmento de una novela inédita). *Véase El relato en Antioquia,* cap. 9; para la biografía de Carrasquilla es un hallazgo significativo, que ordena varias fechas y resuelve incertidumbres.

23. Julio Vives Guerra, «El doctor Manuelito», *Anecdotario colombiano,* incluido en *Gestas de la mi Cibdad,* Medellín, Imprenta Departamental, 1963.

24. Véase el artículo de Carlos E. Restrepo «Por Uribe Ángel», *La Miscelánea,* 1895, o la reseña de L. Cano «Cumpleaños», en *La Miscelánea,* septiembre de 1896. Una velada de homenaje a F. A. Cano se reseña en *La Miscelánea,* abril de 1899, «Por un artista». Y en «El montañés» (artículo de C. E. Restrepo, Pedro N. Ospina), mayo de 1899.

25. Julio Vives Guerra, «Cruces... y Cruces», *Crónicas de la independencia,* en *Gestas....,* op.cit.

26. Ni Alfonso Castro ni A. J. Cano figuraron como colaboradores de la revista o miembros de su comité de redacción, aunque, según Vives Guerra, sí le tomaron «el ondulado permanente» a los colaboradores espontáneos.

27. Julio Vives Guerra, «La Bastilla», *Crónicas de la*

independencia, en *op. cit.* Un buen complemento es el cuadro «Pan y versos», de Saturnino Restrepo, en *La Bohemia Alegre,* diciembre de 1896.

28. Cf. *El relato en Antioquia,* cap. 12, para las publicaciones de estos autores. En los cuadros de este informe no figuran muchas por no ser de tema medellinense. Acerca de *El Montañés* puede consultarse también en *El relato en Antioquia* el artículo de José Fernando Jiménez, anexo del mismo capítulo. Desde 1891, Rendón publicó «Página blanca» en la *Revista Santandereana,* con el seudónimo de F. de Paular. Estella Córdoba y Jorge A. Naranjo, «Una nota de Rendón sobre Pardo Bazán», *El relato en Antioquia,* anexo del cap. 14.

29. *La Miscelánea* publicó esas obras poco después del concurso. La novela de Samuel Velásquez fue traducida del paisa al bogotano por Henry Luque Muñoz, para una *Antología del cuento colombiano.* Cambió «vos» por «tú», con lamentable resultado, a nuestro juicio. No tengo la referencia de edición.

30. Con el seudónimo de Julio Torres, Zuleta envió desde Nueva York interesantes análisis literarios acerca de El Parnaso Colombiano, Miguel A. Caro, Fidel Cano, etc., que fueron replicados vivamente por Santiago Pérez Triana, y por varios críticos antioqueños (seudónimos Cerig, F. de P. Muñoz y otros). Hay ensayos de gran valor para reconstruir una historia de la crítica literaria, en Antioquia y en Colombia; lo que existe es pobrísimo en sus alcances.

31. Tomás Carrasquilla, «Herejías»; en las cartas de éste a Grillo narra su desencanto con la manipulación que Zuleta hizo de su ensayo literario.

32. Gónima publicó sus trabajos por entregas en *La Miscelánea,* y con el título genérico de *Vejeces, Más Vejeces* y *Conversación familiar* –esta última serie sobre la fundación del teatro en Medellín. Años después, hacia 1910, se publicaron en un libro.

33. Cito las que conozco: *Abuela y nieta, Rosa y Cruz, El Oropel, Una vela a San Miguel* y *Cataclismos microscópicos,* de Botero Guerra; *Ernesto,* de J. A. Gaviria; *Los claveles de Beatriz,* de P. E. Gutiérrez; *Frutos de mi tierra* y *San Antoñito,* de Tomás Carrasquilla; *De paso,* de L. Restrepo; *Con la vara que midas,* de D. Viana; *Un ramo de pensamientos,* de E. Villa; *Pergoleso y Annunziata,* de J.J. Molina (que no he leído); *Tierra virgen,* de E. Zuleta. Unas pocas de éstas pueden ser consideradas cuentos extensos, pero en su mayor parte se clasifican sin dificultad como novelas; hay más ejemplos. Con esto se entenderá cuán poco puede aportar a la comprensión de la historia de la novela en Antioquia el libro de R. Williams, tan superficial en la revisión bibliográfica, tan lleno de inexactitudes: a J. J. Molina lo apellida Medina, ignora el contenido real de *Antioquia Literaria,* atribuye a Botero Guerra el *De paso,* etc. Cf. Raymond Williams, *Novela y poder en Colombia,* Bogotá, Tercer Mundo, 1992.

34. J. A. Naranjo, «Góngora en el cancionero antioqueño», inédito. Dos de las coplas recogidas por «Ñito» Restrepo en su *Cancionero* tienen origen gongorino.

35. Cf. «D. Fidel Cano y sus poesías», seudónimo Cerig (¿Carlos E. Restrepo?), en *La Miscelánea,* julio de 1888. Replica a Eduardo Zuleta (seudónimo Julio Torres) sus juicios acerca de Cano poeta.

36. Fidel Cano, «Versos de Enrique W. Fernández», *El Repertorio,* marzo de 1897.

37. «A Medellín», *La Miscelánea,* abril de 1888. Fernández publicó en Londres, en 1896, un libro con sus versos; en las revistas literarias hay muchos poemas suyos, escritos en Medellín y en Bogotá.

38. Especialmente en *La Miscelánea, La Bohemia Alegre, El Repertorio* y *El Montañés,* se recogieron muchos de esos poemas. En el libro de Vives Guerra aparecieron éstos y otros inéditos. Los elogiaron C. E. Restrepo, F. Cano, F. de P. Muñoz y Eduardo Zuleta, entre otros.

39. Poeta y ensayista, Jiménez era un escritor muy apreciado en Antioquia. Sus sonetos sobre tipos antioqueños se publicaron en *La Miscelánea* y *El Montañés* de Medellín, y en la revista *Helechos* de Sonsón. Hay verdaderas joyas literarias en esos poemas y en los de Vives Guerra. La quintaesencia del costumbrismo y su canto de cisne...

40. Una bella semblanza de Latorre se encuentra en el libro de Horacio Franco, *Un testimonio y un mensaje,* Medellín, Granamérica, 1963, artículo «Don Gabriel Latorre». El libro de Franco, a pesar de ligeras inexactitudes históricas, es de gran valor para el interesado en la cultura antioqueña de fines del siglo XIX y principios del XX.

41. Poemas de Espinela en *La Miscelánea, La Bohemia Alegre, El Repertorio, El Montañés* y *Alpha.* Una polémica sobre su obra en *La Bohemia Alegre* y en *El Repertorio,* entre Saturnino Restrepo y Antonio Posada.

42. La Biblioteca del Tercer Piso se cierra en esa época porque los lectores podrían confundirse con conspiradores.

43. Alberto Aguirre ha señalado esta cuestión, con el vigor que merece, en una crítica reciente del libro de Deas.

44. *El Recluta,* tema forzado; ed. de H. Gaviria I., 1901: cuentos de Ricardo Olano, Vives Guerra, Eusebio Robledo, José A. Gaviria, Luis del Corral, Alfonso Castro, José Montoya, Gonzalo Vidal, Tomás Carrasquilla y seudónimo Juanilla. Véase *El relato en Antioquia,* cap. 11.

45. Véase *Perfiles,* de Alfonso Castro en especial los artículos de Gerardo Andrade, Adel López Gómez y Jaime Sanín Echeverri. Edición dirigida por Dicken Castro, Bogotá, Excelsior Impresores, 1992.

46. «Sansón Montañés», «El Alfiler de Oro», «Stradivarius Criollo» figuran en varias antologías.

47. Fueron los jurados Fidel Cano, Sebastián Hoyos y Félix Betancur. El informe –interesantísimo como diagnóstico del estado del arte en Antioquia– se publicó en los números 5 y 6 de *Alpha,* 1906.

48. Mencionemos la polémica sobre las «Homilías». La «Polémica con los poetas» de Uribe Uribe. La polémica sobre el socratismo de S. Restrepo y V. M. Londoño.

49. Desde la década que comentamos, Carlos Mejía Ángel (seudónimo: Ciro Mendía) incursionó en el análisis literario. En *Claridad,* hacia 1930, escribió sangrientas necrologías de escritores vivos (Efe Gómez), entrevistas satíricas desconcertantes (a Tomás Carrasquilla –don Teófilo Gutiérrez); pero Ciro Mendía se hace más popular como poeta que como prosista. En 1919 publicó *Sor Miseria* y *El libro sin nombre,* y en 1920 *Nocturnos.*

50. Cf. *Antonio J. Cano,* una publicación conmemorativa, edición a cargo de Miguel Escobar. Folleto de la Secretaría de Educación y Cultura, la Sociedad de Mejoras Públicas de Medellín y el Instituto de Bellas Artes, 1992. Y véase en Horacio Franco, *op. cit.,* «La tertulia del Negro Cano».

51. Cf. Horacio Franco, *op.cit.,* «Los Panidas». En *El relato en Antioquia* se examinan en forma detallada las revistas *Panidas* y *Colombia* (investigaciones de Dora P. Tamayo y Amada Acosta).

SECCIÓN SEGUNDA

DESARROLLO ECONÓMICO Y URBANO

JORGE VALENCIA RESTREPO
LUZ GABRIELA ARANGO
DARÍO ACEVEDO
CLARA INÉS ARAMBURO
JAVIER PIEDRAHITA
FABIO BOTERO
CONSTANZA TORO
ANA MARÍA JARAMILLO
FRANÇOISE COUPÉ

Jorge Valencia Restrepo

La industrialización de Medellín y su área circundante

Objetivo y metodología

ESTE ESTUDIO hace énfasis en la historia industrial de la región dentro del contexto nacional y latinoamericano. Durante una parte significativa del presente siglo, el crecimiento de la producción industrial por habitante en Medellín ha sido superior al de las demás ciudades de los países subdesarrollados[1]. Interesa indagar por los factores que permiten definir la continuidad del énfasis industrial de la ciudad en el contexto de los países en desarrollo, para el resto de la presente década y los primeros años de la próxima centuria.

La forma como la industrialización de Medellín y su área circundante ha interactuado con la economía de la ciudad y de Antioquia ha sido bastante particular. Por decenios, la industria ha moldeado la economía y la sociedad antioqueñas con tasas de crecimiento aceptables, especialmente durante los períodos 1945-1956 y 1967-1984. Sin embargo, el tipo de estructura industrial que ha prevalecido en Medellín y su área circundante ha determinado una forma de crecimiento muy inestable. Este buen comportamiento explica el peso dominante de la industria en la economía de Medellín y de Antioquia; y las fluctuaciones que han caracterizado a este sector explican el mayor grado de variabilidad de la economía antioqueña. Sobre este fenómeno tratan las siguientes reflexiones.

La primera aborda la estructura y el crecimiento industriales; la segunda presenta el sector textil; la tercera, la industria y la productividad; la cuarta, el proceso exportador de la industria y los aspectos de financiamiento de esta actividad;

por último, se presentan las conclusiones sobre estos temas.

La estructura y el crecimiento industriales

Hasta fines de la década del setenta, la industria antioqueña se desenvolvió bajo los signos de la especialización y de la concentración de la producción de bienes de consumo corriente y durable; vale decir: textiles, bebidas, alimentos, tabaco y aparatos electrodomésticos; en menor medida: vestuario, calzado, madera, muebles, y editoriales e imprenta. Sin embargo, en la década anterior se había emprendido un proceso de diversificación industrial, basado en productos como tejidos de lana, cemento blanco, pintura, fibras poliestéricas y poliamídicas, lonas para llantas, carburo de calcio, hojalata electrolítica, entre otros[2]. En forma retrospectiva, la diversificación industrial se estimuló por la imposibilidad de importar gran número de elementos esenciales para el país, durante la II Guerra Mundial.

Este elemento, motor de la economía antioqueña, ha cedido su función de liderazgo a la producción de bienes intermedios. Es decir, a productos químicos industriales como plásticos, cerámica, cemento, vidrio, papel y sus productos, y a maquinaria mecánica y diversos bienes de la metalmecánica y de la electrónica.

En el decenio del noventa, los bienes intermedios consolidan su lugar prioritario en la estructura industrial, al sobrepasar la barrera del 50% en la repartición del valor agregado por las distintas actividades industriales de Medellín y su área circundante. Una evaluación realizada por Fedesarrollo[3] sobre los sectores industriales que serán más dinámicos en los próximos años permite concluir, con la información actual, que el grupo más beneficiado será el de bienes intermedios. Además, menciona la continuación del auge de la construcción y el comienzo de las inversiones

Vehículos de la Lavandería La Nieve, 1951.
(Fotografía Carlos Rodríguez, Centro de Memoria Visual FAES)

para el desarrollo de Cusiana, como aspectos que incidirán favorablemente sobre las actividades de la producción de cemento, cerámica, vidrios, pintura y otros. Todos estos bienes pertenecen al sector de los minerales no metálicos, producidos por la industria de Medellín y su área circundante.

La situación cafetera tiene influencia sobre la industria de alimentos, bebidas, tabacos y cigarrillos, textiles y confecciones; principalmente, sobre las tres primeras. En los últimos años los bajos precios externos del café y la pérdida de poder adquisitivo del productor han afectado el mercado de estos productos pertenecientes al grupo de bienes de consumo corriente. Sin embargo, la situación cambia favorablemente porque a partir del mes de mayo de 1994 las condiciones del mercado internacional del café producen una mejoría en los ingresos del caficultor, lo que incide en forma positiva sobre el mercado de bienes de consumo corriente y durable.

El sector textil

En 1967 decía Daniel Herrero, a propósito de su estudio cuantitativo sobre el desarrollo industrial de la región en el período 1925-1965: «Medellín es la 'Manchester' latinoamericana. A menudo se ha comparado con São Paulo. La comparación no es falsa. La actividad textil constituye el elemento motor del desarrollo industrial antioqueño»[4].

La historia de la industrialización de Medellín y su área circundante se identifica con el liderazgo ejercido por el sector textil, el cual a finales de la década del sesenta fabricaba el 90% de los textiles de algodón de todo el país y en el ámbito latinoamericano ocupaba el primer lugar por disponer del parque de producción más automatizado y eficiente. Medellín y su área circundante era el lugar de mayor productividad textil de América Latina: mientras aquí se hilaban 5 484 gramos de algodón por hora-hombre, los demás países de la región rendían menos de dos mil gramos por hora-hombre. También la productividad en la hilatura de lana superaba ampliamente la de otras naciones latinoamericanas[5].

La actividad textil de Medellín y su área circundante ha sido el indiscutible motor de la industria y de la economía antioqueñas durante el presente siglo. Si bien el peso relativo de su actividad es un poco menor hoy en día respecto de los primeros setenta años, la actividad textil mantiene el liderazgo en forma holgada, hasta el punto que en 1989 el valor agregado por este sector superaba en más de tres veces el correspondiente a las bebidas, segundo renglón industrial de la región. La actividad textil le transmite su dinámica a toda la economía antioqueña, por la fuerte presencia de la industria en la economía del departamento, la cual representa la tercera parte de la riqueza creada por la sociedad antioqueña cada año.

A través de la historia se han presentado modificaciones en las condiciones de producción del sector textil regional. Ésta industria dio un paso importante en 1938 al sustituir las importaciones de hilaza de algodón y cambiar sus equipos de hilanderías, hasta abstenerse de importar este producto en forma casi total. Unos años más tarde, también se ampliaron en forma notable las dotaciones en las hilanderías de las fábricas de tejidos de lana[6]. En los dos decenios siguientes, la industria textil antioqueña avanzó en su diversificación mediante la producción de tejidos de lana y de fibras sintéticas que añadían más valor al proceso productivo. En forma paralela, este período también fue de ampliación y modernización en las líneas textiles.

La historia del sector se entrelaza con las actividades que proveen de insumos; es decir, el cultivo del algodón, las fibras y los productos químicos; también, con la industria de las confecciones: vestuario y plásticos, que utilizan como insumo los productos del sector textil. Estos encadenamientos con el sector textil, líder en la historia industrial de antioquia, han influido en la posición tan destacada que han exhibido estos renglones dentro de la agricultura y la industria nacionales. Es lo que ha ocurrido con el cultivo de algodón, al suministrarle la materia prima a la industria textil en algunos períodos, y con las confecciones que están entre los primeros ocho sectores industriales de Antioquia. Lo anterior no obsta para reconocer que en la historia de estas relaciones ha faltado una mayor articulación e integración entre la agricultura y la industria, lo que ha afectado la eficiencia.

El sector textil del valle de Aburrá ha sabido sobreponerse a períodos críticos en los cuales se han entremezclado factores internos, como el estancamiento de la productividad, y externos, como la recesión de la economía mundial y la existencia de fuertes excedentes de textiles en los mercados internacionales. Esta fue la compleja situación que vivió esta actividad entre 1980 y 1984, y que llevó a un esfuerzo importante de modernización de las empresas durante el decenio del ochenta. A principios de la presente década, la situación se repite en el sentido de la pérdida del dinamismo de las economías de los países más industrializados y la existencia de muy significativos excedentes de productos textiles en todo el mundo, lo que ha dado lugar a un desenfrenado contrabando y al recrudecimiento de prácticas desleales de comercio, en contra de la producción local y a favor de crecientes importaciones de textiles.

La industria textil ha sido duramente afectada por estas condiciones, con relativa independencia de los niveles de eficiencia exhibidos, los cuales han mejorado por las transformaciones producidas en el pasado decenio. La situación anterior se ha agravado por la falta de controles aduaneros a las mercancías extranjeras que llegan al país. A estas difíciles condiciones internacionales se agrega el proceso interno de revaluación del peso con respecto al dólar, en los últimos años, lo cual ha facilitado la entrada de productos extranjeros del sector textil y ha afectado las condiciones de exportación de este renglón de la economía antioqueña.

En forma simultánea con la situación de la economía mundial, en Colombia se han impulsado reformas económicas estructurales de apertura comercial, emprendidas por la administración del presidente César Gaviria a partir de finales de 1990, las cuales han llevado a una disminución de los aranceles correspondientes a los productos textiles.

En el presente siglo la historia de la industria textil de la región presenta evidencias de su capacidad de transformación productiva, mediante la diversificación de productos del sector, la sustitución de bienes intermedios importados o la reconversión industrial en aras de una mayor especialización. Como ilustración, basta mencionar la experiencia del sector entre 1960 y 1962. Por medio del ensanche de sus equipos y la modernización de sus métodos, el sector textil logró aumentar su capacidad de producción en 30% hasta alcanzar muy aceptables niveles de productividad y calidad, e iniciar ventas en los mercados internacionales[7].

Este historial le ayudará a enfrentar la difícil situación por la que atraviesa la industria textil en todo el mundo. Las principales textileras del valle de Aburrá han continuado con el proceso de reestructuración en distintas actividades, incluida la laboral, proceso que se había iniciado en el decenio anterior. Es decir, las políticas de transformación productiva de estas empresas no son recientes. En un informe de la revista *Semana* (26 de mayo de 1992) se destacaba el hecho de que pocas industrias como la textil habían tomado tan a pecho la modernización como requisito para enfrentar la competencia internacional en el marco del proceso de apertura. Se mencionaban también las millonarias inversiones del sector en maquinaria y equipo, así como el notable repunte de sus exportaciones.

Recientemente, se busca el aumento de la competitividad mediante la inversión adicional en tecnología de punta, que garantice una mayor especialización, lo que permite reducir los costos y mejorar la calidad de los productos. Además, la especialización se ha orientado hacia la producción de telas de gamas superiores, incluidos los acabados, que por su complejidad eliminan la competencia de las telas burdas fabricadas actualmente en China, Pakistán e India[8].

478 JORGE VALENCIA RESTREPO

Conclusión: el sector textil ha mantenido prácticamente durante todo este siglo el liderazgo de la industria de Medellín y su área circundante.

En los inicios del presente decenio los textiles respondían por cerca de la tercera parte del valor agregado industrial. Cabe afirmar que este predominio se mantendrá en los próximos años a pesar del crecimiento del grupo de bienes intermedios, los cuales seguirán siendo el motor de la industria local.

El proceso de especialización en marcha está creando condiciones favorables para aumentar la competitividad en el sector, y enfrentar en mejor forma la competencia extranjera por el mercado interno y el reto de profundizar el proceso exportador.

Industrialización y productividad

Dice Alberto Mayor Mora sobre la historia de la industrialización de Antioquia en el presente siglo: «Se llegó, entonces, a la conclusión que la ley de la productividad no era una fuerza ciega que operaba fatal y mecánicamente, como había sido la representación inicial, sino que estaba guiada por agentes humanos y regida por valores. Ese factor directivo, manifiesto ya a comienzos de siglo, era palpable ante todo en Antioquia»[9].

La evolución de la productividad laboral de la industria del valle de Aburrá durante el presente siglo, confirma el planteamiento antes expresado acerca de su carácter cambiante, y de la importancia, en su determinación, de la formación, las actitudes y los valores de los agentes humanos y de las instituciones involucradas en los procesos industriales. Ilustra bien esta afirmación la importante participación de la Escuela de Minas en la formación de los cuadros directivos y profesionales de las empresas industriales de Antioquia, durante muchas décadas del presente siglo. Esta Escuela también ha contribuido en forma decisiva en la configuración de técnicas y actitudes de los agentes que favorecen la productividad. «La Escuela de Minas se propuso dotar al empresariado antioqueño y nacional de una racionalidad económica, a saber, vinculación del espíritu de empresa con la calculabilidad, organización de la empresa ligada a las previsiones de un mercado regular, a una contabilidad racional, a la previsión calculada en materia de técnicas de producción y, en fin, a la medición de la productividad del trabajo»[10].

En términos globales, la industria antioqueña ha contado con el personal requerido en las distintas actividades de transformación. Las empresas han podido cubrir sus necesidades de mano de obra en distintos niveles de ocupación, profesión y cargo. Esto se pudo vivenciar cuando la estructura industrial de la región empezó a diversificarse hacia bienes intermedios, a mediados del siglo, en productos como sustancias químicas, cerámicas, material de transporte, productos metálicos, maquinaria eléctrica, papel, cartón y cuero, entre otros.

En 1958, el Servicio Nacional de Aprendizaje SENA, reportaba a Medellín como la ciudad de más alta proporción de mano de obra calificada dentro de la ocupación fabril. El mayor número de alumnos por sectores atendidos a mediados de la década del sesenta por el SENA provenían de la industria. En un nivel de mayor calificación, la ciudad disponía de un centro de promoción de la productividad, el INCOLDA. Como disciplinada, responsable y de productividad aceptable, era calificada la mano de obra ocupada en la industria antioqueña a mediados del siglo.

Sin embargo, después del gran crecimiento de la industria entre 1945 y 1955, la productividad de la actividad manufacturera local creció más lentamente que la del país: en el período 1956-1965, creció en 244%, mientras en el país fue de 277%. Además, su crecimiento fue menor que el incremento de la remuneración en la industria antioqueña. La pasividad en la productividad estuvo acompañada de una disminución en el dinamismo industrial y de bajos niveles de innovación técnica[11].

Antioquia compartió con el resto del país el dinamismo industrial en el período 1965-1974, en el que predominaron las exportaciones. La industria en Medellín y su área circundante abrió nuevos mercados en el exterior bajo el influjo positivo del nuevo marco institucional del país, propiciado por el modelo de desarrollo económico de orientación hacia afuera, iniciado en el segundo quinquenio de la década del sesenta. Sin embargo, este proceso se interrumpió por la revaluación del peso en el período 1977-1985, por la crisis mundial de algunos productos industriales exportados por Antioquia, como textiles y confecciones, y por el estancamiento en la productividad laboral y en la del capital. A los factores ya descritos, del estancamiento industrial de la región, debe agregarse la pérdida de dinamismo de la productividad de la mano de obra y del capital[12]. En Antioquia, igual que en el resto del país, el cambio técnico no tuvo el dinamismo requerido ni se utilizaron la mano de obra y el capital en forma más intensiva.

La revaluación del peso, las limitaciones del mercado interno determinadas por la distribución de la propiedad y del ingreso, la ausencia de fuerzas competitivas en el mercado interno y el bajo peso de las exportaciones en el total de la producción industrial, determinaron un estancamiento de la actividad manufacturera durante el segundo quinquenio de la década del setenta y en toda la del ochenta. Esta aseveración es válida tanto para Colombia como para el valle de Aburrá.

El decenio del noventa se inicia en Colombia con la apertura económica, que aumenta la exposición de la industria de Medellín y su área circundante a las corrientes productivas, tecnológicas, comerciales y financieras del mundo. Ello implica para Medellín el reto de ampliar las exportaciones manufactureras, ya que el porcentaje exportado dentro del total de las respectivas producciones no es satisfactorio. Estas nuevas condiciones del entorno también amenazan la participación de las distintas industrias en el mercado interno. Algunos sectores tendrán necesidad de efectuar la reconversión industrial, tales como las confecciones manufacturadas, la actividad maderera y mobiliaria, la industria metalmecánica, los artículos eléctricos, la galletería y la confitería.

En el contexto de las primeras 202 empresas industriales del país, las del valle de Aburrá se sitúan por encima del promedio de ventas y, sobre todo, del promedio en desempeño y solidez de las distintas firmas manufactureras[13]. A pesar de esto, no cabe duda que la industria de Medellín y su área

circundante deberá hacer un esfuerzo considerable para aumentar la productividad.

La consecución de altos niveles de productividad en las actividades industriales de Medellín y su área circundante, en forma estable y en un amplio lapso, exige un esfuerzo permanente de formación profesional y técnica. Precisamente, este proceso distinguió a la región a medida que avanzaba el presente siglo, debido a la presencia de la Escuela de Minas, creada en el siglo anterior, y la cual deberá inspirar las transformaciones requeridas en la educación básica, particularmente en ciencia y tecnología (incluidas las ingenierías) para enfrentar el reto actual de la apertura y de la globalización de la economía mundial. Los distintos diagnósticos sobre el actual sistema educativo colombiano expresan la necesidad de esta transformación. Uno de los estudios más recientes, el de la firma de consultoría Monitor, presenta el tema de la educación en el contexto de la competitividad de la economía colombiana, y propone la creación de una institución universitaria enfocada hacia la ciencia y la tecnología, hacia el estímulo a la formación de estudiantes en el exterior, y hacia un mayor énfasis en la educación técnica intermedia.

La dirigencia antioqueña puede tomar la iniciativa de transformar la educación en ciencia, tecnología e ingenierías, a través de un gran fortalecimiento de las instituciones que actualmente existen en la región en los distintos niveles de en-

Obreras de Trilladora Unidas, 1959 (Fotografía Gabriel Carvajal, Foto Carvajal)

señanza o mediante la creación de instituciones que suplan dicha carencia.

Industria y proceso exportador

En 1967 decía Gabriel Poveda Ramos, a propósito del desarrollo industrial, que era necesaria «la conjunción de esfuerzos por parte del gobierno y del sector privado con el objeto de lograr un aumento de la disponibilidad de mano de obra calificada y la posible creación de una dependencia que preste asistencia técnica con miras a lograr la reducción de los costos de producción necesarios para poder competir en el exterior»[14].

El crecimiento de la economía antioqueña en el presente siglo muestra dos determinantes principales: la evolución industrial y el comportamiento de las exportaciones. La historia de las relaciones comerciales de Antioquia con el resto del mundo en el presente siglo se ha movido bajo el trazo fundamental de la provisión de divisas del sector primario en favor de las importaciones industriales de materias primas y de bienes de capital necesarios para la reproducción y ampliación del aparato productivo manufacturero de Medellín y su área circundante. El aporte de las exportaciones ha generado superávit en muchos períodos por el café, el banano, el oro, las flores y, en menor medida, algunos productos industriales como las materias textiles y sus manufacturas, las pieles curtidas, los molinos para granos, los productos de cerámica, las materias plásticas, las máquinas y los aparatos. En los productos industriales, con algunas excepciones, las exportaciones tendieron a ser el producto excedente de la producción no vendida en el mercado interno.

A mediados del siglo las importaciones de bienes de capital a Antioquia representaban más de la mitad, mientras en la década pasada sobresalían las importaciones de materias primas, especialmente los productos metalmecánicos, electrónicos, químicos y plásticos. Aunque las materias primas importadas no fueran mayoritarias en el total de las importaciones en la década del cincuenta, a la dirigencia empresarial le preocupaba la dependencia de estas compras externas para el crecimiento industrial y económico de la región. En épocas de déficit de la balanza cambiaria, en las que escasean las divisas por diversas causas, entre las cuales la más importante es una baja en el precio internacional del café, se perdería dinamismo en la actividad industrial. Por ello, uno de los objetivos de la Asociación Nacional de Industriales, ANDI, en el momento de su creación en 1944 en Medellín, fue el fomento de la producción de materias primas en el territorio colombiano. La participación de las materias primas importadas en el consumo regional fue disminuyendo a medida que avanzaban las décadas del cuarenta al sesenta.

Ejemplifica bien los superávit comerciales lo acontecido en la década del cincuenta, cuando se observó una balanza favorable; en algunos años prácticamente se duplicaron las exportaciones respecto de las importaciones[15]. También han influido en dicho resultado los períodos de limitación de divisas, fenómeno que ha obedecido principalmente a la baja de los precios externos del café, lo que reduce las importaciones y las devaluaciones del peso que encarecen los bienes importados y restringen las compras de bienes en el exterior; y situaciones de menor crecimiento económico.

Después de las muy difíciles condiciones del mercado internacional para los textiles, el renglón automotor y el siderúrgico a principios del decenio del ochenta, se inicia en la región un cambio estructural en las relaciones comerciales de Antioquia con el resto del mundo a mediados de dicho período. Algunos sectores industriales empiezan a participar en forma creciente en las exportaciones del departamento, y simultáneamente el café disminuye su contribución en el total de los ingresos externos. Comienzan a sobresalir las exportaciones de confecciones, productos de la industria del cuero, textiles, objetos de barro, loza y porcelana, equipo profesional y científico, sustancias químicas industriales y especialmente plásticos, calzado, industria de madera y muebles de madera, entre otros. Si bien la mayor presencia regional y nacional de estos productos en el balance comercial externo es un hecho, no debe perderse de vista que la participación de las exportaciones industriales del valle de Aburrá en el total de la producción de cada uno de los bienes manufacturados es todavía baja. En 1990 la industria antioqueña vendió en el exterior el 5.5% de su producción bruta, lo que significa, como se verá enseguida, que es necesario hacer un esfuerzo de reconversión de su base productiva para incrementar las exportaciones mediante la puesta en marcha o la profundización de procesos de especialización[16].

Los anteriores planteamientos sobre la necesidad de exportar más no significan que la industria del valle de Aburrá no haya avanzado en el proceso de inserción en la economía internacional. En realidad, existen productos que presentan una buena penetración en los mercados internacionales, como las confecciones con el 32.5% de su producción, la industria del cuero con el 27%, los objetos de barro, loza y porcelana con el 18.2%, el equipo profesional y científico y las sustancias químicas industriales con el 11%, y el calzado con el 8%. No obstante, las exportaciones de la industria antioqueña se encuentran concentradas en tres agrupaciones: textiles con el 26%, prendas de vestir con el 25% y sustancias químicas industriales con el 18%. Aunque también está concentrado el destino geográfico de las mercancías industriales de Antioquia, aún se puede hacer más por su diversidad. En la actualidad, la distribución de las exportaciones por mercados se discrimina como sigue: Estados Unidos participa con cerca del 40%, Bélgica y Luxemburgo con el 13%, Venezuela con el 9%, Italia y Perú con el 4%, y Alemania y Ecuador con el 3%[17].

El proceso de revaluación del peso está afectando en forma negativa el desenvolvimiento de las exportaciones antioqueñas. La entrada de capitales en los últimos años, en el entorno de la apertura de la cuenta de capitales que rige en Colombia desde fines de 1990, ha encarecido la moneda nacional, y ha producido un desestímulo al proceso exportador y un abaratamiento de los bienes importados que están compitiendo en forma creciente con la producción industrial de Antioquia. La situación es aún más preocupante a medida que la producción y la comercialización de los campos petrolíferos de Cusiana será un factor crucial en la determinación de la tasa de cambio en el segundo quinquenio de la presente década.

El país ha hecho un significativo esfuerzo en los últimos años para transformar la deficiente estructura institucional de promoción exportadora, la cual lo ha caracterizado durante muchos decenios. La estructura organizativa del Estado para promocionar las exportaciones se ha modernizado en muchos aspectos. También puede decirse lo mismo de la evolución favorable de los esfuerzos conjuntos por parte del gobierno y del sector privado para promover las exportaciones colombianas.

Sin embargo, las consideraciones anteriores sobre la infraestructura institucional no pueden extenderse a la infraestructura física. La excepción en Antioquia es el abastecimiento de la energía para la industria. La industrialización del valle de Aburrá siempre se ha distinguido en todo el país por contar con un adecuado suministro de energía eléctrica a costos razonables. Respecto de los demás componentes de la estructura física, se presentan carencias en términos de adecuación de puertos y de construcción de vías férreas y carreteables apropiadas, a pesar de los importantes esfuerzos y avances del gobierno. La falta de un transporte más costeable y ágil para movilizar las mercancías al exterior, constituye una de las principales dificultades en el proceso de desarrollo de la estructura exportadora del país.

Frente a estas carencias y con el objetivo de mejorar la estructura exportadora de la región, los empresarios antioqueños han constituido cuatro proyectos de fundamental importancia: la Zona Franca de Rionegro, el Puerto Seco, el Centro Regional de Comercio Internacional y la Promotora de Proyectos[18]. En un ambiente más propicio que en el pasado, importantes empresas antioqueñas están patrocinando el proyecto de la Zona Franca de Rionegro, actualmente en ejecución. Los incentivos tributarios, de comercio exterior, cambiarios y crediticios, permitirán un incremento en las exportaciones de la región. Cuando la Zona Franca de Rionegro funcione plenamente, se estima que podría generar cerca de cien millones de dólares al año[19].

El proyecto de Puerto Seco sería una alternativa viable para resolver el problema mencionado de la distribución física de las mercancías del valle de Aburrá. Por su parte, el Centro Regional de Comercio Internacional, CERCI, patrocinado por la Cámara de Comercio de Medellín para promover las exportaciones, realiza esta labor de manera conjunta con FIDUCOLDEX. Finalmente, la Promotora de Proyectos de Antioquia identifica áreas de prioridad para la industria de la región en un horizonte de diez años. Una buena ilustración de las actividades de la Promotora es el proyecto –en asocio con cuatro compañías de extracción y refinación de oro– de una empresa fabricante de joyas para el mercado de los Estados Unidos, con la finalidad de aprovechar la Ley de Preferencias Arancelarias Andinas, ATPA. Otro, que da buena cuenta de las actividades de la Promotora, es el estudio de las posibilidades de montaje de una compañía productora de *software* y de servicios especializados de informática para mercados externos.

Conclusión: la transformación del sector externo de la economía antioqueña a partir de mediados de la década del ochenta dista mucho de su consolidación. La mayor presencia en la década actual, de la propia industria en el financiamiento de las divisas requeridas para efectuar las importaciones, dependerá de la capacidad empresarial y laboral para adaptarse al marco de la apertura económica y de la globalización de la economía mundial. Es imperativo incrementar en forma sustancial la participación de las exportaciones en la estructura industrial.

La financiación industrial

En 1953 decía don Enrique Villa Restrepo, gerente del Banco Industrial Colombiano, BIC: «Sería antieconómico constituir la sociedad con un

La calle Colombia ha servido de sede a las oficinas de los principales bancos establecidos en la ciudad.
En la gráfica se observan el Banco de Londres, el Banco de Colombia, el Banco de Bogotá
y el Banco Comercial Antioqueño, 1967 (Fotografía Gabriel Carvajal, Foto Carvajal)

capital pagado muy superior al que razonablemente se considere que va a necesitarse en los primeros tiempos. Sería inmovilizar, sin provecho para nadie y en cambio sí con perjuicio para muchos, entre ellos el país, sumas que pueden ir a otras actividades de inmediato reproductivas. Si esto es cierto en todos los países de riqueza nacional, lo es muchísimo más entre nosotros, en donde el ahorro es tan escaso y tan numerosas las actividades que para beneficio de todos demandan que quienes tengan ese ahorro inicien y fomenten el desarrollo de nuevas fuentes de trabajo y de producción»[20].

La creación del Banco Industrial Colombiano y de la Compañía Suramericana de Seguros, a mediados del decenio del cuarenta, empezó a llenar el vacío financiero que caracterizó a Antioquia durante la primera mitad del presente siglo. La constitución de la Corporación Financiera Nacional, a principios de la década del sesenta con capitales de la región, contribuiría aun más a remediar dicha limitación. Vacío que se alcanzaba a apreciar en las palabras del señor Adolf Held, impulsor de la creación del Banco Comercial Antioqueño Alemán en 1912, hoy Banco Comercial Antioqueño, y su primer presidente, cuando se refería a la carencia de capitales en la región, a la necesidad de capital extranjero y a los altos intereses que dificultaban la actividad productiva; igualmente a la mejora fiscal si el Estado otorgaba el privilegio de la emisión, y a la mayor seguridad

para el público si la misma entidad emisora del papel moneda garantizaba su conversión a oro[21].

Antioquia tuvo un menor desarrollo financiero en la primera mitad del presente siglo respecto de otras áreas de la actividad económica, en las cuales se destacó ampliamente dentro del conjunto nacional, como fueron la arriería, la comercialización interna y externa de distintos bienes, el *pionerismo industrial* y la industria cafetera. La explicación del retraso de la región en lo financiero tuvo que ver con el temor y la aprensión de la dirigencia del departamento hacia los asuntos bancarios, como consecuencia de las frecuentes quiebras incurridas por los bancos durante la segunda mitad del siglo pasado y primeras décadas del presente siglo hasta la creación del Banco de la República en 1923[22]. La constitución de la Compañía Suramericana y del BIC a mediados del siglo, fue también la respuesta financiera de Antioquia al centralismo financiero de la capital materializado principalmente en el Banco de Bogotá, el Banco de Colombia, Colseguros, y las funciones del Banco de la República y de la Asociación Bancaria de Colombia, que se cumplían en buena medida en la capital de la república.

Los bancos comerciales y las compañías de seguros respondieron con acierto a las necesidades de servicios financieros requeridos por el auge industrial, especialmente notorio durante el período 1945-1956. Desarrollo industrial con énfasis tanto en las tradicionales actividades de transformación de bienes de consumo como en las nuevas áreas productoras de artículos pertenecientes al grupo de bienes intermedios. Fue una época de crecimiento de la economía colombiana jalonada por alza de los precios internacionales del café, por la amplia utilización de capitales nacionales acumulados durante la segunda guerra mundial y por la presencia de capital extranjero y mixto en la industria, especialmente en sectores manufactureros de escaso desarrollo en el país hasta entonces.

La industrialización del valle de Aburrá se benefició mucho por el nuevo esquema financiero que empezó a operar en el país a mediados del siglo, el cual se basaba en la implantación del crédito de fomento productivo con menores tasas de interés, mayores plazos de vencimiento y volúmenes de recursos más apropiados para poder realizar los necesarios proyectos de inversión en el contexto de una industria en crecimiento. Fue un período en el que también se puso de manifiesto la importancia de las políticas monetaria y financiera sobre el crecimiento económico y el control de la inflación. En los primeros años de la década del cincuenta, en un contexto comercial e industrial muy favorable, se falló en el manejo de la política monetaria y financiera, lo que incidió en forma negativa sobre la estabilidad y el crecimiento de la economía colombiana[23]. Con excepción del período 1931-1939, los años que transcurrieron entre 1945 y 1956 fueron los más prósperos de la industria antioqueña en el presente siglo, con tasas de crecimiento cercanas al 11% anual promedio, con excepción de los dos primeros años de la década del cincuenta, precisamente por el manejo mencionado[24]. En coherencia con lo anterior, la dirigencia financiera de Antioquia fue bastante crítica de este manejo financiero, y a la postre resultaron válidos los criterios que presentó ante las distintas autoridades monetarias.

La industria antioqueña se benefició mucho del nuevo esquema porque pudo suplir la creciente demanda de crédito para financiar los nuevos proyectos de inversión y las necesidades de capital de trabajo. La financiación industrial en Antioquia fue relativamente mayor a causa del avance de esta actividad en el departamento. Como primer centro fabril del país, con cerca de la cuarta parte de la producción industrial, era lógico que la financiación de la industria tuviera más presencia aquí. El amplio crédito del BIC a la industria antioqueña expresaba muy bien el avance de la industrialización de la región. Más tarde, por primera vez en el presente siglo, el sector industrial ocuparía el primer lugar en el otorga-

miento sectorial de crédito por parte de los bancos comerciales.

Aunque la industria antioqueña ganaba terreno en la distribución del crédito institucional, podría interpretarse que la obtención de recursos financieros por parte de las empresas manufactureras distaba de ser la óptima. Esta situación no sólo era percibida por los banqueros sino, en cierta medida, transmitida a éstos en forma indirecta por los industriales. La queja de la dirigencia financiera de Antioquia por los altos requisitos de encaje de los bancos, así como por las inversiones obligatorias cuyos rendimientos eran muy bajos, iba acompañada de la necesidad de liberar estos recursos de los bancos para prestarlos a empresas industriales, agropecuarias y comerciales, entre otras. Más aún, ante el recrudecimiento de la inflación de las décadas del cincuenta al setenta, la dirigencia conceptuaba que la liberación de los recursos de encaje y de las inversiones obligatorias de los bancos lograría un efecto benéfico sobre la producción por medio de un mayor ofrecimiento de crédito. Este incremento de la oferta de bienes incidiría favorablemente sobre los mercados, de manera que bajo ciertas condiciones sería un elemento de disminución de la presión inflacionaria. En conclusión, una política de desmonte de los encajes bancarios y de las inversiones obligatorias podría redundar en beneficio de una mayor producción y de una menor presión inflacionaria en ciertas condiciones.

La industria obtuvo una nueva fuente de financiación en la década del sesenta con la creación de las corporaciones financieras y con la constitución de los fondos financieros adscritos al Banco de la República. En la región fue particularmente importante para la industria la creación de ciertas corporaciones, entre las cuales sobresalió la Corporación Financiera Nacional. La industria también utilizó las líneas de crédito de fomento del Fondo de Inversiones Privadas y del Fondo Financiero Industrial a través de los intermediarios financieros. El Banco Industrial Colombiano, por ejemplo, tuvo destacada presencia financiera en la ciudad y fue una de las instituciones que en mayor medida y en forma más eficiente utilizaron estos créditos en favor de la actividad manufacturera. Ilustra bien lo anterior, la financiación a las empresas importadoras de bienes de capital con el objetivo de explotar el producto final.

Las corporaciones financieras fueron constituidas para canalizar los ahorros del público hacia inversiones productivas, entre las cuales el destino industrial fue prioritario. En el momento de la creación de estas entidades, a principios de la década del sesenta, la emisión de acciones como mecanismo de acumulación de capital de las sociedades anónimas industriales empezaba a declinar. Había terminado la época en la cual la principal modalidad de capitalización empresarial era la emisión de acciones. Al promediar el presente siglo, por ejemplo, más de las dos terceras partes de los nuevos capitales de todas las sociedades anónimas industriales del país provenía de la suscripción de acciones por el público[25]. De manera aún más retrospectiva, la emisión de acciones como mecanismo de capitalización empresarial fue muy extendida en Antioquia en las décadas del treinta y del cuarenta. Participaron vastos sectores sociales del departamento en la propiedad de muchas sociedades anónimas, hasta el punto de que estos sectores lograron amplia familiaridad con los mecanismos bursátiles, supuestamente un asunto sólo para especialistas.

Las posibilidades de endeudamiento con el sistema financiero colombiano y con instituciones del exterior, las ventajas tributarias del crédito frente a la doble tributación de las acciones desde 1953 y el temor de los dueños de las empresas de perder el control de las mismas, fueron algunas de las causas del alto nivel de endeudamiento exhibido por la industria antioqueña en los decenios del sesenta y del setenta.

Este cambio en las fuentes de recursos se sintió con fuerza en Antioquia por su marcado acento industrial, aunque cuando se inició esta transformación financiera, la inversión industrial de Antioquia y su correspondiente generación de empleo estaban perdiendo dinamismo.

Las altas tasas de interés vigentes en Colombia durante los decenios mencionados y el alto endeudamiento de las empresas industriales aumentaron los costos financieros, y se constituyeron así en un componente esencial de la estructura de los costos de las empresas manufactureras.

A fines de la década del setenta, y sobre todo en el primer quinquenio de la del ochenta, la industria colombiana y en mayor medida la antioqueña entraron en recesión. Esta situación ocurrió tanto por factores internos como externos. En el frente internacional pueden mencionarse la pérdida de crecimiento económico de los países desarrollados, entre 1979 y 1982; la agudización del conflicto comercial en los campos textil, automotor y siderúrgico, y la declinación de los precios externos del café. En el orden interno, la industria afrontaba dificultades por la disminución de las ventas, la menor disponibilidad de recursos financieros y el debilitamiento del ritmo de creación y de capacitación de empresas industriales[26].

Paralelo a esta situación industrial, el sistema financiero colombiano entró en dificultades por dos tipos de razones de distinta naturaleza. En primer lugar, algunas entidades utilizaron prácticas e innovaciones financieras que muy pronto mostrarían su debilidad y falta de consistencia, en un entorno de mucha liquidez y de una política monetaria restrictiva, dados los efectos de la bonanza cafetera sobre la cantidad de dinero y sobre el nivel de los precios. El Estado tuvo que intervenir dichas entidades financieras en forma directa. Los bancos e instituciones financieras más representativos de Antioquia mantuvieron un manejo responsable y ortodoxo, y con los buenos resultados propios de su gestión desde su creación. Para concluir, puede afirmarse que los bancos comerciales y otras entidades financieras de fuerte arraigo en Medellín estuvieron completamente al margen de estas prácticas y de la consiguiente intervención estatal, lo que corrobora su bien ganado prestigio regional y nacional.

El segundo tipo de razones, de índole absolutamente distinta de la anterior, tuvo que ver con las dificultades de la industria ya mencionadas. Esta situación llevó al crecimiento de la cartera vencida y de dudoso recaudo, de las instituciones financieras, por encima de lo normal. Desde luego, se resintieron los resultados operacionales de los bancos y de otras instituciones. Esto fue bastante notorio en las actividades financieras antioqueñas, por el marcado acento industrial de la región.

El segundo quinquenio de la década del ochenta se inicia con la superación de los problemas de rentabilidad, mayor solidez de las entidades financieras y acrecentamiento de su credibilidad ante el público. Precisamente, estas condiciones facilitarán la ejecución de las dos reformas financieras realizadas por el gobierno de César Gaviria en el marco de la apertura; reformas que marcan diferencias con otras épocas en las cuales el sistema financiero no estaba funcionando adecuadamente. Estas modificaciones forman parte del conjunto de reformas económicas estructurales que buscan una mejor inserción de la economía colombiana en la economía mundial. En este nuevo escenario cambian las relaciones de la industria con el sistema financiero.

En las reflexiones anteriores se mencionó el reto de la industria de Medellín y su área circundante con la apertura económica. Se hizo alusión a la necesidad de la reconversión industrial para varios sectores manufactureros de la región, y al esfuerzo por lograr una mayor especialización en muchas actividades industriales con la finalidad de mantener la participación en el mercado interno y obtener una mayor presencia en los mercados internacionales. Estos nuevos requerimientos exigen un caudal de recursos financieros muy superior a los niveles exigidos en los decenios anteriores. Si en el pasado se constataba la imposibilidad del sector financiero, en Colombia y en Antioquia, para hacerle frente a la financiación de grandes proyectos, el nuevo escenario de la apertura, con los retos que trae, amplía esta carencia.

El esfuerzo del sistema financiero para hacer frente a las transformaciones del entorno institucional, vale decir, la apertura económica y la globalización de la economía mundial, parte del buen funcionamiento y de la solidez de las instituciones financieras que operan aquí. Pueden enumerarse muchas evidencias de la vida financiera reciente de Medellín y su área circundante que permiten concluir que se avanza en la dirección correcta. Basta citar lo siguiente: el importante desarrollo tecnológico y los excelentes resultados operacionales del Banco Industrial Colombiano, la solidez de la Compañía Suramericana de Seguros y la irradiación benéfica sobre muchas empresas de Antioquia, la reciente fusión de la Corporación Financiera Nacional y la Corporación Financiera Suramericana en CORFINSURA –la mayor de todas las corporaciones financieras en el presente–, el liderazgo de la Corporación Nacional de Ahorro y Vivienda, CONAVI, en la utilización de cajeros y en el uso de la tecnología, el plan conjunto del BIC y CONAVI para intercambiar sus servicios a los clientes, y, finalmente, los considerables recursos en activos, cartera y depósitos del Banco Comercial Antioqueño, Bancoquia. Por otra parte, en el orden nacional debe mencionarse la disminución en las tasas de interés en los últimos años, con beneficio para la industria regional.

Conclusión: Carlos Caballero Argáez decía, a propósito de las lecciones de la historia para el funcionamiento de la economía colombiana de la década del ochenta: «Sin una economía sana no hay un sistema financiero fuerte y sin un sistema financiero sano no puede existir una economía fuerte»[27]. Esta mutua interdependencia aplicada a la industria y a las finanzas conserva toda su vigencia en la presente década, tiempo de retos por la apertura económica, por las dos reformas financieras y por la mayor globalización de la economía mundial. El financiamiento de la reconversión industrial y de la consecución de mayores niveles de especialización exige un caudal de recursos financieros superior a los niveles requeridos en los decenios anteriores. Si bien el sistema financiero de Antioquia exhibe aceptables niveles de solidez, las nuevas condiciones implican aumentos en la competitividad financiera y en el tamaño de las operaciones, y una política más agresiva de emisión de acciones como forma de capitalización empresarial, política que dio excelentes rendimientos en el Medellín de las décadas del treinta y del cuarenta.

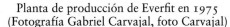

Planta de producción de Everfit en 1975
(Fotografía Gabriel Carvajal, foto Carvajal)

NOTAS

1. Daniel Herrero, «Notas sobre el desarrollo industrial de Medellín, 1925-1965».

2. Andi, *Estudio general sobre Medellín y su área circundante,* Medellín, 1969.

3. «Situación colombiana», *Informe de Fedesarrollo sobre la economía colombiana en 1993,* Santafé de Bogotá, 1994.

4. Daniel Herrero, *op. cit.*

5. Gabriel Poveda Ramos, *Antecedentes y desarrollo de la industria en Colombia,* ANDI, 1967.

6. Jorge Restrepo Uribe, *Medellín. Su origen, progreso y desarrollo,* Medellín, 1981.

7. Gabriel Poveda R., *op. cit.*

8. «Con la vida en un hilo», *Semana,* Santafé de Bogotá, marzo 22-29 de 1994.

9. Alberto Mayor Mora, *Ética, trabajo y productividad en Antioquia,* Bogotá, Ediciones Tercer Mundo, 1984.

10. *Ibídem.*

11. Andi, *Estudio general..., op. cit.*

12. Alberto Corchuelo, «El desarrollo industrial y sus perspectivas futuras», *Colombia. Siglo XXI.*

13. «¿Quién es quién en la industria?», *Dinero,* Santafé de Bogotá, julio de 1993.

14. Gabriel Poveda R., *op. cit.*

15. Andi, *Estudio general..., op. cit.*

16. Vicepresidencia de la Cámara de Comercio de Bogotá, *Las ciudades frente a la apertura: el caso de Cali, Barranquilla, Medellín y Bogotá,* 1994.

17. *Ibídem.*

18. *Ibídem.*

19. Óscar Humberto Godoy, «Zonas francas: oasis industriales», *Dinero,* Santafé de Bogotá, marzo de 1994.

20. Archivo del BIC, comunicación del gerente del Banco Industrial Colombiano al jefe de Rentas e Impuestos Nacionales, Medellín.

21. Rodrigo de J. García Estrada, «Actividades de la Casa Alemana A. Held en Antioquia (1890-1917)», *Estudios Sociales,* Medellín, No. 6, 1993.

22. Entrevista al doctor Luis Ignacio Betancur, Santafé de Bogotá, abril de 1994.

23. Adolfo Meisel R., «Capítulo XII. El Banco de la República, 1946-1954 y la reforma de 1951», *El Banco de la República. Antecedentes, evolución y estructura,* Bogotá, 1990.

24. Andi, *Estudio general..., op. cit.*

25. Jorge Restrepo U., *op. cit.*

26. «La actividad industrial continuó en recesión», *Revista Antioqueña de Economía,* Medellín, tercer trimestre, 1981.

27. Carlos Caballero Argáez, *50 años de economía: de la crisis del treinta a la del ochenta,* Bogotá, 1987, p. 21.

Luz Gabriela Arango

Las obreras en la industria textil, 1950-1970

DURANTE las décadas de 1950 a 1970, en la industria manufacturera antioqueña se desarrollan algunos modelos de *empresa-providencia,* resultado del crecimiento de sectores como los textiles que venían implantándose en el área metropolitana de Medellín desde las primeras décadas del siglo. Hasta la del cuarenta, estas industrias habían consolidado formas peculiares de gestión con los trabajadores, caracterizadas por un paternalismo de carácter religioso. La concentración de trabajadores en plantas con varios centenares de operarios y las políticas de vivienda para obreros en barrios ubicados alrededor de las fábricas, tuvieron como efecto la configuración de sectores urbanos con una historia y una identidad estrechamente unidas a las empresas del lugar. Desde sus inicios, la industria textil emplea una abundante mano de obra femenina en oficios centrales de la producción, en la operación de telares, continuas, urdidoras, retorcedoras y otras máquinas. Pero la

modernización de los procesos de producción y del manejo de la fuerza de trabajo que se opera a finales de la década del cincuenta en estas empresas, genera un intenso proceso de exclusión de las mujeres de las áreas productivas. Éstas se ven desplazadas de la gran industria hacia los sectores más desprotegidos del mercado de trabajo, como la pequeña industria, el servicio doméstico o el comercio informal. Estas transformaciones no son ajenas a procesos más amplios que afectan a la sociedad antioqueña durante esos años y que la trascienden: es un período de importantes cuestionamientos sociales y políticos, que se viven en instituciones como la Iglesia católica, los sindicatos, los partidos políticos, la familia y el Estado. En este artículo se examinan algunos de estos procesos, a partir de la historia de Fabricato[1], y se enfatiza el desplazamiento de las mujeres de la gran industria textil. Se abordan las relaciones entre la modernización y el marginamiento de las

Hojita de Guadalupe, órgano del Patronato de Obreras
de Medellín, 1931. (Colección FAES)

mujeres y se examinan algunos cambios en el mercado de trabajo. Se estudian la evolución de las políticas de los empresarios, su proyecto social y el rol que le asignan a la familia obrera. Finalmente, se describen algunas tendencias que se observan en la participación femenina en la industria, a partir de la década del setenta.

Modernización de la industria textil

Pocos años después de iniciada la década del cincuenta, las grandes empresas textileras antioqueñas introducen los métodos de la ingeniería industrial en sus plantas, buscando así elevar los niveles de productividad de sus trabajadores, según el ejemplo de la industria norteamericana. En Fabricato, a partir de 1953, el ingeniero Jorge Posada, egresado de la Escuela de Minas de Medellín y especializado en ingeniería industrial en los Estados Unidos, dirige este proceso desde su cargo de asistente de la presidencia.

La ingeniería industrial pretende racionalizar las condiciones de trabajo en la búsqueda de una utilización óptima del esfuerzo humano, y de una organización de la producción que reduzca las pérdidas de tiempo, mediante la utilización de algunos procedimientos introducidos a comienzos de siglo por Taylor en sus teorías sobre la organización científica del trabajo. Los distintos oficios son sometidos a mediciones y observaciones rigurosas, con el fin de establecer una definición científica que asegure el máximo rendimiento posible en un contexto de desarrollo tecnológico determinado.

Hasta ese momento, los obreros aplicaban formas de trabajo en los salones de producción que resultaban de la combinación de al menos tres factores: la transmisión entre obreros de saberes adquiridos en la práctica del oficio a lo largo de los años, las exigencias y controles disciplinarios, y los estímulos monetarios y morales. En términos monetarios, en empresas como Fabricato existía el sistema de contratos, es decir, un número de máquinas que quedaban bajo el control de un mismo operario, cuyo salario dependía entonces de la producción que obtuviera. En materia de estímulos morales, la empresa acostumbraba premiar todos los años a los buenos servidores: aquellos que se hubiesen destacado por su consagración al trabajo, su mayor producción, o porque no hubieran cometido ninguna falta o hubieran asistido sin ausencias. En 1950, por ejemplo, 220 obreros, de los cuales 150 (68%) eran mujeres, fueron premiados por no haber faltado al trabajo. Algunas llevaban hasta nueve años sin ausentarse un solo día.

Los trabajadores llamaron acertadamente *el control* a la ingeniería industrial que modifica radi-

calmente sus condiciones de trabajo, interfiriendo con su autonomía, incrementando sustancialmente el ritmo de trabajo e introduciendo una nueva jerarquía dedicada a medir y controlar.

Veamos algunos testimonios de las obreras de la época: «Sufrimos mucho cuando entró Ingeniería: un señor con una tablita detrás de uno todas las ocho horas sin saber de qué se trataba y uno déle y déle. Con la Ingeniería pusieron la humidificación, el aire acondicionado. Antes las máquinas trabajaban a ventana abierta y trabajaban mal. Al poner el aire acondicionado mejoraron bastante y la gente fue sobrando. Aumentaron, ya una persona podía hasta con nueve máquinas, los que sobraban los iban trasladando a otros salones e iban quedando los que rendían más. ¡Y yo con esa necesidad de trabajar! Cuando eso, en la semana desayunaría una vez [...] Cuando entró el estándar pasaron directamente de 11 a 22 telares. Era un trabajo muy pesado pero ya subió el pago a 18, 20 pesos. ¡Era mucha plata! Después subieron a 30 y luego 40 telares, siempre con las mismas máquinas, muy duro el trabajo. Salía uno de muerte pero uno se hacía matar y trabajaba y bregaba por no dejarse quitar el contrato y salir adelante».

Durante las décadas del treinta y del cuarenta, las mujeres representaban una proporción muy importante del personal obrero en las empresas textileras. A lo largo de la década del cuarenta su participación se redujo progresivamente, y durante los años de implantación de la ingeniería estándar el proceso de desplazamiento de las mujeres se aceleró considerablemente. En Fabricato, el área de producción más feminizada, conocida inicialmente como Carretas y posteriormente llamada Preparación, tenía en 1940 un 86% de mujeres. En 1945 este porcentaje descendió al 83%, en 1950 al 68% y en 1957 al 54%. En el área de Tejeduría había un 72% de mujeres en 1940; en 1950, un 60% y en 1957, año clave de la racionalización de la producción, sólo quedaba un 28%. En Hilados, las mujeres representaban el 66% del personal en 1945, el 51% en 1950 y el 30% en 1957.

Esta reducción de la proporción de personal femenino está asociada con varios factores: la política moralista de la empresa hacia las trabajadoras; la atracción creciente que ejerce sobre los hombres el empleo textil, gracias al incremento del nivel salarial y prestacional que acompaña la difusión de la ingeniería industrial; y las políticas de las empresas hacia las familias de los trabajadores. Aunque es frecuente explicar la masculinización de sectores industriales que se modernizan, por la sustitución de personal femenino no calificado por personal

Proyecto del edificio del Instituto Obrero fundado por la Compañía de Jesús en 1936, ubicado en el barrio Manrique. (*La compañía de Jesús en Colombia*. Bogotá, 1956)

masculino calificado, esto no es muy válido en el caso de la gran industria textil antioqueña. Por una parte, la modernización generada por la ingeniería industrial es más de orden organizativo que técnico: la forma de realizar el trabajo se transforma sin que se introduzca necesariamente maquinaria más moderna. La ingeniería industrial no requiere una preparación formal superior por parte de los trabajadores sino el desarrollo de nuevas habilidades: mayor rapidez, agilidad y resistencia. Es cierto que el cambio es difícil para los antiguos obreros, tanto hombres como mujeres, pero también es cierto que muchas de las antiguas trabajadoras se adaptan a las nuevas exigencias: «Con la Ingeniería, uno aprendió a hacer las cosas como mejor hechas. Por ejemplo, esos patrullajes a los telares, hacerlos como en orden. Y eso le ha servido a uno para hacer las cosas al derecho, con orden. ¡Claro que muy duro! Las que no podían, les quitaban los contratos, las ponían a llenar baterías, a revisar o a pasar revientes».

Moral y trabajo duro

La política moralista de la empresa hacia las trabajadoras también interviene en la agudización de su desplazamiento durante estos años. Por una parte, la ingeniería industrial genera una racionalización de los sistemas de producción, estableciendo, entre otras cosas, los tres turnos de trabajo continuos para disminuir los paros de maquinaria. La empresa es reacia a que las mujeres trabajen durante la noche, lo cual impedirá que roten normalmente en los tres turnos como los hombres. Este problema se plantea desde 1941. El 27 de febrero de ese año, el gerente de Fabricato explica la situación al ministro de Trabajo en estos términos: «Además, la empresa quiere evitar en cuanto le sea posible los problemas morales y de otro orden que pueden crearse con el trabajo nocturno, especialmente en la salida de su personal femenino a altas horas de la noche». Y así lo percibe una trabajadora: «Los obreros entraron cuando necesitaban más pro-

CUADRO I
DISTRIBUCIÓN DE LA POBLACIÓN ECONÓMICAMENTE ACTIVA (PEA) FEMENINA DEL DEPTO. DE ANTIOQUIA, EN TRES SECTORES DE ACTIVIDAD, 1951-1964*

Sectores de actividad	1951		1964	
	A	B	A	B
Ind. de transformación	26%	29%	21%	24%
Comercio	5	16	8	18
Servicios	55	58	57	59

A Distribución de la PEA femenina entre sectores de actividad.

B Porcentaje de mujeres por sector de actividad.

* Datos de los censos de 1951 y 1964.

ducción y trabajaban de noche. Entraban a las ocho de la noche y salían a las cuatro de la mañana. Ya a lo último, que los hombres estaban dando más producción, que faltaban menos, que las mujeres había unas que faltaban cada ratico, cada mes como se dice. Se enfermaban mucho y entonces empezó la competencia con los hombres que también eran pulidos».

Con las nuevas ventajas salariales y la *definición científica* de los oficios, los trabajos textiles pierden su relación con cualidades típicamente femeninas como la delicadeza y la agilidad manual. Los hombres demuestran que también pueden ser pulidos y atar los hilos que se revientan con tanta destreza como las mujeres.

Sin embargo, la competencia masculina no puede explicar por sí sola el nivel de marginamiento tan elevado que sufren las mujeres en los procesos textiles (en 1965 sólo queda el 12.8% de mujeres en producción en Fabricato). Se debe recordar que, como muchas empresas antioqueñas de la época, Fabricato mantiene una política reacia al empleo de las obreras que se casan o quedan en embarazo. Numerosas mujeres de las primeras generaciones optaron por una soltería prolongada, muchas veces más allá de la jubilación, con el fin de preservar su empleo. La elevada

rotación femenina que se genera a finales de la década del cincuenta y a lo largo de la década siguiente, encuentra aquí un factor explicativo: cada vez son menos numerosas las trabajadoras dispuestas a sacrificar alternativas de maternidad o matrimonio en aras del trabajo en las fábricas. Algunas obreras de la época mencionan que la empresa aprovechó la reducción de personal generada por la implantación de la ingeniería industrial para despedir a algunas madres solteras: «Con el Control sobró mucho personal. Entonces la mujer que había fracasado fue echada. Aprovecharon la oportunidad del movimiento de personal que debían hacer para sacarlas. Hubo el caso de una vecina que tuvo su hijo porque no podían echarla y después sí la despidieron como personal sobrante. Pero sí tuvimos en cuenta que todas las que habían fracasado fueron saliendo».

Las mujeres en el mercado de trabajo urbano y la industria

El desplazamiento de las mujeres en la gran industria textil antioqueña está relacionado con importantes transformaciones que afectan el mercado de trabajo regional durante esos años: los procesos de urbanización y de industrialización se intensifican, disminuye sustancialmente la proporción de

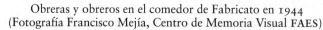

Obreras y obreros en el comedor de Fabricato en 1944
(Fotografía Francisco Mejía, Centro de Memoria Visual FAES)

CUADRO 2

OBRERAS EMPLEADAS EN LA INDUSTRIA TEXTIL
EN ANTIOQUIA Y EN COLOMBIA, 1967-1979*

Año	*Antioquia*	I	*Colombia*	I	2
1967	5 318	22.9	14 133	36.1	37.6
1968	5 399	22.2	14 223	34.8	37.9
1969	5 850	22.4	16 324	35.4	35.8
1971	5 996	20.5	19 158	36.1	31.2
1972	6 790	21.6	19 265	34.3	35.2
1973	7 148	20.9	20 926	34.7	34.1
1974	7 224	21.1	21 738	35.6	33.2
1975	7 129	21.0	21 414	35.0	33.5
1976	7 424	20.3	19 924	32.1	37.2
1977	6 781	19.2	21 587	33.7	31.4
1978	7 165	20.6	20 679	33.7	34.6
1979	6 690	19.7	19 388	32.0	34.5

1. Porcentaje de mujeres entre los obreros de la industria textil.
2. Porcentaje de obreras en la industria textil antioqueña respecto de la industria textil colombiana.
FUENTE: Dane, *Industria manufacturera nacional, 1967 a 1979.*

población activa empleada en el sector primario (según los datos censales nacionales, la población dedicada a la agricultura, ganadería, caza y pesca pasa del 70% de la población activa en 1938 al 51% en 1951, y al 45% en 1964), crece el sector terciario al incorporarse una proporción creciente de mujeres y se reduce la participación femenina en la industria (*véase* Cuadro 1).

El sector terciario o de servicios incorpora la más alta proporción de mujeres del departamento: en 1951, los servicios ocupan el 55% de la población femenina económicamente activa, pero sólo el 12.5% de la masculina; en 1964, el 57% de la población femenina económicamente activa se emplea en los servicios, sector feminizado en un 60%. La precariedad del empleo para los sectores populares femeninos se manifiesta en la importancia del servicio doméstico, el cual ocupa en 1951 al 42% del total de mujeres activas en el departamento. En 1964 se habla de un desempleo del 11% en Medellín[2], y se estima que el desempleo femenino en la ciudad es del orden del 19%[3]. Para esos años, la concentración poblacional en el valle de Aburrá se intensifica: en 1969, casi la mitad de la población del departamento vive allí[4].

La reducción de la participación femenina en la industria es evidente: las mujeres, que representaban el 38% del personal en la industria antioqueña en 1945, ven reducida su participación al 29% en 1951 y al 24% en 1964[5]. En 1951 la industria de transformación conserva, sin embargo, un papel significativo en el empleo femenino, al ocupar el 26% de la población femenina económicamente activa. La industria textil, a su vez,

emplea al 11% de las mujeres activas. Entre 1967 y 1979 la participación femenina entre el personal obrero de la industria textil desciende del 22.9% al 19.7%, mientras en la industria textil nacional estos porcentajes van respectivamente del 37.6% al 34.5%. La mayor masculinización de la industria textil antioqueña respecto de la nacional, está relacionada con la difusión más temprana de los métodos de ingeniería industrial en la región y con las políticas de gestión de personal de los empresarios antioqueños. A pesar de ello, la industria textil antioqueña ocupa más de la tercera parte del personal obrero femenino de esta rama del país.

En contraste con lo que ocurre en el sector textil, en la rama de confecciones y calzado la participación obrera femenina aumenta sustantivamente durante este mismo período: en 1967 es del 68% y en 1973 alcanza el 84% en el país. En Antioquia, el desplazamiento de las mujeres de la industria textil parece compensarse con un incremento de su presencia en los sectores de calzado y de confecciones. En 1973 la industria textil ocupaba el 10.5% de las mujeres afiliadas a la Seguridad Social en Antioquia; en 1981 solamente emplea al 5.1% de éstas. En esos años, las mismas proporcionan respectivamente el 17.3% y el 19.1% del empleo de mujeres afiliadas a la Seguridad Social en el departamento[6]. Sin embargo, este desplazamiento no es favorable para la mujer, ya que en las industrias del calzado y de la confección, conformadas en buena medida por pequeña y mediana industrias, los salarios son inferiores a los de la industria textil. Según datos del ISS, en 1973 el salario semanal promedio era de 582 pesos en textiles y de 276 pesos en confecciones y calzado; es decir que el salario en la industria textil es el doble del salario en confecciones y calzado[7].

La familia obrera en las políticas de las empresas

Desde 1933 hasta 1974 el internado para obreras de Fabricato, conocido como el Patronato y administrado por hermanas de La Presentación, alberga a numerosas trabajadoras solteras que vienen de los pueblos. Allí se les ofrece protección y al mismo tiempo se las controla. A la vez la Empresa desarrolla nuevas políticas de bienestar para sus trabajadores. La familia obrera se convierte en una preocupación importante dentro de la nueva visión del obrero que acompaña la generalización de los sistemas de la ingeniería industrial.

A Fabricato y a las grandes compañías textileras antioqueñas les interesa consolidar un personal productivo, motivado y estable, que responda a sus exigencias. El padre de familia que trabaja intensamente para conseguir una vivienda propia y proporcionar un buen nivel educativo a sus hijos con el apoyo de una esposa diligente, madre y ama de casa, reemplaza a la antigua obrera soltera, disciplinada y dedicada al trabajo, que predominó durante las décadas del treinta y del cuarenta.

En 1948 Fabricato inicia programas de construcción de viviendas para venderles a sus obreros, y suprime su anterior práctica de alquilarles casas cercanas a la fábrica. Durante la década del sesenta, Fabricato desarrolla verdaderas ambiciones de empresa-providencia invirtiendo generosamente en servicios para su personal y la comunidad. En 1962, por ejemplo, lanza un plan de vivienda que incluye la construcción de 139 casas en el barrio San José Obrero de Bello, fundado por Fabricato, y 57 en el barrio Santa Ana, y prepara un plan conjunto con el Instituto de Crédito Territorial. En 1965 entrega 576 viviendas; y en ese mismo año informa haber adjudicado casas a 1 134 trabajadores entre 1950 y 1964.

Para Fabricato, el bienestar obrero en el hogar y la familia está directamente asociado con su productividad dentro de la Empresa, como lo asegura Jorge Posada en múltiples intervenciones: «En lo que respecta a la dinámica humana influyen especialmente las características de ambiente familiar que permitan al trabajador, mediante adecuadas condiciones de salud, alimentación, vivienda y esparcimiento, rendir jornadas más efectivas, aplicando a su labor no sólo la habilidad normal sino también las resultantes del desarrollo de su capacidad potencial, para lo cual la capacitación y especialización son grandes auxiliares»[8].

Con las nuevas políticas de bienestar, son numerosas las trabajadoras que deciden retirarse de la Empresa para conformar su propia familia, casándose en ocasiones con obreros de la misma compañía. Las obreras que permanecen en la empresa son en su mayoría trabajadoras antiguas que lograron adaptarse a las nuevas condiciones de la producción y que tuvieron en general importantes obligaciones con sus familias de origen. Aunque ya no corresponden al modelo de trabajador que desea la Empresa, alcanzan a aprovechar algunos de los beneficios que ofrece, especialmente en lo que respecta a la vivienda.

La búsqueda de la casa propia actúa como un factor de motivación y genera un compromiso a largo plazo, ya que su adquisición se va logrando progresivamente: «Tengo casa propia, me la adjudicó Pantex hace quince años, la pagué con cesantías y con lo que me sacaban del sueldo. La terminé de pagar hace un año. La casa resultó muy mala, se moja por todas partes, yo le meto mucha plata para arreglarla. Cuando pagaba no me quedaba casi nada. Es que para conseguir un ranchito tiene uno que sufrir. A veces no me alcanzaba para comprar carne. En una época comía en el Patronato y de ahí le llevaba carne a mi mamá».

La salud también hace parte de las preocupaciones de la Empresa: en 1948 inaugura una clínica, administrada por la Comunidad de La Presentación. Ésta presta servicio médico permanente, con drogas gratuitas. Desde 1950, la clínica atiende gratuitamente maternidad y brinda asistencia prenatal con hospitalización a las esposas de los trabajadores –no así a las trabajadoras ya que está vigente la política de exclusión de las mujeres que se casan–. A partir de 1950 la Empresa colabora con el recién fundado Instituto Colombiano de los Seguros Sociales y, con el apoyo del Sindicato, durante más de diez años intentará preservar la autonomía de la clínica con respecto al ICSS. La debilidad institucional de la entidad en sus comienzos, favorece la realización de acuerdos con las empresas que poseen instalaciones propias, como es el caso de Fabricato; pero en 1963 la clínica se anexa definitivamente al ICSS.

En materia de educación, Fabricato promueve la formación de los hijos de trabajadores: en 1943 crea el Secretariado Social que dirige dos escuelas que albergan en 1948 a 260 niños. En 1950 la Empresa costea estudios secundarios a 123 muchachos en el Instituto Manuel José Caizedo y a 165 niñas en el Colegio de La Presentación. El Secretariado Social también toma a su cargo

Barrio construido en 1948 por Fabricato para sus obreros.
(Fotografía Carlos Rodríguez, Centro de Memoria Visual, FAES)

la educación de las familias, dispensando cursos de costura, corte o culinaria a las esposas e hijas de trabajadores. En 1965 los centros para mejoramiento del hogar acogen a 600 alumnos en cursos de corte, bordado, cocina, pequeña industria, huerta casera, danzas folclóricas, títeres y pintura. En 1961, por primera vez se difunde información sobre planificación familiar en la fabrica a cargo del Movimiento Familiar Cristiano que «trabaja y existe con el fin de fortalecer la familia para que ésta sea célula sana de la sociedad civil» de acuerdo con las encíclicas *Casti connubi* de Pio XI y *Movimiento por un mundo mejor* de Pio XII.

El modelo de familia que se busca reforzar es excluyente y normativo. Las obreras solteras que predominaron en las décadas anteriores y que trabajaron para sus familias de origen apoyando el desarrollo de sus sobrinos huérfanos, abandonados, o simplemente más pobres, se encuentran excluidas de las nuevas políticas. Así lo manifiesta con amargura una de ellas: «Yo no tengo derecho a nada para los sobrinos. Los solteros, y especialmente las mujeres, no tienen derecho a nada; todo está previsto para las familias. Uno está prestando el mismo servicio que una mujer casada, entonces no entiendo por qué no tenemos derecho a nada. Uno debiera haber tenido algo para la familia. Las mujeres solteras no tenemos derecho sino para morirnos».

Estas políticas se inscriben dentro de una visión generalizada de la familia que subyace en la legislación en materia de seguridad social y que promueven instituciones nuevas como las cajas de compensación familiar –Fabricato se afilia a la Caja de Compensación Familiar de la ICSS en 1954–. Dentro de este modelo, el papel de proveedor compete exclusivamente al hombre, y ello legitima de alguna manera el desplazamiento de las mujeres de la industria, como lo expresan algunas antiguas obreras: «Se decía que las mujeres le estaban robando el trabajo a los hombres que eran quienes debían trabajar». «Entonces despidieron mujeres en pilas porque sobraba mucha gente. A todas las mandaban al sótano a limpiar costales, eso era el equivalente del despido porque se quedaban rápidamente sin nada que hacer. El párroco Rogelio Arango de la Parroquia del Rosario echaba mucha cantaleta en el púlpito porque estaban despidiendo a las mujeres y que casi todo Bello vivía de las mujeres porque el sueldo de las mujeres era el que se veía. Entonces no despidieron más pero tampoco volvieron a admitir muchas».

Relaciones humanas, religión y proyecto político de los empresarios

Luego de la implantación de la ingeniería industrial, Jorge Posada ocupa la presidencia de Fabricato entre 1965 y 1980 y lidera un proceso de integración de los trabajadores por medio de la difusión de una *nueva mentalidad*. Esta última se inscribe dentro de los esfuerzos por aplicar en la compañía algunos principios de la Escuela de Relaciones Humanas, de moda entonces en la psicología industrial norteamericana, en continuidad con el discurso social-católico que había predominado hasta entonces en la fábrica. Jorge Posada impulsa directamente, en numerosos editoriales y artículos de la revista *Fabricato al Día*, la nueva mentalidad: «Formamos parte de una comunidad, de un bloque que labora bajo un denominador común y que nos agrupa: Fabricato. Nadie puede ni debe sentirse aislado, único; nuestro trabajo, nuestro desenvolvimiento en la empresa debe caracterizarse por la unidad de acción, porque comunes nos son los ideales y las metas que nos vinculan a ella»[9].

Estos mensajes están orientados a estimular la participación obrera en las campañas de productividad y calidad que realiza la Empresa. Los términos de estos esfuerzos no suenan muy distintos de los de las actuales campañas de integración, participación y calidad, en boga en las empresas. Con estas palabras, en 1967 se invita a los trabajadores a colaborar con el plan CPC (menor costo, mayor producción, mejor calidad); «... necesidad de que todos los que aquí trabajan consideren a la empresa como su 'negocio', es decir algo propio que progresa en relación directa al interés que se pone en ella [...] es muy fácil producir calidad. Usted la exige... Usted puede darla. Fabricato es usted. La calidad de su trabajo debe corresponder al prestigio de ese nombre[10]».

No obstante, los objetivos de la integración y de la participación no se limitan al incremento de la productividad y a la calidad del trabajo. Durante esos años, la lucha ideológica entre capitalismo y comunismo está en pleno vigor. Son los años de la revolución cubana, la guerra fría y la Alianza para el Progreso. Los dirigentes de Fabricato no sólo buscan crear una empresa productiva sino presentar por medio de ésta y de su éxito social y económico una alternativa de desarrollo, con implicaciones políticas. La idea es convertir a Fabricato en una prueba tangible de la validez de las teorías de armonía entre capital y trabajo, un

ejemplo de bienestar para obreros y empresarios, un argumento concreto en contra de las teorías de la lucha de clases, una barrera ante el *peligro comunista*... La propuesta es explícita y amplia, convoca a empresarios y gobierno a trabajar unidos en el diseño de alternativas para el desarrollo de la nación: «Desarrollo no es envidiar y querer todo lo que poseen y disfrutan los países avanzados [...] La empresa privada tiene que buscar el camino apropiado para trabajar con el gobierno; porque ambos son responsables, en su campo de acción, de que se logre el desarrollo económico y social que demandan con tanta justicia y ansiedad nuestros compatriotas [...] lo más pronto posible porque nuestra población crece a un ritmo tremendamente peligroso y esta bomba de tiempo es el mejor aliado de nuestro enemigo común: el comunismo internacional»[11].

Los propósitos de los dirigentes empresariales se producen en un contexto de fuerte agitación social que se vive en distintos campos, entre los cuales se destaca la crisis del control social que ejercía la Iglesia católica en el departamento. La alternativa de desarrollo armónico entre capital y trabajo que proponen, busca defender la vigencia de una alternativa cristiana, como lo prueban los seminarios y cursillos que dispensa la empresa a ejecutivos, obreros y mandos medios.

A comienzos de la década de 1960, el papa Juan XXIII había propuesto a los obispos latinoamericanos la realización de misiones masivas de recristianización para responder a la pérdida de hegemonía de la Iglesia católica en América Latina. Siguiendo estas orientaciones, la Arquidiócesis de Medellín organiza la Gran Misión en 1960-1961 y, para prepararla, realiza un censo cuyos resultados son considerados alarmantes por las cifras que arroja sobre el número de anal-

CUADRO 3
PARTICIPACIÓN LABORAL FEMENINA EN LA INDUSTRIA - 1970

	Colombia			Antioquia			
	MUJERES	A	B	MUJERES	A	B	C
Alimentos	1 712	36	9	10 491	27	14	16
Textiles	7 006	24	37	18 678	37	25	37
Confecciones	4 889	83	26	18 895	84	25	26
Total industria manufacturera	18 862	26	100	74 931	28	100	25

A. Porcentaje de mujeres obreras sobre el total de obreros en cada sector.

B. Distribución del total de obreras del departamento o del país entre los distintos sectores.

C. Porcentaje de obreras antioqueñas sobre el total de las obreras del país en cada sector.

FUENTE: Dane, *III Censo industrial*, 1970.

CUADRO 4

PARTICIPACIÓN LABORAL FEMENINA- OBREROS PERMANENTES, 1970

	Colombia			Antioquia			
	MUJERES	A	B	MUJERES	A	B	C
Alimentos	1 815	29	7	9 328	21	9	19
Textiles	5 164	25	21	14 620	36	15	35
Confecciones	10 275	84	42	30 513	86	31	34
Total industria manufacturera	24 351	30	100	97 800	30	100	25

A. Porcentaje de mujeres obreras sobre el total de obreros en cada sector.
B. Distribución del total de obreras del departamento o del país entre los distintos sectores.
C. Porcentaje de obreras antioqueñas sobre el total de las obreras del país en cada sector.
FUENTE: Dane, *Anuario de industria manufacturera*, 1970.

CUADRO 5

POBLACIÓN FEMENINA OCUPADA POR RAMA DE ACTIVIDAD
ÁREA METROPOLITANA DE MEDELLÍN 1983*, 1992**

SECTOR	A	B	A	B
Industria manufacturera	35	27	41	29
Comercio, restaurantes y hoteles	30	20	41	25
Servicios	60	44	59	36

A. Porcentaje de mujeres obreras sobre el total de obreros en cada sector.
B. Distribución del total de obreras del departamento entre los distintos sectores.
 * FUENTE: Datos de la Encuesta nacional de hogares, Dane-Escuela Nacional Sindical, Medellín, 1994 (inédito).
** FUENTE: Cámara de Comercio de Medellín, *Indicadores económicos*, 1992.

fabetos, de hombres entre los 18 y los 60 años «que se embriagan con frecuencia», de madres solteras, de tugurios; sin señalar las informaciones que por disposición del Arzobispo no fueron publicadas como «el número de rameras, prostíbulos, uniones adulterinas, estaderos, garitas de juego»[12]. La Gran Misión es un episodio pasajero que logra resucitar temporalmente, en empresas como Fabricato, los grandes ritos católicos comunitarios que se extinguirán rapidamente.

En la fábrica la crisis es irreversible: la institución del Patronato se ve cuestionada, las hermanas de La Presentación son acusadas de espionaje por el sindicato y las obreras expresan su descontento ante la disciplina rígida y la religiosidad obligatoria. Junto con otros sacerdotes que actúan como asesores morales o capellanes en importantes empresas de la región, el capellán de Fabricato firma en 1968 el Manifiesto de Golconda, que critica duramente el papel de la Iglesia frente a la realidad social del país.

Durante esos años, el Sindicato Textil del Hato, que funcionaba en la empresa desde 1944 con una orientación cristiana, se ve agitado por disidencias internas, expresión de la diversidad de opciones políticas que actúan en ese momento en el país: hay anapistas, maoístas, trotzkistas, trabajadores anticomunistas y trabajadores revolucionarios. En 1970 la nueva dirección del Sindicato, de orientación anapista, rompe con las referencias cristianas y retira de la UTC a la organización.

La pérdida de control social de la Iglesia va acompañada de una privatización de los sentimientos religiosos de los trabajadores, síntoma de la secularización social. Las prácticas externas, incluida la misa dominical, pierden importancia, aun para las hijas de los obreros de Fabricato que crecieron en hogares donde se celebraban los rituales católicos. Sin negar su adhesión a los principios cristianos, manifiestan una creciente independencia e individualidad en sus comportamientos y sentimientos religiosos.

Las obreras industriales durante as últimas décadas

La modernización económica que se produce en Medellín y en su área metropolitana entre 1950 y 1970, y de la cual son ejemplo la acelerada urbanización y los esfuerzos por racionalizar la producción en la gran industria manufacturera, se realiza generando efectos excluyentes sobre algunos grupos sociales, entre los cuales se destacan las mujeres. El nuevo ideal familiar que defienden las grandes empresas y el reciente sistema de seguridad social, ofrece esta imagen del trabajador industrial: de sexo masculino, productivo, bien remunerado, puede mantener una familia en condiciones de bienestar en materia de vivienda, salud y educación; su corolario es una esposa y madre dedicada a asegurar el desarrollo familiar, con la ayuda de numerosos agentes de normalización social como las trabajadoras sociales, los educadores o el personal de salud. Pero este ideal sólo es válido para los trabajadores mejor integrados en las grandes empresas manufactureras. Numerosas mujeres que se vinculan al mercado de trabajo, en búsqueda de alternativas de subsistencia, sólo encuentran empleo en ocupaciones de baja calificacion y remuneración. Aunque la industria sigue empleándolas en determinadas ramas de la producción y en determinados oficios, éstos se ubican en las escalas más bajas de calificación y salario.

A partir de la década del setenta, sin embargo, ingresan al mercado de trabajo jóvenes mujeres que han tenido acceso a una educación secundaria o técnica, y que buscan emplearse en las fábricas más modernas. Después de la crisis textilera de 1974, una nueva generación de obreras semicalificadas entra a Fabricato y encuentra un lugar en la producción dentro de una gama reducida de oficios. Ellas siguen siendo de todas maneras una minoría en el cuerpo de trabajadores.

En 1970 la participación femenina en la industria textil es inferior en Antioquia respecto de lo que se observa a nivel nacional (24% en Antioquia y 37% en el país, según el Cuadro 3; esta diferencia se mantiene en 1990, de acuerdo con el Cuadro 4). Las sucesivas crisis textileras y las reestructuraciones que se operan en esta rama tienen efectos visibles en términos de reducción de personal. Entre 1970 y 1990 desaparecen 1 842 empleos femeninos en Antioquia y 4 058 en Colombia. Mientras en 1970 la industria textilera emplea el 37% de las obreras manufactureras del departamento, en 1990 sólo emplea el 21% de éstas. A escala nacional, el empleo textilero para obreras pasa del 25% al 15%, lo que muestra un peso menor del que aún tiene en Antioquia. Como se había observado desde la década del sesenta, la industria de la confección concentra un volumen creciente del empleo femenino manufacturero: en 1970 emplea al 25% de las obreras en Antioquia y en el país; en 1990 emplea cuatro de cada diez obreras en Antioquia y tres de cada diez en el país.

Es importante observar el peso creciente, en la industria, de la confección antioqueña respecto de esta rama en el país: en 1970 el 26% de las obreras de la confección trabajan en Antioquia y en 1990 el 34%. Mientras en 1970 un número similar de trabajadoras colombianas se emplean en textiles y en confecciones (cerca de 19 000), en 1990 el número de obreras de la confección duplica al de las textileras. Es importante aclarar que estas cifras se refieren exclusivamente a las trabajadoras permanentes, y que no consideran las cifras de temporales cuya proporción ha aumentado en los últimos diez años. En el mercado de trabajo el empleo manufacturero tiende a recuperarse entre 1983 y 1992, cuando proporciona el 29% de los puestos de trabajo femeninos (véase Cuadro 5). Los servicios, si bien reducen su participación en el empleo femenino (44% en 1983 y 36% en 1992), todavía proporcionan el mayor número de empleos femeninos y es el sector más feminizado (cerca del 60% de los trabajadores de este sector son mujeres).

Las tendencias a la diversificación de las prácticas familiares, que se observaron a partir de los años setenta en Fabricato con la llegada de una nueva generación de trabajadoras, se acentúan durante las últimas décadas. Las separaciones y los divorcios se multiplican y son objeto de una creciente tolerancia social: en 1977, en Medellín, una de cada diez trabajadoras era separada, divorciada o viuda, y en 1990 este porcentaje llegaba al 15%[13]. Relacionados parcialmente con el fenómeno anterior, los hogares con jefatura femenina constituyen una proporción importante de las familias, especialmente en los estratos de menores ingresos: en 1985 eran el 24.3% de los hogares en Colombia y el 26% en Medellín[14]. Simultáneamente, también aumenta la proporción de mujeres trabajadoras casadas o en unión.

Las últimas tendencias muestran una creciente vinculación de la mujer al mercado de trabajo independientemente de su edad, estado civil, número y edad de los hijos; éstas desempeñan un papel fundamental en la reproducción de las familias como proveedoras complementarias o principales de los ingresos familiares, además de sus obligaciones domésticas. Sin embargo, su inserción sigue siendo desfavorable, con menores niveles de ingresos y tasas de desempleo superiores a las masculinas. Aunque están presentes en distintos sectores de actividad, tienden a concentrarse en los servicios, en los cuales se encuentran los salarios más bajos. La industria emplea a una proporción significativa de la fuerza de trabajo femenina pero ésta tiende a localizarse en las empresas, sectores y puestos de trabajo menos calificados. La tendencia al desplazamiento de las mujeres, de los sectores modernos hacia los más atrasados, sigue sucediendo; ejemplo de ello es el peso creciente de la industria de la confección, caracterizada por condiciones de empleo precarias, en la que reinan la subcontratación y el trabajo temporal[15].

NOTAS

1. Este caso, que he estudiado en profundidad, es un ejemplo de los procesos que se viven en la gran industria manufacturera antioqueña, pero su historia posee una indudable singularidad. *Véase* Luz Gabriela Arango, *Mujer, religión e industria: Fabricato, 1923-1982,* Universidad de Antioquia-Universidad Externado de Colombia, Medellín, 1991.

2. Joaquín Vallejo Arbeláez, «Bases para un plan decenal de desarrollo de Antioquia», *El estado actual de desarrollo de Antioquia,* Foro Efemérides de la firma del acto de Independencia de Antioquia, Medellín, Instituto para el Desarrollo de Antioquia, 1969, p. 67.

3. OFISEL, Oficina de Investigaciones Sociales, Económicas y Legales, *Características del empleo de la mujer y el menor en Colombia*, informe presentado por OFISEL e ICBF, Bogotá, septiembre de 1971, p. 21.

4. Fernando Gómez Martínez, «Desarrollo y subdesarrollo en Antioquia», *El estado actual del desarrollo de Antioquia, op. cit.*, p. 6.

5. Datos del censo industrial de 1945 y de los censos de población de 1951 y 1964.

6. Secretaría Departamental de Estadística, *Anuario Estadístico de Antioquia,* 1973, 1981.

7. *Ibíd.*, 1973.

8. Revista *Fabricato al Día*, mayo-junio de 1966.

9. *Fabricato al Día*, enero-febrero de 1971.

10. *Fabricato al Día*, enero-febrero de 1968; julio-agosto de 1971, respectivamente.

11. Alberto Vásquez Lalinde, «Bases del desarrollo de la nación», *Fabricato al Día,* julio-agosto de 1966.

12. Humberto Bronx, *Estudios históricos y crónicas de Medellín,* Medellín, Academia Antioqueña de Historia, 1978, p. 288.

13. Fedesarrollo, «Situación social en Medellín», *Revista Coyuntura Social,* N° 5, diciembre de 1991.

14. M. Muñoz, «Distribución del ingreso de los hogares en trece ciudades colombianas», *Boletín de Estadística* N° 443, DANE, febrero de 1990. Fedesarrollo, «Situación social en Medellín», revista *Coyuntura Social,* N° 5, diciembre de 1991, pp. 65-74.

15. Kathleen Gladden, «La reestructuración industrial, el subcontrato y la incorporación de la fuerza de trabajo femenina en Colombia», en R. Dombois y C.M. López, *Cambio técnico, empleo y trabajo en* *Colombia,* Fescol, Bogotá, 1993.

Bibliografía

Arango, Luz Gabriela, *Mujer, religión e industria: Fabricato, 1923-1982*, Medellín, Universidad de Antioquia-Universidad Externado de Colombia, 1991.

Bronx, Humberto, *Estudios históricos y crónicas de Medellín*, Medellín, Academia Antioqueña de Historia, 1978.

Cámara de Comercio de Medellín, *Indicadores económicos 92*, Medellín, 1992.

Dane, *Industria manufacturera nacional*, años 1967 a 1979.

—, *III censo industrial*, 1970.

—, *Anuario de industria manufacturera*, 1990.

Escuela Nacional Sindical, *Banco Mujer Trabajadora, parte laboral,* inédito, Medellín, 1994.

Fedesarrollo, «Situación social en Medellín», Revista *Coyuntura Social*, No. 5, diciembre de 1991.

Gladden, Kathleen, «La reestructuración industrial, el subcontrato y la incorporación de la fuerza de trabajo femenina en Colombia», en R. Dombois y C. M. López, *Cambio técnico, empleo y trabajo en Colombia*, Fescol, Bogotá, 1993.

Gómez Martínez, Fernando, «Desarrollo y subdesarrollo en Antioquia», *El estado actual del desarrollo en Antioquia*, Foro Efemérides de la Firma del Acto de Independencia de Antioquia, Medellín, Instituto para el Desarrollo de Antioquia, 1969.

Ofisel, Oficina de Investigaciones Sociales, Económicas y Legales, *Características del empleo de la mujer y el menor en Colombia*, informe presentado por Ofisel e Icbf, Bogotá, septiembre, 1971.

Revista *Fabricato al Día*, mayo-junio de 1966; enero-febrero de 1968; enero-febrero de 1971; julio-agosto de 1971.

Secretaría Departamental de Estadística, *Anuario estadístico de Antioquia*, 1973, 1981.

Vallejo Arbeláez, Joaquín, «Bases para un plan decenal de desarrollo de Antioquia», *El estado actual del desarrollo de Antioquia, op. cit.*

Vásquez Lalinde, Alberto, «Bases del desarrollo de la nación», *Fabricato al día*, julio-agosto de 1966.

Darío Acevedo

La aurora del socialismo en Medellín

EN 1918 comenzó a circular dos veces por semana en Medellín un periódico de tamaño tabloide, denominado *El Luchador*, cuyo lema era «Defensor de los derechos del pueblo». Era el órgano de expresión de la sociedad Luchadores, una de las varias asociaciones de mutuo auxilio de los artesanos y asalariados de la época, que procuraban la solidaridad, estimulaban el ahorro, desarrollaban campañas contra el alcoholismo y fomentaban el aprendizaje de la lectura y la escritura, como medios para salir del atraso y obtener mejores condiciones de vida y de trabajo.

Lo peculiar de esta experiencia tiene que ver con la aparición, en ésta y otras ciudades del país, de núcleos interesados en propagar las ideas socialistas y en organizar políticamente a los artesanos y a los trabajadores asalariados. En Bogotá, Honda, Girardot, Manizales y otros pueblos, surgieron periódicos como *El Socialista, La Lucha, El Taller,* que expresaban ideas sobre la igualdad, la lucha proletaria, la justicia, la duración de la jornada de trabajo, entre otros asuntos; y que dejaban traslucir en sus textos la influencia de pensadores como Proudhon, Marx, Saint-Simon,

Periódico *Raza.*

En Medellín funciona la verdadera y auténtica Universidad del Pueblo

El Instituto de Cultura Popular ofrece enseñanza gratuita a casi dos millares de obreros medellinenses.— Enseñanza eminentemente práctica — No se preparan técnicos sino obreros calificados.— Cómo nació y qué es en la actualidad el Instituto de Cultura Popular. — Información especial para RAZA.

Por ALBERTO UPEGUI BENITEZ

Sección de Mecanografía

José A. Monsalve

José Marín M.

Carlos Enrique Toro

Corte y Costura

Taller de Mecánica

Gabriel Villegas

José Fidel Quintero

Uribe Uribe y Lenin, y de la reciente revolución bolchevique en Rusia (1917), sobre las sociedades mutualistas y los profesionales filántropos que se habían dado a la tarea de crear un partido socialista en Colombia.

Desde 1917, un grupo de 34 ciudadanos habían conformado el primer Directorio Departamental Socialista de Antioquia. El primer presidente fue Elías Uribe Restrepo. Fundaron *El Luchador* y se juntaron con los directivos de otras ciudades para convocar el primer congreso socialista que tuvo lugar en Bogotá en agosto de 1919. Los socialistas de Medellín desarrollaron una febril actividad de agitación, preparación y organización; se estableció un organigrama y una cuota de cinco centavos semanales por cada afiliado; la campaña se extendió a municipios vecinos como Cisneros, Bello, Segovia y Remedios. Desarrollaron campañas de denuncia contra la excesiva jornada de trabajo (de 10 a 12 horas), el empleo masivo de niños en los talleres, y los ignominiosos sistemas de multas; y a favor del mejoramiento del salario, del descanso dominical, de la higiene y de la seguridad en las fábricas. *El Luchador* era la tribuna que servía para propalar los mensajes que iban acompañados de comentarios sobre el socialismo, la revolución rusa y Lenin; y para criticar los partidos liberal y conservador. Allí se denunciaban atropellos, injusticias y corrupción administrativa, y se hacían llamados al ahorro y al mutualismo. Era, por lo que decían, un socialismo que se nutría del liberalismo radical, del anarquismo, del socialismo saintsimoniano y del marxista.

Debe destacarse también, en estos socialistas, su actividad electoral, sus esfuerzos por liderar algunas huelgas y su empeño por crear símbolos y rituales distintivos.

Los socialistas de Medellín decidieron participar en las ideas electorales de manera independiente. Para ello, debieron sobreponerse al ataque del clero y del conservatismo, los cuales los presentaban como *la hez de la civilización*. Con promesas de llevar a los barrios obreros el tranvía, agua, energía eléctrica e instrucción pública, se lanzaron a la campaña con una lista encabezada por el empresario cervecero Luis Tobón Uribe. El 5 de octubre de 1919 se realizaron los comicios que dieron un resultado sorprendente: conservadores 2 177 votos, socialistas 1 039 y liberales 934, lo que se tradujo en la elección de cuatro ediles socialistas: Luis Tobón Uribe, Bonifacio Gaviria, Vicente Ferrer y José J. Zapata.

A pesar de la inexistencia de sindicatos, los socialistas de Medellín, tuvieron varias experiencias de huelgas. En Segovia impulsaron una huelga contra una compañía inglesa en agosto de 1919. Luego en Bello, donde lograron que cerca de quinientas obreras de la Fábrica de Tejidos de Bello declararan un cese de actividades en febrero de 1920, el primero de que se tenga noticia en el sector textil y manufacturero del país. Exigían el despido de dos funcionarios acusados de inmoralidad, permiso para trabajar con alpargatas, incremento salarial y reducción de la jornada de trabajo. En el movimiento, que tuvo amplio despliegue en *El Luchador*, en *El Correo Liberal* y en *El Espectador*, los socialistas se hicieron presentes con conferencias, mítines y la visita de personajes liberales destacados, como Luciano Restrepo Isaza, Benedicto Uribe, Guillermo Cano y Roberto Botero Saldarriaga. Al finalizar la huelga, los dirigentes, encabezados por Betsabé Espinal, dirigieron un mensaje a los socialistas, del cual se destaca el siguiente fragmento: «...siempre hemos visto en *El Luchador* un defensor honrado y valiente de los derechos del proletariado... la grandiosidad de la causa que ustedes persiguen y defienden desde las columnas de su simpático periódico, se abrirán paso rápidamente por entre las multitudes...».

La creación de nuevos símbolos y rituales no escapó del trabajo de los socialistas. Su bandera era roja con un triángulo en el centro y tres ochos bordados en sus vértices; su lema de combate: «Libertad, igualdad, fraternidad», el mismo de la revolución francesa de 1789, aunque después adoptaron otros relativos a la unión y a la lucha proletarias. Desde 1920, los socialistas de Medellín empezaron a celebrar el Primero de Mayo como día de fiesta de los trabajadores, siguiendo el ejemplo de sus camaradas de Honda y Girardot, y una tradición que se había impuesto en el mundo industrializado. Bazares, desfiles, discursos, reinado de la *Flor del Trabajo*, colectas, inauguración de casas de lectura y bibliotecas, eran algunas de las actividades que tenían lugar en esa fecha, que desde entonces se convirtió en celebración de los obreros.

Por varios años, por lo menos hasta 1923, los socialistas de Medellín continuaron con su tarea por conservar su organización y su periódico, y difundir el socialismo tal como lo entendían: «diferente al del otro lado del mar». Ellos fueron los antecesores de María Cano y de Ignacio Torres Giraldo, los socialistas revolucionarios que persistieron en esas lides.

Clara Inés Aramburo Siegert

Renovación de la Iglesia en Medellín, 1958-1993

DESDE QUE se creó la Arquidiócesis de Medellín en 1902 la Iglesia ha ido más allá de lo meramente ritual, pues se ha declarado guardiana de la sociedad merced a su visión totalizadora regida por la religión católica. Esto ha sido obstáculo para acomodarse a la vida urbana, la cual no puede ser regulada por un principio único.

De la mano de la moral católica y celosa con la institución familiar, ella emprendió obras importantes que facilitaron la instalación de los migrantes en la ciudad, que tuvo en las parroquias un puntal de desarrollo importante. La ciudad recibió nuevos pobladores, sobre todo desde la década del treinta, provenientes en su mayoría de los pueblos de Antioquia. En aquellos pueblos, los sacerdotes construían capillas, alentaban la organización de los vecinos y servían de nexo entre distintas instituciones. Cuando un sacerdote llegaba a un barrio para asistir a la feligresía, entroncaba sus actividades con las redes pueblerinas reproducidas en la ciudad, las cuales apoyaron el desarrollo de las parroquias urbanas según el modelo de las rurales. También se apuntalaron en el trabajo de la Sociedad de Mejoras Públicas, que en los primeros cuarenta años de este siglo montó una red de comités cívicos para controlar y dirigir la instalación de los nuevos habitantes con claro espíritu cívico. Estos comités fueron la piedra sobre la cual se fundaron las posteriores juntas de acción comunal en la década del sesenta.

Por ambas vías, los curas contribuyeron a que los migrantes adquirieran conciencia de los derechos que tenían en la ciudad. Algunos sacerdotes pioneros en los barrios de formación espontánea, en la época de las migraciones masivas de la década del cincuenta, habían dejado testimonio sobre la forma de actuar con y para la comunidad. De

Comité de la Cruz Roja, ca. 1939 (Fotografía Francisco Mejía, Centro de Memoria Visual FAES)

Escuelas Radiofónicas de Acción Cultural Popular; en el centro el presbistero Guillermo Vega, actualmente monseñor, 1942 (Fotografía Carlos Rodríguez, Centro de Memoria Visual FAES)

ésta aprendieron los curas que luego harían su trabajo en barrios más recientes. En Villa del Socorro, Zamora, Santo Domingo y otros ya consolidados como Aranjuez y Manrique, se recuerda cómo pacientemente se fueron construyendo casas, acueductos y calles, y haciendo censos, impulsados o respaldados por curas que con su trabajo desbordaban la acción evangelizadora. Estar con los pobres era para ellos la mejor forma de testimoniar el evangelio. A pesar de haber sido ésta una práctica asistencialista, tuvo un ingrediente nuevo que produciría frutos años más tarde: asistencialismo con participación.

La Arquidiócesis de Medellín, consecuente con el asistencialismo tradicional, comenzó en 1959 la construcción de los Barrios de Jesús para los pobres que hacían su ingreso a la ciudad. Posteriormente, contribuyó con algunas casas en Belén-San Bernardo, El Portal de Belén, Manrique, Los Caunces, La Frontera, Santo Domingo Savio, La María, Fuente Clara, Popular, Olivares, San Antonio de Prado, Barbosa, Bello y La Estrella. En 1975 se asoció a la celebración del Tricentenario de Medellín con la construcción de un barrio para familias pobres en Robledo, llamado Villa de la Candelaria. Todas estas obras contaron más con el respaldo de personas naturales que de la empresa privada. Entre las obras de la Arquidiócesis todavía perduran las Granjas Infantiles, las escuelas populares eucarísticas, Cáritas

Arquidiocesana, la Institución Benéfica Carmen, la Corporación Cementerio de la Candelaria, los 23 colegios arquidiocesanos que en 1987 atendían a cerca de treinta y tres mil estudiantes, las nueve escuelas populares eucarísticas para niños pobres que en el mismo año atendían a unos mil quinientos estudiantes, el fondo para las parroquias pobres, y la institución Belén-Hogares de Acogida para la Niñez y la Juventud Desamparada; además, las ayudas espirituales, alimentarias y de salud, y la atención de emergencias y calamidades.

Renovación de la Iglesia

Monseñor Tulio Botero Salazar, quien estuvo al frente de la Arquidiócesis entre 1958 y 1978, trató de modernizar la estructura de la Iglesia para atender mejor a la feligresía, cada vez más copiosa y heterogénea. Llegó en un período difícil, cuando se gestaba la ciudad de hoy: migraciones abundantes –muchas producidas por la violencia–, formación de nuevos barrios, cambios políticos (el Frente Nacional, por ejemplo), creación de las juntas de acción comunal, nuevas concepciones sobre el papel de la mujer, el nadaísmo, el movimiento *hippie,* una izquierda militante y un movimiento sindical más autónomo. La autonomía sindical se tradujo en la creación de la Acción Sindical Antioqueña, ASA, en 1961, la cual se zafó de las directrices de la UTRÁN, sindicato creado en 1944 para contrarrestar las ideas de izquierda dentro de la clase obrera, con apoyo de la Iglesia y de un importante sector de la dirigencia empresarial antioqueña.

Para garantizar una eficiente presencia de la iglesia, monseñor Botero abrió las puertas de la Arquidiócesis a las comunidades religiosas, a las que ofreció parroquias en distintos puntos de la ciudad. Se opuso a la práctica tradicional de que éstas fueran atendidas únicamente por el clero diocesano y fue claro en enfatizar que las parroquias no deberían convertirse en un botín de los sacerdotes. El incremento de parroquias –creó 116 durante su período– era una de las respuestas que podía dar la Iglesia en una época de proliferación de barrios, muchos de ellos pobres e ilegales. Esta situación obligó a la Iglesia a enfrentarse con problemas cotidianos relativos a los asuntos sociales, económicos, políticos y culturales de la ciudad[1].

Además, el Arzobispo tenía nuevas ideas para que la Iglesia hiciera presencia en una forma renovada. Cuando asumió el mando, monseñor Tulio Botero recogió los nuevos aires que refrescaban a la Iglesia: era la época del padre Ricardo Lombardi –el italiano que predicaba la búsqueda de un mundo mejor– y de las corrientes católicas francesa y belga comprometidas con los problemas sociales. Monseñor Botero no desconocía esta corriente renovadora; contagiado de las ideas de Lombardi, organizó la Gran Misión Arquidiocesana en 1961, en la que participaron misioneros venidos de Europa, muchos de ellos españoles. Esta misión duró casi un mes, tiempo durante el cual los misioneros hicieron prédicas, charlas,

conferencias, misas y sermones especiales; casaron a los que vivían en unión libre; realizaron apostolados especiales para los intelectuales, y todo tipo de asambleas y reuniones aun en fábricas y en la mayoría de las parroquias de la ciudad.

En los años siguientes a la Gran Misión, Monseñor asistió al Concilio Vaticano II, estuvo presente en las cuatro sesiones que se llevaron a cabo entre 1962 y 1965 y le dio cabida a las nuevas ideas conciliares; su temperamento abierto, sencillo y humano le ayudó a comprender que los sacerdotes debían enfrentarse a un mundo moderno. La II Asamblea General del Episcopado Latinoamericano reunida en Medellín en 1968 (conocida como el CELAM 68 o Conferencia Episcopal Latinoamericana de Medellín), y que interpretó el Concilio en su versión latinoamericana, aceptó el reto del compromiso cristiano con los pobres. Esto marcó una clara diferencia entre el trabajo sacerdotal en las zonas pobres de la ciudad y el papel de los curas con los sectores acomodados de la misma.

Monseñor Botero fue uno de los obispos más entusiastas en aceptar e intentar los cambios propuestos por el Concilio Vaticano II y la Conferencia Episcopal Latinoamericana de Medellín. Además, trajo al canónigo belga Fernando Boulard para que lo asesorara en la renovación de la estructura de la Curia y atendió sus sugerencias. En dos ocasiones, aquel canónigo dirigió cursos de pastoral urbana y rural con el ánimo de preparar al clero para la Pastoral de Conjunto, la cual consistía en reunir en un programa estructurado

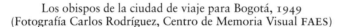

Los obispos de la ciudad de viaje para Bogotá, 1949
(Fotografía Carlos Rodríguez, Centro de Memoria Visual FAES)

Los bazares, una forma usual de recaudar fondos con fines sociales en la década de 1950 (Fotografía Carlos Rodríguez, Centro de Memoria Visual FAES)

El arzobispo Tulio Botero Salazar con algunos de sus feligreses en 1963 (Fotografía Carlos Rodríguez, Centro de Memoria Visual FAES)

todas las actividades de las parroquias de la Arquidiócesis de modo que no se dispersaran fuerzas, gracias a una labor planificada que incluía la descentralización del trabajo evangélico. Monseñor Tulio Botero sabía que la parroquia urbana era incapaz de resolver sola los problemas que afrontaba la vida cristiana en el mundo moderno.

Para el ejercicio pastoral incluyó a los laicos en las estrategias de la nueva Iglesia, apoyados en la teología del Concilio de 1965. Profesionales y universitarios se unieron para efectuar el cambio por medio de labores pastorales e intelectuales, algunos con ideas más radicales que los mismos sacerdotes. Sin embargo, entre el clero hubo posiciones extremas y duras. El grupo más radical de curas ejerció su trabajo pastoral en parroquias de barrios populares y en sindicatos; desarrolló trabajos comunitarios por fuera de los tradicionales e, incluso, adoptó actitudes de rebeldía y desobediencia ante la curia.

Cuando un ala de la Iglesia tomó partido por los pobres y denunció las injusticias del sistema capitalista, Monseñor Botero asumió una actitud conciliadora con ellos sin que esto significara tocar el tradicional espacio de la élite local. A pesar de sus ideas abiertas y progresistas y de su posición transigente con las disidencias, monseñor Tulio Botero no transformó radicalmente sus formas de pensar y de actuar, y fue ambiguo; aunque sensible al cambio, le faltó rigor intelectual para estructurar un discurso convincente y afrontar las consecuencias del compromiso social. Esa ambigüedad personal provenía también de presiones externas: muchas del ala conservadora del CELAM y de algunos jerarcas colombianos. Monseñor Tulio Botero abrió las puertas al cambio y no obstaculizó los trabajos predicados por curas de

avanzada; aún más, vio con agrado su labor –con cierta ingenuidad– pero sin imaginar que algunos podrían radicalizarse y simpatizar con movimientos como Golconda, creado en 1968, y con posiciones como las del padre Camilo Torres. A pesar de que el grupo de curas radicales no fue grande, su actitud sí fue escandalosa para un clero local muy tradicional y para una sociedad acostumbrada a otro tipo de sacerdotes. El escándalo fue atizado por los medios de comunicación, que agrandaron el alcance real de la acción de aquellos curas.

A principios de la década del setenta se manifestaron las influencias de Golconda en varios colegios privados como la Enseñanza, el Marymount y el Sagrado Corazón, entre otros. En esta transformación influyeron los laicos, muchos de ellos maestros, que propusieron una pedagogía activa para analizar la realidad y comprometerse con ella. Era la época de la educación liberadora de Paulo Freire que comenzó a enseñarse y aplicarse tímidamente, más con cierto espíritu curioso que con real convencimiento y compromiso social.

Tensión entre los sacerdotes pre y posconciliares

No bastaba la decisión de monseñor Tulio Botero para transformar la Iglesia porque, así como había simpatizantes de las nuevas tesis, también rondaban los contradictores. Muchos sacerdotes no necesitaron la reconfirmación del CELAM para realizar una pastoral comprometida con los pobres. A ellos se sumaba un grupo administrativo de la Curia, que apoyaba la resolución de Monseñor para actualizar las estructuras de la arquidiócesis y la vida pastoral de la ciudad. La generación de sacerdotes que pasó por el Seminario desde la

El padre Camilo Torres con un grupo de huelguistas
en 1965 (Fotografía Carlos Rodríguez,
Centro de Memoria Visual FAES)

década del sesenta hasta bien entrada la del setenta, fue alentada para aplicar y vivir el Concilio; aquello se traducía en una experiencia religiosa que trascendiera la liturgia, proyectada en la historia, en la vida y en la búsqueda del bienestar colectivo. Esta nueva propuesta era más terrenal, más participativa y más comprometida, pero no se tradujo en el desmonte de las viejas estructuras y comportamientos porque permaneció un sedimento de hombres que no fueron al Concilio, no lo estudiaron y no entendieron la teología conciliar renovada; en conclusión, estaban desactualizados. Pero éste no era el único problema: fueron muchos los opositores que, conocedores de las ideas renovadoras del Concilio Vaticano II, rehusaron aceptar estos nuevos principios. Para éstos, la Iglesia era una institución santa, un fin en sí misma, impecable, sin contagio con el mundo y separada de él; pero también una institución que se relacionaba de igual a igual con el Estado, tal como lo enseñaba el derecho canónico. Este fue el núcleo de tensión entre quienes querían la transformación y criticaban la falta de compromiso con los pobres y quienes preferían la tradición.

Para los últimos prevalecía la religión católica preconciliar que no era transformadora ni integradora, pues sus principios teológicos la ataban a los designios divinos; el hombre encontraba su realización plena en la fe, con recompensas en el más allá; la resignación se había convertido en una virtud ejemplar; la caridad se traducía en el asistencialismo y el paternalismo; y el amor al prójimo, en abstracto, era su sustento. Esta vieja teología fue la que impugnaron el Concilio Vaticano II y sus seguidores. Las tensiones descritas se manifestaron en el trasegar cotidiano de la Curia, en la vida social, en la prensa, en los púlpitos y aun en el funcionamiento del Seminario que monseñor Tulio Botero abrió a los sacerdotes-maestros, simpatizantes con las estrategias e ideas del Concilio. La visión flexible de estos nuevos profesores permitió el retiro de quienes lo desearan. Esta postura generó enfrentamientos con las posiciones más tradicionales. Como consecuencia del cambio de valores en un mundo que se modernizaba aceleradamente, y en parte como fruto de las tensiones entre los distintos sectores de la Iglesia, las vocaciones comenzaron a mermar y el número de estudiantes en el Seminario bajó de doscientos a cuarenta, aproximadamente. Se vivió una fuerte crisis vocacional en la Arquidiócesis.

En 1969 la Iglesia local decidió convocar un sínodo arquidiocesano que finalizó en 1976. Su objeto era revisar la marcha de las parroquias, el estado y condición de los feligreses y los problemas sociales particulares, y actualizar los principios de la Conferencia de Medellín. La crisis económica del decenio de 1970, que afectó básicamente al sector textilero de la ciudad, con graves consecuencias en materia de empleo; las reformas educativas gestadas en el Plan de Mejoramiento Cualitativo a fines de la década y que significaron un cambio en la transmisión de valores; los movimientos de izquierda que llegaron hasta los ámbitos eclesiásticos; el surgimiento del narcotráfico; el incremento de los índices de violencia y criminalidad; el cambio en la composición social de la ciudad con nuevos actores sociales medios y bajos; todos estos factores formaban parte de la compleja situación por la que atravesaba la ciudad. El Sínodo definió una estrategia de pastoral moderna para Medellín, con la convicción de que era posible poner en juego elementos contemporáneos con la influencia positiva de la tradición y la fidelidad absoluta al evangelio. Reconoció la presencia en nuestro medio de actores sociales distintos, los cuales merecían especial atención mediante la actualización y diversificación de la acción pastoral individual y social.

Asimismo, el Sínodo interpretó que había en nuestras gentes un arraigado sentido fatalista con fuertes ingredientes supersticiosos, conformista y dependiente de la voluntad de Dios, y que negaba la posibilidad de que el hombre fuera el sujeto de su propia historia. Esta mentalidad impedía la expansión de ideas más racionales en la acción pastoral.

Del Sínodo salió la división de la Arquidiócesis en seis zonas pastorales, cada una con sus respectivas parroquias y a cargo de un vicario episcopal que haría las veces de obispo. El Sínodo propuso en 1976 que la parroquia se constituyera en el lugar donde se formaran y promovieran grupos para propiciar el conocimiento mutuo de los cristianos, y así compartieran problemas y construyeran una comunidad. De esta forma, la parroquia urbana se convertiría en una comunidad de comunidades y se tejería una red de relaciones que pasaría por la familia, el vecindario y las organizaciones de primero y segundo grados. Si bien su carácter se basaba en los principios teológicos, esta organización dejaría una estela importante en la consolidación de la sociedad civil. Este es-

fuerzo no sólo abrió más espacios eclesiásticos sino también descentralizó la pastoral y le dio protagonismo a la comunidad y a otros prelados que hacían su trabajo cotidiano en las parroquias, por estar fuera de la jerarquía eclesiástica local. La estructura de ésta se flexibilizó, los problemas se acercaron al obispo por intermedio de los vicarios y el trabajo pastoral se coordinó merced a la acción de grupos de zona.

A pesar de haber dado un salto cualitativo con aquella apertura, monseñor Tulio Botero no abandonó la vieja concepción de la religión católica como principio organizador de la sociedad; por tal razón no dejó de pronunciarse, desde una perspectiva teológica, contra hechos palpitantes en los últimos años de su administración, como el secuestro, la violencia, las decisiones gubernamentales que afectaban a los sectores pobres y la situación del magisterio, pues según él la educación debía ser una institución que complementara la labor religiosa.

Regreso a las viejas ideas

En 1978 el Papa Juan Pablo II nombró a monseñor Alfonso López Trujillo arzobispo coadjutor de la Arquidiócesis de Medellín. Algunos sacerdotes interpretaron este nombramiento como una conquista de monseñor López Trujillo en su carrera eclesiástica, pues Medellín era una de las arquidiócesis más importantes del país. La versión de otros sacerdotes explicó el nombramiento como una forma de contener y controlar la dirección que estaba tomando la Iglesia, la cual un año antes había puesto en ejecución las conclusiones del Sínodo de 1976, que, según algunos jerarcas, era demasiado progresista. Monseñor López Trujillo dificultó el diálogo interno y el trabajo pastoral, factor que desestimuló el protagonismo social de la Iglesia y la llevó a perder su carácter como actor social. A monseñor López Trujillo lo caracterizaron la defensa de las posiciones neoconservadoras de la Iglesia, la nula búsqueda de arreglos entre los distintos sectores ideológicos clericales, la fragmentación clerical local y las prácticas burocráticas que remplazaron la acción pastoral.

Monseñor López Trujillo tenía una noción diferente de la de monseñor Botero Salazar en cuanto al tipo de valores que debían guiar a la Arquidiócesis. Impregnado de viejas posturas acerca del espacio tradicional de la Iglesia, no entendía que ésta y los sacerdotes hubieran perdido sus privilegios, porque se resistía a aceptar la secularización de la sociedad. En Medellín había ocurrido un cambio, los sacerdotes estaban más cerca de la gente después de la renovación que había hecho monseñor Tulio Botero y que la feligresía en general había entendido, y los sacerdotes habían dejado las sotanas después del Concilio; para monseñor López Trujillo esto significaba que la Arquidiócesis se había acabado y que los sacerdotes habían perdido su dignidad clerical, sentimiento muy usual dentro del alto clero bogotano, del cual procedía monseñor López Trujillo. Sus obsesiones doctrinales en contra de las comunidades eclesiales de base, de la teología de la liberación y de la cristología latinoamericana –divergencias ideológicas que convirtió en confrontaciones personales– agudizaron conflictos nada favorables para la Curia. Sus frecuentes ausencias de la Arquidiócesis por asistir a eventos internacionales que le interesaban más, le exigieron confiar en sus colaboradores, quienes le informaban sobre la labor de los curas de la diócesis. Haciendo gala de una actitud autoritaria, no tuvo problemas en sacar del camino a quienes no seguían sus dictados. Se generó un ambiente de desconfianza entre los sacerdotes, con nefastas consecuencias para la vida de la ciudad donde ejercían su labor. Además, la inestabilidad de los párrocos en sus parroquias –obra del arzobispo– acabó con el trabajo de años en los distintos sectores de la ciudad

e impidió avanzar en proyectos específicos que la vida de la Arquidiócesis requería. Las redes cotidianas, pastorales, personales y comunitarias que los curas se habían encargado de levantar, fueron debilitadas, y con ello los habitantes perdieron gran parte del esfuerzo y de la dedicación que habían puesto en este proyecto, del que el sacerdote hacía parte importante. También obstaculizó el trabajo de los sacerdotes intelectuales que monseñor Tulio Botero había preparado en universidades de Bélgica, Alemania, Canadá, Inglaterra e Italia –no sólo en la Universidad Gregoriana en Roma, destino usual de la mayoría de los curas de otras diócesis–. En el ámbito nacional quedó la idea de que aquí no había clérigos intelectuales que reflexionaran sobre los problemas de actualidad, que esta Iglesia no producía semilleros de hombres dedicados y que las vocaciones de honda tradición se habían agotado.

A pesar de los obstáculos, los sacerdotes y los grupos laicos siguieron, algunos de soslayo, con el trabajo pastoral, la liturgia, el proceso de actualización con un amplio espacio de participación, lo mismo que con la lectura de la Biblia. Esto se notaba más en las parroquias de los barrios populares que en las de los sectores me-

Manifestación convocada en 1993 por la Arquidiócesis de Medellín
para pedir la paz (Archivo *El Colombiano*)

CUADRO I

ERECCIÓN DE PARROQUIAS DE LA ARQUIDIOCESIS DE MEDELLIN

Zona	Total	Hasta 1957	Mons. Tulio Botero (1958-1978)	Mons. López Trujillo (1979-1990)	Mons. Héctor Rueda (1991-hoy)
NORORIENTAL	34	5	16	12	1
NOROCCIDENTAL	32	2	18	11	1
CENTROORIENTAL	36	15	15	6	-
CENTROCCIDETAL	35	5	19	11	-
SURORIENTAL	8	1	4	3	-
SUROCCIDENTAL	19	4	11	3	1
SAN ANTONIO DE PRADO	3	1	-	1	1
SANTA ELENA	1	-	1	-	-
SAN CRISTÓBAL	4	1	-	2	1
BELLO	32	1	16	15	-
COPACABANA	5	1	2	2	-
ENVIGADO	13	2	5	6	-
ITAGÜÍ	18	2	9	7	-
SABANETA	4	1	-	3	-
LA ESTRELLA	2	1	-	1	-
Total	**246**	**42**	**116**	**83**	**5**

FUENTES: Javier Piedrahíta, «Las parroquias por orden cronológico de su erección» (mimeo), 1993, y «Vicarías foráneas», *Crónica Arquidiocesana 1993*, Medellín, Arquidiócesis de Medellín, abril de 1994. Listado de parroquias de la Curia Arquidiocesana, 1994.

dios y altos, donde se carece de intenso fervor religioso y de interés por cambiar el estado de cosas; estas parroquias han sido más tradicionalistas, muchas veces en contra del deseo de los mismos párrocos.

Monseñor López ensalzó el poder eclesiástico cuando ya desde el Concilio Vaticano II se había entendido que la autoridad y el poder eclesiásticos estaban al servicio del pueblo. Todas estas circunstancias le impedían a monseñor López Trujillo entender y actuar sobre los problemas de una ciudad que se transformaba, crecía y generaba un pluralismo que debilitaba la contextura cristiana[2]. Monseñor López restructuró la Arquidiócesis, lo que para algunos significó echar abajo los esfuerzos que había hecho monseñor Tulio Botero para horizontalizar y flexibilizar las estructuras rígidas de la Iglesia. Con espíritu burocrático, creó nuevas vicarías y dependencias después de que el Sínodo había pensado una reestructuración más racional y funcional; y para los nuevos puestos nombró a personas de su confianza o ratificó a quienes ya se encontraban en ellos, siempre y cuando se plegaran a sus concepciones.

En 1981 creó la zona episcopal N° 7 (Itagüí, La Estrella, San Antonio de Prado y Caldas) y en 1983 la N° 8 para la zona rural. Años más tarde

hizo una restructuración con la que se completaron nueve zonas episcopales. Después de su gestión ante la Santa Sede, logró que en 1988 ésta creara las diócesis de Caldas y de Girardota que antes formaban parte de la Arquidiócesis de Medellín, con el fin de cubrir el departamento de modo más eficiente en cuanto a las necesidades pastorales, culturales y sociales, lo que se garantizaba por una mejor distribución del clero. Desde que inició su administración, y hasta 1990, se habían creado 83 parroquias, sobre todo en los sectores de estratos bajos[3].

El clima que creó el Cardenal explica que en 1986 la Conferencia Episcopal hubiera recibido una carta firmada por sacerdotes, religiosas, religiosos y laicos de Medellín, que pedían su intervención en los delicados asuntos de la Arquidiócesis: la unidad clerical desgarrada y falsas imputaciones a ciertos sacerdotes; y solicitaban restituir un ambiente propicio para la acción pastoral porque los problemas de la ciudad no daban espera; necesitaban un clima favorable para afrontar pastoralmente las bandas juveniles, recientemente formadas, el sicariato y la violencia generalizada, problemas que no se podían combatir sólo desde el púlpito.

En 1990 el Papa nombró a monseñor López Trujillo como presidente del Pontificio Consejo

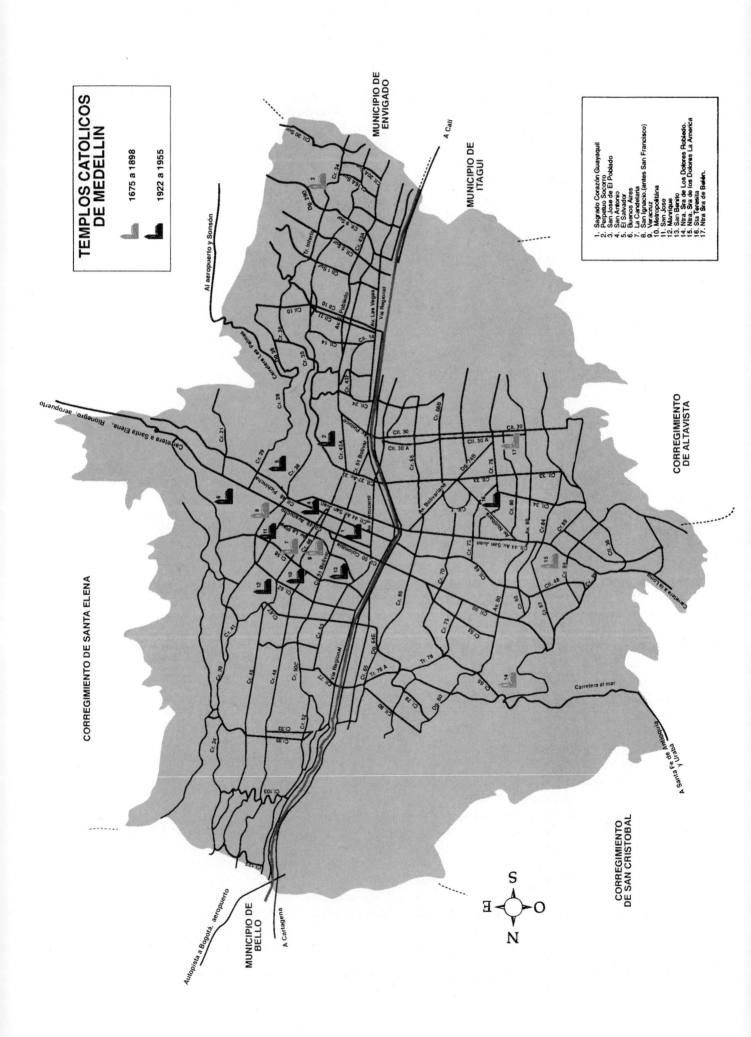

TEMPLOS CATOLICOS
DE MEDELLIN

1675 a 1898

1922 a 1955

1. Sagrado Corazón Guayaquil
2. Perpetuo Socorro
3. San Jose de El Poblado
4. San Antonio
5. El Salvador
6. Buenos Aires
7. La Candelaria
8. San Ignacio.(antes San Francisco)
9. Veracruz
10. Metropolitana
11. San Jose
12. Manrique
13. San Benito
14. Ntra. Sra de Los Dolores Robledo.
15. Ntra. Sra de los Dolores La America
16. Sta Teresita
17. Ntra Sra de Belén.

MUNICIPIO DE
ENVIGADO

A Cali

MUNICIPIO DE
ITAGUI

CORREGIMIENTO
DE ALTAVISTA

CORREGIMIENTO DE SANTA ELENA

Carretera a Santa Elena, Rionegro, aeropuerto

Al aeropuerto y Sonsón

Carretera Las Palmes

Autopista a Bogotá, aeropuerto

A Cartagena

A Santa Fe de Antioquia.
y Urabá

MUNICIPIO DE
BELLO

CORREGIMIENTO
DE SAN CRISTOBAL

Carretera al mar

S

E   O

N

para la Familia, con sede en Roma. Algunos piensan que este nombramiento fue una aceptación en Roma de las situaciones anómalas que ocasionaba la presencia del cardenal en la ciudad y en el país. Con su partida, la ciudad y la Iglesia local respiraron otros aires.

La mediación social

Después de un año con monseñor Carlos Prada Sanmiguel como administrador diocesano, el papa llenó la vacancia con monseñor Héctor Rueda Hernández. En su posesión, en 1991, prometió ser vocero de la reconciliación y la concordia en una ciudad atormentada por la violencia, el desempleo y el desequilibrio social. Esa situación generó inculpaciones de todo tipo, de las que no se excluyó la responsabilidad estatal; sin embargo, propició un movimiento reflexivo en el que confluyeron distintas organizaciones y sectores, de los que participó la Iglesia local. De él se desprendieron varias acciones sobre la ciudad que no habrían sido posibles sin el concurso de las iniciativas locales para el restablecimiento del tejido social. Conjuntamente, la Consejería Presidencial, las Organizaciones no Gubernamentales, otras instituciones y la Iglesia iniciaron una convocatoria ciudadana por la paz, que la Iglesia afincó en el principio de la fe en Dios y en los hombres. Tener fe en los hombres fue la palanca para «sensibilizar las conciencias»[4] sobre la dignidad humana en una ciudad con altos niveles de violación de los derechos fundamentales. Después de un largo y oscuro período de marginación, la reaparición pública de la Iglesia mereció reconocimientos ciudadanos que alentaron su espíritu. La coordinación de la Mesa de Trabajo por la Vida ayudó a la Iglesia a renovar y llenar de contenido sus palabras; aceptó la pluralidad al predicar el respeto por el otro y acoger a quienes antes descalificaba por pecadores; abrió el diálogo entre sectores en conflicto y realizó pastoral con grupos armados; resolvió ser acompañante de procesos sociales en marcha y no se redujo al asistencialismo; estructuró propuestas para los jóvenes más allá de la evangelización; propició –junto con otras organizaciones e instituciones– espacios de encuentro como el de la Semana por la Vida, que ventiló los problemas ciudadanos y que concluyó con la marcha callejera más numerosa y variada de los últimos lustros.

La defensa de la vida puso a la Iglesia en el centro de la coyuntura ciudadana, lo que le implicó encarar un problema público que debía tratarse con criterios más laxos que los de la tradición conceptual católica. Tuvo que reconocer el pluralismo y la secularización de la sociedad para comprender el sustrato de los problemas sociales y la dinámica de las fuerzas en juego. Así pues, la realización de la fe comenzó una transición del terreno abstracto e inoperante al campo vivencial, histórico y particular, tal como lo enseñó el Concilio Vaticano II; lo anterior la llevó a trabajar de forma mancomunada y a despojarse de su estatus puro e incontaminado como lo proclamaba la vieja Iglesia.

En diciembre de 1993 la nueva estructura administrativa de la Arquidiócesis delegó en tres obispos auxiliares cada una de las zonas pastorales en que se dividió la ciudad, con la intención de descentralizar funciones, hacer una pastoral más efectiva y acercar la jerarquía eclesiástica a los feligreses; sin embargo, esto ha sido insuficiente. La Iglesia no ha trazado un proyecto que le permita saber cómo desenvolverse en la ciudad, ni se ha decidido, como institución, a poner en acción las enseñanzas posconciliares, las cuales durmieron el sueño de los justos en el período anterior y ahora comienzan a desperezarse. El último Sínodo se realizó hace veinticinco años y la ciudad ha cambiado desde entonces. La iglesia de Medellín no ha actualizado en profundidad sus estrategias de acción social, y no ha convocado a sus pastores para que den cuenta del estado de sus parroquias y de los problemas que conocen palmo a palmo; por tal razón no está preparada para una acción eclesiástica que no sea coyuntural en una ciudad ávida de espacios de concertación y diálogo. Si no accede al conocimiento directo, reflexivo y crítico; si no ausculta las necesidades rituales, espirituales y sociales de sus feligreses; y si no se interroga sobre las posibilidades o limitaciones de sus principios teológicos para hacer presencia en un mundo moderno, verá proliferar otras iglesias que parecen responder ritualmente y de manera más efectiva la soledad y la incertidumbre que acompañan al hombre moderno[5].

NOTAS

1. En 1958 Medellín contaba con 34 parroquias; en 1961 se erigieron 32; cuatro años más tarde eran 86, 16 de las cuales estaban en manos de comunidades religiosas; en 1968 eran 101 y en 1978, al finalizar su período, eran 158, 40 de ellas distribuidas en los municipios que hoy pertenecen a la Arquidiócesis: Copacabana, 3; Bello, 17; Itagüí, 11; Envigado, 7; Sabaneta, 1, y La Estrella, 1.

2. «La Iglesia propone voto obligatorio», *El Colombiano,* enero 31 de 1982, p. 16A.

3. De éstas, 34 se distribuían así: Sabaneta, 3; Itagüí, 7; Envigado, 6; Bello, 15; Copacabana, 2 y La Estrella, 1.

4. «El Arzobispo de Medellín se pronunció. Condena la amenaza de la violencia», *El Mundo,* julio 11 de 1992, p. 7.

5. El informe quinquenal de la Arquidiócesis (1984-1989) registra 24 iglesias de confesión cristiana, no católica, existentes en la arquidiócesis; cuatro no cristianas y dos logias masónicas.

Bibliografía

Arquidiócesis de Medellín, *Una mirada pastoral. Algunos aspectos,* Medellín, agosto 15 de 1984.

Arquidiócesis de Medellín, *Una mirada pastoral. Síntesis del informe quinquenal 1984-1989,* Medellín, 1989.

Arquidiócesis de Medellín, *Sínodo pastoral, 1969-1976,* Medellín, 1976.

Bronx, Humberto, *Historia de la Arquidiócesis de Medellín. 1902-1968,* Medellín, 1969.

CELAM, «La Iglesia en la actual transformación de América Latina a la luz del Concilio.» Segunda Conferencia General del Episcopado Latinoamericano, Medellín, agosto 26-septiembre 6 de 1968.

Gheerbrant, Alain, *La iglesia rebelde de América Latina,* México, Siglo XXI, 1970.

Montoya Candamil, Jaime, *Momento histórico de paz. Reportaje a Alfonso López Trujillo,* Bogotá, Plaza y Janés, 1985.

Parada, Hernán, *Crónica de Medellín,* Bogotá, Colección Iglesia Nueva, No. 17, septiembre de 1975.

Piedrahíta, Javier, *Crónica arquidiocesana,* Medellín, Arquidiócesis de Medellín, 1992 y 1993.

PRENSA LOCAL Y NACIONAL, 1975-1993.

ENTREVISTAS.

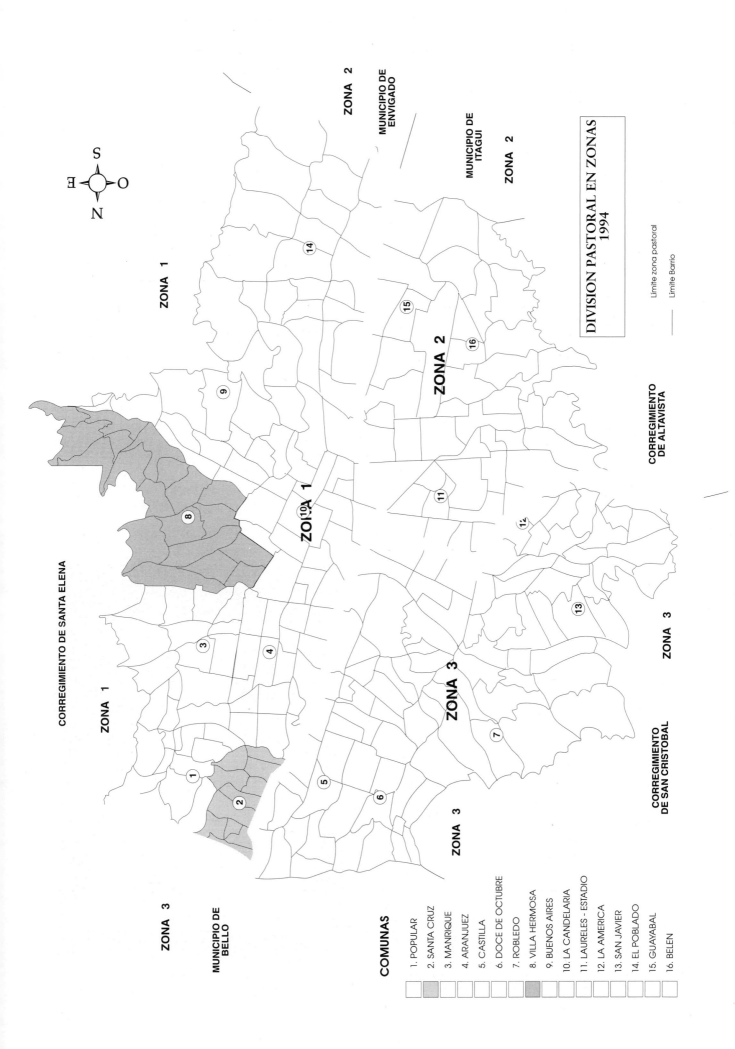

DIVISION PASTORAL EN ZONAS
1994

Límite zona pastoral

Límite Barrio

COMUNAS

1. POPULAR
2. SANTA CRUZ
3. MANRIQUE
4. ARANJUEZ
5. CASTILLA
6. DOCE DE OCTUBRE
7. ROBLEDO
8. VILLA HERMOSA
9. BUENOS AIRES
10. LA CANDELARIA
11. LAURELES - ESTADIO
12. LA AMERICA
13. SAN JAVIER
14. EL POBLADO
15. GUAYABAL
16. BELEN

CORREGIMIENTO DE SANTA ELENA

ZONA 1

MUNICIPIO DE BELLO

ZONA 3

ZONA 1

ZONA 2

MUNICIPIO DE ENVIGADO

MUNICIPIO DE ITAGUI

ZONA 2

ZONA 2

ZONA 1

CORREGIMIENTO DE ALTAVISTA

ZONA 3

ZONA 3

ZONA 3

CORREGIMIENTO DE SAN CRISTOBAL

Javier Piedrahíta

Situación política y religiosa en Antioquia 1868 a 1942

EL PATRONATO fue la concesión otorgada por la Iglesia Católica a la Corona española para participar en la administración eclesiástica. Buscaba, entre otros fines, impedir la penetración del protestantismo en sus dominios. Por ello en la Nueva Granada no existió otro culto que el católico. La aparición de los primeros protestantes se dio durante la independencia con la venida de generales y soldados extranjeros. Su culto se formalizó a partir de 1825, aunque en Antioquia su presencia se evidenció después de 1850.

El gobierno republicano surgido de la independencia heredó el patronato español que oficializó mediante ley en 1824. Éste fue más intervencionista que el anterior, no obligaba al Estado en la dotación económica de la iglesia, ni a garantizarle protección.

Separación de Iglesia y Estado

En 1853 terminó el patronato republicano. Surgió la separación del Estado y la Iglesia con la Santa Sede. La separación marcó una época difícil para la Iglesia. El gobierno empezó a hostigarla con las leyes llamadas eclesiásticas o religiosas. Juan de la Cruz Gómez Plata, segundo obispo de Antioquia, previno al clero sobre las dificultades que iba a tener la Iglesia. Cuando se fundaron los dos partidos políticos (el liberal en 1849 y el conservador en 1849), y Tomás Cipriano de Mosquera inició su primer gobierno, se sugirió la conveniencia de derogar la ley de patronato.

Gómez Plata captó, como obispo y como político, cuál iba a ser la actitud de los próximos gobiernos. La religión católica se tomó desde entonces como una frontera entre los dos partidos. El programa conservador de 1849 proclamaba el orden constitucional, la legitimidad, la moral del cristianismo contra el materialismo y el ateísmo, la libertad racional, la igualdad legal, la tolerancia real y efectiva, la propiedad, la seguridad y la civilización. El ideario liberal era el del establecimiento de las libertades; la abolición de la esclavitud, la libertad absoluta de cultos, de imprenta, de palabra, de enseñanza, de industria, de comercio de armas y de municiones; respaldaba el desafuero eclesiástico, la abolición de los monopolios de diezmos y de censos, la expulsión de los jesuitas, entre otras ideas y consignas.

Medellín, sede episcopal

El traslado de la sede episcopal de Santa Fe de

Mariano Garnica y Dorjuela (óleo del taller de Pedro José Figueroa, ca. 1838, catedral de Villanueva)

Juan de La Cruz Gómez Plata
(óleo anónimo del siglo XIX. Catedral de Villanueva)

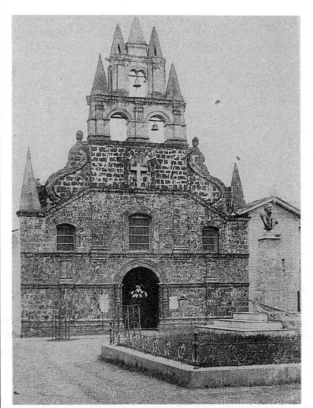

Iglesia de la Veracruz, construida entre 1781 y 1803
(tarjeta postal, s. i. Centro de Memoria Visual, FAES)

Antioquia a Medellín, en 1868, se debió en parte a la división del clero en dos grupos, uno que se sometió al gobierno y otro que permaneció fiel a la potestad exclusiva de la Iglesia. A partir de ese año Medellín ha sido sede episcopal desde donde dirigen sus actividades pastorales los obispos de acuerdo con las diversas épocas políticas. En el primer período (1688-1887) gobernaron tres obispos antioqueños y en el segundo (1887-1942), en el que rigió el régimen concordatario, gobernaron tres obispos bogotanos y uno antioqueño.

Primer período: tres obispos antioqueños: Jiménez, Isaza y Montoya

Los concilios provinciales neogranadinos señalaron los principios sobre fe, moral y liturgia. En el segundo, los obispos no se pusieron de acuerdo en cuatro puntos: lo referente a la educación, la intervención del clero en política, las misiones y las escuelas católicas. En todo lo demás concordaron. Los que expresaron su disentimiento apelaron a Roma, donde se examinaron las actas pero no se aprobaron aunque estaban correctas.

Valerio Antonio Jiménez Hoyos
(1806-1891)

Como primer obispo organizó la diócesis de Medellín y Antioquia de acuerdo con lo determinado en el Concilio Provincial de 1868 y según

las enseñanzas del Vaticano Primero (1869-1878) y del primer Sínodo Diocesano reunido en Medellín en 1871. Durante su administración (1868-1873) logró la unidad del clero dividido por las leyes del gobierno sobre juramento, tuición de cultos y desamortización. Le correspondió el gobierno de Pedro Justo Berrío, quien se entendió muy bien con la Iglesia y colaboró en la solución de problemas –como el creado por el traslado de la sede de Medellín–, la construcción de nueva catedral, etc. Las relaciones de los gobernadores Berrío y Recaredo de Villa con la Iglesia fueron excelentes.

El señor Jiménez estableció el Seminario en 1869, creó un periódico, *El Repertorio Eclesiástico*, en cuyo primer número se decía que había que combatir a los enemigos de la Iglesia con los mismos medios que ellos usaban, entre los cuales sugería la prensa. Toda la educación en Antioquia se orientó de acuerdo con los principios de la religión católica, a pesar del Derecho Orgánico de Instrucción Pública de 1870 que creaba conflicto entre la Iglesia y el Estado y que no se aceptó ni se siguió en Antioquia pues Berrío dictó en 1871 un decreto orgánico para ésta. Jiménez Hoyos organizó el apostolado de los laicos con la Asociación del Sagrado Corazón de Jesús, que tenía como finalidad la formación católica de sus miembros y la colaboración en catequesis, educación y asistencia social, y fomentó las llamadas sociedades católicas que propendían por el adelanto moral, intelectual y material de los municipios. En 1872 aprobó la creación, por la Sociedad Católica de Medellín, de una revista llamada *La Sociedad Cristiana*, durante la presidencia de Mariano Ospina Rodríguez, para hacer frente a la propaganda impía y disociadora que estaba socavando la República. Cuando se le aceptó la renuncia y se retiró a vivir en Marinilla, dejó la diócesis organizada y funcionando.

El Capítulo Catedral dejó constancia de que había sido faro luminoso y conductor experto y lo comparó con San Atanasio. Era descendiente de varias de las familias españolas que poblaron el oriente antioqueño, y nació en Marinilla. Fue casi un autodidacta pues estudió con algunos sacerdotes y profesores en su propia tierra natal, no estuvo en seminario ni en universidades y sólo salió de Antioquia en 1868 para buscar su consagración episcopal y asistir en Bogotá al Primer Concilio Neogranadino. Fue ordenado sacerdote en 1829 en Rionegro por el obispo fray Mariano Garnica. Fue vicario cooperador en Abejorral y San Vicente y párroco en Cocorná y Marinilla.

En las circunstancias difíciles que se presentaron en 1863, cuando el obispo Domingo Antonio Riaño fue desterrado por Mosquera y los vicarios generales que señaló se sometieron al gobierno, por lo que quedaron sin jurisdicción, monseñor Jiménez no sólo no se sometió sino que, a petición del clero, asumió la Vicaría en julio de 1863 y la desempeñó como vicario general de Riaño, quien lo ratificó, le solicitó informes y dio órdenes desde el destierro. Cuando se supo la noticia de la muerte de Riaño, el Capítulo eligió vicario capitular al padre Diego Leal, y como esa elección fue irregular, la demandó el clero y el arzobispo de Bogotá nombró a Jiménez como vicario capitular. El clero lo solicitó como obispo y fue nombrado por el Papa en 1868. Después figuró como vicario capitular (1874) y el clero lo volvió a pedir como obispo. Le correspondió hacer el entierro de Berrío y presidir en 1875 la celebración del segundo centenario de la erección de Medellín en villa. Fundó la Cofradía de San Juan de Dios en el Hospital de Caridad y ordenó colectas especiales para Pamplona y Venezuela asoladas por terremotos.

Fue vicario capitular por segunda vez en 1884 pero gobernó desde Marinilla. Afrontó la guerra civil de 1885. En diciembre de 1884 previno al clero para que prescindiera de la política y predicara la paz y la concordia. En 1885 cerró el Seminario por motivo de la guerra, recibió a los jesuitas que regresaron a Medellín y los dedicó a misiones en las parroquias, recibió del gobierno el templo de San Francisco, hoy de San Ignacio, ordenó que se continuara la publicación de *El Repertorio Eclesiástico* y lamentó la muerte de Mariano Ospina Rodríguez, que tanto había colaborado como apóstol laico. En 1886 llegó como obispo el bogotano Bernardo Herrera Restrepo.

José Joaquín Isaza Ruiz
(1820-1874)

El segundo obispo de Medellín nació en Rionegro y su hermana Julia fue la esposa de Gregorio Gutiérrez González. Por un año estudió

Catedral de Villanueva, ca. 1910 (tarjeta postal, s. i., colección particular)

en Medellín en el Colegio del Estado. En 1839 viajó a Bogotá y empezó estudios de medicina y jurisprudencia. Se graduó en jurisprudencia en 1842 en la Universidad Nacional. Estudió teología y derecho canónico y se tituló en 1845 y 1846, respectivamente. Se ordenó sacerdote en 1842. Fue profesor de física, matemática, química, geología y derecho canónico en el Seminario de Bogotá; capellán y catedrático de química y filosofía en el Colegio del Rosario, inspector de la Universidad Central, vicerrector del Colegio de San Bartolomé y profesor en la Universidad del Distrito. Fue secretario del arzobispo Manuel José Mosquera. A pesar de este currículo intelectual y del porvenir que le esperaba en Bogotá, después de verdadera lucha, resolvió regresar a Antioquia y ser párroco. Sirvió las parroquias de Granada, La Ceja del Tambo, Aguadas, Sopetrán y San Vicente. Sufrió bastante durante la persecución de 1863. En varias ocasiones ocupó puestos públicos civiles, fue representante al Congreso Elector de Cantón, diputado y vicepresidente de la Legislatura de Antioquia.

En 1861 publicó un folleto titulado *Libertad e independencia de la Iglesia,* en el cual analizó la ley de 1853 sobre separación de Iglesia y Estado y la mentalidad del partido liberal que la decretó. Se refería a la obra de Mosquera, a las persecuciones de 1850 y 1851, al decreto de tuición y lo que produjo. Afirmaba: «La Iglesia católica aunque siempre en guerra jamás es la agresiva». Las armas, decía, son las que siempre ha usado: la oración y la palabra divina. Según él, la Iglesia necesitaba libertad e independencia, y explicaba el significado de estos vocablos. El decreto de tuición atacaba la libertad de la Iglesia; Isaza Ruiz decía que sería la muerte de la Iglesia si dependiera del poder civil, pues éste es un poder meramente humano como lo es la Iglesia de Inglaterra, cismática y de todo, menos verdadera Iglesia de Jesucristo. Otro folleto importante es el publicado en 1864 por el clero no sometido de Antioquia, que firmaban en primer lugar Valerio A. Jiménez y José Joaquín Isaza, curas de Marinilla y de La Ceja, respectivamente, en el cual se analizaba la Constitución de 1863 y la ley de inspección de cultos de 1864. En 1864 publicó once cartas sobre la cuestión religiosa, escritas durante la persecución de 1863. En una de ellas afirmaba que el plan del gobierno era establecer el protestantismo en la Nación.

Los folletos, pastorales y circulares que publicaron los obispos participantes en todo este problema, dan a conocer las causas y finalidades que lo motivaron. Muchos historiadores actuales analizan esa época y sus fenómenos con los criterios de hoy, ignorando lo que opinaron los protagonistas de los hechos.

Monseñor Isaza era un sacerdote muy ilustrado en ciencias eclesiásticas y profanas. Formado en Bogotá al lado del arzobispo Mosquera, fue el sacerdote de confianza del obispo Jiménez a cuyo lado estuvo en los problemas causados por el cisma del canónigo Garro. Por eso fue nombrado desde 1868 en los cargos más delicados de la diócesis, como la vicaría general, la rectoría del Seminario y el deonato del Capítulo. Fue enviado a Bogotá al Concilio Provincial Neogranadino, del que actuó como notario y teólogo consultor; se solicitó que fuera su obispo coadjutor y lo logró en 1869. El mismo Jiménez lo consagró en Medellín – primer obispo consagrado en la ciudad–, el 17 de abril de 1870.

Como obispo coadjutor estuvo compenetrado con las ideas del obispo Jiménez, continuó las visitas pastorales que él había comenzado y publicó, en las relaciones de visitas y en *El Repertorio Eclesiástico*, la historia de las parroquias, donde trata sobre el sistema de transporte, los caminos de un municipio a otro, amén de muchos otros temas interesantes sobre la índole y la religiosidad de las gentes. Después de tres años como obispo coadjutor fue reconocido como sucesor del señor Jiménez por el Capítulo Catedral cuando el Papa le aceptó la renuncia el 29 de mayo de 1873. Murió en diciembre del año siguiente, por lo que su episcopado fue muy corto. Adquirió la casa del señor Jiménez en la Plazuela de San Roque para Palacio Episcopal, hizo avanzar la construcción de la Catedral de Villanueva, creó un equipo misionero para recorrer la diócesis, consagró como obispo a Joaquín Guillermo González, quien fue el primero en esa función cuando en 1873 se creó de nuevo la diócesis de Antioquia. Publicó ocho cartas pastorales entre las que puede destacarse la de 1871 sobre el liberalismo y la de 1873 contra el espiritismo. En varias circulares ordenó el establecimiento de la Confraternidad de la Doctrina Cristina, recomendó la publicación de una edición barata y popular de las Sagradas Escrituras que promovía para toda América el sacerdote Kemel Vaugen, y aprobó el Catecismo de Dupanloup. Nombró como rector del Seminario y vicario general al sacerdote José Ignacio Montoya Palacio, quien lo sucedió.

José Ignacio Montoya Palacio (1816-1884)

Fue el tercer obispo antioqueño que rigió la diócesis de Medellín por ocho años en un período igualmente difícil. El padre Montoya es tenido

Ermita de San José, ca. 1920.
(Fotografía Jorge Obando, colección particular)

como el primer obispo nacido en Medellín, en los alrededores del arroyo Zúñiga entre Envigado y El Poblado. Fue campesino pobre que trabajó en la arriería hacia las poblaciones del norte. De veinte años ingresó al Seminario de Antioquia donde fue ordenado en 1836 por el obispo Gómez Plata. Se le nombró prefecto general en el mismo Seminario y luego vicario cooperador y cura excusador en Fredonia, párroco de Itagüí por quince años, rector del Seminario, vicario general y provisor, deán del Capítulo y vicario capitular. El papa Pío IX lo nombró obispo el 7 de abril de 1876 y lo consagró el señor Jiménez el 23 de julio.

Le correspondió empezar con la persecución de que fue víctima el clero desde 1876; gobernó en un principio desde la clandestinidad, parece que por los lados de El Poblado. Dio normas claras sobre inspección de cultos, escuelas laicas, despojo de cementerios, matrimonio civil y juramento de fidelidad de los sacerdotes al gobierno. Salió desterrado para Europa el 12 de abril de 1879, siendo el primer obispo antioqueño que visitó a Roma donde informó al papa León XIII sobre la situación religiosa de Antioquia. Parece que ayudó a José María Quijano, enviado del general Trujillo, para lograr un acuerdo con la Santa Sede. Visitó Lourdes y al ver que tanto en Italia como en Francia se incrementaba la educación,

concluyó que lo mismo debería hacerse en Antioquia para mejorar la situación moral, religiosa y social. Por ello contrató la venida de las Hermanas de la Presentación para establecer colegio, orfanato y escuela gratuita. Al regresar reabrió el Seminario cerrado desde 1877, y le anexó estudios de Medicina y Contabilidad; así funcionó por cuatro años hasta 1881. Fundó el Instituto de Educación Cristiana, que aún existe, y tramitó la venida de los Hermanos Cristianos para crear un colegio, lo mismo que la de los jesuitas para las misiones y para atender el Seminario.

Fuera de la educación, trabajó en el campo social lo que le mereció el calificativo de padre de los pobres. Estableció en 1882 la Sociedad de San Vicente, que subsiste, la Casa de Huérfanos con doña María Jesús Upegui –fundadora luego de las Siervas del Santísimo y de la Caridad, primera comunidad religiosa arquidiocesana–, y continuó con las obras creadas por la Asociación del Sagrado Corazón de Jesús, la Casa de Asilo y la Casa del Refugio que tenían como fin, además de educar y asistir a los pobres, defender la fe contra los ataques de la masonería y el protestantismo. Fue reemplazado por el obispo Valerio Antonio Jiménez como vicario capitular.

El período de 1868 a 1886, o de gobierno de los obispos antioqueños, estuvo saturado de hechos político-religiosos –dentro del régimen que regía desde 1853– como la separación de la Iglesia y el Estado y la Constitución política de 1863. Como anota el historiador marxista J. Grigulevisch, la situación de México era muy semejante a la de Colombia, debido a que acá se copiaron varias leyes dictadas por los liberales reformistas quienes se daban la mano con las ideologías de la Revolución francesa y del protestantismo. Se distinguieron en México y en Colombia los liberales puros y los liberales moderados. También es excelente el resumen y las conclusiones de Juan Pablo Restrepo al final de su obra *La Iglesia y el Estado,* publicada antes del concordato, en 1885.

Segundo período:
el régimen concordatario

El jesuita Juan A. Eguren afirma que de 1877 a 1887 la política nacional se orientó al problema religioso. La Constitución y el Concordato trajeron la paz a Colombia, comò afirmó Rafael Núñez cuando escribió: «El Concordato ha sido pues el complemento obligado de la Constitución».

El período está marcado en Medellín, en cuanto a la administración episcopal, por una paz constante en materia religiosa que duró hasta 1930, cuando se volvió a agitar una nueva reforma a la Constitución y al Concordato.

Tres obispos bogotanos
y uno antioqueño

El nombramiento del primer obispo bogotano se debió a que en Antioquia algunos sacerdotes aspiraban a suceder al obispo Montoya, entre ellos el canónigo Sebastián Emigdio Restrepo. Dos sacerdotes habían sido nombrados como obispos auxiliares, monseñor Francisco Zaldúa, de Bogotá, en 1882 –pero hubo problemas y no fue consagrado como obispo–, y Moisés Higuita, boyacense, auxiliar de Bogotá con residencia en Tunja, quien tampoco viajó debido a la muerte del señor Montoya. El obispo Jiménez y el doctor Mariano Ospina Rodríguez escribieron a la Santa Sede solicitando que, por las circunstancias de la diócesis, el obispo no fuese de Antioquia, pues un obispo es para unir y no para dividir. Esto indica

Cortejo fúnebre en la Plazuela de San José a comienzos
del siglo XX (fotografía Jorge Obando, colección particular)

Iglesia de San Antonio, ca. 1920
(fotografía Jorge Obando, colección particular)

que había división entre el clero respecto del candidato. La Santa Sede nombró entonces al bogotano Bernardo Herrera Restrepo.

Bernardo Herrera Restrepo (1844-1928)

Nacido en Bogotá y descendiente de antioqueños, estudió con los jesuitas. A los 11 años estuvo con su padre Bernardo en la Convención de Rionegro. Se formó en Francia en el Seminario de San Sulpicio donde se ordenó sacerdote en 1869, de manos de monseñor Luis Carlos Manet. Asistió al Concilio Vaticano Primero como secretario del obispo toscano de Pamplona y se doctoró en teología en la Sapientia de Roma. En 1871 el señor Arbeláez lo nombró rector del Seminario de Bogotá, cargo que desempeñó hasta 1885 cuando fue promovido como obispo de Medellín, a donde viajó en enero de 1886 después de ser consagrado por el arzobispo Paul. Gobernó la diócesis hasta junio de 1891, cuando pasó al arzobispado de Bogotá.

En Medellín su labor esencial fue en el Seminario donde, al igual que en el de Bogotá, impuso orientación sulpiciana que conoció ampliamente en Europa pero que acomodó al anterior reglamento elaborado por el arzobispo Mosquera. Inauguró el Colegio de San Ignacio con los jesuitas, recién llegados a la ciudad; le correspondió recibir también a los Hermanos Cristianos que inaugu-

raron el Colegio de San José, y dio una pastoral sobre la educación y la familia.

En lo material dejó obras que subsisten, como la construcción, por el arquitecto francés Carlos Carré, de la Catedral de Villanueva, suspendida por orden del obispo Montoya y por no dar garantía los planos del italiano Felipe Crosti. Mejoró el edificio de la Candelaria, sobre todo su frontis, y realizó la colocación y bendición de las campanas donadas por don Pascacio Uribe. En lo social impulsó la Congregación de Artesanos de San José y donó a la Sociedad de San Vicente el terreno para la casa de ejercicios.

Joaquín Pardo Vergara (1843-1905)

Nacido en Bogotá, fue ordenado por el señor Herrán el 24 de diciembre de 1867. Vicerrector del Seminario y secretario del señor Arbeláez, fue consagrado obispo por el señor Herrera Restrepo el 24 de abril de 1822, y nombrado para suceder al obispo de Pasto, pero luego se lo nombró para Medellín.

Los más importantes hechos de su administración fueron la segregación de algunas parroquias del sur de Antioquia para crear la diócesis de Manizales (1900). Recibió de la Santa sede, en 1902, la elevación de Medellín a la categoría de Arquidiócesis y el honor del nombramiento como su primer arzobispo. Asistió en Roma al Concilio Plenario de América Latina donde empezó la integración del episcopado latinoamericano y de cada nación al crearse las conferencias episcopales nacionales. Al cambiar el siglo ordenó construir una estatua conmemorativa al Salvador del mundo en el morro de Las Cruces; hizo avanzar la construcción de la Catedral de Villanueva y dio al servicio litúrgico una parte de ella.

En educación logró la venida de las Hermanas de la Enseñanza para el colegio femenino, apoyó el que regentaba la señorita Laura Montoya, posterior fundadora de la Comunidad Misionera y hoy beata en proceso de canonización.

En lo social dio licencia para la fundación de la Comunidad de las Siervas del Santísimo y de la Caridad a la fundadora doña María Jesús Upegui Moreno; apoyó la creación en Medellín de un lazareto en Fontidueño, que se suspendió más tarde. Durante la Guerra de los Mil Días procuró que el clero no interviniera y que atendiera los menesteres que se sufrían por la carestía que se presentó. En Medellín inauguró el Parque Bolívar en la celebración del cuarto centenario del descubrimiento de América, inauguró la estatua de Berrío, la plaza de mercado de Medellín en Guayaquil, entregó la Iglesia de San Benito a los franciscanos, creó la parroquia de La América, autorizó la construcción del templo de Buenos Aires, bendijo la capilla de Loreto y autorizó que el atrio de la Candelaria fuera entre las calles de Colombia y Boyacá, según plano de Carré.

Manuel José Cayzedo Martínez (1851-1937)

Nació en Bogotá y, después de hacer el bachillerato y trabajar como comerciante, ingresó de treinta años a cursar en Roma los estudios eclesiásticos. Fue ordenado sacerdote el 22 de diciembre de 1883 en San Juan de Letrán por el cardenal Rafael Mónaco La Valleta. Párroco de Las Aguas, prefecto general y vicerrector del Seminario de Bogotá, fue consagrado obispo el 3 de agosto de 1892 para Pasto, de donde fue trasladado a Popayán en diciembre de 1896. Se lo nombró arzobispo de Medellín del primero de diciembre de 1905 al 5 de marzo de 1935, cuando entregó al administrador apostólico Tiberio de Jesús Salazar y Herrera.

Dejó honda huella en la arquidiócesis, ya que le correspondió terminar la catedral; trasladó a ella el Capítulo Metropolitano y el culto episcopal. Al Seminario lo dotó de nuevo edificio, le dio estatutos y lo orientó en lo referente a la formación sacerdotal.

Cúpulas de la iglesia de la Candelaria, de la iglesia de San José
y del observatorio del Colegio de San Ignacio, 1927
(fotografía Jorge Obando, colección particular)

Hay que destacar su obra en el campo de lo social con la aplicación de la doctrina de *Rerum Novarum*; por eso se desveló por los trabajadores, fomentó la formación de líderes sociales y se preocupó por la suerte del campesinado que empezaba a abandonar el agro para dirigirse a la ciudad. Obras como el Hospital de San Vicente, el Orfanato de San José, las salacunas y el Patronato de Obreras, recibieron su apoyo lo mismo que el fomento del cooperativismo. Aprobó la fundación de la Normal Antioqueña de Señoritas, de la Universidad Católica Bolivariana y de las Escuelas Eucarísticas, y trajo a los Padres Salesianos para la educación técnica en el Instituto Pedro Justo Berrío. En el plano eclesiástico nacional tuvo gran influencia como promotor y asistente a las primeras reuniones de la Conferencia Episcopal. Publicó diversas cartas pastorales, estuvo en Roma en varias ocasiones, se opuso a la creación de la diócesis de Sonsón, creó varias parroquias en la ciudad de Medellín, dio normas para la aplicación del Código de Derecho Canónico de 1917 y combatió duramente el modernismo que surgía entonces en la Iglesia. No tuvo periódico o revista oficial pero en la revista *La Familia cristiana* y en otros medios se publicaba todo lo que escribía.

Tiberio de Jesús Salazar y Herrera (1871-1942)

Nació en Granada y estudió en el Seminario de Medellín donde fue ordenado sacerdote en 1897 por el obispo Pardo Vergara. Párroco en La Ceja y en Sonsón, fue consagrado como obispo para Manizales en 1922 por el arzobispo Manuel J. Cayzedo. En julio de 1932 fue nombrado coadjutor con derecho a sucesión de Medellín. Después de haber sido nombrado en mayo de 1934 como administrador apostólico, entró como arzobispo el 22 de junio de 1937. Gobernó hasta 1942, año en que murió.

Su administración estuvo enmarcada por la política sobre la Constitución y el Concordato que empezó a regir en 1930. Dentro de ese ambiente impulsó la fundación de la Normal Antioqueña de Señoritas, de la Universidad Católica Bolivariana y del apostolado laical con la Acción Católica y la Acción Social Católica. Creó el *Boletín Arquidiocesano*, periódico oficial de la arquidiócesis, donde se publicaban sus pastorales y circulares; ordenó la construcción del Seminario Menor, la venta de la finca San Javier a la Cooperativa de Habitaciones y la compra de la finca Betania en Buenos Aires para edificar allí el Seminario Menor. Al crecer la ciudad estableció los fundamentos para atender el auge poblacional y urbanístico y preparó al clero para afrontar la proliferación de las sectas protestantes. En la visita que hizo a Roma informó al Papa sobre el estado pastoral de la Arquidiócesis que empezaba a crecer desmesuradamente y que tenía como sede a Medellín y su área circundante.

Bibliografía

1. Fernán González, prólogo en Juan Pablo Restrepo, *La Iglesia y el Estado*, Biblioteca Banco Popular, vol. 132, Bogotá, 1987.

2. Javier Ocampo Lopéz, *Qué es el conservatismo*, Plaza y Janés Editores, Bogotá, 1990.

3. Gerardo Molina, *Las ideas liberales en Colombia 1849-1914*, t. I, Universidad Nacional de Colombia, Bogotá, 1970.

5. Revista de la Academia Colombiana de Historia Eclesiástica, N° 17 y 18.

6. Jaime Serna y Javier Piedrahíta E., Pbro., *Historia de la Arquidiócesis*, Movifoto, Medellín, 1969.

Fabio Botero Gómez

La planeación del desarrollo urbano de Medellín, 1955-1994

Período de transición, 1955-1970

EN OTRO de los artículos que integran esta historia de Medellín, se trata ampliamente lo que significó el «Estudio del Plan Piloto para Medellín», realizado por los urbanistas Wiener y Sert en el período 1948-1950. Aquí se puede declarar y subrayar que el impacto de ese estudio sobre la ciudad y su evolución ulterior en el período 1950-1990 fue enorme, tal vez como no lo ha sido en ninguna otra ciudad colombiana; en gran parte, hay que reconocerlo, impacto positivo, y ello, pese a algunos *impactos negativos* que tuvieron un peso apreciable, principalmente el desplazamiento del centro administrativo y la rigidez de zonificación de uso del suelo, así como la poca importancia asignada a los factores económico-sociales.

Pero el hecho indiscutible es que el proceso de evolución de la ciudad en el período 1950-1990 cambió sus parámetros y directrices, a veces lentamente, a veces en forma traumática y aun conflictiva, como era de esperarse en un período de tan grandes cambios en el mundo.

En 1950 moría el *ilustrado* y todavía idealista mito del progreso, la gran creación del siglo XIX; y nacía con toda su fuerza pragmática y positivista, pero no menos mitológica, el que puede llamarse mito del desarrollo, aún en plena vigencia, y que aparece pobremente dotado de las defensas necesarias cuando la humanidad se enfrenta a decisiones de una escala y profundidad nunca antes vividas en su historia. Éstas, inevitablemente, llevan a recordar lo que alguna vez decía el filósofo matemático Alfred North Whitehead, coetáneo y colaborador de Bertrand Russell: «Dios es el garante (o la garantía) de la racionalidad del universo»; garantía que ciertamente es de una importancia y trascendencia inconmensurables en este momento. Divagaciones metafísicas, dirán con toda razón los positivistas a ultranza; pero divagaciones que difícilmente pueden considerarse irrelevantes. Y con esto entramos en materia concreta.

Primera observación: los planes de ordenamiento físico urbano y de fijación de cauces para la expansión material de la ciudad, y la simplificada concepción de la operatividad social de la misma, cedieron el paso a los planes de desarrollo; y a su vez, dentro de la conformación interior de éstos, a un progresivo énfasis en las estrategias selectivas.

Dentro de este marco general, el proceso de planificación y ordenamiento urbano en Medellín y su área metropolitana en el período 1955-1990, puede considerarse de gran vitalidad y riqueza formal. Las líneas de acción son numerosas y podrían seguirse con cierto rigor lógico y orden secuencial, pero preferimos el simple ordenamiento cronológico, señalando de paso dónde son posibles las conexiones de secuencia lógica. Así, pueden destacarse los siguientes aspectos del desarrollo urbano como partes esenciales de un plan implícito:

• En 1955 la configuración de las Empresas Públicas de Medellín como ente autónomo, con la unificación de manejo de una adecuada gama de servicios (electricidad, acueducto, teléfono y alcantarillado de aguas residuales); se clarifica el problema de gestión de otros servicios urbanos, con la constitución de las Empresas Varias de Medellín a cargo de la Feria de Ganados, del Matadero, del aseo público, de las plazas de mercado al por menor, y del futuro proyecto de la Central Mayorista. Puede asegurarse que Medellín fue la primera ciudad colombiana que logró una sólida estructuración de los servicios públicos, preeminencia que conserva todavía, aun con mayor grado de eficiencia y pulcritud administrativa.

• El manejo de las quebradas quedó a cargo de la Secretaría de Obras Públicas Municipales, y el trasporte público urbano pasó a manos privadas.

Todavía en el decenio de 1960 las lavanderas aprovechaban las quebradas o riachuelos en las afueras de la ciudad.
(Fotografía Carlos Rodríguez, Centro de Memoria Visual, FAES)

Por otro lado, Valorización Municipal, ente en el que Medellín fue ejemplo de eficacia, continuó su creciente intervención en el sistema vial primario de la ciudad, que tendría su período *pico* entre 1960 y 1980. Estas líneas de acción, y sus entes ejecutores, no eran fruto del Plan Piloto, pero encontraron en él, y en el progresivo fortalecimiento de la planeación municipal, su principal fuente de orientación de acciones y apoyo conceptual.

• Para cerrar este período 1955-1960, fue particularmente importante la promulgación del llamado Plan Director, el cual consistía en un plano del sistema vial urbano, primario y secundario, que fue aprobado oficialmente por el Concejo en 1960. Este plano se constituyó en la guía para los nuevos desarrollos urbanos, y base para la aprobación de nuevas urbanizaciones mediante la imposición de las llamadas desde entonces vías obligadas, que el proponente proyectista tenía que respetar y con frecuencia, según el caso, construir a su costa. Este Plan Director era la aplicación efectiva y concreta del Plan Piloto de Wiener y Sert, con algunas modificaciones menores; y con su base constituyó lo que fue el mayor logro positivo en la planeación física de Medellín entre 1950 y 1970, la conformación final del sector al occidente del río entre las calles 10 y 50, donde nacía la nueva ciudad. Esta nueva Medellín era ya perceptible *in pectore* de planificadores locales desde 1938, con la aparición de la

Universidad Bolivariana y del proyecto del barrio Laureles, cuya retícula lecorbusiana (si cabe el término) en curvas y circulares, concebida por el arquitecto, pintor y escultor Pedro Nel Gómez, fue explícitamente criticada por Wiener y Sert.

Este nuevo período de 1960-1970 presenta, además de lo esbozado, una nueva onda de planeación aplicada en el proceso de configuración de la metrópoli. Partes destacadas de esta nueva onda fueron:

• Las normas de zonificación y usos del suelo, promulgadas en 1964, infortunadamente se ceñían con rigor a los postulados de separación de funciones de la Carta de Atenas, la misma que servía de fundamento teórico del Plan Wiener y Sert. Una cierta segregación natural era de esperar, y podía incluso contemplarse en un reglamento flexible; pero la segregación absoluta descoyuntaba seriamente la ciudad.

• El Reglamento de Urbanizaciones de Planeación Municipal, aparecido en 1968, también, y con mayor impacto, basado en la segregación social lisa y llana por el simple expediente de las diferencias en loteo mínimo: 1 200, 900 y 600 metros cuadrados para las clases altas y 90 metros para las bajas, distribuidos a su vez en las zonas separadas al efecto con la más fresca ingenuidad, como si este esquema racional abstracto fuera aplicable a la realidad social profunda y vital. Esta cándida simplificación fue la piedra angular de la segregación social espacial que había de tener tan serias repercusiones sobre la ciudad.

• La aparición de un nuevo factor, este sí positivo, en la planeación vial urbana: la ingeniería del transporte, base de la concepción formal del sistema vial multimodal en el eje del río Medellín, como la columna vertebral del transporte metropolitano. Esta doctrina se gestó entre 1963 y 1965 por el ingeniero Rodrigo Salazar P., y fue desde entonces pieza clave del planteamiento vial de la ciudad, con la posterior adición del sistema de transporte masivo o *metro*.

• El avance notable de la obra de rectificación y canalización del río, obra de persistencia y continuidad ejemplares –denominada en lenguaje pragmático *la cuelga* del río–, logró la desecación de la zona baja oriental de la calle 44 al sur, recuperando así terrenos planos de gran valor funcional. Sin ella, Medellín no hubiera podido estructurarse como mancha urbana consolidada. Al terminar el período, hacia 1970, la rectificación y la canalización quedaban completas entre la calle 10 y la 85, puente ferroviario de El Mico o zona de Moravia. Infortunadamente, esta obra avanzó poco hacia el sur, y todavía constituye el más importante programa público metropolitano que espera su culminación desde el Ancón Sur hasta el Ancón Norte, junto con el corredor vial multimodal ya

descrito. Es justo reconocer que la visión del Plan Piloto de Wiener y Sert había intuido y formulado a grandes rasgos estas obras capitales de la estructura urbana.

• Desde 1964 se esbozó también, por primera vez, la concepción de los anillos centrales en el plan vial urbano. Esta concepción habría de ser plenamente estructurada en el Plan Vial de 1969-1971.

• Hacia 1966, las Empresas Públicas de Medellín se comprometieron seriamente en uno de los programas que ya en 1956 había surgido como proyecto capital: el sistema troncal de alcantarillado de aguas residuales. Este sistema tenía como concepción fundamental la de dos grandes colectores maestros a lo largo del río, desde Itagüí hasta la calle 85 en Moravia, y luego, en otra etapa, desde esta calle hasta Bello. El proyecto culminaba con una gran planta de tratamiento en los terrenos bajos de la Granja Tulio Ospina, exactamente frente al núcleo urbano de Bello, como es obvio con su gran laguna de oxidación como primera escala del complejo funcional.

Todo esto, que se resumía en el Plan Piloto de Alcantarillado, lo asumieron en un principio las Empresas Públicas, en especial la ardua y lenta tarea de los proyectos de troncales secundarias, generalmente a lo largo de las quebradas grandes del área urbana. La separación de aguas negras y

Barrio construido sobre las laderas
en la décadas de 1950 y 1960
(*Medellín. Colombia país de ciudades.*
Bogotá, 1962)

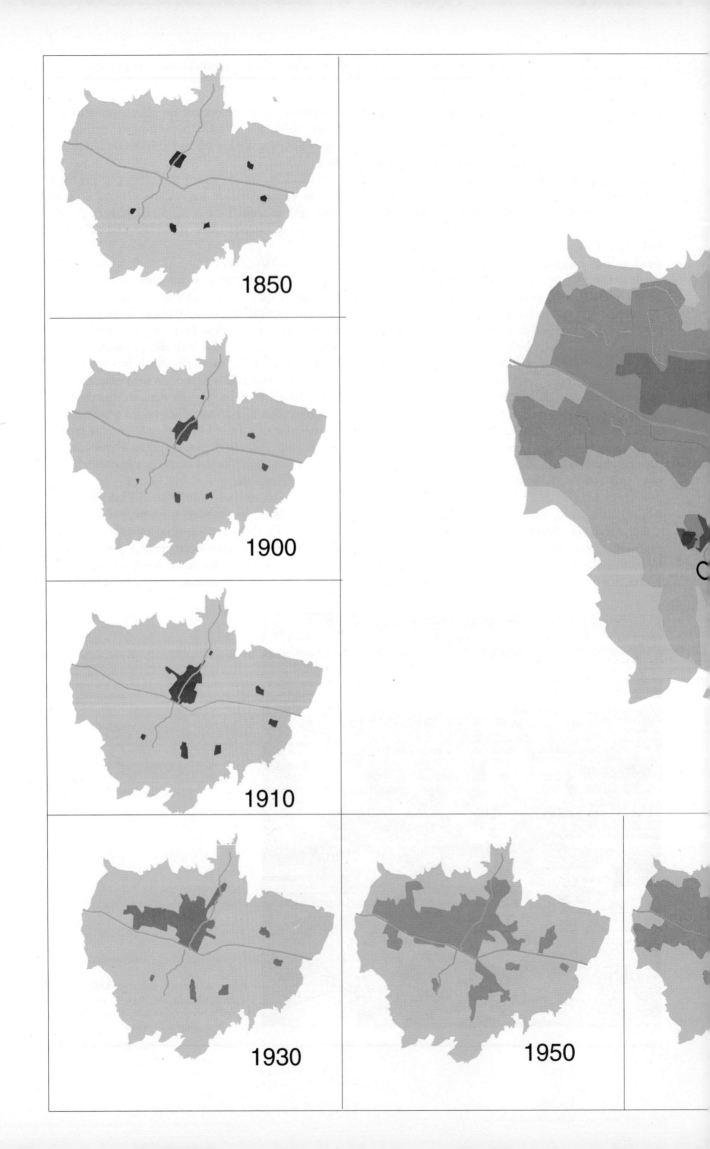

1850

1900

1910

1930

1950

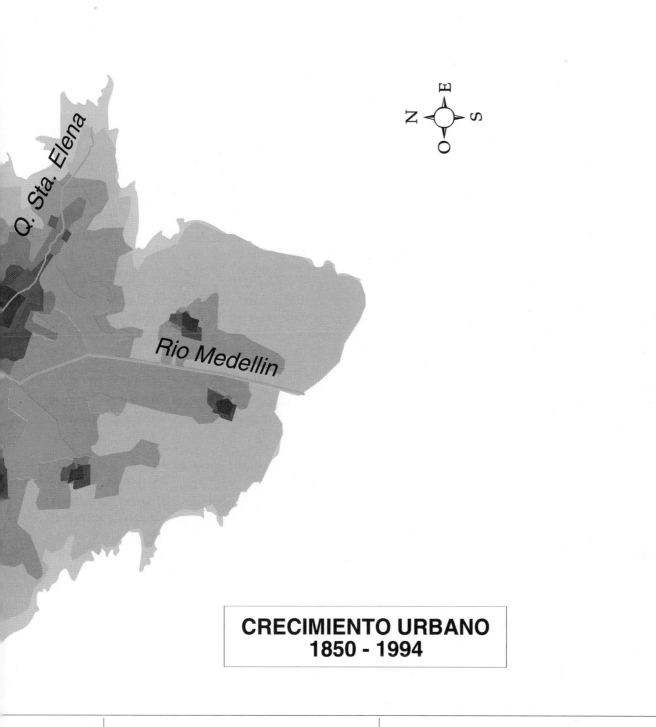

Q. Sta. Elena

Rio Medellin

CRECIMIENTO URBANO
1850 - 1994

N E
O S

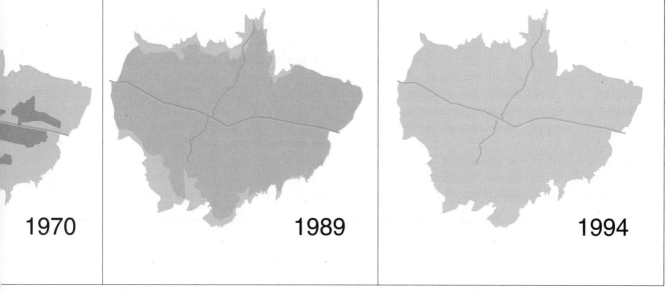

1970

1989

1994

lluvias era el corolario inevitable, y pasó a formar parte de las normas de requerimiento para nuevas urbanizaciones.

En 1966 se contrató el proyecto de los grandes colectores con la casa americana Greeley and Hansen. Todo el complejo avanzó con gran esfuerzo, pero nunca se completó formalmente; la separación de aguas negras y lluvias resultó un objetivo bien difícil, particularmente en el viejo sistema mixto de la mancha urbana ya existente. Lo de la planta de tratamiento en Bello tuvo la oposición de esa municipalidad, y finalmente se modificó el esquema inicial al construir varias plantas secuenciales a lo largo del corredor del río, punto en el que está en la actualidad. A ello se ha agregado un nuevo elemento conceptual de refuerzo, el de saneamiento y recuperación del río, dentro del marco general moderno de ingeniería ambiental.

Se anota que este marco general de la planeación urbana entre 1955 y 1970, tiene un fuerte acento pragmático, acorde con el espíritu regional antioqueño. Tal vez por ello tuvo notable eficacia práctica, y no se quedó en planos y folletos, aunque sus realizaciones fueron incompletas.

Un punto de inflexión

Lo constituyó el breve período 1970-1975, en el proceso de planeación urbana en Medellín. Entre 1969 y 1971 se realizó por parte de la Oficina de Planeación Municipal de Medellín el «Estudio básico para el plan vial de Medellín», que se publicó en dos volúmenes con amplio apoyo gráfico. Su característica fundamental consistió en que fue el primero en el país con un sólido respaldo investigativo de campo, en el cual se destacaban tres aspectos: por primera vez, en una ciudad colombiana se realizó una encuesta de origen y destino de viajes urbanos con base en muestreo de vivienda; igualmente se llevó a cabo un cuidadoso registro de la operación del transporte público urbano por rutas, frecuencias horarias, horas pico y cálculo de pasajeros, entre otros aspectos; por último se elaboró la primera grafica de volúmenes de tráfico en área central y subcentral, en arterias primarias y secundarias.

Como resultado final, se propuso un sistema arterial en el núcleo urbano principal, entre las calles 25 y 85, el cual incorporó el concepto ya esbozado en 1964 del sistema arterial del río, que se fue perfilando cada vez más como el corredor multimodal de paso libre y el sistema de puentes con enlaces de trébol, para conectar al sistema de arterias transversales oriente-occidente.

De este estudio, el cual integró y respaldó con las cifras de campo todos los esquemas primarios antes previstos a partir del plan piloto de Wiener y Sert, se destaca la arteria de travesía constituida por la avenida Guayabal, el viaducto Nutibara, la avenida Alfonso López (carrera 57, llamada Avenida del Ferrocarril porque ocupó la franja por la cual llegaba antes la línea férrea a la Estación Cisneros desde el norte), el puente Toro Ochoa y el brazo ya existente de la autopista Norte. Igualmente, se incorporó allí la Avenida Oriental, carrera 46, y su giro en anillo por la calle 58, con vía libre deprimida, que enlazaba el puente Toro Ochoa. El «Estudio básico para el plan vial» de 1969-1971 tuvo un enorme impacto en la estructura nuclear-arterial de Medellín, y previó inclusive enlaces metropolitanos que todavía esperan su realización, especialmente en el Ancón Sur y la circunvalar media oriental, que parte de la calle 44 con Avenida Oriental, y pasa por Buenos Aires, Boston, San Miguel y La Mansión, hasta unirse con la carrera 45, eje del barrio Manrique, y bajar luego por la calle 67 hasta la carrera 51, en el Hospital Infantil.

El «Estudio del plan vial, 1969-1971» también trataba el tema del trasporte masivo metropolitano sobre rieles. Esto había venido perfilándose como la respuesta racional a una demanda potencial creciente en el sentido sur-norte y viceversa, por el eje del sistema del río; éste, merced al corredor multimodal y a los puentes, permitía operación de tránsito libre y alta velocidad a nivel. En un principio, existió ambigüedad conceptual entre lo que propiamente sería un tren metropolitano de baja frecuencia y bajo volumen de pasajeros pero más cobertura, y un verdadero metro en el cual deberían primar líneas más cortas pero de alto volumen de pasajeros y circunscrito al ámbito de ciudad núcleo, lo que no impediría la combinación con el tren metropolitano anteriormente descrito. Al respecto, un interesante estudio fue presentado en 1975 por un ingeniero, proporcionado como asesor gratuito por Bélgica, quien esbozó un sistema ambicioso de metro y tren metropolitano, consistente en un anillo básico en parte subterráneo y en parte elevado entre las calles 41 y 53 y las carreras 51 y 65; el sistema subterráneo iría por la carrera 51 y el elevado por la carrera 65, y la transición en los marcos de las calles 41 y 53. Este *anillo* se montaba literalmente sobre la línea férrea metropolitana a lo largo del río y tenía ramales de tipo metro hacia oriente (Buenos Aires, Caicedo) y hacia occidente (vías Picacha y Castilla); además, se concebía un enlace con un túnel ferroviario hacia Rionegro. Este planteamiento era muy amplio, pero con la ventaja de ser un proyecto de

Aspectos de la zona de Guayaquil y de la sedes administrativas
de los gobiernos departamental y del municipal
(Fotografía Antonio Garcés)

línea liviana (trocha férrea de un metro). Como ya desde 1970 se había constituido la Empresa de Transporte Masivo Metropolitano, que después de un receso revivió en la actual empresa del metro, la solución fue el macroproyecto del metro de Medellín que adoptó un proyecto condensado del anterior estudio, y que definió la línea elevada por la carrera 51, por razón de costo; la subterránea era inalcanzable en este sentido. Así surgió la magna empresa del metro, tan acaloradamente discutida y próxima a iniciar operaciones, la cual constituye la obra de desarrollo urbano más ambiciosa y gigantesca del país en cincuenta años. Sus efectos sobre la estructura urbana serán indudablemente enormes.

Los otros hechos concretos que marcaron este *punto de inflexión 1970-1975* en la planeación urbana de Medellín, aunque puntuales y de menos trascendencia, fueron los siguientes:

• La puesta en marcha de una de las más discutibles propuestas del plan Wiener y Sert: el traslado del centro administrativo hacia la Alpujarra, el cual se inició virtualmente.

• La desaparición del gran mercado minorista de Guayaquil y su dispersión en plazas satélites, operación que fracasó casi en su totalidad.

• La conformación del Centro Mayorista Metropolitano en Itagüí, que fue un éxito total.

• La aparición de un trascendente factor para organizar la estructura urbana, que merece un análisis aparte.

• También se inició en 1977 la Sociedad Mixta para la Terminal de Transporte de Buses Intermunicipales, construida y terminada en 1984.

• Como corolario del proceso de sustentación teórica de un sistema de transporte público, en 1972 se realizó el llamado Estudio RUMITIVA, Rutas Urbanas Metropolitanas de Transporte en el Valle de Aburrá, el cual consistió en una repetición de la encuesta de origen y destino en muestreo de vivienda, que había hecho el «Estudio del plan vial» en 1970, pero esta vez con un estricto rigor estadístico; se utilizó la misma delimitación de zonas de muestra que había usado el anterior trabajo, pero logró una ampliación de destinos mejor que la anterior, que sólo había podido hacerse en unos pocos centros de atracción. Sorprende que el esquema resultante de la pregunta sobre líneas de deseo de viaje reconfirmó sustancialmente lo del plan vial de 1969-1971.

Un factor inesperado en el proceso de desarrollo urbano

Ocurre con frecuencia que en un proceso de ordenamiento de elementos irrumpe un factor inesperado aunque de alguna manera previsible por la naturaleza de los elementos involucrados. Un ejemplo notable de esto se ha tenido en Colombia en el desarrollo de sus ciudades y en la planeación que ha pretendido orientar este desarrollo.

Hasta mediados del presente siglo y algunos años posteriores, la estructura de las ciudades fue claramente configurada por: las estructuras legitimadas de poder político y religioso; la natural identificación de las jerarquías económico-sociales en cuanto a las calidades de vivienda, de recreación, de formalismo cultural y de otras; las agrupaciones, en gran parte espontáneas, de funciones económicas urbanas (comercio, producción industrial, y otros); el formalismo racional introducido por la academia en lo arquitectónico, y la adaptación del sistema vial y de circulación a las exigencias y a la escala de las nuevas formas de trasporte.

Con relativa eficacia, estas formas habían regido, en uno u otro grado de intensidad, la conformación de la estructura de las ciudades colombianas. El capitalismo moderno incipiente en economías, que en el caso colombiano habían sido casi exclusivamente pastoriles, comerciales y artesanales de bajo nivel, no había trastornado en ningún momento el curso *natural* de las cosas.

Pero hacia 1970 la situación colombiana presenta una nueva fase cuyos efectos podían trastornar (y lo lograron) profundamente el desarrollo ordenado de la estructura urbana. Las brillantes tesis del profesor Lauchlin Currie sobre planificación económica se impusieron y se extendieron con rapidez, porque el proceso de desarrollo capitalista de la economía urbana estaba en el momento apropiado para asimilarlas. ¿Cuáles eran estas tesis? En síntesis apretada, las siguientes:

1. La economía colombiana no podía seguir basada en un sector agrario campesino de baja productividad, casi limitado al simple autoconsumo y un bajo margen de comercialización.

2. Lo anterior implicaba que si se cambiaba radicalmente este cuadro de eficiencia de la producción con menos brazos, se expulsaría a una gran masa de mano de obra campesina; esta masa tendría que ser asimilada en otro campo de la producción, en el comercio o en los servicios.

3. La conclusión era obvia: grandes masas emigrarían a la ciudad y buscarían trabajo; y por una afortunada condición, la mejor forma de absorber esta mano de obra de muy baja calificación era por medio del proceso de malla urbana, sobre todo la vivienda; el sector implicado era, pues, el de la construcción, especialmente de vivienda y enseguida de toda la estructura de servicios y otros, que el crecimiento de las ciudades demandaría.

4. El proceso se financió mediante un ingenioso sistema para captar recursos en fondos financieros: las unidades de poder adquisitivo constante, UPAC, las cuales atrajeron una importante corriente de ahorro con la cual se atenderían las solicitudes de crédito, particularmente las de construcción de vivienda.

Al configurarse este escenario, el capital de las empresas de construcción acudió presuroso como eficaz intermediario y constructor de vivienda. Ahora bien, ¿cuál era la forma de más rápida y jugosa ganancia en este proceso? La construcción masiva de vivienda popular seriada y estandarizada, con las especificaciones más simples y a bajos costos. Obviamente, esto implicaba reducir las especificaciones del espacio público afectado, especialmente vías, y los tamaños de los lotes. Fue así como apareció una morfología de desarrollo de vivienda popular verdaderamente desastrosa, que con gran facilidad eliminó el sistema de desarrollo urbano abierto, de amplio espectro y de gestión personal. Desapareció la oferta de lotes urbanizados al comprador que construiría la vivienda por su propia gestión.

El efecto de todo esto sobre la forma urbana fue, simplemente, catastrófico. Para respaldar conceptual y profesionalmente este desastre, apareció un abultado «Estudio de normas mínimas» contratado por el gobierno nacional y por el Instituto de Crédito Territorial, con consultores de la capital. Era la lógica de la simplicidad: si los lotes eran mínimos (¡hasta 45 m²!) las vías también tendrían sección mínima, peatonal en gran parte (no hubiera podido mantenerse ningún tráfico en una cuadrícula que, por lo menos en una de las dimensiones, implicaba manzanas de 25 metros).

Durante varios años, a partir de 1973, el Departamento de Planeación Municipal de Medellín libró una dura batalla contra esta filosofía de la planeación urbana, con resultados mínimos. El proceso requería códigos o normas que impidieran la creación masiva de una estructura (malla urbana) no sólo desastrosa dimensional y físicamente, sino también terrible sobre el sentido de la propiedad inmobiliaria y su capacidad de evolución (que quedaba prácticamente anulada). Esta batalla continúa hoy día.

El nuevo perfil conceptual

Entre 1975 y 1990 los conceptos directores de la planeación urbana en Medellín evolucionaron dentro del marco conceptual genérico nuevo (que se fue imponiendo en todo el país). Este marco establecía, de un lado, cambio de nombre y base de sustentación: terminaron los planes pilotos y los planes directores (con obvio predominio del urbanismo académico-arquitectónico), y surgieron los planes de desarrollo, con énfasis visible en los elementos socioeconómicos implícitos en la

Vista aérea de la
Carrera Bolívar, c. 1958
(Fotografía
Libardo Garcés,
archivo Foto Garcés)

planeación urbana. Además, la configuración (y en esto Medellín fue pionera) de los planes de ordenamiento territorial; este concepto, vigente ya en Europa, quedó con el nombre casi literalmente traducido del francés *amenegement territoriale* y del alemán *Raumordnung*; por último, el Plan de Desarrollo de Medellín, realizado en 1985 por un equipo multidisciplinario bajo la dirección del arquitecto Francisco Londoño Marulanda; y los planes de ordenamiento territorial de las zonas metropolitanas norte y sur (en esta secuencia) en los años 1986 y 1987; estos tres estudios formaban un conjunto sólido y consistente, y tuvieron importante efecto sobre el planeamiento general urbano y metropolitano de Medellín, por lo menos en el período 1985-1992.

Un aspecto destacado del Plan de Desarrollo de Medellín de 1985 es que éste se estructuró sobre un número reducido y selectivo de *estrategias*. Comienza así el ciclo de la planeación estratégica, por darle un nombre, y dentro del contexto *moderno* del desarrollo, como se vio arriba. Es fácil percibir entonces, en toda la línea del proceso planificador de Medellín entre 1955 y 1994, un claro desplazamiento del centro de gravedad conceptual, orientador del academicismo arquitectónico y la zonificación simplificada unívoca, hacia lo socioeconómico.

El último capítulo en este proceso es el Acuerdo 45 del 24 de noviembre de 1993, por el cual el Concejo Municipal adopta el Plan General de Desarrollo para Medellín, *Parte Estratégica,* el cual fija siete estrategias directrices cuya sola enunciación explica mejor que cualquier discurso lo que esto ha significado. Entre éstas, que se transcriben enseguida, destacamos la sexta para que se apre-

cie la magnitud del cambio conceptual asumido en el campo de la planeación urbana.

Las estrategias se relacionan con los siguientes aspectos, en su orden:

1° la orientación fundamental; 2° el desarrollo subregional; 3° la convivencia y el desarrollo a escala humana; 4° el bienestar básico de la comunidad; 5° la prevención y atención de desastres y emergencias; 6° *el desarrollo físico de la ciudad,* y 7° la administración municipal.

Bibliografía

Botero Gómez, Fabio, *Estudio básico para el plan vial de Medellín*, 2 vols., Medellín, Departamento de Planeación, 1971.
— «Las *soluciones* masivas de vivienda popular, su significación y análisis», *Cuadernos de Planeación-Posgrado en Planeación Urbana*, Medellín, Universidad Nacional, 1984.
Departamento de Planeación de Medellín, *Análisis crítico del estudio de normas mínimas*, 1973.
— *Análisis crítico de algunas directrices de la política urbana del país*, Medellín, 1976.
— *Estudio de rutas urbanas de transporte metropolitano en el valle de Aburrá*, RUTMVA, Medellín, 1972.
— *Estatutos de normas de urbanización entre 1976 y 1990*, Medellín.
Departamento Nacional de Planeación, *Las cuatro estrategias*, Bogotá, Andes, 1972.
Londoño M., Francisco y otros, *Plan de desarrollo de Medellín*, publicación oficial, 1985.
Salazar, Stella y otros, *Plan de ordenamiento territorial de la zona metropolitana «Norte» y «Sur»*, 2 vols., Medellín, 1986 y 1987.

Planta de filtros del acueducto de Medellín en el Barrio Villa Hermosa en 1961.
(Fotografía Gabriel Carvajal, Foto Carvajal)

Constanza Toro B.

Los servicios Públicos en Medellín: 1920-1990

EXISTEN algunas particularidades en la prestación de los servicios públicos en la ciudad de Medellín: su temprana municipalización en 1918, sin precedentes en el país ni en América Latina, y la creación de las Empresas Públicas de Medellín como ente autónomo, independiente, descentralizado y sin vínculos con la gestión ordinaria de la administración pública, aprobado durante el régimen de excepción del general Gustavo Rojas Pinilla, mediante el Acto Legislativo N° 5 de 1958. La primera se convirtió en condición necesaria para la industrialización de la ciudad y contribuyó a los primeros esbozos de su regulación urbana, pues con el concurso y la voluntad política de comerciantes, empresarios y concejales, el Municipio compró la empresa de energía a la Compañía Antioqueña de Instalaciones Eléctricas cuyo socio mayoritario era don Alejandro Echavarría; con ella adquirió también el privilegio que desde fines del siglo pasado el Municipio había cedido a los particulares por medio de concesiones monopolistas; además, reunió las otras empresas en lo que se llamó Empresas Públicas Municipales desde 1920 hasta 1953. Mediante la segunda particularidad se reunieron en una sola entidad las cuatro empresas (energía y alumbrado público, acueducto, alcantarillado y teléfonos) y se distribuyeron comercialmente dichos servicios.

Antecedentes y municipalización de los servicios públicos

En 1891 la ciudad de Medellín instaló el servicio telefónico en las oficinas públicas, antes que la luz eléctrica en 1898, cuando la Compañía Antioqueña de Instalaciones Eléctricas dio al servicio los primeros *cien* focos de luz de arco para el alumbrado público; y años más tarde que en Bogotá (1889), Bucaramanga (1891), Barranquilla (1891), Colón y Santa Marta (1893), y después de varios intentos

de los particulares por obtener la concesión monopolista para la prestación de este servicio.

Aunque en un principio el municipio y el departamento poseían dos terceras partes de las acciones de la Compañía Antioqueña de Instalaciones Eléctricas, su administración estaba en manos de particulares, quienes al adquirir la mayor parte de acciones entorpecieron la prestación del servicio al no ampliar la capacidad de la planta; y con la fuerza motriz generada apenas abastecieron la fábrica de Coltejer y algunas trilladoras. Cuando estalló la primera guerra mundial, el comercio exterior redujo la importación de mercancías, situación que proporcionó la oportunidad de ampliarse a las fábricas ya instaladas y la creación de otras para abastecer con productos la demanda de bienes de consumo popular. Pero como la Compañía de Instalaciones no resolvía las frecuentes quejas de los usuarios e imponía altas tarifas, las empresas de bebidas, chocolates y tejidos se fueron ubicando en sitios semiurbanos para aprovechar los recursos hídricos que permitían mover las ruedas Pelton y accionar la maquinaria. Así, por ejemplo, Rosellón se instaló en Envigado para tomar las aguas de la quebrada La Ayurá; curtiembres y cervezas utilizaron la quebrada Doña María de Itagüí; la Fábrica de Tejidos de Bello, la quebrada La García; talleres y chocolates en Robledo; y ladrilleras, fábricas de jabón y otras se localizaron junto a los riachuelos del piedemonte occidental del valle de Aburrá. Lo anterior explica la descentralización industrial de esta primera época. La Compañía Antioqueña de Instalaciones Eléctricas se convirtió, entonces, en un privilegio costoso.

En cuanto a las aguas, desde 1888 el distrito obtuvo el derecho exclusivo de introducir aguas a la ciudad y se reservó la autorización para variar los acueductos. En 1890 se prohíbe enajenar o ceder las aguas del municipio, medida que sufre variaciones al poco tiempo cuando se autoriza el alquiler. En el mismo año, el municipio compró el acueducto de Piedras Blancas a Manuel J. Álvarez y a Roberto Tobón, y en 1891 comenzó la construcción del acueducto del arroyo de Santa Elena para atender los barrios del oriente, Buenos Aires y La Palma, centro y sur de la ciudad, aunque ya existían allí otros acueductos privados que surtían de agua a los habitantes.

Hacia 1905 se declaró de utilidad pública el uso de tuberías de hierro para el servicio de agua potable en la ciudad, y se estableció la Junta Fomentadora del Acueducto de Hierro bajo la dirección del ingeniero Camilo C. Restrepo. En 1907 el Concejo Municipal celebró contrato con Schloss Brothers de Londres para elaborar los estudios y realizar una propuesta financiera al respecto. En 1909 los resultados recomendaban utilizar las aguas de Piedras Blancas que estaban a mayor altura y desechar las de Santa Elena por sucias; además, instalar una planta de filtración, hidrantes automáticos en las calles y tubería, en un radio de acción de cinco kilómetros a la redonda del Parque de Berrío, con un privilegio de 50 años; pero esta propuesta no prosperó por onerosa. En 1911 los ingenieros Mariano Roldán y Jorge Rodríguez L. promovieron la creación de la Empresa de Acueducto y la contratación del ingeniero francés René Rigal, a partir de 1913, para establecer la provisión y distribución de agua en la ciudad. Rigal sugirió la utilización de las aguas de Piedras Blancas y un sistema unitario para la red de alcantarillas, a menor costo. En el mismo año se creó la Junta Autónoma para la empresa de la tubería de hierro y alcantarillado, y se iniciaron los trabajos de acuerdo con el Plan Rigal; pero a causa de la guerra europea de 1914, el ingeniero francés regresó a su país, aunque antes había ayudado a la consecución de un empréstito con el Banco Alemán Antioqueño. En realidad, el verdadero apoyo a la obra del acueducto se logró cuando fue colocado en el mercado el Empréstito de Medellín-1916. En cuanto a las obras del alcantarillado, éstas siempre se pospusieron por considerarse prioritario el abastecimiento de agua potable para la ciudad.

Como se dijo antes, los primeros teléfonos de la ciudad comunicaron las oficinas públicas, aunque los habitantes más pudientes ya tenían instaladas líneas privadas del sistema de pilas secas, común en las minas, entre sus residencias, sus casas de campo y su almacén. Pronto el municipio extendió líneas telefónicas a Envigado, Bello, San Cristóbal, Robledo, La América, Belén y El Poblado. Pero los sucesos de la guerra de los Mil Días y el incendio de 1904 en la estación central de teléfonos destruyeron toda la red y parte del edificio; y aunque se hicieron ingentes esfuerzos por reparar los daños, la empresa cayó en completo abandono en medio de las quejas de los suscriptores. Hacia 1911 ya el gobierno estudiaba propuestas de los particulares para conceder el privilegio de la prestación del servicio. En 1914 se constituyó la Compañía Telefónica de Medellín, encabezada por Harold Meyerheim y Vicente B. Villa, cuyo principal accionista era el Municipio, el cual adquiría la primera opción de compra de la empresa. El primer directorio de Medellín, editado en 1906, constaba de 250 páginas e incluía un listado de personalidades, de profesionales y de negocios, con sus direcciones.

En este estado de cosas, previendo la expiración de otros privilegios como los de la Plaza de Mercado y los de la Feria de Ganado, y ante el manejo monopolista de aquellos que venían entorpeciendo su desarrollo, en el Concejo Municipal comenzó a imponerse la tesis de la administración directa de todos los servicios por parte del Municipio. En cuanto al servicio de teléfonos, se aprovechó una cláusula del contrato con la Compañía Telefónica de Medellín para su compra; y con la Compañía Antioqueña de Instalaciones Eléctricas se negociaron la empresa de energía, y el tiempo restante del privilegio de producción y distribución del servicio, y se creó la Junta Autónoma de Energía (1918). Para los otros servicios, los concejales de la ciudad, apoyados en la Ley 4 de 1913 sobre Régimen Político Municipal, crearon la Junta del Acueducto (1913) y la de Bienes Municipales (1917) para su administración. De este modo, al terminar la segunda década de este siglo, el Concejo Municipal de Medellín dejó bajo su administración los servicios públicos de la ciudad, para lo cual creó las Empresas Públicas Municipales en 1920, bajo la dirección de un superintendente, que culminaba el proceso de municipalización de dichos servicios.

Las Empresas Públicas Municipales: 1920-1953

De inmediato, el primer empréstito externo, por US$2'500.000, se contrató con The Equitable Trust Co of New York, la cual se encargó de unos pagarés municipales redimibles en tres años, garantizados en oro, al 6% anual; además, se organizó la contabilidad de la Empresa y se inauguró la planta hidroeléctrica de Piedras Blancas (1 000 kw), la cual, al suministrar energía eléctrica al tranvía de la ciudad desde 1921, proporcionó solución al transporte de los obreros y de la clase media, que tuvo un gran efecto urbanizador. Las

Inauguración del tranvía, 1921
(*Sábado*, Medellín, año 1, N° 25, 1921)

primeras cuatro líneas fueron: Parque de Berrío-La América, Puente de Colombia-carrera Córdoba, Parque de la Independencia-Moravia y Parque de Berrío-Samaria.

La construcción de la línea de tranvía a Manrique, dada al servicio en 1923, contó con la contribución de la compañía urbanizadora de este barrio. Pronto se llevó el tranvía municipal a Robledo (1924), El Poblado (1925), Envigado, Belén (1926) y El Salvador (1927)[1].

Puede decirse que el sistema del tranvía era una tela de araña con puntas sueltas que patentizó de inmediato el alcance de la «mancha urbana», del moderno Medellín que rebasaba los 350 000 habitantes en 1951, año en el que se extinguieron las últimas rutas de tranvía en servicio para ser sustituidas por rutas de autobuses que habían venido ganando terreno desde 1930.

Otros desarrollos de las Empresas Públicas Municipales centralizaron la prestación de los servicios públicos en Medellín y en algunos municipios vecinos del valle de Aburrá, con la administración y establecimiento de siete empresas existentes o en vía de creación en mercado, matadero, teléfonos, feria, acueducto, energía eléctrica y tranvía eléctrico. Sin embargo, la sujeción directa al Concejo Municipal entorpeció, en algunos casos, sus realizaciones por el manejo político de la corporación, particularmente durante la década del treinta cuando el cambio en su organigrama entorpeció el progreso de todas ellas.

En la primera década las Empresas Públicas Municipales dispusieron del crédito que obtuvo el Municipio de Medellín como consecuencia de los numerosos préstamos extranjeros que correspondían a lo que se ha dado en llamar *la danza de los millones*. En 1923 se realizaron estudios en los que los ingenieros Francisco E. Restrepo, Julián Cock y Gabriel Sanín Villa concluyeron que las caídas de río Grande constituían la reserva de energía más importante del departamento y que, por sus condiciones, la mejor caída de agua era la del salto de Guadalupe para realizar un proyecto hidroeléctrico a gran escala y generar 10 000 kw en una sola planta. Así se impulsaría la generación eléctrica en el departamento, al aprovechar las ventajas comparativas que permitía el enorme potencial hidroeléctrico. Pronto fue inaugurada la planta de clorinización para el acueducto de la ciudad (1925), tres plantas eléctricas de vapor: una en Guayaquil (1928), la ampliación de la antigua (1929) y la del Orfelinato (1929), abastecidas con el mineral de las carboneras de Angelópolis; además, se instaló la línea de trolebuses (1928) accionada con energía que duró hasta 1951.

Según concepto del ingeniero Waddell, aceptado por el Concejo Municipal, «la instalación de nuevas industrias estaba frenada por la limitación en el suministro de energía, para lo cual se necesitaba de energía eléctrica barata, dado el ensanche progresivo de la ciudad, que se encontraba en un estado de rápido y próspero desarrollo de las actividades económicas y esperaba, con las nuevas vías de comunicación proyectadas y las que estaban en construcción (carretera al mar, el Ferrocarril), fomentar así el desarrollo industrial».

Con este fin se creó la Junta Técnica de Guadalupe (1928) y se firmó contrato entre el municipio y la casa Thebo Starr Anderton, para que ésta se encargara de los trabajos de diseño de una central de 45 000 HP de potencia, y luego quedara como consultora y asesora en todos los asuntos técnicos relativos a la dirección y construcción de dicha central. Pero en febrero de 1932 el señor Torpen, director de la obra, fue separado de la culminación de dicha labor por el autoritarismo que lo caracterizaba, y así quedaron los últimos detalles en manos del ingeniero Gabriel Sanín Villa, nombrado como administrador de las obras de Guadalupe, quien inauguró solemnemente dos unidades de 5 000 kw el 12 de octubre de 1932. Para el transporte de la energía a larga distancia se extendieron las líneas de transmisión a 110 000 voltios; y luego, en las subestación de consumo, se transformó de nuevo el elevado voltaje en uno más bajo que permitiera la distribución a la ciudad y a la industria, en condiciones más apropiadas.

En la década del treinta las funciones del superintendente de las Empresas Públicas Municipales pasaron al alcalde de la ciudad, y el presupuesto se diluyó entre otros compromisos del Municipio. Pero la década del cuarenta se inició con la autonomía administrativa de la Empresa de Energía Eléctrica, que se separó de las demás empresas y así realizó la idea del ingeniero Horacio Toro Ochoa, a quien se nombró como primer gerente (1940-1946). Ésta era la más pujante de las Empresas Públicas Municipales, y la que más presión había ejercido para lograr cierta independencia administrativa y financiera; además, gozaba del prestigio que le daba acceso al crédito internacional para la realización de sus proyectos. En 1942 las Empresas Públicas Municipales vuelven a reorganizarse y se consolidan. Esta vez fueron divididas en Sección Primera: Energía Eléctrica; Sección Segunda: Teléfonos, Tranvía y Acueducto, y Sección Tercera: Mercado, Matadero, Feria y Planta de Leche, Tejar y Fábrica de Tubos y Montepío. Mas tarde, en 1953, la Sección Tercera se organizó como las Empresas Varias de Medellín, que aún funcionan.

Durante esta época se realizaron dos grandes obras hidroeléctricas: la Central de Guadalupe I (10 MW) en 1932, con 10 000 kw más entre 1938 y 1943, y Guadalupe II (10 MW) en 1949 y la Central de Riogrande I (250 MW) entre 1952 y 1956, cuando se inauguraron los primeros 75 MW en la planta de Mocorongo. La primera permitió promover el consumo de energía con tarifas reducidas, y desde entonces la industria y los hogares variaron los consumos y sustituyeron la leña y el petróleo por energía eléctrica. Esto permitió la instalación de electrodomésticos como el radio, la plancha eléctrica, la estufa, el calentador de agua y el secador de pelo, entre otros, los cuales mejoraron la calidad de vida de los habitantes. Así se operó en la ciudad una transformación total en el orden industrial y económico, y la década del treinta se convirtió en un período de progreso, mucho antes que en otras ciudades del país.

La Central de Riogrande comprometió el tesón del ingeniero Toro Ochoa. La obra se adelantó mediante un préstamo de los industriales en 1948 y un empréstito forzoso en 1951, decretado por el alcalde la ciudad, ingeniero José María Bernal. Este empréstito recogió entre los usuarios de energía el valor total, pues existía la obligación de suscribir bonos por una suma igual al valor del consumo de cada usuario. El ingeniero Toro Ochoa, como gerente de la Empresa de Energía Eléctrica hasta 1946 y alma del proyecto, sorteó las dificultades financieras para la realización de la Central de Riogrande y logró el envío de equipos en las graves condiciones de la segunda guerra mundial, con préstamos extranjeros y con la ayuda de los banqueros nacionales; en una época difícil para el país por la alteración y la violencia política, consiguió los dineros para iniciar la construcción de la central que en 1952 dio al servicio la Planta de Mocorongo. Renunció por presiones políticas, y a su retiro rebajó el ritmo de trabajo en las obras por los tropiezos económicos. La negociación de algunos puntos sobre el sistema de tarifas suprimió, por algún tiempo, el apoyo de la clase empresarial, y las obras de la central se paralizaron por falta de recursos, desde ese año, y completamente en 1949. Una vez entró en funcionamiento la gran Central de Riogrande se rebajaron las tarifas para la industria y pronto se extendió una línea de alta tensión para el oriente antioqueño, pero la capacidad del sistema eléctrico volvió a coparse y los racionamientos para la industria persistieron.

«El 23 de octubre de 1960, día de la muerte del ingeniero Toro Ochoa, contratista de las centrales hidroeléctricas de Guadalupe II y Riogrande I, espontáneamente los trabajadores anónimos de las plantas de la Empresa de Energía Eléctrica dejaron en completa oscuridad, por un minuto, el Valle de Aburrá, como un tributo que antiguos subalternos suyos le rendían a uno de los pioneros, entre los mayores, de la electrificación entre nosotros»[2].

Desde los años cuarenta el servicio residencial se cobraba por contador o por limitador. En el primero, la estructura tarifaria incluía *cargo fijo* de acuerdo con el valor catastral de la propiedad y *consumo* de acuerdo con el número de kilovatios. La industria gozaba de tarifa de consumo reducida y obtenía el servicio a 220 voltios. En el segundo, se cobraba por vatio-mes anticipado o vencido. Además, la Empresa de Energía estaba obligada a suministrar sin costo alguno el alumbrado público y el servicio que necesitaran escuelas, hospitales, oficinas y establecimientos municipales,

Interior de la planta eléctrica
de Medellín que tenía una
capacidad de 400 kilovatios
(*Medellín, 20 de julio de 1910*,
Leipzig, s. f. Álbum de la
Sociedad de Mejoras Públicas)

Ferrocarril de Amagá
hacia 1930
(Fotografía s. i.,
Centro de Memoria
Visual, FAES)

e iglesias. También en esta década se extendieron por primera vez algunas líneas de conducción a los municipios del oriente antioqueño, y se contrataron los estudios de la Central del río San Juan para el beneficio inmediato de 15 municipios del suroeste antioqueño. Los municipios del valle de Aburrá entregaron la instalación y explotación del servicio a la Empresa de Energía, la cual cambió las redes de distribución y así se lograron utilidades en la explotación, aun con la rebaja de las tarifas establecidas anteriormente cuando cada municipio manejaba planta eléctrica propia. Esto fue posible por la capacidad administrativa de la Empresa de Energía, la cual entró en arreglos con los municipios, lo que generó economías de escala que permitieron instalar en éstos una infraestructura similar a la de Medellín.

En la década del cuarenta la ciudad había duplicado su población: de 79 416 habitantes pasó a 168 266, en veinte años (1918-1938); y reducido su densidad en un 25%. Además, el notorio crecimiento de la población venía intensificando la construcción

de asentamientos clandestinos. En 1952, cuando Medellín tuvo instalados 102 000 kw de energía eléctrica al entrar en funcionamiento la Central de Riogrande, se convirtió en la capital industrial de Colombia por la instalación de numerosas fábricas con tarifas especiales y por el alto cubrimiento residencial del servicio, pues la población nuevamente se había duplicado y ascendía a 358 189 habitantes.

La Empresa de Energía Eléctrica, como la principal de las Empresas Públicas Municipales, adquirió gran importancia por la dimensión de los proyectos que comprometieron sus recursos técnicos, por la habilidad para la consecución de la financiación externa, por la buena administración y por el alto grado de especialización del personal. Este prestigio y su experiencia fueron heredados por las Empresas Públicas de Medellín.

En cuanto a la construcción del acueducto de la ciudad, mediante el Empréstito del Agua de 1946 se recogieron $3 250 000 para adelantar las obras a cambio de bonos vendidos al público,

TABLA I

EMPRESA DE TELÉFONOS.
LÍNEAS INSTALADAS 1920-1955[4]

Año	Servicio Residencial	Comercial Industrial	Público	Total
1922	2.108			
1923	1.102	1.054	22	2 237
1925	1.565	1.382	29	3.046
1928	1.989	1.790	27	3.900
1930	2.160	1.738	26	4.035
1933	2.438	1.665	26	4.371
1936	2.958	1.998	24	5.267
1938	3.009	2.114	19	5.452
1940	3.926	2.456	13	6.799
1942	4.937	3.486	25	9.387
1943	5.151	3.758	44	10.151
1945	5.224	4.185	38	10.922
1946	5.227	4.228	39	11.114
1948	6.547	6.140	45	14.496
1950	7.600	6.848	44	16.467
1953	12.918	7.073	54	21.566
1954	14.007	7.437	54	23.060
1955	16.012	8.106	54	25.813
1956	19.255	9.187	83	30.262

pues «era un lujo tener canilla en Medellín»; y aunque la instalación de varios tanques de agua en las laderas del valle de Aburrá, propuesta por el Plan Rigal, la había iniciado la Empresa de Acueducto en la década del veinte, la primera planta de purificación de agua, situada en Villa Hermosa, sólo fue realidad en 1943. Entonces se emprendió la construcción del cinturón de tanques o depósitos de almacenamiento de agua en diferentes sitios de la ciudad con el fin de conectarlos a dicha planta. En la década del cuarenta se instaló la infraestructura del acueducto de la ciudad de Medellín con la construcción de los tanques de almacenamiento de agua en Manrique Oriental (1940), Campo Valdés (1941), Berlín (1941), Robledo (1941), Gerona (1942), Limoncito (1942), Nutibara (1943), San Cristóbal (1949) y Moscú (1949). Al finalizar la década, la planta de purificación de Villa Hermosa duplicó su capacidad. Es decir, en 1944 el acueducto de Medellín estaba en proceso de construcción; y puede afirmarse que aunque el abasto de agua de la ciudad era insuficiente para atender los compromisos, la unión de las aguas de las quebradas Santa Elena y Piedras Blancas, para entrar juntas a un tratamiento completo en la planta de filtros, sería, temporalmente, una solución acertada; de ahí la necesidad de construir la represa de Piedras Blan-

cas a fin de regular el cauce de la quebrada. Cinco años después, en 1949, se captaron las aguas de la quebrada La Iguaná para servir al barrio San Cristóbal y luego se condujeron a Robledo. Otra obra de gran significación fue el acueducto de La García, terminado en 1953, aunque el caudal utilizado en este último dependía de la operación de la planta hidroeléctrica de la fábrica de textiles Fabricato que disfrutaba de una concesión para utilizar las aguas.

De otro lado, los programas para recoger las aguas que la Empresa de Acueducto llevaba hasta las residencias, los negocios y algunas fábricas, siempre se pospusieron a causa de los escasos recursos con los que contaba la Sección de Alcantarillado, adscrita a la Secretaría de Obras Públicas del Municipio hasta 1953, cuando se la anexó a la Empresa de Acueducto. La ciudad de Medellín sólo dispuso de un Plan Piloto de Alcantarillado en 1962. Hasta entonces se sobredimensionaron algunos de los precarios sistemas separados de alcantarillado, al verter las aguas negras en las quebradas y dejar correr las aguas lluvias por la vías de la ciudad, sin un sistema organizado de colectores que permitiera decantar las inmundicias que llegaban al río Medellín. Si bien la quebrada de Santa Elena había sido cubierta en 1926, a causa de los malos olores que emitía y de los peligros higiénicos que podían derivarse por haberse convertido en una alcantarilla abierta, su caudal era insuficiente para diluir las aguas negras que llegaban a su cauce para desembocar finalmente al río Medellín. En 1944 se planteó la necesidad de recalcular y rediseñar todo el alcantarillado de la ciudad y reformar los pozos de inspección para que la red se acomodara a las exigencias técnicas del momento. Los colectores estarían relacionados con la red futura de alcantarillado, y se aislarían las aguas negras de las corrientes para limpiarlas. Estos colectores irían paralelos a las quebradas para interceptar las alcantarillas que desaguaban en ellas y permitir la descarga sólo cuando la dilución de las aguas negras por las lluvias llegara a un límite prefijado. Habría dos redes de colectores: la del lado oriental del río, de primera necesidad por el alto índice de población de este sector, y otra por el lado occidental, sector que permitía algún plazo para su ejecución[3].

A partir de 1946 empezó a cristalizarse la idea de proyectar un sistema de alcantarillado sanitario capaz de captar y llevar las aguas residuales hasta unos colectores marginales y luego al río Medellín. Se pensó, entonces, que la cuelga o canalización del río contribuiría enormemente al saneamiento de los terrenos aledaños al ayudar a su desecación y con ella a la erradicación de los focos de infección palúdica.

En cuanto a los teléfonos, en la década del veinte se presentó gran auge en la instalación del servicio para el comercio y la industria, mientras el número de instalaciones residenciales aumentó, especialmente en la década siguiente. Desde 1923 existían teléfonos públicos en la ciudad, cuya cantidad se incrementó rápidamente a partir de 1940 cuando se instaló el sistema de automatización telefónica; hasta entonces, las llamadas requerían de la intervención de una telefonista.

Las Empresas Públicas de Medellín se establecieron con las condiciones de autonomía administrativa que habían adquirido en los últimos tiempos las Empresas Públicas Municipales. Se definen como establecimiento público adscrito al Municipio de Medellín, dotado de personería jurídica, patrimonio propio, autonomía administrativa y plena capacidad para obrar; como tal, inició labores en enero de 1956.

Varias razones explican su éxito. En primer lugar, existe el manejo separado de las empresas mediante las distintas gerencias, pero en una sola cuenta se cobran mensualmente los cuatro servicios, lo que le permite un rápido recaudo de su cartera. En segundo lugar, como empresa es una entidad rentable; siempre ha estado en capacidad de generar y distribuir sus propios servicios, por lo cual los márgenes de intermediación le pertenecen; y aunque por algún tiempo administró sus propias tarifas, ahora, aun dependiendo de la regulación nacional, logra subsidiar algunos sectores de la población; por medio de las tarifas recoge el capital necesario para emprender los nuevos proyectos y realizar los planes de expansión sugeridos por la Gerencia de Planeación. Así, en tercer lugar, cuenta con un equipo técnico de ingenieros preparados desde tiempo atrás en la prestigiosa Escuela y ahora Facultad de Minas de la Universidad Nacional o en otra de las cuatro universidades de la ciudad que ofrecen programas de ingeniería: Pontificia Bolivariana, de Antio-

TABLA 2
EEPPM
CONSTRUCCIÓN DE CENTRALES HIDROELÉCTRICAS

Año	*Hidroeléctrica*	*MW*
1958	Piedras Blancas	
1964-1965	Troneras	36
1965	Guadalupe II	10
1962-1966	Guadalupe III	270
1971-1976	Guatapé I	280
1979-1980	Guatapé II(Peñol)	280
1982	Ayurá	19
1985	Guadalupe IV	216
1987	Playas	240
1993	La Tasajera*	300
1993	Niquía*	24

*Elementos del proyecto sobre aprovechamiento múltiple de Riogrande,
que incluye la presa de este nombre.

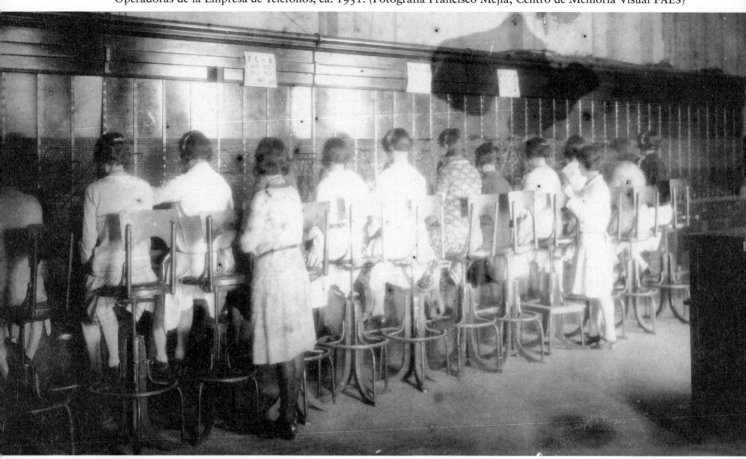

quia, de Medellín y Eafit, las cuales en muchos casos han tenido como profesores a los mismos técnicos de EEPPMM., pues la entidad ha sido un laboratorio de prácticas en cuanto a los desarrollos hidroeléctricos, de aprovechamiento de aguas (acueducto y alcantarillado) y de sistemas de transmisión telefónica (mediante enlaces digitales, videoconferencia y telefonía móvil, entre otros). De este modo, la preparación de ingenieros está directamente relacionada con las necesidades del medio, situación que permite retroalimentar el proceso de enseñanza. Tanto el posgrado en aprovechamiento de recursos hidráulicos (1984) y el doctorado en ingeniería en la misma área (1991) que ofrece la Facultad de Minas como la maestría en gestión tecnológica con énfasis en telecomunicaciones (1991), de la Universidad Pontificia Bolivariana, preparan el soporte humano del cuerpo técnico de las Empresas Públicas de Medellín y de otras empresas del país y del exterior.

En cuarto lugar, el modelo administrativo de EEPPMM basado en la continuidad en los cargos de gerencia, en los que los ingenieros permanecen por muchos años y alcanzan a realizar los proyectos que han estudiado con detenimiento, es otro factor favorable. Además, la Gerencia de Planeación, adscrita a la Dirección General desde la administración del doctor Diego Calle Restrepo (1976-1985), tiene a su cargo la planeación integral de los servicios, adelanta estudios y proyecciones para cada uno de ellos, evalúa la provisión de fuentes y sugiere la adquisición de nuevas tecnologías, las cuales le han permitido a EEPPMM mantener su estado de empresa monopolista en la prestación de los servicios en el área metropolitana. Por mucho tiempo y hasta la elección popular de alcaldes en 1988, la gerencia general permaneció en manos de los más destacados técnicos liberales de la ciudad. Después, algunos conservadores han alcanzado el alto cargo mientras en las otras gerencias ha habido pocos cambios. En quinto lugar, EEPPMM sobresale actualmente por la eficiencia, racionalidad y alta cobertura en la prestación de los servicios.

Las Empresas Públicas de Medellín han desempeñado un papel importante en la normalización de barrios que en principio se levantaron en condiciones marginales; es decir, barrios de invasión o asentamientos que después de varios años entran a formar parte del tejido urbano, como situaciones de hecho; allí, primero instala pilas públicas de agua, luego teléfonos, alumbrado público, agua y energía. Al mismo tiempo, hacia 1980, cien localidades, entre municipios y corregimientos, estaban conectadas al sistema eléctrico de EEPPMM. Por otro lado, las Empresas contribuyen a la recrea-

ción del público, abriendo los parques de los embalses de La Fe, Riogrande y Manantiales, y con la iluminación de canchas de fútbol y placas polideportivas en la ciudad de Medellín.

La Empresa de Energía ha tenido un desarrollo gigantesco en cuanto a planes de generación y distribución de hidroelectricidad. Desde 1954, sus ingenieros promovían la interconexión eléctrica de todo el país, asunto que tardó hasta 1967 cuando se creó Interconexión Eléctrica S.A., ISA, con domicilio en Bogotá, para acometer los proyectos de interconexión de los sistemas a un voltaje de 220 KW y generación, financiados, construidos y administrados por la misma entidad[5]. En 1977, la dirección de ISA pasó a la ciudad de Medellín.

Además, EEPPMM posee derechos en potencia y en energía, en algunas centrales de propiedad de Interconexión Eléctrica S.A., en las plantas de Chivor I, Chivor II, Zipaquirá IV, Chinú y San Carlos I. Para las centrales hidroeléctricas de Jaguas (177 MW) y San Carlos I y II (1 240 MW), que pertenecen al desarrollo del conjunto del río Nare-Guatapé-Samaná, EEPPMM cedió estos proyectos a ISA en el momento de constitución de la sociedad, porque a ésta le correspondía emprender los proyectos más grandes. Los megaproyectos Xarrapa (330 MW); Farallones (2 120 MW), Cañafisto (1 600 MW), Ituango (3 860 MW) y Apaví (1 920 MW), definidos en la década del ochenta, aguardan el aval para su realización, aunque después del racionamiento de 1993 se evaluaron la perceptibilidad y las posibles aplicaciones del potencial hídrico del departamento, sobre todo en pequeñas centrales hidroeléctricas. No obstante, actualmente EEPPMM elanta el proyecto Porce II[6].

En treinta y ocho años (1955-1994) la Empresa de Acueducto ha integrado, por medio de bombeos y conducciones, particularmente de los ríos Negro, Piedras, Buey y Grande, el abastecimiento del acueducto metropolitano. El programa Riogrande II, en lo correspondiente al acueducto y alcantarillado, es el más grande realizado por EEPPMM ; y con la planta de tratamiento Manantiales (1991) espera resolver el problema de suministro de agua potable para la ciudad hasta bien avanzado el siglo XXI, al extender el suministro a otros municipios del área metropolitana. En cuanto al alcantarillado, el Plan Piloto de Alcantarillado Sanitario se inició en 1966, y el Programa de Saneamiento del río Medellín encontró financiación desde 1981. Se han construido interceptores y colectores complementarios de la red de alcantarillado, y en esta década se adelantará la construcción de las plantas de tratamiento. La recuperación del 80% de las aguas del río Medellín se dará en el año 2005. Para el servicio de teléfonos, en la década del ochenta se instalaron centrales telefónicas de tipo digital; el proyecto para la expansión del sistema de trasmisión mediante fibras ópticas reemplazará los conductores de cobre. En cuanto al programa de gas domiciliario, la Unidad del Gas, dependencia que cuenta con la Gerencia del Gas, espera entregar gas natural del Magdalena medio por red, a fines de 1995; y para el año 2002, servir a 500 000 usuarios, de todos los estratos, en la ciudad de Medellín y diez municipios del valle de Aburrá.

EEPPMM participa con el 8% en la empresa Occel, recientemente creada, que prestará el servicio de telefonía móvil celular para la región occidental del país, en la que se incluyen Antioquia, Caldas, Risaralda, Valle y Quindío.

NOTAS

1. Asimismo, para descongestionar el tráfico de las vías Palacé-Bolivia se estableció un *loop* en Cúcuta con Cundinamarca, una variante por la avenida Primero de Mayo y otra de Sucre a Bolivia, para separar las líneas del tranvía que iba a los barrios de Manrique y Sucre entre los parques de Berrío y Bolívar.

2. Livardo Ospina E., *Una vida, una lucha, una victoria. Monografía histórica de las empresas y servicios públicos de Medellín,* Medellín, Colina, 1966, p. 511.

3. En un principio la junta directiva estaba integrada por siete miembros (el alcalde, dos nombrados por los concejales, tres nombrados por el alcalde de listas elaboradas por las entidades financiadoras de los planes de la Empresa –el Banco de la República, los bancos comerciales nacionales y la ANDI– y otro miembro escogido por el alcalde entre el candidato presentado por la Cámara de Comercio de Medellín y la Federación de Comerciantes, seccional de Medellín). Debía existir distinta filiación política. El Acuerdo N° 29 del 14 de septiembre de 1970 modificó su conformación, así: el alcalde, tres concejales y tres particulares elegidos por el Concejo de Medellín. A fines de 1980, «los tribunales administrativos consideraron ilegal la presencia de concejales en las juntas y definieron que el nombramiento de sus miembros era de competencia del alcalde. La Ley 11 de 1986 exige que una tercera parte de sus miembros sean funcionarios de la administración municipal; otra tercera parte, representantes de los respectivos concejos; y la tercera parte restante, delegados de entidades cívicas o de usuarios del servicio o servicios cuya prestación corresponda a los citados establecimientos o empresas».

4. Livardo Ospina E., *ibid.,* p. 362.

5. Los socios fundadores de ISA fueron: la Empresa de Energía Eléctrica de Bogotá, EEPPMM., CVC de Cali, Electroaguas, Chidral y CHEC. Más tarde, en 1976, el gobierno nacional y las empresas socias decidieron incluir la Corporación Eléctrica de la Costa Atlántica

(Corelca) para lo cual Electroaguas, que se había transformado en el Instituto Colombiano de Energía Eléctrica (ICEL), y la CVC, acordaron ceder las acciones requeridas.

6. De un potencial de 93 085 MW en 308 proyectos y en diferentes etapas de estudio, cada uno con más de diez megavatios, hacia 1980 el departamento de Antioquia contaba con el 24.2% del total instalable en el país. Para 1986, EEPPMM tenía los proyectos Porce II y Porce III, Porce IV con un total de 392 MW, Ermitaño, Riachón (90 MW) y Nechí (588 MW) al nordeste del departamento. *Véase* «Inventario de proyectos hidroeléctricos en Antioquia», *Revista Empresas Públicas de Medellín.* vol. 2, N° 3, julio-septiembre, 1980, p. 37.

Bibliografía

Arias R., Francisco J., «OCCEL: US$ 200 millones para el celular», *El Colombiano,* Medellín, mayo 15 de 1994.

Botero, Fabio, «Desarrollo vial en el siglo XX: lo que cuentan las calles de Medellín», *Revista Antioqueña de Economía y Desarrollo,* Medellín, septiembre-diciembre, 1982.

Botero, Fernando, «El espejismo de la modernidad en Medellín: 1890-1950», *Lecturas de Economía,* N° 39, julio-diciembre, 1993.

Consejo Municipal de Medellín, «Acuerdos. Inventario de proyectos hidroeléctricos en Antioquia», *Revista Empresas Públicas de Medellín,* vol. 2, N° 3, julio-septiembre, 1980.

León Gómez, Gloria, «Proceso de formación de los acueductos en Medellín: 1880-1920», ponencia presentada al Congreso de Historia, 1991.

Múnera López, Luis Fernando, «Anotaciones para la historia de la Central hidroeléctrica de Guadalupe», *Revista Empresas Públicas de Medellín.,* vol. 4, N° 3, julio-septiembre, 1982.

Ospina, E. Livardo, *Una vida, una lucha, una victoria. Monografía histórica de las empresas y servicios públicos de Medellín,* Medellín, Colina, 1966.

Revista Empresas Públicas de Medellín. Vol. 2, Medellín, N° 4, octubre-diciembre, 1980.

Santa María A., Peter, *Texto de electricidad aplicada,* Medellín, 1935.

Tejada Sáenz, José, *Estudio preliminar del sistema de colectores para Medellín,* Medellín, Facultad Nacional de Minas, tesis de grado, 1944.

Toro B., Constanza., «Medellín: Desarrollo Urbano, 1880-1950», *Historia de Antioquia,* Bogotá, Presencia Ltda., 1988.

Toro R., Humberto, «Monografía del río Medellín: Programas Iniciales», *Revista Empresas Públicas de Medellín,* Vol. 3, N° 3-4, Julio-diciembre, 1981.

Fabio Botero Gómez

Vida cotidiana y cultural urbana en Medellín, 1930-1950

El cuadro social en Medellín

LAS DIVISIONES en períodos para efectos de análisis o descripción de un proceso histórico son con frecuencia bastante artificiosas. Para el caso de Medellín, sin embargo, el año de 1930 sí tiene un marcado carácter de mojón, porque coincide con un acontecimiento que también lo fue mundialmente en virtud de la gran crisis, la cual sacudió estructuras sociales y políticas en el planeta. No era la economía patriarcal colombiana tan vulnerable como otras mucho más complejas, y sin embargo el impacto de la crisis económica mundial fue grande y bien sentido. De hecho, en Colombia 1930 fue el año de la caída del régimen conservador que había durado 45 años, y esto sí representaba un hito. Sus efectos políticos, inicialmente inocuos, se acentuaron bien pronto, y produjeron un proceso de fuerte polarización y enfrentamiento entre las dos fuerzas en pugna, el partido liberal y el conservador, que habría de desembocar en la trágica encrucijada de la violencia (1949-1953). Tales efectos se acentuaron, precisamente, por el impacto de la crisis, la cual convirtió por largo rato en problema de vida o muerte la rebatiña por el empleo burocrático oficial.

Esta situación coincidía plenamente con el afloramiento nacional de la división de clases, rasgo nuevo en el contexto de la ciudad, que más claramente había venido perfilando una burguesía moderna colombiana, muy diferente de la clase latifundista semifeudal (la hacienda tradicional) que se conservaba bien fuerte en las otras tres regiones amplias del país: meseta Centro-Oriental, costa Atlántica y el Gran Cauca. Por ello se dio la singular paradoja, así fuera casi casual, de que Medellín, en la cual la naciente burguesía se conservaba monolítica en su tradicional religiosidad católica (a diferencia de la burguesía radical de Bogotá), fuera la única ciudad que en 1932 tenía dos concejales comunistas, Manuel María Marulanda y Carrascal (este último, por cierto, no raizal antioqueño).

Otros rasgos, por supuesto, tenían un mayor impacto en la estructura social: el poblado grande de 1890-1900, que alguien definió con un poco de exageración pero con humorístico acierto como «una gran pesebrera», era ya en 1930 una pequeña ciudad; pequeña pero verdaderamente ciudad, con abundante luz eléctrica, acueducto, alcantarillado, tranvía eléctrico y teléfonos; y una vida social que se iba refinando a paso acelerado pese a que la fama de ambiente ceñudo y poco simpático era manifiesta, como lo expresa un cronista ocasional: «Medellín, se ha dicho, es de nacimiento estragado y aburrido, y una sonrisa de esta ciudad es algo muy raro y extraño. Venimos a la vida con el ceño fruncido y con todas las exterioridades necesarias para que se diga que nos alimentan con puro ácido de limón...»[1.]

Estos rasgos ancestrales persistían pero se desmoronaban aceleradamente. Ya desde 1924 la ciudad contaba con su *country club* (el Club Campestre), fundado por Germán Olano, para que la *gentry* hiciera su teatro social (el club fue remodelado en 1941 y reinaugurado con una fiesta que fue famosa en todo el país). Además, desde principios del siglo el valle de Aburrá, entre Caldas y Copacabana, enclave natural de Medellín, había configurado una verdadera constelación de villas campestres para vacaciones y fines de semana, que eran la joya preciada y el orgullo de una clase dirigente que en esto cifraba su autoestima y autenticidad. El marco paisajístico natural se prestaba enormemente, y no anda demasiado lejos de la verdad el inolvidable Fernando González, de Otraparte –su casa campestre–, cuando dice con regocijo y afecto: «Tiene el valle unos sesenta kilómetros de largo; sesenta kilómetros de meandros

Estadio Los Libertadores, ca. 1934
(Fotografía Francisco Mejía, Centro de Memoria Visual FAES)

tan supremos, que son pruebas evidentes de que el paraíso terrenal fue en Envigado, en la finca del Pacho Pareja...»².

Entre 1930 y 1950 se configura y consolida el incipiente capitalismo industrial antioqueño, que más tarde irá cediendo terreno a Bogotá y Cali. Para 1930, los tres pilares básicos (textiles, tabaco y bebidas) están ya bien cimentados y conformados; vienen entonces, en orden cronológico, empresas como Tejidos Leticia y Tejicóndor (1934), Aluminio Laminado Imusa (1934), Pepalfa (1936), Confecciones Everfit (1941), Electrodomésticos Haceb (1942), Paños Vicuña (1946), Pintuco (1947), Plásticos Estra (1948), Fábrica de Empaques (1938), Ceramita (1949), Siderúrgica (acero de horno eléctrico por recuperación de chatarra), y otras. Esto implica el nacimiento de la clase obrera, cuya capacidad contestataria es aún virtual; el sindicalismo católico y las relaciones paternalistas dominan el panorama, los cuales controlan eficazmente los liderazgos naturales como el del padre Germán Montoya, cura párroco de la Candelaria, y su periódico *Obrero Católico,* que perdurará hasta la década del ochenta, para que los apacibles obreros jubilados lo compren después de misa y lo paladeen en sus casas obtenidas años atrás con los préstamos sociales de sus empresas.

La Iglesia continúa siendo una fuerza modeladora de primer orden; se pasa lentamente de los obispos aristocráticos (y autocráticos) como el señor Cayzedo (muerto en 1935) a los más discretos pero todavía poderosos, tipo curia romana, como Salazar y Herrera y García Benítez. La procesión del

Corazón de Jesús, verdadera manifestación multitudinaria en orden jerárquico corporativo e impecable en 1935, se va desgastando lentamente; en 1935 tiene lugar el Congreso Eucarístico, en un templete levantado en amplio espacio frente al Cementerio de San Pedro, congreso de afirmación multitudinaria que el más agreste conservatismo antioqueño aprovecha para prenderle fuego a la oposición al gobierno de «La Revolución en Marcha» de Alfonso López Pumarejo. El conservatismo republicano antioqueño, esa magnífica creación civilizada de los años 1910-1930, pierde la partida frente al conservatismo feudal latifundista del centro-oriente colombiano, manejado con dureza por el senador Laureano Gómez, y cuyos frutos de violencia se sentirán entre 1949 y 1953 con implacable signo en el campo e inclusive en el ámbito urbano. El conservatismo social-católico-corporativista, que tiene un apreciable desarrollo entre 1930 y 1940, aborta sin remedio aun después del triunfo falangista en España en 1939, arrastrado por la hecatombe de la derecha continental europea en la guerra de 1939-1945. Se configura un nuevo catolicismo de tono *urbanizado* que tiene en el sacerdote Miguel Giraldo, cura de San José, su mejor expresión entre 1945 y 1950.

Esto en el plano macrosocial. En el más cerrado de la «sociedad que cuenta» este período de 1930-1950 es de enorme vitalidad. En primer lugar, ocurre lo que se podría llamar apertura al mundo de esta ciudad pueblerino-provinciana, apertura inevitable en el fabuloso mundo nuevo

Templete construido para el II Congreso Eucarístico Nacional celebrado en Medellín en 1935
(Fotografía Francisco Mejía, Centro de Memoria Visual FAES)

de las comunicaciones. En 1913 aparece apenas como un cometa insólito el primer avión sobre Medellín y hace una feliz reaparición en 1920. En 1933 ya hay vuelo diario de pasajeros entre Medellín y Bogotá; y en 1931 el líder social Gonzalo Mejía realiza la fabulosa proeza de viajar de Nueva York a Medellín en tres días. El vuelo se hizo por etapas con escalas en Kingston (Jamaica), Barranquilla y Puerto Berrío; de Puerto Berrío a Medellín en tren...

Como símbolo de lo que significó esta apertura, en 1932 la señorita Aura Gutiérrez, de la alta sociedad de Medellín, fue elegida como Señorita Colombia para participar en el concurso mundial de la belleza... Por otra parte, se consolidaba en grande el fútbol espectáculo, el deporte de masas; en este período se pusieron en funcionamiento, en sucesión cronológica, el Estadio Libertadores en el lugar que luego fue el barrio residencial San Joaquín; el de San Fernando (que también fue hipódromo) y (poco después de 1950) el Estadio Atanasio Girardot.

En cuanto al hábitat de las altas clases sociales, entre 1890 y 1930 éstas se localizaban en la Avenida La Playa y un círculo de pocas cuadras cuyo centro quedaba aproximadamente en Junín con Maracaibo (carrera 49 con calle 53), buena parte de lo cual constituyó lo que se llamó Villanueva desde el fin del siglo XIX, en contraposición a la Villa Vieja.

Hacia 1920 se da un cambio sustancial pues, entre esta fecha y 1950, se desarrolla y llega a su máximo momento el barrio El Prado, entre las carreras 49 y 50B y las calles 59 a 62, como el sector de alto nivel social. Hay además un profundo cambio en el concepto de casa, el cual entre 1920 y 1950 se acerca más a un modelo internacional, con dos pisos, salones interiorizados, las escaleras como diseño funcional y ornamental. Es el tipo de casa que por la misma época se dio también en el barrio Teusaquillo de Bogotá, allí con mayor interiorización, chimenea, etc., de acuerdo con el clima. Treinta años es, aproximadamente, la vigencia generacional y vital de un barrio; la siguiente generación de estas clases altas busca un nuevo hábitat, al constituir familias nuevas; por ello, el ciclo del barrio El Prado, de la alta sociedad de Medellín, se cumple en su nivel máximo entre 1920 y 1950. A partir de 1940, el hábitat de la alta sociedad se empieza a ubicar en el barrio Laureles, cuyo ciclo será entre 1940 y 1970 con el *traslapo* necesario, 1940-1950, para dar paso a la *onda* de El Poblado (1960-1990).

La apertura al mundo de la sociedad dirigente de Medellín entre 1930 y 1950 se revela también en muchos otros detalles del estilo vital, que dieron lugar inclusive a divertidas y amables crónicas satíricas, como se puede apreciar en ésta de la poetisa Blanca Isaza de Jaramillo: «Decir que se va a tomar 'el algo' es una cosa tan cursi que atrae sobre la mamá que es responsable... la sonrisa compasiva de las visitantes; lo que se sirve es el 'five o'clock tea'... Si hay que pasar hambre, se pasa, pero en inglés»[3].

Sin embargo, esta apertura era todavía endeble; en fecha tan avanzada como 1945, la ciudad

Salón de belleza
en 1937
(Fotografía Francisco
Mejía, Centro
de Memoria
Visual FAES)

entera, empezando por su clase dirigente, protagonizó lo que los bogotanos llaman con pintoresco humor, todavía hoy, un oso sensacional, a propósito de la llegada de la primera tanda o grupo de *niñas* (muchas de ellas solteronas y feas), empleadas del canal de Panamá, a quienes el gobierno estadounidense quiso darles unas merecidas y buenas vacaciones turísticas al finalizar el exigente trabajo de la guerra. Llegaron a Medellín, al Hotel Nutibara, el cual ofreció *cocktail* de homenaje; el gobernador del departamento les envió *retreta* de la banda, y el Club Campestre realizó un baile en su honor. El gracioso suceso se encuentra en las memorias inéditas de don Ricardo Olano, las cuales están esperando hace rato su merecida

publicación ya que son una espléndida crónica del Medellín de 1910-1947.

Podría afirmarse con una dosis de humor gris, por no decir negro, que la sociedad dirigente de Medellín hizo entre 1920 y 1950 el tránsito de la feria de ganados al club.

En cuanto a las capas dirigidas, lo primero que se debe anotar es que su posición está lejos de ser conflictiva y menos aún de extrañamiento; los valores fundamentales (religiosos, cívicos o simplemente antropológico-culturales) son ampliamente compartidos. La temible y abismal fisura del Medellín de 1980-1990 ni siquiera se concibe. Las posiciones de clase están definidas y marcadas, por supuesto, pero sin conflicto consciente.

Interiores de residencias en Medellín, 1940
(Fotografía Francisco Mejía, Centro de Memoria Visual FAES)

Lo que dijimos sobre la curiosa vigencia –puramente superficial– del comunismo encarnado en Carrascal y Marulanda, y hacia 1940 en Herrón, sirve meramente como validación teórica del acierto del análisis marxista; teórica porque si es cierto que el Medellín de 1940 presenta un claro (aunque modesto) marco social burgués-capitalista, el conflicto está plenamente controlado; ello explica la enorme superioridad local del sindicalismo social-católico. Y como apunte festivo sobre la ausencia de un verdadero enfrentamiento, bien se puede citar lo que se le atribuyó a un líder burgués, don Jesús Mora, a quien nadie derrotaba en una discusión: «No, pero si es que yo también estoy de acuerdo con el comunismo; pero con un comunismo bien entendido, que respete el capital».

La cultura como crítica... y autocrítica...

El período entre 1930 y 1950, en el ámbito cultural de Medellín, no se distingue ni caracteriza por un particular y nuevo sentido de la polémica crítica ni de la autocrítica... De hecho, la escena cultural de Medellín tuvo desde 1890 un alto contenido de polémica crítica y de autocrítica (en lo cual se distingue bien en el ámbito nacional, con la excepción de Luis Carlos López y su visión del país). Pero sí puede decirse que entre 1930 y 1940 esta visión crítica y autocrítica se hace un poco más densa y polémica, y gravita más sobre el cuerpo social.

En la crítica literaria, por ejemplo, podría afirmarse que el período 1890-1920 fue más polémico (recuérdese la discusión entre Carrasquilla y los refinados decadentes). En esto se puede decir que los poetas, eternos «fugados de la realidad» y «poseídos de presunción», según los críticos de corte tradicionalista, entre 1930 y 1950 ganan plenamente la batalla.

La crítica literaria y artística se hace más refinada, más compleja, más «moderna» y menos «clásica»; pero, por lo mismo, con frecuencia menos sólida. Por otro lado, ciertos aspectos universales del carácter local se acentúan, entre ellos la pugnacidad; no hay delicadezas de «alta esgrima», sino, con frecuencia, rudas fintas de puro machete. Tal fue el caso de la polémica entre el médico Alonso Restrepo Moreno, quien atacó virulentamente los frescos murales del pintor Pedro Nel Gómez en el Palacio Municipal, y el también médico y novelista César Uribe Piedrahíta, quien hizo la defensa no menos dura y sarcástica, ambos en las páginas de la *Revista de la Universidad de Antioquia*.

A propósito, es interesante destacar la riqueza de la obra de artes plásticas en este período de Medellín, porque abre definitivamente un panorama de amplios ángulos de visión y estilo; por un lado, la obra clásica de la *línea Cano*, representada por Eladio Vélez y Luis Eduardo Vieco, y por otro los nuevos, agrupados momentáneamente en el llamado Salón de los Independientes de 1944, representados entonces por Pedro Nel Gómez, Rafael Sáenz y Débora Arango.

En el dibujo y en el grabado, estas mismas líneas se configuran en la obra clásica de Longas y el dibujante humorista Emiro Botero; y por otro

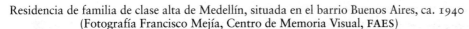

Residencia de familia de clase alta de Medellín, situada en el barrio Buenos Aires, ca. 1940
(Fotografía Francisco Mejía, Centro de Memoria Visual, FAES)

lado Pepe Mexía y José Posada, particularmente este último, cuyo trabajo es de un refinamiento y un exotismo excepcionales. Al final del período aparecen dibujantes ilustradores de alto valor: Merino, Hernando Escobar Toro y Fernando Botero, cuyos primeros dibujos marcarían una época en el arte universal. En el «formalismo de tipo medio» aparece lo primero de Ramón Vásquez (cuyas ilustraciones para el libro de poesía de Jorge Montoya Toro en 1952 no fueron superadas después). Como una curiosidad típica del abigarrado marco antioqueño vale la pena mencionar que los estilizados dibujos de Pepe Mexía ilustraron, en regocijante incongruencia, el libro *Cachos y dichos* de Federico Trujillo.

La fuerza de la autoexpresión, tan propia de la reciedumbre antioqueña, está en la onda; autoexpresión que llega a los más descarnados niveles de la autocrítica. La obra de Pedro Nel Gómez es un ejemplo importante, particularmente el reflejo de la Antioquia minera y aventurera que se expresa literariamente en los relatos y esbozos novelescos de Efe Gómez. La más despiadada mirada sobre el mundo cotidiano es la de Débora Arango; en los años cuarenta Carlos Correa protagonizó un escándalo religioso-estético nacional con su cuadro *Anunciación* de c. 1941, hoy por fortuna en manos del Museo de Antioquia.

El escultor José Horacio Betancur, muerto trágicamente en forma prematura, dejó una obra importante en sus conjuntos telúrico-ancestrales sobre los mitos de la selva y el río, la «Madremonte» y la «Bachué», que hoy son parte del paisaje urbano de Medellín; se iniciaba entonces, hacia 1945, la larga y copiosa carrera del escultor Rodrigo Arenas Betancur, que cubriría no ya Medellín sino el país entero con enormes conjuntos plásticos de gran riqueza formal.

Pero en la autocrítica, el panorama literario-cultural antioqueño alcanza en el período 1930-1950 un espléndido nivel, en especial por la obra de Fernando González, el filósofo auténtico de la antioqueñidad (y la colombianidad), quien logró sacudir, escandalizar y fascinar al país desde su oficina de abogado o su villa campestre de Envigado. Fernando González tiene, además, la particular cualidad de ser entrañablemente medellinense; difícilmente se da una tan absoluta compenetración entre hombre y ciudad en el panorama de la expresión cultural literaria. Su obra de fondo, la más valiosa de su vida entera, se comprime entre *Viaje a pie* (1930) y *El maestro de escuela* (1941), y en la revista *Antioquia*, inolvidable esfuerzo de automanifestación sin inhibiciones en un medio tan especial como el de Antioquia y Medellín.

Sus libros más importantes de este período, en lo que se refiere a la autocrítica, y casi que a su intento de configurar una filosofía antropológica original, fueron: *Don Mirócletes* (París, Le Livre Libre, 1932), *Cartas a Estanislao* (Manizales, Arturo Zapata, 1935), *Los Negroides* (Medellín, Atlántida, 1936) y *El maestro de escuela* (Bogotá, ABC, 1941).

Su urticante anhelo y propósito, el descubrir el alma colombiana y antioqueña, medellinense, con un rigor sin contemplaciones, lo expresa bien así: «Por ahora es preciso mostrar el mal, describirles la fealdad humana de Colombia, para ver si obtenemos una reacción»[4].

Y una muestra de su rigor casi masoquista sobre el «hombre gordo de Medellín» es ésta: «El hombre gordo ha inventado nombres: 'El cementerio de los ricos' y el 'cementerio de los pobres'. Sólo en Medellín existen estos nombres. Lo primero que retira de su almacén el medellinense es con qué comprar 'local en el cementerio de los ricos'; lo segundo es para comprar manga en el Poblado y lo tercero es para comprarles el cielo a los Reverendos Padres»[5].

Curiosamente, en este período la novela, el cuento y la crónica parecen desconectarse de lo puramente local; nada comparable al Medellín de Carrasquilla. La excepción, en parte, podría ser la obra de Efe Gómez, intensamente antioqueña, y alguna estrictamente medellinense; la novela más importante, *David, hijo de Palestina* de José Restrepo Jaramillo, aunque de ámbito antioqueño, escapa de lo regional (y ello le da a su vez su especial valor). La única novela intensamente medellinense es *Una mujer de 4 en conducta* de Jaime Sanín Echeverri (1946). Al final de este período se inició también la carrera literaria de Manuel Mejía Vallejo, Jesús Botero y otros.

El arco y la lira

En el período 1930-1950 la poesía se libera definitivamente de ataduras clásicas, y de toda la inhibición localista. Claro que permanecen en escena voces intensamente locales, terrígenas, como el vate González, León Zafir y Tartarín Moreira; pero apenas son voces locales, parroquiales... Entre tanto los poetas de altura vuelan libremente.

Sin duda, el principal poeta es Édgar Poe Restrepo, quien tiene además el singular carácter de ser prolongación (y elevación) del poeta del Medellín de principios de siglo, 1900-1920, Abel Farina, su padre. Édgar Poe murió trágicamente en 1942 en un pedestre incidente de cantina. Su único libro, *Víspera del llanto* (1941), marca un hito en nuestra historia cultural. Es un poeta

Orquesta
de Juan Manuel y sus
Vagabundos en el
Covadonga, 1942
(Fotografía Francisco
Mejía, Centro de
Memoria Visual FAES)

elegíaco por antonomasia, cantor de la muerte y de la soledad:

> Mas eso será cuando ya reposen tus senos
> en la vida callada y en los días serenos...
> Cuando para los goces tu cuerpo sea inerte...
> Por lo tanto, esta noche no vendrá Doña
> / Muerte[6].

El otro poeta significativo en alto grado en este período fue Ciro Mendía, quien también pertenece al período 1950-1970, y cuya lira tiene una amplia escala de estilos y formas, incluyendo por supuesto refinamientos que a los clásicos parecían francamente decadentes:

> Mariposas maquilladas
> en vestidos inmorales
> ensayan una revista
> dirigida por el viento[7].

El tercer poeta grande del Medellín de 1930-1950 fue Alberto Gil Sánchez: «Fue este un poeta de clase, culto, refinado, con una fabulosa capacidad para la canción que lleva un eco sonoro, una estética de concierto»[8].

Inauguración de la Plaza de Toros La Macarena en 1945
(Fotografía Gabriel Carvajal, Foto Carvajal)

De él son estos versos que parecen vibrar en el aire:

Al son de la lluvia suenan las campanas
pálidas hermanas son,
que unidas resuenan sobre las ventanas,
sobre las ventanas de mi corazón[9].

Como una risueña acotación de típico sabor medellinense, vale la pena anotar que este excelente poeta Gil Sánchez, de profesión abogado, encontró tiempo y compatibilidad anímica para escribir *Estudio sobre quiebras*, lo más alejado imaginable de la poesía; y el rasgo es raizal: el brillante poeta Saúl Aguirre, que corresponde mejor al período 1950-1980, pero que se inició en los años cuarenta, escribió también *Manual del vendedor moderno*.

A mitad del período, en 1939, irrumpe vigorosa y vital una nueva generación cultural, agrupada simbólicamente alrededor del suplemento literario dominical de *El Colombiano*, denominado *Generación*, dirigido por Miguel Arbeláez Sarmiento, rionegrero, y Otto Morales Benítez, de Riosucio, Caldas, ampliamente conocido en los medios culturales y políticos colombianos.

Toda una juventud inquieta, particularmente entre 1945 y 1950, ansiosa de manifestarse, encontró aquí la puerta de ingreso a la escena pública: Belisario Betancur, Jaime Sanín Echeverri, Eddy Torres, de «amplio espectro»; los poetas Jorge Montoya Toro, Carlos Castro Saavedra, Hernando Rivera Jaramillo, Darío Restrepo Jaramillo; los dibujantes Merino, Escobar Toro, Ramón Vásquez, entre otros muchos. Era una nueva visión del mundo, un nuevo estilo, una nueva poesía y una nueva prosa. Su esplendidez traspasa ya el período 1930-1950.

La cultura como actividad social

Un aspecto importante del período 1930-1950 en Medellín lo constituye el que la cultura pasa a ser una «actividad social de amplio espectro». Por supuesto, sería ingenuo suponer que el pueblo raso capta, vive y comprende a cabalidad esta actividad social, que obviamente exige un mínimo de formación; pero sí puede decirse que no está tan terriblemente excluido como en la metrópoli anómica y anónima de 1980-1990. En 1943, por ejemplo, lo que ocurrió con el generoso entusiasmo de un medellinense del estrato culto, el maestro Pietro Mascheroni, cuando se lanzó valientemente a una empresa que parecía ilusión de locos: la constitución de la Compañía Antioqueña de Ópera, que hacía perfecto honor a su rúbrica, con la cual montó las óperas *Rigoletto, La Traviata, Aida,* con músicos, actores y cantantes de aquí, sin la menor dubitación; y lo que fueron esos inolvidables llenos del enorme Teatro Junín con semejantes espectáculos, con la pequeña y fugaz fosforescencia de divas medellinenses como Alba del Castillo y Yolanda Vásquez, sopranos de *Rigoletto* y *La Traviata,* respectivamente. El mundo musical de Medellín, que siempre ha contado con una nutrida, fiel y devota audiencia culta de conciertos, corales, etc., alcanzó a sacudir entonces capas sociales que nadie hubiera soñado: artesanos, trabajadores y estudiantes, que colmaron con un fervor conmovedor la galería del Teatro Junín y aplaudieron frenéticamente. En Medellín siempre hubo un devoto y fiel público de teatro, desde fines del siglo XIX, y compañías de ópera extranjeras como la Bracale contaron con un público nutrido y entusiasta; pero nada como la Compañía Antioqueña de Ópera.

En la década del cuarenta las buenas compañías de teatro visitaron con frecuencia la ciudad: María Guerrero, Virginia Fábregas, Enrique de Rosas (cuya versión de *Cyrano sale de noche* batió todos los records), Pepita Serrador, Paulina Singerman. Un punto de máxima fue la presentación de Louis Jouvet en 1943, con *L'Annonce fait a Marie* en el Teatro Bolívar. En el campo musical, el violinista Jasha Heifetz, el Cuarteto Húngaro, el Ballet Ruso, el Ballet Americano (cuya modernidad desconcertó un poco pero fue rápidamente asimilada); en la declamación y recitación, Berta Singerman, Dalia Iñiguez, el poeta León Felipe en 1946 y otros.

Un rasgo capital de la cultura medellinense, como actividad social, en el período 1930-1950, fue el papel protagónico de la mujer, cuya manifestación más brillante se dio en la entrañable revista *Letras y Encajes*, nacida en 1926, y que duró imperturbable más de treinta años. Piedra angular de dicha revista fue doña Teresita Santamaría de González, cuya prodigiosa actividad parecía gozar del don de la ubicuidad, promotora del Colegio Mayor (y Universidad Femenina), y alma de cuanta cosa se movía en el ámbito cultural-social de Medellín. Le sirvió de palanca efectiva en esta labor la Sociedad de Amigos del Arte, constituida desde 1937 por damas y caballeros con la dirección de Antonio J. Cano (el «Negro», muerto en 1942) y Marco A. Peláez. Es el mismo Marco A. Peláez quien nos cuenta en sus *Memorias* (*véase* la bibliografía) que a decir de Ángela Vásquez Sandino, doña Teresita y Marco A. eran «los mayordomos de Medellín». La Sociedad de Amigos del Arte tuvo una larga vida, pero, según el mismo Peláez, murió en 1961 con «entierro de tercera».

Es precisamente a través de *Letras y Encajes* como se puede percibir la vitalidad de esa nueva corriente que llega al mundo cultural con la irrupción masiva de la mujer, la cual no se da solamente en Medellín, sino en todo el país, pero que sí tiene en nuestra ciudad un especial brillo. Por entonces las voces culturales femeninas traspasan fronteras, y ese maravilloso resonar se percibe claramente en *Letras y Encajes*; desde Quito, la poetisa palmirana Diana Rubens, por entonces allí residente, envía sus cartas y poemas a *Letras y Encajes*, y lo propio hace la novelista barranquillera Marzia de Lusignan, cuya excelente novela *Tiempo de otoño* merece la más elogiosa acogida en la revista. En el campo internacional esta es la época de Alfonsina Storni, Juana de Ibarborou, Gabriela Mistral, Victoria Ocampo y Berta Singerman, entre otras.

En 1944, en parte por la tenacidad de doña Teresita, renace de sus cenizas el Museo de Zea; y otro grupo de damas logra poner en pie la Orquesta Sinfónica de Antioquia; en el ámbito parroquial, doña Sofía Ospina de Navarro publica en *La Revista*, número tras número, sus donosos cuentos y crónicas. Y a su vez en otro ámbito paralelo, la ilustre dama doña Paulina Posada de Escobar desarrolla su propia actividad cultural infatigable. Fue, pues, Medellín en este período un escenario de primer orden para la acción social-cultural femenina.

En este campo de la cultura como actividad social es imposible pasar por alto en el Medellín de 1930-1950 las tertulias, vieja tradición hispánica desde el siglo XIX, muy diferente de los salones franceses, y aun de los cafés parisienses. A su modesta escala, esa gran institución española del pasado, el café de «amplio espectro», donde se podía acudir casi como espectador, a ver y oír a las inteligencias destacadas, los poetas, los cronistas brillantes, tuvo en Medellín su período dorado, que podría fijarse entre 1920 y 1960, o un poco más. El Café La Bastilla, en el «centro de gravedad» de Medellín, La Playa con Junín, llevó la batuta durante todo el período, con ligeros cambios de local y ubicación exacta (la vieja casona de 1900 desapareció en 1943 y fue remplazada por un edificio moderno, en el cual renació el Café con singular éxito, y siguió teniéndolo en la nueva sede de La Playa con la carrera 47A, a escasos veinticinco metros, hasta 1966). Otros cafés que dejaron huella en este período fueron el Regina, el Bar de los Moras y El 93.

La voz en el aire

En 1924 había llegado a Medellín el primer receptor de radio. La nueva maravilla se difundió rápidamente, y ya para 1930 Medellín estaba lista para convertirse en la ciudad radial de Colombia, hasta 1950, aproximadamente.

Las emisoras se multiplicaron: Ecos de la Montaña, La Voz de Antioquia, La Voz de Medellín (en estas últimas fueron directores titulares de orquesta los maestros José María Tena y Pietro Marcheroni, respectivamente), Radio Córdoba y otras. En Medellín se constituyó el centro de difusión nacional de los dramatizados de la radio, con libretistas propios de gran audiencia como Emilio Franco (series de suspenso como «El ladrón eléctrico» o de crítica social como «La muñeca moderna» tuvieron inmensa audiencia). Los artistas extranjeros

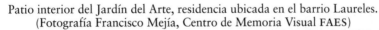

Patio interior del Jardín del Arte, residencia ubicada en el barrio Laureles.
(Fotografía Francisco Mejía, Centro de Memoria Visual FAES)

(cantantes, músicos, conjuntos) desfilaron por la radio medellinense; por ejemplo, en un solo año, 1947, a La Voz de Antioquia llegaron Ortiz Tirado, Mirta Silva, Wilfredo Fernández, la picante Mapy Cortez, los Bocheros y otros. Figuras bien conocidas pasaron varias veces por Medellín, como Pedro Vargas, Libertad Lamarque y los Ases del Tango; y entre los nacionales, Carlos Julio Ramírez y Luis Macías. Al final del período, el publicista Luis Lalinde Botero creó algunos programas de gran acogida, como el «Coltejer toca a su puerta», o el de «Los catedráticos informan» en el cual logró sentar a la misma mesa al intelectual español de primer orden Joan de Garganta, a Antonio Panesso, a Pérez Villa y al doctor Alonso Restrepo Moreno. Luis Lalinde Botero decía en 1960, con gran acierto y gracejo, algo que correspondía más al Medellín de 1930-1950: «Medellín es una ciudad de tierra templada que queda a lado y lado de la carrera Junín»[10]. Carrera en la cual operaron en su época inicial, precisamente, La Voz de Antioquia y otras emisoras con sus teatrillos abiertos para el público, en los cuales, en 1936, los domingos al medio día, zona muerta por excelencia, era posible ver a algunos trasnochados durmiendo la *juma* al arrullo de discos de música clásica que entonces pasaba a serlo cualquier cosa, valses de Strauss o las inolvidables «Leyenda del beso» y «Vírgenes del Sol».

Antropología urbana... en tono de directorio

La curiosa zonificación regional de apellidos españoles, que se podía percibir aun a escala continental por la década del cincuenta, en Colombia era particularmente captable, hasta el punto de que uno podía, conociendo tres apellidos de cualquier persona, localizar su zona de nacimiento sin dubitación alguna. Esta situación era muy marcada en Antioquia, cuyas cepas familiares se diferenciaban claramente, en su mayor parte, de las de cualquiera otra región de Colombia. Por ello, utilizando el directorio telefónico de Medellín del año 1940, podemos apreciar cuáles eran las *gens* familiares más características:

Número de entradas de un apellido:

Grupo 1. Muy alta frecuencia (de 100 a 260 entradas): Restrepo, 261; Uribe, 178; Arango, 165; Mejía, Jaramillo, Vélez, Gómez, Escobar.

Grupo 2. Alta frecuencia (60 a 100 entradas). En orden descendente: Posada, Londoño, Gaviria, Botero, Correa, González, López, Isaza, Mesa, Velásquez, Echavarría, Villa...

Grupo 3. Frecuencia media (de 40 a 60 entradas): Álvarez, Vásquez, Echeverri, Toro, Ramírez, Ángel, Pérez, Moreno, Ochoa, Villegas, Tobón.

NOTAS

1. Manciantonio Peraza, *El Bateo, periódico satírico,* agosto 7 de 1937.
2. Fernando González, *Cartas a Estanislao,* Manizales, Arturo Zapa, 1935, p. 120.
3. Blanca Isaza de Jaramillo, revista *Letras y Encajes,* Medellín, abril de 1941, Nº 177, p. 5224.
4. *Cartas a Estanislao, op. cit.,* p. 179.
5. *Ibíd.*
6. De «Elegía 1», en *Víspera del llanto.* Publicaciones de la *Revista Universidad de Antioquia,* Medellín, 1941, p. 89.
7. «Canción 25», en *Ímpetu,* Medellín, Editorial Fotoclub, 1942, p. 57.
8. De *Cien años de la vida de Medellín* de Fabio Botero Gómez, Medellín, 1994.
9. De *Universo,* Buenos Aires, Imprenta López, 1945.
10. *Antioquia,* publicación de la industria antioqueña, Medellín, 1961, p. 59.

Bibliografía

Antioquia, publicación de la industria antioqueña, Medellín, 1961.

Gil Sánchez, Alberto, *Universo,* Buenos Aires, Imprenta López, 1945.

González, Fernando, *Don Micrócletes,* París, Le Livre Libre, 1932.

—*Cartas a Estanislao,* Manizales, Arturo Zapata, 1935.

—*El maestro de escuela,* Bogotá, ABC, 1941.

—*Los Negroides,* Medellín, Editorial Atlántida, 1936.

Letras y Encajes. La colección completa de la revista comprende de 1926 a 1958; se referencia como muestra típica del período el año 1941 (Nos. 174 a 185, pp. 5037-5682). Directoras (1941): Teresa Santamaría de González y María Jaramillo de Simon; cuerpo de redacción: Ángela Villa de Toro, Alicia M. de Echavarría y Aura Gutiérrez de Lefebvre.

Mendía, Ciro, *Ímpetu.* Medellín, Editorial Fotoclub, 1942.

—*Naipe nuevo,* Medellín, Imprenta Departamental de Antioquia, 1949.

Molina M., Jorge, *Mi querida Medellín,* Medellín, 1992.

Olano, Ricardo, *Memorias,* seis tomos mecanografiados inéditos; particularmente, desde el tomo II (1923-1934) en adelante.

Peláez, Marco A., *Memorias,* Medellín, Industria de Gaseosas, 1988.

Poe Restrepo, Édgar, *Víspera del llanto,* Medellín, *Revista Universidad de Antioquia,* 1941.

Revista Antioqueña de Economía y Desarrollo, Medellín, Cámara de Comercio, Nº 30, 1989; especial colectivo de historia de Medellín con el título «De mercaderes a comerciantes».

Ana María Jaramillo

Criminalidad y violencias en Medellín, 1948-1990

Deterioro progresivo de las condiciones de seguridad y de las relaciones de convivencia (del 9 de abril de 1948 al decenio de 1970)

A MEDIADOS del presente siglo, Medellín era reconocida en el país como la primera ciudad industrial y como un modelo de sociedad conservadora. Pese a esta imagen y a los esfuerzos de empresarios y políticos por mantener bajo control la situación de orden público, el asesinato de Jorge Eliécer Gaitán motivó un levantamiento de sectores populares que, aun cuando de menor intensidad que en otras ciudades, contribuyó a reforzar un sentimiento de rechazo hacia la ciudad y la multitud, en algunos sectores de la población.

Desde fines de 1949, el habitual ambiente de tertulia y de jolgorio propio de cafés, bares y prostíbulos de Guayaquil y de las zonas de tolerancia frecuentados por bohemios malevos, hampones, trabajadores, empleados y personas recién llegadas a la ciudad, empezó a alterarse por la presencia de los *aplanchadores* que irrumpían en la búsqueda de liberales «nueveabrileños» y de comunistas[1]. A su turno, los pobladores de algunos barrios denunciaban la presencia de carros fantasmas en las horas de la noche, y de cadáveres que corrían río Medellín abajo. También se tuvo noticia de las acciones protagonizadas por ciudadanos conservadores del barrio Belén que promovieron la expulsión de los médicos liberales Jorge Franco y Bernardo Ospina, y de otros grupos de exaltados ciudadanos que se congregaban en la plaza de Cisneros para hostigar a los emigrantes provenientes de zonas de violencia y que empezaban a poblar las laderas de la ciudad[2].

La Casa de Menores, centro correccional de la ciudad hacia 1930 (Fotografía Manuel A. Lalinde, colección particular)

Estas expresiones de intolerancia fueron ignoradas como factor de deterioro de las relaciones de convivencia, lo que tal vez explique las contradictorias valoraciones sobre el ambiente de la ciudad en la época de la violencia: mientras para algunos Medellín era un oasis de paz, para otros sectores –como los arriba mencionados –la ciudad se tornaba insegura[3].

Con el derrocamiento del presidente dictador Gustavo Rojas en 1957 y el inicio del Frente Nacional en 1958, parecía desvanecerse toda sombra de intranquilidad en el país. Sin embargo, en esta década surgieron nuevos motivos de zozobra. Una intensa labor de exterminio de bandoleros en los municipios del suroeste y del Magdalena medio antioqueños, acrecentó los temores entre autoridades municipales e influyentes sectores privados de Medellín por la posible huida de estos bandoleros a la ciudad, en busca de refugio; por esto, no tardaron en llevarse a cabo batidas policiales en inquilinatos y hoteles de Guayaquil. También se persiguió a los líderes sindicales y a estudiantes acusados de comunistas. Se miraba con desconfianza a los emigrantes pobres que en gran número llegaban a la ciudad y se exigió el arresto de todos aquellos mendigos y tugurianos que deambulaban por el centro de la ciudad, por considerar que la afeaban y atraían el escándalo.

Los más afectados con las detenciones y encarcelamientos fueron los jóvenes menores de 20 años, que eran arrestados y remitidos a las cárceles o a los establecimientos de reforma y protección existentes; entre éstos se destacaban la Escuela Tutelar para los jóvenes, el Centro de Prevención Infantil, la Casa de Menores y la Escuela San Juan Eudes. En la década del sesenta, Antioquia y Medellín tuvieron, en el país, el mayor número de personas sindicadas y capturadas por delitos y conductas antisociales. En estas condiciones, la capacidad de las cárceles se desbordó, situación que produjo el deterioro en las condiciones de vida de la población carcelaria. El fundador del nadaísmo, Gonzalo Arango, remitido en varias ocasiones a la cárcel, acusado de cometer atentados contra la moral y la autoridad, escribió: «quiero significar que un preso después de sufrir los estigmas de la experiencia carcelaria, sale convertido en un criminal para quien las posibilidades de delinquir se han multiplicado al infinito, y con una ferocidad más despiadada. Ni la justicia ni la sociedad han ganado nada al condenar a ese hombre. Tampoco han cobrado nada. Todo lo han perdido al degradarlo»[4].

Algunas estadísticas de criminalidad correspondientes a los comienzos del decenio de 1960, pro-

porcionan indicios sobre las características de esta generación de delincuentes. Se trataba en su mayor parte de una población masculina, alfabeta y con alguna ocupación; tales rasgos son similares a los registrados a escala nacional, los cuales, a juicio de la policía, indicaban una tendencia hacia una cualificación de los delincuentes, «de manera que los infractores ya no son únicamente los más infelices y menos privilegiados en el estatus social»[5].

El asunto que más preocupaba a las autoridades, a los comerciantes y a los empresarios, era que los delitos no fueran cometidos de manera individual sino por bandas de delincuentes que ejecutaban espectaculares robos y atracos. Algunos de los jefes de estas bandas, como el Mono Trejos, el Pote Zapata y Toñilas, adquirieron renombre y suscitaron sentimientos encontrados de temor y admiración, por su audacia para burlar la ley y por su perfil de seductores. Éste parece haber sido el caso de Toñilas, un joven bien parecido y, según se dice, proveniente de una buena familia de la sociedad de Medellín.

Las actividades de las bandas organizadas se combinaban con las de los raponeros que arrebataban billeteras y relojes a los transeúntes, de los apartamenteros expertos en el sistema del «descuelgue», de los estafadores del quinto de la lotería o del paquete chileno, de los *tomaseros* que suministraban escopolamina a consumidores de licor en las cantinas, y con los *jíbaros* que se dedicaban a la distribución y venta de marihuana cultivada en solares de casas, en diferentes barrios de la ciudad. Éstos eran algunos de los grupos más representativos de un conglomerado heterogéneo de pícaros que apelaban a la astucia y al engaño para poder sobrevivir en la ciudad.

Aunque los delincuentes mejor organizados disponían de armas de fuego, predominaba el uso de armas blancas con las cuales se hería y se mataba en peleas callejeras y en riñas familiares o de vecinos. Pero estos hechos de sangre no parecían suscitar mayor alarma social, dado que tendían a ser considerados como un rasgo distintivo de los sectores marginales, enfoque que se advertía claramente en la crónica roja de la prensa local. Los crímenes que acaparaban la atención eran los pasionales, tal como ocurrió en octubre de 1968, con el difundido caso de Posadita, un celador quien luego de asesinar a su víctima procedió a descuartizarla y a enterrarla en los muros del edificio de Fabricato, uno de los símbolos más representativos del poder empresarial antioqueño[6].

La multiplicación del número de infractores y la aparición de nuevas formas de delincuencia (bandas dotadas de moderno armamento) motivó a industriales, políticos y jerarcas de la Iglesia a emprender campañas de moralización y saneamiento de las costumbres, basadas en la defensa de la familia y de la propiedad, en el control de cantinas y lugares de prostitución, pornografía, películas obscenas y juegos prohibidos. Igualmente, se insistió en la remodelación de Guayaquil, espacio considerado como epicentro de degeneración moral y delincuencia. Este propósito comenzará a hacerse realidad a partir de la década del cincuenta con las primeras operaciones de desalojo de los vendedores callejeros. Posteriormente se pondrán en práctica medidas más represivas hasta la desaparición de Guayaquil, el cual era un espacio privilegiado para la expresión de una incipiente cultura urbana que combinaba lo pueblerino con lo citadino[7].

La ofensiva moralizadora se complementó con algunas iniciativas de asistencia social a los pobres y con acciones de represión y vigilancia a cargo de la policía. Aunque así la fuerza pública parecía cumplir con lo que se esperaba de ella, era mirada con recelo por el maltrato contra los ciudadanos, en particular por el abuso del bolillo, y por la idea generalizada de que aceptaba dinero. A estas prevenciones se unía la nacionalización. Posiblemente, estas circunstancias, unidas al interés por ejercer un mayor control social y moral, indujeron a la administración municipal a emprender una labor de reorganización de las inspecciones de Policía y a la fundación del Departamento de Seguridad y Control DSC, en 1968, organismo dependiente de la autoridad local. Sin embargo, la colisión de competencias con otras entidades como el F2, el B2, el Departamento Administrativo de Seguridad DAS, y los problemas de corrupción que se generaron en su interior, acarrearon la deslegitimación de esta institución[8].

No obstante la puesta en práctica de una estrategia que combinaba el control moral, el asistencialismo y la represión, no se obtuvieron resultados satisfactorios en el manejo de los problemas de criminalidad en la ciudad, ya diversa y conflictiva. Los motivos de pesimismo frente al futuro de la ciudad aumentaron, como lo mostraba en 1968 el tono del editorial de un periódico local que expresaba la opinión de los círculos más influyentes: «Tanto o más que otras ciudades colombianas, Medellín es víctima de la inseguridad, de una abrumadora ola de delincuencia que ha superado las barreras de la simple inquietud para pasar a la del terror y la angustia»[9].

Auge del narcotráfico y de diversas formas de violencia y criminalidad (1970-1994)

En las décadas del setenta y del ochenta disminuyó la atención por los problemas generados por la delincuencia común y cobró importancia la lucha contra la subversión y el narcotráfico. Ante la expansión de la guerrilla en los campos y el auge

Centro correccional El Buen Pastor, para mujeres a cargo de las religiosas del mismo nombre, 1946
(Fotografía Carlos Rodríguez, Centro de Memoria Visual FAES)

Manifestación estudiantil en 1946.
(Fotografía Carlos Rodríguez, Centro de Memoria Visual FAES)

de los movimientos estudiantil, campesino y de pobladores, los gobiernos de turno respondieron con políticas orientadas a la represión y penalización de la protesta social, al cierre de espacios para la participación de sectores de oposición en la vida política, y a la equiparación del militante político de oposición con el delincuente común. Estas políticas obedecían a la doctrina de «seguridad nacional» promovida por los Estados Unidos, a la cual se adhirieron gobiernos y ejércitos latinoamericanos. Según esta doctrina, el enemigo interno, representado en las fuerzas comunistas, era el principal.

Mientras tanto, en las ciudades se seguía fortaleciendo un submundo delincuencial, en buena medida favorecido por la impunidad, la corrupción y la ineficacia de las mismas autoridades encargadas de combatirlo. En pocos años, se produjo en Medellín un rápido proceso de constitución del narcotráfico, lo que a su vez acarreó la aparición de nuevos actores delincuenciales con un radio de acción internacional, considerable poder económico y gran disposición a ejercer la violencia para el logro de sus objetivos.

En sus comienzos, el narcotráfico –visible por las acciones de ajustes de cuentas y por el decomiso de cocaína en los aeropuertos y otras zonas de la ciudad y del departamento– fue considerado como otra actividad marginal propia de la delincuencia común, muy relacionada con el ya conocido y tolerado fenómeno del contrabando[10].

En esta década de emergencia y consolidación del llamado cartel de Medellín, los habitantes de la ciudad se familiarizaron con los nombres de Pablo Escobar y los Ochoa, entre otros, representantes de una nueva generación de delincuentes que provenían de sectores populares y de clases media y alta, identificados en la búsqueda de nuevas posibilidades de enriquecimiento y de ascenso social. Ellos introdujeron nuevas formas de ostentación: residencias y fincas suntuosas, automóviles que no se conocían, y muchos otros lujos extravagantes que contrastaban con la sobriedad de las élites locales.

La presencia del narcotráfico cobró mayor notoriedad en Medellín tanto por las acciones violentas protagonizadas por sicarios y bandas a su servicio, como por la labor asistencialista promovida por algunos capos, con Pablo Escobar a la cabeza, y por la no menos ostensible presencia de *traquetos* y *mulas*, quienes se convirtieron en los herederos de una tradición de contrabandistas audaces y hábiles con las armas[11].

El incremento de los homicidios con arma de fuego, los secuestros y los atracos, trató de contrarrestarse con los acostumbrados métodos de coerción, con la adopción de nuevas medidas que restringían las posibilidades de la vida nocturna y del tránsito de vehículos, lo que en apariencia facilitó las actuaciones represivas de la Policía, el Ejército y los organismos de inteligencia.

El agravamiento de los problemas de seguridad

e impunidad sirvió de estímulo a la idea de la autodefensa, que ganó acogida social y se impulsó bajo dos modalidades: la oficial, mediante la promoción y reglamentación de los Comités de Autoprotección Ciudadana[12], y la más generalizada, la de hecho, es decir, la de grupos que se conformaron al margen de la legalidad por pobladores de los barrios más desprotegidos y afectados por acciones de pillaje y asesinato, ejecutadas por delincuentes y bandas. A la par de los grupos de autodefensa, se observa un incremento en la conformación de «escuadrones de la muerte» que iniciaron una labor de exterminio de delincuentes comunes, lo que coadyuvó a la generalización de un sentimiento de inseguridad e impotencia frente al crimen[13].

Al culminar el decenio de 1970, en Medellín se produjeron importantes transformaciones en el panorama de la criminalidad, por la presencia de los actores de violencia anteriormente mencionados, por el acelerado incremento de las cifras de homicidios cometidos con arma de fuego, porque se hicieron célebres los «asesinos de la moto» y porque emergieron nuevas formas delincuenciales que, como el secuestro, el robo de vehículos y la piratería terrestre, prosperaron al amparo de la impunidad. Pese al incremento de los hechos de violencia, no se logró generar una reacción social frente a los mismos. Lo predominante fue una actitud de tolerancia e indiferencia que parecía responder a la valoración de éstos como asuntos ajenos a lo público, y a una creencia fatalista en la violencia como un fenómeno inevitable e incontrolable.

Este panorama se volvió más complejo en la década del ochenta. El recurso a la violencia se consolidó como rasgo distintivo del cartel de Medellín, el cual ya no se limitaba a la realización de operaciones de ajuste de cuentas sino a una guerra contra el Estado, especialmente contra jueces e investigadores policiales, y contra los que consideraba enemigos, tanto dentro como fuera de sus dominios. Sin embargo, el recurso cada vez más indiscriminado y masivo de la violencia terminó por volverse contra sus promotores.

Además, el narcotráfico se convirtió en catalizador de las otras formas de violencia y de criminalidad. En Medellín se produjo una generalización de la justicia privada como el medio más eficaz para solucionar antiguos y recientes conflictos que afloraron en las relaciones interpersonales y sociales. Como han indicado actuales investigaciones sobre actores, escenarios y víctimas de la violencia, las muertes violentas en su mayoría han resultado de la iniciativa de actores difusos que ya por mano propia o mediante la contratación de terceros, han optado por dar muerte al diferente[14]. De ahí, pues, el montaje de una moderna industria de la muerte conformada por «empresarios» que se dedican a contratar los servicios de «facilitadores» (encargados de conseguir los recursos logísticos necesarios) y de sicarios que, no obstante su notoriedad, han sido apenas el eslabón más visible de redes criminales bien organizadas[15].

Simultáneamente, con estas modernas formas de ejercicio de la violencia se retornó a otras que casi se consideraban cosa del pasado. En esquinas de barrio, en los sitios públicos y en los mismos

Disturbios del 9 de abril de 1948 en Medellín.
(Fotografía Carlos Rodríguez, Centro de Memoria Visual FAES)

Aspectos del interior de la cárcel de La Ladera,
centro penitenciario de la ciudad, 1956-1972 (Fotografía archivo *El Colombiano*)

hogares se llevaron a cabo numerosas masacres (aunque el móvil principal ya no fue la revancha liberal o conservadora) y se volvieron a utilizar los procedimientos más crueles para torturar, matar y rematar a las víctimas.

Las numerosas muertes individuales y colectivas que afectaron a la generación de jóvenes nacida en los barrios populares de Medellín en los decenios de 1970 y 1980, se produjeron a la par con el asesinato de connotados representantes de la rama judicial, como Álvaro Medina, magistrado de la Corte Suprema de Justicia (1985); del gobierno nacional, como Carlos Mauro Hoyos, Procurador General de la Nación (1988); de la administración departamental, como Antonio Roldán Betancur, gobernador de Antioquia (1989); de la administración municipal, como Pablo Peláez, exalcalde de Medellín (1988); de la Policía, como el coronel Waldemar Franklin Quintero (1988); de los gremios económicos, como Oscar Restrepo D'Alemán (1992); de organizaciones de derechos humanos, como Héctor Abad Gómez y Leonardo Betancur (1987); de la comunidad universitaria, como Luis Fernando Vélez (1987); del sindicalismo, como Luis Felipe Vélez (1987); y de las organizaciones de izquierda, como Pedro Luis Valencia, senador de la Unión Patriótica (1987). La asistencia a entierros y la visita a los cementerios se convirtieron en hechos relevantes en el acontecer cotidiano de la ciudad y de sus habitantes. A ello se sumó la angustia permanente de familiares de personas desaparecidas o secuestradas.

De otra parte, en Medellín y en dos de los municipios más urbanizados del Área Metropolitana –Itagüí y Bello– cobró fuerza la delincuencia juvenil por la proliferación de bandas con mayor arraigo en barrios populares, las cuales se convirtieron en una alternativa de socialización de las nuevas generaciones que nacieron y crecieron en la ciudad. La particularidad de este fenómeno en Medellín fue que la explosión de bandas juveniles se entrecruzó con la conformación de bandas de oficina al servicio del narcotráfico, factor que contribuyó a la indiferenciación entre unas y otras, y a la estigmatización de los jóvenes de sectores populares como sicarios y delincuentes.

También en la década del ochenta se hizo más notoria la existencia de prostitutas, homosexuales, drogadictos, mendigos y gamines, contra quienes se intensificaron las acciones de exterminio a cargo de escuadrones de la muerte y grupos de limpieza. Este fue el caso del grupo «Amor por Medellín» que usurpó el nombre de una fundación cívica, el cual, en un mensaje enviado a los medios de comunicación justificó sus acciones «porque creemos, consideramos que estamos dando amor por Medellín fusilando a estas personas»[16].

A diferencia de otras épocas, los sectores antes mencionados empezaron a ser valorados ya no como marginales sino como elementos *desechables*[17]. Aunque siempre que se ha cometido dicho tipo de acciones las autoridades competentes han anunciado la realización de investigaciones exhaustivas para dar con los responsables, hasta el presente –agosto de 1994 –no se ha logrado esclarecer su autoría.

De igual modo, en la ciudad se agudizó una actitud de rechazo social hacia todos aquellos

Así cubrió la prensa local el crimen cometido por «Posaíta». *Sucesos Sensacionales*, Medellín, 1968.

delincuentes difusos que de manera individual o colectiva –organizados en *combos*– lograron sobrevivir gracias al ejercicio cotidiano del atraco, el robo, la extorsión o el secuestro; y a una actitud escéptica frente a la justicia, la eficacia y la honestidad de las autoridades de Policía, contra quienes se multiplicaron las denuncias por problemas de corrupción, violación de los derechos humanos o intervención en acciones de limpieza.

Este deterioro de las condiciones de seguridad facilitó la generalización del fenómeno de la autodefensa. Mientras que los sectores más pudientes se aislaron en urbanizaciones y apelaron a la protección de sus vidas y propiedades con la instalación de sistemas de seguridad y la contratación de guardaespaldas, los habitantes de los barrios más desprotegidos y golpeados por la delincuencia difusa y las bandas juveniles, recurrieron a los grupos de autodefensa. A la labor de limpieza también contribuyeron delincuentes con un fuerte sentimiento de pertenencia a su barrio o comuna, que exterminaron a todos aquellos pillos que se atrevieron a incursionar en los territorios controlados por ellos.

Al finalizar la década de los ochenta salió a flote la existencia de las milicias populares, una forma de organización que logró hacer de la autodefensa un fenómeno más masivo y con ma-

yores posibilidades de proyección social y política hacia las comunidades donde se arraigaron. Después de un intenso período de auge de las milicias en diversas zonas de la ciudad –en especial en la nororiental– y en algunos municipios, sobrevino un momento de crisis ocasionada, entre otras razones, por problemas de descomposición interna, por la limitación del gobierno para responder a demandas sociales que rebasaban sus posibilidades y por un cierto *cansancio de la sangre,* como expresó un joven miliciano. De este modo, los grupos de milicias más representativos, «Milicias del pueblo y para el pueblo» y «Milicias del Valle de Aburrá», iniciaron en 1994 un proceso de diálogo y negociación con el gobierno que llevó a un acuerdo de desarme a mediados del año[18].

El protagonismo de los actores mencionados ha tenido un efecto encubridor sobre otras formas de violencia que, si bien no acarrean la muerte, han coadyuvado al aumento de niveles de intolerancia en las relaciones sociales. Se alude aquí a la existencia de variadas formas de violencia simbólica que se expresan tanto en el lenguaje como en el gesto, en las imágenes visuales y en el trato cotidiano. La carga de agresividad que se ha desplegado en estos campos indica la carencia de unos códigos culturales capaces de ritualizar la agresión y, por consiguiente, de evitar la eliminación física del adversario[19].

Entre 1989 y 1993 los habitantes de Medellín debieron afrontar una coyuntura de violencias particularmente intensa, a causa de la escalada terrorista que desató Pablo Escobar, por la guerra entre bandas y la Policía, y por los frecuentes operativos militares y las acciones del Bloque de Búsqueda, creado por el gobierno nacional para capturar a los cabecillas del cartel de Medellín. Con la entrega de Escobar en 1991, parecía darse por terminada esta pesadilla. Sin embargo, su posterior evasión en julio de 1992 desató una ola de violencia que dio lugar a la emergencia del grupo de justicia privada «Los Pepes» («Perseguidos por Pablo Escobar»). El 2 de diciembre de 1993 Escobar fue abatido en el barrio Los Olivos, hecho que parece haber marcado el fin de una época de auge militar del narcotráfico, aunque no su desaparición ni el establecimiento de un ambiente más propicio para la convivencia.

Este bosquejo de criminalidad y violencias en el Medellín reciente, ilustra la celeridad e intensidad de los cambios que se han producido. Pero, ¿cuáles pueden ser las razones que expliquen la causa de todo esto? No hay un factor único que aporte una explicación satisfactoria; tampoco resulta adecuada la adopción de una lógica simplis-

Efectos del
narcoterrorismo
en la ciudad:
Afueras de la Plaza
de Toros La
Macarena, luego de
la explosión de una
bomba, 1991
(Archivo *El
Colombiano*)

ta de relación causa-efecto. Se hace necesario un esfuerzo más cuidadoso para descifrar las múltiples causas e interrelaciones, algunas de las cuales se detallan a continuación.

Privatización de lo público

La existencia de un Estado precario ha sido una constante en nuestra historia como nación. Por ello, los límites entre lo público y lo privado, entre la sociedad civil y el Estado, se han tornado difusos. Esta tendencia se ha agravado por la vigencia de procesos de violencia, lo que ha facilitado la inserción de múltiples actores de violencia que, no obstante sus diferencias, han tenido en común la no aceptación del Estado como espacio de lo público para la resolución de conflictos, y el intento de sustituirlo con la pretensión de asumir una función pública desde una posición privada. La presencia de estos actores ha obstaculizado la constitución de un Estado que detente el monopolio de las armas y afirme su hegemonía como instancia de mediación para la resolución de conflictos y el ejercicio imparcial de la justicia.

La creciente privatización de lo público es un problema que no sólo atañe al Estado o a los actores de violencia. Estos últimos han podido prosperar por el arraigo de una mentalidad resistente a lo público en la sociedad civil: se recurre a la justicia privada porque no hay credibilidad en la justicia estatal, en las leyes y en la policía, y porque tampoco se han logrado construir unos referentes comunes que hagan de la convivencia un valor apropiado y respetado por todos, pese a las diferencias sociales, raciales y políticas, entre otras.

Este proceso privatizador ha revestido ciertas particularidades en las ciudades. En el caso de Medellín, y hasta mediados del siglo, se pudo contar con la presencia de algunos sectores de élite con conocimiento y preocupación por los problemas de la ciudad y por la construcción de un espíritu solidario entre sus habitantes expresado en lo cívico. A su turno, varias generaciones de migrantes avecindados en los barrios piratas y de invasión lograron construir una noción de lo público desde la esfera de lo comunitario, y un tejido social fundado en el afecto, la lucha por unos objetivos comunes y la solidaridad entre los pobladores. Pero estos intentos se quedaron a medio camino en la construcción de una noción más amplia y diversa de lo público; y, por tanto, más acorde con la dinámica de las transformaciones que tenían lugar en la ciudad.

La crisis de instituciones y de actores con alguna capacidad de mediación y control social, como la Iglesia, los líderes y las organizaciones cívicas, los partidos tradicionales y los empresarios, creó un ambiente favorable para que prosperaran el recurso a la justicia privada y la polarización de los conflictos; asimismo se agudizó la división de la ciudad en dos sectores contrapuestos.

La privatización de lo público no sólo es un problema de índole local o nacional; ella se inscribe en la tendencia, actualmente en boga en el mundo contemporáneo, de una retribalización de la vida social, de un retorno excluyente a los lazos más elementales de parentesco, étnicos, raciales o territoriales. La actual guerra de Bosnia-Herzegovina y los enfrentamientos entre bandas por el control de territorios en Medellín son un buen ejemplo de ello.

El vacío ético

La indiferenciación entre las nociones de ética y moral ha sido otro rasgo característico de la historia nacional. La injerencia de la iglesia en la esfera pública y sus posturas en contra de la modernidad impidieron que por parte del Estado y de otras instituciones de la sociedad civil se forjara un discurso laico sobre lo ético.

Hasta mediados del siglo xx, la Iglesia aseguró una influencia en la regulación de las normas de comportamiento. Sin embargo, el avance de un proceso secularizador, particularmente intenso en el medio urbano, ocurrió en detrimento del poder hegemónico de esta institución. Los principios inspirados en el catolicismo no fueron remplazados por otros referentes éticos. De esta manera se dio lugar a un vacío ético: ausencia de unos referentes acatados por todos, que puedan dar cabida a la pluralidad y a la convivencia.

Como punto de partida para la construcción de una ética civil, diversos sectores laicos y religiosos han planteado la necesidad de concertar un *minimum ético* que consagre como principio básico la defensa del derecho a la vida que sirva de fundamento a un proyecto social y político democrático[20].

Crisis del modelo tradicional de control social

La industrialización implicó la relativa vigencia de un modelo de control social que, gracias a la Iglesia y a los empresarios, logró ser acogido por varias generaciones obreras y otros grupos sociales. Igualmente, se avanzó en la ejecución de una estrategia de inclusión de grupos marginales, mediante su formación moral y la capacitación para el mundo del trabajo, en establecimientos de reforma y protección. Por fuera de ello, también prosperaron otras formas de ganarse la vida que enaltecían la audacia del pícaro y sus habilidades para burlar la ley y hacer fortuna sin tener que dedicarse al trabajo y al ahorro.

La crisis del modelo de la industrialización en Medellín fue simultánea con el auge de procesos de modernización y de modernidad, que introdujeron cambios en las mentalidades y formas de vida de diversos sectores sociales. En barrios populares y de clase media surgieron nuevas generaciones urbanas más secularizadas, entre las que se acrecentaron las expectativas de ascenso social. Esta renovación generacional también afectó a la clase política y a la burocracia empresarial y del Estado: en estos grupos de poder el proceso de secularización redobló las expectativas de ganancias y generó cambios en la representación social de los pobres, lo que sucedió en detrimento de las alternativas de asistencia; y fortaleció la perspectiva de segregación y exclusión de quienes se colocaban en los márgenes de la sociedad. Todo ello abonó el terreno para la rápida generalización de nuevas opciones de enriquecimiento ilícito, y del recurso a la violencia como medio eficaz para obtener lo que por otras vías ya no parecía posible.

La ciudad y las violencias

Hasta los inicios del Frente Nacional, la violencia fue considerada como un problema rural, pero a partir de éste las ciudades empezaron a convertirse en escenarios propicios para la misma. Esta situación no puede ser entendida como un efecto mecánico de la llegada de campesinos a la ciudad ni del crecimiento urbanístico. Más parece estar en correspondencia con el anudamiento de variados factores de índole social, económica, política y cultural. Lo acontecido en Medellín resulta particularmente útil para entender la importancia de factores relacionados no sólo con el desempleo o la migración, sino con problemas de segregación y exclusión, de la búsqueda de identidad de las nuevas generaciones urbanas y de la crisis de los actores que antes hegemonizaron los destinos de la ciudad.

Este auge de las violencias en el medio urbano ha puesto en evidencia el vacío de un proyecto de ciudad que hubiera podido servir de referente para el adecuado tratamiento de los problemas de criminalidad y de violencias. En contraste con otras culturas y sociedades, aquí ha logrado arraigarse una noción catastrófica sobre la ciudad, que ha limitado las posibilidades de diseño y ejecución de estrategias y políticas preventivas de corto y largo plazos.

Hacia la reconstrucción de lo público

Pese a los estragos causados al país y a la ciudad de Medellín y sus habitantes, la presencia de diversos actores y formas de violencia ha contribuido a revelar la existencia de otra ciudad construida al margen de la legalidad, y de una sociedad más compleja, atravesada por múltiples conflictos que sólo de manera reciente se han empezado a reconocer y a debatir; por ejemplo: la crisis de la familia, la problemática de los jóvenes, el consumo de drogas y la estigmatización de ciertos grupos sociales.

De igual manera, esta crisis ha provocado la reacción de diversos sectores que desde la sociedad

Muerte de uno de los jefes del Cartel de Medellín, Pablo Escobar Gaviria. *El Colombiano*. Medellín, año 82, N° 27374, 1993 *El Espectador*. Bogotá, año CVII, N° 30764, 1993

civil y desde el Estado se han convertido en los promotores de nuevos procesos de convivencia y de búsqueda de soluciones concertadas a los conflictos. Muestra de ello es la labor desarrollada por medios de comunicación, Iglesia, empresarios con actitud de apertura hacia lo público, organizaciones no gubernamentales, instituciones del Estado y líderes políticos.

En los últimos dos años han aflorado en Medellín procesos difíciles de imaginar en la época anterior. En algunos barrios de la ciudad se han dado las condiciones para la desmovilización de bandas juveniles cuyos integrantes han expresado su voluntad de paz y de rehabilitación. A la vez, los más representativos grupos de milicias han declarado su disposición a construir un nuevo futuro para sus integrantes y para las comunidades por las que han luchado. La apertura de nuevas posibilidades de convivencia y democracia tiene un sello juvenil. Pero es necesario tener en cuenta que son apenas los primeros pasos, todavía frágiles y parciales, que aún no logran involucrar a los demás actores de violencia, pues sólo afectan algunas de las formas de violencia relacionada con las bandas juveniles y con las organizaciones de autodefensa, en los sectores populares de la ciudad.

Con todo y sus limitaciones, se trata de iniciativas que, aunadas a otras, han empezado a sentar las bases para la construcción de un proyecto democrático de ciudad, y de ciudadanas y ciudadanos más maduros para asumir y dar soluciones no violentas a los conflictos que les ha correspondido vivir y afrontar.

NOTAS

1. Jorge Franco, *Hildebrando*, Medellín, Bedout, 1984.

2. *Véase Historias de barrios*, Medellín, Alcaldía Municipal, 1987. Hernán Henao, «Imágenes de Medellín (cultura y violencia en una ciudad de pueblos)», *Primer Seminario Internacional de Periodismo Hecho en Medellín* (Memorias), Medellín, Alcaldía Municipal, 1990, pp. 59-78.

3. *Véase* Mauricio Archila, «Los obreros Colombianos y la violencia (1946-1958): ¿infierno o paraíso?», ponencia presentada en el Congreso de Historia, Bucaramanga, noviembre de 1992.

4. Gonzalo Arango, *Memorias de un presidiario nadaísta*, Medellín, Ediciones Autores Antioqueños, Secretaría de Educación y Cultura de Antioquia, vol. 65, 1991, pp. 117-118.

5. Revista *Criminalidad*, Bogotá, N° 5, 1962.

6. Véase Luz Ofelia Jaramillo, *El caso Posadita, un crimen contado dos veces*, Medellín, Universidad Pontificia Bolivariana, Facultad de Comunicación Social, 1990, tesis de grado.

7. *Véase* Mauricio García, «Medellín en lo público y en lo privado: un estudio sobre planeación urbana», *Revista Universidad de Antioquia*, Medellín, vol. 50, N° 219, pp. 29-49.

8. En 1990 el gobierno del presidente Virgilio Barco, mediante el Decreto 677, obligó a la disolución de este organismo, conocido también como el DOC (Departamento de Orden Ciudadano), debido a los vínculos que mantenía con el narcotráfico, especialmente en Envigado.

9. «La inseguridad», *El Colombiano*, Medellín, diciembre 8, 1968, p. 5.

10. Una consideración más a fondo sobre la relación contrabando-narcotráfico se encuentra en Luis Guillermo Vélez, «De la tolerancia permisiva a la guerra sin decisión (la sociedad colombiana frente al narcotráfico)», *Primer Seminario Internacional de Periodismo. Hecho en Medellín. Memorias*, Medellín, Alcaldía Municipal, 1989, pp. 83-95.

11. Un análisis más detallado de este personaje y de otros ligados al mundo del malevaje y del contrabando se encuentra en Víctor Villa, «Cultura y violencia en Antioquia», *Seminario sobre procesos de violencia urbana, análisis y perspectivas*, Medellín, Corporación Región, 1993, pp. 13-20.

12. *Véase* el Decreto N° 358 de 1979, «por medio del cual la Alcaldía de Medellín respalda la creación de grupos de autoprotección en los barrios de la ciudad», Archivo del Concejo Municipal, Medellín, Decretos 1979, tomo 2. Estos comités no dieron el resultado que se esperaba, pues su legalidad nunca fue muy clara.

13. *Véase* «Se creó el Escuadrón de la Muerte en Medellín», *El Colombiano*, Medellín, julio 8, 1970, p. 4.

14. De acuerdo con estudios realizados por un equipo de profesionales de la Universidad de Antioquia durante el período 1986-1993, el fenómeno de muertes individuales fue del 87.5%, y el de las muertes colectivas del 11.1%. Véase Carlos Restrepo y otros, «Perfil de las víctimas de homicidio en la ciudad de Medellín durante el período de enero de 1986 a mayo de 1993», Medellín, Universidad de Antioquia, Facultad de Derecho, 1993, tesis de grado.

15. Para una descripción más completa del sicariato y de este tipo de organización delincuencial, *véase* Víctor Villa, «¿Existe una cultura de la violencia?» *Preocupaciones*, Medellín, Ediciones Autores Antioqueños, 1991.

16. Citado en Víctor Villa, *Deja que aspiren mis hijos*, Medellín, Oropel, 1989.

17. Una descripción de las condiciones de vida de los *desechables* se encuentra en Carlos Sánchez Ocampo, *El contrasueño, historias de la vida desechable*, Medellín, Universidad de Antioquia, 1993.

18. Ana María Jaramillo, «Entre lo privado y lo público, milicias populares en Medellín», *Revista Foro*, Bogotá, Gente Nueva Editorial, N° 22, noviembre de 1993, pp. 25-38.

19. Luis Carlos Restrepo, «Confesión de quienes no podemos matar», *Gaceta*, Bogotá, N° 8, p. 24.

20. Para una mayor ampliación de la discusión sobre religión, ética, ética civil, *véase* Beatriz Restrepo Gallego, «Religiosidad y moralidad en Antioquia», *Realidad social*, I, Medellín, Gobernación de Antioquia, 1990. Francisco De Roux, «Construcción de una ética civil», *Primer Seminario Internacional de Periodismo. Hecho en Medellín*. (Memorias), Medellín, Alcaldía Municipal, 1989, pp. 105-110a.

Bibliografía.

Bedoya, Diego y Jaramillo, Julio, *De la barra a la banda. Estudio analítico de la violencia juvenil en Medellín*, Medellín, El Propio Bolsillo, 1991.

Camacho Guizado, Álvaro y Álvaro Guzmán, *Colombia: ciudad y violencia*, Bogotá, Foro Nacional por Colombia, 1990.

Cano, Ana María y otros, *Primer Seminario Internacional de Periodismo. Hecho en Medellín*, Medellín, Alcaldía de Medellín, 1990.

Comisión de Estudios sobre la Violencia, *Colombia: violencia y democracia*, Bogotá, Universidad Nacional, 1988.

De los Ríos, Héctor y Jaime Ruiz, «La violencia urbana en el Medellín de los 80», *Revista Universidad de Antioquia*, No 221, julio de 1990.

Duzán, María Jimena, *Crónicas que matan*, Bogotá, Tercer Mundo Editores, 1992.

Estrada, William y Adriana Gómez, (comps.), *Somos historia. Comuna Nororiental*, Medellín, s.e., 1992.

Gaitán, Fernando, «La violencia colombiana. Algunos elementos explicativos», ponencia presentada al Primer Encuentro Latinoamericano y del Caribe, Cali, 1993.

García García, Héctor Iván y Carlos Horacio Vélez, *Caracterización de la muerte violenta por homicidio en Medellín en la década de los 80*, Medellín, Universidad de Antioquia, tesis de Maestría en Salud Pública, 1992.

Gaviria, Víctor, *El pelaíto que no duró nada. Basado en el relato de Alexander Gallego*, Bogotá, Planeta, 1991.

Giraldo, Carlos Alberto y otros, *Rasgando velos. Ensayos sobre la violencia en Medellín*, Medellín, Universidad de Antioquia, 1993.

Gómez, Ignacio, Ricardo Aricapa, y Silvia Duzán, *Los comandos de la guerra*, Medellín, La Oveja Negra, 1991.

González, Fernán, María Victoria Uribe y Carlos Miguel Ortiz, «Procesos de violencia urbana, análisis y perspectivas», *Seminario Procesos de Violencia Urbana*, Medellín, Corporación Región, 1993.

Henao de Yepes, Luisa Margarita, «Informe final de trabajo de investigación: vigencia y eficacia de la normas sustantivas y adjetivas que regulan las contravenciones especiales de Policía», Medellín, Universidad de Antioquia, Facultad de Derecho, 1989.

Lotero, Rubén Darío, *Historias de la calle*, Medellín, Corporación Región, 1991.

«Medellín: una expresión de la violencia nacional: una crisis que compromete a todos», *Revista Facultad Nacional de Salud Pública*, Medellín, Universidad de Antioquia, vol. 10, N° 2, 1987.

Melo, Jorge Orlando, «Consideraciones generales sobre el impacto de la violencia en la historia reciente del país», *Pobreza, violencia y desigualdad. Retos para la nueva Colombia*, Bogotá, PNUD, 1991.

Molina, Ángela, *Medellín a rayas. Hacia una historia del detectivismo en la ciudad*, Medellín, 1994, tesis de grado, Universidad Nacional de Colombia.

Ortiz, Carlos Miguel, «El sicariato en Medellín: entre la violencia política y el crimen organizado», *Análisis Político*, Instituto de Estudios Políticos y Relaciones Internacionales, Universidad Nacional, Bogotá, N° 14, septiembre de 1991.

Pecaut, Daniel, *Orden y violencia*, Bogotá, Siglo XXI Editores, vols. I y II, 1987.

Presidencia de la República, Consejería Presidencial para Medellín y su Área Metropolitana, *Medellín: alternativas de futuro*, Medellín, 1992.

Salazar, Alonso, *No nacimos pa'semilla*, Bogotá, CINEP, 1991.

—*Mujeres de fuego*, Corporación Región, 1993.

— y Ana María Jaramillo, *Las subculturas del narcotráfico*, Bogotá, Cinep, 1992.

Seminario sobre la Comuna Nororiental de Medellín, *Violencia juvenil, diagnóstico y alternativas*, Medellín, Corporación Región, 1990.

Varios autores, *En qué momento se jodió Medellín*, Bogotá, La Oveja Negra, 1991.

Villa Mejía, Víctor, «Pervivencia del camaján hoy», *Revista Universidad Nacional de Colombia*, sede de Medellín, Medellín, N° 22, diciembre de 1986.

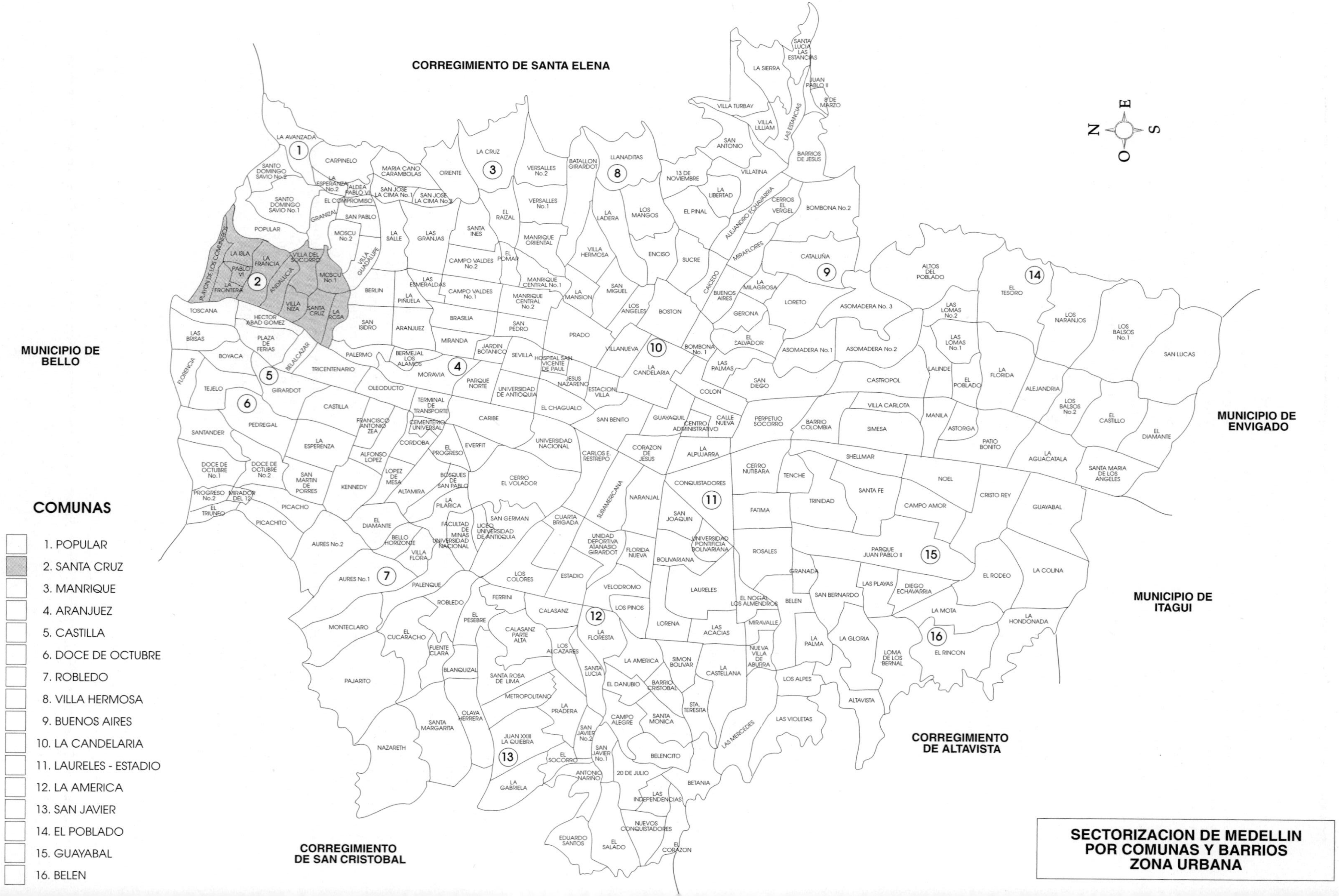

SECTORIZACION DE MEDELLIN
POR COMUNAS Y BARRIOS
ZONA URBANA
CORREGIMIENTO DE SANTA ELENA
MUNICIPIO DE BELLO
CORREGIMIENTO DE SAN CRISTOBAL
CORREGIMIENTO DE ALTAVISTA
MUNICIPIO DE ITAGUI
MUNICIPIO DE ENVIGADO
N
E
S
O
COMUNAS
1. POPULAR
2. SANTA CRUZ
3. MANRIQUE
4. ARANJUEZ
5. CASTILLA
6. DOCE DE OCTUBRE
7. ROBLEDO
8. VILLA HERMOSA
9. BUENOS AIRES
10. LA CANDELARIA
11. LAURELES - ESTADIO
12. LA AMERICA
13. SAN JAVIER
14. EL POBLADO
15. GUAYABAL
16. BELEN
LA AVANZADA
CARPINELO
SANTO DOMINGO SAVIO No.2
SANTO DOMINGO SAVIO No.1
POPULAR
LA ESPERANZA No.2
ALDEA PABLO VI
EL COMPROMISO
GRANIZAL
SAN PABLO
MOSCU No.2
VILLA GUADALUPE
MARIA CANO CARAMBOLAS
SAN JOSE LA CIMA No.1
SAN JOSE LA CIMA No.2
ORIENTE
LA CRUZ
VERSALLES No.2
VERSALLES No.1
BATALLON GIRARDOT
LLANADITAS
13 DE NOVIEMBRE
VILLATINA
SAN ANTONIO
VILLA TURBAY
LA SIERRA
SANTA LUCIA LAS ESTANCIAS
JUAN PABLO II
8 DE MARZO
VILLA LILLIAM
LAS ESTANCIAS
BARRIOS DE JESUS
LA LIBERTAD
EL PINAL
CERROS EL VERGEL
BOMBONA No.2
ALEJANDRO ECHAVARRIA
MIRAFLORES
CATALUÑA
LA ISLA
LA FRANCIA
VILLA DEL SOCORRO
PLAYON DE LOS COMUNEROS
PABLO VI
LA FRONTERA
ANDALUCIA
MOSCU No.1
VILLA NIZA
SANTA CRUZ
LA ROSA
TOSCANA
HECTOR ABAD GOMEZ
LAS BRISAS
PLAZA DE FERIAS
BOYACA
FLORENCIA
BELALCAZAR
TEJELO
GIRARDOT
SANTANDER
PEDREGAL
DOCE DE OCTUBRE No.1
DOCE DE OCTUBRE No.2
PROGRESO No.2
MIRADOR DEL 12
EL TRIUNFO
PICACHO
PICACHITO
SAN MARTIN DE PORRES
KENNEDY
LA ESPERANZA
CASTILLA
TRICENTENARIO
OLEODUCTO
FRANCISCO ANTONIO ZEA
ALFONSO LOPEZ
LOPEZ DE MESA
ALTAMIRA
TERMINAL DE TRANSPORTE
CEMENTERIO UNIVERSAL
CORDOBA
EL PROGRESO
BOSQUES DE SAN PABLO
EVERFIT
CARIBE
LA SALLE
LAS GRANJAS
SANTA INES
EL RAIZAL
EL POMAR
MANRIQUE ORIENTAL
MANRIQUE CENTRAL No.1
MANRIQUE CENTRAL No.2
CAMPO VALDES No.2
CAMPO VALDES No.1
LAS ESMERALDAS
LA PIÑUELA
BERLIN
SAN ISIDRO
ARANJUEZ
BRASILIA
MIRANDA
PALERMO
BERMEJAL LOS ALAMOS
MORAVIA
JARDIN BOTANICO
SEVILLA
PARQUE NORTE
SAN PEDRO
UNIVERSIDAD DE ANTIOQUIA
HOSPITAL SAN VICENTE DE PAUL
JESUS NAZARENO
ESTACION VILLA
EL CHAGUALO
LA MANSION
PRADO
SAN MIGUEL
VILLA HERMOSA
LA LADERA
LOS MANGOS
ENCISO
SUCRE
LOS ANGELES
BOSTON
VILLANUEVA
LA CANDELARIA
CAICEDO
BUENOS AIRES
LA MILAGROSA
GERONA
EL SALVADOR
LORETO
BOMBONA No.1
LAS PALMAS
COLON
SAN DIEGO
ASOMADERA No.1
ASOMADERA No.2
ASOMADERA No.3
ALTOS DEL POBLADO
EL TESORO
LOS NARANJOS
LOS BALSOS No.1
SAN LUCAS
LAS LOMAS No.2
LAS LOMAS No.1
LALINDE
EL POBLADO
LA FLORIDA
ALEJANDRIA
LOS BALSOS No.2
EL CASTILLO
EL DIAMANTE
CASTROPOL
VILLA CARLOTA
SIMESA
MANILA
ASTORGA
PATIO BONITO
LA AGUACATALA
SANTA MARIA DE LOS ANGELES
SAN BENITO
GUAYAQUIL
CENTRO ADMINISTRATIVO
CALLE NUEVA
PERPETUO SOCORRO
BARRIO COLOMBIA
UNIVERSIDAD NACIONAL
CARLOS E. RESTREPO
CORAZON DE JESUS
LA ALPUJARRA
SHELLMAR
CERRO NUTIBARA
TENCHE
SANTA FE
NOEL
CRISTO REY
GUAYABAL
CAMPO AMOR
TRINIDAD
FATIMA
CONQUISTADORES
NARANJAL
SURAMERICANA
SAN JOAQUIN
UNIVERSIDAD PONTIFICIA BOLIVARIANA
BOLIVARIANA
CERRO EL VOLADOR
SAN GERMAN
LICEO UNIVERSIDAD DE ANTIOQUIA
FACULTAD DE MINAS UNIVERSIDAD NACIONAL
LA PILARICA
CUARTA BRIGADA
UNIDAD DEPORTIVA ATANASIO GIRARDOT
FLORIDA NUEVA
ROSALES
PARQUE JUAN PABLO II
EL RODEO
LA COLINA
EL DIAMANTE
BELLO HORIZONTE
VILLA FLORA
AURES No.2
AURES No.1
PALENQUE
LOS COLORES
ESTADIO
VELODROMO
LAURELES
GRANADA
LAS PLAYAS
DIEGO ECHAVARRIA
EL NOGAL LOS ALMENDROS
BELEN
SAN BERNARDO
LA MOTA
LA HONDONADA
ROBLEDO
FERRINI
CALASANZ
LOS PINOS
LORENA
LAS ACACIAS
MIRAVALLE
LA PALMA
LA GLORIA
LOMA DE LOS BERNAL
EL RINCON
MONTECLARO
EL CUCARACHO
EL PESEBRE
CALASANZ PARTE ALTA
LOS ALCAZARES
LA FLORESTA
LA AMERICA
SIMON BOLIVAR
LA CASTELLANA
NUEVA VILLA DE ABURRA
LOS ALPES
ALTAVISTA
FUENTE CLARA
BLANQUIZAL
SANTA ROSA DE LIMA
SANTA LUCIA
EL DANUBIO
BARRIO CRISTOBAL
STA. TERESITA
LAS MERCEDES
LAS VIOLETAS
PAJARITO
METROPOLITANO
LA PRADERA
CAMPO ALEGRE
SANTA MONICA
SANTA MARGARITA
OLAYA HERRERA
SAN JAVIER No.2
SAN JAVIER No.1
NAZARETH
JUAN XXIII LA QUIEBRA
EL SOCORRO
BELENCITO
LA GABRIELA
ANTONIO NARIÑO
20 DE JULIO
BETANIA
LAS INDEPENDENCIAS
NUEVOS CONQUISTADORES
EDUARDO SANTOS
EL SALADO
EL CORAZON

Françoise Coupé

Migración y urbanización 1930-1980

EN 1929 RICARDO Olano considera que la elaboración de un plano para el Gran Medellín Futuro es inaplazable, porque «la ciudad (que) no cuenta con arterias, ni avenidas ni parques», debe incorporar fracciones ya urbanizadas en la América y Robledo, y ha crecido aceleradamente en el primer tercio del siglo XX, debido a una reducción de la tasa de mortalidad y al incrmento de los flujos de población.

A partir de entonces se observa una interesante correlación entre las diferentes olas migratorias a la ciudad, las formas de ocupación y producción del suelo urbano, y la planificación de 1930 a 1980.

De 1930 a 1950

Hasta 1930 los inmigrantes provenían de la zona rural cercana y de sectores medios de los pueblos antioqueños; eran principalmente comerciantes, mineros y artesanos que actuaban con valores, costumbres y recursos afines con los que poseían los habitantes más antiguos de la ciudad, y que aportaron nuevas energías al desarrollo urbano.

A partir de 1930 el ritmo del proceso migratorio tiende a acelerarse, y a partir de 1948 el crecimiento global alcanza tasas de 6% (*véase* Cuadro 1), con la llegada de pobladores que son expulsados del campo por la violencia, la pobreza y la problemática agraria, y que provienen de la región próxima a Medellín como de las tierras bajas antioqueñas. Esta población, acostumbrada a luchar, se integra rápidamente a su nuevo hábitat gracias a la identificación con una ciudad que asume la antioqueñidad y se proyecta hacia el futuro; busca vincularse a la industria que se consolida y absorbe mano de obra (*véase* Cuadro 2), y está dispuesta a producir el espacio urbano que va a ocupar.

Los flujos masivos de población y las nuevas actividades industriales generan una ampliación de la zona urbana, acompañada de la prolongación de vías y la extensión de las redes de servicios públicos.

Así, el mapa de Medellín en 1932 permite identificar una ciudad que se expande del centro hacia los suburbios, a lo largo de las rutas del tranvía y de vías como Palacé y El Palo, que comunican a Manrique con El Poblado; Bolívar y Carabobo, que favorecen la construcción de Aranjuez y Campo Valdés; Colombia, que conduce a Robledo; San Juan, que une La América con El Salvador, y Ayacucho que sube hacia Buenos Aires. Cinco puentes franquean entonces el obstáculo que había sido el río e inciden en la configuración de nuevos desarrollos en los barrios Caribe, Otrabanda, Antioquia y Los Libertadores, al occidente.

El proceso se consolida con la orientación de la Sociedad de Mejoras Públicas que asume un papel de protagonista cívico, y luego con la promulgación del Código de Edificaciones (Acuerdo 154), en 1935, y la creación de Valorización, en 1938, cuando los procesos de urbanización y de industrialización se aceleran, y cuando la ciudad tiende a trascender sus límites administrativos, a expandirse por carreteras recién asfaltadas hacia sus fracciones de Robledo, La América (1930), Belén (1937) y El Poblado, y a articularse con otros municipios del valle de Aburrá, como muestra el plano de 1938.

El proceso de urbanización se acelera entonces, sobre la base de lotes de unos 120 m², en varias direcciones y con diferentes tendencias.

El Banco Central Hipotecario, BCH, produce su primera urbanización en Medellín, el barrio Lleras en El Poblado; la Cooperativa de Habitaciones para Empleados emprende la construcción de Laureles, como barrio «verde», con un diseño del Maestro Pedro Nel Gómez, a un costado de la

CUADRO I

CRECIMIENTO DE LA POBLACIÓN EN MEDELLÍN

Años censales	Total población	Incremento intercensal %	Incremento Año base: 1905
1905	59 815		AÑO BASE
1912	70 547	2.38	17.94
1918	79 146	1.93	32.32
1928	120 044	4.25	100.69
1938	168 266	3.43	181.31
1951	358 189	5.98	498.83
1964	772 887	6.09	1192.13
1973	1 071 252	3.69	1690.94

Fuente: *Medellín en cifras*, Medellín, Departamento Administrativo de Planeación y Servicios Técnicos, 1975

futura sede de la Universidad Pontificia Bolivariana; el Instituto de Crédito Territorial, ICT, inicia la producción de San Joaquín en el mismo sector, y de La Floresta sobre la carretera Robledo-La América, abierta en 1931; y Juan B. Londoño urbaniza Otrabanda, entre el río y los terrenos que vende para el Colegio de San Ignacio y el Estadio. Simultáneamente, se abre y consolida el barrio Antioquia, y se desarrollan los barrios Fátima, Granada y San Bernardo en Belén.

Por otro lado, Cheno Arroyave en Villa Tina y la familia Cock en Campo Valdés, siguiendo el modelo desarrollado por Manuel José Álvarez en Aranjuez, asumen actividades urbanizadoras que en el período siguiente se calificarán de «piratas», orientan el desarrollo urbano al incidir en proyectos de producción de servicios públicos como la planta de tratamiento de aguas en Villa Hermosa en 1938, o el tanque de acueducto en Campo Valdés en 1941, e impulsan empresas relacionadas con la construcción, como la industria cementera y siderúrgica. Generan una importante dinámica y venden lotes cuya edificación se hará por el encargo o por autoproducción.

Así, el plano de 1944 muestra cierta unidad urbana, pero con barrios aún aislados por la falta de vías abiertas, cuando se están construyendo las vías a Robledo a ambos lados del cerro El Volador, y se proyectan la Avenida Bolivariana, la vía paralela a la quebrada La Hueso, la calle Colombia hasta la carrera 70, y ésta entre la Universidad Pontificia Bolivariana y la Iguaná, y la avenida del Poblado; además ilustra la consolidación de servicios como el matadero de Tenche y el aeropuerto Olaya Herrera; identifica la importancia creciente de la Estación de Cisneros que atrae actividades asociadas al ferrocarril como trilladoras y depósitos mayoristas; e identifica la destinación de terrenos desecados en Guayaquil para uso fabril, cuando la industria está dispersa.

En 1942, cuando 60% de la producción textil de Colombia es antioqueña, tres importantes industrias, Tejicóndor, Tejidos Leticia y Vicuña, se instalan al occidente; otras industrias, como Siderúrgica, Argos, Fabricato, Coltejer y Peldar, además de la Feria de Ganados y los silos de la Federación de Cafeteros, se localizan sobre el eje del tren a lo largo del Valle.

En 1944, cuando se elabora el plano citado, se plantea también que «la ciudad contaba con la planta de Guadalupe en pleno funcionamiento al conectarse la cuarta unidad generando 40 000 kv, considerados absolutamente insuficientes para atender la creciente demanda», y que «las dimensiones del acueducto eran importantes pero aún no respondían al crecimiento vertiginoso de Medellín que en menos de medio siglo ha visto multiplicada su población por 10, dejando todas las previsiones a la zaga»[1].

En este contexto se empiezan a configurar mecanismos de control urbano y a aplicar algunas normas. Por un lado, dos leyes adquieren especial importancia: en 1943, la Ley 19 plantea la realización del Parque Nacional del río Medellín canalizado de Sabaneta a Copacabana, con dos zonas de 60 metros a lado y lado, para dos calzadas principales, dos secundarias, arborización y puentes, lo que orientará la concepción futura de la ciudad; y posteriormente, en 1947, la Ley 88 obliga a los municipios con un presupuesto superior a 200 000 pesos a elaborar un plan.

Por otro lado, Valorización se constituye en un

Tugurios al nororiente
de la ciudad, 1970
(Fotografía Gabriel Carvajal,
foto Carvajal)

Trabajos de la Acción
Comunal del Barrio
Girardot, construído
por el Instituto de Crédito
Territorial, ca. 1980
(Fotografía Gabriel Carvajal,
foto Carvajal)

instrumento que orienta el proceso de urbanización y abre perspectivas planificadoras: ejecuta obras de gran alcance como la cobertura de la quebrada Santa Elena y la apertura de La Playa a partir de 1938, inicia la rectificación y canalización del río en 1939, decreta la ampliación de vías en el centro, y realiza también pequeños proyectos locales como la iluminación de un barrio..., pero, sobre todo, busca adecuar Medellín, que se transforma en centro industrial, a los requerimientos del capital industrial, comercial y financiero.

En así como, en 1948, la ciudad contrata un Plan Piloto con los arquitectos Wiener y Sert, sobre la base de un diagnóstico que identifica el denso poblamiento de la ladera oriental, la dispersión y el déficit de los servicios, la concentración y congestión del comercio, la dispersión de la industria, y los problemas de tráfico.

De 1950 a 1970
En 1950 el Plan Piloto confirma la vocación

metropolitana de Medellín, recomienda la canalización total del río que genera inundaciones y el control de los asentamientos en laderas que provocan erosión, limita el desarrollo urbano a la cota de 1 600 m, define la zona industrial de Guayabal, articulada al corredor multimodal del río que constituye la espina dorsal de la ciudad, y propone la construcción del Centro Administrativo de la Alpujarra y de la zona deportiva del Estadio.

A pesar de estas orientaciones, desde 1950 Medellín evoluciona a un ritmo que no permite resolver los problemas que se presentan por el incremento acelerado de la población, la escasez de empleo y el insuficiente suministro de lotes y/o de viviendas con servicios básicos.

En efecto, la población con menos de una generación de vida urbana representa aproximadamente la mitad de los habitantes de Medellín; y los nuevos migrantes, generalmente desplazados por la violencia, llegan del campo antioque-

CUADRO 2
LA INDUSTRIA EN MEDELLÍN

1930-1940

Alimentos

4 fábricas de chocolates
10 molinos, trilladoras y tostadoras
18 panaderías y 3 galleterías
2 fábricas de pastas
2 fábricas de aceites
5 fábricas de otros productos

Bebidas

11 fábricas grandes de vinos
2 fábricas pequeñas de vinos
15 fábricas de hielo

Tabaco

12 empresas

Textiles y confecciones

21 empresas
10 modisterías
6 sombrererís
38 sastrerías
4 colchonerías

Indust. del cuero

11 fábricas
9 talabarterías
12 zapaterías

Papel, imprenta y editoriales

16 empresas
15 tipografías

Indust. del caucho

1

Industria química

12 fábricas
15 laboratorios famacéuticos

Productos minerales no metálicos

6 empresas
7 fábricas de mosaicos
5 marmolerías
10 tejares

Industria metalmecánica

6 talleres de metales preciosos
4 talleres de metales
Fundiciones Apolo

1940-1950

Embotelladora Medellín, Everfit. Leonisa, Sulfácidos, La Fuente, Haceb, Pintuco, Shellmar, Hilanderías Medellín, Roca, Sonolux, Cicodec.

Fuente: DANE, citado por María Teresa Uribe y Alfonso Bustamante en *Mecanismos de control urbano y su incidencia en el crecimiento del Valle de Aburrá*, tesis de grado, Medellín, Universidad Nacional de Colombia, 1978, pp. 155 y 162.

ño, desde una distancia mayor que en el período anterior, con una cultura popular tradicional, e inciden en el crecimiento de Medellín al duplicar su población entre 1951 y 1964 (*véase* Cuadro 1).

Entonces, la construcción adquiere un gran dinamismo (*véase* Cuadro 3) observable por la comparación de los mapas de 1950 y de 1970, pero con diferentes características.

Los urbanizadores privados, legales o ilegales, entregan al mercado lotes que, en ambos casos, provienen de la parcelación de grandes fincas que fluctúan entre 90 y 180 m², cumplen las normas vigentes, inclusive con reservas destinadas a parques y servicios comunitarios, y se producen por autoconstrucción y/o por encargo. Entre los urbanizadores «piratas», que son calificados así porque no dan acabado a las vías y no suministran redes de servicios, y que verán sus actividades frenadas con la promulgación de la Ley 66 de 1968, se destacan varias sociedades de las cuales participan, entre otros, miembros de la familia Cock, y que vendieron los terrenos correspondientes a los barrios Castilla, La Esperanza, La Unión y El Diamante.

Simultáneamente, el Instituto de Crédito Territorial, cuya función se afirma (*véase* Cuadro 5), y algunas empresas constructoras producen barrios, como Francisco Antonio Zea, para obreros y población de bajos ingresos vinculada al sector formal y con trayectoria urbana; asumen la reglamentación articulada a la zonificación con lotes de unos 90 m² y vías de 12 m de sección; hacia el final del período, en el Doce de Octubre, adoptan las «normas mínimas», como nuevo concepto originado en el ICT, con lotes de 72 y 60 m2, y vías que fluctúan entre 9 m de sección y aun menos, con andén peatonal simple.

En el mismo período, el BCH ofrece créditos a los sectores medios de la población e impulsa el Plan Terrazas que tiende a densificar la ocupación del suelo.

Finalmente, con mayor intensidad a partir de la promulgación de la Ley 66 de 1968 que detiene los desarrollos «piratas», y a medida que se intensifica la especulación con la tierra urbana, las familias que no pueden acudir a los mecanismos anteriores de acceso a la vivienda, empiezan a ocupar espacios intersticiales, como algunas cañadas, y a conformar un cinturón de pobreza en las laderas.

La ciudad encuentra un importante mecanismo para enfrentar los problemas generados por la urbanización, con la constitución del Fondo Rotatorio de Habilitación de Barrios, adscrito a Valorización, en 1964, y de la División de Habilitación de Viviendas de las Empresas Públicas de Medellín, en 1966, eliminando algunas restricciones a la adecuación de los barrios e insinuando que el mejoramiento barrial puede convertirse en una política municipal: los servicios básicos se instalan en barrios ya consolidados, donde la población se compromete a pagar la obra a plazos, y por cuotas que son subsidiadas si exceden cierto porcentaje del salario mínimo.

Sin embargo, en los mismos años, la promulgación de la Ley 66 de 1968 y la transformación de planes de desarrollo nacionales y municipales tendientes a precisar los mecanismos de control urbano, actuarán en sentido contrario, no inmediatamente, sino a partir de los primeros años del período siguiente, y se reforzarán por las nuevas orientaciones del sistema financiero que introducirán grandes restricciones al acceso de los sectores populares a la vivienda.

Es claro que, en ese período, la ciudad se consolida, como muestra la creación de 18 parroquias en 1951 y de 29 en 1961, y tiende a convertirse en el centro del Área Metropolitana del valle de Aburrá, cuando los municipios vecinos, Itagüí, Envigado y Bello, muestran tres de las cuatro más altas tasas de crecimiento del país (*véase* Cuadro 4); y que el proceso de planificación se fortalece en torno del sistema vial que ratifica el corredor del río, define el anillo de la Avenida Oriental, y articula el sector occidental a la malla urbana a través de vías semirradiales como las calles 30, 33, 44 y 50 que, en su extremo oeste, se comunican por la carrera 80-81.

Al mismo tiempo, en el contexto del Plan Piloto se crean condiciones para ejercer el control del desarrollo urbano y prestar los servicios requeridos. Así, a partir de 1952, se intensifican las intervenciones de Valorización, tendientes a la adecuación de la vieja estructura física de la ciudad mediante la ampliación y/o prolongación de calles, el salvamento de barreras físicas, y la articulación de los diferentes sectores y usos de terreno.

Luego, las Empresas Públicas de Medellín se constituyeron, en 1955, como ente autónomo del orden municipal, con cuatro empresas responsables de los servicios de acueducto, alcantarillado, energía y teléfono; en 1964, las Empresas Varias asumen el servicio de aseo y el manejo de las plazas de mercado, del matadero y de la Feria de Ganado; en 1965, Municipios Asociados del Valle de Aburrá; pretende orientar el desarrollo metropolitano, y en 1967 el Departamento Administrativo de Planeación y Servicios Técnicos asume las funciones de una oficina creada en 1960 (Acuerdo 46) con criterios muy pragmáticos, y orienta el proceso de planificación.

En 1959 se aprueba el Plan Director (Acuerdo 92), como aplicación efectiva, pero tardía y modificada en algunos puntos, del Plan Piloto: «sectorizó la ciudad, de acuerdo con el uso de la tierra, estableció el perímetro urbano y del acueducto y señaló la retícula por donde operaría la circulación urbana, aspecto de una nueva evaluación, para dar una proyección al desarrollo urbano» Sobre esta base, las principales obras, lideradas por valorización, se concentran entre las calles 10 y 50, donde

CUADRO 3
INCREMENTO DEL ÁREA CONSTRUIDA EN MEDELLÍN

Años	Área bruta construida (m²)	Incremento del área construida (%)
1770	203 625	
		46.04
1800	297 375	
		126.10
1847	672 375	
		32.53
1889	891 125	
		125.24
1908	2 596 150	
		281.57
1932	9 906 250	
		128.19
1954	22 605 000	
		54.11
1963	34 835 906	
		76.02
1978	61 317 928	

Fuente: Cálculos establecidos con base en los mapas antiguos de Medellín, en María Teresa Uribe y Alfonso Bustamante, *Mecanismos de control urbano y su incidencia en el crecimiento del Valle de Aburrá*, tesis de grado, Medellín, Universidad Nacional de Colombia, 1978, pp. 155 y 162.

CUADRO 4
LAS DIEZ CIUDADES DE MAYOR CRECIMIENTO
ENTRE 1918 Y 1964

1910-1938 / %	1938-1951 / %	1951-1964 / %
1. B/quilla 134	1. Ibagué 579	1. **Itagüí** 448
2. Bogotá 131	2. **Bello** 254	2. V/dupar 383
3. Cali 92	3. Barranca 175	3. **Envigado** 205
4. Medellín 82	4. Valledupar. 173	4. **Bello** 203
5. Armenia 79	5. Cali 173	5. Montería 199
6. B/manga. 70	6. Villavo 170	6. Villavo 161
7. B/ventura. 70	7. Palmira 154	7. Bogotá 160
8. Girardot 65	8. Pereira 150	8. Cali 156
9. Tunja 63	9. B/manga 141	9. Sta. Marta.141
10. Cúcuta 55	10. **Medellín** 138	10. Barranca 138

Fuente: Ramiro Cardona (ed.), *Migración y desarrollo urbano*,
Bogotá, Ascofame, 1969, p. 73.

se consolida la nueva Medellín[2], se fortalece un proceso segregativo. Además, en 1964 se definen normas de zonificación y usos del suelo, basadas en la separación de funciones, con incidencia en la segregación, y acompañadas de la identificación de los anillos viales centrales que se concretarán en el Plan Vial de 1971. En 1966, EEPP inicia el alcantarillado troncal, como una de las primeras medidas ambientales en la ciudad. Y finalmente, en 1968, se formula el Reglamento de Urbanizaciones que incidirá también en la segregación por la sola definición del tamaño de los lotes.

Además, se realizan algunos estudios entre los cuales se destaca, en 1968, el «Estudio del Centro de la Ciudad», con su propuesta de anillo vial y sus programas de renovación urbana en los sectores de San Antonio y de la Estación Villa.

A partir de 1970

La población migrante es más heterogénea y proviene de todo el Departamento de Antioquia, especialmente de las zonas urbanas y rurales donde se presentan conflictos armados, mayor tecnificación del campo y/o concentración de la tierra, como Urabá, el Noreste y el Magdalena Medio.

Muchos habitantes recientes de Medellín se agrupan según sus sitios de origen en diferentes «enclaves» cuya integración cultural es difícil; en general, tienen pocas posibilidades de acceder al crédito y a la vivienda por su vínculo con el sector de la economía.

Tienden entonces, igual que las familias jóvenes con una generación de vida urbana, a instalarse en las zonas periféricas, muchas de alto riesgo por sus

condiciones topográficas, geológicas e hidrológicas, como Los Caunces, Llanaditas, el Barrio Popular o Santo Domingo, y a delimitar el territorio de sus asentamientos simbólica y físicamente.

El proceso de consolidación de cada barrio es largo, y entre el momento de la toma de los lotes y la dotación de servicios públicos que acompaña el reconocimiento por el Municipio pasan entre cinco y quince años[3], durante los cuales la edificación de las viviendas se frena ante el temor de una expulsión masiva, y la adecuación se dificulta por la misma forma ilegal e irregular de ocupación del terreno.

La mujer cumple entonces un papel preponderante en la organización de la comunidad y la orientación de procesos como el del barrio Ocho de Marzo; las familias enfrentan numerosos conflictos con los propietarios de la tierra y las fuerzas del orden, y asumen el proceso a través de Juntas de Acción Comunal o de Comités Cívicos, con apoyo externo en la fase inicial. Sin embargo, es importante agregar que la entrada masiva de organizaciones no gubernamentales y la diversificación de las organizaciones populares caracterizan la década de 1980 y se fortalecen en la de 1990.

El fenómeno de la invasión se agudiza y se localiza en sitios cada vez más distantes y riesgosos, cuando los urbanizadores piratas, controlados por la Ley 66, dejan de suministrar lotes, cuando el ICT limita su oferta de vivienda a familias estables, con trayectoria urbana y laboral, y cuando el proceso de urbanización, cada vez más especulativo, se apoya en nuevos mecanismos como el

CUADRO 5
LA PRODUCCIÓN DE VIVIENDA POR
EL INSTITUTO
DE CRÉDITO TERRITORIAL - ICT
EN MEDELLÍN

Años	Soluciones
1950	52
1951	68
1952	240
1953	100
1954	400
1955	492
1956	-
1957	48
1958	-
1959	356
1960	256
1961	1 053
1962	3 926
1963	640
1964	1 120
1965	1 044
1966	1 529
1967	444
1968	1 111
1969	1 375
1970	953
1971	1 529
1972	2 645
1973	3 608

Fuente: Departamento Administrativo de Planeación y Servicios Técnicos, *Diagnóstico general sobre el problema de la vivienda en Medellín*, Medellín, 1976.

sistema financiero UPAC , establecido para favorecer las actividades edificadoras, y las «normas mímimas» que propician la reducción del tamaño de la vivienda y de las especificaciones del hábitat para construir a menores costos.

Simultáneamente, las estidades del Estado nacionales y municipales emprenden, con altos costos políticos, económicos y sociales, programas de renovación urbana durante la década de 1970, como los que se articulan a la apertura de la Avenida Oriental, y a la vez, pero por mayor tiempo, proyectos de vivienda masiva, como el Doce de Octubre, que concluye a principio de los años setenta, o Las Brisas al noroccidente de Medellín y la Ciudadela Cacique Niquía en Bello, que no alcanzan a dar respuesta a la demanda de los sectores populares y que presentan tendencias a una precariedad creciente, especialmente en cuanto a

las áreas que se reducen a 60, 54 e inclusive por, algunos años, a 36 m2, con vías peatonales estrechas. A partir de 1982 algunos programas serán «sin cuota inicial», pero conservarán la misma tendencia.

Además estas intervenciones fluctúan entre la construcción masiva de viviendas con los casos ya mencionados, y la rehabilitación de Moravia en 1983 y luego del Trece de Noviembre; y oscilan nuevamente, después de la tragedia de Villa Tina en 1987, entre la producción de vivienda nueva en El Limonar y el mejoramiento barrial en las zonas de riesgo donde se desarrolla el Programa PRIMED, ambos proyectos piloto de la administración municipal.

Los sectores medios y altos de la población acceden a la vivienda en urbanizaciones cada vez más cerradas o en edificios de apartamentos, a través de créditos, pero también con especificaciones, especialmente en relación con el tamaño, que tienden a reducirse. Adquieren «seguridad» y estatus en una anticiudad donde el encuentro se niega o se realiza tras las rejas. Se abre entonces todo el sector suroccidental sobre la carrera 80, con La Mota, Kalamarí y El Rodeo, y luego se densifican El Poblado y Laureles con numerosos conjuntos cuyos nombres son referentes arquitectónicos o ambientales como Villa, Portal o Balcón.

En este marco, la planeación urbana se transforma y pasa de concebir planes de ordenamiento físico, como lo es aún el Plan Vial aprobado en 1971, con su perspectiva metropolitana y su articulación a los usos y las densidades de la ciudad y del valle, a elaborar planes estratégicos, más flexibles, que incorporan la problemática socioeconómica en su complejidad creciente.

Así, en el contexto metropolitano, establecido en 1980 sobre la base del Decreto 3104 de 1979, se formulan el Plan Integral de Desarrollo «Para la Consolidación de la Metrópoli» en 1985, el Plan Vial Metropolitano y el Plan de Desarrollo Cultural en 1986.

Al mismo tiempo, se reordena el centro de la ciudad con el traslado del Pedrero a la Plaza Minorista, la construcción del Centro Administrativo de La Alpujarra, el desplazamiento del ferrocarril y de los buses intermunicipales a la Terminal de Transporte del barrio Caribe, el ensanchamiento de algunas vías y su articulación con nuevos ejes como las carreteras 65, 70 y 80, la Avenida Las Vegas y la Vía Regional, y finalmente la construcción del Tren Metropolitano.

Esta breve mirada al proceso de desarrollo de Medellín permite afirmar que la población migrante presenta características cada día más heterogéneas que dificultan su proceso de absorción en una ciudad que le ofrece cada vez menos alternativas de obtener una «vivienda digna» en un «ambiente sano».

En efecto, las condiciones habitacionales se deterioran con el tiempo y alcanzan mínimos que tienen consecuencias dramáticas para el futuro porque la configuración espacial es irreversible y atenta contra la calidad de vida de los pobladores.

Esto lleva a los habitantes urbanos, a través de sus organizaciones sociales, cívicas y comunitarias, a identificarse cada vez más con un territorio, producto de su lucha y de la de generaciones anteriores, cargado de historias y de significaciones colectivas, y a reivindicar su mejoramiento frente a un proceso segregativo cada vez más notorio y claramente identificado cuando, en 1990, se habló de «dos ciudades», como si entre éstas no existieran relaciones que condicionan su misma existencia.

NOTAS
1. Libardo Ospina. *op. cit.* p.362
2. José María Bravo, *op. cit.*, p.120.
3. PEVAL, *Mejoramiento barrial en Medellín, 1964-1984.*

Bibliografía

Arango Escobar, Gilberto y otros, *Mejoramiento barrial en Medellín. 1964-1984*, Medellín, CEHAP, Universidad Nacional de Colombia, 1985.

Botero Gómez, Fabio, «Las soluciones masivas de vivienda. Su morfología e interpretación social», en *Anotaciones sobre Planeación*, No.28, Medellín, Universidad Nacional de Colombia, 1988.

—, *La ciudad colombiana*, Medellín, Autores Antioqueños, vol. 58, 1991.

—, «Lo que cuentan las calles de Medellín», en *Revista Antioqueña de Economía y Desarrollo*, No. 30, Medellín, 1989, pp. 111-122.

—, Fabio, Françoise Coupé y Stella Salazar, «La norma polémica», en *Anotaciones sobre Planeación*, No. 32, Medellín, Universidad Nacional de Colombia, 1989.

Bravo, José María, *Medellín. Análisis sobre su proceso histórico y desarrollo urbanístico*, Medellín, Concejo de Medellín, 1971.

Cardona, Ramiro, ed., *Migración y desarrollo urbano*, Bogotá, Asociación Colombiana de Facultades de Medicina, 1969.

Coupé, Françoise, *Formas de producción del hábitat*, Medellín, Universidad Nacional de Colombia, 1982.

—, Las urbanizaciones piratas en Medellín, CEHAP, Universidad Nacional de Colombia, 1993.

—, y otros, *Sistematización de la intervención de la administración municipal en zonas de riesgo*, Medellín, PNUD-Universidad Nacional de Colombia, 1994.

—, y Stella Salazar, «Vivienda: techo o morada», en *Anotaciones sobre Planeación*, No. 34, Medellín, Universidad Nacional de Colombia, 1989.

Departamento Administrativo de Valorización, *La historia de la valorización en Medellín*, 1940-1970, Medellín, Bedout, 1970.

Departamento Administrativo de Planeación y Servicios Técnicos, *Diagnóstico general sobre el problema de la vivienda en Medellín*, Medellín, Imprenta Municipal, 1976.

Departamento Administrativo de Planeación y Servicios Técnicos, *Estudio sobre el centro de la ciudad*, Medellín, Imprenta Nacional, 1968.

Echavarría U., Juan Fernando, «El paso de los habitantes por el siglo XX», en *Revista Antioqueña de Economía y Desarrollo*, No. 30, Medellín, 1989, pp. 72-80.

Gil P., Hernán, «Lo que va de la urbanización al urbanismo», en *Revista Antioqueña de Economía y Desarrollo*, No. 30, Medellín, pp. 97-110.

Jaramillo, Roberto Luis y Verónica Perfetti, *Cartografía urbana de Medellín, 1790-1950*, Medellín, Concejo de Medellín-Comisión Asesora para la Cultura, 1993.

Memorias del seminario «Una mirada a Medellín y al Valle de Aburrá», Medellín, Universidad Nacional de Colombia y otros, 1993.

Ospina, Libardo, *Una vida, una lucha, una victoria*, Medellín, EE.PP., 1968.

Sociedad de Mejoreas Públicas de Medellín, *Medellín, ciudad tricentenaria, 1675-1975*, Medellín, Bedout, 1975.

Uribe, María Teresa y Alfonso Bustamante, *Los mecanismos de control urbano y su incidencia en la ocupación del espacio en Medellín*, Medellín, Universidad Nacional de Colombia, 1978.

SECCIÓN TERCERA

CIUDAD Y CULTURA 1930-1980

ELKIN JIMÉNEZ

VÍCTOR M. ÁLVAREZ

SANTIAGO LONDOÑO

LUIS FERNANDO MOLINA

MARIO YEPEZ

LUIS CARLOS RODRÍGUEZ

Edificio de la Universidad de Antioquia hacia 1915. En este local funcionó el liceo Antioqueño
hasta 1960; época en la que pasó a ocupar la sede construida en el barrio Robledo al noroccidente de la ciudad
(fotografía Benjamín de la Calle, Centro de Memoria Visual FAES).

Elkin Jiménez

Los maestros y la educación en Medellín en el siglo XX

LA GUERRA de los mil días dejó todo lo relacionado con la instrucción pública en un estado lamentable: presupuesto agotado; maestros en medio de la pugna política, militar y religiosa; locales y mobiliario destruidos; padres de familia doctrinariamente divididos y alumnos sin acceso a la educación.

La educación a principios de siglo

En 1903, después de la confrontación, el gobierno expidió la Ley 39, llamada ley orgánica de la instrucción pública, presentada por el ministro Antonio José Uribe. Esta ley selló la unidad entre la Constitución de 1886 y el Concordato de 1887, le dio libertad e independencia a la Iglesia para actuar y otorgó carácter católico a la educación pública, durante todo el período de la hegemonía conservadora.

La ley dividía la enseñanza oficial en primaria, secundaria, profesional, industrial y artística; determinaba que los departamentos pagarían a los maestros, y los municipios se encargarían de la construcción y dotación de las escuelas primarias; y también ratificaba la discriminación por sexos al dejar la enseñanza femenina a cargo de la comunidad. El Colegio de Medellín fue el único que funcionó en la ciudad entre los colegios masculinos, en medio de la contienda.

Sin embargo, la tardanza en el pago de la nómina de los educadores y el alistamiento de los varones en los destacamentos militares menguaban constantemente el personal de maestros. La Normal de Señoritas, dirigida en 1904 por María Rojas Tejada y la escuela anexa eran los únicos establecimientos oficiales femeninos.

Se discutía en 1903 la conveniencia de asignar-

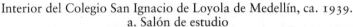

Interior del Colegio San Ignacio de Loyola de Medellín, ca. 1939.
a. Salón de estudio

le a las maestras la educación de los varoncitos hasta determinada edad y grado de escolaridad. Se aducía que el carácter maternal de las mujeres estaba acorde con las necesidades de la escuela elemental, pero era contraproducente para alumnos de edad más avanzada que «se podían afeminar y salir débiles de carácter para enfrentarse a las luchas de la vida»[1].

El Acuerdo 10 de 1909, del Concejo de Medellín, destinó diez mil pesos por año para la construcción de locales. Pese a las malas condiciones higiénicas de las escuelas, todo niño o niña debía presentar un certificado de buena salud antes de ser matriculado. Los médicos oficiales tenían la obligación de visitar las escuelas por lo menos dos veces al mes, y dar conferencias sobre higiene. El gobierno local, el departamental y la Iglesia hacían una enfática propaganda contra el consumo de alcohol y de tabaco, el cual se incrementaba en forma alarmante entre la juventud.

En contraste con la educación estatal de primeras letras, los establecimientos regentados por comunidades religiosas y los particulares pagados por los padres predominaban en calidad y en cantidad. En Medellín, hasta la segunda mitad del presente siglo, se impartía la educación primaria y secundaria, privada en su mayor parte, según los sexos.

Los hombres estudiaban en el Instituto Caldas, el Instituto Girardot, el Ateneo Antioqueño, el Colegio de Medellín, el Colegio Zea, el de San Ignacio, el de San José, la Escuela Modelo, la Normal de Varones y el Tutelar, que era reformatorio. Las mujeres asistían al Instituto Técnico Central, al Colegio de la Presentación, a la Enseñanza, al María Auxiliadora, al Colegio de Santa Teresa de Jesús, al Central de Señoritas, al Colegio la Merced, a la Normal y al Tutelar Femenino, el cual era «para niñas descarriadas».

La educación superior o especializada se impartía en la Escuela de Artes y Oficios, la Escuela de Agricultura, la Escuela Nacional de Minas y la Universidad de Antioquia. El Instituto de Bellas Artes, fundado por la Sociedad de Mejoras Públicas, en 1911 tenía Escuela de Música en la que se dictaban clases de piano, teoría y solfeo; y en la Escuela de Pintura y Escultura se impartía la enseñanza relacionada con las artes plásticas. Don Gustavo Vásquez fundó en 1915 la Escuela Remington, donde se graduaron los primeros taquígrafos y mecanógrafos. En 1918 se abrió la Escuela de Comercio por Correspondencia, que tuvo además el Departamento de Empleo para ambos sexos.

El Colegio Dental de Medellín fue creado en 1919, y comenzó con 12 jóvenes de prestantes familias de Antioquia y Caldas, que pagaron anualidades anticipadas de ciento diez pesos.

Textos de estudio de G. M. Bruño (Album Gráfico. Medellín, 1944)

La educación especial se inició en 1925 con la Institución para Ciegos y Sordos, «en un estrecho claustro prestado por la escuela anexa de la Normal de Varones (con seis ciegos y seis sordomudos), e inauguró su propio local el 10 de agosto de 1935, dirigido por Francisco Ruiz Hernández»; la Escuela Especial Uribe, «que debía recoger todo tipo de retardados»; la Escuela los Libertadores para «niños indisciplinados»; y en Pajarito, fracción de Robledo, la Colonia Escolar Nazareth femenina a manera de «Reformatorio».

En la década del centenario de la independencia se daba la transición del pizarrón al papel, y las nuevas escuelas pedagógicas extranjeras introducidas al país proponían la abolición de la práctica basada en el dicho «La letra con sangre entra y la labor con dolor». Tinteros, plumas de acero, portaplumas, ábacos, juegos de alfabeto, cajones de arena con sus respectivos punzones para escribir, la citolegia, el silabario enciclopédico, *el Tratado de ortografía* de José Manuel Marroquín, el *Manual de urbanidad y buenas maneras* de Manuel A. Carreño, el *Catón cristiano*, el *Catecismo* del jesuita Gaspar Astete y el *Tesoro de los niños,* formaban parte del material didáctico con que se empezó a dotar las escuelas.

Más adelante, en la década del treinta, el gobierno entregaba los útiles a cada alumno, por medio del Almacén Departamental: ocho cuadernos de escritura de 40 hojas, cuatro para dibujo de 16 hojas, seis lápices negros, dos cajas de media docena de colores, seis lápices de pizarra, una pizarra, ocho plumas de acero, un portaplumas o encabador y un tintero. Cada maestro recibía ocho gruesas de tiza blanca, una de color y ocho libras de tinta en polvo para preparar.

Por la misma época se organizaron cooperativas escolares; los estudiantes reciclaban cajetillas de cigarrillo, frascos, palos de escoba, sellos de correo y periódicos, «para aportar al beneficio de todos, conectando al niño con la vida»[2].

Por sugerencia del doctor Luis López de Mesa se implantó la institución de la madrina escolar con el fin de vincular a la comunidad con la escuela. Cada centro educativo tenía una madrina que lo visitaba frecuentemente para conciliar conflictos, subsanar necesidades, llevar revistas para material didáctico, obsequiar los regalos conseguidos en el comercio y dotar de uniformes a los niños, «hechos en costureros generosos» con telas donadas por las fábricas de la ciudad.

En el campo administrativo, la ordenanza 25 de 1911 creó las inspecciones de instrucción pública, y les señaló el deber de establecer los liceos pedagógicos, las escuelas de vacaciones y las «reuniones para cambiar ideas y presentar procedimientos de enseñanza, para provecho de la educación en general». El artículo 27 de esta or-

5. *Primera jornada,* Álvaro Marín, Alejandro Cano. Medellín, Bedout, sf.

itadas a finales del siglo XIX:

Portadas de textos usados en la educación primaria a partir de la década de 1930. Izquierda, *Alegría de leer* (Sala Antioquia, Biblioteca Pública Piloto); derecha, *Primera Jornada* (Boletín Cultural y Bibliográfico. Bogotá, Vol XXIII N° 6, 1986)

Grupo de alumnas del Colegio de la Presentación, ca. 1937
(Fotografía Francisco Mejía, Centro de Memoria Visual FAES)

denanza mandó abrir un libro denominado *Escalafón de maestros,* en el cual sólo se inscribían los nombres de institutores e institutoras distinguidos por conducta, aptitudes y fiel cumplimiento de los deberes.

Primeras organizaciones gremiales

La dura confrontación que en materia de educación mantenían desde el siglo XIX los regeneradores católicos y los laicistas instruccionistas, tuvo un paréntesis durante la presidencia del antioqueño Carlos E. Restrepo (1910-1914). En este período se fundaron las primeras organizaciones gremiales de maestros: Sociedad Pedagógica Autónoma de Medellín y Liga de Institutores de Antioquia. Clodomiro Ramírez, Fidel Cano, Antonio J. Cano, Tomás Uribe Márquez, Jesús Tobón Quintero, Luis de Greiff Obregón, Ricardo Olano y José J. Zapata se perfilaron como líderes y escritores que defendieron los intereses de los educadores en la prensa y ante el gobierno.

La Sociedad Pedagógica Autónoma de Medellín se propuso lograr una educación integral y a la vez reclamar para el magisterio las prerrogativas a que tenía derecho, dada la alta misión social y civilizadora en la que estaba comprometido. El principal legado de esta sociedad fue su propuesta de realizar un congreso pedagógico y la redacción de un proyecto de ley para su creación, que luego sustentó en la Cámara el vicepresidente de la So-

ciedad, Luis de Greiff Obregón (padre de Otto y León), quien logró su aprobación en 1917. El Congreso Pedagógico recogió «desde abajo» todos los trabajos de las escuelas de vacaciones, las asambleas de maestros y los liceos pedagógicos.

Después de disolverse la Sociedad, en 1913 los maestros insistieron en organizarse, esta vez en la Liga de Institutores con la dirección de Ricardo Olano. En este nuevo intento asociativo resaltaba el deseo de los maestros de abarcar integralmente las necesidades espirituales, intelectuales, económicas, materiales, pedagógicas y laborales, en oposición a la persecución gamonalicia y politiquera a que estaban sometidos.

Otras instituciones relacionadas con la marcha de la educación y con el accionar de los maestros a principios de siglo, fueron las creadas y dirigidas por la Iglesia católica.

Desde la década de 1910 y hasta bien avanzado este siglo el control social y cultural del magisterio lo ejerció la Acción Social Católica, a través de instancias organizativas como las congregaciones, los centros obreros, las sociedades de mutuo auxilio, la Juventud Católica, las cooperativas, el Patronato y sus diferentes secciones como las escuelas dominicales, la biblioteca y los medios de comunicación propios como el periódico *El Obrero Católico,* fundado en 1924, y «La hora católica», programa radial.

El magisterio, la escuela y la enseñanza se con-

Transporte para alumnas del Colegio La Enseñanza de Medellín en 1939
(Fotografía Francisco Mejía, Centro de Memoria Visual FAES)

virtieron en eco práctico de la doctrina expresada en la encíclica *Rerum Novarum* del papa León XIII. Pedagogía católica y hegemonía conservadora fueron la expresión del acuerdo temporal entre la política y la Iglesia, como bloque de poder en la conducción del Estado.

En 1915 la Acción Social creó la sección de Escuelas Dominicales. Algunas funcionaron en Gerona, Sucre, La Toma, Guayaquil, Villanueva y, en general, en todos los barrios de la ciudad. «La rutina dominical se iniciaba a las 9:30 A.M. con asistencia de un nutrido grupo de obreros (as), como en Gerona que contaba con 65; asistían también uno o dos sacerdotes, dos maestros y dos propagandistas. Se dictaban clases de aritmética y redacción y se hacían rifas. A las 11:15 se suspendían las tareas, después de la instrucción religiosa acostumbrada»

Las escuelas dominicales se complementaban con la visita a la biblioteca, que para 1919 contaba con unos quinientos volúmenes, entre los cuales había obras místicas, la colección G. M. Bruño y libros de estudio y lectura amena, «cuya moralidad no deja nada que desear».

En la organización, venta y difusión de *El Obrero Católico* participaron maestros como José J. López Henao, su fundador, Alfonso Aguirre Ceballos y, en la década del cincuenta, Gilberto Gallego Rojas (director de la Escuela Boyacá y político conservador), quien mantuvo una columna titulada «Torre inclinada», en la cual trataba temas de «Didáctica y religión» y «Sobre las reclamaciones de los maestros y cómo se deben hacer».

Entre las confesiones, la ilusión

María Rojas Tejada, María Jesús Mejía, Lola González, Benjamín Tejada Cardona, Clodomiro Ramírez, Pedro Pablo Betancur, Baldomero Sanín Cano, Alejandro Vásquez U., Antonio J. Cano, Antonio J. Uribe, Nepomuceno Jiménez, Alejo Pimienta, Justo Pastor Mejía, Januario Henao, Gabriel Latorre y Sacramento Ceballos, fueron algunos de los insignes educadores en las primeras décadas del siglo XX, profesión que no siempre tuvo reconocimiento y que combinaron con otras actividades. Fernando González, en *El maestro de escuela*, describe crudamente la física miseria del gremio, la misma que lo hacía recurrir a las sociedades de asistencia para la vida y la muerte. En este contexto se aprobaron las ordenanzas 37 de 1931 y 27 de 1933, las cuales buscaban establecer el Mutuo Auxilio del Magisterio tal como lo habían hecho desde años atrás los gremios más humildes de la ciudad. Otro lastre se agregaba al maestro por su pertenencia al partido liberal o al conservador, de manera casi obligatoria, sin contar con la ineludible condición de ser católico apostólico para permanecer en su cargo.

Terminada la hegemonía conservadora y después de más de cuarenta años de oposición, retornaron los liberales al poder con Enrique Olaya Herrera y su gobierno de Concentración Patriótica Nacional. Nuevamente la educación fue objeto de polémica; se escucharon voces, como la de Pedro Claver Aguirre, que planteaban liberalizar la educación. «Aquí en Antioquia, como en ninguna otra sección del país, es menester una acción educativa de fuerte contextura liberal; ninguna significación tienen nueve ministros, catorce gobernadores y novecientos alcaldes liberales, frente a diez mil maestros conservadores»[3].

Al tenor de estos intereses se formaron, promovidos por el gobierno, centros de estudios liberales y juntas políticas en los establecimientos educativos, confines de activismo sociopolítico y educativo. Uno de los más activos fue el Centro de Estudios de la Normal de Varones de Medellín, fundado en agosto de 1934 por el estudiante Libardo Bedoya Céspedes, posteriormente rector del mismo plantel. Durante la rectoría de Miguel Roberto Téllez el periódico *El Colombiano* de Medellín se hizo portavoz de los directivos, profesores y estudiantes conservadores del establecimiento opuestos al Centro, ante «el incidente del Cristo» ocurrido pocos días después del Congreso Eucarístico de 1934, hecho que se dio a conocer con titulares como «En la normal se cometió un nuevo y horrendo sacrilegio», «Estudiantes católicos protestan con energía», «El estudiante Aldemar Botero despedazó y enterró un Cristo», «Se hará acto de desagravio». El periódico informaba que el enfrentamiento dentro de la institución ocurría «dado el ambiente antirreligioso y hostil a todo lo sagrado que ha venido reinando desde los días nefandos de la rectoría de Tulio Gaviria»[4].

Como consecuencia de estos sucesos hubo protestas por escrito, desfiles, misas y actos de desagravio, no sólo por parte de la Iglesia sino también de algunos liceos pedagógicos, consejos y otras normales. A fines de 1936 la convocatoria a un examen de calificación que dejó por fuera de nómina al 36 % de maestros de Antioquia que no se presentaron a la prueba, provocó un conflicto adicional. El hecho originó protestas en todo el país y la convocatoria al Congreso del Magisterio, del cual surgió la Confederación de Maestros. Esta primera Confederación asumió el papel de sindicato defensor de los intereses de los docentes. En Medellín el movimiento rebelde y su nueva organización utilizarón la radio para sus campañas, a través de programas como «La media hora del pueblo», dirigido por Carlos Cañola, «Martinete», en la emisora Ecos de la Montaña.

Durante la gobernación de Claver Aguirre se dio cumplimiento al Decreto 210, del 3 de febrero de 1944, por el cual se establecía prelación en la enseñanza del inglés respecto del francés, «dado el desarrollo de las relaciones con los Estados Unidos, el incremento comercial entre las dos naciones y el acercamiento cultural»[5].

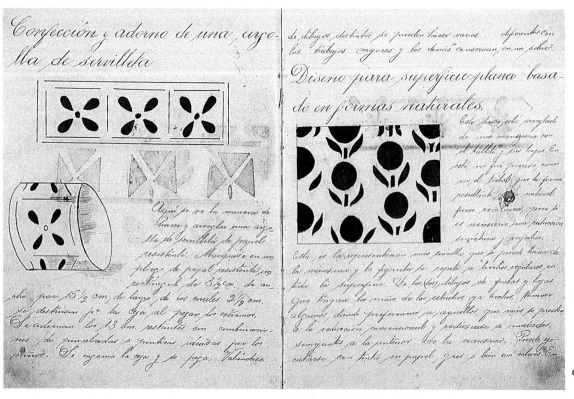

Cuaderno de dibujo de Margarita Atehórtua, estudiante de la Escuela Normal en Medellín, 1915 (Colección FAES)

Detalle de un «dechado» o mostrario
de puntadas elaborado por alumna
del Centro Educacional Femenino
de Antioquia -CEFA- en 1973
(Colección Particular)

Movimiento cooperativo
y otras organizaciones

Los bajos sueldos, el estancamiento de los aumentos salariales y la creciente pauperización, en los años posteriores a la gran depresión económica de 1929, llevaron a considerar al movimiento cooperativo como la redención a la dura situación socioeconómica de los maestros. La Cooperativa de Institutores de Antioquia Limitada, fundada en 1937, fue la entidad en la que el gremio puso sus esperanzas. Comenzó prestando tres grandes servicios: crédito en dinero, en especie y compra anticipada de la nómina «para evitar la usura contra el magisterio»; pero también fracasó, pues secretarios de educación, supervisores escolares y políticos se involucraron en un polémico y doloso manejo de la institución, hasta que fue declarada en estado de quiebra y liquidada en 1954 por la Superintendencia Nacional de Cooperativas.

El sindicalismo de corte no confesional alcanzó un gran desarrollo durante los gobiernos liberales, lapso en el que los educadores antioqueños fundaron el Sindicato de Trabajadores de la Enseñanza, SIDETE, legalizado mediante personería jurídica No. 526 del 30 de noviembre de 1945. En cada período de la duma departamental SIDETE presentaba una solicitud de reivindicaciones. Rubén Zapata y Cuenkar, J. Raúl Montoya y el

abogado Jaime Velásquez Toro fueron sus principales portavoces. En el censo sindical de 1947 esta organización aparece afiliada a la FEDETA, Federación de Trabajadores de Antioquia.

Ante los fracasados intentos reivindicatorios, el magisterio inició desde enero de 1948 la campaña denominada Movimiento Integral, la cual contó con el apoyo de la prensa y de la radio, FEDETA, UTRÁN, SIDETE y la Iglesia, con dirección única denominada Comité Técnico de Unificación Magisterial. El periódico *El Correo* concedió una columna que aparecía con el nombre de Movimiento Integral, en la que escribía, entre otros, el presidente del Movimiento, Rafael Gómez Z. El presidente honorario fue el arzobispo de la ciudad, Joaquín García Benítez. Después del 9 de abril del mismo año, el anhelado bienestar laboral y económico con que soñaban los maestros se esfumó con la extinción de su movimiento; la disímil unidad de intenciones rompió el acuerdo, ya que la realidad sociopolítica apuntaba hacia otros rumbos.

La escuela desorientada: entre la modernización, la recristianización y la violencia

El 9 de abril muchos maestros participaron en defensa del orden. Gabriel Vallejo Ospina, exsecretario de educación, rememoró esta fecha así: «Me tocó siendo maestro, vivía en la pensión Bolívar, en Ayacucho, la cual fue incendiada. Las escuelas las soltamos ese día. Al otro día se formaron los escuadrones de defensa de Medellín. A mí me tocó pertenecer al famoso Escuadrón Montalvo, nombre dado en honor al ministro de gobierno José Antonio Montalvo, el de la famosa frase '¡A sangre y fuego!'. Vigilábamos que no fueran a saquear almacenes, nos paseábamos por las calles. Por Junín escuchábamos las emisoras que ya estaban en poder de los revolucionarios en Bogotá. Mucho maestro participó, pero no maestros rebeldes, tirapiedra; recuerdo más que todo los que estábamos en defensa del orden, de las autoridades; de los que colaboraron en destruir, no. En esa época no se veía esa rebeldía, ésta era ideológica. Las escuelas se demoraron para abrir. Por la situación, suspendieron por lo menos ocho días. En Medellín se calmó rápidamente»[6].

El exvisitador escolar Gabriel Yepes R. recuerda: «Trabajaba en la Escuela Córdoba, a dos cuadras de la Plaza de Cisneros, en San Juan por San Félix. Allí el 80% de los estudiantes eran hijos de las trabajadoras de los cafés. Yo era el único maestro joven y conservador, los otros eran de más edad y liberales, ya que era 'una escuela castigo' de los maestros de Medellín. Cuando se supo lo de Gaitán los maestros se volaron para la casa. Tuve que llevar los muchachos a sus barrios, a las once de la noche entregué el último; la escuela se llenó con lo del saqueo: motores, inodoros, lavamanos, mercancía. Como eso fue viernes, volvimos el sábado, pero fueron pocos alumnos. El lunes ya todo estaba más calmado»[7].

Varias escuelas de Medellín sirvieron de centros de reclusión de los amotinados. Las escuelas Juan del Corral y Alfonso López Pumarejo sólo fueron reabiertas en la última semana de mayo, ya que sirvieron como cuarteles y lugares de retención para los sindicados.

La larga crisis política y de orden público posterior a la muerte de Gaitán hizo que el partido conservador y los jerarcas de la Iglesia coincidieran en que había que emprender una campaña de recristianización y reeducación patriótica de la sociedad. La entronización de cuadros del Sagrado Corazón de Jesús en las escuelas y colegios se incrementó y la Virgen de Fátima se puso de moda. Las oleografías religiosas y de próceres de la patria se imprimieron en abundancia y se entregaron a las 355 escuelas existentes en el departamento. Adicionalmente, por decreto se instituyó el acto semanal de izada de la bandera «mientras la comunidad entona el himno nacional» y expresa «Juro por Dios...».

La Semana del Niño fue otro escenario para difundir los ideales de la *pedagogía de la eucaristía*. Se realizaba en Antioquia desde 1934, en cumplimiento del decreto 84 del 13 de octubre; era organizada por el Club Rotario, la Sociedad de Mejoras Públicas, la Dirección de Educación y la jerarquía eclesiástica. Se realizaban veladas con murgas, comedias y sainetes, concursos de disfraces y matada de marrano. En 1948 se realizó del 17 al 22 de octubre y se inició con el día «La escuela y la religión»; se celebró misa campal en el Parque de Berrío, con asistencia de las escuelas de la ciudad.

Por la misma época algunos educadores gobiernistas fueron acogidos por el ciudadano conservador Luis Eduardo Ramírez, dueño de la emisora Voz del Triunfo, y allí fundaron la «Radio revista magisterio». Sus directores, Nacianceno Tuberquia y Pedro J. Garcés, cumplieron papel destacado en la futura labor de organización de los maestros. La radio revista alcanzó más de quinientas emisiones y se convirtió en otro espacio socioeducativo en Medellín. Los padres de familia enviaban numerosos memoriales a éste y a otros programas, y a la dirección de Instrucción Pública, en los que pedían la construcción de más locales escolares y el mejoramiento de las condiciones higiénicas de los existentes. Y los centros cívicos de barrio, antecedentes de la Acción Comunal, se manifestaban permanentemente contra el estado deplorable de la educación y contra la apatía de los maestros.

A finales de la década del cuarenta el Patronato Escolar, creado en 1936 con el encargo de dirigir los restaurantes escolares, estaba a punto de terminar sus servicios por falta de presupuesto. En el restaurante escolar se presentaban problemas porque la leche «no figuraba en la ración de los escolares pobres». Además el *gaminismo* ya crecía en la ciudad.

Las escuelas se clasificaban en tres clases. A la primera pertenecían la Alfonso López P. en Manrique, Francisco Cristóbal Toro en Aranjuez, Isabel la Católica en la América, Boyacá en Gerona y Francisco Antonio Zea en San Benito. A la segunda, Miranda, Juan María Céspedes en Belén, Julio César García, Estanislao Gómez Barrientos, Jesús Tobón Quintero, El Bosque y Córdoba en el barrio Colón. Y a la tercera, «con locales reducidos como casi todas las que existen en Medellín, con estrechez, falta de luz e higiene», Simón Rodríguez, Santa Juana de Arco y Agustín Nieto Caballero, en Boston.

El interés político en un plantel marcaba a veces la diferencia. Así, la Francisco A. Zea, dirigida por los conservadores y a cuyo director, Jesús Isaza Castrillón, Mariano Ospina Pérez le regaló «un retrato autografiado», era una *escuela modelo*. Tenía seis salones, cada uno con el nombre de las repúblicas bolivarianas; murga escolar con 15 instrumentos, banda de guerra con 31 unidades, Cruz Roja, peluquería «como servicio y medio de aprendizaje», museo, biblioteca, periódico mural escrito e ilustrado por los niños, huerta y «un pequeño zoológico con aves y peces».

Educación y cultura

La recristianización tuvo como paladines a monseñor Miguel Ángel Builes, a Félix Henao Botero, al padre Fernando Gómez Mejía, al secretario de Educación Joaquín Pérez Villa y a visitadores escolares como José María Rodríguez Rojas. En la ofensiva ideológica, Félix Henao B. opinaba que «el antídoto contra el existencialismo, la comodidad y el totalitarismo era la eucaristía como pedagogía de juventudes. Así se debía luchar contra las doctrinas laicas modernas»[8]. El magisterio fue el centro de esta arremetida doctrinaria desde 1949: «expurgar el profesorado de tanto elemento comunista o libre pensador, basar los programas en tesis espiritualistas y darle a la enseñanza una estructura de acuerdo a nuestra índole indo-latina, son imperativos de la restauración»[9].

Ya estaban, pues, dadas las condiciones para el surgimiento de una nueva organización de maestros orientada por los grupos dominantes. La Acción Social Católica, el Partido Conservador y el sindicalismo orientado por la Unión de Trabajadores de Colombia, UTC, conformaban la trinidad de la única *verdad verdadera*. Estos elementos se conjugaron para que la jerarquía convocara al magisterio a organizarse bajo la consigna «Dios, Patria, Magisterio»; con este postulado se instauró la nueva propuesta organizativa de los docentes, con la que se pretendía «terminar con la influencia comunista en los sindicatos y en las asociaciones, tan perniciosa para la patria y la misión del magisterio»[10]. A este llamado asistieron más de doscientos institutores, quienes en agosto de 1949 fundaron la Confederación de Maestros Católicos de Antioquia, la cual empezó a reunirse en el Instituto Gonzalo Vidal; su primer presidente fue Jorge Yepes Jaramillo. A ella se afiliaron 1 327 maestros, de los aproximadamente dos mil quinientos que había en el departamento.

La Confederación de maestros tuvo su medio de expresión en la «Radio revista extra», transmitida por Emisora Claridad. Posteriormente, realizaron un suplemento radial especial denominado «Aulas al micrófono», el cual se trasmitía los martes y los viernes a las cuatro de la tarde desde cada escuela seleccionada.

La obra evangelizadora y de cristianización hacía parte más del *dispositivo ideológico* que de la redención social del gremio y del avance educativo, ya que ni la Confederación ni la UTRÁN, Unión de Trabajadores de Antioquia, manifestaban inconformidad por la situación educativa. Las *tarjetas de oro*, las copas de champaña, las veladas culturales y las resoluciones alabatorias de los centros de estudio pedagógico a los *rectores de la enseñanza*, hacían parte de su santa alianza. Al fracasar este proyecto, el padre Fernando Gómez Mejía, director arquidiocesano de la Acción Católica, inauguró la «Radio revista ideales» en marzo de 1951, bajo la bandera de «Catolicismo y cultura», y la «Hora católica del magisterio», emitida «en favor de la educación cristiana y social de la niñez».

La arquidiócesis se interesaba ahora por los niños damnificados por la violencia, el desarraigo y la emigración del campo a la ciudad. «De niños olvidados no salen ciudadanos excelentes; niños en los cafés y cantinas piden limosnas, recogen cualquier sorbo, rodaja de pan, etc., los padres explotan a sus hijos para esto»[11].

A partir de la década del cincuenta aumentó aceleradamente la población en la villa, no como resultado de un crecimiento natural sino como producto de la rápida migración, ante la cual el gobierno mejoró cuantitativamente el cubrimiento educativo en los distintos niveles escolares. Se calcula que, entre 1938 y 1968, 408 600 personas abandonaron las distintas regiones del departamento para radicarse en Medellín; de éstas, 88% provenían de oriente, suroeste y occidente[12].

El número de escolares por maestro era muy alto como resultado de la ya mencionada explosión demográfica, lo que obligó a reglamentar en 70 niños máximo y 55 mínimo el cupo para primero y segundo grado, 60 y 46 para tercero, 40 mínimo para cuarto y quinto, y 45 y 30 para sexto grado elemental. Años atrás, en 1944, los cupos oscilaban entre 60 máximo para primero y segundo, y 40 para cuarto y quinto[13].

En 1950 la política educativa del Estado buscó un equilibrio entre la modernización y la tradición católica. El restablecimiento ideológico hizo que se derogaran leyes educativas elaboradas durante los gobiernos liberales y, por ser *invento izquierdista*, los tests y las pruebas sicotécnicas. La *escuela activa* defendida por los gobiernos de Alfonso López Pumarejo y Agustín Nieto Caballero, y experimentada en colegios como el Jorge Robledo, pero no como política estatal, fue atacada sistemáticamente en los centros de estudio pedagógico por directores, sacerdotes y visitadores escolares.

Varios educadores se destacaron como periodistas con columna propia. Uno de ellos fue Alfonso Upegui Orozco, «Don UPO», quien incursionó en diversos temas y se hizo famoso por sus crónicas judiciales con títulos como «Se disputaban el amor de la maestra» o «Abraham le partió el corazón al otro». Algunas maestras dirigían la organización Empleadas Asociadas de Antioquia, la cual, con la consigna de «Una para todas y todas para una», adelantó importantes acciones de reivindicación laboral.

De tiempo atrás, y para cubrir el déficit de cupos, en los sitios aledaños a fábricas y barrios obreros, varias empresas de la ciudad, como Coltejer, Vanidad, Vicuña, Fatelares, Siderúrgica, Elospina, Coltabaco e Industria de Maderas, habían patrocinado escuelas, que tiempo después quisieron cerrar, hecho que desató prolongadas y enérgicas protestas en la ciudad.

De otra parte, a todas las escuelas oficiales se ratificó la obligatoriedad de la misa *en comunidad*, todos los domingos, con falta computable a los estudiantes y descuento de nómina a los maestros. Por lo menos dos veces al año se celebraba la primera comunión en los locales escolares, alrededor de la cual se reunían los habitantes de la ciudad. Con frecuencia, los exámenes semestrales y finales eran orales y estaban vigilados por el párroco y algunos padres de familia. Los alumnos entraban a los salones de clase *en fila india,* entonando el himno «Esclarece la aurora el bello cielo,/ otro día de vida oh Dios nos das,/ gracias a voz creador del universo,/ oh padre nuestro, que en el cielo estás». Adentro los esperaba *La alegría de leer.*

Otras instituciones que velaban por el mantenimiento de la moral cristiana en la ciudad, como la Congregación Mariana de Jóvenes y los Caballeros del Colegio San Ignacio, convocaron a un plebiscito estudiantil en noviembre de 1950 «para adherir a una campaña iniciada por la Federación de Colegios Católicos de la ciudad en defensa de la moral y buenas costumbres, amenazadas por los bailes y fiestas sociales en que tomaban parte los alumnos de escuelas cristianas». La Congregación cerró filas con otros grupos conservadores del sector educativo, los cuales desarrollaron manifestaciones de apoyo a Laureano Gómez. Pronto se integraron comandos conservadores de los estudiantes de todas las facultades universitarias, del Liceo de la Universidad de Antioquia y de la Normal de Varones, donde la juventud conservadora estaba acaudillada por J. Emilio Valderrama.

La oposición al régimen laureanista era manifiesta, pero no se daba a conocer en toda su dimensión. A veces se lograba traslucir en algunas informaciones de prensa como esta: «Fue detenido un profesor por la policía secreta. Los agentes del detectivismo redujeron a prisión y pusieron a órdenes de la Cuarta Brigada al señor Guillermo Tejada, profesor de religión de la Universidad de Antioquia, quien resultó implicado en la actividad de fijar cartelones subversivos»[14].

La opresión política llegó hasta la Universidad, y obligó en octubre del mismo año a la realización de una huelga de profesores liberales, la cual duró una semana y dio origen a la fundación de la Universidad de Medellín. Entre los dirigentes se encontraban Luis de Greiff, Elkin Rodríguez, uno de los fundadores de la clínica SOMA, Sociedad Médica de Antioquia, y Pedro Nel Gómez, a quien por esos días le habían cubierto sus frescos en el Palacio Municipal de Carabobo, «con hermosas cortinas de nylon, que medían noventa y cinco metros y a través de las cuales se podían mirar discretamente sus prohibidas pinturas»[15].

En esos años de violencia política, el escalafón docente se convirtió en un instrumento represivo; visitadores, sacerdotes, directores, rectores y gamonales se convirtieron en dueños y manipuladores de este mecanismo de vigilancia y de control, establecido como política educativa.

La Asociación de Institutores de Antioquia, ADIDA, que se había gestado durante el gobierno de Laureano Gómez, obtuvo personería jurídica el 15 de noviembre de 1951, en la breve administración de Roberto Urdaneta A. Sus primeros dirigentes fueron Nacianceno Tuberquia, Julio Carvajal Gil, Pedro J. Garcés, Ramón Múnera Lopera, Isidro Londoño, Ceno Tuberquia, Eva Villegas, Elisa García de T., Tulia Liévano de G., Elena Gallego C., Margarita Alzate, Concha López, Leticia García T., María Teresa Agudelo y Ligia Castrillón. A pesar de las múltiples dificultades que ha tenido esta organización por la cultura antisindical que ha imperado, perdura hasta el presente; y desde julio de 1962 sigue las directrices de la Federación Colombiana de Educadores, FECODE. En los últimos años, ADIDA se ha involucrado en procesos generales de la política nacional como la paz y el derecho a existir, empeño en el cual han ofrendado la vida numerosos de sus agremiados.

El caos a que llegó el país motivó a algunas líderes cívicas antioqueñas, como Sofía Ospina de Navarro y Luz Castro de Gutiérrez, a realizar una manifestación femenina por la paz, el 22 de mayo de 1952. Desfilaron todos los colegios privados con sus bandas de guerra, banderolas blancas y pancartas con leyendas como *Queremos paz.* Las escuelas de niñas también se hicieron presentes en el desfile, el cual estuvo presidido por la imagen de Nuestra Señora de la Candelaria. En ese momento Antioquia se debatía entre los buenos deseos de la Junta Pro Paz de terminar la violencia política, y el abuso y el descontrol por parte de los jefes de la chusma y de la contrachusma, sólo mitigados parcialmente por el golpe militar del 13 de junio de 1953, dirigido por Gustavo Rojas Pinilla.

Respecto a los efectos de la acción militar, recuerda el educador Gabriel Yepes R. que su lugar de trabajo, la Escuela Córdoba, «la llenaron de guerrilleros liberales que se entregaron, bandoleros, escopetas viejas, tubos y machetes». La escuela estuvo cerrada cerca de un mes, ya que por su localización, lejos del centro, hacinaron a más de mil personas; en otros barrios no permitieron esto. Para reiniciar las labores escolares tuvieron que desinfectar la escuela por espacio de ocho días[16].

Para rememorar la manifestación de Luz Castro de G. y Sofía Ospina de N., en agosto de 1953 más de cinco mil estudiantes desfilaron con sus bandas marciales y banderolas tricolor, y colmaron el Estadio Atanasio Girardot, donde se le rin-

Biblioteca del Colegio San Ignacio de Loyola de Medellín, ca. 1939.
(Fotografía Francisco Mejía, Centro de Memoria Visual FAES)

dió homenaje al general Gustavo Rojas. El nuevo gobierno nombró gobernador militar al coronel Pío Quinto Rengifo, llamado *protector de la cultura*. Como aporte fundamental, esa administración oficializó la Facultad de Ciencias Educativas de la Universidad de Antioquia, cuyo primer decano fue Nicolás Gaviria.

Pío Quinto Rengifo se hizo acompañar de Samuel Barrientos en la Dirección de Educación; éste reorganizó los centros de estudio pedagógico y conformó once en Medellín; a cada uno asistían unos sesenta educadores. En la nómina de maestros que dictaban clases guías predominaban religiosos. En el centro de la Escuela Boyacá el padre Fernando Gómez tenía la guía espiritual; la matemática le correspondió a los hermanos de la Escuela Federico Ozanam; la metodología de la escritura a cargo de las Misioneras de la Madre Laura, y la religión a las hermanas de la Escuela María Mazarello; para la lectura se seguía el método de *palabras normales*.

Para «estar a tono» con los tiempos, durante el gobierno militar se dotaron las escuelas con oleografías del general Gustavo Rojas; y con motivo del centenario del nacimiento de Marco Fidel Suárez, se instituyó una cátedra sobre su vida y obra.

La televisión llegó a Medellín; posteriormente se desarrollaría la televisión educativa, asesorada por los Cuerpos de Paz norteamericanos, creados por el presidente John F. Kennedy dentro del programa de la Alianza para el Progreso, la cual buscaba frenar el auge del comunismo en América Latina.

Para completar, sucedió la tragedia de Media Luna, producida por un derrumbe de la montaña en el sector de Santa Elena, el cual cegó la vida a estudiantes de las escuelas Miguel de Aguinaga, José Manuel Caycedo, Las Estancias y Buenos Aires; en total perecieron once escolares, a quienes se hizo un sepelio colectivo que movilizó a los estudiantes de todas las escuelas y colegios de la ciudad, y durante varios días oraron por los fallecidos.

Durante el régimen dictatorial, la Iglesia continuó el afianzamiento de su influencia en las escuelas a través de concentraciones catequísticas y de torneos de repetidores del *Catecismo* del padre Astete, que daban diplomas a los campeones de esta santa proeza memorística.

Los partidos políticos mantenían su caudal electoral mediante cuota económica que los empleados debían aportar a sus fondos, lo que tuvo que orientar la Secretaría de Gobierno: «el empleado define espontáneamente el monto para el partido a que pertenezca. La orden de retención será hecha y firmada por cada persona, sólo así podrán los tesoreros y administradores de renta hacerlo»[17]. Esto ocurría con los docentes: «En la Escuela Córdoba eran casi todos liberales, porque era una escuela castigo, yo les pagaba la cuota en el directorio conservador, sin que ellos se dieran cuenta, era un peso ($1.00) por cada uno, así los protegía porque eran muy buenos amigos y buenos maestros; esta acción casi me cuesta el puesto»[18].

La expansión educativa que ocurrió entre 1953 y 1957, en su mayor parte se concentró en el sector privado y en el nivel de la secundaria.

La ciudad se organizó administrativamente tomando como punto de referencia el río Medellín. Así, la zona 1 comprendía el centro y la parte oriental, y la 2 la parte occidental.

Aunque en 1953 el gobierno permitió la creación de la Asociación Nacional de Maestros Jubilados, por iniciativa de Carlos Naranjo y Roberto Martínez Méndez, los maestros activos fueron poco estimulados. Algunos profesores, fundamentalmente de colegios nacionales, como el Instituto Técnico Superior Pascual Bravo, el Liceo Nacional Marco Fidel Suárez, la Normal Nacional de Varones y el Colegio Mayor de Antioquia, se reunieron en este último para conformar una asociación, y nombraron como presidenta honoraria a Teresita Santamaría de González. Salarios, salud, vivienda y capacitación dieron origen a la organización, que inicialmente se llamó ASANPROSE, Asociación Antioqueña de Profesores de Secundaria, y luego PROAS. La primera junta provisional tuvo como presidente a Moisés Melo, rector del Colegio Marco Fidel Suárez, cuyas gestiones cristalizaron al obtener la personería jurídica el 22 de noviembre de 1957.

El Frente Nacional, educación sin espacio para la discusión

La sociedad medellinense vio con asombro, por tratarse de maestros, cómo la educación pública estatal sufría el primer conflicto huelguístico dirigido por la Asociación de Institutores: noticias del enfrentamiento entre maestros, entre éstos y la fuerza pública, las consignas, las pedreas, los ultrajes a las maestras y los encarcelamientos, se conocieron inmediatamente en la capital del departamento a través de la radio, y esto despertó un sentimiento generalizado de solidaridad hacia los manifestantes y de rechazo hacia el gobierno de Ignacio Vélez Escobar. Los centros cívicos, algunas de las recién conformadas acciones comunales, padres de familia, estudiantes y trabajadores, colmaron la plazuela Nutibara exigiendo soluciones. «Los policías cogieron las huelguistas para meterlas a las bolas [patrullas] y como éstas se resistieron las arrastraron... El jefe de la administración tuvo que prometer que pagaría el aumento, no ejercería represalias cambiando o destituyendo maestros».[19.]

La ciudadanía ha vivido esta escena durante la segunda mitad del siglo, lo que ha deteriorado la relación entre educadores y gobernantes, ha hecho perder credibilidad en el servicio educativo y ha empobrecido la calidad de la educación atendida por el Estado. La negociación de un paro se convierte en el origen del siguiente por el incumplimiento de los acuerdos por parte de los mandatarios o por la agudización del origen de los mismos.

Por medio de diferentes acciones los gobiernos nacional y seccional intentaron vincular más es-

Claustro de la Escuela Normal de Señoritas, 1947 (Revista *Colombia país de ciudades.* Bogotá, 1947)

trechamente a los maestros con la comunidad; el gobernador de Antioquia y luego ministro de Educación, Octavio Arismendi Posada, organizó una cruzada por la educación, apoyada en el decreto 119 de 1966, por medio del cual el magisterio debía participar en el programa de la recién creada Acción Comunal. La disposición autorizaba el préstamo de los locales escolares a la comunidad, ordenaba a los centros de estudio pedagógico dictar conferencias acerca del tema, y a los maestros participar como promotores cívicos de Acción Comunal, lo cual debía constar en sus hojas de vida. Muy pocos educadores lo hicieron, ya que, con excepciones, el gremio docente se mantenía, como hoy, mirando hacia sí mismo, y sólo en tiempos de huelga recurría a la población en busca de apoyo y de solidaridad.

Como hecho destacado de la década, se recuerda el Primer Congreso Extraordinario de FECODE, en Medellín, en 1969, en el cual Aurelio Céspedes, representante del ministro Octavio Arismendi, exaltaba la metodología propuesta por el gobierno en las *Guías didácticas* y resaltaba las reformas del gobierno de Carlos Lleras Restrepo, relacionadas con la creación y redefinición de institutos descentralizados como Instituto Colombiano para el Fomento de la Educación Superior, ICFES; Instituto Colombiano de Pedagogía, ICOLPE; Instituto Colombiano de Crédito Educativo y Estudios Técnicos en el Exterior, ICETEX; Instituto Colombiano de Construcciones Escolares, COLDEPORTES, COLCULTURA y COLCIENCIAS. Particularizó, asimismo, en la constitución de los Fondos Educativos Regionales, FER, como «mecanismo fiscal que acabaría con el retraso de los salarios, factor de múltiples conflictos con los maestros».

El 17 de marzo de 1970 se realizó una manifestación para demostrar satisfacción por la salida del ministro. «En Medellín grupos de estudiantes e institutores estuvieron por más de una hora frente al palacio de Calibío. Los carteles pedían la apertura de la Universidad Nacional y protestaban contra Arismendi Posada, se veían afiches de Mao, El Che y Lenin»[20].

El decenio del setenta fue traumático para la normalidad educativa en Medellín, pues los maestros participaron activa, masiva y beligerantemente en los paros nacionales de 1971 y 1977, y en numerosas jornadas y paros regionales de corta duración, motivados fundamentalmente por el retraso en el pago de salarios. Los maestros se organizaron según su lugar de trabajo en comunas: Caribe, Manrique, Aranjuez, La Candelaria, posteriormente comuna del Centro, Belén, América y Guayabal.

Se extinguieron los centros de estudio pedagógico; se asumió una resistencia activa en lo político, colectiva en lo gremial y pasiva en lo pedagógico; hubo logros en el interior del gremio, pero no de calidad en la educación. Se generalizaban los análisis de las sucesivas políticas educativas con caracterizaciones como «la reforma es la adecuación del sistema educativo a las exigencias económicas, políticas, ideológicas del imperialismo y las clases dominantes». A la Ley 43 de 1975, o de *nacionalización de la educación*, de Alfonso López Michelsen y su ministro Hernando Durán Dussán, el gremio respondió diciendo que «permite el control por decreto financiero, político e ideológico de la educación por parte del gobierno, canalizando de esta manera los impuestos de las clases trabajadoras en beneficio de los intereses de las clases dominantes y del capital extranjero. En el caso de los educadores significa la pérdida de derechos y conquistas adquiridas»[21].

Mientras el magisterio colocaba todo su interés en las reivindicaciones económico-gremiales y en la contienda por la dirección de los sindicatos, los gobiernos fueron tejiendo la red en la cual el maestro quedó atrapado como funcionario de la educación y como administrador y ejecutor de las políticas educativas estatales, del currículo y de los planes de estudio. Otros pensaban, organizaban los programas, trazaban los objetivos, elaboraban textos, diseñaban el «paquete instruccional», sin la participación del magisterio en el diseño y en la formulación. Al maestro le correspondía aplicar en el aula lo que otros hacían por él (Decreto 88 de 1976).

La inconformidad ante las reformas, el descontento económico, los paros de 1972 contra el proyecto de Estatuto Docente de Misael Pastrana Borrero y Luis Carlos Galán Sarmiento, el paro de 1977 contra el estatuto de Alfonso López Michelsen y Hernando Durán Dussán y el rechazo a la creación de los núcleos de desarrollo educativo, originaron respuestas contestatarias, las cuales tomaron diversas formas: el ensayo, el panfleto, la conferencia, el discurso, la manifestación callejera, la concentración pública, la consigna, la denuncia y hasta la piedra. Mas la vida escolar no sufría variaciones sustanciales. Los que se manifestaban eran el maestro politizado y el activista sindical; entre tanto, la anomia pedagógica corroía la escuela.

Muchas de las manifestaciones se hicieron en unión con el estudiantado, el cual no sólo rememoró el manifiesto democrático universitario de la ciudad argentina de Córdoba, las nefastas jornadas del 8 y 9 de junio de 1929 y la matanza de estudian-

Antiguo Colegio San José, dirigido por los Hermanos Cristianos,
ubicado en la carrera Bolívar con calle Maracaibo, ca. 1950
(Fotografía Carlos Rodríguez, Centro de Memoria Visual FAES)

tes en 1954, sino que también, con el ideario revolucionario, defendió en 1971 el programa mínimo de los estudiantes colombianos, «de claro corte antimperialista».

«Todos estos planes y programas están orientados a impulsar un tipo especial de educación técnica a través de los INEM (Instituto de Educación Media Diversificada), los CASD (Centro Administrativo de Servicio Docente)... La tecnificación de la educación obedece a la necesidad de mano de obra y personal especializado, surgidos de los planes desarrollistas del gobierno que patrocinan el gran capital nacional y extranjero»[22].

El objetivo central del decenio: la consecución de un Estatuto Docente negociado, se hizo realidad al término del mismo en 1979, al firmarse el Decreto Ley No. 2277 con el ministro Rodrigo Lloreda Caicedo en el gobierno de Julio C. Turbay Ayala.

Otras organizaciones gremiales de docentes que se fundaron en la ciudad, en medio de este ambiente de conflicto con el gobierno, fueron: Asociación de Profesores del INEM José Félix de Restrepo, afiliada a ACEINEM ; Asociación Colombiana de Educadores de los INEM; Asociación de Educadores del Municipio de Medellín, ASDEM, que agrupa a los educadores al servicio del municipio, dispersos en varias secretarías y entidades como las de Educación, Salud, Transporte, Escuela Popular de Arte, EPA, el Instituto Popular de Cultura, las escuelas especiales y los centros de reeducación. ASDEM obtuvo su personería jurídica en 1975, y en la actualidad tiene su sede en el centro administrativo de la Alpujarra.

El 18 de junio de 1980 los maestros del depar-

tamento acatando el deseo de FECODE de conformar el Sindicato Único de Trabajadores de la Educación, SUTE, dieron el paso de unificar las agremiaciones regionales de maestros de primaria y secundaria, ADIDA y PROAS, y de obtener del Ministerio del Trabajo la resolución de fusión Nº 45, la cual determinó además que la nueva asociación se continuaría denominando ADIDA. El 16 de septiembre de 1994 se inauguró su sede como un nuevo espacio social y cultural en el corazón de Medellín. ADIDA y ASDEM perviven en unidad de acción.

Los años ochenta fueron trágicos y de esto no escapó la educación, la cual tuvo como uno de sus días más aciagos el 25 de agosto de 1987, cuando fueron asesinados los educadores Héctor Abad Gómez, Luis Felipe Vélez H. y Leonardo Betancur T., cuyos sepelios congregaron masivamente a la comunidad científica, política, sindical y educativa. La descomposición social, la falta de cupos escolares, la influencia del narcotráfico y la intolerancia política hicieron que la amenaza, el atentado y la muerte llegaran a las aulas. Y Los continuos conflictos en la zona de Robledo, donde participaban estudiantes del Pascual Bravo, el Instituto Técnico Metropolitano y el Liceo Antioqueño, determinaron el cierre de este último.

Durante el gobierno de Belisario Betancur se congeló la planta de personal docente; el deseo de lo cualitativo primó sobre lo cuantitativo, y en la actualidad ambos aspectos continúan en déficit.

Lo positivo del decenio fue el surgimiento en 1982 del Movimiento Pedagógico. Dentro de la nueva concepción del sindicalismo se pretende que el maestro, además de participar de la vida gremial reivindicativa y de la política, se convierta en un profesional de la pedagogía y de la enseñanza, lo cual crea así un sindicalismo sociopolítico y un docente integral. La Ley 29 de 1989 pretendió descentralizar la educación descargando en los municipios la responsabilidad de nombrar, controlar y administrar el servicio, pero sin asignarles presupuesto adecuado para tal fin. La ley 60 de 1993, o de distribución de competencias, regula la repartición por situado fiscal para educación; así, el municipio de Medellín espera despejar la situación educativa, ya que no ha ingresado al proceso de municipalización de la educación y por esto mantiene una administración sin líneas claras de coordinación y diferenciación entre los niveles nacional, departamental y municipal, en la toma de decisiones y en el manejo financiero, administrativo y de planta de personal docente. La radiografía de esta urbe, en materia de cubrimiento educacional, fue presentada en la sala de conferencias del Concejo el 17 de noviembre de 1990, dentro de uno de los tantos foros que el tema ha suscitado: las estadísticas dicen que en Medellín, de una población de 123 822 niños en edad preescolar, están por fuera 100 085; en la primaria, de 214 275, no tienen cupo 38 099 niños, y éste es el nivel de mayor cubrimiento. La desesperanza se presenta en la secundaria, en la que de 234.947 jóvenes, 103 452 se quedan sin la posibilidad de asistir a un plantel. En el foro se resaltaba la necesidad de construir nueve mil aulas y de nombrar miles de maestros.

La ciudad no es ajena a los problemas que aquejan a la educación pública nacional: insuficiente oferta, hacinamiento, inseguridad, calidad cuestionada, deserción, repetición y deficiencias físicas, de equipamiento, administrativas y docentes; además, amenazas a maestros y control de grupos armados.

La Mesa de Educación del IV Seminario Alternativas de Futuro para Medellín y su Área Metropolitana, de septiembre de 1994, definió que ampliar la cobertura en secundaria, generar grandes procesos de capacitación de maestros y aprovechar los recursos que posee la ciudad en materia educativa y cultural de una forma coherente e interinstitucional, mejorará la calidad de vida en la educación y permitirá caracterizar a Medellín como ciudad educadora.

NOTAS

1. Julio César García Valencia, *Historia de la instrucción pública*, Medellín, Universidad de Antioquia, 1962, p. 93.
2. Joaquín Vallejo A., *Educación antioqueña*, Medellín, Imprenta Departamental.
3. «Liberalizar la instrucción pública», *El Diario*, Medellín, 8 de agosto de 1934, p. 3.
4. *El Colombiano*, Medellín, 8 de agosto de 1935, p. 1.
5. Ramón Jaramillo Gutiérrez, *Memoria de educación*, Medellín, Imprenta Departamental, 1944, p. 331.
6. Entrevista a Gabriel Vallejo O., Medellín, 1987.
7. Entrevista a Gabriel Yepes R., Medellín, 1987.
8. *El Colombiano*, Medellín, 30 de enero de 1949.
9. *El Colombiano*, Medellín, 14 de noviembre de 1944, p. 3.
10. *El Colombiano*, Medellín, 27 de noviembre de 1948, p. 5.
11. *El Colombiano*, Medellín, 17 de julio de 1949, p. 5.
12. Daniel Herrero, *El desarrollo industrial de Medellín. 1925-1965*, Medellín, ANDI, p. 25.
13. Ramón Jaramillo Gutiérrez, *op. cit.*, p. 222.
14. *El Colombiano*, Medellín, 20 de julio de 1950, p. 4.
15. *El Colombiano*, Medellín, 6 de septiembre de 1959.
16. Entrevista a Gabriel Yepes, *op. cit.*
17. *El Colombiano*, Medellín, 4 de septiembre de 1953, p. 1.
18. Entrevista a Gabriel Yepes, *op. cit.*
19. Ester Gónima, *Una maestra, una vida, un destino*, Medellín, Luis Martel Editor, 1969, p. 225.
20. *El Colombiano*, Medellín, marzo de 1970.
21. «Conclusiones», XXIII Plénum Fecode, Bogotá, 1975, mimeo.
22. *El Educador Colombiano*, Fecode, agosto de 1973.

Bibliografía

García Valencia, Julio César, *Historia de la instrucción pública*, Medellín, Universidad de Antioquia, 1962.
Gónima, Ester, *Una maestra, una vida, un destino*, Medellín, Luis Martel Editor, 1969.
Jaramillo Gutiérrez, Ramón, *Memoria de educación*, Medellín, Imprenta Departamental, 1944.
Jiménez D., Elkin y Gloria Estrada P., *Magisterio antioqueño, 1900-1980*, Medellín, Litoarte, 1993.
Mayor Mora, Alberto, *Ética, trabajo y productividad en Antioquia*, Bogotá, Tercer Mundo, 1985.
Vallejo A., Joaquín, *Educación antioqueña, 1938*. Medellín, Imprenta Departamental, s.f.
Medellín, ciudad educadora, Novenas Jornadas de Educación y Participación Ciudadana, Medellín, Litoimpresos, 1994.
El Sol, Medellín, 1910-1913.
El Obrero Católico, Medellín, 1927-1959.-
El Diario. Medellín, 1934-1961.
El Heraldo de Antioquia, Medellín, 1936-1937.
El Colombiano, Medellín, 1934-1978.
El Educador Colombiano, Fecode, 1973-1976.
Entrevista a Gabriel Vallejo O., Medellín, 1987.
Entrevista a Gabriel Yepes R., Medellín, 1987.

Víctor M. Álvarez M.

La educación superior en Medellín, 1803-1990

DESDE hace algún tiempo se afirma que Medellín tiene, entre sus características principales, la de ser una «Ciudad Universitaria». En efecto, la ciudad presenta cifras muy significativas en este campo. Según la información reciente, en las 10 universidades y en los más de 20 institutos, corporaciones, escuelas y colegios clasificados como de educación superior se matriculan anualmente unos 60.000 estudiantes y hacen docencia más de 7.000 profesores. Por otra parte, esta modalidad educativa se desarrolla en cerca de 120 programas académicos de pregrado, 50 de formación tecnológica y más de 100 que corresponden a posgrado en especializaciones, maestrías y doctorados.

Esta distinción como Ciudad Universitaria es el resultado de una larga historia en la que progresivamente se fueron creando instituciones y campos de estudio para atender a las necesidades sociales de conocimiento y para la preparación y formación de los profesionales que ha requerido la sociedad para su desarrollo.

Los orígenes de la Educación superior en Medellín y Antioquia.

La primera institución de educación superior fue fundada desde 1803 como un Colegio de Franciscanos, que es el origen de la Universidad de Antioquia, de cuyo seno fueron surgiendo, con el paso de los tiempos, la Escuela Nacional de Minas (1887), la Escuela de Agricultura (1916),

PÁGINA OPUESTA
ARRIBA
Escuela de Minas de Medellín
(Fotografía Melitón Rodríguez)

ABAJO
Edificio de la Facultad de Agronomía, Universidad Nacional de Colombia, seccional Medellín en 1990
(Fotografía Archivo *El Colombiano*)

la Universidad Pontificia Bolivariana (1936) y la Universidad de Medellín (1950).

Las cátedras de Gramática, Filosofía y Teología con que inició tareas el Colegio de Franciscanos eran, para su época, lo que en nuestro tiempo conocemos como enseñanza primaria, la Gramática; secundaria, la Filosofía y la carrera de Teología que formaban una secuencia. El plan de estudios de cada cátedra estaba formado por cursos entre los que se destacaban teología dogmática, teología escolástica, teología moral, cánones y leyes, filosofía, gramática, letras humanas, latinidad, retórica y mitología. Se comprende que había entonces una relación directa entre estudios superiores y formación sacerdotal.

Después de un cierre de sus aulas con motivo de los acontecimientos del «Grito de Independencia», el Colegio Constituyente de Antioquia determinó, en 1812, la reanudación de las cátedras de Gramática y Filosofía, trató de instaurar los primeros estudios de Derecho y designó a Juan Cancio Acevedo para dirigir todo lo relacionado con la obra del nuevo colegio.[1] En el propio texto de la Constitución de la Provincia se determinaba:

«Habrá igualmente un *Colegio y Universidad* en se enseñe a los jóvenes de toda la Provincia la Gramática, la Filosofía en todos sus ramos, la Religión, la Moral, el Derecho Patrio con el Público y Político de las naciones.»[2]

Para tal efecto, José Manuel Restrepo propuso incorporar en los estudios de Filosofía los cursos de lógica, crítica moral, metafísica, aritmética, geometría, trigonometría, álgebra, física, mecánica, astronomía, geografía, química y otros. Con estas reformas, el programa de Filosofía se convertía en lo que hoy conocemos como Educación Secundaria. También, por aquellos años y gracias a la presencia de Francisco José de Caldas se iniciaron, en 1814, los estudios de Ingeniería Militar.

Francisco Calle G., Carlos Pizano A., Horacio Ramírez G., Jesús Gómez Q., Roberto Arango R.,
Próspero Ruiz R., Miguel Morena A., Octavio Betancourt V., Jorge Mejía R.,
Gustavo Álvarez V., Eduardo Montoya S., Roberto Diez M., Inés Greiffenstein,
Luis González G., Juan Berdugo S.

El Colegio de Antioquia, como se llamó en aquel tiempo, ingresaba así en una nueva fase de su vida, por decreto expedido el 9 de Octubre de 1822. Con la firma del General Santander y de José Manuel Restrepo, Secretario del Interior, el decreto asignaba al Colegio los bienes del suprimido Convento de Franciscanos. Desde entonces, hasta nuestro tiempo, el 9 de Octubre es considerado como el día clásico de la institución.

A juzgar por los términos del decreto referido, el nuevo Colegio debía regirse por las mismas normas que regulaban el Colegio de San Bartolomé de Bogotá, debía tener una escuela de primeras letras de método lancasteriano, una cátedra de Gramática española, Gramática Latina y principios de Retórica y una cátedra de Filosofía y Mineralogía. La cátedra de Mineralogía indicaba que, además de un modelo general educativo, estaba presente también la preocupación por las necesidades inmediatas de la región que tenía en la actividad minera un importante puntal de su vida económica.

Tres años después, en 1825, por relación del rector Dr. Francisco Antonio Obregón, sabemos que la institución tenía cerca de 100 estudiantes: 42 en la Escuela lancasteriana, 36 en la cátedra de Gramática y 20 en la de Filosofía.[3]

Con fecha Diciembre 12 de 1827, el Libertador Simón Bolívar autorizó el establecimiento de los estudios de jurisprudencia,

«...teniendo presente la solicitud que hizo el rector interino del Colegio de Medellín en la Provincia de Antioquia para que en él se conceda la enseñanza de la jurisprudencia, cuyos gastos se han comprometido a hacer varios padres de familia...»[4].

Resulta especialmente interesante el contenido de los estudios que se establecía en el decreto correspondiente a saber:

«Art. 3o. ... en el primer año el primer catedrático dará por la mañana lecciones de derecho político constitucional y constitución de Colombia, y el segundo catedrático dará lecciones por la tarde de legislación universal y de legislación civil y penal; en el segundo año el primer catedrático leerá un curso de ciencia administrativa y principios generales de estadística y el segundo continuará el curso de legislación universal y de legislación civil y penal; en el tercer año el primer catedrático dará un curso de derecho público eclesiástico y el segundo otro de historia e instituciones del derecho civil romano comparado con el patrio.

Art. 4o. Después de obtenido el grado de Bachiller en la Universidad Central del Departamento, los cursantes que quieran graduarse de licenciados y doctores continuarán el estudio del modo siguiente: El primer catedrático dará por la mañana en el cuarto año, lecciones de instituciones canónicas, disciplina e historia eclesiástica y el segundo catedrático enseñará por la tarde las instituciones del derecho civil romano comparado con el patrio; en el quinto año, el primer catedrático leerá un curso de derecho internacional y el segundo, otro de economía política y estadística de Colombia; en el sexto año el primer catedrático continuará otro curso de derecho internacional, en el que se ha de incluir el conocimiento de los principales tratados y, el otro catedrático continuará dando un segundo de economía política y estadística de Colombia...»[5].

Aunque poco tiempo después debió suspenderse, el hecho mismo indica el interés que existía en la región para dar forma a un centro de altos estudios en una ciudad que como Medellín contaba entonces con escasos 12.000 habitantes.

Desde marzo de 1832, se concedió a los colegios provinciales, la autorización para impartir cursos de las «facultades mayores» y la ley del 30 de Mayo de 1835 estipulaba en forma explícita que dichos cursos podían ser reconocidos para la obtención de grados universitarios[6]. En virtud de esta autorización, desde octubre de 1834, se reanudaron las actividades del «Colegio Académico» con 66 cursantes y 4 asistentes en el aula de Filosofía, 16 en la de Derecho y 6 en la de Gramática. Entre los becados está el indígena Alejo Tangarife del Pueblo de La Estrella escogido «por la lucidez de su talento y laudable anhelo de ciencia»[7].

Por entonces, «...en el colegio se estudiaba historia e instituciones del derecho civil, romano y patrio, derecho público eclesiástico, instituciones canónicas, disciplina e historia eclesiástica y suma de concilios. Es decir, materias pertenecientes a «los dos derechos», el canónico y el civil, como era la tradición desde tiempos de la Colonia.»[8].

Según el registro de matrículas de 1837, el Colegio tenía 120 estudiantes de los cuales casi la mitad asistía a la cátedra de Gramática, 52 estudiaban Filosofía y 13 cursaban sus estudios de Derecho[9]. Al año siguiente, en Enero de 1838 fue nombrado Rector Joaquín Emilio Gómez quien regentaba las cátedras de Derecho Internacional y Economía Política[10].

Varios de estos estudiantes iban posteriormente a continuar y presentar sus examenes de grado en otras universidades del país que eran las únicas facultadas para expedir los títulos correspondientes. Eso hizo Pedro Antonio Restrepo Escovar, matriculado en los cursos de Derecho del Colegio desde 1835 quien, en 1837, viajó a Bogotá para seguir nuevos cursos en El Colegio del Rosario y, después de presentar sus examenes de grado obtuvo su título de Doctor en Jurisprudencia, el 18 de junio de 1839, en la Universidad Central de Colombia[11].

Tanto la construcción de la economía agraria como el asunto minero presentaban requerimientos importantes en materia del conocimiento jurídico y científico y necesidad creciente de la actividad educativa. Por estas razones, la institución se reabrió en 1834 con el nombre de Colegio

Paraninfo de la Universidad de Antioquia, actualmente en proceso de restauración
(Fotografía Francisco Mejía, Centro de Memoria Visual FAES)

Vista panorámica de la Universidad Pontificia Bolivariana hacia 1967
(Fotografía Gabriel Carvajal, foto Carvajal)

Universidad de Medellín, 1975
(Fotografía Gabriel Carvajal, foto Carvajal)

Académico y tres años después, gracias al apoyo económico de la comunidad antioqueña, se inauguraba la cátedra de Química y Mineralogía a cargo del Profesor Luciano Brugnelly contratado en París. Doscientos cincuenta vecinos contribuyeron con recursos para el sostenimiento de la cátedra que, hasta 1840, fue fundamental, tanto para el desarrollo del conocimiento científico, como para la expansión y mejoramiento de la actividad minera en la región.

El reglamento expedido en marzo de 1850 permite reconocer algunas de las características de lo que era, a mediados del siglo, el significado del Colegio. Los estudiantes debían llevar un uniforme en las ceremonias públicas que ya esbozaba el escudo identificador de la institución y su compromiso con los intereses de la región:

«...pantalón y casaca azules, ésta con botones amarillos, chaleco blanco; botín, corbata y sombrero negros; sobre cada una de las extremidades del cuello llevarán bordado con hilo de plata *el emblema de las esperanzas que la Provincias finca en este establecimiento a saber: un libro abierto sobre una áncora*»[12].

Había estudiantes internos y externos y todas las funciones económicas del Colegio se hacían «en comunidad y simultáneamente para consultar a la economía de tiempo y al buen orden» y se establecía una directriz académica:

« El objeto de las clases diarias es solamente el de cerciorarse el respectivo catedrático de que todos los alumnos se han instruido bien en la conferencia, explicársela y hacérsela entender mejor con sus ejercicios preparando también con una explicación lacónica la lección del día siguiente»[13]. «... En los sábados 2º y 4º de cada mes los alumnos tanto internos como externos, bajo la inspección de uno de los superiores del Colegio saldrán al campo a ejercitarse, bien a pie o bien a caballo, o en el baño»[14].

Aunque reducida –unos 100 matriculados– la nómina de estudiantes era entonces públicamente conocida pues se publicaban en el diario oficial de la época sus resultados académicos[15].

A mediados de 1851 y por casi un año esta institución fue convertida en cuartel y reabierta en 1852, esta vez, con el nombre de Colegio Provincial. Siguiendo el modelo de la universidad europea reanudó sus cátedras de Filosofía y Jurisprudencia y un año después otorgó, por primera vez, el título de Doctor en Derecho a Marceliano Vélez.

En 1856 se hallan plenamente conformadas les escuelas así: Escuela de Literatura: idiomas patrio, latino, inglés y francés; Escuela de Matemática: aritmética, álgebra, trigonometría rectilínea, geometría práctica, geometría elemental, geografía; Escuela de ciencias intelectuales: teodicea, ética, lógica, psicología; Escuela de medicina: anatomía general y descriptiva y fisiología. Escuela de jurisprudencia: economía política, derecho civil patrio, procedimientos, derecho criminal e historia antigua y moderna. y se restableció la cátedra de Química y mineralogía a cargo de otro europeo, Francisco Flores Domonte[16].

Por su parte, la legislatura de Antioquia le otorgó facultad para conceder los títulos de Licenciado y Doctor en Derecho, Ingeniería Civil y Medicina. A manera de ejemplo de cómo funcionaba esta diferencia, la licenciatura en Medicina constaba de:

Panorámica de la Ciudad Universitaria en 1971 en el sector de
El Chagualo (Fotografía Gabriel Carvajal, foto Carvajal)

anatomía general y descriptiva, fisiología e higiene. Para el Doctorado, además de la Licenciatura debía aprobarse patología general, terapéutica, materia médica, farmacia, cirugía, clínica y medicina legal[17].

En 1865 se abrieron definitivamente los estudios de Medicina y nació la idea de crear la Escuela de Artes y Oficios. En las aulas de Artes y Oficios aprendieron entonces los «industriales» de su tiempo las artes mecánicas con cuyo concurso se empezaron a resolver asuntos tan importantes como la producción artesanal, el aprovechamiento de la energía hidráulica, el manejo de los metales y hasta la pólvora. Entre sus primeros discípulos sobresalieron, José Ma. Villa cuyo talento y aptitudes hicieron que Berrío lo enviase por cuenta del Estado a continuar sus estudios en Norteamérica, Fernando Isaza y Juan de Dios Martínez asistentes de Cisneros en los trabajos del Ferrocarril de Antioquia, y Manuel José Alvarez, Alejandro Echavarría y José Ma. Escobar, pioneros del proceso industrializador[18].

Desde 1871 se cambió el nombre por el de *Universidad de Antioquia* y en la nueva escuela de Medicina se abrió el camino de la actividad científica pues entre sus recursos docentes tenía un Jardín de «aclimatación de Plantas» para el estudio de la Botánica. Los primeros títulos en Medicina y Cirugía se otorgaron en 1875 y 1876 a Ramón A. Arango, Tomás José Bernal, Jesús Ma. Espinosa, Alejandro R. Fernández, Julio Restrepo A. y Francisco Velásquez. Poco después, éstos y otros médicos darían origen a la Academia de Medicina de Medellín.

Desde entonces en Medicina se formaron como profesores y como estudiantes la mayoría de quienes habrían de contribuir con sus estudios al desarrollo de las ciencias naturales y a una mejor comprensión del medio natural y del hombre de Antioquia. Baste mencionar como ejemplo los nombres de Manuel Uribe Angel, Juan Bautista Montoya y Flórez y Andrés Posada Arango quienes, como tantos otros, eran considerados justamente como los mayores sabios de su tiempo.

Otros campos de la ciencia y el pensamiento encontraron en las aulas universitarias su campo natural para crecer y desarrollarse. Los ya referidos Manuel Uribe Angel, Andrés Posada Arango y José Ma. Facio Lince, Juan Pablo Restrepo, Fernando Vélez, Antonio José Restrepo, Tulio Ospina Vásquez, Alvaro Restrepo Eusse, Tomás Carrasquilla y tantos otros, fueron insignes pensadores, investigadores y científicos cuyas preocupaciones por la identidad geográfica e histórica, por el medio natural, por la salud, por la economía, la vida jurídica y la cultura de la región, permiten recorrer un camino seguro en el conocimiento científico y valoración de lo propio. Sus contribuciones constituyen, hasta nuestro tiempo, la más rica historia del desarrollo científico y de la cultura y el hombre de esta región.

Vale la pena destacar que, por aquella época, el estudiantado estaba formado por una capa de jóvenes nacidos en Medellín, un grupo numeroso de estudiantes que procedían de los distintos municipios de Antioquia y un apreciable número de muchachos que venían de los Estados del Cauca y de Bolívar. Se iniciaba entonces la migración hacia Medellín para buscar la formación profesional.

Lo relatado hasta aquí deja ver claramente que

las élites regionales tuvieron la fuerza y el poder de cohesión necesarios para defender aquello que consideraban como propio. En efecto, la historia de esta institución, desde mediados del siglo XIX, es la historia de un proceso de calificación profesional de su élite intelectual, técnica y política y, simultáneamente, de construcción, identificación y afirmación regional y fortalecimiento del sentido de pertenencia y de la identidad de Antioquia.

Por otra parte, durante el siglo XIX fueron profesores y alumnos de la Universidad las más sobresalientes figuras políticas de aquellos tiempos, entre otros, los Presidentes Mariano Ospina Rodríguez, Carlos E. Restrepo y Pedro Nel Ospina y los gobernadores Román de Hoyos, Pedro Justo Berrío y Marceliano Vélez quienes además ocuparon la Rectoría. Así mismo, aquí ejercieron su magisterio, durante el siglo XIX, dirigentes tan importantes como Pedro Restrepo Uribe, Rafael Uribe Uribe y Fidel Cano. En otras palabras, por la Universidad de Antioquia cruzaba el meridiano del poder político regional y aún nacional.

También la Universidad era medio privilegiado para la comunicación de la comunidad regional con la ciencia y la cultura de otros pueblos. La Biblioteca Universitaria creada desde 1870 con los pocos libros que se habían salvado de las guerras prestaba valiosos servicios en la formación de los intelectuales. Baldomero Sanín Cano refería que, en 1881, estudiaba allí italiano y leía la más importante producción literaria de la época.

Medio siglo después de los primeros intentos por instaurar los estudios de mineralogía y química, se ordenó por fin, en 1886, crear la Escuela de Minas y, al año siguiente por Decreto 181 del 3 de Marzo de 1887 se anexó a la Universidad. En la misma dirección de la formación técnica profesional, desde 1891, se dispuso iniciar los estudios conducentes a los títulos de Ingeniero Agrimensor e Ingeniero Arquitecto. El 30 de noviembre de 1893 se graduaron allí los tres primeros ingenieros de minas: Carlos Cock, Antonio Alvarez V. y Alonso Robledo V.[19]. No obstante, lo más relevante en la ciudad seguían siendo las carreras de Derecho y Medicina.

En 1896 se cambió nuevamente el nombre de la Universidad de Antioquia por el de «Colegio de Zea». Antes de terminar el siglo la Universidad era vista como preciada institución regional.

A comienzos del siglo XX la universidad continuaba formando profesionales en la Medicina y el Derecho e impulsando el desarrollo científico y cultural de la región. Es eso lo que significan en las primeras décadas de este siglo los ejemplos de Joaquín Antonio Uribe, Emilio Robledo, Gil J. Gil y Miguel Ma. Calle, vinculados a la Facultad de Medicina y los de Carlos E. Restrepo, Clodomiro Ramírez, Esteban Jaramillo, Alfredo Cock, Gonzalo Restrepo Jaramillo y tantos otros hombres públicos e intelectuales formados en la Facultad de Derecho.

También con el inicio del siglo se presentaban las primeras expresiones del movimiento estudiantil. Con motivo de la commemoración de Centenario de la Independencia en 1910 el Consejo Universitario creó una comisión para organizar el festejo, que propuso levantar un busto en honor de José Manuel Restrepo, el prócer de la Independencia. Esto parece haber desatado una de las primeras expresiones de conflicto. El 18 de mayo el consejo recibía una comunicación. Según consta en sus actas, tal comunicación venía,

«...firmada por varios alumnos de la Universidad y del Liceo en la cual manifiestan que desean que no se erija busto al Dr. José Manuel Restrepo sino a algún otro prócer o que se levante una columna conmemorativa únicamente».

El Consejo decidió abstenerse de considerar el asunto por cuanto, en su opinión, «no era permitido por el Reglamento esta clase de peticiones (arts. 75 y 81)». Al parecer, la situación no era tan simple,

« Habiendo significado el Rector que tenía conocimiento de que hay en algunos alumnos manifestaciones mas o menos veladas de rebelión, el Consejo autorizó a dicho Sr. Rector para emplear hasta la pena de expulsión a fin de mantener el orden y la disciplina en el plantel».[20]

Pocos días después, se había citado un congreso de estudiantes con motivo del mismo Centenario. El 10 de junio el mismo Consejo recibía, «... un memorial firmado por 111 alumnos (23 de 41 de Jurisprudencia; 38 de 56 de Ingeniería; 9 de 20 de Medicina; 7 de 7 de Agronomía y 34 de 82 de Filosofía y Letras) en el cual manifiestan que «creemos altamente inoportuno que la Universidad se haga representar en el Congreso Internacional de estudiantes...»

Abierta la discusión y la consulta, el 22 de Junio, vistos los documentos, consigna el acta:

«...resultó no haber una sola manifestación en pro de la concurrencia de representante por la Universidad al Congreso de estudiantes y en 8 hojas útiles 138 alumnos» suscriben la misma comunicación....» El Consejo Universitario considerando que el 68% de los alumnos de las facultades ha solicitado que la U. no envíe delegados... se abstiene de disponer o presidir la elección de tales delegados».[21]

Los cien años de Independencia habían sido coyuntura favorable a la rebeldía estudiantil.

Las Escuelas de Minas y de Agronomía

En 1904 se reabrió la Escuela de Minas, cerrada desde 1899. Organizada autónomamente, a partir de 1911, bajo la rectoría de don Tulio Ospina, la Escuela de Minas tuvo una matrícula de entre 80 y 120 estudiantes por año, abrió los estudios de Ingeniería Civil y graduó, en sus primeras décadas de funcionamiento, a los más importantes dirigentes del sector empresarial que se hallaba en plena expansión.[22]

Desde 1913, con el auspicio de la Escuela de Minas, se formó la Sociedad Antioqueña de Ingenieros que tenía como objetivos «contribuir al desarrollo regional y nacional a través de la experiencia de sus asociados en los campos de las ciencias y de las industrias, así como elevar el nivel de la profesión». Como lo ha mostrado una reciente investigación, el papel de esta Sociedad era diferente de la que poco antes se había formado en Bogotá pues, «La orientación ideológica dada por su primer rector, Tulio Ospina, colocaba un enorme énfasis en la moral, en la rectitud, en la sobriedad y en el cumplimiento del deber».[23]

En 1914 la Escuela de Minas tenía un cuerpo de profesores entre quienes se contaban el Dr. Roberto Luis Restrepo, vicerrector-secretario y profesor de explotación de minas; Juan de Dios Higuita, de cálculo infinitesimal, mecánica analítica, resistencia de materiales y estática de las construcciones, geometría 2ª y trigonometría plana; el Dr Enrique Denève, contratado en Bélgica por el general Pedro Nel Ospina para enseñar física general, química cualitativa, cuantitativa, inorgánica y nociones de orgánica; el Dr Carlos Gartner catedrático de física industrial, electrotecnia, trigonometría esférica y nociones de astronomía y

geodesia; Enrique Ehrensperger que dictaba metalurgia, química industrial, laboratorio de metalurgia y ensayes; el Dr Mariano Ospina Pérez profesor de hidromecánica y aire comprimido; Luis F. Osorio, docente de explotación de minas; el Dr Carlos Cock que enseñaba vías de comunicación; Horacio M. Rodríguez titular de talleres mecánicos, dibujo de construcción y grafostática, dibujo lineal y topográfico y materiales de construcción; el Dr Enrique Olarte catedrático de construcciones civiles, arquitectura y dibujo arquitectónico; Pablo Brunet de maquinaria y dibujo de máquinas; Juan J. Angel de álgebra y agrimensura; Juan B. Vélez profesor de inglés técnico; Jorge Rodríguez de geometría analítica y descriptiva y dibujo; Juan de la Cruz Posada de petrografía; Gabriel Toro Villa de higiene industrial y Antonio José Montoya catedrático de código de minas. Los alumnos eran 89, de los cuales 20 eran becados por Antioquia, 4 por el Valle, 3 por Caldas, 1 por el Huila y 1 por Santander.[24]

Por esta misma época, con la incorporación de los modernos sistemas de economía industrial la Escuela de Minas formó una generación de grandes administradores y hombres de empresa, que no sólo organizaron e hicieron progresar compañías particulares, sino que se destacaron en la administración de los servicios públicos, los ferrocarriles y otras empresas del Estado.

Varios estudiosos de la vida económica y de la política regional y nacional han demostrado que la mayoría de ellos tuvieron papel fundamental en el desarrollo económico y político durante toda la primera mitad del siglo XX. Precisamente, al promediar el siglo era Presidente de la República uno de aquellos egresados, Mariano Ospina Pérez,

Enfrentamientos de estudiantes con la policía en las afueras de la Universidad
de Antioquia en 1979 (Fotografía Archivo *El Colombiano*)

hijo del primer rector y quien había recibido su título en el año de 1912. Por la misma época, otro de estos egresados, José Ma. Bernal, era Gobernador de Antioquia.

El primer intento por crear una Escuela de Agronomía se hizo en la Universidad de Antioquia hacia 1911. En esa fecha se matricularon 7 estudiantes para el primer año de la carrera y se esperaba otorgar el título de Ingeniero Agrónomo.[25] Se trataba de intentar una respuesta frente al crecimiento del sector agropecuario y, principalmente, a la expansión de la economía cafetera que se consolidaba por este tiempo.

Cinco años después, en Octubre de 1916, bajo la dirección de Eduardo Zuleta y con carácter independiente, se llamó «Escuela de Agricultura Tropical y Veterinaria». Sus estudios abarcaban dos años durante los cuales, además de las ciencias, el dibujo y la religión se estudiaban agricultura y zootecnia, horticultura y animales de corral y sericicultura. En el tercer año se realizaba un período de formación específica en cultivo de tabaco bajo la dirección de un experto cubano llamado Ignacio Ramírez.[26]

Según el informe del director, en 1918, la Escuela tenía un campo de experimentación en Vista Hermosa y luego en Fontidueño en donde sus 80 alumnos experimentaban con semillas de tabaco traídas de Cuba, Palmira, Ambalema y Antioquia, con pastos Sorjo, Mijo, Teocinte, Pastalum, Yaraguá, Micay, Bermuda, Trébol, Agrostis, y Bluegrass y se cultivaba la morera y el gusano de seda. Para la formación en Veterinaria y Zootecnia se habían traído de Inglaterra cabras Toggenburg y Anglonubianas, ovejas Lincoln, cerdos Berkshire, Yorkshire y Large Black y dos pares de perros pastores Collie. Así mismo se prestaban servicios de reproducción con un burro traído de España, un Toro Red-Poll y un caballo andaluz.

A comienzos de los años veinte, bajo la dirección de Aníbal Cuartas V., ya la Escuela contaba con 18 profesores entre quienes se encontraban tres extranjeros y se contrató un notable veterinario, Roberto Scharrer, con quien fue posible poner en marcha un consultorio y clínica que, para 1925, prestaba servicio público. Los estudiantes realizaban excursiones a distintos municipios del Departamento y atendían allí epizootias o plagas, daban asesoría técnica a los vecinos y propagaban los nuevos cultivos de tabaco, pastos y morera.[27]

También en la década de los veinte la vida de la Universidad de Antioquia se vio conmocionada por una huelga en la Facultad de Derecho. En mayo de 1921 se presentaba una gran agitación universitaria con motivo de la colocación de un cuadro del antiguo rector y dirigente liberal, don Fidel Cano. En atención a un decreto de honores con motivo de su muerte y como un homenaje se había dispuesto que el retrato de Fidel Cano se entronizara en la universidad. Los estudiantes pedían que fuese colocado en sustitución del Sagrado Corazón que presidía el recinto del Paraninfo.[28] Después de varios días de conflicto se decidió crear una galería, hoy existente, con los cuadros de los ex-rectores para resolver la situación.

Nuevas necesidades sociales, nuevas universidades, 1930-1950

Para responder a las necesidades de la salud, del desarrollo económico y de la vida cultural de la región, la Universidad de Antioquia dio origen, en 1932, al programa de formación profesional en Odontología. Poco después, en 1934, llegó a la rectoría uno de sus más ilustres egresados: Clodomiro Ramírez quien dio impulso a una vasta tarea de extensión universitaria y al fortalecimiento académico de la institución.

Parte fundamental en el proyecto de mayor vinculación con la sociedad eran la publicación de una Revista de la Universidad de Antioquia y de revistas especializadas en medicina y derecho, la puesta en marcha de una emisora con carácter cultural y la formación del museo arqueológico poco después de 1935.

Precisamente bajo esta gestión se iniciarían otros dos importantes procesos de la historia universitaria regional. La formación profesional de mujeres y el surgimiento de la universidad privada en la región. A mediados de septiembre de 1937 se graduaban las primeras mujeres profesionales en el país. En esta fecha la Universidad de Antioquia otorgó título en Odontología a Rosa María Navarro, Mariana Arango y Amanda Güentica. «Las dos primeras hicieron su tesis sobre los rayos-x en odontología y la Dra. Güendica sobre fracturas de los maxilares».[29]

Pero, no todo habría de ser positivo para la vida de la institución en aquellos años. También el fenómeno de la intolerancia política que se vivía en la sociedad había llegado a los universitarios y sus expresiones se harían sentir con la separación de un importante grupo de profesores y estudiantes que dieron origen, en 1936, a la Universidad Pontificia Bolivariana.

La nueva Universidad dirigida por el sacerdote Manuel José Sierra empezó con la facultad de Derecho e inició clases en octubre de 1936. Era decano de esta facultad Juan Evangelista Martínez Arango. Al año siguiente se concedió el título de abogado a 12 nuevos profesionales y en 1938 reci-

Policía en la Universidad de Antioquia en 1979
(Fotografía Archivo *El Colombiano*)

bieron su grado otros 22. Todos ellos eran parte del grupo estudiantil fundador que había salido de la Universidad de Antioquia. Entre otros, se contaban algunos que como Abel Naranjo Villegas, Ignacio Betancur C. desempeñarían importante papel en la vida pública colombiana de los años siguientes. Dos años después, en 1938 se dio inicio a los estudios de Ingeniería Química cuyos egresados también tendrían un importante papel en el proceso de crecimiento industrial de la región.

En 1937 la Escuela de Agronomía y Veterinaria denominada ahora Instituto Agrícola fue adscrita al Ministerio de Educación Nacional y desde 1938 se llamó Facultad Nacional de Agronomía que pasó a la Universidad Nacional, sede Medellín en 1940.[30] Por esta misma fecha se incorporó la Escuela de Minas a la Universidad Nacional de Colombia y se cambió su nombre por el de Facultad Nacional de Minas. Durante el medio siglo de existencia independiente se habían graduado allí más de 450 ingenieros en las áreas de minas y de ingeniería civil.

La Universidad Nacional –sede Medellín– se formó en 1937, tomando como base la Facultad Nacional de Minas y la Facultad Nacional de Agronomía. Para la Escuela de Minas se obtuvo un nuevo edificio en la zona de Robledo que se inauguró precisamente a fines de 1944 con motivo del primer congreso nacional de ingeniería. In-

mediatamente después, en 1941, esta nueva Universidad inicio la carrera de ingeniería de petróleos y geología y, en 1945, abrió los estudios de Arquitectura que ya en 1943 se habían iniciado en Bolivariana. Se trataba de responder a las necesidades del acelerado crecimiento urbano que presentaba la ciudad. El ciclo de formación de nuevas carreras técnicas en la sede de Medellín se completó en aquella primera década con la puesta en marcha de Ingeniería Forestal en 1951. Como puede apreciarse la característica principal de esta nueva fundación universitaria apuntaba al fortalecimiento de los estudios técnicos en la región.

También en la década de los 40 del presente siglo, tanto el desarrollo industrial, como el proceso de mayor complejidad social y económica que implicaba la continua expansión del mundo urbano requerían de alta calificación profesional en áreas nuevas como la Química y la Economía así como nuevas necesidades en materia cultural. En desarrollo de estas preocupaciones, el 8 de Marzo de 1943 se iniciaron en la Universidad de Antioquia los estudios de Química y Farmacia, e Ingeniería Química; se fundó el programa de Economía y se dio carácter universitario al Instituto de Filología y Literatura.

Antes de 1950, la Escuela de Farmacia había graduado 57 profesionales que rápidamente se vinculaban al mercado laboral (34 Farmaceutas y

23 Químicos Farmacéuticos) y tenía sus propios laboratorios y su local en las cercanías del Hospital de San Vicente de Paúl. Algo similar ocurría con Ingeniería Química.

En relación con los estudios de Economía y el Instituto de Filología y Literatura, su puesta en marcha trataba de dar sentido institucional a los estudios sociales y culturales en nuestro medio. Según se especificaba por aquel tiempo, con su funcionamiento se pretendía :

«... dar una formación más humana, más espiritual y más comprensiva y generosa, atendiendo a la vez al estudio de los hechos sociales y culturales de la nacionalidad en un noble esfuerzo por acercar al hombre colombiano a lo que le es propio y ha llegado a constituir su patrimonio cultural. (Se pretende así propiciar) el incremento de la investigación científica en el campo de los estudios sociales... la capacitación para el ejercicio de diversos oficios y profesiones: periodista, bibliotecario, traductor, intérprete, museólogo y la enseñanza de la historia de la música, de la historia del arte y de las doctrinas estéticas, de la historia de la cultura y del desarrollo del pensamiento humano...» [31]

En lo relacionado con el movimiento estudiantil, no fueron pocos los momentos de conflicto que, como resulta comprensible, en ocasiones, era alimentado por la pugna entre liberales y conservadores. Basten unos titulares de prensa para ilustrar lo ocurrido en estas dos décadas:

Hacia 1950 la Universidad de Antioquia tenía un poco más de mil estudiantes en sus siete programas académicos. En Derecho estaban matriculados 150 e impartían docencia 24 profesores. Medicina era la facultad más numerosa con 541 estudiantes y la única que tenía unos pocos profesores de tiempo completo. Odontología tenía 175 matriculados mientras que Ingeniería Química, Farmacia, Economía y Filología educaban cerca de 200 jóvenes.

Si se tiene en la cuenta que la matrícula universitaria nacional era entonces de 10.632 estudiantes: 7637 en universidades públicas y 2995 en privadas; el peso de la Universidad de Antioquia era bastante alto pues representaba el 15 % de la universidad pública y casi el 10 % de la población universitaria del país.[37]

Al promediar el siglo XX, esta misma institución iniciaba programas en disciplinas paramédicas como Enfermería, fundada el 1°. de noviembre de 1950 y Bacteriología en 1958.[32]. Asi mismo se crearon estudios en áreas como la de Educación (1954) que se consideraban muy importantes para transformar toda la estructura educativa del país.

También la segunda universidad privada de la ciudad tuvo origen en la intolerancia política que se vivía, a mediados de siglo, en la Universidad de Antioquia. Ahora se trataba de un clima hostil a los profesores de filiación liberal que resolvieron construir una nueva institución educativa con carácter privado.[33]

En febrero de 1950 fue suscrita el acta de constitución de la Universidad de Medellín y fue designado como rector el doctor Libardo López. La iniciación de labores del nuevo grupo que se había retirado de la de Universidad de Antioquia coincidió, en los primeros días de Mayo, con la «Primera gran convención liberal universitaria» y con la visita de los directores nacionales del partido liberal: Darío Echandía y Carlos Lleras Restrepo. Este último, refiriéndose a la naciente universidad, manifestaba claramente:

«...Es una empresa que debe ser apoyada por todos los sectores del país por ser un esfuerzo más hacia el logro de la universidad independiente. Las universidades deben ser ajenas a toda actividad política o mejor, a toda actividad sectaria... Hay que continuar trabajando con todo interés por la formación de nuevas universidades como la de Medellín, la de los Andes y otras...»[34]

Era evidente que también el interés de los liberales se había desplazado hacia la universidad privada con base en los estudios de Derecho, mientras que en la universidad pública se seguían sufriendo las consecuencias de la contienda por el poder entre los partidos.

De su parte, la Universidad Pontificia Bolivariana continuaba por entonces su proceso de crecimiento y expansión hacia nuevas áreas del saber. En 1951 se crearon las facultades de Filosofía y Letras y de Ingeniería Eléctrica. Desde 1955 fue incorporada a esta Universidad la Escuela de Servicio Social que dio origen a la Facultad de Trabajo Social y al año siguiente se crearon Ingeniería Mecánica y Educación[35]. Como puede apreciarse, la multiplicidad de planes de estudio y la progresiva aparición de los mismos le permitió a esta institución una cobertura cada vez mayor en campos de trabajo, número de estudiantes y planta profesoral.

El carácter privado y católico que identificaba e identifica la Bolivariana y la filiación liberal de la Medellín hace que muy importantes empresarios, intelectuales y dirigentes políticos, muchos de ellos sus propios egresados, les sirvan, desde entonces, como soporte social, económico y político para jugar un papel estratégico en la formación de dirigentes en diversos campos de la empresa, la política y la vida cultural de Antioquia y del país.

Como puede apreciarse en el Cuadro N° 1,

hasta 1951 la cifra de estudiantes universitarios en el país y en Antioquia era muy reducida, pues escasamente se contaba con un estudiante por cada mil habitantes. Entre 1951 y 1964 con un mayor número de programas y una mayor posibilidad de acceso empezó a aumentar esta cifra y se triplicó en Antioquia mientras en el país solo aumentó dos veces. Si en 1951 en Medellín cursaba estudios uno de cada 7 universitarios colombianos, esta proporción había aumentado, en 1964, a aproximadamente uno de cada 5. Recuérdese que en todos estos años y hasta muy recientemente, la educación superior de Antioquia se ha centrado en la ciudad de Medellín.

Desde los años 60 aparecen en Medellín nuevas instituciones educativas de nivel superior que ofrecen algunos nuevos programas de formación o que, por su carácter privado, logran crecer con los mismos programas que ofrecían las universidades anteriormente establecidas como Derecho, Economía, Educación, Ingeniería, Medicina etc. Este es el origen de la Escuela de Administración y Finanzas (EAFIT), de la Universidad Autónoma Latinoamericana formada por la misma época y, poco después de la Universidad Cooperativa y de otro grupo de instituciones que se forman en las dos últimas décadas.

Entre 1960 y 1974 la matrícula universitaria en Antioquia creció prácticamente 5 veces (Ver Cuadro N° 2). A pesar de esta acelerada expansión, la proporción de universitarios antioqueños en Colombia siguió siendo la misma de épocas anteriores y, desde 1971, empezó a disminuir progresivamente para situarse en poco más del 13 por mil en la década de los 80 cuando la cifra de matriculados era de 50.000 estudiantes. En aquel año se acercaba a 400.000 el número de universitarios en Colombia.

Es estas décadas, pero principalmente durante los 70s y primera mitad de los 80, las universidades públicas de la región fueron escenario propicio para el desarrollo de las más diversas corrientes de pensamiento social y político de inspiración marxista. La mayor parte del estudiantado y un importante sector de su profesorado creyeron encontrar en ellas los elementos para el cambio radical de la estructura social colombiana y comprometieron a las universidades en una tarea incesante de agitación política revolucionaria y de enfrentamiento con el Estado.

Mítines, manifestaciones callejeras, huelgas, paros y conflictos de orden público afectaban continuamente durante aquellos años la marcha normal de las tareas académicas y el funcionamiento de las instituciones educativas. De parte de las autoridades se daba a los problemas universitarios un tratamiento cuyas directrices básicas eran la limitación de recursos económicos para su funcionamiento, la permanente reforma de las normas y la conversión del problema en «asunto de orden público». Esta situación daba lugar a nuevos conflictos con la consecuente agudización de los conflictos, discontinuidad y deterioro de las labores académicas y pérdida de credibilidad social para las universidades públicas. Ante esta situación, muchos jóvenes prefirieron cursar sus carreras en las universidades privadas o abandonar los estudios para dedicarse a otras actividades.

En el último tiempo la educación superior en Antioquia ha perdido el peso específico que tenía en el contexto del país. Esta situación se refleja claramente en el número de egresados de los principales programas universitarios que se cursan en Colombia. Según la información del ICFES,

CUADRO I

POBLACIÓN UNIVERSITARIA. COLOMBIA Y ANTIOQUIA 1938-1985
Matrícula y estudiantes universitarios por mil habitantes

	COLOMBIA			ANTIOQUIA		
Año	*Población*	*Matrícula*	*Habs / 1000*	*Población*	*Matrícula*	*Habs / 1000*
1938	8'701.816	3050	0,4	1'188.587	678	0,6
1951	11'548.172	11296	1,0	1'570.197	1749*	1,1
1964	17'484.508	37462	2,1	2'477.299	7330	3,0
1973	22'915.229	149435	6,5	2'965.116	22495	7,6
1985	27'867.326	389075	14,0	3'888.067	52338	13,5

* Dato de 1948

Fuentes: DANE. Colombia Estadística. 1986. Anuario Estadístico de Antioquia.

CUADRO 2

POBLACIÓN UNIVERSITARIA. COLOMBIA Y ANTIOQUIA 1938-1985
PORCENTAJE DE ANTIOQUIA EN COLOMBIA. U. PÚBLICA - U. PRIVADA EN ANTIOQUIA

Matrícula

AÑOS	COLOMBIA	ANTIOQUIA	% COLOMBIA	PÚBLICA	%	PRIVADA	%
1938	3050	678	22,2				
1948	8252	1749	21,2				
1958	19212	2854	14,9				
1959	21327	3156	14,8				
1960	22660	2155	9,5				
1961	26639	4901	18,4				
1962	30416	5353	17,6				
1963	33746	6524	19,3				
1964	37462	7330	19,6				
1965	43254	6560	15,2				
1966	51768	6877	13,3				
1967	59353	8630	14,5				
1968	67486	12065	17,9				
1969	87815	18401	21,0	12089	65,7	6312	34,3
1970	92067	17650	19,2	11251	63,7	6399	36,3
1971	107651	23883	22,2	14933	62,5	8950	37,5
1972	128463	25458	19,8	15789	62,0	9669	38,0
1973	149435	22495	15,1	11489	51,1	11006	48,9
1974	171002	25358	14,8	12507	49,3	12851	50,7
1975	195689	32214	16,5	18959	58,9	13255	41,1
1976	247291	35573	14,4	21519	60,5	14054	39,5
1977	279475	37344	13,4	22434	60,1	14910	39,9
1978	290667	38706	13,3	22065	57,0	16641	43,0
1979	289472	41260	14,3	23866	57,8	17394	42,2
1980	303056	30059	9,9	10203	33,9	19856	66,1
1981	306269	46440	15,2	24488	52,7	21952	47,3
1982	372282	48498	13,0	25239	52,0	23259	48,0
1983	356000	47705	13,4	23642	49,6	24063	50,4
1984	378999	50253	13,3	25095	49,9	25158	50,1
1985	389075	52338	13,5	25921	49,5	26417	50,5
1986		46021		24859	54,0	21162	46,0
1987		51516		26203	50,9	25313	49,1
1988		53732		29285	54,5	24447	45,5
1989		59633		30775	51,6	28858	48,4
1990		52878		25011	47,3	27867	52,7
1991		63535		30330	47,7	33205	52,3
1992		68916		33025	47,9	35891	52,1

Fuentes: DANE, Colombia Estadística, 1986, Anuario Estadístico de Antioquia.

mientras entre 1960 y 1973 las universidades de Medellín graduaron el 14,8 % de los profesionales colombianos, este porcentaje bajó a sólo el 12 % para el período 1974-1985.

Si se examinan estas cifras en el contexto de la denominada «Crisis de la Universidad pública co-lombiana» se comprende que simultáneamente se haya presentado una pérdida progresiva de la significación social de las instituciones públicas con la correlativa privatización de la educación universitaria en Antioquia y en el país. Basta un indicador puramente cuantitativo –el número de

Cuadro 2

POBLACIÓN UNIVERSITARIA. COLOMBIA Y ANTIOQUIA 1938-1985
Egresados. Principales programas profesionales 1960-1985

Programa	1960 - 1973			1974 - 1985		
	Egresados Colombia	*Egresados* Antioquia	% Antioquia	*Egresados* Colombia	*Egresados* Antioquia	% Antioquia
Administración de Empresas	2951	909	30,8	19469	3439	17,7
Artes Plásticas	58	58	100,0	204	37	18,1
Comunicación Social	514	141	27,4	3665	479	13,1
Contaduría	1137	152	13,4	21174	1957	9,2
Derecho	11191	849	7,6	38176	2900	7,6
Economía	4961	547	11,0	18770	2045	10,9
Enfermería	1602	539	33,6	5084	239	4,7
Filosofía	966	268	27,7	1372	214	15,6
Historia	19	-	-	26	20	76,9
Ing. de Sistemas	43	-	-	3315	194	5,9
Ing. Eléctrica	1324	332	25,1	3533	394	11,2
Ing. Electrónica	848	9	1,1	2171	515	23,7
Ing. Industrial	1828	82	4,5	8668	1288	14,9
Ing. Mecánica	2142	361	16,9	5271	862	16,4
Ing. Química	2282	536	23,5	3302	607	18,4
Ing. Sanitaria	76	-	-	476	158	33,2
Lic. Biología y Química	1670	128	7,7	7515	104	1,4
Lic. Español y Literatura	1365	162	11,9	4965	556	11,2
Lic. Física y Matemáticas	1464	266	18,2	6492	445	6,9
Lic. Sociales	2395	263	11,0	9952	1186	11,9
Medicina	5809	567	9,8	13405	1898	14,2
Medicina Veterinaria	764	149	19,5	902	256	28,4
Odontología	2038	410	20,1	6286	1202	19,1
Psicología	536	-	-	4805	594	12,4
Química y Farmacia	670	148	22,1	1386	209	15,1
Sociología	1195	350	29,3	2921	1345	46,0
Trabajo Social	1091	317	29,1	5414	614	11,3
Total de egresados	50939	7543	14,8	198719	23757	12,0

ICFES, Egresados de la Educación Superior, 1960 - 1985. Formación Universitaria. Bogotá. 1987. pp. 41 - 81.

matriculados en pregrado –para reconocer que en Colombia desde 1973 y, un poco después en Antioquia, la mayoría de los universitarios cursa sus estudios en universidades privadas. A pesar del fuerte incremento de cupos que se presentó en la universidades públicas entre 1974 y 1975, esto no contrarrestó la tendencia señalada que, en los últimos tiempos, es cada vez mayor.

En la época más reciente, especialmente las universidades públicas de Medellín han desarro-llado una importante tarea en materia de investigación científica, de estudios de posgrado y de labores de extensión, llevando su actividad a las instituciones y grupos sociales que pueden beneficiarse de ella. Este cambio cualitativo es, sin duda, promisorio pues significa una labor universitaria cada vez más ligada a la producción del conocimiento científico, al estudio de las realidades de la región y del país y al servicio de las necesidades sociales de conocimiento.

NOTAS

1. *Revista Universidad de Antioquia*, N°3, julio-agosto de 1935.

2. Tomás Cadavid Restrepo, «Historia de la instrucción pública en Antioquia», *Instrucción pública antioqueña*, Medellín, enero-febrero. de 1924, N°s. 47 y 48. p. 1637 y ss.

3. *Anuario Estadístico de Antioquia*, AEA 1888, p. 307

4. *Ibíd*, N°322, diciembre 16 de 1827, p. 1.

5. *Ibíd*.

6. Frank Safford, *El ideal de lo práctico*, Bogotá, Universidad Nacional, El Áncora Editores, 1989, p. 166.

7. *Revista Universidad de Antioquia*, N°9, mayo de 1936.

8. Jorge Alberto Restrepo R., *Retrato de un patriarca antioqueño, Pedro Antonio Restrepo Escovar, 1815-1899*, Santafé de Bogotá. Banco de la República, 1992, p. 30.

9. Archivo Histórico de la Universidad de Antioquia, AHUA, *"Matrículas"*, vol. I, 1833.

10. *Revista Universidad de Antioquia*, N° 11, 9 de agosto de 1936.

11. Archivo Carlos E. Restrepo, A/CER, F. Fam. Doc. 2., citado en Jorge Alberto Restrepo R., *op. cit.,* p. 38.

12. *Reglamento del Colegio Provincial de Antioquia*, marzo de 1850, AHUA, caja 34-3-10, vol. I, art. 10.

13. *Ibíd.,* art. 70.

14. *Ibíd.,* art. 90.

15. *El Antioqueño Constitucional*, Medellín, N° 11, Nov. 15 de 1846, p. 41.

16. Jorge Alberto Restrepo R., *op. cit.* pp. 156-157.

17. *Revista Universidad de Antioquia*, N°13. 2 de enero de 1937.

18. Lisandro Ochoa, *Cosas viejas de la Villa de la Candelaria*, Autores Antioqueños, Medellín, 1984, p. 60.

19. José María Bravo Betancur, *Monografía sobre la Escuela de Minas*, Medellín, Litoarte, 1987, p. 256.

20. AHUA, *Actas 1896-1910*, 34-3-11, vol. 2, fols. 368-369.

21. *Ibíd.,* fols. 371-375.

22. José María Bravo Betancur, *op. cit.,* pp. 6 y ss.

23. Diana Obregón Torres, *Sociedades científicas en Colombia. La invención de una tradición, 1859-1936*, Bogotá, Banco de la República, 1992, pp. 125-126.

24. Universidad de Antioquia, *Escuela Nacional de Minas*, Medellín. s.f., pp. 221-233.

25. «Informe del rectorado de la Universidad al director de Instrucción Pública», abril 15 de 1910, En: *Informe de Instrucción Pública*, Medellín, 1911, p.327 y ss.

26. «Informe del rector de la Escuela de Agricultura Tropical y Veterinaria al gobernador de Antioquia», dficiembre 4 de 1917, en *Informe de Instrucción Pública*, Medellín, 1918, p. 151 y ss.

27. «Informe del director de la Escuela de Agricultura Tropical y Veterinaria al Director de Instrucción Pública», en *Informe de Instrucción Pública*, Medellín, 1926, p. 283 y ss.

28. *El Tiempo*, Bogotá, abril 20 de 1928.

29. *Revista Universidad de Antioquia*, N° 17, julio de 1937, p. 138.

30. Hernando Restrepo Toro, «La educación superior», en *Historia de Antioquia*, Suramericana de Seguros, Medellín, 1988, p. 367 y ss.

31. *Revista Universidad de Antioquia*, N°109, 110, 111, 1952.

32. José M. Barrientos, y Consuelo Posada, *Fundación liberal de la Universidad de Medellín*, octubre de 1990 (inédito).

35. *El Correo*, Medellín, mayo 3 de 1950.

36. Universidad Pontificia Bolivariana, *Cuadernos del cuadragésimo aniversario, 1936-1976. Los egresados*, Medellín, 1976, pp. 53, 81 y 93.

36. *Revista Universidad de Antioquia*, 1944, p. 445 y ss.

37. ASCUN-FUN, *Estadística de la educación superior*, 1957, Bogotá, 1961, t. I, p. 7.

Bibliografía

Anuario Estadístico de Antioquia, AEA 1888-1992.

Archivo Carlos E. Restrepo, A/CER, Universidad de Antioquia.

Archivo Histórico de la Universidad de Antioquia, AHUA.

ASCUN-FUN, *Estadística de la educación superior*, Bogotá, 1961.

Barrientos, José M. y Posada, Consuelo, *Fundación liberal de la Universidad de Medellín*, Octubre de 1990, inédito.

Bravo Betancur, José María, *Monografía sobre la Escuela de Minas*, Medellín, Litoarte, 1987.

Cadavid Restrepo, Tomás, «Historia de la instrucción pública en Antioquia», *Instrucción pública antioqueña*, Medellín, enero-febrero. de 1924. Nos. 47 y 48.

DANE. *Colombia estadística*, 1986.

El Antioqueño Constitucional, Medellín.

El Correo, Medellín.

El Tiempo, Bogotá.

Informes de Instrucción Pública, Medellín, 1911.

Obregón Torres, Diana, *Sociedades científicas en Colombia. La invención de una tradición, 1859-1936*, Bogotá, Banco de la República, 1992.

Ochoa, Lisandro, *Cosas viejas de la Villa de la Candelaria*, Autores Antioqueños, Medellín, 1984.

Restrepo R., Jorge Alberto, *Retrato de un patriarca antioqueño. Pedro Antonio Restrepo Escovar, 1815-1899*, Santafé de Bogotá. Banco de la República, 1992.

Restrepo Toro, Hernando, «La educación superior», en *Historia de Antioquia*, Jorge Orlando Melo, director,Suramericana de Seguros, Medellín, 1988.

Revista Universidad de Antioquia, Medellín, 1935

Safford, Frank, *El ideal de lo práctico*, Bogotá, Universidad Nacional, El Ancora Editores, 1989.

Universidad de Antioquia, *Escuela Nacional de Mminas*, Medellín, s.f.

Universidad Pontificia Bolivariana, *Cuadernos del cuadragésimo aniversario, 1936-1976: Los Egresados*, Medellín, 1976.

Santiago Londoño Vélez

Las artes plásticas hasta el siglo XX

Las imágenes tutelares

LAS PRIMERAS manifestaciones pictóricas que conocieron los medellinenses se remontan a los inicios del asentamiento conocido como San Lorenzo de Aburrá (hoy El Poblado), un pueblo de indios fundado oficialmente en 1616 por Francisco Herrera Campuzano. Un año más tarde, y por encargo suyo, llegó el cuadro del patrono San Lorenzo, de origen desconocido. Fue entronizado hacia 1618 tras su llegada en una procesión de indios. En 1788 contaba con templo propio y una fama de milagroso bien ganada. A principios de 1800 fue trasladado a otra capilla, antecesora de la actual iglesia de San José, donde hoy se guarda la histórica imagen. Según una inscripción que tiene la tela, fue retocada en 1817 «a devoción de Cornelio Molina».

Los devotos de esta imagen, que por tantos años estuvo ligada al imaginario colectivo de la ciudad, acostumbraron celebrar pomposas fiestas patronales como reconocimiento de sus muchos milagros. San Lorenzo, un diácono condenado al fuego en una parrilla por el emperador Valeriano, aparece con el traje de su oficio acompañado por los evangelios, la palma del martirio y la parrilla, símbolos emblemáticos destinados a demostrar la fortaleza de su fe.

Si San Lorenzo estuvo originalmente destinado a impresionar y convencer a los incrédulos aborígenes y a acompañar a los fundadores, los habitantes españoles se acogieron, por su parte, a la protección de Nuestra Señora de la Candelaria. En 1630 se estableció su cofradía, y se sabe de la realización de solemnes celebraciones de su festividad. En 1675, cuando don Miguel de Aguinaga erigió la villa de Medellín, el culto a la Virgen de la Candelaria quedó oficializado.

El cronista José Antonio Benítez afirma que el cuadro vino de España. Alude la advocación mariana a la purificación ordenada por Moisés, según la cual siete días después de dar a luz, la mujer

Retablillo del siglo XVIII (Talla en madera y pintura, de autor anónimo, Museo Histórico Zoológico Santa Fe, Medellín)

El Señor de la humildad y del pensamiento, talla en madera policromada, siglo XVIII-XIX (Colección particular)

debía presentarse al templo con un cordero o pichones como ofrendas para recobrar su pureza. La imagen venerada en Medellín presenta a la virgen con un cirio encendido o candela, unos pichones y el Niño Jesús en brazos, todo enmarcado bajo un arco de sólidas columnas. Joyas de plata y perlas adornan la imagen, muy apreciada por sus poderes milagrosos, especialmente efectivos en las epidemias y calamidades sufridas por el vecindario. En 1819 fue retocada por el pintor retratista José María Burbano y Tovar.

La posesión de imágenes en el siglo XVII fue un privilegio casi exclusivo de las iglesias y de algunos pocos curas acaudalados de Santa Fe de Antioquia y de ciertas regiones mineras. En sus mortuorias aparecen relacionadas con más frecuencia imágenes de bulto y pinturas, las cuales eran de mayor costo. La precaria posición económica de Medellín durante la colonia, su dependencia de los centros mineros y el predominio administrativo de Santa Fe de Antioquia como capital de la Gobernación, hicieron que la ciudad se marginara del flujo de imágenes en el siglo XVII.

El temprano surgimiento de los talleres de pintura en Santafé de Bogotá, a mediados del siglo XVII, permitió el abastecimiento de la demanda generada por la evangelización. Santa Fe de Antioquia fue receptora de numerosas obras de talleres bogotanos y también quiteños, mientras que en Medellín este ingreso fue mucho más restringido. En la Iglesia de la Candelaria se encuentran hoy cuatro pinturas del siglo XVII, originadas en los talleres de Santafé de Bogotá: San Diego de Alcalá, del taller de Gregorio Vásquez; San Francisco Javier, atribuida a este maestro; y la Virgen de Monguí y La Inmaculada, ambas de autor anónimo. En algunos de estos cuadros se hacen presentes elementos mestizos, como en el caso de los indígenas que acompañan a San Francisco, o en el tejido de oro y plata de los ropajes de la Virgen de Monguí.

Las imágenes tutelares de Medellín, San Lorenzo y la Virgen de la Candelaria, junto con otras del siglo XVII que llegaron, contribuyeron a la conquista de almas y reemplazaron los ídolos primitivos; con sus milagros atrajeron adeptos y sirvieron de protección y guía a los pobladores.

Pobreza artística en el siglo XVIII

Durante el siglo XVIII Medellín vivió un estado de verdadera pobreza económica y artística. Si en 1675 se identificaron 3 000 habitantes, un siglo después, en 1799, la cifra ascendió sólo a 6 425, incluidos 35 eclesiásticos que atendían 6 iglesias de construcción endeble. El convento de las Carmelitas ya existía, y avanzaban las gestiones para la edificación del convento adjunto a la iglesia de San Francisco, abierto finalmente en 1809.

La primera mitad del siglo fue de marcado estancamiento en los distintos aspectos de la vida de la villa. Sólo avanzada la segunda mitad, gracias a un nuevo ciclo de auge minero, se registraron indicios ciertos de recuperación sólida. Para entonces, la ciudad albergaba a unos pocos mineros y comerciantes que lograron acumular un capital apreciable, y eran propietarios de grandes terrenos dedicados a la ganadería y la agricultura. También algunos curas poseyeron numerosos esclavos y disfrutaron de las ganancias de sus minas de oro en el valle de los Osos. Unos cuantos artesanos fabricaban artículos para uso personal y doméstico.

Santa Fe de Antioquia, a diferencia de Medellín, vivió en estos años una suerte de esplendor colonial. En materia artística, recibió tallas y pinturas de Quito, las cuales enriquecieron el patrimonio iconográfico público y privado, gracias a la piedad y a la generosidad de los acaudalados. Asimismo, se materializaron condiciones para el trabajo de un pequeño grupo de artesanos pintores. En la imaginería proliferó una amplia diversidad de santos, propicios para todo tipo de ocasión o favor.

Según el padrón de 1787, pueden identificarse algunos artesanos artistas, activos entonces en Medellín. El pintor Ramón Gómez (1759-?), el escultor José Joaquín Giraldo (1748-?), el comerciante francés y escultor Luis Girardot, y el pintor Agustín Samora (1755-?). Este último es el único de quien se conoce una obra firmada, un San Pedro de Alcántara. Samora se residenció más adelante en Santa Fe de Antioquia donde fue maestro mayor del gremio de pintores, y tuvo entre sus aprendices a José María Agudelo Calderón. Según lo que hasta ahora se conoce, artesanos pintores no dispusieron de organización gremial y su importancia fue marginal.

El caso del pintor caleño Pablo Chaves es ejemplo de la presencia de pintores foráneos en la ciudad. A finales del siglo estuvo de paso; en 1794 retocó el cuadro de la Virgen de Chiquinquirá en La Estrella, y pintó un San Agustín para el convento de las Carmelitas en Medellín. Dicho convento, cuya construcción se inició en 1792 gracias a los recursos suministrados por doña Ana María Álvarez del Pino, recibió varias pinturas quiteñas y algunas de autores locales.

Del siglo XVIII se han identificado en la iglesia de la Candelaria trece pinturas de diverso origen, que reflejan bien las fuentes de abastecimiento de obras religiosas que tuvo la ciudad, así como la preferencia dieciochesca por las imágenes de santos y de padres de la iglesia. Cuatro de ellas salieron de talleres quiteños y revelan influencias barrocas: *Santísima Trinidad, San Agustín, San Ambrosio y San Joaquín, Santa Ana* y la *Virgen Niña*. Los demás cuadros, de autor anónimo, provienen de Santafé de Bogotá, y algunos de Santa Fe de Antioquia. En la misma iglesia se conservan excelentes ejemplos de tallas quiteñas recibidas en el siglo XVIII: una *Virgen de la Candelaria*, un *Nazareno* y una *Virgen de los Dolores*.

La iglesia de la Veracruz –cuya primera construcción tardó más de setenta años y la definitiva entre 1791 y 1803 – cuenta con una bella e ingenua imagen quiteña de la *Virgen de las Mercedes*, con un marco rococó de volutas doradas decorado con florecillas. La advocación mariana aparece en sus funciones de protección y misericordia, bajo la mirada celestial del Padre Eterno. En la misma iglesia se conservan otros dos óleos quiteños de finales del siglo XVIII: la *Virgen del Rosario con Santo Domingo*, y una *Inmaculada*.

Estampas, retablillos y exvotos

Aunque la demanda de imágenes religiosas durante la época colonial provino principalmente de las iglesias, algunos curas, comunidades religiosas y los escasos particulares acaudalados, existió un mercado para imágenes de precio accesible, destinadas al uso personal de los feligreses. Las estampas y retablillos pusieron al alcance de la mano y el bolsillo, los santos, cristos, vírgenes y escenas sagradas que se podían venerar a distancia en las iglesias.

A Santa Fe de Antioquia y Medellín llegaron estampas grabadas en España y eventualmente en Santafé de Bogotá, tras el establecimiento allí de grabadores como Carlos Casar de Molina y Francisco Benito de Miranda. Las estampas se adherían dentro del baúl, en el armario de la casa o detrás de la puerta principal para conjurar las artes del demonio, el mal de ojo y los peligros.

Aunque de los retablillos prácticamente no quedan ejemplos en Medellín, fueron objetos de culto que integraron pintura y talla. Se trata de pequeñas piezas de madera que imitan sagrarios o altares y albergan en su interior figuras religiosas. El fondo y los laterales aparecen con decoraciones vegetales y geométricas. Con los retablillos y las estampas, las imágenes religiosas entraron a la intimidad del hogar y al equipaje del viajero, y así se extendió su función tutelar, y se acortó la distancia física entre el individuo y el objeto de su devoción.

Por su parte, los exvotos eran pinturas destinadas a conmemorar o agradecer un favor, a invocar la protección específica de un santo o a servir de ofrenda para obtener indulgencia. Se colocaban en los muros de la iglesia donde todos los feligreses se enteraban del beneficio recibido o del homenaje rendido al patrono. Generalmente eran donados por un cura o un personaje destacado; todo parece indicar que encargar exvotos a los artesanos locales no estuvo al alcance del pueblo. Precisamente, en este género de obras se encuentran los primeros retratos civiles del arte antioqueño, un tema que predominó a lo largo del siglo XIX.

En los exvotos aparece, frente al observador, el donante en un escenario sencillo alusivo a la circunstancia que lo motiva, en actitud de sumisión respecto a la figura sagrada; carteles con oraciones, versos y descripciones completan el cuadro y facilitan la comprensión del mensaje que contiene. En Medellín se conservan algunos pocos pero interesantes ejemplos de exvotos del siglo XVIII y principios del XIX. El presbítero Juan Salvador de Villa, cura de la iglesia de la Candelaria, promotor de la reedificación de ésta y de la Veracruz, propietario de minas y esclavos y acusado por el Cabildo de «ambicioso y tirano», ordenó un exvoto, ejecutado probablemente por un pintor de la ciudad, fechado en 1776, en el que consagra la iglesia de la Candelaria a la virgen.

Don Francisco de la Sierra y doña Josefa Gallón, todavía vestidos con las galas del final del virreinato, dejaron constancia de su oblación a la Virgen de la Candelaria, en una pintura de espíritu rococó ingenuo, fechada en 1802. Otro ejemplo de un exvoto civil es el de doña María Jesús Jaramillo y Gavidiria (*sic*) de 1813, en el que conmemora la milagrosa curación que le concedió la Virgen de Chiquinquirá.

Artesanos pintores de la primera mitad del siglo XIX

A principios del siglo XIX se encontraban en Medellín algunas muestras de trabajos gráficos elaborados con fines decorativos, de interés por su curiosidad histórica. Los escribanos y calígrafos ornamentaron ciertos documentos, libros y textos con viñetas, con motivos geométricos y florales, como siguiendo el ejemplo dejado por el escribano José López de Mesa en los Libros Capitulares del Concejo de Medellín. Lo propio hizo su sucesor José Antonio Benítez, autor de un *Carnero* en el que se encuentran algunos dibujos, entre ellos el de un esqueleto.

Durante las primeras tres décadas del siglo tuvo lugar un proceso que resultaría decisivo: la decadencia económica de Santa Fe de Antioquia, que dio lugar a la erección de Medellín como

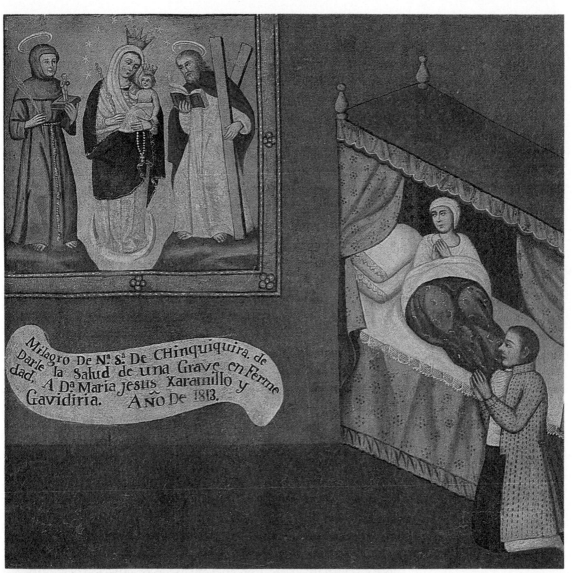

Exvoto de doña
María Jesús
y Gaviria.
Anónimo, 1803
(Museo de
Antioquia)

Escribano y cronista
local José Antonio
Benítez, retratado en
1835 (Acuarela
Manuel Hernández,
Carnero de Medellín.
Medellín, 1988)

Eulogio Ochoa, retratado en 1845 al óleo por Fermín Isaza.
(Museo de Antioquia)

Fermín Isaza es el primer artista individual de Medellín. Firmó sus obras, vivió de manera independiente gracias al ejercicio de su oficio, y no hizo parte de gremios. Anuncia la separación entre artesano y artista, separación que los diccionarios, los libros de gramática y las estadísticas censales empiezan a reconocer a partir de 1870.

Isaza coexistió con artesanos pintores como la familia Palomino, fundada por Buenaventura y continuada hasta los primeros años del siglo xx por sus hijos Leopoldo, Ángel María y Jesús María. Los Palomino conformaron un taller artesanal familiar, que sucumbió debido a la competencia de artistas más capaces, y por la rapidez, fidelidad y menor costo de la fotografía, el primer arte verdaderamente popular que tuvo Medellín. Ésta había sido introducida como daguerrotipo por Isaza en 1848, y por Vicente y Pastor Restrepo en 1855. Muy populares fueron los retratos de militares participantes en las guerras de independencia y en los sucesivos conflictos bélicos.

Con la fundación de la Escuela de Artes y Oficios el 1º de julio de 1870, adscrita al Colegio del Estado Soberano de Antioquia, se abrió una nueva forma de educación y transmisión de conocimientos artesanales y artísticos. La necesidad de contar con obreros y técnicos capacitados para la construcción y la manufactura, fundamentó el esfuerzo de traer profesores como el francés Eugenio Lutz, autor del programa académico y profesor de distintas cátedras.

Interesa destacar que la Escuela introdujo la perspectiva y la geometría como disciplinas auxiliares de la arquitectura y la ingeniería. Los registros de calificaciones muestran el regular progreso de los alumnos, no sólo debido a una posible falta de aplicación o disciplina. El obstáculo principal era de orden cultural, pues se trataba, nada menos, de modificar la mirada y las técnicas de representación de la realidad. En efecto, del espacio plano vigente en la colonia, sin perspectiva espacial ni de color, jerarquizado sólo por la presencia de una imagen religiosa, se transitaba dificultosamente a la representación de un espacio de tres dimensiones con puntos de fuga, luces y sombras. Era, pues, la conquista de la realidad.

Poco a poco, otros establecimientos educativos de la ciudad y del departamento aunaron esfuerzos en este proyecto que se volvió colectivo. Los cursos de dibujo se hicieron obligatorios para los infantes. Las escuelas del Estado adoptaron el curso de *Perspectiva lineal*, de Lagourneire, y los *Estudios de dibujo*, de Levasuer. *El Monitor*, periódico oficial de la Escuela de Artes y Oficios, difundió artículos sobre estos temas, entre ellos unas *Lecciones de dibujo*, escritas por el Dr. Benito Jaramillo García.

Así pues, aunque la Escuela de Artes y Oficios no formó artistas, introdujo los fundamentos técnicos y conceptuales desarrollados en el renacimiento para representar y entender la realidad. La percepción sobre la vida artística de la ciudad en estos años queda expresada en la aguda observación escrita por el médico francés Charles Saffray: «no hay más aristocracia que la del dinero... y así es que en aquel pueblo ocupado tan sólo en buscar el progreso material, los sabios, los artistas y poetas, quedan siempre pobres, sin poder constituir una clase separada».

Llega la litografía

El 19 de agosto de 1874 el Estado de Antioquia contrató al maestro bogotano León Villaveces, alumno de Alfredo Gustin y recién llegado de estudiar artes gráficas en Europa, para dictar por dos años un curso de litografía en la Universidad del Estado. Uno de sus alumnos fue Jorge Luis Arango, quien en 1878, con una prensa y materiales que compró a Villaveces, abrió un taller litográfico en el que dio inicio a la impresión de etiquetas comerciales, mapas, planos, papeles y títulos valores, muchos de ellos con cuidada tipografía y bella ornamentación. Surgió así en Medellín una actividad que requirió de dibujantes e impresores que desarrollaron habilidades técnicas y artísticas, y gracias a los cuales, a comienzos del siglo xx, se pudo publicar la revista *Lectura y Arte* (1903-1906), con grabados modernistas de Francisco A. Cano y Marco Tobón Mejía.

Las primeras exposiciones de arte en Medellín

La primera exposición artística que se celebró en Medellín se inauguró el 20 de julio de 1892, en la casaquinta de don Juan Uribe, organizada por Samuel Velázquez y Emiliano Mejía. El propósito de la exposición, según escribió Cano, era principalmente «mostrar a nuestros conciudadanos que no somos hombres inútiles entre ellos y que a nuestro modo trabajamos por el engrandecimiento de nuestro suelo». Se abrió así una de las luchas que mantuvo el maestro durante su vida: conseguir que el artista y su trabajo adquirieran lugar y reconocimiento en la sociedad. La mayor parte de las obras expuestas eran copias, y fue motivo de orgullo para los organizadores la presencia de más de doce cuadros originales. Antonio José Restrepo, en el discurso de clausura de la muestra, formuló el proyecto que la sociedad de entonces le asignaba al arte: hacer parte de la redención que necesitaba

Confidencias, 1901.
(Óleo Francisco
Antonio Cano,
Museo de Antioquia)

Litografía en piedra
de Francisco A. Cano,
1905 (*Lectura y Arte*,
Medellín, Nº 9-10,
1905)

*Bodegón con ros
y paleta*, 1902
(Óleo Francisco
Antonio Cano.
Fotografía Pablo
Guerrero, colecci
particular)

Antioquia para salir de la oscuridad y del olvido. Nuevas muestras tuvieron lugar en 1893, 1897 y 1899. En la de 1893 Cano obtuvo todos los premios disponibles. En la de 1899, cuando el joven artista estaba en Europa, los comentaristas ilustrados no pudieron ocultar la decepción por las pinturas presentadas, y observaron que la fotografía era el arte que más progresos había hecho por entonces en la ciudad.

Retratistas finiseculares

El arte de la pintura tanto en Antioquia como en Medellín vivió un extraordinario auge del retrato en las últimas décadas del siglo XIX. Tras largos años de dominio iconográfico de la religión, la sociedad civil alcanzó un espacio en la representación. Se trata generalmente de retratos individuales escuetos, sin elementos de ambientación escenográfica, destinados a mantener viva la imagen del modelo, en los que se nota un enorme esfuerzo por producir imágenes realistas. Pintores locales y algunos extranjeros produjeron abundantes obras de variada calidad, para satisfacer la creciente demanda en Medellín y otros pueblos antioqueños.

Se desató así una fuerte competencia entre los pintores y los fotógrafos. En varios casos las dos artes fueron desempeñadas por una misma persona. Ante la competencia y las dificultades económicas, ciertos pintores debieron desarrollar actividades complementarias. Por ejemplo, Emiliano Villa enseñaba no sólo arte sino también francés, y vendía espejos y un remedio para callos; conocido como Ñopo, firmó cuadros suyos con nombres de artistas conocidos para venderlos mejor. Leopoldo Carrasquilla, uno de los más prolíficos y conocidos retratistas, ofreció repetidamente en la prensa sus servicios; pintaba retratos, santos, muebles, avisos y barnizaba láminas, «todo a precios módicos». De su pincel salieron obras alegóricas como *Antioquia libertadora*, y el retrato ecuestre de Julián Trujillo a la manera de Jean Louis David.

Entre los foráneos que ejercieron localmente la pintura, puede recordarse a Gustavo Nardini, pintor decorativo y agente de comercio. José Ignacio Luna, caleño, y su hermano León dictaron clases de arte y dejaron varios retratos, algunos a dos manos. El venezolano Jacobo de León pintaba, fotografiaba, y hacía telones de fondo para fotógrafos y trabajos de arquitectura y agrimensura. Luis de Laval fue un francés que llegó a probar suerte como pintor, profesor y copista. Rafael Chaves Murcia, establecido en 1897, ofrecía decorar muros «con todas las reglas arquitectónicas».

El auge de los retratistas creó oportunidades para los comerciantes importadores de la ciudad. Don Manuel Álvarez, uno de los principales, importaba libros de arte, tinta china, plumas de acero, pinceles y esfuminos. Juan B. Villegas suministraba trementina y aceite de linaza, indispensables para los practicantes del óleo, así como los tubos de colores, que también se podían adquirir en variadas gamas, en el almacén de Francisco Piedrahíta.

Las revistas ilustradas y el grabado como arte

Medellín vio nacer en la última década del siglo XIX, cuando contaba con algo más de 40 000 habitantes, las primeras revistas ilustradas, que hicieron utilización del grabado como medio de ilustración artística. En *El Repertorio* (1896-1897), Horacio Marino Rodríguez y Rafael Mesa adaptaron el fotograbado, para lo cual hicieron gala de su inventiva. Rodríguez y Cano elaboraron grabados en madera y retocaron fotograbados al buril para la revista. Luego de su desaparición en 1897, nació *El Montañés* (1897-1899). Contó con una amplia nómina de dibujantes, fotógrafos y grabadores, hasta su clausura en 1899. Estas dos importantes publicaciones hicieron de las ilustraciones, obras de arte gráfico. Escenas rurales y retratos fueron los motivos más usuales. Las imágenes que complementaban los textos contribuyeron a la formación de una cultura visual en la ciudad.

Intentos locales de teorías estéticas

Los intentos por formular discursos sobre el arte y la belleza en distintos órdenes, aparecieron en los últimos años del siglo XIX. En 1881 un grupo de entusiastas logró reunir una colección heterogénea de objetos de la independencia, piezas precolombinas y muestras de las riquezas naturales de la región, y fundaron el Museo de Zea, hoy Museo de Antioquia. Periódicos como *El Mensajero Noticioso* y *El Monitor* publicaron elaboraciones conceptuales que buscaban comprender y definir el arte, y divulgar técnicas artísticas. En 1881 y 1895 se realizaron reediciones del libro *Elementos de geometría aplicados al dibujo,* del pintor antioqueño Manuel Dositeo Carvajal, impreso originalmente en 1859. En 1896, bajo las iniciales P.N.G., un autor publicó en *El Repertorio* una larga disquisición, en la cual afirmó que el arte «es foco de luz que irradia con luminosos resplandores y que lleva el alma a regiones superiores». Eusebio Robledo difundió en 1898 unos *Principios generales de estética y compendio de historia de la literatura*. Ese mismo año surgió la Sociedad de

Embellecimiento, que buscó crear una unión civil para luchar contra la fealdad urbana. «Educando el gusto –proclamaban– todos seremos enemigos y delatores de lo feo». Así, pues, el relativo auge finisecular de las artes plásticas se vio acompañado por los primeros intentos de producir elaboraciones sobre el arte y la belleza.

Marco Tobón Mejía

Aunque sólo vivió en Medellín entre 1896 y 1905, Tobón Mejía tiene lugar propio en este recuento debido a su activa participación en la vida cultural durante esos años, y porque dejó esculturas públicas de gran significación en la ciudad. Fue alumno de Cano, colaboró con grabados para *El Montañés,* combatió en la Guerra de los Mil Días, y fue uno de los fundadores y colaboradores de *Lectura y Arte.* En 1905 viajó a Cuba y a partir de 1909 se radicó en París. Desde allí escribió, entre 1916 y 1920, corresponsalías para la revista *Colombia* publicada en Medellín.

En mausoleos familiares del Cementerio de San Pedro se encuentran las primeras esculturas públicas de Tobón Mejía: *Cabeza de Cristo* (bronce, 1918c) y *Ángel* (mármol, 1919c), influidas por un depurado y austero modernismo. En 1923 elaboró la estatua de Francisco Javier Cisneros, en la que el interés por la figura en movimiento se conjuga con un elaborado pedestal en mármol. Otras obras destacadas son la tumba de Pedro J. Berrío (1927), el monumento a José M. Córdoba (c. 1928) y el de Francisco A. Zea (c. 1930), así como la tumba de Jorge Isaacs (1930). En todos éstos existe un gran interés por la figura humana y la evidente capacidad de producir obras de particular calidad técnica.

El maestro Cano

Con Fermín Isaza se inició el proceso de constitución del artista pintor individual, proceso que llegó a su máxima expresión y realización con Francisco Antonio Cano (1865-1935). Hijo de un artesano de Yarumal, quien le dio su primera formación, Cano mostró grandes habilidades manuales desde pequeño. Se trasladó a Medellín en su juventud, donde se integró a la familia Rodríguez. Aunque trabajó en diversos oficios, hacia los veinte años ya tenía cierto prestigio local como buen retratista, género en el que produjo numerosas obras tomadas de fotografías, del natural y de descripciones de difuntos que en forma oral le entregaban los familiares de éstos. También pintó paisajes de los alrededores de Medellín, fechados en la década de 1890. Son escenas bucólicas, de formato horizontal alargado, donde es evidente una idealización romántica del medio natural y un sabor primitivo en la ejecución. Un campesino que cuida sus vacas, unos dulces terneros, un padre que pesca con sus hijos en un idílico río Medellín y un travieso joven que caza un pájaro en medio de un denso bosque, son cuadros que muestran los apacibles alrededores de la villa, revelan el amor del artista por la naturaleza y la mirada ensoñada e ingenua que tenía de ella.

Luego de un viaje de estudios a Europa, gracias a una beca del gobierno y a dineros recogidos por el Club Brelán en un evento social y cultural, Cano regresó a Medellín en 1901 con grandes ideales y proyectos. Pronto comprendió las dificultades propias de un artista independiente, que busca mercado para su trabajo en una sociedad inmersa en las tareas de una economía en trance de despegue capitalista. A sus múltiples actividades de pintor, dibujante, escultor, profesor y editor, agregó las de comentarista de arte y promotor de la fundación del Instituto de Bellas Artes, proyecto iniciado en 1910, y el cual significó para la ciudad el establecimiento de la academia artística.

Cano abandonó Medellín en 1911 y se instaló en Bogotá con el ánimo de buscar mejores condiciones de vida. Allí pintó *Horizontes* en 1913, la que puede considerarse su obra maestra; se trata de una imagen con gran capacidad emblemática, síntesis del proceso de colonización antioqueña que abrió nuevas tierras a la agricultura y la ganadería comercial. De excelente dibujo académico, pintada en tonos fríos que enfatizan una atmósfera luminosa y armonizados con toques cálidos, *Horizontes* es la imagen idealizada de un fenómeno económico que transformó para siempre muchas vidas. El cuadro fue muy popular y de él se conocen dos versiones al menos. En términos formales es un rompimiento con la estética colonial y decimonónica, e inicia la posibilidad de representar al hombre trabajador integrado en su medio natural.

Las primeras esculturas de bronce fundidas en Medellín fueron modeladas por Cano. En 1899 exhibió el yeso *Dulce martirio,* en la exposición del mismo año; por entonces, otros escultores eran Marco Tobón Mejía, Ignacio Cano, Rubén Ramírez y Rafael Chaves. En Europa, Cano amplió sus conocimientos escultóricos con Denis Puech, y al regresar a Medellín elaboró la fuente en bronce para la iglesia de San José. De 1910 es el busto de Atanasio Girardot, orgullo de la ciudad y del artista, fundido a la cera perdida en los Talleres de Robledo de Velilla y Escobar. Hoy se encuentra exhibido de manera deplorable en la Plazuela Veracruz.

Con Francisco Antonio Cano, Medellín dispuso de un pintor y de un escultor de primer orden, experto en las distintas técnicas, especialmente en el óleo, hábil dibujante, y dotado de gran sensibilidad por la expresión, las texturas y la luz. Sus retratos son una amplia y convincente galería humana. Sus ricas pinturas de flores testimonian un goce de vivir y son las imágenes más cercanas al ideal de belleza que conoció Medellín. El conflicto que vivió Cano fue el propio de un pintor moderno: pintar para el mercado haciendo concesiones o seguir exclusivamente el dictado de la inspiración. Entre estos dos extremos oscila toda su obra.

Vanguardia gráfica marginal

En la década de 1910 resurgieron actividades editoriales y gráficas, herederas de las primeras publicaciones ilustradas. La revista *Panida* (1915) dio el primer paso hacia una renovación literaria y artística, bajo la influencia del modernismo y con cierto ánimo de crítica social, en una ciudad que León de Greiff, el poeta por excelencia del grupo, juzgó llena de «gente necia de total inopia en el cerebro».

Ricardo Rendón (1894-1931) colaboró con algunas viñetas, y luego de incursiones en la acuarela practicó la caricatura grabada en madera, las primeras de las cuales aparecieron en la revista *Avanti* (1912). Las exigencias de la xilografía lo llevaron a desarrollar la línea escueta pero expresiva que caracterizó su estilo. A través de la caricaturización de episodios de la vida pública nacional y de la recreación de tipos sociales, Rendón se convirtió en un agudo crítico de la sociedad, la política, la iglesia y la economía. Lo que hoy se percibe en su obra, producto de una mirada inquisidora, antes que risa, es ácida burla, ironía, sátira y conciencia escéptica e inflexible, erigida en voz de la opinión pública inconforme. Se trasladó a Bogotá en 1918. Colaboró como caricaturista en *Cromos, La República, El Espectador* y *El Tiempo*. En 1931 se quitó la vida.

Cabe recordar las revistas *Humano* (1913) y *Arte* (1913-1914) por sus esfuerzos en materia de artes gráficas. En la primera se destacan las ilustraciones de Luis Eduardo Vieco, y en la segunda las de Humberto Chaves y del mismo Vieco.

Félix Mejía Arango, conocido como Pepe Mexía, fue miembro, como Rendón, de los Panidas. Ingeniero, arquitecto y político, en una primera etapa colaboró con ilustraciones para revistas y periódicos y diseñó cubiertas de libros. Produjo dibujos y caricaturas trazadas con líneas sintéticas, alargadas y sinuosas, unas; abstractas, a manera de ideogramas, otras. Pepe Mexía renunció al realismo naturalista que Cano y sus alumnos impusieron como paradigma, y se adentró por los caminos de la abstracción y de la forma pura, evocadora apenas de la realidad, sin eludir el hermetismo.

El artista abrió nuevas posibilidades plásticas y estéticas, pero no valoró sus dibujos y acuarelas como obras de arte, y aparentemente no las elaboró con clara conciencia de su alcance renovador. Su obra dispersa y escasa consiguió poca resonancia local y ninguna nacional; tardíamente se le reconoce su papel de vanguardista marginal.

José Posada (1906-1952) incursionó en la caricatura bajo la influencia parcial de Rendón y también fue ilustrador publicitario. Se propuso adoptar elementos del *art deco* y del *art nouveau*, e introdujo así alteraciones al estilo tradicional del retrato. Sus temas preferidos fueron unos personajes femeninos de aspecto exótico, dominados por una volumetría sólida, un aire enigmático y colores fuertes. El uso del pastel como medio seco en oposición al óleo, significa también una ruptura con la pintura convencional.

Rendón, Pepe Mexía y Posada encabezaron espontáneamente lo que hoy se puede interpretar como una vanguardia gráfica marginal que reaccionó contra la estética finisecular, y que fue buen reflejo del espíritu de modernización que acompañó el despegue de la industrialización en Medellín.

José Restrepo Rivera (1891-1960) fue un calificado dibujante y pintor que colaboró con revistas bogotanas como *Senderos* y *Pan*. Sus paisajes a la acuarela constituyen lo más destacado de su obra, por el riguroso sentido poético que los anima.

Los imagineros Carvajal

Álvaro Carvajal Martínez (1845-1920) nació en Don Matías. Luego de ganar el concurso para el altar de la iglesia de Envigado, abrió en 1905 su Taller de Bellas Artes en Medellín, donde atendía encargos de estatuaria religiosa, sagrarios, lápidas y medallones en distintos materiales. Sus tres hijos se formaron en el taller: Álvaro (1877-1976), Constantino (1881-1955) y Rómulo (1886-1970). Los dos últimos mantuvieron la tradición familiar de elaboración de imágenes religiosas, mientras Álvaro se instaló en Manizales y desarrolló actividades similares. Entre el conjunto de obras religiosas, que incluyó también pinturas, se destaca hoy el bronce *Cristo pastor*, elaborado por Constantino, para el mausoleo familiar en el Cementerio de San Pedro.

Pintando a Medellín

Luis Eduardo Vieco (1882-1955) fue el primer

artista de Medellín que se interesó por pintar la ciudad. Alumno de Cano, colaboró con empresas litográficas, diseñó escenografías y en 1919 abrió su propio taller de fotograbado. Cumplió una variada tarea como ilustrador y artista.

Su interés por Medellín como motivo artístico se manifestó en acuarelas como *Parque de Berrío* (1901), ejecutada sólo en grises. Escenas del barrio Pedregal, de la capilla de San Roque, del Cementerio de San Pedro, el Parque de Bolívar, la Calle del Codo, la iglesia de la Veracruz y de muchos otros lugares de la ciudad, son claras muestras tanto de la destreza del acuarelista como de la sensibilidad a la vida urbana.

Por la importancia histórica e iconográfica, cabe destacar tres de sus obras. *Pareja campesina,* una acuarela de 1939, puede entenderse como una contraposición a *Horizontes* de Cano. Ya no se expresa el sueño de la tierra prometida, sino que se deja testimonio enmudecido de la decadencia de la vida rural. La teatral y esperanzadora actitud de los protagonistas de *Horizontes* queda sustituida por la resignada quietud de las ilusiones perdidas. Dos óleos son ejemplos del esplendor urbano del Medellín de finales de la década del veinte y de las bien asimiladas lecciones del impresionismo, aprendidas de Georges Brasseur de quien Vieco fue alumno en el Instituto de Bellas Artes. *Teatro Junín* (1926), con su elaborada fachada de arcos, columnas, torres y cornisas, se erige imponente al

Río Medellín, 1905 (Óleo Francisco Antonio Cano.
Fotografía Pablo Guerrero, colección particular)

Atanasio Girardot, 1910
(Escultura Francisco Antonio
Cano, Plazuela de la
Veracruz)

Francisco Javier Cisneros, s. f
(Escultura Marco Tobón Mejía,
conservada hoy en la
Estación Medellín)

tiempo que emite una luz interior que recorta a los anónimos transeúntes convertidos en manchas. *El Tranvía* (1927) representa un momento del atardecer en el que una luz dorada irradia el ambiente del parque de Berrío; la Candelaria y el Banco de la República definidos con diestros toques de una luz que va del dorado intenso al blanco, son callados testigos y símbolos del definitivo ascenso y consolidación de Medellín como potencia económica.

Humberto Chaves (1891-1970) se destacó desde 1910 como uno de los mejores alumnos de Cano. Ejercitó el óleo, la acuarela y la caricatura, con gran conocimiento de los materiales y las técnicas. Su obra puede entenderse como un nostálgico y afectuoso anhelo de regresar a un tiempo pasado campesino, en una suerte de costumbrismo que aprovecha al máximo los recursos académicos. Está presente la añoranza de un mundo luminoso de cielos claros, pacíficas vacas, vibrantes y delicados bodegones y floreros que expresan las dichas sencillas de la vida. Escenas de mercado, estampas de las labores diarias y del trabajo, así como de ciertos parajes de la ciudad,

fueron sus temas más queridos, los cuales muestran una posición contemplativa opuesta a la combativa que desarrollarían Pedro Nel Gómez y sus discípulos.

Las paredes hablan al pueblo

Pedro Nel Gómez (1899-1984) regresó a Medellín a finales de 1930 luego de siete años de estudios en Europa. Fue profesor del Instituto de Bellas Artes, y en 1935 el Concejo de la ciudad le asignó la realización de los frescos del Palacio Municipal, cerca de 300 metros cuadrados en los que trabajó durante tres años. En estos murales, los más importantes del arte colombiano, el artista materializó sus ambiciosos ideales artísticos. Según sus palabras, «un mural es una página abierta ante el pueblo... éste la leerá todos los días aun sin percatarse, vivirá con ella y en ese diálogo se llenará de grandes esperanzas. Soy fundamentalmente un muralista, o sea, el que lleva a su obra las victorias, los anhelos, las derrotas y dolores de su pueblo y de su patria».

Con los frescos del Palacio Municipal se abrió una nueva etapa del arte en Antioquia y cambió el papel que éste cumplía en el arte nacional. El matriarcado, los niños hambrientos, la república, el enajenamiento de las minas, el barequero y las fuerzas migratorias, son los nuevos temas que llegan al arte. Desaparecen la belleza clásica, el dibujo académico y la perspectiva renacentista. Todos los recursos plásticos están al servicio de la expresión de ideas: los murales deben hablar al pueblo, denunciar la explotación del hombre, clamar por la propiedad nacional de los recursos y exaltar el progreso y la industrialización.

El predominio de la figura individual estática, vigente por tantos años, quedó abolido por la presencia dinámica de grandes grupos humanos en actividad. En ellos el desnudo se hace presente, no como exaltación clásica de la belleza humana, sino como consecuencia de las condiciones de explotación y de miseria.

Los frescos produjeron en su momento gran conmoción, tanto entre los artistas y críticos como entre el público y los políticos. Hubo quienes propusieron destruirlos, y otros más recomendaron al joven maestro desdeñar la pintura política. La obra de Gómez, que incluye también acuarelas, óleos, grabado, esculturas, proyectos arquitectónicos y urbanísticos, y un tratado de perspectiva, tuvo como efecto oponerse a la academia artística consolidada con la celebración de la independencia en 1910. Con el tiempo, evolucionó hacia una suerte de elegía patriótica que perdió su fuerza revolucionaria inicial, al convertirse en fórmula repetida al servicio de causas distintas de las que la originaron. En sus comienzos pintó bajo la influencia de Cézanne. Mostró interés por la representación de grupos humanos y por los conflictos sociales. A partir del estudio de la minería del oro, elaboró un prototipo que se convirtió en emblema de su obra: la barequera.

Evolucionaron los conflictos a los que el artista dio voz, como también lo hicieron las formas de expresión artística. Pero Gómez mantuvo su proyecto de erigir la cultura popular antioqueña en un olimpo a la manera clásica. Ledas paisas y patasolas a la manera de Venus, surgen como intentos de elevar una mitología de origen rural a la altura de la griega; consigue así prolongar y mantener vivo el mito del origen de una raza que deseaba aparecer como superior. Los frescos que pintó en 1958 para el edificio del SENA en Medellín, y el conjunto escultórico *El tótem de los mitos de la selva* (1975c), ejemplifican bien ese propósito.

Gómez cumplió una prolongada labor docente primero en el Instituto de Bellas Artes y luego en la Universidad Nacional en Medellín, y atrajo un grupo de alumnos que participó tempranamente en la limitada vida artística de la ciudad. Los dos más destacados fueron Débora Arango (1910) y Carlos Correa (1912-1985), quienes concretaron un proyecto que el periodista José Mejía y Mejía acertadamente calificó como el de una *estética interpretativa,* en contraposición a una *reproductiva.* Con esto culmina el proceso de surgimiento del artista moderno en Medellín, iniciado por Francisco Antonio Cano.

Impugnación al moralismo

Débora Arango y Carlos Correa llevaron hasta sus últimas consecuencias la utilización del arte como instrumento de crítica social y de interpretación de la realidad. Luego de estudiar con Eladio Vélez, Débora Arango pasó a ser alumna de Pedro Nel Gómez. En 1939 presentó un conjunto de grandes acuarelas de desnudos femeninos que despertaron una fuerte polémica sobre la moralidad en el arte, la cual pronto tomó matices políticos, y enfrentó a la prensa liberal con parte de la conservadora y con la iglesia. Obras como *Cantarina de la rosa* (1939) y *La amiga* (1939) presentan mujeres desnudas de tamaño natural en poses desinhibidas, que revelan una intención naturalista espontánea, sin las elusivas y veladas poses y actitudes de las modelos de buen recibo por la academia convencional.

A la expresión pagana siguió un período de pinturas en las que se encuentran fuertes imágenes urbanas de denuncia social que reflejan las condiciones de las clases trabajadoras de la época. Un drama íntimo y personal, vivido en compañía de otros como fruto de una vida urbana en conflicto, aparece en pinturas como *Amanecer* (1939) y *Trata de blancas* (1940). Durante la llamada época de la violencia, la artista pintó acuarelas que, en lugar de alegorías, presentan momentos históricos concretos con un lenguaje expresionista. *El tren de la muerte, La salida de Laureano, Las tres fuerzas que derrocaron a Rojas,* son un agudo ejercicio de sátira política, donde los personajes se encarnan en animales y ronda la presencia perturbadora de la muerte.

Carlos Correa estudió en el Instituto de Bellas Artes con Luis Eduardo Vieco y Humberto Chaves. Retocó negativos en la fotografía de Rafael Mesa, y hacia 1931 se convirtió en alumno de Pedro Nel Gómez, atraído por sus teorías. Los conflictos sociales y los movimientos de masas fueron sus primeras inspiraciones, con las que tuvo estrecho contacto por su humilde origen y su tarea de activista como miembro del partido comunista y secretario del sindicato de zapateros. Nuevos temas como las fuerzas biológicas, el maquinismo y

asuntos religiosos, dieron paso, tras varios períodos de destrucción de obras, a la pintura fundamental de Correa, *Anunciación*, de 1941. Fue
presentada al Salón Nacional de Artistas del mismo año, y fue vetada por el Ministerio de Educación. En 1942 recibió el premio del Salón, pero
la curia intervino para que fuera prohibida por
considerar que atentaba contra el dogma cristiano de la Inmaculada Concepción, al mostrar a una
mujer desnuda en gestación.

El artista produjo dos significativas series de
grabados: *Las trece pesadillas* (1952-1954) y *El
mundo es libre* (1958-1960), en las que criticó situaciones políticas y sociales. En sus últimos años
produjo una interesante interpretación del paisaje.
De severa personalidad autocrítica y escéptica,
Carlos Correa expresa los conflictos internos del
individuo con la norma social; el drama humano,
las preguntas morales y la conciencia política ingresan así al territorio artístico.

La reacción eladista

La estética fundada y defendida por Pedro Nel
Gómez, y desarrollada por algunos de sus alumnos, encontró una oposición activa por parte de
Eladio Vélez (1897-1967) y sus seguidores. Vélez
fue en un principio alumno de Gabriel Montoya
(1872-1925) y de Humberto Chaves, herederos de
las enseñanzas de Cano. Posteriormente, completó
su educación en Italia y Francia, donde trabajó
como asistente de Marco Tobón Mejía, de quien
pintó un excelente retrato. Con el bronce *Cabeza
de niña* fue aceptado en 1930 en el Salón de Artistas Franceses en París. Participó en candentes polémicas en la prensa contra la estética interpretativa.
Fustigó jurados que premiaron a pedronelistas, im-
pugnó la pintura política y clamó por la verdadera
belleza a finales de los años treinta y principios
de los cuarenta. En su obra planteó una mirada
sosegada e íntima, donde la estridencia no existe.
Paisajes, bodegones, escenas de la vida doméstica
y retratos individuales, conforman su universo pictórico, en oposición a las multitudes, las alegorías
y las sátiras. El color, la luz, la composición y la armonía de conjunto, son los elementos plásticos que
invitan a la contemplación antes que a la combativa
toma de conciencia.

Escultores americanistas

Bernardo Vieco (1885-1956) fue hábil fundidor
y autor de bien logradas esculturas académicas,
entre las que se destacan el *Monumento al obrero,*
y *Las tres Marías* del Cementerio de San Pedro.
En este conjunto, las formas suavizadas abandona-
nan los retorcimientos y gestos del modernismo.

Con Vieco, la escultura conmemorativa en Medellín, dominada por obras funerarias y bustos de
personalidades, cierra un capítulo y da lugar al
surgimiento, a lo largo del siglo, de escultores im-
buidos por la temática americanista, definida por
la presencia de elementos de la naturaleza tropical,
los mitos populares y las razas nativas. Horacio
Longas, Pedro Nel Gómez, Jorge Marín Vieco
(1911-1976) y, en particular, José Horacio Betancur (1918-1957), se identificaron de distintas maneras con esta tendencia. La *Madremonte,* una
pieza de Betancur ubicada hoy día en el cerro
Nutibara, ejemplifica bien el americanismo, que
Rodrigo Arenas Betancur (1919) llevó a su culminación. En una primera etapa, Arenas vivió en
México, donde afirmó la conciencia terrígena y el
gusto por las formas en el espacio; de este período
se destacan las terracotas influidas por el arte
maya.

En Medellín emprendió un amplio programa de
esculturas conmemorativas de variable calidad,
dominadas por el afán de exaltación y de monumentalidad. Cabe mencionar el monumento a Córdoba (1957-1964), *Cristo Prometeo* (1965-1968),
el conjunto monumental para el Pantano de
Vargas (1968-1970), la fuente para la Universidad
de Antioquia (1968-1970) y *La vida* (1971-1974),
entre otras.

La repetición indiscriminada de elementos
como caballos, llamas, mazorcas, estrellas y ruedas, y la insistencia en contribuir a inmortalizar
un mito de origen, convirtieron al escultor en irregular practicante de su propia academia, manifes-
tada en diversas obras menores y en el gran
monumento a la raza en el Centro Administrativo
La Alpujarra. Tal vez la obra más importante de
Arenas es el *Bolívar desnudo* de Pereira, iniciado
en 1956 e instalado finalmente en 1962.

El vacío artístico del medio siglo

Al promediar el siglo XX, Medellín vivió unas
condiciones económicas muy favorables como consecuencia del activo proceso de industrialización nacido al amparo de la sustitución de importaciones.
Pero, al mismo tiempo, las artes plásticas registraron un estancamiento.

Algunos pintores continuaron bajo la sombra de
Pedro Nel Gómez, moderada con diversas influencias. Rafael Sáenz (1910) es tal vez el más
destacado. Poco conocido y recordado hoy, es el hábil dibujante, ilustrador y pintor Hernando Escobar
Toro (1926-1972). Horacio Longas (1899-1981)
fue un caricaturista influido por Rendón, y dibujante y pintor que popularizó una imaginería alar-
gada llena de los típicos motivos antioqueños; más

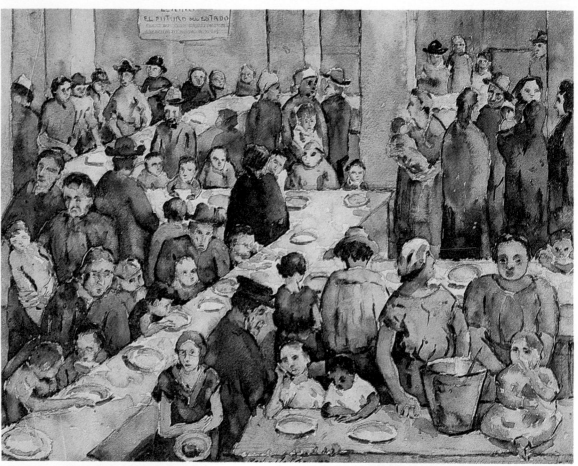

La mesa vacía del niño hambriento, proyecto mural para el Palacio Municipal de Pedro Nel Gómez, 1935 (Casa Museo Pedro Nel Gómez)

Marco Tobón Mejía modelando una medalla, s. f (Óleo Eladio Vélez, Museo de Antioquia)

Fraile dominicano, ca. 1930 (Óleo Carlos Correa, Museo de Antioquia)

La lucha del destino, s. f (Óleo Debora Arango, Museo de Arte Moderno, Medellín)

La visita de Luis XVI a María Antonieta n Medellín, Colombia, 990 (Fernando Botero. untings and Drawings, Germany, 1992)

destacadas son algunas de sus piezas escultóricas. Otros artistas activos son Emiro Botero, interesado en el humor, Darío Tobón Calle y León Posada, sobre quienes influyó por la pintura de los maestros europeos modernos.

La realización del IV Salón Nacional de Artistas en 1944 en la ciudad, cuyos premios fueron declarados desiertos, dio pie para la reacción de Pedro Nel Gómez y de Rodrigo Arenas Betancur, quienes organizaron un nutrido Salón de los Independientes. En el mismo año, un grupo de nueve pintores encabezados por Gómez y Sáenz proclamaron el «Manifiesto de los Artistas Independientes», inspirado en los muralistas mexicanos.

Al final de la década del cuarenta y principios de la del cincuenta se encuentran en período formativo, o inician actividades, artistas como Fernando Botero, Aníbal Gil, Dora Ramírez y Francisco Valderrama. Otro grupo de pintores y escultores de variable calidad y temática se encuentra en surgimiento; entre ellos: Óscar Rojas, Camilo Isaza, Ramón Vásquez y Jorge Cárdenas. Los profesores más reputados del Instituto de Bellas Artes son Gustavo López y Carlos Gómez Castro. La Galería de Arte Nacional, fundada por Jorge Marín Vieco en 1951 y clausurada en 1961, cumplió un apreciable labor en la exhibición y enseñanza, y como centro de reunión de artistas en la ciudad.

El Medellín de Botero

El Medellín que aparece en los cuadros de Fernando Botero (1932) es, como éste ha declarado en distintas entrevistas, el de las décadas del treinta y del cuarenta. Sus personajes lucen con frecuencia el atuendo de moda de la época, y su mirar es ingenuo y desorbitado. Las calles empedradas, las banderas nacionales bajo los aleros y las cadenas repetidas de montañas están presentes para mostrar que entonces el mundo y la ciudad parecían mejores.

Amable, ligeramente nostálgica y suspendida en el tiempo, en su monumentalidad parroquial y en sus calles torcidas, Medellín se configura en torno a una improbable perspectiva que conduce a un espacio detenido y cerrado en sí mismo, como en el óleo *La calle* (1987) o en el díptico *La visita de Luis XVI y María Antonieta a Medellín* (1990). La vida alegre y los personajes populares de la ciudad han sido también motivos pictóricos para Botero: *La apoteosis de Ramón Hoyos* (1959), alude al famoso ciclista; en *Las hermanas* (1959), *La casa de las mellizas Arias* (1973) y *La casa de María Duque* (1970), por ejemplo, evoca, de manera amable y nostálgica, burdeles famosos de Medellín. En *La familia protestante* representa un grupo familiar desnudo, tal como se decía en Medellín que vivían los protestantes. En 1977 el artista donó para el Museo de Antioquia la Sala Pedrito Botero, que guarda un importante conjunto de pinturas y dibujos suyos.

Como escultor, Botero traslada a la tercera dimensión los motivos esenciales de su mundo pictórico, con el propósito de desarrollar la misma idea de sensualidad de la forma. En 1984 donó una sala de esculturas al Museo de Antioquia. *Torso de mujer*, conocido popularmente como La Gorda, fue instalado en 1986 frente al Parque de Berrío; alcanzó rápidamente gran popularidad y se convirtió en ineludible referencia urbana, cercana a la mano y a la mirada de los peatones, a diferencia de las inalcanzables esculturas conmemorativas de otros artistas.

Bienales, galerías, entidades culturales y público

Durante la primera mitad de la década del sesenta las artes continuaron en un estado de estancamiento, sacudido sólo por algunas polémicas, como las suscitadas por los murales abstractos de Luis Fernando Robles, por las ocasionales conferencias que dictó Marta Traba en la ciudad, que despertaron la animadversión de artistas como Pedro Nel Gómez, y por los rumores y sospechas que provocaron las fiestas y reuniones de artistas en El Jardín del Arte, una residencia privada en el barrio Laureles. En esta década entra en actividad la Escuela de las Artes de la Universidad de Antioquia, en la que se destacó el Taller de Grabado dirigido por Aníbal Gil. Para la segunda mitad de la década, la vida artística se reactivó. El Museo de Zea albergó los Salones Regionales de Croydon (1964) y el Salón de Ceramistas (1965). Iniciaron actividades galerías como El Retablo, Contemporánea y Picasso.

La exposición Arte Nuevo para Medellín, celebrada en 1967, marcó una nueva época para los artistas jóvenes. En ella participaron Aníbal Vallejo, Jaime Rendón, Aníbal Gil, Leonel Estrada, Ramiro Cadavid, Justo Arosemena, Samuel Vásquez y Marta Elena Vélez. En 1968 se inauguró la I Bienal Iberoamericana de Pintura; las siguientes versiones realizadas en 1970, 1972 y 1981, pusieron a la ciudad en contacto con las vanguardias plásticas internacionales. El papel del crítico de arte Leonel Estrada en la concepción y organización de las bienales fue decisivo. Nuevas salas de exhibición programaron variadas exposiciones: la Galería Sintéticos, el Centro Colombo Americano, el Almacén Sears, el Club Campestre, las entidades bancarias, la Sala Coltejer y la Galería Arkas.

Los salones de arte joven se iniciaron en el Museo de Antioquia (antes Museo de Zea) en 1970; en 1972 la Universidad de Antioquia inauguró el Abril Artístico. Estos dos eventos congregaron por varios años las manifestaciones artísticas más jóvenes.

Hacia 1973, un grupo de nuevos artistas antioqueños comienza a tener repercusión nacional, con exposiciones en Barranquilla, Cali, Bogotá y *Five Artist from Medellín* en Washington. La exhibición *Once artistas antioqueños* en 1975 marcó un hito. En ella participaron Marta Elena Vélez, Dora Ramírez, John Castles, Hugo Zapata, Humberto Pérez, Rodrigo Callejas, Juan Camilo Uribe, Óscar Jaramillo, Javier Restrepo, Alvaro Marín y Félix Ángel. La Galería La Oficina presenta muestras de éstos y otros artistas. El dibujante y pintor Félix Ángel fue el representante más combativo de su generación. Publicó la hoja volante *Yo Digo* (1975-1978) en la que buscó «agredir el desacato» del público y dio a conocer sus virulentas críticas, y *Nosotros* (1976), un reportaje con los artistas del momento. Ellos cumplieron la tarea de dotar al arte antioqueño de nuevas formas de expresión plástica, fundadas en tendencias internacionales como el surrealismo, la abstracción, el *pop art* y el expresionismo.

María Villa, luego de ejercer diversos oficios, se dedicó a la pintura a los 57 años. Sin formación profesional, su arte ingenuo y primitivo posee una fuerte capacidad expresiva y una feroz poesía.

El panorama artístico durante la década del setenta estuvo dominado por los artistas de la denominada *generación urbana,* al tiempo que los más jóvenes y algunas galerías promovieron activamente la práctica del arte conceptual, juzgado entonces como la vanguardia innovadora por ex-

celencia. No obstante, hoy no quedan obras memorables de dichos ejercicios.

La década del ochenta se caracteriza por el surgimiento de la promoción y de la administración cultural. Entidades como la Biblioteca Pública Piloto, la Cámara de Comercio, el Instituto de Integración Cultural, el Banco de la República, el Museo de Arte Moderno y las universidades, programan permanentes exposiciones, que junto con galerías privadas y otras salas institucionales, como la de Suramericana de Seguros, constituyen un movimiento de estímulo cultural.

Al público urbano tradicional, aficionado a obras decorativas, se suman dos nuevos segmentos de mercado: el de los «nuevos ricos», consecuencia del auge de actividades ilegales, y el de la minoría ilustrada. Si los primeros buscaban brillo y ascenso social por intermedio del arte, los segundos se interesaban en el arte y en las posibilidades de valorización de su inversión. Aparecen galerías, algunas de corta vida, que se especializan en atender a los distintos tipos de clientes.

En la educación también se viven cambios importantes. Una nueva facultad de artes se funda en 1976 en la Universidad Nacional, y se trasladan así, al ámbito académico, los planteamientos de los artistas de la *generación urbana.* Resurge la escultura pública apoyada por un acuerdo del Concejo, vigente entre 1982 y 1994; en 1983 se inaugura el Parque de Esculturas en el Cerro Nutibara, con obras de distintos artistas latinoamericanos.

Los salones regionales de Colcultura, así como el Salón Rabinovich, sirven de escenario para los productos artísticos locales, basados, como será muy común a lo largo de la década, en la adaptación de las corrientes internacionales, con predominio de instalaciones, y de rezagos conceptualistas.

Torso, escultura de Fernando Botero más conocida como «La gorda», 1982 (Parque Berrío, Medellín)

Luis Fernando
Molina Londoño

Arquitectura
del valle de Aburrá

MEDELLÍN conserva muy poca memoria urbanística colonial y del siglo XIX. Sin embargo, la arquitectura y la conformación urbana que hoy posee,
casi toda construida en los últimos cincuenta años,
configuran su identidad, expresan sus valores y representan sus aspiraciones. En el logro de sus pretensiones espaciales se ha llegado hasta el sacrificio
de lo armónico, estético y afectivo, por lo material
y pragmático. La crisis de la ciudad en los últimos
años se refleja también en su caos urbano, producto, en parte, del divorcio e incomunicación entre
arquitectos, urbanistas y usuarios de la urbe que,

desde la fase de expansión industrial a finales de la década de 1940, empezaron a habitar un espacio agresivo y abstracto, reemplazo de la vieja cultura arquitectónica compartida por la mayoría, preocupada por producir el lugar placentero –monumental o trivial– para el disfrute público y privado. Pocos profesionales rechazaron el mencionado divorcio y a ellos se deben los reducidos valores arquitectónicos contemporáneos de la ciudad.

Esta síntesis trata de hacer una relación de los hitos arquitectónicos que se han producido en los diferentes períodos de la historia de Medellín y, en algunas ocasiones, del valle de Aburrá, aunque, como se anotó antes, en varios casos sólo se

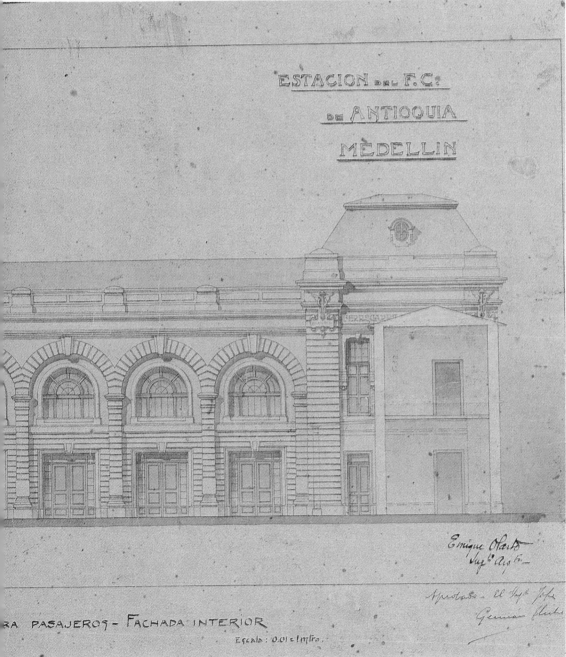

IZQ. Y ARRIBA
Interior de la Estación Medellín, después de su restauración en la década del 90 (Fundación Ferrocarril de Antioquia)

ABAJO
Acuarela de la fachada interior de la Estación Medellín del Ferrocarril de Antioquia, realizada por el ingeniero y arquitecto Enrique Olarte, ca. 1920

tienen referencias documentales debido a su desaparición material o casi total transformación.

Arquitectura prehispánica

Las recientes investigaciones arqueológicas realizadas en el ecoparque El Volador, Itagüí, La Estrella y el cañón del Porce arrojan indicios sobre los centros ceremoniales y la ocupación prehispánica del valle de Aburrá. Sin embargo, todavía faltan elementos suficientes para detallar con fidelidad el tipo de asentamiento y de vivienda indígenas, a causa del empleo de materiales perecederos como la madera.

Las descripciones sobre la vivienda indígena, resultado de estudios en diferentes regiones del país, permiten establecer generalidades que se podrían hacer extensivas a esta región. Dichos trabajos dicen que se usó la madera en troncos cilíndricos tal como se sacaban de los montes, cortados a veces de manera longitudinal. Por tratarse de un valle inundable y cenagoso a causa del curso meándrico del río Medellín y con un clima húmedo, los troncos gruesos se usaban en palafitos sobre los que se extendía la plataforma de la vivienda. También se empleaban como vigas y horcones para sostener las techumbres. Los maderos delgados se ponían como estantillos para las paredes de cerramiento de los bohíos, en las cuales también era posible emplear el bahareque, muro hecho con tierra gredosa y húmeda combinada con paja que se introducía en un encofrado o estructura rústica de madera o cañas, según lo describieron varios cronistas del período de la conquista. El bahareque era duradero, poco combustible y fácil de elaborar, y aislaba del calor o el frío, así como de insectos y otras plagas.

El bohío fue por excelencia la habitación de los indios aburraes y la de los primeros colonos españoles, dice el cronista Juan Bautista Sardela, quien estuvo en la región por la época del descubrimiento. Los bohíos eran de planta circular o rectangular. Los de planta circular abundaban más que otros en todo el macizo antioqueño. Tenían un área entre 30 y 48 m², techo cónico y paredes rectas de dos metros de altura aproximadamente.

Un conjunto de bohíos alrededor de una construcción principal como la casa de un cacique, un centro ceremonial o un sitio funerario, conformaba un poblado. El cronista Cieza de León, que visitó zonas de la actual Antioquia, habla de «pueblos pequeños». Los bohíos se conectaban por caminos casi siempre muy irregulares. Las áreas construidas se alternaban con las zonas de desecho o basureros, cultivos y reservas de montes. Según un escrito atribuido a Jorge Robledo, los aburraes eran grandes tejedores, labradores poseedores de arboledas y buenos cultivos de frijol, maíz y hortalizas.

Arquitectura del período colonial

Aunque Aburrá fue una zona activa en agricultura y ganadería a lo largo del período colonial, su relativa riqueza no se expresó en una arquitectura civil y religiosa sobresaliente como en Cartagena, Tunja, Popayán o Santafé de Bogotá. Esto pudo determinarlo el que la villa de Medellín no fuera centro político-administrativo ni dueña de grandes encomiendas de indios, y sí un lugar aislado geográficamente, de temperamento y vida marcadamente rural, con habitantes «tan activos en la labor de los campos... que esta actividad es el carácter que los distingue», de espíritu práctico y existencia en apariencia frugal. Su élite invirtió poco en el desarrollo de una arquitectura monumental. De los finales de la colonia quedan, pero con muchas transformaciones, la iglesia de la Candelaria y la ermita de la Veracruz en Medellín.

En 1785 el visitador y gobernador de la provincia, don Francisco Silvestre, contó más de veinte capillas en jurisdicción de Medellín (Iguaná, Hato Viejo, Copacabana, Barbosa, San Cristóbal, Envigado, Itagüí, La Estrella, Guayabal, Otra Banda, Alta Vista, Salado de Correa y Hatogrande). A finales del siglo XVIII Aburrá contaba con 446 casas de teja, de las cuales 34 eran de dos pisos, y 24 templos. En la cabecera de la villa, compuesta por cerca de cincuenta manzanas, se alzaban 242 casas de teja, 29 de ellas de dos pisos y seis templos. Para la misma época, Camilo Botero Guerra, en su *Ensayo de estadística general del Departamento de Antioquia en 1888*, anotaba que la ciudad de Antioquia tenía quinientas casas, la mayor parte de paja, y tres templos.

Medellín ofrecía una apariencia uniforme, de arquitectura en tapia, ornamentada con uno que otro detalle decorativo dispuesto en las puertas y ventanas de madera. En conclusión, con bastante sencillez, la misma que debió inspirar las casas dibujadas en los planos de la villa de 1790 y 1791, atribuidos al maestro pintor José María Giraldo.

La planta de las casas era dispuesta en forma de L o C. Cuando tenía dos pisos, la planta del primero se reproducía en el segundo. Se componía de habitaciones en galería, muy estandarizadas y multifuncionales, comunicadas entre sí y con un corredor alrededor de un patio central que servía de jardín interior o huerta. El área de la casa variaba según la condición económica del propietario, pero casi todas eran de tapia con cubiertas en par y nudillo, estructura de madera de origen mudéjar (todavía se conserva a la vista en la iglesia de la Candelaria) que le dio su forma triangular a todos los techos coloniales. La estructura funciona eficientemente porque los pares al apoyarse en el caballete reciben el peso del tejado, y los tirantes o nudillos actúan formando una fuerza horizontal que se opone a la tendencia de los pares a separarse. El par y el nudillo ofrecen una buena apariencia en el interior de las habitaciones gracias a la geometría sencilla, limpia y definida que se aplicaba.

La madera fue el material genérico de toda la arquitectura colonial. Se usaba también en los entresuelos, pisos, puertas, columnas, chambranas, escaleras, etc. La teja de barro, primer prefabricado que se utilizó en la arquitectura colombiana, elemento versátil y de fabricación sencilla, redujo en parte los incendios ocasionados por el uso de la paja en las cubiertas.

La tapia de origen árabe fue difundida por los españoles en América. Es un muro elaborado con tierra apisonada en un tapial o encofrado. Cada encofrado produce un bloque (con un espesor de 40 a 60 cm, 80 cm de altura y 1.20 m de ancho) que se repite en forma sucesiva a lo largo del perímetro del edificio, hasta alcanzar la altura que se quiere dar a la casa. Las paredes internas, al igual que la fachada, se empañetaban con «tierra de boñiga» (estiércol de caballo pulverizado y amasado con tierra amarilla) que al secarse era blanqueada con cal.

Arquitectura religiosa

El maestro tapiero era el albañil por excelencia en la época colonial ya que los muros de mampostería en piedra o ladrillo rara vez se construían. En las pocas oportunidades que se hicieron, obligaron a traer albañiles de Cartagena o Mompox tal como ocurrió con la reedificación del templo de la Candelaria (1768). Otros artesanos que intervenían en las construcciones eran los canteros, herreros, carpinteros, talladores, pintores y doradores.

Es difícil determinar estilos como tales en la arquitectura realizada durante el período colonial. Esto se explica porque sólo había maestros albañiles y arquitectos con conocimientos rudimentarios sobre las técnicas básicas de construcción y diseño arquitectónico. En cambio existió un conjunto de tradiciones, normas y disposiciones acuñadas en legislaciones españolas inspiradas en las costumbres, que ponen de presente el traslado a América de técnicas y modelos tradicionales peninsulares, que en algunos casos también fueron afectados por el proceso de mestizaje cultural.

Así, los elementos estilísticos presentes en la ar-

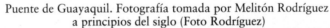

Puente de Guayaquil. Fotografía tomada por Melitón Rodríguez
a principios del siglo (Foto Rodríguez)

quitectura de la colonia deben mirarse como reinterpretaciones de los modelos europeos, copiados con ingenuidad de los pocos manuales sobre construcción que circulaban entonces. La urgencia de dotar a la ciudad, con rapidez y solidez, de la infraestructura necesaria, primaba sobre los cánones estéticos.

Los templos parroquiales como el de la Candelaria y los demás levantados en el Nuevo Reino de Granada, comúnmente constaban de tres naves, definidas por dos hileras de columnas en mampostería o madera con sencillos capiteles y cubiertas de madera de par y nudillo ante la incapacidad técnica de construir abovedados.

La ermita de la Veracruz de los Forasteros (1791-1803) y las demás de la época debían su nombre a que eran iglesias en despoblado, o sea, levantadas sobre vías de acceso o en las afueras de los sitios, villas o ciudades, por una cofradía, gremio de artesanos o grupo de devotos, en honor de un santo o patrono determinado. La ermita constaba inicialmente de nave y sacristía, pero su área se amplió cuando fue rodeada por las construcciones urbanas y el consecuente aumento de la demanda de servicios religiosos ordinarios de la ciudad. De apariencia modesta, carece de atrio cubierto y su fachada, realizada en piedra de can-

tería, tiene como remate un campanario adornado con espadañas. Los muros de cerramiento son de tapia, al igual que los de las demás iglesias menores existentes en el valle de Aburrá. Otra obra importante del período colonial fue el convento, colegio e iglesia de San Francisco (1803), según planos del cura don Casimiro Tamayo y fray Luis Gutiérrez, ejecutados por los oficiales albañiles Joaquín Gómez, Francisco Rodríguez y Leonardo Torres. Este conjunto, remodelado por Horacio Rodríguez entre 1917 y 1924, se conoce hoy como edificio del Paraninfo y colegio e iglesia de San Ignacio.

El siglo XIX

La construcción del Capitolio Nacional en Bogotá, iniciado en 1847 según planos del danés Thomas Reed (1810-1878), y la llegada al país de algunos técnicos y arquitectos extranjeros que difundieron la arquitectura ecléctica o académica en boga en Europa, marcaron cambios sustanciales en las técnicas constructivas, arquitectónicas y en los conceptos estéticos. Esto indica que de manera muy tardía empezaron a expresarse en formas construidas las nuevas estructuras políticas y sociales que inauguró la independencia de España. Por lo anterior se denomina «republicana» a la

El parque de Berrío en 1910
(Fotografía Melitón Rodríguez, Foto Rodríguez)

arquitectura producida en Colombia entre 1850 y 1930.

La prosperidad económica de Medellín, así como la idiosincrasia clerical de sus habitantes, convirtieron a la iglesia y a la burguesía local en los agentes del eclecticismo arquitectónico, aproximadamente hasta 1930. Varios arquitectos extranjeros y algunos ingenieros y maestros de obra tuvieron muchos encargos en la ciudad debido a que la urbanización y la especulación con propiedad raíz se convirtieron en negocios seguros desde la década de 1860, apoyados por la inestabilidad política y los constantes procesos de devaluación de la moneda a partir de 1886.

El uso del ladrillo y la aplicación de estilos históricos europeos fueron la principal novedad. El ladrillo como elemento estructural, preferencialmente en obras de ingeniería, tomó inusitado impulso debido a la presencia del oficial alemán Enrique Haeusler (1815?-1888), maestro de la Escuela de Artes y Oficios y autor de varios puentes, entre los cuales se destaca el de Guayaquil (1879) sobre el río Medellín, único que se conserva, el de Colombia y el de la quebrada Doña María.

La catedral de Villanueva

En 1868, al trasladarse la sede episcopal de Santa Fe de Antioquia a Medellín, se decidió construir un nuevo templo en la diócesis recién establecida. Al efecto fue contratado el ingeniero-arquitecto italiano Felipe Crosti. Éste proyectó una iglesia de cinco naves, pero durante el establecimiento de las fundaciones se puso en evidencia su incapacidad para construir un edificio de esa magnitud.

Las obras fueron suspendidas en 1883 y se perdió el trabajo de varios años. A pesar de su fracaso, Crosti desarrolló una escasa pero novedosa –en la ciudad de ese entonces– arquitectura residencial para algunos prósperos negociantes de la ciudad. El desaparecido «palacio» del rico minero Coriolano Amador, en la carrera Palacé con Ayacucho, levantado entre 1879 y 1883, fue una de las casas más elogiadas de Medellín. Para su construcción se importaron hierro forjado, mármoles italianos y vitrales franceses. Numerosos vanos y balcones le dieron alegría y variedad al monótono sector donde se emplazó. La casa marcó un rompimiento con las tradiciones existentes en materia de vivienda por parte de la «burguesía», que inició la construcción de sus casas según modelos copiados de Europa, a donde empezó a viajar con alguna frecuencia en plan de negocios, diversión o estudio.

Pero fue el arquitecto francés Carlos Carré (1863?-1923) la principal figura de la arquitectura republicana o ecléctica del siglo XIX en Medellín. Carré estudió en la Escuela de Bellas Artes de París y fue discípulo del abate L. Doillard, con quien trabajó de 1880 a 1888 en la construcción de la iglesia y santuario del Sagrado Corazón de Montmartre de París. Carré fue contratado por el obispo Bernardo Herrera Restrepo y por la rica familia Amador Uribe para diseñar y edificar la nueva catedral episcopal y varios edificios comerciales y residenciales que se tenían proyectados para diferentes lugares de la ciudad, sobre todo en el nuevo barrio de Guayaquil.

Carré llegó a Medellín en 1889 y se quedó durante cinco años, previa aceptación de los planos para la catedral, luego de la revisión cuidadosa que de ellos hizo el bogotano Mariano Santamaría, primer colombiano en obtener diploma de arquitecto. La construcción entre 1889 y 1931, implicó montaje de tejares y canteras a causa de las grandes proporciones de la obra: 46 m de altura y más de 5 000 m² de área. Es la mayor iglesia del mundo totalmente construida en ladrillo cocido y la séptima de acuerdo con su área. De estilo románico, la calidad arquitectónica de la catedral permite catalogarla, junto con el Capitolio Nacional, como el edificio más importante del siglo XIX en Colombia.

Carré prolongó un año más su estancia en Medellín y trabajó para la familia Amador en el proyecto de urbanización del sector de Guayaquil, que trazó y edificó en parte con los proyectos del mercado cubierto, los edificios comerciales Carré y Vásquez, los cuales se conservan, y algunas casas en la calle La Alhambra. En 1892 Carré diseñó y construyó, para José María Amador, en ladrillo a la vista y rica decoración en madera y vitrales, otra de las casas memorables de Medellín, convertida luego en Palacio Arzobispal y demolida en 1972 para dar paso a la avenida Oriental. La iglesia parroquial de Girardota data de 1890. Sus proporciones y el manejo estructural y decorativo del ladrillo en la parte interna y externa, muestran la calidad de la mano de obra alcanzada por los artesanos locales en la producción y manejo del material.

A partir de Carré, el interés por la construcción y el diseño arquitectónico tomaron impulso. El ladrillo, como elemento más característico de la «arquitectura republicana» en Medellín, consolidó el trabajo que desde finales de la década de 1840 realizaba el técnico Haeusler, maestro insuperable del material como todavía se puede observar en el puente de Guayaquil, que se conserva en buenas condiciones, no obstante su uso intensivo por cerca de cien años. Varios alumnos de Haeusler en el Colegio de Antioquia y en la Escuela de Artes y Oficios como Antonio J. Duque (1871-1906) y Horacio Marino Rodríguez (1860?-1930), convertidos después en constructores, aprendieron también con Carré el empleo del ladrillo en grandes edificios.

El primer antioqueño diplomado como arquitecto fue Juan Lalinde. Realizó sus estudios en Inglaterra y al parecer trabajó como instructor y director de la Escuela de Artes y Oficios de Medellín. Las obras de Lalinde, así como algunas de Carré, introdujeron la novedad de la mansarda en los altillos de las casas, en las que se nota una marcada influencia de la arquitectura europea. Asimismo aplicó una rigurosa simetría en la distribución de los vanos y extrema delicadeza en los acabados de los detalles decorativos en madera y hierro forjado, según se observa en viejas fotografías donde se registran el desaparecido Hotel Plaza (*ca.* 1895) y las casas de Manuel Uribe Ángel y de Pastor Restrepo (1890). Esta última, ubicada todavía en el Parque Bolívar, fue considerada por el célebre arquitecto francés Le Corbusier, durante su visita a Medellín, como el mejor edificio de la ciudad. Su estado actual es ruinoso y demanda acciones para recuperarla ya que es la única casa burguesa del siglo XIX que conserva muchos de sus elementos originales.

El ingeniero Antonio J. Duque y el ingeniero arquitecto Dionisio Lalinde (1869-1918), ambos de Medellín, con estudios en la Escuela de Minas el primero y en Nueva York el segundo, continuaron desarrollando una arquitectura sobria y elegante en ladrillo a la vista, destinada a uso residencial y comercial; se destacan el edificio Lalinde, el Banco Popular, el edificio Duque, la Casa Badian (Consulado Británico), la casa de Pepe Sierra, la Estación Villa y los almacenes Fama, todos demolidos, con excepción del Lalinde, recientemente remodelado, situado en el tramo peatonal de la calle Colombia.

Enrique Olarte (1876-1923) y la Oficina de Arquitectura y Construcción de Horacio M. Rodríguez e Hijos (Nel y Martín) sucedieron a Duque y Lalinde en la atención a la cada vez más creciente demanda de edificios para comercio y vivienda, propiciada por el auge cafetero e industrial. A los Rodríguez se los elogió por obras como la remodelación de la antigua sede de la Universidad de Antioquia (1917) en la Plazuela San Ignacio, la Farmacia Pasteur (Edificio Tobón Uribe-1921), el Banco Republicano (1918) en el costado Occidental del Parque de Berrío, el Circo Teatro España (1909), la iglesia de San Benito y el frontis de la Iglesia de El Poblado (1903-1910).

Olarte nació en Medellín. Estudió ingeniería en la Escuela de Minas y luego arquitectura en la Escuela de Bellas Artes en Bogotá, bajo la tutoría del español Lorenzo Murat Romaro. Se especializó en Inglaterra y a su regreso innovó la construcción en la ciudad inaugurando un nuevo gusto, de manera análoga a lo sucedido con el arquitecto francés Gastón Lelarge en Bogotá. Severidad, sobriedad y proporcionada elegancia hicieron inconfundible a Olarte, el arquitecto de moda entre 1910 y 1923. La Estación Medellín del Ferrocarril de Antioquia (1907-1914) fue su máxima obra. Ella y la llegada del primer tren inauguraron una nueva etapa en la vida económica y cultural de la ciudad, a la vez que permitieron la consolidación urbana definitiva del sector de Guayaquil. La estación consta de dos niveles de doble altura y su fachada, compuesta con una rítmica serie de arcos, está enmarcada por dos torres en los extremos. Las dificultades del terreno húmedo y cenagoso obligaron el empleo de técnicas constructivas para cimentación, desconocidas en la ciudad y aprendidas por Olarte en Europa. El terminal ferroviario le significó a Olarte nuevos encargos como el Orfelinato de San José (1915) y el diseño del Bosque de La Independencia (1913). Sus mejores logros los obtuvo en las construcciones para bancos, comercio y oficinas, que ocuparon gran parte de tres costados del Parque de Berrío, llevadas a cabo luego que los incendios de 1917 y 1921 dejaron el espacio libre para levantar nuevas construcciones.

Los edificios Duque, Banco de Colombia, Olano, Gutiérrez, Echavarría, Banco Republicano, Hernández, Zea y Británico, hechos con ladrillo y cemento, todos demolidos, le cambiaron la fisonomía colonial y pueblerina a Medellín por una nueva imagen, afín con los cambios provocados por la industrialización. No es casual que los nombres de los edificios de Olarte sean los apellidos de los principales empresarios y negociantes antioqueños de la época que sacaron adelante proyectos industriales, a quienes este arquitecto también construyó buena parte de las cuarenta casas y villas campestres en el paseo La Playa y en el sector de El Poblado (casi todas demolidas), entre las cuales vale destacar Chipre, Florencia, Granada y Ceilán.

El Olarte y el Henry, edificios para oficinas construidos en concreto, fueron dos hitos en su época al introducir en Medellín las más modernas formas, técnicas y materiales norteamericanos, así como el empleo de ascensores. El edificio Henry (1923), diseñado por Olarte en asocio con Guillermo Herrera Carrizosa (1901-1984), muy celebrado y elogiado por la crítica, marcó el viraje hacia una arquitectura más funcionalista de acuerdo con los modelos pregonados por las pragmáticas escuelas de los Estados Unidos. Su altura de seis pisos, la austeridad de sus fachadas y la solidez de su estructura dictarían cátedra y definirían las tendencias en los siguientes años.

Los años veinte

En los años veinte la arquitectura republicana llegó a su fase culminante. En ese tiempo el número de obras eclécticas fue enorme y sin precedentes con respecto a los años anteriores. Tal década fue crucial en la historia de la arquitectura de la ciudad, en particular la de carácter público. Medellín se transformó vertiginosamente. La propagación de los aparatos eléctricos y mecánicos para el transporte y las comunicaciones cambiaron las formas de vida en la ciudad. En la gobernación de Antioquia y luego en la presidencia el general Pedro Nel Ospina propició las condicio-

nes para acelerar el proceso de modernización de la ciudad y del país.

La indemnización pagada por Estados Unidos por el robo de Panamá, así como los flujos de dinero por empréstitos otorgados por la banca de ese mismo país, le permitieron al gobierno emprender un conjunto de importantes obras públicas en la ciudad. Quizá por primera vez la administración nacional hacía presencia en Medellín patrocinando grandes proyectos, relacionados con los planes de modernización del Estado promovidos por el presidente Ospina.

Los incendios del centro de Medellín en 1917 y 1921 facilitaron la ejecución de planes de renovación urbana en los años veinte, abriendo espacios para la pujante arquitectura oficial y privada. Se arraigó una nueva mentalidad con respecto al espacio, más afín con las transformaciones socioeconómicas y las cambiantes relaciones internacionales del país en materia comercial. Como en períodos anteriores, el aporte de los extranjeros y

A
B
C
D

Enrique Olarte [A], Pepe Mexia [B], Agustín Goovaerts [C], Martín Rodríguez, Pedro Nel Gómez y José Luis Sert[D] intervinieron en el desarrollo de la arquitectura de la ciudad (Fotografía de *100 años de arquitectura en Medellín*. Bogotá, s. f. , de la Casa Museo Pedro Nel Gómez y de Fernando Molina)

de los nacionales educados en el exterior imprimió un particular carácter a la producción de esta década. Agustín Goovaerts, Giovanni Buscaglione, Nel y Martín Rodríguez, Félix Mejía (Pepe Mexía), los hermanos Guillermo y Hernando Herrera Carrizosa (1903-1950), entre otros, produjeron una obra verdaderamente impresionante por su cantidad y calidad.

Del período sobresalen, además del Henry, dos obras: el desaparecido edificio Gonzalo Mejía (Teatro Junín-Hotel Europa, 1924) del belga Agustín Goovaerts (1885-1939) y el antiguo Palacio Municipal (1928) de Martín Rodríguez (1903-1972). El primero, con capacidad para 4 500 espectadores, fue en su época el séptimo teatro cubierto más grande del mundo y una de las máximas obras de la arquitectura colombiana en los años veinte debido a su asimétrica libertad compositiva en las fachadas, a la osadía del arquitecto en el manejo estructural de largas vigas de concreto y a su aspecto liviano y transparente por el uso de grandes ventanales. Otros como Jesús Mejía Montoya (1903-1992) incursionaron por primera vez en la elaboración de arquitectura para la industria (Fabricato). Mejía también diseñó, en 1928, el primer edificio de la Facultad de Agronomía (Universidad Nacional) que todavía se conserva.

Goovaerts, máximo representante del modernismo en Colombia, hizo planos y dirigió la construcción del Palacio Nacional y del Palacio de Gobierno Departamental (hoy Palacio de la Cultura), entre 1925 y 1928, obras inspiradas en la corriente modernista belga, en que aplicó los estilos románico y neogótico respectivamente, causa de crudas polémicas en la ciudad por su aspecto monástico, poco apropiado para edificios gubernamentales, según los críticos. El cambio en los gustos, debido a la influencia del funcionalismo, se evidenciaba ya en esos años.

Otras obras de Goovaerts en Medellín, entre más de un centenar que diseñó de manera individual o en asocio con Felix Mejía Arango (1895-1976), permiten identificar una gran capacidad para evocar a partir de nuevos materiales y técnicas constructivas como la del concreto reforzado, las complejidades estilísticas del gótico (Iglesia del Sagrado Corazón en Guayaquil), el renacimiento español (iglesia de San Ignacio), el renacimiento francés (Escuela de Medicina y Escuela de Derecho, hoy colegio Javiera Londoño), etc. El hábil manejo del ladrillo y el concreto reforzado fueron la llave maestra que permitió adelantar en corto tiempo estas monumentales obras.

También en los años veinte surgió el debate

Edificio de la Naviera Colombiana. Medellín, 1935
(Fotografía Francisco Mejía,
Centro de Memoria Visual, FAES)

sobre la dependencia cultural de Europa y Estados Unidos y la necesidad de un estilo arquitectónico nacional acorde con las características del país. Este cuestionamiento fue decisivo para el desarrollo de una nueva arquitectura en los años treinta, forzada por la disminución de la actividad constructora a raíz de la crisis económica de 1929. Personajes como Pedro Nel Gómez, el ingeniero Tulio Medina y Jesús Tobón Quintero, columnista del periódico *El Heraldo* de Medellín, estuvieron inmiscuidos en estas polémicas. Sin embargo el racionalismo europeo y el funcionalismo norteamericano, aunque llegaron a Colombia con una tardanza de cuarenta o cincuenta años, terminaron imponiéndose al final, y bajo sus preceptos se produjo la mejor arquitectura que actualmente conserva la ciudad.

Los estilos folclóricos y nacionales

Con la llegada al poder de los liberales en 1930, luego de un largo ejercicio del mando político por parte de los conservadores, y las nuevas condiciones del mercado mundial a raíz de la crisis económica, surgieron nuevas relaciones entre sociedad, economía, Estado y arquitectura.

El afán modernizador en materia de arquitectura provocó el desprecio por las manifestaciones del período colonial. También fueron archivados los historicismos del eclecticismo propios del período anterior, cuyos ejemplos materiales empezaron a demolerse con desenfreno en la ciudad. En cambio se promovió nuevamente la adopción, a veces ingenua, de los objetivos, usos y sistemas de la arquitectura propia de potencias industriales extranjeras. Como en el siglo XIX, la falta de una tradición arquitectónica mantuvo el espíritu de copia, en especial de algunos estilos europeos, no académicos sino folclóricos, reivindicados en sus países de origen por los movimientos nacionalistas en auge durante los años treinta y cuarenta.

En Medellín varios arquitectos como Nel y Martín Rodríguez, John Sierra Rodríguez, Arturo Longas Matiz, Félix Mejía Arango, Ignacio Vieira J., Federico Vásquez V., entre otros, difundieron «estilos nacionales» antiguos o populares como el español, francés, egipcio, californiano, etc., dispuestos casi siempre en casas para clase media y alta, la mayor parte de las cuales aún se conservan en el barrio Prado, sector que según Germán Téllez posee un «grato y amable urbanismo, provisto de arquitectura anecdótica y divertida [..]. Rara vez... la historia del urbanismo y la arquitectura de Colombia tornará a registrar aciertos tan gratos ambientalmente y tan funcionales como los que esos trozos de ciudad representaron en su época y continúan representando actualmente».

En Cali, Bogotá y Barranquilla también se dieron expresiones semejantes a las del Prado de Medellín. En ésta se encuentran obras de Nel Rodríguez como su propia residencia, la de Libardo López y la casa Egipcia; de Tulio Medina la casa que hoy ocupa el grupo teatral El Águila Descalza; la casa de Jorge Arango en Sucre por Urabá, etc.

El racionalismo y la arquitectura moderna

La oposición férrea al eclecticismo, el empleo de productos industriales como el acero, el concreto y el vidrio, sometidos al análisis del cálculo estructural y la resistencia de materiales, las formas geométricas puras y la aplicación del avance tecnológico a la construcción fueron, a grandes rasgos, las características básicas del racionalismo.

La exclusión de frondosas decoraciones en fachadas e interiores y el uso racional y eficiente de la luz –natural y artificial– y el espacio interior dieron a las obras que se empezaron a construir en abundancia desde finales de los años treinta, un carácter muy orientado hacia la ingeniería, con un aspecto frío, impersonal, distante y arrogante. Para muchos, esta arquitectura era la más acorde con el carácter juvenil, dinámico e indus-

trial de la ciudad. Ella fue la mejor expresión de la «época del progreso», cuando la ciudad sufrió el arrasamiento definitivo de las casonas coloniales y republicanas del centro.

Desde los años treinta, la arquitectura y el urbanismo fueron retados por los problemas que generó la explosión demográfica, la marginación de amplios sectores de la población urbana y rural y la aceleración de la migración campesina hacia la ciudad. Hubo necesidad de proveer y planificar los espacios exigidos por la urbanización e industrialización creciente.

Las condiciones socioeconómicas del período y la nueva arquitectura que las acompañó desarrollaron la industria de materiales de construcción, como la de hierro y cemento, que en pocos años alcanzó altos índices de producción a raíz de la imposibilidad de importarlos por la crisis económica mundial y por la segunda guerra mundial.

Le Corbusier (1887-1965), máximo representante de la arquitectura racionalista, influyó bastante la arquitectura universal entre 1930 y 1950. Otros arquitectos, como Walter Gropius (1883-1969) y el grupo alemán de la Bauhaus, el italiano Giusseppe Terragni y el movimiento de Stijl de los Países Bajos también se conocieron en Medellín a través de revistas que propiciaron la copia por parte de los arquitectos que egresaban de las facultades de arquitectura de diferentes partes del país.

La fundación de la Sociedad Colombiana de Arquitectos (Bogotá, 1934), de la primera Facultad de Arquitectura (1936) dentro de la Universidad Nacional de Colombia y el diseño de Karl Brunner, según las pautas del urbanismo moderno, de la Ciudad Universitaria en la capital del país, también crearon referentes importantes para desarrollar una nueva mentalidad arquitectónica y un nuevo concepto de urbanismo y planificaión urbana en Colombia.

Siguiendo el ejemplo de lo ocurrido en Bogotá, para la cual Brunner realizó una propuesta de desarrollo urbano, en 1935 se fundó la Sociedad de Arquitectos de Medellín y se contrató al español José Luis Sert y al austriaco Paul L. Wiener para elaborar un proyecto de planificación de la ciudad futura (1948-1952) según los modelos de Le Corbusier. Infortunadamente el famoso plan concibió la ciudad como un enjambre vial y no como un organismo integral y complejo habitado por una población a la cual había que cubrirle también sus necesidades estéticas, económicas, lúdicas, sociales y ambientales.

La profesionalización de los arquitectos en Medellín se inició con la creación de las Facultades de Arquitectura en la Universidad Pontificia Bolivariana (1942) y en la Universidad Nacional de Colombia (1955). En las décadas de los años cincuenta y sesenta los primeros egresados desarrollarían una febril actividad como profesores y arquitectos-diseñadores y constructores, dada la escasez de profesionales en el ramo para atender la considerable demanda de sus servicios.

Aunque Nel Rodríguez no estudió en Medellín sino en los Estados Unidos, fue, con Antonio Mesa, el principal representante de esta corriente con obras que ya son «clásicos» de la arquitectura local como la Fábrica de Coltabaco –Premio Internacional Mac Graw Hill del año 1954 a uno de los mejores edificios industriales a escala mundial–, diseñada en compañía de su primo John Sierra R. en 1948 y construida en 1957 en la Autopista Sur; el edificio del Banco Central Hipotecario (1958) en la calle Colombia –afamado en tiempos recientes por el mural que pintó Fernando Botero en uno de sus vestíbulos–, y el Hospital Mental (1958) en Bello. Su hermano Martín Rodríguez, educado también en los Estados Unidos, se consagró como constructor de edificios altos, al levantar el lujoso Hotel Nutibara (1941-1945), de acuerdo con los planos del norteamericano Paul Williams.

Por su parte, Ignacio Vieira (1906-1962), Federico Vásquez (1912) y el belga Alberto Dothee, formados en universidades extranjeras, luego profesores en las facultades locales y asociados en una próspera firma constructora, realizaron edificios modernos que como el de la Naviera Colombiana (1946) –conocido hoy como Edificio Antioquia–, en la esquina de Palacé con la avenida Primero de Mayo, el Bemogú (1947), en la calle Colombia con Junín y La Bastilla en la carrera Junín con La Playa, cambiaron sustancialmente la apariencia del centro de la ciudad. Se trata de edificios para el trabajo, de gran altura en ese entonces, excelentes acabados y magistral tratamiento urbanístico, sobre todo los de la Naviera y el Álvarez Santamaría (1944) de Roberto Vélez, por sus formas evocadoras de la moderna arquitectura naval, gracias a las cuales Medellín pudo tener uno de sus parajes más hermosos en el centro. Vieira y Dothee diseñaron y construyeron a partir de 1945 el teatro Lido en un costado del Parque de Bolívar, único de los «antiguos» que se conservan, pero muy descuidado, no obstante su sobria belleza interior y exterior, buena acústica e inmejorable ubicación.

Tulio Ospina Pérez, Rafael Mesa, Juan Felipe Restrepo y el austriaco Federico Blodek (1905-), asociados en la firma Arquitectura y Construcciones, llevaron a cabo los edificios Fabricato (1947)

en la carrera Junín con Boyacá, Banco de Colombia (1949) en la carrera Bolívar con Colombia, Suramericana de Seguros (1947) en la carrera Carabobo, y la Biblioteca Pública Piloto (1955). Por su parte, algunos de los primeros egresados de la carrera de arquitectura de la Universidad Pontificia Bolivariana, como Antonio Mesa Jaramillo (1911-1972), autor de los proyectos del Estadio Atanasio Girardot (1949), la Feria de Ganado de Medellín, las capillas de Nuestra Señora de Fátima y de la UPB, y Elías Zapata Sierra (1927-1968), autor, con otros, del terminal aéreo del Olaya Herrera (1957), desarrollaron una obra más ingenieril y organicista, exploradora de formas diferentes de las convencionales y rígidas del racionalismo, con claras influencias del modernismo brasileño liderado por Oscar Niemeyer y en Colombia por arquitectos como Gabriel Solano, Jorge Gaitán Cortés y el ingeniero calculista Guillermo González Zuleta, artífices del famoso estadio de béisbol de Cartagena, maestros insuperables en la aplicación del cálculo estructural y la cáscara de concreto aligerado en obras de arquitectura.

Pedro Nel Gómez (1899-1984), más conocido como artista, hizo en compañía del urbanista Karl Brunner el diseño urbanístico del sector de Laureles y de la Universidad Bolivariana (1941), con conceptos totalmente contrarios a los planteados por la planificación en boga. También desarrolló uno de los mejores conjuntos de la ciudad, donde se combinan de manera magistral arte, urbanismo, paisaje y arquitectura. Se trata de la Facultad de Minas (1944) en el sector de Robledo, obra que nos remite al complejo universitario de la UNAM en ciudad de México, donde los principales muralistas del país y sus arquitectos más destacados intentaron desarrollar un lenguaje o estilo arquitectónico nacional. Gómez también sentó su posición sobre la necesidad de éste en Colombia. Los murales en diferentes lugares de la Escuela permiten pensar que la única manera de lograrlo era a través de la simbiosis de arquitectura moderna con composición de corte neoclásico como soporte de un arte temático dedicado al tratamiento de los grandes problemas del país.

En 1965, época en que ocurrían en el mundo agitados movimientos socialistas, estudiantiles y juveniles en América y Europa, se emprendió el diseño de la ciudadela para albergar las diferentes escuelas y facultades de la Universidad de Antioquia (que antes estaban dispersas en diferentes lugares de Medellín), según el proyecto de Jorge Velázquez, Édgar J. Isaza, Juan Guillermo Jaramillo y César Valencia, aglutinados en el Grupo Habitar. Se trata de un vasto complejo rico en espacios abiertos –verdes y duros– para el encuentro y amplias zonas cubiertas de circulación que interconectan todos los bloques. Las bondades de este proyecto consisten en el hábil empleo de materiales económicos y durables expuestos a poco mantenimiento y duro trajín y el dominio de los oficios de arquitecto, urbanista y planificador, puestos en función de las necesidades futuras de la institución y la ciudad en materia de servicios culturales y deportivos.

La vivienda

La aceleración de la violencia política en los años cincuenta también desplazó bastante población a la ciudad, lo que trajo como consecuencia la producción y financiación masiva de vivienda por empresas estatales y privadas, fenómeno que perdura en la actualidad.

La actividad desplegada por el Banco Central Hipotecario, desde los años treinta, fue complementada por organismos como el Instituto de Crédito Territorial (creado en 1939 y transformado luego en el Inurbe a raíz del proyecto de Reforma Urbana (1987), y las Corporaciones de Ahorro y Vivienda. A través de la unidad de poder adquisitivo constante, UPAC, establecidas en 1973, han permitido el adelanto de grandes proyectos para población de bajos ingresos, de calidad arquitectónica y constructiva que deja mucho que desear como se observa en los barrios Doce de Octubre

(1974), Niquía en Bello (1978), Francisco Antonio Zea (1972) o Tricentenario (1976) del ICT. De todos los barrios populares urbanizados por el ICT, sólo las primeras etapas de La Floresta (1948-1950) y todo El Pedregal de finales de los años sesenta tuvieron asignados suficientes espacios públicos y amplias zonas verdes.

Los complejos de multifamiliares para clase media, como Carlos E. Restrepo, Milán (Propiedad, 1987-1992) en Envigado y Altamira (Fondo Nacional de Ahorro), entre otros, aunque de períodos diferentes, son alternativas de solución habitacional masiva donde aún se aplican los conceptos urbanísticos lecorbusianos, en los que predominan zonas verdes y de servicios comunes muy reducidas si se considera la alta densidad de población por hectárea que tienen estas urbanizaciones. La escasa asignación de áreas libres y el apeñuscamiento de bloques de apartamentos ponen en evidencia la ligereza con que son tratados los problemas de la vivienda, convertida en negocio de alta rentabilidad, antes que factor de mejoramiento de la calidad de vida de la ciudad y su población.

Así, el barrio La Floresta (1936), uno de los primeros proyectos para estrato bajo y medio en que se utilizó la modalidad de financiación a largo plazo, sólo tiene en la Urbanización La Palma (1969) en Belén, de la firma Fajardo Velez y Cía., un modelo equiparable, por la amplitud en la disposición de zonas verdes exteriores y el «solar» o

Demolición del Teatro Bolívar en 1954.
(Fotografía Gabriel Carvajal, Foto Carvajal)

Edificio Carré,
ca. 1950
(Fotografía
Carlos
Rodríguez,
Centro de
Memoria Visual,
FAES)

Edificio Carré,
ca. 1950
(Fotografía
Carlos
Rodríguez,
Centro de
Memoria Visual,
FAES)

Banco de la
Mutualidad,
edificio Echavarría,
ca. 1920.
(Tarjeta postal,
Centro de
Memoria Visual
FAES)

jardín interior retomado de la vivienda tradicional. El último proyecto de vivienda unifamiliar que vale destacarse, a pesar de ser concebido como unidad cerrada, es Kalamari (1987), en el sector de El Rodeo, realizado por el Taller de Arquitectura bajo la dirección de Ramiro Henao. Proyectos de multifamiliares del mismo período reconocidos por la crítica especializada son Quebradahonda (Envigado) y Nueva Villa de Aburrá, tercera etapa (ICT, 1982), de Nagui Sabet; Portal del Valle y Portal del Cerro (1982-1985) en Envigado y el Centro Habitacional Centro Caracas Dos (1986) en la calle Caracas por El Palo y La Av. Oriental –obras del grupo compuesto por Álvaro Restrepo, Fernando Villa y Carlos Reyes, adelantadas con el auspicio de la desaparecida Cooperativa de Habitaciones–; y la urbanización La Mota

(1982-1987) de Laureano Forero. En casi todos ellos se buscó en un principio la integración de los conjuntos a la ciudad, contrario a lo impuesto por las funestas unidades cerradas, en boga por estos años. Se volvían a establecer relaciones entre los edificios y la calle, las plazoletas interiores y las zonas comerciales y de servicios, constituidas como áreas de beneficio común, a la manera acostumbrada y tradicional en Medellín. Las unidades cerradas –aparecidas a finales de los años setenta y reglamentadas como es debido en 1986– en Belén, Envigado y especialmente en El Poblado, con la justificación de la inseguridad que empezaron a padecer casi todas las grandes ciudades, provocaron, aun con su baja densidad y abundante espacio verde interior, una negación del espacio público, donde incluso los andenes,

Aeropuerto Enrique Olaya Herrera. Interior donde se ubican las aerolíneas.
(Fotografía Gabriel Carvajal, Foto Carvajal)

áreas de protección del peatón y parques públicos no se contemplaron en los proyectos.

Los rascacielos

La expansión económica del Estado, la industria, la banca y la población enmarcan la aparición de los rascacielos, edificaciones que tenían el triple propósito de servir como indicador de poder económico de quienes las patrocinaban, producir el máximo beneficio financiero y crear marcas urbanas nuevas aprovechando el elemento altura. Al ubicarse en el centro histórico-cívico de la ciudad, la construcción de rascacielos para oficinas, comercio y vivienda trajo consigo la destrucción de una buena parte del ya escaso patrimonio urbanístico antiguo de Medellín. Fue así como a lo largo de la década del sesenta y principios de los años setenta, en ejes de notable y tradicional calidad ambiental y arquitectónica como La Playa, el Parque Bolívar, Maracaibo, El Palo y Sucre, en el lugar que dejaba la demolición de las mejores casas y villas de principios de siglo, se levantaron altas torres mixtas de consultorios y apartamentos de lujo como Darieles, Boteros, Gualanday, Casablanca, Dobaibe, Los Búcaros, Doral y Playa Horizontal en La Playa; Palomar, Thunapa y Bancoquia en Maracaibo; El Parque, Apabí, Echavarría y Los Álamos alrededor del Parque Bolívar, entre otros. Vivir en grandes edificios en el centro fue por entonces un signo análogo de prestigio y estatus social.

La moda de los rascacielos «monumentales» para comercio y oficinas fue iniciada en Bogotá con la torre Avianca (1966-1969), compuesta de cuarenta pisos. Ejemplares semejantes, con su infortunada propuesta urbanística y desproporcionada altura, empezaron a cambiar bruscamente el perfil del centro de las principales ciudades y a sepultar definitivamente los campanarios y los referentes urbanos, que por siglos habían pervivido en la memoria de muchas generaciones.

En Medellín, los edificios Furatena (1966) con sus treinta pisos en Sucre por Colombia, Coltabaco (1967) en el Parque de Berrío y Seguros Bolívar en Colombia (1967) inauguraron esta moda. Luego vino la torre Coltejer (1968-1972), la más alta de la ciudad, diseñada por los mismos proyectistas del edificio Avianca, Esguerra, Sáenz, Urdaneta, Samper y Ricaurte, y construido en el lote que dejó libre la demolición del Teatro Junín. Después las torres de la Cámara de Comercio (1970) y el Vicente Uribe Rendón en la avenida Oriental, de Augusto González, el del Banco Cafetero, segundo más alto (1974-1978), de la firma Fajardo Vélez y Cía., el Banco Popular, el Fabricato-Colseguros, los multifamiliares de la unidad residencial Marco Fidel Suárez o «torres de Girardot» de Luis Guillermo López y E. Arango, el Colombia y el nuevo Palacio de Justicia del Grupo Habitar, entre otros. La obsolescencia de los rascacielos se hizo visible en los años ochenta a causa del deterioro del centro de la ciudad, la poca disponibilidad de puestos de parqueo para automóviles y el desplazamiento de la gente y de las actividades comercial y bancaria a zonas periféricas con mayor proyección económica y urbana. Dentro del tipo de edificios

El parque de Berrío en 1994 (Fotografía Antonio Garcés, archivo Foto Garcés)

de moderada altura de los años setenta quedan buenos ejemplares: el edificio Camacol (1972-1974) cerca del puente de Colombia, de los arquitectos Miriam Uribe, Iván Londoño y Jaime Jaramillo, miembros del grupo de precursores en la ciudad, de una arquitectura internacional identificada con el ladrillo; y el Banco de la República (1969-1974) en el Parque Berrío, obra de Álvaro Cárdenas, en el cual se retomó la altura discreta de los edificios de trabajo propios de la arquitectura de los años cincuenta y se le brindó al centro de la ciudad un generoso espacio público adornado con mármoles y grandes fuentes.

Los rascacielos y los inconvenientes que con-

llevó su densificación en zonas como el Centro y El Poblado, finalmente fueron motivo de preocupación para las autoridades municipales que debieron reglamentar sucesivamente, entre 1973 y 1977, la altura, el área en planta y el margen de retiros con respecto a las vías según cada zona de la ciudad.

Los años ochenta y la arquitectura reciente

En los últimos años se han destacado unos pocos profesionales como líderes de grupos, fundaciones, talleres y compañías de diseño, asesoría y construcción establecidos en Medellín, que gozan

de reconocimiento nacional e internacional por alguna de sus obras o por el conjunto.

Vale destacar a Álvaro Sierra Jones, director de la impecable restauración de la vieja Estación Medellín del ferrocarril, desarrollada en asocio con los arquitectos John Jairo Acosta, Luis Fernando Mejía y Juan Castro, galardonados con el Premio Nacional de Arquitectura 1993. Óscar Mesa, productor de una obra, que ya se puede calificar de prolífica, donde los ámbitos son cerrados para mantener un buen ritmo de trabajo con calidad; entre sus logros están el Teatro Metropolitano (1986), el edificio de oficinas Corfín (1986) y varios proyectos de vivienda en El Poblado.

Laureano Forero, profesional muy versátil y polémico, quien a pesar de su larga trayectoria y abundante producción, no ha podido establecer una identidad propia. Sus «reciclajes» y remodelaciones como las del antiguo Seminario Conciliar (1920-1928) –obra de Juan Buscaglione (1874-1941)– que convirtió en Centro Comercial Villanueva (1981-1983) y las viejas bodegas de aduana transformadas en el Centro Comercial Almacentro (Premio Nacional de Arquitectura 1983) lo revelan como un arquitecto práctico e ingenioso para solucionar difíciles problemas técnicos. Germán Téllez, quien ha combinado la investigación, la conservación, la crítica y la fo-

MONUMENTOS DEL VALLE DE ABURRÁ DECLARADOS PATRIMONIO HISTÓRICO

Casa natal de Francisco Antonio Zea
Decreto 669/1954
C. 51 x Cr. 54

Palacio de Calibío
Resolución 02/1982
Cr. 51 52 03

Estación Medellín
Resolución 02/1982
Cr. 52 42 31

Catedral Metropolitana
Resolución 02/1982
Parque Bolívar

Iglesia La Veracruz
Resolución 02/1982
Cr. 52 x C. 51

Universidad de Antioquia
Resolución 02/1982
(Edificio del Paraninfo)

Plaza de San Ignacio

Casa natal de José Félix de Restrepo
Decreto 286/1975
Sabaneta

Capilla del bautizo de Marco Fidel Suárez
Resolución 05/1981
Bello

Edificio Vásquez
Resolución 14/1988
Cr. 52 44A 17

Edificio Carré
Resolución 14/1988
Cr. 52 44B 21

Facultad de Agronomía
Resolución 04/1987
U. Nacional

Edificio Redondo en LaAlpujarra
Resolución 02/1982
Cr. 59 50 58

Bloques M3, M4 de la Escuela de Minas
Resolución 04/1987
Barrio Robledo

Hospital San Vicente
Resolución 123/1991
Cr. 51 x C. 64

Iglesia San Antonio
Resolución 02/1982
Cr. 49 44 55

Iglesia San Ignacio
Resolución 02/1982
Cr. 44 48 18

Iglesia S. Juan de Dios
Resolución 02/1982
Cr. 54 x C. 49

Iglesia. Sagrado Corazón de Jesús.
Resolución 02/1982
Cr. 57A 44A 15

Palacio Nacional
Resolución 14/1988
Cr. 52 48 85

Pasaje Sucre
C. 44 x Cr.45

Plaza de Cisneros
Resolución 117/1986
C. 44 x Cr. 43

Puente de Guayaquil
Resolución 14/1988
Sector de Argos

Ecoparque El Volador
Resolución 14/1993
Cr. 65 x C. 53

tografía arquitectónica de excelente factura, incursionó por primera vez en Medellín como restaurador en el proyecto de intervención (1991-1994) del viejo Palacio Nacional, obra muy polémica por los conceptos aplicados pero que indudablemte hizo un gran aporte a la recuperación del centro.

Otras obras de conservación que se llevan a cabo en la actualidad son las del Palacio de la Cultura (1987-) bajo la dirección de Rodrigo Restrepo, arquitecto de Obras Públicas Departamentales, con la asesoría de Clemencia Wolf Idárraga, encargada también de la restauración del Edificio del Paraninfo de la Universidad de Antioquia en la Plazuela San Ignacio. En contraste con las obras ejecutadas en los monumentos, los gobiernos nacional, seccional y local adelantaron entre 1985 y 1987 el conjunto de edificios que conforman el Centro Administrativo La Alpujarra, según proyecto arquitectónico de Fajardo Vélez y Cía., Lago Sáenz Ltda. y Esguerra Sáenz y Samper Ltda., y diseño interior de la Secretaría de Obras Públicas de Antioquia. La propuesta urbanística del conjunto se caracteriza por su excesiva área dura en una zona descompensada en espacios verdes, casi inhóspita para la estadía y circulación de los peatones y trabajadores públicos que diariamente recorren y habitan el lugar. De este complejo vale destacar, el buen diseño interior de Álvaro Vallejo Peláez, del recinto del Concejo de Medellín.

Proyectar y emplear grandes, audaces y complejas estructuras de hierro o aluminio en obras de infraestructura para atender servicios públicos masivos, es característica del período de los años ochenta. Ellas son muestra de las búsquedas de algunos arquitectos por conseguir una modernidad arquitectónica nacional, a través de la exploración y aplicación del metal, material que permite osadas recreaciones formales que posibilitan cubrir extensos espacios interiores con mínimos apoyos. Sobresalen como ejemplos el Palacio de Exposiciones y Convenciones con la cubierta de mayor luz que existe en el país, el Terminal de Transportes (1985) de Juan Guillermo Gómez, el aeropuerto de Rionegro (1985) de las firmas CEI, TAMS y DARCO y la cubierta de los teatros Metropolitano y Universidad de Medellín.

Ramiro Henao y su Taller de Arquitectura se han encauzado por la investigación de los problemas urbanos de la ciudad para elaborar una arquitectura que respete el entorno y las costumbres de los habitantes en el uso del espacio.

Se ha producido, asimismo, una masiva arquitectura suntuosa para vivienda y trabajo en ofici-

EDIFICIOS DE GRAN VALOR PATRIMONIAL SEGÚN LA RESOLUCIÓN 123
DE 31 DE OCTUBRE DEL CONSEJO DEPARTAMENTAL DE MONUMENTOS

Monumento	Ubicación	Monumento	Ubicación
Colegio San Ignacio	Cr. 44 48-18	Edificio Banco Industrial	
Antiguo Palacio Municipal	Cr. 52-43	Colombiano	Cr. 52 50-20
Asilo Mi Casa	C. 44 43-58	Edificio Bolsa de Medellín	P. Berrío
Casa antigua	Cr. 52A 45-09	Edificio Cárdenas	C. 52 50-19
Casa antigua	Cr. 53 45-02	Edificio Central	C. 52 49-103
Casa antigua	Cr. 49 55-11	Edificio Colseguros	Cr. 52 51A-23
Casa antigua	Cr. 52 49-22	Edificio Coltabaco	Cr. 51 50-51
Casa antigua	Cr. 52 49-36	Edificio Constain	Cr. 50 51-16
Casa antigua	Cr. 48 54-44	Edificio Erlinda	Cr. 51 49-46
Casa antigua	C. 54 46-58	Edificio Fabricato	Cr. 51 49-11
Casa «Restaurante		Edificio Bemogú	Cr. 49 50-22
Posada de la Montaña»	C. 53 47-44	Edificio Gutemberg	Cr. 52 51-65
Casa «Restaurante La Estancia	C. 54 46-52	Edificio Henry	Cr. 51 17
Casa de «Salón Mariela»	C. 53 45-44	Edificio Lucrecio Vélez	Cr. 49 50-22
Casa sede Banco de Colombia	P. Bolívar	Edificio Luis M. Mejía	Cr. 49 50-01
Casa sede de Cedesistemas	Cr. 49 53-63	Edificio Martínez	Cr. 52 50-48
Casa sede Cedecómputo	C. 51 43-75	Edificio Naviera Colombiana	Cr. 50A-52 36
Casa sede Congregación Mariana	C. 52 40-146	Edificio Palacé	C. 52 49-109
Casa sede Adpostal	C. 51 43-75	Edificio Seguros Bolívar	Cr. 49-73
Casa sede Coninsa	Cr. 49 56-09	Edificio Suramericana	Cr. 52 50-13
Casa sede Turantioquia	Cr. 48 56-11	Edificio Vélez Ángel	C. 52 49-61
Casa sede del Teatro		Edificio Víctor	C. 51 75
El Águila Descalza	Cr. 45B 59-01	Bloques Facultad de Medicina	
Casa sede Jardines Montesacro	Cr. 49 54-47	U. de Antioquia	Cr. 51D x C. 62
Casa sede Movimiento		Hotel Montería	Cr. 52 45-4
Conservador	C. 56 47-32	Iglesia de Jesús Nazareno	Cr. 52 61-24
Casa sede Club Unión	Cr. 49 52-123	Iglesia de Nuestra Señora	
Colegio María Auxiliadora	Cr. 45 58-88	de la Candelaria	C. 51 49-51
Convento de Siervas de María	Cr. 46 65-17	Iglesia de San Benito	C. 51 56A-76
Casa estilo republicano	C. 51 69	Iglesia de San José	Cr. 46 49-93
Edificio Álvarez	C. 50 51A-27	Iglesia del Espíritu Santo	C. 63 49-32
Edificio Atlas Lalinde	C. 50 49-44	Iglesia de Nuestra Sra.	
Edificio Banco Comercial		del Perpetuo Socorro	Cr. 35 x C. 50
Antioqueño	C. 50 51-75	Antiguo Palacio Municipal	Cr. 52 x C. 52
Edificio Banco de Bogotá	P. Berrío	Casa estilo republicano	C. 54 46-38
Edificio Banco de Colombia	Cr. 51 49-59	Teatro Pablo Tobón Uribe	Cr. 40 51-24

na, en Laureles y El Poblado, buena parte construida con el sistema del Upac y por medio de dinero producido por la economía subterránea del narcotráfico. Se trata de grandes edificios ubicados en zonas que nunca fueron planificadas para albergar un número elevado de habitantes y vehículos, y en las que no se han tomado las medidas necesarias para garantizar la provisión de espacio público suficiente. Por tal razón se produce el deterioro progresivo de las originales calidades urbanísticas y ambientales de dos de los sectores más amables y gratos que tenía la ciudad. El in-

ventario y el análisis de esta arquitectura, por razones de espacio, no se tratan aquí.

El fin de siglo tiene como grandes hitos obras caracterizadas por la aplicación de sofisticada tecnología electrónica en el funcionamiento y uso de los edificios, para los que ya se acuñó el término de «inteligentes» y cuyo primer ejemplo será el nuevo edificio de las Empresas Públicas de Medellín, actualmente en construcción en el sector de La Alpujarra.

La investigación en todos los aspectos relacionados con la arquitectura y el urbanismo; la conciencia que se ha despertado en la comunidad profesional sobre la necesidad de conservar la poca memoria urbana colonial y ecléctica que queda en la ciudad; la ejecución técnica de los primeros proyectos de restauración de monumentos; la proliferación de una arquitectura comercial y estatal ostentosa y suntuaria, en contraste con la baja calidad de la arquitectura y el urbanismo para atender las necesidades básicas de la mayor parte de la población; el alto índice de desempleo y subempleo de los profesionales de la arquitectura por la sobresaturación del mercado laboral; la formación de profesionales en las carreras de arquitectura con pénsum y currículos divorciados y descontextualizados de la realidad y la problemática de la ciudad; la concentración y manipulación de los grandes proyectos arquitectónicosy urbanísticos por parte de un reducido y excluyente número de profesionales; la tendencia a producir una arquitectura internacional de planta libre, cargada de complejidades formales y volumétricas, muy preocupada por el tratamiento exterior y poco por el interior; y la falta de una arquitectura local acorde con las condiciones físicas, históricas y culturales de la ciudad, son los rasgos más característicos que se pueden detectar en materia de arquitectura en los últimos años. A diferencia de lo que ocurre con Bogotá y su arquitectura internacional construida con ladrillo, en tiempos recientes los profesionales antioqueños, con pocas excepciones, no han podido establecer unos elementos comunes para realizar una arquitectura con significados y referentes culturales para Medellín. Se percibe un caos, porque a algunas entidades públicas municipales y a muchos arquitectos y constructores poco les ha preocupado el anhelado desarrollo armónico de la ciudad que tantos desvelos le produjo a don Ricardo Olano.

Bibliografía

Arango, Silvia, *Historia de la arquitectura en Colombia*, Bogotá, Universidad Nacional de Colombia, 1990.

Arbeláez Camacho, Carlos y Santiago Sebastián López, *La arquitectura colonial. Historia extensa de Colombia*, vol. XX, tomo 4, Academia Colombiana de Historia, Bogotá, Lerner, 1967.

Bernal, Marcela, Ana Lucía Gallego y Olga Lucía Jaramillo, *100 años de arquitectura en Medellín. 1850-1950*, Medellín, Banco de la República, 1988.

Fonseca Martínez, Lorenzo y Alberto Saldarriaga Roa, *Arquitectura popular en Colombia. Herencia y tradiciones*, Bogotá, Altamir Editores, 1992.

Molina Londoño, Luis Fernando, «La arquitectura colombiana», en *Gran Enciclopedia de Colombia*, tomo 6, Bogotá, Círculo de Lectores, 1993.

— «Agustín Goovaerts, arquitecto», Medellín, Secretaría de Educación y Cultura de Antioquia (inédito), 1991.

Niño Murcia, Carlos, *Arquitectura y Estado*, Bogotá, Universidad Nacional de Colombia, 1991.

Romero, José Luis, *Latinoamérica: las ciudades y las ideas*, México, Siglo XXI, 1984.

Sociedad Colombiana de Arquitectos, *Anuario de la arquitectura en Colombia,* vol. 13, Bogotá, Sociedad Colombiana de Arquitectos, 1984.

—*Decimotercera Bienal de Arquitectura,* Bogotá, Escala, 1992.

Téllez, Germán, «La arquitectura y el urbanismo en la época actual», en *Manual de historia de Colombia*, tomo III, Bogotá, Instituto Colombiano de Cultura, 1982.

REVISTAS
Escala, Bogotá (1970-1994).
Proa, Bogotá (1946-1994).

PÁGINA OPUESTA
Interior del Palacio Nacional de Medellín, fotografiado en 1990 (Fotografía Gabriel Carvajal, Foto Carvajal)

Mario Yepes Londoño

Teatro y artes representativas en Medellín

Desde los comienzos de la vida independiente hasta la mitad del siglo veinte, la historia del teatro en Medellín[1], como en el resto del país urbano, se movió entre dos tipos de dramaturgia y representación: por un lado, una producción nacional y una provinciana, más propiamente en el estilo de la velada familiar y de la fiesta de ocasión, en las cuales se advierten variadas influencias desde el sainete pueblerino y campesino de vieja tradición española, pasando por la comedia y la zarzuela peninsulares del tipo Hermanos Álvarez Quintero y Ruperto Chapí, hasta el drama romántico a la manera de García Gutiérrez y de Zorrilla (y por esa vía, o por lectura directa, de Víctor Hugo, Sardou o Scribe). Estas obras, sus adaptaciones o sus parodias, llegaban en ediciones como las notablemente copiosas de Saturnino Calleja o de la Galería Dramática Salesiana. Esta última las imprimía en versiones separadas para hombres y mujeres, pero también podían encontrarse publicadas en la ciudad, como una serie de la Imprenta del Departamento, en los primeros años del siglo, bajo la dirección de don Lino R. Ospina. Capítulo aparte merece la dramaturgia

Representación teatral en el Teatro Bolívar, ca. 1925
(Fotografía Manuel A. Lalinde, colección particular)

la ciudad como visiones contrastantes con la tradición local acostumbrada a los eternos *pas de deux* y *pas de quatre* tomados aisladamente como fragmentos de los mismos ballets de Tchaicovsky, Delibes, Minkus o Adam. En este campo del ballet y la danza contemporánea se han acometido en Medellín varios intentos por establecer escuelas de formación y elencos permanentes de danza clásica y contemporánea, desde la década del cincuenta cuando una *cruzada contra el paganismo* desalentó un proyecto inicial de Lilí de Yankovich, hasta el trabajo de los mencionados esposos Pikieris y Baquero, cuyo trabajo de formación y de repertorio se ha consagrado igualmente al ballet clásico y al baile folclórico. Del de Silvia Rolz se recuerdan sus coreografías sobre *La noche transfigurada* de Arnold Schoenberg y el *Concierto en do menor para oboe y cuerdas* de Alessandro Marcello (1978), amén de las que realizó para *Un baile de máscaras* (1980) de Verdi, con Daniel Lipton y la Sinfónica de Colombia, y para el mencionado *Trionfi* de Orff. Asimismo, se destacan María Elena Vélez como bailarina, María Elena Uribe, dedicada especialmente a la formación de niños, y Peter Palacio, autor del espectáculo *Benkos* (1992), para el cual compuso la música Andrés Posada, y del más reciente, llamado *Recicle,* con compañía propia, que se ha presentado con éxito en festivales internacionales; también el Ballet Folclórico de Antioquia empieza a imponerse en el escenario local. El trabajo meritorio de estos coreógrafos y agrupaciones aún no ha encontrado la comprensión social para establecer el arte de la danza como profesión.

A partir de la década del cuarenta se hicieron populares en todo el país, y especialmente en Medellín, casa matriz de las primeras cadenas radiales, las radionovelas y las piezas de teatro radiofónico, género que no han desdeñado importantes autores e intérpretes dramáticos universales y que entre nosotros llenaba en parte el vacío de la representación viva, siempre escasa. Aquí se destacaron en lo segundo los españoles Marina y Roberto Uguetti, acompañados por elencos de las emisoras, y los programas que dejó grabados para la Voz de Antioquia el notable actor Carlos Lemos, quien vino varias veces a Medellín con la Compañía Lope de Vega y trabajó durante un año en la televisión bogotana. Obras adaptadas como *El Caballero de Olmedo* de Lope de Vega, *Corona de amor y muerte* de Alejandro Casona; *El baile* de Edgar Neville o el monólogo *Bandera negra,* de Horacio Ruiz de la Fuente, presentadas en noches de domingo, congregaban a un público numeroso al lado de los receptores; sin embargo, sin tanto éxito como las series nacionales, en las cuales se destacó Efraín Arce Aragón, veterano de teatro, cine y televisión que actualmente dirige en Medellín una escuela de las tres especialidades.

En la ciudad, hasta la época en que tales programas fueron sustituidos por la oferta de la televisión, era frecuente que las series radiofónicas pasaran, una vez concluidas, al escenario del Junín, generalmente con los mismos intérpretes, como el público esperaba. Una obra como *Un ángel de la calle,* estrenada en noviembre de 1952 en el Teatro Bolívar, melodrama de Arce Aragón puesto en escena en 1962 y que resumía en dos horas una serie radial de varios meses, atraía multitudes de espectadores al Teatro Junín durante varios días, dos veces diarias. Quien lo vio no recuerda una afluencia semejante del público a espectáculos de teatro en la ciudad, como no sea el caso actual no superado del grupo El Águila Descalza.

Puesta en escena de *Las tardes de Manuela* en 1989, obra del dramaturgo José Manuel Freidel, Grupo de Teatro La Fanfarria

El largo camino hacia la profesionalización

En Medellín, como en el resto del país, la producción teatral en todos sus géneros, escrita y representada, ha tenido como signo distintivo durante la mayor parte de su historia –signo que comparte con la música– un carácter marginal y aficionado, que correspondía (y en buena medida es así en nuestros días) a una mentalidad que combina dos elementos: el primero, muy importante, la convicción de que la calidad, el nivel de elaboración necesario para alcanzar una verdadera categoría de arte, es cosa que viene de fuera, o sea del exterior o incluso de Bogotá. La exaltación de *lo nuestro* tiene un valor entendido y se refiere a la cultura autóctona, al folclor (para muchos esto es lo único de lo que debería ocuparse el criollo); así, es frecuente desmerecer el intento por acceder a una comunicación artística que pretenda realizarse dentro de las estructuras y los géneros practicados en el arte internacional, incluso cuando los productos presentados son una reelaboración de las manifestaciones de la propia cultura. El rechazo es aún mayor si las obras critican al establecimiento o rasgos notorios de esa cultura: sólo se admite reproducir y ensalzar al uno y a la otra.

En consecuencia, el segundo elemento que configura esa mentalidad es considerar al artista de teatro o de música que tenga tales pretensiones, como persona desubicada que por practicar lo que está fuera de su alcance y distraer con ello recursos valiosos para otras empresas, resulta ser un verdadero parásito social. Para el común, incluso para muchos dirigentes, la pausa del ocio bien se puede llenar solo con folclor auténtico (y aún éste es considerado como transfondo que se observa o se escucha entre dos tragos); mejor aún si no comporta veleidades *deformadoras*, es decir, si no pretende ser otra cosa que el repertorio trajinado e inmutable. Lo otro, el arte, lo que resulta de la formación rigurosa y de la práctica incesante y profesional, es inútil, no produce dividendos y no debe ser estimulado. La expectativa de trabajo permanente y remunerado por instituciones o directamente por el público, casi no existe en nuestro medio. Sectores del público, de las instituciones y de los artistas prefieren incluso la actitud paternalista del patrocinador que compra el espectáculo y regala la entrada a públicos seleccionados, con lo cual se rompe esa relación de oferta y demanda abiertas, y de mutua exigencia entre el espectador y el artista, condición indispensable para el desarrollo del trabajo de éste y de una recepción crítica por parte de aquél y que no negaría el subsidio parcial del costo de origen público o privado, necesario en cualquier parte. Todo ello ha desalentado el ingreso a la formación artística desde la infancia, aunque en esto ya se ven cambios alentadores; pero, especialmente, ha sido un obstáculo para la constancia en la búsqueda de formación superior y de alta exigencia personal de los artistas: escasa remuneración y público apático o complaciente con resultados mínimos, o que al fin y al cabo nada le han costado (a lo cual se suman la falta de competencia cualificada y de crítica especializada), han sido las causas de la escasa producción, del salto precoz al trabajo escasamente remunerado, y de la deserción.

El círculo vicioso tenía y tiene que ser roto por los propios artistas o candidatos a serlo. Lentamente, durante los últimos 40 años, se ha ido creando una conciencia entre ellos sobre la necesidad de desarrollar y cualificar las profesiones artísticas y de establecer por sí mismos esa relación directa con el público. El pasado puede describirse como una situación en la cual un dirigente podía decidir la demolición de un teatro, y así decretaba la inutilidad social del mismo; y en la cual los artistas y el público interesado no tenían voz ni autoridad ni poder para impedirlo. El presente, aun con todo el camino por recorrer, ya está marcado por una conciencia de que el artista debe apropiarse tanto del conocimiento del ocio como de los medios de producción y comunicación representados en salas que le pertenecen.

Naturalmente, quienes iniciaron ese camino encontraron un eco débil. Desde la década del cincuenta y con diversa constancia en el oficio, fueron importantes en el teatro de Medellín los nombres de Héctor Correa Leal, uno de los primeros que iniciaron grupos en las universidades locales; Fausto Cabrera, quien trabajó aquí en una primera etapa cuando fundó en 1957 el grupo El Búho, el cual después se trasladó a Bogotá; y de manera especial, por la trascendencia que tendría sobre el presente, el núcleo que surgió del trabajo en el grupo El Duende bajo la dirección de Sergio Mejía Echavarría, cuya presencia en el escenario se prolongó más de un cuarto de siglo y continúa en la revista *Platea 33*.

Actor, director, dramaturgo, periodista y librero, Sergio Mejía fue uno de los primeros en intentar (1957) la creación de una escuela de teatro, con el nombre de Instituto de Artes Escénicas, con la colaboración de Leonel Estrada, proposición que no prosperó en la Asamblea Departamental. Mejía persistió en otros dos proyectos: el primero sobrevivió tres años, 1959-1961, en el Instituto de Bellas Artes, para desaparecer por falta de presupuesto, y el segundo fue la creación del Departamento de Estudios Dramáticos de la Universidad Pontificia Bolivariana, 1965-1967. En 1960, con el grupo Masejor (máscara, en hebreo) había estrenado *El diario de Ana Frank*, con gran éxito. Sergio Mejía y el grupo El Duende perseveraron (1956-1981) en ofrecer al público un repertorio clásico y moderno, además de interesarse por dar a conocer y practicar la teoría de Stanislavsky. Entre las obras que pusieron en escena estuvieron *El zoológico de cristal* de Tennessee Williams, *Ha llegado un inspector* de J. B. Priestley, *La vida es sueño* de Calderón, *Los intereses creados* de Jacinto Benavente, *El landó de seis caballos* y *Juego de niños* de V. Ruiz Iriarte y *La sangre de Dios* de Alfonso Sastre. El propio Sergio Mejía presentó los monólogos *El globo de colores*, obra suya, *Las manos de Eurídice* de Pedro Bloch, y *El prestamista* de Fernando Josseau.

Del núcleo de El Duende se desprenderían, a mitad de camino y con las rupturas inevitables, otros practicantes que si bien no tenían el teatro como profesión y estaban consagrados en otras libertades, sí le han dedicado una parte importante de sus vidas. Tal fue el caso del grupo El Triángulo, cuyos montajes dirigidos alternativamente por el odontólogo Rafael de la Calle, el arquitecto Rafael Arango (el escenógrafo del grupo, ya desaparecido) y el médico Gilberto Martínez (actor, director, dramaturgo), fueron un aire renovador del teatro en Medellín durante las décadas del sesenta al ochenta (con reapariciones esporádicas de De la Calle desde entonces). Montajes como *Todos eran mis hijos* de Arthur Miller y *La zorra y las uvas* de Guilherme Figueiredo son inolvidables para quienes los presenciaron. Allí trabajaron, entre otros, Lucía Arriola, Simone y Tomás Vayda, Samuel Mandelbaum, Colette Winograd, Marta Isabel Obregón y Joseph Vayda.

Un nuevo desprendimiento vendría con la fundación del grupo La Carreta dirigido por Gilberto Martínez y Sergio Berdugo al fusionarse con el grupo de Gilberto Martínez, TECA, Teatro Experimental Colombiano, el cual funcionaba especialmente en el auditorio de la Facultad de Medicina de la Universidad de Antioquia y en el patio de la vieja sede del Centro Colombo Americano, donde se prsentaron obras como *Los mofetudos*, sátira social de Martínez, y *Cuento de la hora de acostarse*, de Sean O'Casey.

Por entonces, Medellín vivía nuevos estímulos intelectuales; a la todavía reciente Universidad de Medellín se agregaría la fundación de la Universidad Autónoma Latinoamericana. Era una etapa signada por intensa actividad literaria: el Nadaísmo con nombres tan sólidos como Gonza-

lo Arango, también dramaturgo, inconstante como correspondía, que escribió *Nada bajo el cielorraso* y *HK-111*, estrenados en 1959, y el poeta Amílkar Osorio; escritores como Manuel Mejía Vallejo y otros integrantes de La Tertulia: Darío Ruiz Gómez, María Elena Uribe de Estrada, Olga Elena Mattei, Regina Mejía de Gaviria y Oscar Hernández; plástica: empiezan las bienales de Arte de Coltejer; musical: festivales musicales del Conservatorio, con la colaboración de la Universidad de Antioquia, patrocinados por Fabricato; de interés por el cine europeo en boga, que se veía en algunas salas comerciales y en el Cine Club de Medellín con Alberto Aguirre, Darío Valencia, Orlando Mora y Alvaro Sanín, cuando llegaban a la ciudad las obras de Visconti, De Sica, Antonioni, Truffaut y Chabrol, los clásicos del cine soviético, Bergman, el cine antifascista *Morir en Madrid*, y el nuevo cine español y latinoamericano.

Pero, sobre todo, era una época de intensa controversia política: el eco de la revolución cubana, la conmoción dentro de la propia Iglesia católica después del Concilio Vaticano y del Celam, el auge y las múltiples vertientes de la izquierda y del movimiento guerrillero. Época de alienaciones y realineaciones, de conflictos sindicales y universitarios. El teatro colombiano. como en toda Latinoamérica, se sitúa en el orden del día, y en la década del sesenta llegan a Medellín encontradas influencias, algunas tardías, como suele suceder aquí, todo al mismo tiempo, de todas partes, en los textos y mediante los grupos visitantes que arribaban directamente o con ocasión del Festival de Manizales: Sartre, Camus, Adamov, Beckett, Ionesco, Genet, Edward Albee (Santiago García y Kepa Amuchástegui en *La historia del zoológico;* The Bogotá Players en *¿Quién le teme a Virginia Woolf?*); Nicolai Gogol, *El diario de un loco* por la Compañía de los Cuatro de Santiago de Chile; Clifford Odets, Arthur Miller, Tennessee Williams. Buero Vallejo y Sartre, Alfred Jarry (el memorable *Ubú, rey* por el TEC de Cali). Se viaja a ver en Bogotá los montajes de Santiago García de *Galileo Galilei*, de Bertolt Brecht, y *Marat Sade,* de Peter Weiss; al montaje de Danilo Tenorio de *Guárdese bien cerrado en un lugar seco y fresco* de Terry Megan, en Manizales, y allí mismo el de Ricardo Camacho de *El fantoche de Lusitania* de Weiss, o la condensación de textos de Ionesco por Carlos Giménez con el grupo de la Universidad de Córdoba, Argentina.

Por entonces se hablaba en toda Latinoamérica de creación colectiva en el teatro, como proposición de puesta en escena y rica fuente de dramaturgia que mejor convenían a nuestra circunstancia. El

TEC, original promotor de la idea en Colombia, trae sus distintas versiones (de la primera a la cuarta) de *En la diestra de Dios Padre, Soldados, Los papeles del infierno, La trampa, La denuncia* y *Los inocentes*. La Candelaria trae *Guadalupe años sin cuenta,* todo un acontecimiento. La lista sería interminable, pero así, en desorden e incompleta, ilustra un aspecto fundamental de la formación teatral que recibieron los comediantes y, muy importante, el público de Medellín en una época en la cual carecíamos formalmente de ella.

Paralelamente, durante aquellos años –desde fines de la década del sesenta se dio un paso para llenar ese vacío: Gilberto Martínez inicia la Escuela Municipal de Teatro (1966), que funcionará hasta 1972, cuando el alcalde la cerró por razones políticas. Allí trabajaron como docentes Yolanda García, quien dirigió al mismo tiempo los grupos de la Universidad Pontificia Bolivariana y del Politécnico, y Edilberto Gómez, quien reemplazó a Alberto Llerena en la dirección de El Taller de la Universidad de Antioquia; Jairo Aníbal Niño, director también del grupo de la Universidad Nacional, con el cual estrenó *Ciugrena* de Fernando Arrabal, y su propia obra *Bodas de lata o el baile de los arzobispos,* además de su intensa actividad en títeres y teatro para niños; Ramiro Rengifo, la pianista Consuelo Mejía y el propio Martínez. Si bien la Escuela Municipal sólo alcanzó, por causas comprensibles entonces y ahora, a cubrir algunas de las disciplinas infaltables en una formación integral de actores, fue una etapa importante del movimiento teatral de Medellín: un número importante de sus alumnos y docentes se mantienen activos hoy día, como José Fernando Velásquez, Óscar Zuluaga y Luis Carlos Medina, y algunos de sus montajes se recuerdan con respeto: de Brecht, el mencionado de *La excepción y la regla* y *Los fusiles de la señora Carrar,* y de Kenneth Brown *La disciplinaria,* entre otros.

Al cerrarse la Escuela sus integrantes fundaron el Teatro Libre de Medellín a comienzos de 1973, primera sala de un grupo independiente que, pese a la escasez de recursos y a la circunstancia política adversa, se mantuvo tres años con una programación permanente; en ésta se destaca el montaje de *Las monjas* del cubano Eduardo Manet. No sólo trabajaron en la sede sino también en giras por barrios, pueblos y ciudades, además de continuar con la publicación de la *Revista Teatro,* la cual fue durante un buen tiempo la única que registraba el movimiento nacional independiente, hasta la aparición de las publicaciones de la Corporación Colombiana de Teatro.

La actividad de Gilberto Martínez se prolongaría posteriormente en el grupo El Tinglado, con nueva sede en La Casa del Teatro, iniciada con Víctor Viviescas, Luis Carlos Medina y algunos egresados de la Escuela de Teatro de la Universidad de Antioquia. Esta labor continua de Gilberto Martínez ha tenido una faceta de dramaturgo no menos constante: *El grito de los ahorcados,* sobre la insurrección comunera de 1781, *Doña Pánfaga,* obra para niños; *Zarpazo,* y el *Poder de un cero,* son algunas de sus producciones. También se le debe el mérito de haber impulsado, desde la Secretaría Municipal de Educación, la terminación y puesta en servicio en 1967 del Teatro Pablo Tobón Uribe, obra inconclusa desde cuando la lentitud de los trámites hizo insignificante el legado del testador. Fue precisamente en este teatro donde tuvieron sede principal los festivales de teatro universitario regionales o nacionales, iniciados desde 1965 y mantenidos con alguna irregularidad hasta el presente, aunque a veces ha tomado la forma de *eliminatorias* para certámenes nacionales o de otras ciudades. Esos festivales, y el movimiento de teatro que estimularon en las universidades de todo el país, contribuyeron a la creación de obras, grupos y nuevo público. Es diciente que el Festival de Manizales empezara dedicado al teatro universitario; y que allí la representación colombiana fuera numerosa y con frecuencia cualificada en ese contexto y en otros internacionales, como el Festival de Teatro de Nancy, Francia.

Entre 1969 y 1971 tuvieron lugar en Medellín tres Festivales de Teatro de la Industria, con numerosa participación de grupos de varias ciudades. Más allá del valor artístico que pudieran tener los montajes presentados, el dato es importante como evocación de una actitud que en la época tenían las empresas antioqueñas frente a la educación de sus obreros y empleados.

En 1972 el autor de esta crónica fue nombrado director del grupo El Taller de la Universidad de Antioquia, y uno de sus primeros pasos fue proponer la creación de una escuela que ofreciera formación en todos los campos y géneros del teatro. Se partía del criterio de que la universidad colombiana, y en particular la pública, debía dar a la actividad teatral la más alta opción de formación, como a cualquiera de las profesiones liberales, con un alto contenido de cursos humanísticos que sólo la Universidad podía ofrecer, y no contentarse con los grupos aficionados que sostenía, cuya acción (importantísima en una etapa de nuestra historia) se quedaba en el concepto del bienestar estudiantil o, como era entonces imperativo, en una forma de propaganda política escasamente crítica de su propio quehacer teatral y aun de las ideologías. La idea sólo fue aprobada, en buena medida por la acción intensa del grupo de estudiantes que trabajaba con el director de El Taller, en 1975 cuando se iniciaron, por primera vez en el país, los estudios universitarios de pregrado en Teatro, como una dependencia del Conservatorio de Música, con la colaboración de Harold Martina y Gustavo Yepes, entidad que desde entonces se llamó Escuela de Música y Artes Representativas. La etapa inicial, hasta 1980, si bien fue útil por la cantidad y calidad de seminarios y talleres que dictaron en ella teatristas de diversas procedencias y especialidades, se resintió por la inestabilidad general de la Universidad, por la oposición de sectores del propio movimiento teatral que veían en el proyecto «uno de los planes del imperialismo para Colombia», y por la inexperiencia de sus gestores. En dicho año, integrada la Escuela en la nueva Facultad de Artes, se reforzó el plan de estudios con un período preparatorio de selección para el ingreso a la carrera. Por entonces se había completado en Bogotá la reestructuración de la Escuela Nacional de Arte Dramático por la acción de Santiago Díaz, y ya funcionaba en Cali la Escuela de la Universidad del Valle, iniciada por Enrique Buenaventura, lo cual permitió que se establecieran pautas similares para los programas y se lograra la aprobación oficial.

La producción de espectáculos (incluso la presencia en el cine y en la televisión locales) y la proyección de la labor docente a la Universidad y la comunidad, a las cuales han concurrido los egresados, han sido considerables, y su recuento aquí sería interminable. La Escuela de la Universidad de Antioquia está confrontada con el reto de un verdadero desarrollo de la profesión teatral en todas las especialidades (actor, dramaturgo, director, técnico, docente) y en todos los géneros; para esa labor es necesario que la nueva generación, especialmente los egresados que han salido a estudiar en el exterior o a una práctica con resultados, regrese a revitalizar una institución esencial para el futuro del teatro en Medellín.

La formación teatral, ahora convertida en un imperativo ineludible, también hace parte del programa de trabajo de la Escuela Popular de Arte en un nivel intermedio, desde 1973 cuando desaparece la Escuela de Teatro Municipal, dependencia del Municipio de Medellín; y de la tarea de algunos grupos que han alcanzado la etapa de estabilidad suficiente para mantener una sede. En estas instituciones se ofrecen cursos y talleres de iniciación con un currículo abierto para niños y jóvenes, labor que se combina con la actividad teatral para todos los públicos que desarrollan los elencos, sean ellos estables o transitorios, aunque siempre se cuenta con una base de actores y de directores permanentes. Tal es el caso del Teatro Popular de Medellín, con trece años de actividad destacada en el repertorio para niños y con proyecto de nueva sala (directores Rodrigo Toro e Iván Zapata); de la Corporación Cultural Nuestra Gente, dirigida por Jorge Blandón, empeñada en un trabajo particularmente árduo y promisorio en la Comuna Nororiental de Medellín, con sede en el Barrio Santa Cruz; de la organización Barrio Comparsa y de la Academia Teatral de Antioquia, cuyo director Henry Díaz es uno de los mas sólidos dramaturgos colombianos (*El cumpleaños de Alicia, Josef Antonio Galán o de cómo se sublevó el Común, La vasija de cristal, Las puertas, La encerrona del miedo, La sangre más transparente,* entre las obras más notables), con capacidad para creaciones futuras con creciente calidad.

Otro dramaturgo, José Manuel Freydel, tempranamente desaparecido (autor de *Amantina o La historia de un desamor,* y *Hamlet, en este país de ratas retóricas,* entre otras piezas), unió su nombre al grupo La Ex-Fanfarria Teatro, el cual mantiene una sala con programación regular. Las obras de Freydellfueron recogidas en un volumen de la Colección de Autores Antioqueños.

En el campo del teatro para niños, tanto de actores como de muñecos, están en primer lugar La Fanfarria, dirigida por Jorge Pérez, con un elenco estable durante cerca de veinte años, el cual ha llevado espectáculos como *El gran comilón don Pantagruel* y *don Goriloche,* por el país y el exterior, con destacada participación en festivales internacionales; y el Colectivo Teatral Matacandelas, ahora dueño de su nueva sede, dirigido por Cristóbal Peláez, cuyos montajes para niños: *Lalo Lilalola, Pinocho, Chorrillo Siete Vueltas,* se alternan con las cuidadas producciones para adultos, en las cuales son notables el trabajo actoral, el de música incidental y la escenografía; *Confesionario o advertencias para barcos pequeños,* de Tennessee Williams, *La cantante calva,* de Ionesco, y *O marinheiro,* de Fernando Pessoa, han sido obras admiradas con justicia en Colombia; la última, en España y Portugal. Directores alternos de obras han sido María Isabel García y Javier Jurado; éste se vinculó al grupo después de ser fundador y director durante ocho años del grupo La Mancha.

También están construyendo su historia El Manicomio de Muñecos, de Liliana María Palacio, en su sede del barrio Prado; Títeres La Polilla, de Gloria Pérez, Ángela Gutiérrez y Gustavo

Restrepo; Teatro Ensayo de Gloria Chavatal y Miguel Angel Puerta; los mimos Luis Alberto Correa de la Barra del Silencio (organizador de los Festivales Internacionales de Teatro para Niños), Elkín Giraldo de La Tarima (transhumante internacional), y Carlos Álvarez; así mismo, el cuentero Juan Carlos Mesa.

Organizaciones teatrales recientes, pero que han creado expectativas de excelente desarrollo por su capacidad creadora en la dramaturgia y en la realización escénica, son: El Fisgón, dirigido por María Teresa Llano y Héctor Gallego Lorza (*Mi barrio, historia de un amor*), y el Teatro de Seda, dirigido por Johnny Rojas (*Hábitat*). Se destaca también la labor de Mario Wilson Bustamante en la Universidad de Medellín, de Gabriel Jaime Rúa en el Instituto Politécnico Colombiano, y de Miguel Ángel Cañas (actor, director y dirigente gremial) con su grupo de la Corporación El Ágora de Envigado.

De los fenómenos de la historia teatral de Medellín merecen destacarse dos, por razones diferentes. El primero, de constancia en el oficio y de tozuda superación de las dificultades del medio, es el del Pequeño Teatro, dirigido desde su fundación por Rodrigo Saldarriaga. Después de un largo itinerario por distintas sedes, donde fue formando público, ahora acaba de levantar la mejor sala que haya poseído grupo alguno de la ciudad, para 500 espectadores y con excelente dotación. Aparte de las obras ya mencionadas, se recuerdan sus montajes de *Macbeth* de Shakespeare; *El zoológico de cristal* de Williams; *De Ratones y hombres* de Steinbeck; *La posadera* de Goldoni; también de Henry Díaz, y del propio Saldarriaga, *Tiempo vidrio* y *El ejército de los guerreros*, esta última la más reciente.

El otro fenómeno es El Águila Descalza, organización teatral de Carlos Mario Aguirre (uno de los iniciadores de la Escuela de la Universidad de Antioquia) y Cristina Toro. Después de un repertorio inicial en el cual combinaban la experimentación como en *El pupilo que quiso ser tutor*, de Handke, o el tema social como en *El sueño del pibe*, con espectáculos a la manera del *varieté*: *Boleros en su ruta* y *Tanto tango*, produjeron *País paisa*, un aparente popurrí, pero en realidad una estructura de pequeñas *sketches* cuidadosamente elaborada, basada en temas, mitos y anécdotas de la historia antioqueña tratados con una exaltación irónica; rasgo éste menos percibido por el público, todo ello en un desfile de innumerables personajes representados por Carlos Mario y Cristina. La pareja, a veces con la colaboración

de otros actores, ha logrado en esa y en obras posteriores: *Medio Medellín, Chicos malos S. A., Trapitos al sol* y la más reciente *Pecao mortal*, una multitudinaria recepción del público, durante largas temporadas, tanto en buena parte del país como ante audiencias latinas de Nueva York o Miami, marca no superada por ningún espectáculo teatral producido en Colombia.

En 1984 un grupo dirigido por el redactor de estas notas presentó su primer espectáculo, una obra para niños llamada *El sol, el viento y el frío*. La Corporación Teatro El Tablado fue creada con el fin de presentar montajes indepedientes con actores de la Escuela de Teatro de la Universidad de Antioquia, como una contribución a su formación profesional. La entidad, en cuya supervivencia Raúl Ávalos ha desempeñando un papel decisivo, ha presentado también *El montaplatos o el mesero mudo* de Harold Pinter, *La Mandrágora* de Maquiavelo (director Thamer Arana), *Abelardo y Eloísa* de Ronald Millar y *Hamlet* de William Shakespeare.

Nota: Esta crónica es, en su mayor parte, una memoria personal del redactor, quien agradece la colaboración incidental prestada por Raúl Ávalos para complementar la información sobre el teatro en los últimos años, y la de Sergio Mejía Echavarría para precisar recuerdos sobre la etapa de El Duende y algunos hechos contemporáneos de la misma. Los datos sobre las fechas de los teatros desaparecidos en Medellín fueron tomados del capítulo 8, «Cien años del teatro en Colombia», de Carlos José Reyes, tomo VI de la *Nueva historia de Colombia*, Planeta Colombiana Editorial S. A., Bogotá, 1989.

NOTAS

1. Se espera mucho (para vencer esa ignorancia) de la investigación que adelanta el profesor Jorge Alberto Naranjo, sobre la narrativa y la dramaturgia del período.

Luis Carlos
Rodríguez Álvarez

Músicas para
una ciudad

La oscuridad en los comienzos

La expresión musical de los indígenas del valle de Aburrá no ha podido ser conocida. La única noticia sobre la música colonial es la del órgano en la iglesia de la Candelaria a fines del siglo XVIII: la avería del instrumento en 1798 generó un conflicto, del que no se conoce el fin, entre el cura y el reparador, un tal Marcelo Pardo, quien vino desde Santafé de Antioquia para un arreglo, incumplió el contrato, dañó aún más el órgano y se fugó[1]. Un cuarto de siglo después, en 1826, el sueco Karl Gosselman escribía que la Villa tenía siete iglesias y «un solo órgano» –suponemos que el mencionado.

A pesar de lo poco conocido, se puede y se debe generalizar que si lo indígena y lo africano no tienen en la práctica ninguna presencia en lo cotidiano estético de la ciudad durante esos años, lo español, a la fuerza o no, impone sus valores culturales, con lógica inclusión de la música: obras académicas sirven en los oficios religiosos y en la evangelización de los sometidos; y obras tradicionales peninsulares influyen en el desarrollo de las tradiciones criollas. Asimismo, la organología dice que los instrumentos hispanoárabes de cuerda tañida son los padres de nuestros palos andinos: tiple, bandola y guitarra.

Esbozos e incipiencias (1811-1837).

Entre 1811 y 1815, en Santa Fe, Rionegro y Medellín quedan registros de la actividad del francés Joaquín Lamot –Lemot, Lamotte, Lamet o Lamota– como formador de músicos para las bandas de los cuerpos armados del Estado de Antioquia.

Vienen luego las noticias de la mala banda de la reconquista española, de la Escuela Musical de Joaquín Lemus, de los muchos bailes en torno al arpa de un tal Ñor Marcelo en los años treinta[2] y de la presencia de Vicente Velásquez ('Parientico'),

quien llegó a ser catalogado como el músico más notable de la ciudad; al parecer daba lecciones de piano y de guitarra y afinaba los pocos pianos que había, a pesar de sus perturbaciones mentales.

Los gustos musicales de aquellos tiempos, como en todo el país, se dirigen hacia las danzas semicortesanas conocidas desde fines del siglo XVIII: contradanza, valse, minué, fandango, manta, jota

«Romanza» composición musical de Gonzalo Vidal, letra de G. Latorre y dibujo de Francisco A. Cano (*El Montañés*. Medellín, año 1, Nº 7, 1891)

Esperanza Aguilar de Ughetti, cantante de la Compañía
de Ughetti y Dalmau que estuvo en la ciudad en 1896
(Postal, colección particular)

y ondú; y otros aires de orígenes español, francés e
inglés.

Las primeras noticias (1837-1850).

El nacimiento musical de Medellín ocurre en
1837, con la llegada del inglés Edward Gregory
Mac Pherson y su gestión durante casi quince
años. Éste fue el primer músico serio que enseñó
en Medellín. De su infatigable tarea sobresale la
conformación, a principios de 1838, de una banda
para conciertos con pianos, violines, flautas y fagot[3], que con la dirección del rionegrero José María Ospina, su discípulo dilecto, mereció el célebre
comentario de que «aunque un tanto bochinchosa,
tocaba cosas buenas y bien instrumentadas»[4], la
cual debutó ese mismo año en la recordada fiesta
bailable que ofreció Juan Uribe Mondragón para
estrenar su residencia, que sería después el Parque
de Berrío. La agrupación conservó su carácter particular y fue la encargada de amenizar tanto los
bailes privados como las fiestas cívicas y religiosas
de la ciudad en los años cuarenta, con lo que éstas
adquirieron más esplendor[5].

Al inglés se deben la fundación de la Academia
Musical, en la que agrupó a los alumnos de ambos sexos que visitaba en Medellín y Rionegro, y,

sobre todo, la creación hacia 1845 de la Sociedad
Filarmónica de Medellín.[6] La orquesta de la Sociedad permitió generar cultura musical propia en
Medellín, pues integró a los mejores instrumentistas de la ciudad –muchos hacían parte también
de la banda–, reconoció a sus mecenas y dio conciertos dominicales en las residencias de Gabriel
Echeverri y Víctor Gómez, los cuales desemboca-
ban siempre en cultas tertulias y tenidas bailables
de grata recordación entre los miembros de la
élite de la ciudad. A pesar de que no se conservan
programas –si los hubo– ni recuerdo de los repertorios, el gusto por los compositores dramáticos
italianos se encontraba entonces en su apogeo, si
se tiene en cuenta lo que sucedía en otras ciudades
del país.

Mediando el siglo, al marcharse Mr. Gregory
al Cauca –donde falleció octogenario en 1876–,
tanto la Academia como la orquesta de la Sociedad desaparecieron. La banda continuó sus labores bajo la batuta del marinillo José María
Salazar, otro de sus discípulos, quien también se
destacó como compositor, organista de la Candelaria y docente de nombre.

Por las *Vejeces* de Eladio Gónima sabemos que
los artesanos, en el barrio Guanteros, escuchaban
y bailaban danzas de vara en tierra, garrote o
palo parao, con tiples y guache, jóvenes aires
mestizos de estirpe vernácula –bambucos, pasillos, monos y bundes–; además, una forma de ve-
lorio con guabina y vueltas, cuando moría un
niño[7]; y en los salones aristocráticos, los aires de
origen europeo –valses, contradanzas, polkas, pi-
sas y fandanguillos–, aparte de las inevitables y
no siempre gratas intervenciones pianísticas o
guitarrísticas de la niña de casa. Los artesanos
«no admitían a su sociedad a los jóvenes de alta
clase porque decían [...] que si ellos no eran admi-
tidos en sus salones, tampoco los cachacos tenían
derecho a estar en los suyos»[8]. Sin embargo, el
abismo entre las clases sociales no se daba en el
gusto por la música: la guavina y las vueltas eran
apetecidas por igual en los bailes linajudos y en
los humildes.

Los pioneros (1850-1876)

La Banda de Medellín comenzó la segunda mitad del siglo XIX con vida propia. En 1851 celebró
la declaración de la libertad de los esclavos bajo
la conducción de Toribio Pardo, director traído
desde Santa Fe de Antioquia; en 1863, el joven
Juan de Dios Escobar la dirigió por poco tiempo,
y en ese mismo año desapareció con la caída del
gobierno de Pascual Bravo. Entre 1864 y 1875, la
Banda dependió del ejército del Estado Soberano

de Antioquia; se desconoce quién la dirigió y qué música interpretó.

Desde 1850, y durante veinte años, doña Dolores Berrío fue la única arpista de la ciudad. Además era buena pianista y brindaba conciertos en las residencias de los más adinerados y convertía sus honorarios en indulgencias. No trascendió su repertorio.

Doña María Luisa Uribe de Uribe, nacida en Bogotá de ascendencia paisa, fue la figura clave de la enseñanza y de la difusión de la música tradicional en Medellín, durante muchos años de intensa labor[9]. Se formó junto con los mejores artistas del altiplano –Figueroa, Párraga y Mata– y se radicó en la capital antioqueña con su familia, en 1859. A casi todos su once hijos les legó el entusiasmo y el amor por la música. Su casa fue siempre sitio de reunión y de ensayo de los mejores instrumentistas, de varios coros y de una orquesta. Berrío y Uribe escaparon de los comentarios de un viajero, quien refiriéndose a los señores de la sociedad medellinense de la época dijo: «¿Cómo se podrá hablar de música a aquellas damas que no conocen más instrumento que la guitarra?»[10]. ¿O sería que no las conoció?

Desde muy temprano, la ciudad ya contaba con un escenario particular para todas las representaciones artísticas –obras de teatro al principio, zarzuelas y óperas posteriormente–. En 1836, gracias a los esfuerzos de un grupo de aficionados, se había concluido la construcción –iniciada diez años antes– del llamado Teatro Principal o El Coliseo –pues nunca llegó a tener nombre propio–, el cual tenía «dos filas de alcos, amplia platea sin asientos y abierto el techo al cielo»[11]. En varias oportunidades el público de El Coliseo fue el protagonista de las representaciones, en un amplio anecdotario de toda clase de sucesos, sanos enfrentamientos, lágrimas en las graderías y demás entusiasmos. Su historia se une a la de las compañías escénico–musicales, casi siempre italianas o españolas, que llegaron a la ciudad desde mediados del siglo XIX,[12] y quienes muchas veces no poseían instrumentos acompañantes; por esto los músicos locales se veían obligados a prepararse para oficiar como miembros de la orquesta o como cantantes del coro, y hasta en papeles vocales secundarios –se cuenta que varios llegaron a protagonizar alguna presentación–. Sus recitales inciden en la posterior producción musical popular y religiosa de los creadores de provincia. Pero pocas obras se vieron de manera integral: la compañías –como se verá posteriormente– hacían temporadas con apartes (arias, dúos, coros, himnos) de óperas y de zarzuelas que

por su belleza y virtuosismo cautivaban adeptos por doquier y hacían más famosa ésta o aquella luminaria.

Sólo en 1865 –luego de que algunas compañías ya habían visitado el país en varias oportunidades, sin venir a Medellín– se conoció la ópera en la ciudad. En ese año vino la actriz Asunta Masetti, soprano italiana que llegó con la Compañía de Rossi Guerra y Luisia. Se interpretaron arias de *Lucia di Lammermoor* y *El elixir de amor de Donizetti* y de la *Atila* y la *La Traviata* de Verdi, las cuales generaron en todos los públicos un «entusiasmo inmenso y delirante», al decir de Gónima y de «Ñito» Restrepo. En 1866 arribó la Compañía de Juan del Diestro, con su estrella Matilde Cavaletti, la cual presentó entre otras, *La Favorita* de Donizetti y *Los Lombardos* y *La Traviata* de Verdi. Su recuerdo permanece porque Cavaletti permaneció cerca de dos años en la ciudad, con la intención de interpretar zarzuelas sencillas con algunos aficionados; con este fin inició la formación de una compañía local, la cual se desintegró rápido[13]. entre otras razones, por un incidente parroquial que llevó a la artista a dejar la ciudad: había sido invitada a cantar en el coro de la Catedral, lo cual no fue muy bien visto por los ortodoxos y puritanos, y se generó una acalorada polémica popular.

En 1871 vino la Compañía de Zarzuela de José Zafrané, que dio a conocer el género en Medellín, con muestras de *El valle de Andorra* de Gaztambide, *El duende de Hernando*, *La cola del diablo* y *La saboyana*. En 1875 se presentaron Zafrané –otra vez por poco tiempo– y la Compañía de Fernández Gómez y Birelli, cuya actuación se llevó a cabo en el Teatro de Variedades construido por Lino R. Ospina; se recuerda, entre otras, su *Postillón de la Rioja* de Oudrid. Los sorprendió aquí la guerra de 1876...

A fines de 1872 llegaron Ramón Valencia y su familia, procedentes del oriente antioqueño, músicos populares que fueron bien conocidos. Por algunos años se unieron a los Mesa –otra familia de músicos populares, oriundos de Barbosa– en la Banda de los Valencias, que amenizó las fiestas del Medellín de entonces.

En 1875, mientras era profesor de música en las escuelas normales del Estado de Antioquia, el recién llegado José Viteri –o Vitieri–, maestro payanés, reorganizó una banda militar, tomando como base la de los Valencias. En noviembre de 1875, durante la celebración del segundo centenario de la fundación de la villa de Medellín, se recuerdan las «ruidosas» intervenciones de la banda, que daban «fe del regocijo popular», la «bellísima misa de Mozart» que se cantó antes del *te deum*, y el carro representativo de las Bellas Artes, escoltado por una «escuela de música de señoritas con su bandera simbólica» y los jóvenes de la Sociedad o Compañía Filarmónica[14].

Un despertar al romanticismo (1876-1900)

El romanticismo, con toda su carga estética particular, nos llegó con décadas de retraso, y acá se le incorporaron lo tropical y lo mestizo... Para el Medellín musical, el último cuarto del siglo XIX supuso cambios trascendentales y definitivos.

En la Imprenta Gutiérrez Hermanos, Viteri editó en 1876 el curioso *Texto para enseñar música por nota, por el sistema objetivo al alcance de los niños*, que, si bien tiene grandes carencias técnicas, fue el primer tratado sobre el tema publicado en la ciudad. En ese año Viteri regresó al Cauca. También en 1876 vinieron con escasos meses de diferencia los hermanos payaneses Pedro José y Francisco Vidal, acompañados por un niño de doce años, Gonzalo, hijo del primero, que con el tiempo sería la más importante personalidad musical del Medellín entre siglos, y prácticamente su punto de referencia. Los hermanos, ambos buenos músicos –pero bien distintos en temperamentos e ideales políticos–, desarrollaron una infatigable tarea docente: Pedro José fue maestro de capilla de la Catedral, cofundador de la Escuela Santa Cecilia y su primer director, antes de regresar a su tierra en 1899. Francisco, 'El Patojo', Vidal, tras recorrer el país con las huestes liberales, se estableció definitivamente en Medellín y se dedicó a enseñar guitarra y contrabajo; brilló como chelista y pianista, y dejó varias composiciones: «Stabat Mater», «Marcha Militar (El cinco de abril)», «Paso doble» y «Pasillo».

Coterráneos, contemporáneos y amigos inseparables, Daniel Salazar Velásquez y Juan de Dios Escobar Arango figuraron en el Medellín musical desde los años sesenta del siglo XIX hasta su muerte. Pianista excelso, animador de eventos, empresas artísticas y cívicas –fue director de la primera telefónica de la ciudad en 1881–, Daniel Salazar Velásquez fue también afortunado compositor de música religiosa y profana[15]. Escobar fue, en 1863 y entre 1879 y 1883, meritorio director de la Banda de Medellín; aunque la mayor parte de sus composiciones ha quedado en el olvido, se recuerdan una zarzuela obsequiada a la Cavaletti –que al parecer fue un fracaso en el montaje, hacia 1867[16]– y varias obras para banda, algunas canciones y un pasillo que fue publicado por Gonzalo Vidal[17].

Tras la guerra civil y con el nuevo gobierno, en 1877 fue conformada la Banda de Honor, con la conducción de Daniel Salazar y luego de Juan de Dios Escobar. Años de brillo en los que se continuaba un repertorio eminentemente militar.

A finales de los años setenta no se escuchaba aún en Medellín música académica o de autores clásicos. «La afición, el interés por esta clase de música fueron obra del tiempo: cábeme en esa labor alguna actuación humilde»[18]. Simultáneamente, emprendían estudios musicales Paulo Emilio Restrepo, Germán Posada Berrío y el mismo Gonzalo Vidal.

En 1878 llegó la Compañía de la Albieri, la Pocoleri y otros artistas italianos como Juan de Sanctis, quien enseñó un tiempo en la ciudad antes de radicarse en la Costa, compañía que llegó a dirigir Juan de Dios Escobar, en la que según testimonios de la época era un encanto escuchar a la Albieri en arias de *Norma* de Bellini[19].

En 1883 ya se había logrado algún progreso musical en Medellín: ese año se organizó «un coro espléndido de voces mixtas y una orquesta digna de alabanza» para la velación con motivo de la imprevista enfermedad de Gonzalo Vidal[20]. Se conoció como Filarmónica y logró reunir a los mejores 20 instrumentistas de la ciudad en ese entonces: Enrique y José Antonio Gaviria, Emiliano Navarro, Germán Posada, Enrique y Samuel Uribe, Justo Restrepo Gallo, Manuel Botero y Pedro Mesa, entre otros.

En la década del ochenta el Coliseo fue sometido a una importante remodelación[21]. Entre 1884 y 1886 Francisco Vidal y Lino Ospina animaron la simpática Compañía Infantil, que deleitó al público de la villa, en su particular Teatro de Variedades, en el género chico. En 1886 Gonzalo Vidal trajo la primera imprenta musical a Medellín, y en ella se dio a la tarea de difundir la obra de compositores clásicos y colombianos.

Por unos cuatro años, la Banda de Medellín vivió un período de decadencia ocasionado por los avatares políticos. Por fortuna, desde 1887, con el nombre de Banda Marcial, el conjunto recuperó sus mejores ejecutorias con la dirección de Paulo Emilio Restrepo.

En 1888 se hizo realidad el viejo sueño de crear una academia musical auspiciada por el gobierno. En octubre comenzó a funcionar la Escuela de Música Santa Cecilia, en la que desempeñaron gran papel Pedro José, Francisco y Gonzalo Vidal, Daniel Salazar y Paulo Emilio Restrepo. El primer consejo directivo de la institución fue presidido por Marco A. Peláez y como director se nombró a Pedro José Vidal. El alumnado pasó rápidamente de los 32 fundadores a más de cincuenta al finalizar el año, inscritos en cursos de todas las

Función en el Circo España, en el decenio de 1910
(Fotografía Manuel A. Lalinde, colección particular)

cuerdas, vientos, pianos y teóricas. También en 1888 la Compañía de Zarzuela de Monjardín e Iglesias visitó la ciudad; su director de orquesta; José Maury, organizó el conjunto instrumental con músicos locales, y con ella Gonzalo Vidal probó su maestría al «dirigir *La tempestad*» de Chapí. El año siguiente Medellín escuchó al famoso Trío Figueroa de Bogotá, compuesto por miembros de una de las más notables estirpes artísticas de nuestro país, dedicado a la difusión de la mejor música camerística que se podría conocer en ese momento en Colombia.

En diciembre de 1891 llegó la Compañía de Ópera de Zenardo y Lambardi, la cual permaneció en Medellín durante casi todo 1892, presentando el mismo repertorio –muy completo– mostrado en la capital del país[23]. Con ella vinieron los maestros Augusto Azzali como director de orquesta y Rafael D'Alemán como violín concertino, quienes desarrollaron una invaluable tarea docente: Azzali condujo la Banda Marcial y fue profesor de armonía y composición –primer curso formal sobre esas materias que se dictó en Medellín– en la Escuela Santa Cecilia; D'Alemán se convirtió en un personaje fundamental de la vida musical de la ciudad.

En 1894 regresó el maestro Azzali como director de la misma Compañía, y en 1896 con otra, en condición de empresario. En 1896 vino la Compañía de Zarzuela de Ughetti y Dalmau, con el joven director de orquesta vasco Jesús Arriola, quien se quedó definitivamente, y con Esperanza

Aguilar, la mejor cantante que había hasta entonces escuchado la ciudad.

En 1892 D'Alemán reemplazó a Azzali como director de la Banda de Medellín. Por casi veintidós años D'Alemán condujo la agrupación por senderos de progreso musical, en medio de conflictos militares y trascendentales decisiones políticas. Con ella se inauguró el Parque de Bolívar el 12 de octubre de 1892, en el Cuarto Centenario del Descubrimiento de América, con lo cual se institucionalizó La Retreta que se sigue presentando en nuestros días.

En 1898 arribó el comendador Brindis de Salas, el malogrado «Rey de las Octavas», violinista negro que ofreció seis conciertos con teatro lleno Un año después el maestro Pedro Morales Pino y su Lira Colombiana, primera agrupación nacional en presentar música tradicional.

En el último cuarto de siglo otras damas de la música fueron «la señorita Josefina»[24], francesa que se dedicó a la enseñanza en colegios y a domicilio; Teresa Lema de Gómez, hija de Lola Berrío y discípula de Luisita Uribe y Juan de Dios Escobar, la más famosa cantante y actriz de su época, directora y profesora de piano y canto de la Escuela de Señoritas, anexa de la Santa Cecilia, establecida en 1897; y Ana Josefa Salas, también excelente cantante y rival de la anterior en algunos torneos celebrados en el Coliseo. En medio de las visitas de las compañías italianas y españolas de ópera, opereta y zarzuela, de la Escuela Santa

Cecilia de las primeras buenas orquestas y masas corales, y la consagración de mejores cantantes y solistas instrumentales, comienzan a brillar las voces de los trovadores de época.

El barrio Guanteros fue la meca de estos cantores populares y de la bohemia medellinense de fines del siglo XIX y principios del XX; «quedaba en los límites conformados por la actual calle Maturín, que se llamaba antes como el barrio mismo, Guanteros; el Camellón de la Asomadera, de nombre hoy Niquitao, San Félix y Bomboná, y el callejoncito, existente aún, que llega hasta la puerta del cementerio de San Lorenzo»[25].

La crónica debe empezar con Juan Yepes, 'El Cojo', músico popular contemporáneo de Salazar Velásquez y recordado por 'Ñito' Restrepo, quien fue el primero en ponerle música –de vihuela– al «Canto del Antioqueño» de Epifanio Mejía, melodía que se fue perdiendo en la memoria del pueblo por falta de mayor interpretación y difusión. Yepes conformó varios dúos, entre los que se destacó el que hizo con Emiliano ('El Negro') Pasos – cabeza de una familia de notables músicos populares–. Entre 1885 y 1890 alegraban los concurridos carnavales decembrinos de la ciudad, quizá los más famosos certámenes musicales de fin del siglo, «que contaban con la participación de las mejores voces y las más afinadas guitarras del departamento, como 'Los Pajaritos' Quiroz, Jesús Rincón y Tomás García, Félix Mejía, el 'Tuerto' Chaverra y Carlos Álvarez»[26]. Celebérrimo también fue Pedro León Velásquez ('Santamarta'), sastre y cantor, quien llegó a participar en presentaciones operáticas e integró algunos de los primeros duetos vocales que hubo en Medellín; con Ciríaco Uribe, Plutarco Roa, Germán Benítez Barón y otros notables. Fue, además, padre del más importante de los cantores populares nuestros, (Pedro León Franco «Pelón Santamarta»). Dice el mismo Franco –pues ya adulto adoptó el apellido de su abuela– que, por efectos del repertorio que trajo de la capital del país, comenzó el auge del bambuco en Antioquia.

Otros músicos populares de renombre a fines de siglo, además de los mencionados, fueron Clímaco Vergara, Roberto Mesa, Enrique Gutiérrez ('Cabecitas') y Daniel Restrepo (Quintín), en cuanto a la canción, y Arcadio Velásquez, Jesús Mesa, Heliodoro ('El Ñato') Arroyave, Canito, Felipe Pérez y Julio Jonjoli, intérpretes de instrumentos de cuerdas.

El nacimiento de un siglo (1900-1920)

A primera vista puede parecer que la literatura desplazó un poco la actividad pública de los músicos o que estas dos artes se fundieron en medio de la guerra civil de los Mil Días. En noviembre de 1900 apareció en Medellín la *Revista Musical, Periódico de Música y Literatura*, la cual sobrevivió un año animada por Gonzalo Vidal y Lino R. Ospina, y «constituyó un extraordinario esfuerzo y es índice de una tendencia didáctica y estética excepcional en su tiempo y en su medio [...] En la aurora del siglo XX, y en una villa que por entonces se encontraba muy alejada de los centros culturales de América, Vidal dio a conocer estudios y artículos de Saint-Saëns, Parent, Lavignac, Berlioz y Lavoix. Publicó, además, un interesante discurso del general Rafael Uribe Uribe, pronunciado con ocasión de un concierto público ofrecido por la Escuela Santa Cecilia en 1892, y en el que el célebre e infortunado guerrero, legislador, estadista y diplomático, revela notables conocimientos de historia y de estética musical [...] Como era costumbre en la época, esta Revista acogió o reprodujo muestras de la producción de poetas colombianos, hispanoamericanos y españoles como Clímaco Soto Borda, Rafael Pombo, Luis G. Urbina y Salvador Rueda, entre otros. Y, también, las festivas estrofas de Vidal, afortunado versificador epigramático»[27]. Un suplemento musical de la publicación incluyó doce piezas para piano en su primer volumen, «índices muy hermosos del sentimiento musical criollo» y algunas obras universales[28].

Al regresar Pedro José Vidal a Popayán, fue reemplazado en la dirección de la Escuela Santa Cecilia por Germán Posada Berrío. Luego, el plantel fue conducido por Gonzalo Vidal y por Rafael D'Alemán. Al estallar la guerra civil, las actividades de la Escuela se suspendieron; y a pesar de que una vez normalizada la vida ciudadana en 1903, los maestros Vidal, D'Alemán y Posada volvieron a sus actividades artísticas, sólo tiempo después la institución reabrió las puertas a su creciente número de alumnos. El cuerpo docente también aumentó y varios inmigrantes vinieron a colaborar en los esfuerzos de los ya mencionados; entre ellos, Jesús Arriola, apóstol docente y orientador técnico de la Lira Antioqueña a mediados de la primera década del siglo XX, pues «él sí creyó que la música tenía porvenir, pero que había que preparar a la gente para que la interpretara bien, de acuerdo con cánones rigurosos»[29].

Para emular a la capitalina Lira Colombiana de Morales Pino, el mismo año de su visita se empezó a integrar un conjunto de cuerdas típicas con la guía de Pacífico Carvalho. Fernando Córdoba, uno de los integrantes de ese grupo, al terminar la guerra a fines de 1903, reunió a otros músicos artesanos en la célebre Lira Antioqueña. Sus integrantes se educaron musicalmente junto a Arriola, hasta cuando en 1910, por contrato con la Columbia, viajaron a Nueva York y realizaron la primera grabación instrumental de música tradicional colombiana; en tres meses de permanencia registraron unas ciento cincuenta piezas, entre ellas el Himno Nacional como primicia.

Después de su regreso la agrupación se disolvió, pero por el empeño de Córdoba se conformó una segunda con el mismo nombre, la cual viajó por Suramérica hasta terminar en Chile en los primeros años de la década del diez. De nuevo eran pioneros en la difusión de la música colombiana en el sur del continente. Otros grupos de cuerdas típicas o liras que actuaron por la misma época fueron: Unión, al parecer el mejor de todos, Antioqueña, Pasos, Rondalla y Lucha; el desarrollo del pasillo y del bambuco se debe en parte a las experiencias de estos conjuntos.

En 1905 la Banda de Medellín fue incorporada al Regimiento Girardot por una disposición gubernamental, la cual impidió su desintegración. Por solicitud de la sociedad medellinense no se redujo su personal en 1907, y un año después la ciudadanía colaboró con entusiasmo en la renovación del instrumental, el cual fue importado de Europa y estrenado en la visita del presidente Reyes. En 1914 el maestro D'Alemán debió retirarse y Gonzalo Vidal le sucedió en la dirección.

Además del Coliseo, la ciudad contó a principios del siglo XX con otros escenarios: en 1909 se puso en servicio el Circo Teatro España para 6 000 espectadores, donde se alternaban exhibiciones fílmicas, corridas de toros y representaciones dramático-musicales, y en 1919 se inauguró el bellísimo Teatro Bolívar.

Durante la primera década llegaron y se radicaron en la ciudad otros maestros inmigrantes: Pedro Begué y su esposa Ángela Rosell Serra, catalanes, quienes por años dictaron cursos de violín y de chelo, respectivamente, en la Escuela Santa Cecilia y en su academia particular; y Juan Di Doménico, quien organizó una de las mejores orquestas que ha tenido la ciudad con músicos residentes: Vidal, D'Alemán, Arriola, Begué y Posada, entre otros.

En 1908, tras un viaje por Centroamérica, el dúo de «Pelón Santamarta» y Adolfo Marín grabó cuarenta canciones en ciudad de México, entre las cuales incluyeron las primeras grabaciones de tenores colombianos.

Fuera de los mencionados, los más destacados cantores populares de Medellín a principios de siglo fueron Leonel Calle y Eusebio Ochoa, quienes formaron dueto entre 1905 y 1910, y actuaron con la Lira Antioqueña en Nueva York; los Turpiales Antioqueños: Joaquín Arias y Mariano Latorre; los hermanos Samuel, Luis y Daniel Uribe, hijos de Luisita Uribe, incorporados al mundo de la canción vernácula aunque sólo frecuentaban los salones de la alta sociedad, viajaron a Nueva York hacia 1909 y grabaron con el maestro Emilio Murillo varios discos de antología, pues fueron los primeros de música colombiana tras la hazaña de 'Pelón' y Marín en México; Eduardo Cadavid, José González ('Buche') y Enrique Calderón (Barberita).

Los repertorios de estos grupos, compuestos por canciones tradicionales, incluían también obras propias que se convirtieron en dominio público. Si bien ya se mencionaron algunas dinastías en la vida artística de Medellín en el siglo XIX –Valencia, Mesa, Vidales, Pasos, Paniagua y Uribe– es a principios del presente siglo cuando brilla la familia arquetípica, los Vieco Ortiz. Músicos de valía son Luis Eduardo, flautista; Gabriel, *luthier* bandolista en una de las liras y violinista;Alfonso, chelista; Roberto, clarinetista y director; y Carlos, contrabajista, pianista y el más prolífico compositor antioqueño de todos los tiempos. Otros músicos de esta familia son Alberto Marín Vieco calificado como el mejor chelista de la ciudad, Antonio, Julián y Raúl, violinistas y María Eugenia profesora de música. La vida artística de los hermanos Vieco Ortiz corre paralela a la conformación y labores de la Orquesta Unión Musical, fundada por Alfonso Vieco en 1919 y considerada precursora de la Orquesta Sinfónica de Antioquia; la dirigió Jesús Arriola, y a ella pertenecieron 25 de los mejores instrumentalistas de Medellín.

En 1911 inició labores el Instituto de Bellas Artes de Medellín, fundado por la Sociedad de Mejoras Públicas, y en el cual se integraron la Escuela de Música Santa Cecilia, dirigida en ese momento por Arriola y el Taller de Pintura y Escultura. Su primer director fue Gonzalo Escobar, y sus profesores en el área de música fueron Arriola en solfeo y teoría musical, Vidal en piano, Begué en violín, Posada Berrío en flauta, D'Alemán en instrumentos de viento y Mondragón en contrabajo. En 1915 se abrió la sección Femenina.

La gran transición (1920-1940)

Una época de cambios revolucionarios en todos los órdenes se presentó en Medellín al terminar la guerra europea. La creación, interpretación y difusión musicales se transformaron con el advenimiento de la grabación, del disco y de la radio. La música comercial nace con estos medios masivos de comunicación, fenómeno que sucede igual en todo el mundo.

Las proezas de 'Pelón' Santamarta y Adolfo Marín en México en 1908, los hermanos Uribe y la Lira Antioqueña en Nueva York en 1909 y 1910, y la nueva industria fonográfica, hacen que los medellinenses quieran tener un ejemplar del invento que captura voces y sonidos. En cada país las productoras de discos contratan representantes que fomentan la novedad e instalan equipos importados y buscan estrellas locales para inmortalizarlos. Con los gramófonos y las victrolas se popularizan también las pianolas... «Soy partidario de éstos y de las pianolas, como elemento educador. Éstas, especialmente, acabarán al fin con los malos pianistas, de uno y otro sexo, que han venido atormentando a la humanidad»[30]. Célebres músicos criollos, entre ellos Carlos Vieco Ortiz, derivaron en algún momento su subsistencia de perforar rollos de pianolas, aparatos que llegaron a ser automáticos, accionados por electricidad y por monedas.

Pero las pianolas no pudieron con los discos... Al principio todos los músicos y cantores quisieron viajar. Su anhelo era grabar en la RCA Víctor y en la Columbia, las dos más importantes empresas disqueras neoyorquinas; pero las dificultades de los viajes y las tristezas de la guerra obligaron a que estas empresas abarataran costos y buscaran ya no voces ni grupos, –sino partituras casi siempre música tradicional de la región andina colombiana– que luego de ser instrumentadas se grababan por impresionantes orquestas de planta y por cantantes internacionales.

En Medellín, impactada en su vida cultural y musical, Félix de Bedout y David Arango, representantes de esas casas, impulsaron el mercado de gramófonos, victrolas y discos de producción estadinense pero con música latina: una obra colombiana junto a una mexicana, española o argntina. Temas antológicos de estas grabaciones fueron las obras de Arturo Alzate, Nicolás Molina, 'Nano' Pasos, Carlos Vieco, Camacho Cano y el mismo Vidal. «[Las máquinas] alineaban la población»[31].

Nuevos géneros se modelan con esa industria. Se hacen comunes los *fox-trots, rag-times, one-steps*, tangos y otros aires de origen foráneo; y autores colombianos, como Carlos Vieco, Joaquín Arias, Javier Velásquez y muchos otros, crean obras en esos ritmos. Aparecen los nombres de compositores noveles, como Pedro Pablo Santamaría, Emilio Velásquez y Carlos Vieco Ortiz. Y en la ciudad se abren cafés, salones de té y bares con estudiantinas, otrora llamadas liras; orquestas, que acá se llamaron equivocadamente *jazz* –la mejor era el Jazz Nicolás de Nicolás Torres–, e intérpretes vocales en sus nóminas –quienes repiten en vivo los éxitos de moda de los discos–. Las funciones cinematográficas en el Circo España dejan de ser mudas, por las notas de las mismas agrupaciones ahora convertidas en improvisadas máquinas de música incidental: «En efecto, el cine mudo permitió la proliferación de pequeños

Hacia 1919 el compositor Gonzalo Vidal dirigió la banda del Regimiento Ayacucho
(Fotografía Benjamín de la Calle, Centro de Memoria Visual FAES)

Interiores de los teatros
Bolívar y Junín, ca. 1925
(Fotografías Manuel A.
Lalinde y Jorge Obando,
colección particular)

grupos que tocaban músicas alusivas a... la acción que se desenvolvía en la pantalla»³².

En 1920 Daniel Restrepo ('Quintín'), conocido en otros ámbitos y noticias, fundó y dirigió la Compañía Antioqueña de Operetas y Zarzuelas, pero la entidad tuvo una vida efímera. En 1924 se abrió el Teatro Junín. Con él, la ciudad completaba cuatro escenarios para representaciones artísticas, los cuales ofrecían en total una capacidad superior a los diez mil espectadores, cifra muy alta aun para nuestros días... Hoy no existe ninguno de ellos.

Entre 1926 y 1928 se construyó el Palacio de Bellas Artes, donde se instalaron las oficinas de la Sociedad de Mejoras Públicas y las secciones del Instituto. En 1935 se terminó el teatro (segundo piso) y se dio al servicio. Todo permitió que en esa época empezaran a hacerse cotidianos los íntimos y esporádicos recitales de música clásica camerística. Papel principal desempeñaron en ello las hermanas Ana y Sofía Villamizar, formadas según el decir en el Conservatorio Stern de Berlín,

luego de estudiar piano con Germán Posada. Llegaron a regentar su propia Academia Musical en la misma Avenida La Playa, y se presentaron en otras salas de Medellín y del resto del país, acompañadas en ocasiones por Arriola y los Vieco. Versátiles como nadie, ambas tocaban piano, violín y cantaban, dieron a conocer varias obras maestras del género entre un público melómano cada vez más ávido.

El maestro Gonzalo Vidal seguía siendo la gran autoridad musical de la ciudad. Además de instrumentista destacado, maestro de capilla de la Candelaria, profesor en varias instituciones, director y escritor, Vidal fue notable creador de música seria, aunque sólo se conozcan su «Himno Antioqueño», «Las estaciones del viernes santo» y varias piezas para piano. Hasta 1929 permaneció en el cargo de director de la Banda que en 1920 se llamó Departamental, sorteando toda clase de dificultades y elevando el nivel técnico de la agrupación que le mereció muchos elogios. Por la crisis económica de ese año se desintegró la institución; sin embargo, la tenacidad de Roberto Vieco Ortiz reunió a los músicos despedidos y a otros aficionados, hasta revivirla e integrarla al Instituto de Bellas Artes. Desde esa época hasta hoy, la retreta es una verdadera tradición musical de la ciudad: junto a oberturas y piezas sinfónicas clásicas en arreglos generosos para la agrupación, aparecen pasillos, bambucos y fantasías en estilo nacionalista. En sus presentaciones nunca falta público.

En 1930 llega la radiodifusión a la ciudad, y nace la emisora HKO, que empieza a competir localmente con las estaciones cubanas, mexicanas y latinas norteamericanas que ya cosechan muchos aficionados a la onda corta. Las más importantes estaciones cuentan con orquestas de planta o artistas de fama en su nómina. Esos años ven brillar al dueto integrado por Manuel Ruiz ('Blumen') y Miguel Ángel Trespalacios quien no grabó, y al de Manuel Ospina y Samuel Martínez, con quienes se inició la grabación local de música colombiana en el género vocal. Pero las palmas y los corazones se los llevaron siempre Obdulio Sánchez y Julián Restrepo, 'Obdulio y Julián'. Sus voces competían con las estudiantinas de la carrera Junín en las amables vespertinas de antaño, y con los ritmos bailables y las tertulias del Chanteclair, La Bastilla, Los Moras y El Salón Moderno.

En cuanto a los maestros españoles, José Joa-

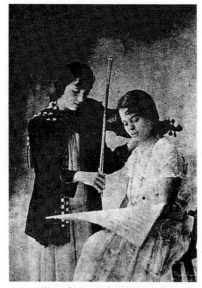

Estudiantes de música
de la Escuela de Bellas Artes, 1927
(*Progreso*, Nº 21, 1927)

quín Pérez llegó en 1926 con la Compañía de Roberto y Marina Ughetti; fue maestro de capilla en la iglesia del barrio Buenos Aires y padre del profesor Rodolfo Pérez. Joaquín Fuster, residente en la ciudad desde 1934, dio los mejores recitales pianísticos, actuó en los comienzos de la radio y dirigió la temporal Orquesta Sinfónica de Medellín. Jesús Ventura Laguna y José María Tena hicieron época como directores de las orquestas de varias emisoras antioqueñas, y dedicaron muchos de sus esfuerzos a la instrumentación técnica y seria de aires vernáculos.

Los italianos Pietro Mascheroni y Luisa Manighetti desarrollaron una invaluable tarea docente en el Instituto de Bellas Artes, al formar a varias generaciones de pianistas locales. Mascheroni, quien había llegado en la última temporada de Bracale en 1933, no sólo hizo literalmente excelentes pianistas, sino también cantantes de ópera locales y público entusiasta del género. Además, fundó y dirigió la Orquesta Sinfónica del Conservatorio de Medellín, en 1939, precursora de la OSDA.

En agosto de 1932, con la animación del maestro José María Bravo Márquez y su lema «Todo el que habla canta», se fundó el Orfeón Antioqueño, primera masa coral de gran prestigio en nuestro medio, que permitió familiarizar –entre públicos no formados académicamente– muchas obras del género coral, religioso y profano, clásico y universal.

Cuadro 1
NUESTROS CREADORES MUSICALES

Compositores nacidos o formados en Medellín

Daniel Salazar Velásquez (1840-1912)
Gonzalo Vidal (1863-1946)
Pedro León Franco (1867-1952)
Pastor Emilio Arroyave (1891-1971)
José María Bravo Márquez (1902-1952)
Carlos Vieco Ortiz (1904-1974)
Carlos Posada Amador (1908-1993)
Roberto Pineda Duque (1910-1977)
Jorge Camargo Spolidore (1912-1974)
Luis Uribe Bueno (1916)

Rodolfo Pérez González (1929-)
Blas Emilio Atehortúa (1933-)
Manuel J. Bernal (1924)
León Cardona (1928)
Fabio Arroyave Calle (1923-1972)
Sergio Mesa S. (1943)
Andrés Posada Saldarriaga (1954)
Jaime R. Echavarría (1923)
Héctor Ochoa (1934)
Luis Fernando Franco (1961)

Entre el 5 y el 11 de julio de 1937 se celebró en Medellín el Segundo Congreso Nacional de Música. Con las delegaciones, llegadas de todas las regiones del país, vinieron las figuras del arte musical colombiano de esos días, como Antonio María Valencia, Guillermo Quevedo Zornoza, José Rozo Contreras, Jesús Bermúdez Silva, Alejandro Villalobos, Gustavo Escobar Larrazábal, Guillermo Espinosa, las Villamizar, Alfredo Squarcetta, Luis Macía, Isabel de Buenaventura y Elvira Restrepo, entre otros. A estas personalidades se unían, como anfitriones, Vidal, Fuster, 'Santamaría' (Carlos Posada Amador) y Bravo Márquez. Además de las sesiones académicas en el Palacio de Bellas Artes, se presentaron en el Teatro Bolívar varias obras colombianas y universales, algunas en estreno.

La reafirmación (1940-1960)

Las mejores oportunidades de la naciente industria antioqueña y sus recursos económicos se pusieron a órdenes de la música en la ciudad. Sólo en 1940 fue posible la grabación local. Pocos años después, una tras otra, aparecen las primeras fábricas: Silver, Zeida, Ondina y Sonolux, las cuales, junto con otras más recientes, convierten a Medellín en una verdadera meca colombiana del disco. A partir de la década del cincuenta nacieron en la ciudad desde los mejores dúos vocales de música tradicional andina, hasta las orquestas del género tropical, pasando por estudiantinas, tríos de cuerdas típicas, solistas instrumentales, tríos vocales de corte internacional, cantantes en todos los géneros, grupos de porros con guitarras o acordeones, y conjuntos de la llamada música de carrilera.

En este período se fundan las más importantes instituciones musicales del siglo en la ciudad: en 1943 la Compañía Antioqueña de Ópera con la animación de Mascheroni, que presentó por cuatro años temporadas memorables –se recuerdan sus *Rigoletto* y *La Traviata*–.

En 1945 se crea la Orquesta Sinfónica de Antioquia, gracias a los esfuerzos de Alejandro Simsis –músico judío de origen ruso, de gran trayectoria, al que reemplazaría Matza–, que, a pesar de sus interrupciones, motivadas por dificultades pecuniarias, ha guiado a los medellinenses por los senderos de los grandes maestros clásicos. En 1951 la Coral Tomás Luis de Victoria, dedicada al canto polifónico y dirigida por Rodolfo Pérez, quien ha ganado renombre nacional e internacional y ha formado los más destacados directores corales de la ciudad. En 1959 el Conservatorio de Música de la Universidad de Antioquia, y la Coral Bravo

Márquez, como grupo de cámara del Orfeón Antioqueño. Todas afirman la tendencia a profesionalizar a los mejores intérpretes, docentes y animadores musicales de Medellín.

La reconocida Sociedad de Amigos del Arte logró traer a la ciudad a los mejores virtuosos del mundo: en ese período violinistas, chelistas, pianistas, cantantes, grupos de cámara, coros y otros, tenían a Medellín como escala en sus giras de concierto, por las gestiones de sus presidentes Marco A. Peláez e Ignacio Isaza Martínez.

Asimismo, a mediados de la década del cuarenta, huyendo de la guerra mundial, se estableció una verdadera tropa de ciudadanos checos que se desempeñaron como músicos y docentes de gran mérito y recuerdo: Harvanek, Vitak, Jarco, Polanek, Sheruvek, Pitjar y Aumeri; lo mismo que los lituanos Zino Yonusas y Jonas Kaseliunas.

Otros maestros inmigrantes arribaron por entonces. Como pianista de todos los méritos, en la docencia y en las salas de concierto, el maestro antillano Harold Martina se convirtió en otro de los dilectos hijos adoptivos de la ciudad. Dejaron gratos recuerdos como docentes, además, los sacerdotes Andrés Ripol y David Pujol, benedictinos españoles–, Andrés Rosa –salesiano italiano–, Eugenio Legarra –carmelita vasco–, la profesora italiana Ana María Penella y los maestros

Teatro Bolívar, ca. 1940 (Fotografía Jorge Obando, colección particular)

Gorostiza, Salazar, Menaya, Ferrante y Maurano, entre muchos otros.

Primero Indulana–Rosellón, a principios de la década del cuarenta, y luego Fabricato, entre 1948 y 1951, patrocinaron los famosos Concursos de Música Nacional, que lograron reunir un repertorio colombianista de innegable valor y que aún no se conoce por completo. Entre las obras y autores destacados, para mencionar solamente a los ganadores locales del Fabricato, se encuentran las fantasías sinfónicas «Rapsodia colombiana» de Jorge Camargo Spolidore, «Los de Cachipay» de Luis Miguel de Zulategui y «De la cumbre al llano» de Jorge Lalinde; los pasillos «El cucarrón», «El duende» y «Pajobam» de Luis Uribe Bueno, el poema sinfónico «Tierras colombianas» de Adolfo Loewenherz, el «Concierto para violín y orquesta» de Bohuslav Harvanek, y muchas otras obras de Camargo Spolidore, Uribe Bueno, De Zulategui, Lalinde y Mauricio Duque. Pero también fueron premiados Guillermo Uribe Holguín, Luis Antonio Escobar, Pedro Biava, León J. Simar, Guillermo Quevedo Zornoza, Jerónimo Velasco, Luis Antonio Calvo y Francisco ('Pacho') Galán, compositores de otras regiones del país.

Gracias a las gestiones de empresarios con visión y aficionados entusiastas, innumerables artistas internacionales de los géneros popular y clásico visitaron la ciudad en ese período; fue la época de oro de los músicos visitantes.

¿Un devenir fallido?
(1960 a nuestros días)

Los últimos 30 años en la historia y en el ambiente musical de la ciudad a imagen de lo que ocurre en todo el país caracterizan un período de múltiples intentos por consolidar una estructura cultural seria que, además, fructifique en lo económico y estético, y brinde posibilidades en todos los órdenes. En este período se han creado, con distinta suerte, varios conjuntos e instituciones musicales con carácter semiprofesional, se han animado algunos eventos de magnitud, y se han erigido varios escenarios para la ciudad y sus músicas.

Para fines del siglo XX la ciudad cuenta con cuatro grandes teatros: Pablo Tobón Uribe, Gabriel Obregón Botero, de la Universidad de Medellín y Metropolitano, construido por Medellín Cultural, con un total de más de cinco mil sillas. Sirven también como escenarios para conciertos el Teatro al Aire Libre Carlos Vieco Ortiz en el cerro Nutibara, y el Auditorio de la Cámara de Comercio de Medellín. Ocasionalmente, los otrora concurridos Teatro Ópera y Teatro Lido convertidos hoy en salas de cine, la Sala Beethoven, del Instituto de Bellas

Artes, y algunos auditorios universitarios de mediana capacidad, presentan programas musicales.

En los últimos años imparten educación musical en Medellín, fuera de los dos centros referenciales (el Instituto de Bellas Artes y el Conservatorio de la Universidad de Antioquia), la Escuela Superior de Música, la cual, huyendo de la crisis universitaria, surgió y existió por algún tiempo en la década del setenta; el Instituto Diego Echavarría Misas, donde se inició en 1975 la orientación musical en la educación primaria; y la Corporación Universitaria Adventista, el Taller de la Música, el Colegio de Música de Medellín, y varias academias privadas. Mención especial merece la Escuela Popular de Arte, con programas formales de orientación hacia la música tradicional y folclórica.

Como herencia de la tradición coral clásica del Orfeón y de la Coral Tomás Luis de Victoria, y con la conducción del médico Luis Alberto Correa, en 1966 se creó el Estudio Polifónico de Medellín y años después el Coro Tonos Humanos guiado por Cecilia Espinosa, la Coral Arte Nuevo y Antiguo dirigida por Lilly Córdoba y el Grupo Vocal Colombiano animado por Jesús Zapata Builes, entre los más importantes. En su momento, también brillaron Contrapunto, Ars Vocalis, el Coro Madrigalista y varios grupos corales universitarios, formados en torno del movimiento de clubes de estudiantes cantores, o con patrocinio empresarial. En lo popular, se recuerdan los coros Cantares de Colombia. La Orquesta Filarmónica de Medellín, fundada en 1983 por iniciativa del mismo doctor Correa, ha permitido la práctica instrumental de jóvenes músicos en obras sinfónico-corales junto al Estudio Polifónico, y en la emulación responsable de la OSDA. Otras agrupaciones de nombre, algunas en receso, son la Orquesta de Cámara del IBA, el Octeto de Vientos, el Conjunto de Música Antigua, el Trío y el Cuarteto de Cuerdas Medellín, el Quinteto de Bronces Medellín y otras, de vida más corta en el género académico.

En la interpretación de música tradicional han brillado agrupaciones medellinenses. Así, las estudiantinas lideradas por Jesús Zapata Builes, Luis Uribe Bueno, Edmundo Arias y las familias Puerta y García; el Trío Instrumental Colombiano, del mismo Zapata Builes; los conjuntos instrumentales de Iván Uribe, León Cardona, Jorge Camargo Spolidore, Jaime Llano González y los Bernal, y el Grupo Canchimalos y la Chirimía Callejera, entre otros. En años recientes varios grupos, entre los que sobresalen Iuma, Arco Iris e Instrumental Armónico, en los que es de notar la juventud y la preparación técnica de sus integrantes, en algo que se ha dado en llamar el renacimiento de la música típica o tradicional de la zona andina, alentado por eventos que ya tienen respaldo popular en la ciudad, como «Antioquia le canta a Colombia», «Conozcamos nuestra música colombiana», «Vuelve la serenata» y otros.

Durante varios años se celebró el Festival Musical de Medellín, patrocinado por Fabricato; en éste se presentaron conciertos con figuras de corte internacional en el género de la música clásica, a fines de la década del sesenta y principios del setenta. Asimismo, los de ópera, patrocinados por Haceb, que renovaron en su momento el interés de la empresa privada en asuntos de arte musical de calidad.

Por último, es necesario mencionar a varias personalidades de la música en Medellín en este siglo. Los más importantes cantantes: Luis Macía, Alba del Castillo, Lía Montoya, Luis Carlos García, Fabio Yepes Acevedo y Sofía Salazar.

Los más destacados instrumentalistas: Darío Gómez Arriola, Harold Martina, Blanca Uribe, Aída Fernández y Teresita Gómez, pianistas; Hernando Montoya y Manuel J. y Alejandro Bernal, organistas; Sergio Posada, clavecinista; Carlos Posada, guitarrista, y otros. Como directores, además de los mencionados antes, brillan Cecilia Espinosa y Alejandro Posada. Investigadores, biógrafos, críticos y musicógrafos: 'Ñito' Restrepo, Heriberto Zapata Cuéncar, Hernán Restrepo Duque, María Eugenia Londoño, Jorge Franco Duque y Jesús Mejía, entre otros, en los campos de lo tradicional, lo popular y lo folclórico; y Luis Miguel de Zulategui, Sergio Mejía Echavarría, Rafael Vega Bustamante, Mario Gómez Vignes, Luis Alberto Álvarez y Jairo Gómez Montoya, en lo académico.

Todas las músicas tienen sede en Medellín

De una u otra manera, se puede afirmar que la capital antioqueña abriga sin dificultades toda ex-

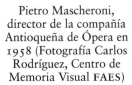

Orfeón Antioqueño retratado en 1951 (Fotografía Carlos Rodríguez, Centro de Memoria Visual FAES)

Pietro Mascheroni, director de la compañía Antioqueña de Ópera en 1958 (Fotografía Carlos Rodríguez, Centro de Memoria Visual FAES)

Orquesta dirigida por Joseph Matza en 1962 (Fotografía Carlos Rodríguez, Centro de Memoria Visual FAES)

presión musical; según un dicho popular, «aquí hay gente para todo».

En Medellín se ha creado un mito en torno a las circunstancias que permitieron afirmarla como una ciudad tanguera por excelencia. Los antecedentes históricos comprueban que «aquí el tango no nació con la muerte de Gardel». Una canción eminentemente social, que cuenta historias cercanas al drama humano, al desarraigo, llegó fácilmente al pueblo de Medellín. Primero, las mismas compañías de variedades españolas que visitaron la ciudad en las postrimerías del siglo XIX fueron las que trajeron el tango, en su particular versión; el auge del disco que traía un aire tradicional andino acoplado casi siempre con un tango permitió una relación cotidiana con temas muy cercanos a la mentalidad del común de la gente de Medellín. Se pueden hallar paralelos sociológicos entre los habitantes de Medellín y los de la Buenos Aires de principios de siglo: las problemáticas que plantea el tango son inherentes a la condición de medellinenses –migración campesina, depresión económica, cinturores de miseria, barrios de tolerancia y prostitución, entre otras–. Para la década del treinta, Medellín era un verdadero caldo de cultivo para el desarrollo del tango tras la venida de Gardel. Su muerte se encargó del resto. Como único creador local en el género brilla el pintoresco Tartarín Moreira.

Un fenómeno similar pudo darse con la llamada música de carrilera: de procedencia mexicana, se la vincula con la campirana o norteña, y comprende la ranchera, el corrido y ciertos pasillos, boleros y zambas, pero denominada con un término que es puramente antioqueño: «en el viejo barrio Guayaquil, los paqueteros venían por las encomiendas para las fondas que aguardaban los vagones repletos de sorpresas, entre ellas la música para victrolas y tragañíqueles, y pedían la *música que va para la carrilera o música de la carrilera*»[33]. A pesar de sus carencias en lo poético y musical, su gran difusión en todos los estratos sociales merece un tratamiento serio: no es extraño encontrar figuras de esa canción que brillan como estrellas internacionales del disco con ventas millonarias de temas de despecho y tragedia.

A instancias de concursos y festivales de intérpretes de la expresión andina, las nuevas generaciones han hecho aportes en los campos instrumental y vocal, y han incorporado nuevos tratamientos rítmicos, armónicos y melódicos –además de algunos conceptos novedosos en la temática–; pero siempre han conservado las íntimas estructuras vernáculas o típicas en el mencionado renacimiento de la música tradicional colombiana. Se puede afirmar que en Medellín existe el mayor número de cultores de esta nueva forma de entenderse, en la que sobresalen solistas vocales e instrumentales, duetos, tríos y grupos mixtos que han alcanzado glorias nacionales, como Silvia y Guillermo, John Jairo Torres, Rubia Espiga, Por el Placer de Tocar, Alicia Isabel Santacruz y Típica Medellín, fuera de los ya mencionados.

Las expresiones contemporáneas, específicamente la música *rock*, han tenido en Medellín gran número de aficionados y cultores. Desde la década del sesenta, cuando surgieron algunos grupos de jóvenes imitadores de las grandes estrellas norteamericanas y europeas, se han dado todas las posibilidades de crecimiento a este nuevo género: diversos estilos –*pop*, *heavy*, *metal*, tecno, industrial y otros–, casas disqueras que patrocinan la línea comercial, grupos marginales que graban en hangares. A partir de 1980 se puede hablar de un verdadero *rock* de Medellín, el cual se produce integralmente en la ciudad y es llevado a públicos locales y extranjeros por varios grupos locales: Kraken, Ekhymosis, Estados Alterados, Emma Hoo, Juanita Dientes Verdes y Laura O, entre otros, que divulgan su trabajo a través de un mercado alterno, muchas veces subterráneo, o gracias a emisoras de la ciudad que literalmente muelen de continuo grandes y efímeros éxitos internacionales.

El *jazz* también tiene cultores y aficionados en Medellín. Desde la década del cincuenta, grupos foráneos del género –Woody Hermann, Paul Winter, Lionel Hampton, Padovani, Iraquere y muchos otros– han visitado la ciudad y han animado con entusiasmo. En 1966 se realizó el primer concierto de una agrupación local, un quinteto integrado por Álvaro Rojas, Fabio Espinosa, Juancho Vargas, Hermides Benítez y Jesús Zapata. Posteriormente figuraron los conjuntos CAB, Tamarindo, Cuarteto Clásico de Jazz, Pilar Botero y su grupo, El Sexteto y Big Band de Medellín, el mayor de todos, que se presenta anualmente en su propio festival.

En los últimos años la nueva canción y sus opciones generaron en la ciudad a varios cultivadores: los grupos Villa de la Candelaria, Suramérica, Quiramaní, Sol Mayor, Tierra Brava y Andanzas; y Claudia Gómez, Gisela Fernández, Teresa y Carlos Vieira, John Harold Dávila y su Banda, Hernando Morales, Claudia Gaviria y Pilar Posada. Aunque no son creaciones completamente auténticas, todos estos aportes son valiosos intentos de verdadero canto popular urbano o citadino, propio y actual.

El bolero, ritmo caribeño romántico por antonomasia, llegó a la ciudad desde la década del veinte, gracias a las canciones del cubano Trío Matamoros. Posteriormente, la radio mexicana trajo la música de Agustín Lara en las voces de José Mojica, Pedro Vargas, Juan Arvizu y Alfonso Ortiz Tirado. Luego, desde la del cuarenta, el gusto de los medellinenses por el bolero se ha mantenido alto, como receptores más que como creadores. Cultores del género en la ciudad han sido, sobre todo, Lucho Ramírez y Carlos Arturo, como intérpretes solistas, y Los Romanceros, el Trío América y Vino Blanco, en distintas épocas. Como autores, Jorge Lalinde, Edmundo Arias y, por encima de todos, Jaime R. Echavarría, «nuestro maestro del bolero».

La trova –el repentismo y la copla–, esa expresión entre campesina y urbana, popular como ninguna en Colombia, es cotidiana en Medellín. Festivales y concursos nacionales tienen residencia en la ciudad, así como sus mejores exponentes, desde el legendario Salvo Ruiz hasta los conocidos Marinillos, pasando por muchísimos otros nombres.

El auge del disco convirtió a Medellín en la sede de la música popular grabada en Colombia, entre las décadas del cincuenta y del setenta, sobre todo como impulsora de los géneros de la balada romántica –que llegó con artistas foráneos– y de los aires costeños bailables –que llegan a tener una cierta versión o sabor antioqueños, que denominan ritmo paisa cuando aparecen conjuntos como los Teen Agers, Los Hispanos, Los Black Stars, Los Graduados[34].

«Una ciudad como la nuestra, acogida de faenas industriales, tiene pocas oportunidades para crear un ambiente artístico. Por fortuna, a fuerza de un incansable laborar, de un meticuloso orden de explosivos verbales y emocionales, se ha ido librando la ciudad jubilosa del canto y del verso y del pincel, de las manos grotescas de los artesanos fenicios...»[35].

NOTAS

1. Heriberto Zapata Cuéncar, *Compositores colombianos*, Medellín, Carpel, 1962, pp. 7-8.

2. Eladio Gónima, *Historia del teatro de Medellín y vejeces*, 2ª ed., Medellín, Ediciones Tomás Carrasquilla, 1973, p. 10.

3. Jorge Restrepo Uribe, *Medellín. Su origen, progreso y desarrollo*, Medellín, Servigráficas, 1981, p. 519.

4. Eladio Gónima, *op. cit.*, p. 109.

5. Heriberto Zapata Cúencar, *Historia de la Banda de Medellín*, Medellín, Granamérica, 1971, p. 7.

6. El también inglés Henry Price fundó la famosa Sociedad Filarmónica de Bogotá por la misma época.

7. Eladio Gónima, *op. cit.*, p. 104. Guavina se escribe con *v* en el original.

8. *Ibíd.*, p. 110.

9. Gonzalo Vidal, «Del divino arte», *Monografía de Medellín*, t. I, 1675-1925, Medellín, Imprenta Oficial, 1925, p. 300.

10. Charles Saffray, citado por Beatriz Restrepo Gallego, «La música culta de Antioquia», *Historia de Antioquia*, Medellín, Suramericana de Seguros, 1988, p. 522.

11. *Ibíd*, p. 526.

12. Gonzalo Vidal, *op. cit.*, p. 301.

13. Se presentaron «La castañera» y una original de Juan de Dios Escobar, motivo de comentario posterior.

14. Mariano Ospina Rodríquez y Eduardo Villa, sendos artículos homónimos en *Celebración del 2° Centenario de a Villa de Medellín*, Imprenta Oficial, 1875.

15. Daniel Salazar Velásquez,»Una lágrima en la tumba de Juan de Dios Escobar», *La lira antioqueña*, Medellín, Imprenta Musical de La Republicana, 1886. «Noche de luna, pensamiento melódico», Medellín, *Revista Musical*, suplemento de partituras, vol. I, 1901, pp. 20-21. «Placeres del campo», *Revista Universidad de Antioquia*, Medellín, 222, vol. LIX, octubre-diciembre de 1990, pp. 129-136.

16. Eladio Gónima, *op. cit.*, pp. 70 y 74.

17. Heriberto Zapata Cuéncar, *Compositores antioqueños*, Medellín, Granamérica, 1973, p. 42.

18. Vidal, *op. cit.*, p. 301.

19. Eladio Gónima, *op. cit.*,. p. 75.

20. Vidal, *op. cit.*, p. 301.

21. Uribe Angel, Manuel, «Cartas sobre Medellín», en *Revista Literaria*, Bogotá, (mayo 1892-abril 1893). Citado por Beatriz Restrepo G., *op. cit.*, p. 526.

22. Las zarzuelas «Un caballero particular», «La vieja», «El vizconde» y «El amor y el almuerzo», además de «El sargento Carabobo», con música de Vidal sobre un texto adaptado por Ospina.

23. «Norma» de Bellini, «Carmen» de Bizet, «El elíxir de amor», «La favorita» y «Lucrecia Borgia» de Donizetti, «Marta» de Flotow, «El guaraní» de Gomex, «Fausto» de Gounod, «Ruy Blas» de Marchetti, «Cavalleria Rusticana» de Mascagni, «Hugonotes» de Meyerbeer, «Gioconda» de Ponchieli, «El barbero de Sevilla» de Rossini y «Rigoletto», «Hernani», «El trovador», «Un baile de máscaras», «La fuerza del destino« y «Aída» de Verdi.

24. Gonzalo Vidal, *op. cit.*, p. 300. Sin apellido en el texto original.

25. Hernán Restrepo Duque, «Cantos y cantores de Antioquia», *La Ciudad. Revista Universidad de Medellín*, Nº 46, junio de 1985, p. 257.

26. Hernán Restrepo Duque, *op. cit.*, p. 261.

27. Andrés Pardo Tovar, «La cultura musical en Colombia», *Historia Extensa de Colombia*, vol. XX, t. 6, Bogotá, Lerner, 1966, pp. 373-374.

28. Creaciones de Francisco Vidal, Arriola, Gounod, Morales Pino, Salazar Velásquez, Chopin,Beethoven y el mismo Gonzalo Vidal, con excelente calidad tipográfica.

29. Hernán Restrepo Duque, «Música popular», *Historia de Antioquia*, Medellín, Suramericana de Seguros, 198, p. 53.

30. Gonzalo Vidal, *op. cit.*, p. 303.

31. Mario Gómez-Vignes, *Imagen y obra de Antonio María Valencia*, vol. I, Cali, Corporación para la Cultura, 1991, p. 37.

32. *Ibíd.*, p. 37.

33. Miguel Ángel López Botero, *Música de carrilera*, 2ª ed. Medellín, Galaxia, 1985, p. 87.

34. Hernán Restrepo Duque, «Música popular», *op. cit.*, p. 536.

35. Otto Morales Benítez, «Una familia de artistas», *Viecos en familia*, Medellín, Vieco & Cía.-Marín Vieco, 1991.

Bibliografía

Gómez-Vignes, Mario, *Imagen y obra de Antonio María Valencia*, vol,1 Cali, Corporación para la Cultura, 1991.

Gónima, Eladio, *Historia del teatro de Medellín y vejeces*, 2ª. ed, Medellín, Ediciones Tomás Carrasquilla, 1973.

Gosselman, Carl August, *Viaje por Colombia; 1825-1826*, Bogotá, Banco de la República, 1981.

Isaza Martínez, Ignacio, *Colección de programas de mano, conciertos en Medellín, 1925-1972*, inédito.

Latorre Mendoza, Luis, *Historia e historias de Medellín*, Medellín, Imprenta Oficial, 1934.

Londoño, María Eugenia y Betancur, Jorge, *Estudio de la realidad musical en Colombia*, 5 vols., Bogotá, PNUD/UNESCO/Colcultura, 1983.

Londoño, María Eugenia y otros, «Músicas del noroccidente colombiano», *Colombia, país de regiones*, Medellín, El Colombiano/CINEP, 1993.

López Botero, Miguel Ángel, *Música de carrilera*, 2ª ed., Medellín, Galaxia, 1985.

Mejía, Epifanio, *Obras completas*, Medellín, Bedout, 1960.

Mora Patiño, Orlando, entrevista personal, Medellín, 1994.

Morales Benítez, Otto, «Una familia de artistas», *Viecos en familia*, Medellín, Vieco & Cía, Marín Vieco, 1991.

Ochoa, Lisandro, «Músicos y cantores», *Cosas viejas de la villa de la Candelaria*, Medellín, Extensión Cultural Departamental, 1983.

Pardo Tovar, Andrés, «La cultura musical en Colombia», *Historia extensa de Colombia*, vol. 20, t. 6, Bogotá, Lerner, 1966.

Perdomo Escobar, José Ignacio, *Historia de la música en Colombia*, 5ª ed., Bogotá, Plaza & Janés, 1980, *Ópera en Colombia*, Litografía Arco, 1980.

Pérez González, Rodolfo, entrevista personal, Medellín, 1994.

Rendón Calderón, Luis Guillermo, Entrevista *personal*, Medellín, 1994.

Afiche de la celebración de los quince años del Conjunto de Música Antigua de Medellín, 1989 (Colección particular)

Afiche de la obra
*El Mesía*s. Montaje
clásico de fin de
año de la Orquesta
Filarmónica de
Medellín y del
Estudio Polifónico
(Medellín Cultural)

EL MESIAS

J. F. HANDEL

ORQUESTA FILARMONICA DE MEDELLIN
ESTUDIO POLIFONICO DE MEDELLIN
Director: L. ALBERTO CORREA C.

Solistas:
Soprano ● ELISA BREX
Mezzo-Soprano ● INES FEO LACRUX
Tenor ● RODRIGO JIMENEZ
Bajo ● ARTURO OROZCO
Clavicémbalo: TATIANA PAVLOVA

MIERCOLES 6 ● DICIEMBRE ● 1989
7:30 p.m.
TEATRO METROPOLITANO DE MEDELLIN

Presenta: MEDELLIN CULTURAL

Boletería: LUNETA $3000 $2500 $2000 ● BALCON $1500 $1000
Venta: Librería Continental ● Teatro Pablo Tobón Uribe ● Teatro Metropolitano de Medellín

Restrepo, Antonio José, *El cancionero de Antioquia*, Medellín, Bedout 1955.

Restrepo Duque, Hernan, *A mí cánteme un bambuco*, Medellín, Ediciones Autores Antioqueños, 1986, «Cantos y cantores de Antioquia». *La Ciudad. Revista Universidad de Medellín*, N° 46, junio de 1985, «Música popular», *Historia de Antioquia*, Medellín, Suramericana de Seguros, 1988, *Lo que cuentan las canciones*, Bogotá, Tercer Mundo, 1971, *Las cien mejores canciones colombianas y sus autores*, Bogotá, Instituto Distrital de Cultura y Turismo, 1991.

Restrepo Gallego, Beatriz, «La música culta en Antioquia», *Historia de Antioquia*, Medellín, Suramericana de Seguros, 1988.

Restrepo Uribe, Jorge, *Medellín. Su origen, progreso y desarrollo*, Medellín, Servigráficas, 1981.

Serna, Juan Manuel. entrevista personal, Medellín, 1994.

Toro, Cristina, «El teatro en Antioquia», *Historia de Antioquia*, Medellín, Suramericana de Seguros, 1988.

Uribe Vallejo, Alberto, «Música, músicos y trovadores», *El Medellín que se fue*, Medellín; Panorama, 1973.

Valcárcel Carroll, Gustavo Adolfo, «Historia de la Radio Nacional de Colombia», *Boletín de Programas, Radio Nacional*, cuarta época, N° 1, Bogotá, febrero de 1990.

Vidal, Gonzalo, «Del divino arte», en José Gaviria (comp.), *Monografía de Medellín. 1675-1925*, t. I, Medellín, Imprenta Oficial, 1925, «Musicalerías», *en Luis Viena* (ed). *Medellín, 1675-1925*. Medellín; El Colombiano, 1925.

Villa, Eduardo y MOR, *Celebración del 2° Centenario de la Villa de Medellín*, Imprenta del Estado, 1875.

Zapata Builes, Jesús, entrevista personal, Medellín, 1994.

Zapata Cuéncar, Heriberto, *Cantores populares de Antioquia*, Medellín, Copiyepes, 1979, *Compositores colombianos*, Medellín, Carpel, 1962, *Historia de la Banda de Medellín*, Medellín, Granamérica, 1971.

SECCIÓN CUARTA

CIUDAD Y ARTE

RODRIGO SANTOFIMIO

EDDA PILAR DUQUE

HERNÁN CÁRDENAS

JULIÁN ESTRADA

RAFAEL VEGA

GLORIA MERCEDES ARANGO

LEÓN RESTREPO

MIGUEL ESCOBAR

FERNANDO MOLINA

MANUEL BERNARDO ROJAS

ANA MARÍA CANO

CONRADO GONZÁLEZ MEJÍA

Estudio de la firma «Fotografía y pintura de Rodríguez y Jaramillo» de Medellín
hacia la última década del siglo XIX (Fotografía Melitón Rodríguez, Foto Rodríguez)

Rodrigo Santofimio Ortiz

La fotografía en Medellín 1950-1980

UN POCO menos de 150 años nos separan de aquella vez en que el pintor envigadeño Fermín Izasa, ensayando la técnica del daguerrotipo, abrió en Medellín el primer gabinete fotográfico. El 24 de septiembre de 1848, apenas nueve años después de la invención de la daguerrotipia por Niepce y Daguerre, avisaba al público «su disponibilidad para hacer los retratos que se recomienden»[1].

En 1855 se introduce el método del colodión húmedo y con él aparece la «placa de vidrio» a manera de negativo, con la que se podían obtener incontables copias; en la década de 1860 la novedosa técnica fue ampliamente conocida y esto precipitó la creación de algunos establecimientos de fotografía en la ciudad. La fotografía de «Wills y Restrepo» es uno de ellos y el primero en proponer la «tarjeta de visita» que permitió obtener de un mismo retrato numerosas copias a costo accesible.

En los años ochenta las tres fotografías instaladas en Medellín eran la de Gonzalo Gaviria, Emiliano Mejía y Enrique Latorre, que al final de la década trabajaban al ritmo de la innovación técnica, la «placa seca», que venía preparada y se distribuía comercialmente. Se instalan pequeños escenarios o gabinetes artísticos y del rígido retrato del daguerrotipo, impersonal y seriado de la tarjeta de visita, se pasa al retrato donde se busca reflejar la personalidad del retratado.

Desaparecidas las dificultades para preparar las placas, los fotógrafos sacan las cámaras del estudio y enfocan los exteriores. Los últimos años del siglo XIX nos alejan la imagen del fotógrafo solitario y dan paso a la organización de talleres artesanales, generalmente de familias; en el taller de los hermanos Rodríguez, Horacio y Melitón) y Francisco A. Cano, se gestó la primera revista ilustrada, *El Repertorio* (1896), en donde aparecieron, además de algunos grabados realizados por

Rafael Mesa, fotógrafo, y Juan Francisco Maya, los primeros fotograbados hechos en Antioquia: estos trabajos eran de Horacio M. Rodríguez (1866-1931), pintor y fotógrafo en la ciudad. De esta forma, las publicaciones periódicas van a convertirse en un campo de actividades para el fotógrafo. En los primeros años del siglo XX la fotografía de estudio recobra importancia, pues ofrece curiosas escenografías; otros más atrevidos, como Benjamín de la Calle, exploran la fotografía publicitaria[2].

Se populariza el uso de las cámaras de mano y formato pequeño con rollo fotográfico de acetato; el lema publicitario de Kodak ya es un hecho: «Usted oprime el botón, nosotros hacemos el resto». Surgen los fotógrafos aficionados que no escatiman momento para captar todo acontecimiento, por simple que parezca. En este período se insinúan los temas familiares, la fotografía de grupos y paisajística.

Los tiempos eran buenos y la competencia no fue problema para seguir trabajando. Las páginas del *Directorio de Medellín en 1912*, informaban dónde localizar al fotógrafo de estudio: Melitón Rodríguez, Barbacoas, No. 12, y a su hermana Amelia, Palacé, 176, Gonzalo Escobar en Colombia, 282, y Benjamín de la Calle, Av. Fernando Restrepo, 48, cerca de la competencia de Roberto Agudelo. Rafael Mesa atendía su clientela en Bolívar 115 y Enrique Crosti en Ayacucho, 379[3].

La revista Sábado

La prehistoria del reporterismo gráfico en Medellín hunde sus raíces en los comienzos de la década de los años veinte y alrededor de la revitsa *Sábado*, semanario ricamente ilustrado y de interés literario cuya primera entrega circuló en mayo de 1921[4]. A través de la relación entre el fotógrafo de gabinete y la revista, dieron sus primeros

Medellín, febrero 18 de 1874.   6—4

RETRATOS.

Pastor Restrepo se despide atentamente de sus amigos y favo-
recedores, y avisa al público que debiendo ausentarse de esta ciudad para Europa y los Estados Unidos, à donde va á estudiar los
últimos progresos del arte fotográfico, ha resuelto, de acuerdo con
su consocio Vicente A. Restrepo, dejar al frente del establecimiento de fotografía al inteligente jóven don Enrique Latorre. Este jóven, que se recomienda por sus modales cultos, está tan versado
en todas las operaciones de su arte, que puede hacer toda clase de
retratos tan bien como el que suscribe.

Pastor Restrepo.   6—2

P. R. VENGOECHEA.

COMISIONISTA.

Barranquilla.   12—8

1) Avisos publicitarios de los fotógrafos Pastor Restrepo y Benjamín de la Calle publicados en periódicos de la ciudad a finales del siglo pasado y principios del presente (*Boletín Industrial.* Medellín, Trim IV # 127, El *Heraldo.* Medellín, año V Trim XVIII # 206, 1874, *Por lo alto.* Medellín. serie 1ª. N° 6, 1907 y El *Bateo.* Medellín, serie 6a. # 130, 1907)

FOTOGRAFIA

DE BENJAMIN CALLE M.

CARRERA DE LA ALHAMBRA (GUAYAQUIL).

TELEFONO N° 229

Por telégrafo: BENJALLEM

La más acreditada por sus buenos
trabajos y por la baratura
de sus precios.

ULTIMOS ESTILOS

Se emplean los materiales más
modernos.

Premiada con medalla de oro
y diploma
en la Exposición de Bucaramanga.

2—1

POR LO ALTO

pasos, como colaboradores gráficos, fotógrafos con un cierto reconocimiento en el medio; este es sin duda el ejemplo de Jorge Obando, quien desde 1923 pudo alternar el retrato de ambientación y estilo *art deco* con la realización de imágenes por fuera de su gabinete:

«El taller artístico de nuestro apreciado amigo D. Benjamín de la Calle, en esta ciudad, nos ha reiterado su ofrecimiento de colaboración desinteresada para *Sábado*, al propio tiempo que la distinguida fotografía Rodríguez nos hace el mismo ofrecimiento que altamente agradecemos»[5].

En aquellas oportunidades las gráficas de De la Calle se refieren a panorámicas del año nuevo en la Plaza de Berrío, peregrinación al Santuario del Señor Caído en Girardota y varios planos de un incendio en Medellín (mayo de 1922), trabajos que reflejan el reacomodo del autor a unas condiciones extrañas, en especial las escenas por fuera del gabinete, de las que sacó buen partido. Al margen de la revista, el trabajo de De la Calle fue más extenso desde 1903, lo cual le permitió captar diversos testimonios de un mundo socialmente diferenciado y en el que desfilaron tanto la gran dama como la prostituta.

Luis M. Rodríguez dedicó a la revista varios retratos de personajes realizados en su gabinete, el cual ambientó con telones, nubes, barcarolas y demás figuras artificiales, con lo cual creó una atmósfera a disposición del cliente.

En octubre de 1922 la revista anuncia la colaboración del «magnífico taller del Sr. Óscar Duperly... cuya eficiencia artística y presentación de sus trabajos darán un hermoso aspecto al contenido gráfico de *Sábado*». Duperly, radicado en Medellín desde 1915 y representante de la Casa Americana Eastman Kodak, inicia para la revista el más completo cubrimiento del acontecer dentro y fuera de la ciudad. Con su cámara Kodak registró en detalle el Congreso Nacional de Estudiantes reunido en el Paraninfo y, de igual forma, cubrió la exposición de arte francés en Medellín en octubre de 1922, que organizó la Sociedad de Mejoras Públicas con obras de los impresionistas.

Con Óscar Duperly aparece también Francisco Mejía M. (1899-1979), colaborador gráfico en la revista; aunque los trabajos para *Sábado* no fueron numerosos, de todas formas muestran una faceta distinta y algo desconocida de quien se constituiría, según Carlos José Restrepo, en uno de los más importantes fotógrafos de «la arquitectura en los años 30 y 40 en Medellín». Su éxito se debió, aparte de sus conocimientos sobre el tema, a la paciencia para obtener sin problema, momento tras momento, las imágenes en la construcción de importantes edificios de la ciudad.

Mejía realizó, junto con Manuel A. Lalinde, el descubrimiento del encuentro de boxeo, celebrado en el circo-teatro España, el 28 de mayo de 1922, un evento deportivo de expectativas entre los aficionados de aquella época y que muestra el esfuerzo desplegado por estos dos fotógrafos para usar la cámara tradicional de gabinete, capaz de girar y con una extraordinaria rapidez de exposición. Una proeza semejante sólo fue ejecutada en la época por Obando en el cubrimiento que hizo de una «tarde de toros en el circo España» y posteriormente, en 1923, en la secuencia del hecho trágico en que perdió la vida Manuel S. Acosta, «Salvita», luego de intentar volar en globo sobre Medellín.

Manuel A. Lalinde, fotógrafo en la ciudad, comenzó su trabajo de gabinete desde los años veinte y, por la calidad de sus tomas, éstas fueron incluidas en las ediciones de 1923 y 1930 del libro que mandó imprimir la Sociedad de Mejoras Públicas en Alemania.

Al lado de fotógrafos como De la Calle y Mesa, Lalinde fue otro pionero de lo que hoy llamaríamos la crónica gráfica, la cual utilizaban para una mejor comprensión del texto escrito. En las gráficas de la fábrica Escovar y Restrepo, la fábrica de gaseosas Posada y Tobón y en especial el cubrimiento de algunas escenas de la obra de teatro «Canción de Cuna», existe un marcado énfasis en las tomas interiores lo que confirma la utilización de la lámpara de magnesio por parte del señor Lalinde. Este tipo de fotos apenas las realizaba Lalinde: segundos antes de la toma, producía un relámpago efímero a partir de una explosión, luego de que un pistón hiciera contacto con el magnesio depositado en un platón. Hubo fotógrafos que se resistieron a esta forma de iluminación espontánea, por considerarla inoperante en toma con viento, lluvia y algunos riesgos, amén del sobresalto que la explosión podía ocasionar en el personaje. Con el invento de la bombilla de magnesio al vacío, todos estos inconvenientes se evitaron y las escenas interiores y nocturnas fueron comunes entre los fotógrafos.

Por último, cabe anotar que la revista recibió colaboración de otros fotógrafos poco conocidos, como Germán Arciniegas, «cultísimo estudiante universitario de Bogotá», quien hizo el primer registro panorámico de Medellín desde un avión, el «Goliath», a una altura de 400 m. También fue el caso de M. Skowronski, alemán que cubría acontecimientos sociales llevados a cabo en el bosque de la Independencia y las primeras tomas de una corrida de toros en el Circo España, y de Gonzalo Escobar, L. Tobón Uribe, J. Bonilla, E. Vélez, L. Villa S. y Ángel Hernández, entre otros.

En la revista hubo corresponsalía gráfica nacional, la cual estuvo a cargo de Juan N. Gómez, en Bogotá, de G. Tabares y Montoya, en Manizales, F. Sánchez en Pereira, y en Barranquilla J. Ospina. Por su parte, la corresponsalía internacional la realizó el fotógrafo F. Correa quien envió numerosas vistas desde Nueva York.

No sobra recordar que, durante el último tiempo que circuló este semanario, todas sus gráficas se prensaban a través del sistema de fotograbado, labor que llevaban a cabo conjuntamente el maestro Abelardo García y el artista Roberto Vieco, quien en agosto de 1922 realizó el primer fotograbado para tricromía en Antioquia.

«La fotografía de prensa no debe servir solamente para ilustrar una crónica, o un reportaje, sino que debe ser más valiosa que la crónica o el reportaje por cuanto su misión es llevar al lector de periódico la exacta visión de lo ocurrido participándole algo de la emoción del momento aprisionado por el lente».

(E. C. G., El Tiempo, Bogotá, julio, 1952).

Del pajarito al flash

Es posible que los primeros reportajes gráficos en Medellín se hayan originado varios años después de los aparecidos en la prensa bogotana. Las revistas *El Gráfico* (1910), *Cromos* (1916) y *Mundo al Día* (1924) incorporaron reportajes gráficos de Ignacio Gaitán, considerado el primer reportero gráfico en Colombia[6].

Sin aprendizaje académico en estos primeros años, el reportero gráfico (del latín *portare*, llevar) se «profesionalizó» compartiendo su trabajo en el gabinete artístico y la cámara de cajón, con la cual enfocaba los contecimientos que más asombro le despertaban.

En la primera fase, que coincide con la transformación de Medellín de villa a ciudad, el reportero gráfico era un fotógrafo que aún vivía del trabajo en su gabinete y eventualmente despachaba sus gráficas a la prensa o revistas que de antemano las hubiesen solicitado.

Jorge Obando C.

De Caramanta, Antioquia, (1894-1982), compró su gabinete artístico Foto Obando, en 1921, al fiado, después de ser modesto empleado de una droguería; para el arriendo del primer mes tuvo que empeñar una máquina de escribir. En 1928 adquirió la cámara panorámica Cirkut Eastman Kodak, que daba negativos de un metro y 20 cms, con la cual logró registrar los más importantes acontecimientos en Antioquia desde entonces hasta 1970.

El registro fotográfico más importante que conocemos de Obando fue el accidente en el aeródromo de Las Playas que costó la vida a más de una docena de personas entre las que se encontraba el tanguista argentino Carlos Gardel.

En 1951, y tras 25 años de actividades ininterrumpidas, su trabajo fue reconocido nacionalmente, al punto de que la revista *Semana*, en febrero de ese año, publicó apartes de su vida y afirmó que desde Marco Fidel Suárez no existía presidente o político que no hubiese posado para el señor Obando. «Retratar a los políticos célebres es apenas uno de (sus) frentes favoritos», pues otro lo constituían sus famosas panorámicas, las cuales tomó por primera vez el 22 de enero de 1930, cuando captó las multitudes en la plaza de Cisneros ante Enrique Olaya Herrera, quien hablaba desde un balcón. Olaya lo felicitó personalmente, diciéndole: «En Estados Unidos lo harán igual pero no mejor».[7]

Obando fue el reportero gráfico de *El* Colombiano no menos de tres décadas. Baste recordar que difícilmente hubo lector en Medellín no familiarizado con la sección «Lunes social» o con «Medellín social», en donde el maestro de la fotografía «de sociedad» presentaba a sus personajes en pose siempre adusta, con un fondo exquisitamente decorado para la ocasión.

Gabriel Carvajal Pérez

Descendiente de importante familia de escultores y pintores, se inició como aficionado para después dedicarse profesionalmente a la fotografía. Abandonó sus estudios de bachillerato en el liceo de la Universidad de Antioquia y se encargó de una droguería de su familia en Armenia; luego colaboró en el montaje de teléfonos automáticos allí y en Manizales y Medellín; en los recesos del montaje fundó una pequeña fábrica de lámparas y pantallas para decoración; después organizó una pequeña industria de cordelería en Manizales. Finalmente le nació la «goma», que después convirtió en profesión: la fotografía.[8]

A mediados de los años cuarenta hizo parte de la planta de reporteros del periódico *El Colombiano*, que también incluía, entre otros, a Rodríguez y Miguel A. Zuleta; al igual que éstos, debía cubrir todos los acontecimientos del momento.

En abril de 1949 inició en compañía de Fern Duperly Cano, hijo de Óscar Duperly y nieto de

Benjamín de la Calle
(Colección particular)

Fidel Cano, un largo viaje interdepartamental de más de 10 000 kilómetros. Los objetivos del viaje eran captar toda clase de motivos típicos, paisajes, costumbres, gentes, aspectos de ciudades, templos, monasterios, etc., e impulsar la fotografía en colores, en un esfuerzo por aplicar la técnica norteamericana de la cual era especialista Duperly, despúes de sus estudios en Eastman Kodak, Rochester, Nueva York.

Insinuado su interés por la fotografía panorámica, incursionó definitivamente en la fotografía industrial y arquitectónica a partir de los años cincuenta y su primer trabajo lo realizó con Rafael Ortiz, estudiante de arquitectura. Consistía en un fotomural de 3.20 m por 1.60 m, el primero que se elaboraba en el país, compuesto de 52 fotografías de diversos lugares y tipos de pueblos.

La obra, realizada a solicitud del industrial Pablo Echeverría, se instaló en el nuevo edificio de Fabricato para decorar las oficinas de una empresa de turismo aéreo.

Fuera de la impecable técnica profesional con que Carvajal realizó sus trabajos, sus críticos ven en ellos la representación de la transformación del paisaje rural en Antioquia, que tradujo con gráficas de obras de ingeniería y arquitectura a medida que el hombre las construía para su bienestar.

Carlos Rodríguez

Reportero gráfico por antonomasia en Medellín, durante 35 años de vida activa, gracias no propiamente a que hizo el registro fotográfico más detallado de los acontecimientos del 9 de abril de 1949 en la ciudad, sino a que siempre se lo consideró más periodista que fotógrafo. Surgió como reportero gráfico de planta para el periódico *El Colombiano*, producto de una experiencia espontánea y azarosa y no de la que se podía acumular en el gabinete artístico.

Rodríguez nació en una finca de Yarumal, la cual abandonó cuando su padre murió. Llegó a Medellín y estudió en los institutos San Carlos y Pedro Justo Berrío, donde aprendió los rudimentos de tipografía. Como ayudante tipográfico trabajó en el periódico *Estrella Roja* que en aquellos años, 1930, orientaba María Cano. De allí pasó a la tipografía de *El Externado, Foto Club, El Bateo, El Correo de Colombia, Colombia y El Correo de Antioquia*[9].

En *El Heraldo de Antioquia*, luego de terminar sus tareas, acostumbraba a quedarse en la sección de fotograbado y fue allí donde aprendió los rudimentos de este nuevo oficio y se acercó poco a poco a la fotografía. Al retirarse el titular Miro Sánchez, fue encargado del puesto.

Francisco Mejía (*Memoria visual e identidad cultural: Antioquia 1890-1950*. Medellín, 1989)

Jorge Obando
(Colección particular)

En 1939 fue nombrado jefe de la sección de fotografía del detectivismo. En este nuevo puesto trabajó durante la década del cuarenta, alternando las fotos oficiales con las que tomaba y vendía a los periódicos *La Defensa* y *El Pueblo*. En aquel tiempo se convirtió en uno de los primeros reporteros *free lance* de nuestro país.

Rodríguez tiene el mérito de haber registrado los destrozos de edificios y locales comerciales de Medellín el 9 de abril. Al morir el caudillo liberal Jorge E. Gaitán, turbas liberales hicieron blanco de su odio partidista las oficinas de los periódicos *La Defensa* y *El Siglo* y también arremetieron contra el café Regina, el almacén Respín y el pasaje de la Alhambra.

En mayo de 1949, tras 15 años de actividad de reportero, los periódicos de la ciudad le rindieron un homenaje y en esa misma fecha en el periódico *El Colombiano* apareció su foto mostrando la *speed graphic*, una modesta máquina con la que realizó sus primeros trabajos.

Fueron famosas sus tomas de «planchas» de los arqueros de fútbol y las llegadas de los caballos en las carreras del hipódromo de Medellín.

Con muchas de sus fotos se dilucidó cuál ejemplar había cruzado primero la meta. Cada lunes era esperado por los coleccionistas para recortar

del periódico ese fabuloso momento deportivo, inmortalizado por el lente.

Sin distingos de filiación política, colaboró para los periódicos *El Tiempo* y *El Espectador*, lo mismo que para la revista *Semana*, a la que enviaba retratos de importantes artistas que visitaban la ciudad.

Miguel Ángel Zuleta

A finales de los años cuarenta era considerado «uno de los fotógrafos de prensa de mayor fuste en el país». Parece que colaboró con la revista *Semana* en los años cincuenta en donde le fueron publicadas varias fotografías de temas políticos en los que descolló por su habilidad para captar el instante que sintetizaba el conjunto de la escena.

En el periódico *El Colombiano*, a mediados de los años sesenta, cubrió todos los acontecimientos. Sin embargo, se le reconoció una excelente habilidad en las panorámicas captadas luego de actos político multitudinarios; regularmente estas gráficas ocuparon las primeras páginas del periódico.

Le correspondió cubrir la sección deportiva del periódico y, para tal efecto, cada lunes era habitual encontrar una, dos o tres gráficas que ilustraban las mejores jugadas del cotejo futbolístico dominguero celebrado en el estadio municipal.

Melitón Rodríguez
(Colección particular)

Gabriel Carvajal
(Colección particular)

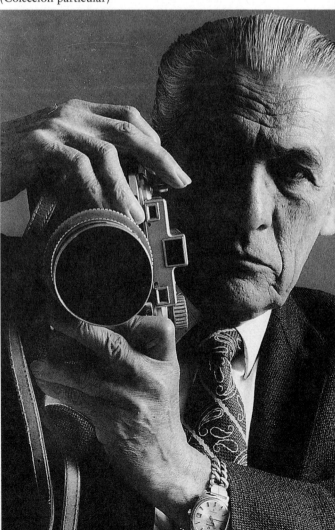

Otro tema que compartió Zuleta fueron las fotos infantiles, de cumpleaños y primeras comuniones, que se publicaban semanalmente. A Zuleta se deben las primeras crónicas gráficas que aparecieron en *El Colombiano* a finales de los años cuarenta con el título «Página fotográfica semanal», en donde propuso un estilo «gráfica *live*»[10], un recurso profesional poco generalizado entre los fotógrafos de la época.

Reportería gráfica deportiva

La revista *Tribuna*, que circuló durante dos años (1943 y 1944)[11] ofrece uno de los pocos ejemplos de participación de fotógrafos dedicados exclusivamente al registro de eventos deportivos aficionados y los pormenores de cada cotejo futbolístico celebrado en el estadio San Fernando.

Debido a que los fotógrafos no siempre firmaban sus trabajos, se dificulta conocer la plantilla general de reporteros gráficos que trabajaron para la revista. Sabemos solamente que uno de ellos fue Villegas R., quien en esa época registró a Carlos Álvarez, «mejor arquero nacional», en una de su acostumbradas atajadas. Es posible que la mayor parte de las gráficas las hubiese realizado este fotógrafo escasamente conocido, pues así se infiere de lo reiterativo de las imágenes en la revista.

Veinte años después de *Tribuna*, apareció el semanario *Vea Deportes*, en un momento de modernización de las publicaciones impresas, que poco a poco fueron pasando del sistema de impresión por rotativa al de offset que finalmente permitió la inclusión de la fotografía en colores al lado de la tradicional en blanco y negro.

La revista, calurosamente recibida entre los «amantes del deporte», fue una de las primeras publicaciones del país que incorporaron la fotografía en colores. El cubrimiento informativo era nacional e internacional y con colaboradores en las principales ciudades como Jaime Guerrero (Jaiguer) y Luishache en Medellín, Julio Flórez en Bogotá y Manjarrés en Barranquilla.

Jaiguer se inició como reportero gráfico a mediados de los años sesenta en el periódico *El Colombiano* y allí compartía la reportería callejera con Horacio Gil Ochoa, José Betancur, Luishache, Pedro Nel Ospina y Hervásquez.

Vinculado durante cuatro años como reportero en *Vea Deportes* (1964-1967), Jaiguer conformó, al lado de Ramón Hoyos V. y Luisego, el «científico del ciclismo», un completo equipo que cubrió numerosas vueltas a Colombia, en extenuantes y no poco riesgosas aventuras periodísticas.

Carlos Rodríguez
Fotografía Carlos Rodríguez)

Rafael Mesa
(Colección particular)

El resultado fueron gráficas de personajes que en la dificultad de cada etapa anticipaban su protagonismo como figuras de grata recordación en el país, como Roberto «Pajarito» Buistrago, Javier «Ñato» Súarez y Martín «Cochise» Rodríguez.

Jaiguer, reportero gráfico deportivo por excelencia y uno de los mejores en su época, dejó la revista en 1967 y años después pasó a ser reportero de planta en el periódico *El Espacio* en Bogotá. Bernardo Machado y Alberto Ceballos lo sucedieron y se encargaron de realizar la reportería local y nacional hasta principios de los años setenta, cuando se cerró esa experiencia de revistas deportivas en Medellín.

Finalmente, a comienzos de los años ochenta, se insinuó un cierto reconocimiento del trabajo del reportero gráfico; por ejmplo, *El Mundo*. periódico paisa fundado en abril de 1979, publicaba una selección de fotografías elaboradas por sus reporteros gráficos de planta. La selección incluía trabajos de Gabriel Buitrago, Luz Estela Castro, Pedro Nel Ospina, Liliana Estrada y Henry Agudelo, entre otros.

En este mismo sentido, *El Colombiano* publicó en 1985 una selección de gráficas que tituló «Panorama gráfico», en la que participaron sus reporteros más importantes: Hervásquez, Jaimar, Miguel Calderón, Jorge Zuleta y José Betancur.

Fotografía callejera

Por fortuna, y a pesar de su lucha desigual con la fotografía ultramoderna, siguen campantes en pueblos y aun en las grandes ciudades los fotógrafos callejeros, «los de la caja», fotógrafos «de blanco y negro» o sencillamente fotógrafos de parque, como se les llamó a finales de los cuarenta, cuando eran numerosos y tenían importancia junto con los fotógrafos de lujosos estudios. En Medellín, el «fotógrafo de pajarito»[12], como solía llamárselo en esa época, habitualmente lo encontrábamos en Guayaquil, el Bosque o en cualquiera de las estaciones del ferrocarril. Los días de fiesta, generalmente por la tarde, solía estar Alberto Clavijo para retratar a los enamorados y a uno que otro chiquillo.

Su «estudio» al aire libre lo componían el cajón o la máquina de retratar, dotada de un pequeño lente y una manga negra que le permitía operar a ciegas el papel sensibilizado y el revelador, que reposaban en el interior de esta primitiva «cámara oscura». A lado y lado de ésta ponía muestrarios de sus mejores producciones, retratos tamaño postal marcados con corazones y mensajes para enamorados, y un taburete para sentar al cliente y detrás un telón al gusto del parroquiano, con paisajes marinos o romanos o parisinos.

Sus obras, tarjetas postales en las que los amantes y los novios aparecían dentro de un corazón y muchas veces con el trazo de una paloma que sostenía en su pico leyendas como: «siempre tuyo», «para ti vivo» o «te abrazo».

La rápida transformación urbanística de la ciudad en las últimas tres décadas y la aparición de técnicas fotográficas mucho más avanzadas redujeron la actividad de los fotógrafos de parque a escasos dos o tres ubicados actualmente en Guayaquil, que la gente eufemísticamente distingue como los «del poncherazo». A don Alberto Clavijo los años y la escasa clientela lo retiraron del negocio.

Al fotógrafo de parque lo sustituyó el fotógrafo de acera que prosperó durante la década de los cincuenta y sesenta y que aún habita nuestras ciudades. Se inició en los paseos y avenidas, seguramente Junín y la Playa, equipado de la Olympus Pen, una máquina fácil de cargar y operar con la que sorprendía al peatón solitario o acompañado. Realizaba la toma, entregaba un recibo para reclamar la copia ampliada o un simple contacto para llevar en las billeteras que venían provistas de porta-retratos adecuados al formato 6 cm x 9 cm[13].

Durante la década del setenta la foto de billetera fue reemplazada por los llamados «telescopios», pequeños tubos de plástico en cuyo interior reposaba una diapositiva. La técnica revivió por algún tiempo la euforia de la fotografía estereoscópica. Apareció luego el fotógrafo de la Polaroid o copia instantánea, que recorre aeropuertos y sitios turísticos ofreciendo por pocos pesos el desteñido recuerdo del adiós o del asombro.

Ahora, con sólo abrir las páginas del directorio telefónico, se consigue un número cercano a los cien establecimientos fotográficos. Los hay de todas las técnicas: fotografía aérea, industrial, médica, publicitaria y artística; también para cada ocasión: matrimonios, fiestas sociales, primeras comuniones. Otros utilizan el registro fílmico o de video.

Arte y fotografía

La fotografía, desde su invención en 1839, siempre sostuvo un enfrentamiento con otros géneros del arte, en particular con la pintura, a la que supuestamente había arrebatado la representación del mundo exterior. En Europa la discusión cobró especial vehemencia lo que obligó a intelectuales y pintores de la época a pronunciarse en contra o en favor de la fotografía.

En Colombia, el debate no tuvo el rigor con que se asumió en Europa; por el contrario, los

En el centro el fotógrafo Jorge Obando, sobre un andamio, cubriendo la llegada de Laureano Gómez
al Parque de Berrío en 1947 (Fotografía Carlos Rodríguez, Centro de Memoria Visual FAES)

pintores participaban de la técnica fotográfica que generalmente les permitía un respiro económico. Fue el caso de García Hevia y también el de Fermín Izasa y Demetrio Paredes, que participaron como pintores en la Exposición de Arte e Industria en 1849 y al mismo tiempo trabajaban la fotografía, con lo cual proveían su subsistencia.

Sólo a finales de la década de los noventa fue posible hablar de un género artístico separado que organizaba sus propios eventos o concursos. Melitón Rodríguez ganó el segundo premio en el concurso exclusivo para fotógrafos que organizó la revista *Luz y Sombra* en Nueva York en 1895. Por otro lado, Benjamín de la Calle, en 1917, obtuvo una honrosa distinción en un concurso de fotografía organizado en Estados Unidos.

Además de los eventos internacionales, cuyo objetivo básico era procurar un estatus artístico en la actividad fotográfica, en Medellín se hicieron concursos semejantes. La revista *Miscelánea* en julio de 1905, con intenciones más de ilustración que artística, convocó a uno de los primeros concursos de fotografía en la ciudad; y en la Exposición Nacional de Medellín, que se realizó para conmemorar el centenario de la Independencia, el primer premio, un trabajo fotográfico, fue para Melitón Rodríguez y el tercer lugar le correspondió a Benjamín de la Calle.

Óscar Duperly y la Sociedad de Mejoras Públi-

cas organizaron, en mayo de 1922, el primer concurso para aficionados. El ganador fue Ángel Hernández con su fotoestudio «El Angelus» que mereció del jurado calificador el siguiente concepto: «... es un estudio artístico, pleno de verismo, admirable en la propiedad y justeza de los más pequeños detalles, noble en la posición y recogimiento de las figuras, hondamente sentido y melancólico con el fondo de lejanía vespertina que lo decora»[14].

En la revista *Pan* (Bogotá) se abrió en febrero de 1937 un concurso permanente de fotografía en el cual era exigencia que la imagen no estuviera retocada, subrayándose con este requisito la naciente convicción de que la fotografía debía ser suficiente por sí sola, sin ayudas diferentes de las propias de este medio, para comunicar el pensamiento o apreciaciones de su autor.

Por Medellín participaron José Posada, que presentó tres fotografías: dos tituladas «Tunjo de Guaca» y la tercera «Orquídeas»; C. Restrepo Álvarez con «Pablita», y C. Correa Palacio con una que llamó «Hacia arriba»[15].

A principios de 1953 la revista *Semana* (Bogotá) convocó al concurso «Foto Semana» e invitó a participar a los fotógrafos profesionales y aficionados. Por cada foto publicada en la revista su autor recibía 25 pesos. En esa oportunidad fueron consideradas «fotos de la semana» los traba-

Estudio fotográfico de Wills y Restrepo (*Medellín el 20 de julio de 1910*. Leipzig, s. f. Album de la Sociedad de Mejoras Públicas.)

jos que desde Medellín enviaron Pedro Vásquez Restrepo, «El Peñol de Entrerríos», y Jorge Zuluaga Henao, «Eucaliptus».

Surgió el fenómeno de la asociación de personas interesadas en la fotografía. En mayo de 1955 fue fundada la primera agrupación de fotógrafos, el Club Fotográfico de Medellín, orientado hacia el estudio, la práctica fotográfica y la promoción. Este club se encargó de institucionalizar desde 1983 el Salón Colombiano de Fotografía.

La euforia hacia el medio fotográfico, a través de los clubes, cobró su mayor importancia en la década de los ochenta, cuando se fundaron alrededor de diez en la ciudad: Club Cámaras (1980), Club Fotográfico Comedal-Anda (1980), Club Fotográfico Empresas Públicas de Medellín (1980), Club Fotográfico Enka, entre otros.

Si bien como expresión artística la fotografía era aceptada socialmente y se estimulaba a través de revistas, clubes de aficionados y concursos, fue excluida durante más de tres décadas de los salones nacionales de artes y no se la incluyó en las primeras bienales que se realizaron en Medellín a finales de los años sesenta.

La década de 1970 comienza con el inconformismo de algunos fotógrafos, en especial Leo Matiz y Hernán Díaz, de Bogotá, quienes, en torno al Salón Nacional de Artistas de 1972, organizaron un evento en el que se presentaron obras que no habían sido seleccionadas en el evento oficial. Por primera vez apareció la fotografía al lado de la pintura y la escultura.

Finalmente en 1974, con reconocimiento oficial, la fotografía pudo participar en los Salones Nacionales, mano a mano con los seguidores de más tradicionales medios artísticos. A partir de entonces el medio fotográfico ha participado regularmente en las exposiciones nacionales[16].

En 1980, en el XVIII Salón, Beatriz Jaramillo (Medellín, 1955) recibió el primer premio del certamen por una investigación fotográfica sobre los coloridos diseños de zócalos y fachadas típicos de Antioquia. De este mismo año es la participación de Guillermo Melo (Medellín, 1947) y Jorge M. Múnera (1953), quienes representaron, por primera vez en el medio fotográfico, al país en la Bienal XXIX de Venecia.

En 1983, nuevamente, se organiza la participación en un certamen internacional eminentemente creativo, la Bienal de Sao Paulo, con artistas que utilizaron la fotografía desde un punto de vista experimental. En esa oportunidad participaron Beatriz Jaramillo, Jorge Ortiz (Medellín, 1949), Bernardo Salcedo y Patricia Bonilla.

Otros fotógrafos contemporáneos que han obtenido especial aceptación y que realizan regularmente exposiciones de sus obras son: Alberto Aguirre (1926), dedicado a la fotografía desde 1969, León Ruiz y Mario Posada (fundador de Movifoto). A los anteriores nombres cabe agregar el de Luis Fernando Valencia (Medellín, 1946), quien, junto con Jorge Ortiz, muestra en su trabajo más contemporáneo, según el crítico de arte Eduardo Serrano[17], un decidido acercamiento al arte conceptual, experiencia en la que los artistas prescinden de la cámara y ensayan figuras a partir del cuarto oscuro, el papel, los químicos y la luz.

NOTAS

1. Eduardo Serrano, *Historia de la fotografía en Colombia*, Bogotá, Museo de Arte Moderno, 2ª ed., 1983, p. 56. Un relato más detallado del período anterior a 1920 se encuentra en Juan Luis Mejía, «La fotografía», en J.O. Melo. (ed), *Historia de Antioquia*, Medellín, Suramericana de Seguros, 1988.

2. Juan Luis Mejía Arango, «La fotografía», en J. O. Melo, *op. cit.*, pp. 452-467.

3. Bailly-Bailliere-Riera, *Anuario de la América Latina, 1912-1913*, Barcelona, 1913, p. 435.

4. Los directores fueron, Gabriel Cano y Carlos Mejía Ángel (Ciro Mendía); cf., *Sábado*, Medellín, mayo 7, 1921, p. 1.

5. *Sábado*, Medellín, mayo 6, 1923, p. 523.

6. Eduardo Serrano, *op. cit.*, p. 253.

7. *Semana*, Bogotá No. 227, febrero 24, 1951, pp. 9-11.

8. *Semana*, Bogotá, abril 16, 1949, p. 19.

9. Hernán Gil Pantoja, *Carlos Rodríguez, reportero gráfico*, Bogotá, Banco de la República, 1991, pp. 1-7

10. La gráfica *live* es el resultado de «fotografiar todo lo que uno ve» o «ser capaz de fotografiar a las personas o casos en su expresión natural», sostiene un autor y expone la importancia de este tipo de fotografía en periódicos y revistas europeas en la década de los veinte. *Véase*, Peter Tausk, *Historia de la fotografía en el siglo xx*, Barcelona, 1978, pp. 77-88.

11. *Tribuna*, Medellín, Nos. 23-46, enero-diciembre, 1944.

12. Rafael Ortiz Arango, *Estampas de Medellín Antiguo*, Fábrica de Licores y Alcoholes de Antioquia, Medellín,1983, pp. 54-55. *Semana*, Bogotá, No. 129, abril 9, 1949, pp. 12-14. *Semana*, Bogotá, No. 213, noviembre 18, 1950, pp. 8-9.

13. Juan Luis Mejía Arango, «Fotografía, el rostro de Colombia», en *Gran Enciclopedia de Colombia*, Santafé de Bogotá, Círculo de Lectores, 1993, t. VI, pp. 235-248.

14. *Sábado*, Medellín, mayo 13, 1922, p. 1.

15. *Pan*, Bogotá, No. 13, marzo-abril, 1937, p. 105-112.

— Bogotá, No. 17, noviembre, 1937, pp. 145-152.

— No. 18, diciembre, 1937, pp. 175-182.

— Bogotá, No. 32, julio, 1939, pp. 65-80.

16. Eduardo Serrano, *op. cit.*, p. 280.

17. Eduardo Serrano, *Cien años de arte en Colombia, 1886-1986*, Museo de Arte Moderno, 1985, pp. 224-225.

Salón Musical Víctor existente en Medellín en 1935
(Fotografía Francisco Mejía, Centro de Memoria Visual FAES)

Artistas en la voz de Antioquia, ca. 1940

Edda Pilar Duque Isaza

La radiodifusión

LA VERTIGINOSA carrera de la radiodifusión, en la década del veinte en Estados Unidos, repercutió de manera inmediata en Latinoamerica, principalmente en Argentina, México y Colombia.

Los aficionados colombianos que experimentaban en receptores de galena y los estudiantes que regresaban de Norteamérica aportaron sus conocimientos a los coterráneos para el desarrollo y el avance del prodigioso descubrimiento. Hacia 1923 surgieron en Bogotá, Barranquilla, Manizales y Medellín grupos de aficionados a la radiodifusión. En 1928 Santiago Gaviria difundía para los pocos receptores de galena, la misa de la Catedral de Villanueva y la retreta de la Banda Departamental en el Parque de Bolívar. Un año después, Alfredo Daniels lanzó al aire las primeras vibraciones, hecho que pasó casi inadvertido como un ensayo sin trascendencia.

También del pequeño núcleo de aficionados antioqueños se destacó la iniciativa comercial de Camilo E. Halaby, ciudadano norteamericano que vivía en Medellín. En 1930 Halaby logró interesar a algunas compañías industriales y casas comerciales para montar la primera emisora antioqueña; pero estas gestiones fracasaron. El campo quedó libre para Daniels, quien en el mismo año introdujo y montó el primer equipo trasmisor de onda corta con potencia de 50 vatios, el cual funcionó en la frecuencia de 50 y 60 metros con el distintivo de HKO. Desde entonces, proliferaron estaciones que se apagaron por falta de respaldo financiero.

Desde los albores de la radio, los empresarios sentían gran interés por el diseño de una programación amena y cultural, y por ofrecer una fuente de trabajo a los artistas locales; muchas veces les pagaron del propio bolsillo, y otras les permitieron la colaboración gratuita, pues la publicidad incipiente y la novedad de la radio no garantiza-

ban anunciantes para asegurar los costos de una programación *en vivo*. Hasta el maestro Pietro Mascheroni pagó el primer concierto por la HKO, para convencer a Fabricato y a la Compañía Colombiana de Tabaco que era posible presentar música *en vivo*, y que una orquesta podía escucharse bien a través de los micrófonos de carbón y de cristal.

El rápido desarrollo de la industria, con mercado local a partir de 1930, condujo la ciudad hacia una lugar de primacía en el país. La radiodifusión privada comenzó a consolidarse como medio de comunicación y de influencia masiva, y contribuyó a fomentar esa mística que se creó en torno al sector fabril: cada antioqueño se sentía responsable del éxito de las empresas anunciadoras. Entonces, los industriales reconocieron la efectividad del medio y el Estado empezó a legislar sobre la radio, y le estableció responsabilidades técnicas, económicas y políticas.

En aquel decenio de recuperación y desarrollo se dio el gran salto que marcaría la *época de oro* de la radio. De los rudimentarios trasmisores que la HKO había vendido a la pequeña emisora Voz de Medellín, surgió La Voz de Antioquia. La nueva estación, fundada el 16 de febrero de 1935 por Alberto Hoyos Arango, fue respaldada por la Compañía Colombiana de Tabaco, Fabricato, Cervecería Unión, Laboratorio Uribe Ángel, Compañía Nacional de Chocolates y Café La Bastilla.

Desde el comienzo, La Voz de Antioquia ocupó un lugar privilegiado en la radiodifusión colombiana, apenas disputado con la Emisora Nueva Granada de Bogotá. La programación marcó el progreso vertiginoso de la radio: «El teatro del aire» de Coltabaco, se constituyó en el gran espectáculo dominical con los mejores artistas colombianos y extranjeros. El programa «Novedad» de Cine Colombia, introdujo y popularizó en el país la era del bolero, en las voces de Inés y Marta Domínguez, Luis Macía, Fanny Cataño, Estrellita y Obdulio Sánchez. Para dar realce a la orquesta, en 1935 se vinculó al maestro español José María Tena, recién llegado al país; y el tenor antioqueño Luis Macía enarbolaba el primer contrato de término fijo ofrecido a un artista nacional, para radicarse en Medellín, actuar exclusivamente en los conciertos Fabricato y alternar, por concesión especial, en «El teatro del aire»y en «Novedad».

Los programas dirigidos al hogar, con secciones literarias y amenizados con música clásica, ocupaban buena parte de la programación, como «Charlas y decorados», «Radio miscelánea» y «La hora para ti», pero también las audiciones de radioteatro de la Compañía de Marina Ughetti y de Roberto Crespo se convirtieron en la gran atracción de sintonía. La mayor parte de las obras eran adaptaciones del teatro español y algunas traducciones de dramas ingleses y franceses. También Roberto y Raúl, hermanos de doña Marina, y Azarías Arango dirigían grupos de teatro de otras emisoras de la ciudad.

Un acontecimiento trágico irrumpió en la emisión vespertina del 24 de junio de 1935, cuando Carlos Gardel y destacadas personalidades de la ciudad murieron calcinados en el aeropuerto Las Playas, suceso que inició lo que puede llamarse el radioperiodismo. En esos días, Gustavo Rodas Isaza trasmitía boletines y noticias escuetas por La Voz de Antioquia; y Antonio Henao Gaviria, periodista por vocación y apasionado deportista con visión inmediata del periodismo y de la radio, había regresado a Medellín, procedente de los Estados Unidos; éste, al enterarse del siniestro aéreo, acudió velozmente al aeropuerto y, por iniciativa propia, pasó por teléfono los detalles del accidente que Rodas Isaza lanzaba al aire en forma instantánea por La Voz de Antioquia. Así fueron ellos los primeros en informar a Colombia y al resto del mundo sobre el trágico deceso de Gardel. Desde entonces, Henao Gaviria quedó vinculado al noticiero de la estación, incluso cuando Rodas Isaza se llevó «El Mensaje» para otras radiodifusoras locales.

Esta emisora también cubrió los actos del Congreso Eucarístico en 1935; trasmitió programas informativos y culturales, con figuras contratadas especialmente para el evento, entre los cuales sobresalió el concierto al aire libre de la Orquesta Sinfónica Nacional, bajo la dirección de Jorge Lalinde. Las trasmisiones se siguieron con gran interés en todo el país y, como dijo el productor de radio Hernando Téllez Blanco,

Medellín dejó de ser Shangri-La, la ciudad lejana y desconocida.

Por discrepancias con el propietario de La Voz de Antioquia, Francisco Cuartas Posada, miembro de la junta directiva de la emisora, fundó en 1935 Ecos de la Montaña, con el apoyo de Café La Bastilla. Desde el primer momento, esta estación se orientó por la música popular y, en virtud de su elenco artístico, rivalizó con La Voz de Antioquia. Fue en Ecos de la Montaña donde Carlos Gardel actuó por única vez en Medellín el 12 de junio de 1935, presentado por Hernán Jiménez Arias, locutor, cantante y pianista *de oído*, quien durante mucho tiempo fue el ídolo de las chicas, y asediado por sus admiradoras locales, nacionales y extranjeras. También acapararon sintonía local los duetos de Helena y Lucía, y de Ospina y Martínez. La competencia entre las dos emisoras se acentuó con la aparición del locutor y animador Pompilio «Tocayo» Ceballos, quien se impuso con su programa humorístico «La hora de la escoba».

En 1936 Hernando Duque R. y Alberto Estrada fundaron la emisora Philco, la cual cambió su nombre por el de Claridad, al disolverse la sociedad en el año siguiente. Estrada contrató como figura central a Mario Jaramillo, quien venía precedido de amplio prestigio nacional por sus imitaciones de voces y por su copioso repertorio de chistes, cuentos y gracejos; además, por sus sobrias presentaciones como maestro de ceremonias en programas serios, y como locutor de excelente dicción, vocalización y tonalidad de voz. Para competir con la orquesta de La Voz de Antioquia, se contrató al maestro Pietro Mascheroni; y, en la noche de la inauguración, la audiencia colombiana se maravilló con la voz de la soprano coloratura Gilma Cárdenas de Ramírez. También el radioperiódico de Rodas Isaza se constituyó en estímulo para el opositor de Claridad, «El Micrófono», dirigido por Luis Parra Bolívar.

La radiodifusión arraigó profundamente en los habitantes de Medellín. Influyó en sus gustos y costumbres, al formar parte de la vida cotidiana. Fervientes defensores y acérrimos detractores se disputaban el beneficio o el maleficio que irradiaba el receptor: «El efecto de mayor trascendencia en la conquista de la humanidad por el radio ha sido la nivelación del gusto artístico en todas las clases sociales. Tanto en las salas lujosas de la más selecta sociedad como en los cafetines y en las más humildes casitas de los suburbios, escuchamos más o menos los mismos tangos, las mismas rumbas, las mismas noticias, los mismos

Artistas de la NBC (Fotografías Carlos Rodríguez,
Centro de Memoria Visual FAES)

Juan Arvizu, 1945

chistes anodinos [...] El vasto y misterioso mundo con que soñábamos en la niñez ha tomado proporciones de aldea miserable. Escuchamos conversaciones entre Londres y Las Antípodas con mayor facilidad que las murmuraciones que canjean de ventana a ventana dos comadres pueblerinas. [...] Si queremos escuchar tranquilos el relato de una amiga, sabemos que con una vuelta al *switch* podemos hacer callar a los representantes de la diplomacia mundial, pero papá se opone, pues le interesa mucho la suerte de su gran amigo el Negus de Etiopía».[1]

Pero el comentario del crítico de música Luis de Zulategui iba más lejos: «La radio es un invento admirable y utilísimo, pero quizás no haya invento, después de la dinamita, que más sea explotado por manos criminales. La pobre música, con el advenimiento de la radio, ha sido lanzada al arroyo».[2]

Mientras la mayor parte de las emisoras preparaban a los feligreses con tres pláticas diarias durante los ejercicios espirituales y en la Semana Mayor sólo trasmitían actos religiosos y música sacra, estaciones como La Voz del Comercio sacaban de las casillas a los hombres cultos de la época: apenas cerraban sus discotecas de miércoles a viernes y dejaban por fuera lo *clásico*: «La leyenda del beso, «Caballería ligera», «El toreador», «La viuda alegre» y otras cuatro selecciones *serias*, muy propias para la Semana de Pasión.

Cuenta Hernando Téllez B. que del gran influjo de la radio no se sustrajo la política; por eso, en 1936 surgió la emisora municipal La Voz Katía, cedida en concesión, y la cual cumplía la doble función de oficial y comercial. La programación de música era eminentemente «popular, criolla y maicera», a base de duetos bambuqueros y estudiantinas de serenata, lo cual provocó conflictos entre la radiodifusión privada y la oficial. La existencia de La Voz Katía fue efímera; el municipio desistió de su intento y cedió los trasmisores a particulares.

La facilidad para obtener licencias de funcionamiento cuando la legislación era todavía incipiente, propició la saturación de emisoras y una competencia ruinosa de la que subsistieron las más fuertes. Los éxitos de La Voz de Antioquia estimularon a las radiodifusoras de la época, las que siguieron la pauta de programas *en vivo* y de campañas cívicas.

El movimiento descentralista que se produjo en Antioquia en 1937, y al cual se sumaron los departamentos del occidente colombiano, tenía como acto principal una manifestación popular contra el centralismo bogotano. Tan sólo en dos días de campaña La Voz de Antioquia produjo la más copiosa movilización de gente de Antioquia, Caldas y Valle; se congestionaron las carreteras y caminos; el ferrocarril resultó insuficiente para trasportar a los manifestantes; y la muchedumbre abarrotó el Parque de Berrío y las calles adyacentes. Por fin la prensa reconoció el poder tremendo de la radio como medio de comunicación y de sugestión.

Libertad Lamarque en Medellín, 1948

Pero dentro de la avalancha de campañas cívicas descolló Martinete (Carlos E. Cañola) con «La media hora del pueblo», una especie de magazín que trasmitió entre 1937 y 1957. Cuentan que en Bogotá preguntaron a Emilio Franco, propietario de Ecos de la Montaña, si Martinete en Medellín era un bobo o un loco, y don Emilio respondió: «No es bobo, ni loco, ni ilustrado, ni es tampoco una persona. Martinete es una institución de respeto en Medellín porque este hombre capitanea un pueblo».

Este personaje puso su programa bajo la advocación y la tutela de Cristo Rey, y él mismo confesó que en 20 años de trabajo en la radio sólo perdió dos campañas: la de los cosecheros de anís del municipio de Giraldo y la de la creación de la zona de tolerancia en el barrio Antioquia. Con voz gritona, áspera y regañona, avanzaba el programa en medio de rabietas, amonestaciones y campañas cívicas: «Los filántropos dan plata para teatros, en vez de edificar barrios para viudas; la ciudad industrial de Colombia es una vergüenza pública a los lados del río. El abandono voluntario del hogar debe ser erigido en delito»; luego seguía un sartal de cuñas, algunas elaboradas por él, como «Joyería El Rubí, el rubí de las joyas», «Crema Niño, ideal para sus niños...». Cuando Francisco Cuartas dejó Ecos de la Montaña, Martinete pasó con su programa a La Voz del Triunfo, pero antes había cumplido con edificarle el templo a Cristo Rey en el Barrio Guayabal.

En 1940 se iniciaron las cadenas por enlace de ondas cortas, con las que se buscaba acaparar sintonía para determinados productos comerciales. En el caso de la Cadena Bedout, que se trasmitió semanalmente durante una temporada por cinco emisoras locales, se pretendía la promoción y venta de radios y discos RCA Víctor. La Cadena Azul Bayer, originada desde La Nueva Granada de Bogotá, presentaba grandes espectáculos musicales, bajo la dirección del maestro Tena, con renombrados artistas extranjeros y un prestigioso elenco colombiano encabezado por Berenice Chavez. Pero fue la Cadena Kresto la que conmocionó al público colombiano. Durante un mes, de ocho y media a nueve de la noche actuaba una de las grandes figuras de la canción popular latinoamericana, para ser escuchada a través de 23 emisoras nacionales. Y así fue como entre 1940 y 1941 la gente de Medellín vio en el Teatro Junín y escuchó por La Voz de Antioquia a Pedro Vargas, Chuco Martínez Gil, Lupita Palomera, René Cabell, las hermanas Águila, Rosario García Orellana y Carlos Julio Ramírez, quien retornaba al país después de triunfar en Hollywood y Nueva York.

En la vieja casona de la carrera Junín, al lado del teatro, se originaron los grandes programas *en vivo*. El estudio se acondicionó con auditorio para unas setenta personas, aislado del resto de la

Agustín Lara en Medellín ca. 1950

sala por una vidriera; con otro estudio pequeño para los programas dramatizados y con una pequeña, incómoda y ruinosa cabina para la locución, conectada al control de trasmisión.

La exclusividad y los privilegios de que gozaban los cantantes extranjeros generaron un sentimiento nacionalista en los artistas colombianos. Una emisora que funcionaba desde 1938 con el nombre de La Voz del Amo, y después como Radio Nutibara, respondió a la inquietud de los cantantes con la creación de la Cadena Bolívar, con media hora diaria de trasmisión por 26 emisoras del país, originada en La Voz de Antioquia y Radio Nutibara. Ofrecía como contraste con la Kresto un programa diario con voces y géneros musicales diferentes: ópera, zarzuela y canciones latinoamericanas y colombianas. Además, convocó a un concurso nacional de compositores de música popular y culta. Por la Cadena Bolívar desfilaron Alcira Ramírez, Magola Pizarro, Inés y Marta Domínguez, Gilma Cárdenas de Ramírez, Luis Macía, Pepe León, Helena y Esmeralda, Obdulio y Julián, Dueto Armonía, las hermanas Piedrahíta, la Orquesta Caribe, Mario Jaramillo y la orquesta dirigida por Pietro Mascheroni.

Las tres cadenas apenas subsistieron hasta 1941. La segunda guerra mundial retiró a la Bayer del mercado, el alimento integral Kresto no agradó al gusto colombiano y la Cadena Bolívar fracasó por falta de patrocinadores. Desde ese

mismo año, la Sidney Ross Company, que sustituyó a la Bayer en Colombia, auspició tres programas semanales originados en el Nueva Granada. Dos de ellos, «Desfile con Glostora» y «Estrellas Mejoral», alcanzaron alta sintonía.

Con la primacía de La Voz de Antioquia, seguida durante algunos años de Emisora Claridad y la posición intermedia de Ecos de la Montaña, se propagaron en la ciudad pequeñas estaciones como La Voz del Triunfo, Voz del Hogar y Radio Córdoba, una especie de café cantante con micrófono y altoparlante, que trasmitía música popular de arrabal. También trasmitían, aunque con horario restringido, la emisora de la Universidad de Antioquia, la cual poseía un completo archivo de música clásica, y Radio Bolivariana, de la Universidad Pontificia Bolivariana, de la que se destacaba la divulgación científica con que orientaba los programas. Alberto Estrada, quien había cedido sus intereses en Claridad, fundó Radio-Teatro Bolívar, y en compañía del maestro Tena y de Mario Jaramillo presentaba espectáculos trasmitidos desde el Teatro Bolívar. Entre ellos, una hora dominical de aficionados, en la que se escuchó por primera vez a Libia Ochoa cantando tangos con acompañamiento de guitarra. Dos años después de esta audición, en 1942, Pietro Mascheroni descubrió en esta cantante las cualidades excepcionales de una soprano coloratura que adoptó el nombre de Alba del Castillo .

No existía emisora grande o pequeña que no ofreciera diariamente por lo menos una hora de programación cultural, en música o literatura. Toda estación tenía una hora selecta, sinfónica, cultural, escogida, literaria o intelectual. Poetas y escritores animaban programas de difusión literaria y se emitían ciclos de música con explicaciones y comentarios como «La hora de la música de cámara», de Pietro Marcheroni y Joseph Matza, y «La hora de la cultura musical», de Joaquín Fuster, con la acertada locución de Jorge Luis Arango. Conjuntos de cámara daban realce, en contraste con la programación popular. Las grandes figuras que llegaban al país se presentaban por La Voz de Antioquia y la Emisora Claridad. Los oyentes disfrutaron conciertos ofrecidos por Claudio Arrau, Tapia Caballero, Regino Saiz de la Maza y Óscar Nicastro, y por vocalistas como Lawrence Tibett, Marian Anderson, Erna Sack y Victoria de los Ángeles, entre los extranjeros.

Me atengo a conceptos de artistas procedentes de estaciones bogotanas, barranquilleras, caleñas...; en ninguna de esas ciudades están reunidas tres sopranos como Alicia Borda de Zalamea, Alcira Ramírez Quintero y Gilma Cárdenas de Ramírez; ni se cuenta con tenores como Pedro Sánchez, Evelio Pérez, Rodolfo Ducal y Carlos Alberto Rivas; en ninguna otra capital hay tanta variedad de cantantes populares: Señoritas Domínguez, Elena y Lucía, Ríos y Mariscal, Los Trovadores, Los Payadores, Dueto Rival, Los Janitzios, Los Tapatíos, Las Hermanas Rubio, La Argentinita, José Correa, Esmeralda; orquestas: Pielroja, Los Zíngaros, Claridad, Voz de Antioquia, Ecos de la Montaña; conjuntos de baile: de Rafael Salazar, Los Piconeros, Los Cuatro Ases; grupos populares: Los Katíos, Los Típicos del Aire, Conjunto Habana, Cuarteto Córdoba, Estudiantina Ecos;

directores artísticos: Jesús Ventura y Pietro Mascheroni; pianistas: Juan Abarca, Fernando Molina, Jaime Santamaría; violinistas: Joseph Matza, Mario Ferrante, Rafael Salazar; [...] compositores: Carlos Vieco, Jorge Lalinde, Eusebio Ochoa, Arturo Alzate; grupos teatrales hay varios buenos, uno para cada una de los cinco principales emisoras; radioperiódicos: «El Mensaje», «El Micrófono», «El Pregonero de Antioquia», «La Mañana», «El Mundo»; el mejor declamador: Víctor Mallarino; y un montón de etcéteras».[3]

A falta de acontecimientos espectaculares, los hombres de la radio los creaban y las emisoras tenían que ingeniarse programas que atrajeran gran sintonía por motivos diferentes de los artísticos, culturales o informativos. Primero se idearon las radionovelas, que por el romanticismo, la intriga o el suspenso acaparaban la atención del público. En 1938, Emilio Franco creó a «Yon Fu», personaje misterioso representado por Ricardo González; de esta radionovela surgieron estrellas del radioteatro como Marco F. Eusse, Eva Tobón, Clarisa Márquez y Carmencita Riera, hija de la anterior.

En ese mismo año Antonio Henao Gaviria se lanzó a la peligrosa aventura de un vuelo nocturno sobre Medellín, con un grupo de periodistas como pasajeros. El vuelo fue trasmitido por La Voz de Antioquia y casi termina en tragedia cuando Henao Gaviria pidió a los automovilistas de la ciudad que para el aterrizaje se dirigieran al aeropuerto y con sus faros iluminaran la pista. Fue tal el éxito de la hazaña que se repitió por petición del público. Pero en esta oportunidad se realizó al mediodía, porque la Aeronáutica negó el permiso del recorrido nocturno.

Años más tarde Antonio Henao Gaviria se adentró en la selva de Urabá con un trasmisor

Grupo de Artistas entre ellos «Campitos», Mario Jaramillo y «Montecristo», 1952 (Fotografía Carlos Rodríguez, Centro Memoria Visual FAES)

portátil de onda corta y una pequeña planta eléctrica, llegó hasta las tribus indígenas, y desde allí trasmitió sus aventuras para los oyentes de La Voz de Antioquia. En la parte rutinaria de su trabajo Henao Gaviria conquistó un sitio privilegiado con «Crónica de policía», que diariamente presentaba como servicio del noticiero de La Voz de Antioquia. Allí se constituyó en pionero del reporterismo judicial con la sección «Personas desaparecidas».

En la década del cuarenta proliferaron los programas de concurso sobre cultura general, la mayor parte adaptados o copiados de programas norteamericanos. Luis Lalinde Botero lanzó por Radio Nutibara, y poco después por La Voz de Antioquia, el programa «Pregunte usted, conteste usted», dirigido a estudiantes de bachillerato; luego lo trasmitió en cadena con Bogotá, y la expectativa aumentó cuando se enfrentaron estudiantes de las dos ciudades. Posteriormente, Lalinde Botero pasó por La Voz de Antioquia el programa «Los catedráticos informan», con la participación de Antonio Panesso Robledo, Joaquín Pérez Villa, Alonso Restrepo y Juan de Garganta. En 1948 se difundió este programa en cadena con Emisoras Nuevo Mundo, y en esta oportunidad se enfrentaron catedráticos de Medellín y Bogotá para responder las preguntas de los concursantes. También alcanzó amplia sintonía «Cántela si puede», el cual sería emulado en la televisión años después.

Pero ninguno de los programas de concurso gozó de la popularidad de «Coltejer toca a su puerta». Un automóvil cubierto con una funda blanca, recorría las calles de Bogotá y Medellín, de acuerdo con el itinerario ordenado desde los estudios de La Voz de Antioquia y de Emisoras Nuevo Mundo, mientras en éstos se desarrollaba el espectáculo musical. A una orden, el vehículo se detenía frente a la puerta más cercana, y si en ese momento los moradores escuchaban el programa, recibían un jugoso premio en efectivo, al que muchas veces se sumaba el acumulado de semanas anteriores.

Al terminar la segunda guerra mundial, Medellín abandonaba su estilo provincial y se sentía orgullosa del Hotel Nutibara, recién construido, y de la torre Fabricato que hacía juego con el Edificio La Bastilla. William Gil Sánchez, propietario de La Voz de Antioquia, convencía a Coltejer de la necesidad de entrar directamente a la radiodifusión capitalina, y de concederle la exclusividad de su propaganda. Fabricato terminaba su primer concurso de música colombiana, y para cumplir los compromisos debió recurrir a una pequeña estación, La Voz de Medellín, que en enlace con la

María Félix en Medellín, 1955

Nueva Granada le subsanó el problema que afrontaba por rivalidad.

Mientras en 1948 Gil Sánchez adquiría, con el respaldo de Coltejer, la mitad de Emisoras Nuevo Mundo de Bogotá y Emisoras Unidas de Barranquilla y fundaba la primera Cadena Radial Colombiana, Fabricato y otras empresas solidarias prestaron una elevada suma de dinero a La Voz de Medellín para ampliar sus equipos; asimismo, este grupo de industriales intervino ante el gobierno para que Nueva Granada recuperara los derechos de emisión, suspendidos por los sucesos del 9 de abril de 1948, y procedió a crear Radio Cadena Nacional, RCN.

En 1949 se inauguró oficialmente La Voz de Medellín, con una representación encabezada por Berenice Chaves, Graciela Rodríguez Rúa, Alcira Ramírez, Yolanda Vásquez, Gonzalo Rivera, Alberto Granados, Luis Dueñas Perilla, Sofía Morales y Fernando Gutiérrez Riaño; a éstos se sumó el elenco de Medellín, compuesto por Lucho Bermúdez, Matilde Díaz y Alba del Castillo. Pietro Mascheroni y Mario Jaramillo pasaron

Actores de
radionovelas en la
Radio Nutibara,
1955 (Fotografía
Carlos Rodríguez,
Centro Memoria
Visual FAES)

temporalmente de La Voz de Antioquia a La Voz de Medellín. El programa «Humoradas y sorpresas», con libretos humorísticos y costumbristas de Lalinde Botero, que gozó de gran éxito durante varios años, pasó a la nueva emisora con Clarisa Márquez, Carmencita Riera, Gerardo Moscoso y la familia Tobón. También se vincularon a la matriz de RCN Juan Eugenio Cañavera, Marco F. Eusse, Teresita Quintero, Jaime John Gil, Myriam Mejía y Carlos Mejía Saldarriaga, quienes rivalizaban con Alberto Toro Montoya, Rodrigo Correa Palacio, Otto y Jaime Trespalacios, Lola Ramírez, Marina y Roberto Ughetti, Roberto Crespo y Guillermo Zuluaga, «Montecristo».

La Voz de Antioquia sobresalía por sus grandes musicales dirigidos por el maestro Tena y Manuel J. Bernal, y por la actuación exclusiva de Lucho Bermúdez, con Matilde Díaz y Bobby Ruiz y los maestros Luis Uribe Bueno, Ramón Ropaín y Gabriel Uribe.

Tal vez el hecho más relevante de la historia de la radio lo constituyó la trasmisión de la Primera Vuelta a Colombia en Bicicleta, en 1950. Durante las dos semanas que duró la competencia, Radio Cadena Nacional relató a los colombianos los pormenores del torneo desde lugares recónditos del país; así acaparó la sintonía total y creó una gran afición por el ciclismo, hasta el punto de que el gobierno oficializó el evento.

Con la trasmisión de la vuelta ciclística y el establecimiento del fútbol profesional, los locutores deportivos tuvieron un campo propicio para su actividad, iniciada de manera formal en uno de los primeros programas que emitió Caracol en cadena, «Revista nacional del deporte». Como comentarista nacional se destacó Carlos Arturo Rueda; en Medellín sobresalieron Tulio Fernández, Antonio Henao Gaviria, Mario Garcés y Pastor Londoño.

Al golpe de sintonía que dio RCN con la vuelta en bicicleta, Caracol respondió con la trasmisión de la radionovela cubana de Félix B. Caignet, «El derecho de nacer», que desde su primer capítulo cautivó a la audiencia. El éxito alcanzado por este programa incrementó el interés por las radionovelas, y las dos cadenas se lanzaron a la programación masiva de obras de este género. Con «El ángel de la calle», de Efraín Arce Aragón, RCN logró una sintonía similar a la de la novela de Caignet, y se consolidaron los valores artísticos de Dora Cadavid, Myriam Mejía, Maruja Yepes, Lola Ramírez, Marco F. Eusse, Gaspar Ospina, Aldemar García, Jaime Trespalacios, Carmencita Riera, Carlos Mejía Saldarriaga, Omar Sánchez y otros radioactores que también se consagraron en la televisión.

Además, Radio Cadena Nacional contó con la iniciativa de Luis Betancourt Tolosa, quien de simple controlador de discos, locutor y narrador en la Voz de Medellín, llegó a ser vicepresidente de RCN y director de la emisora Nueva Granada de Bogotá. Su inquietud lo llevó a la televisión, como les sucedió a otros talentos de la radio.

Simultáneamente, con el florecimiento de la radionovela a comienzos de la década de los cincuenta, dos cadenas impulsaron los programas humorísticos. Desde el auditorio de La Voz de Antioquia, Guillermo Zuluaga, «Montecristo» presentaba «El Hotel Bochinche», con el elenco maquillado y vestido teatralmente. «Los Estudiantes» abandonaron la universidad en Medellín y se establecieron en Bogotá como «Emeterio y Felipe, los tolimenses». La emisora Nueva Granada trasmitía «Los Chaparrines» en ese entonces.

Afiche publicitarios de radio (*Semana*, Bogotá, 1950)

692 EDDA PILAR DUQUE ISAZA

Además surgieron en Caracol «La simpática escuelita que dirige doña Rita» y «El tremendo juez y la tremenda corte»; este último se robó la sintonía nacional de programas humorísticos. Hernando Latorre adaptaba al ambiente colombiano los libretos originales que enviaban desde Cuba, y en el radioteatro de Emisoras Nuevo Mundo los actores aparecían disfrazados para darle mayor realismo a sus personajes. Raúl Echeverri, «Jorgito», quien había dejado su tradicional «Hora sabrosa», estableció «El granero de la esquina»; y las actuaciones de Tocayo Ceballos continuaron la trayectoria con «La hora de la escoba» y «La hora simpática». Fue la gran década radial del cincuenta, tan histórica como la época comprendida entre 1935 y 1945, cuando surgió la gran radio, representada fundamentalmente por La Voz de Antioquia y Emisora Nueva Granada.

En 1955 Caracol constituyó la empresa Televisión Comercial, TVC, la cual entró posteriormente en sociedad con RCN, lo que hizo pensar en una posible fusión entre las dos organizaciones radiales; pero pronto RCN se retiro de la televisión. El 23 de agosto de 1956 quedó acordado el establecimiento de Caracol como sociedad anónima con el nombre de Primera Cadena Radial Colombiana S.A.; hasta entonces, Caracol había sido una asociación de empresas independientes. Intervinieron como principales negociadores William Gil Sánchez, de La Voz de Antioquia, y Alfonso López Michelsen, de Emisoras Nuevo Mundo. La administración de las dos cadenas se centralizó en Bogotá, y paulatinamente la producción de las estaciones matrices, la Voz de Medellín y La Voz de Antioquia, fue desplazada hacia la capital de la república. Hernán Restrepo Duque, comentó a finales de 1956, el estancamiento de las radiodifusoras locales: «La impresión general entre los que saben de estas cosas es que los programas que trasmiten las emisoras de Medellín, con muy raras excepciones, pecan de monótonos. Nuestra ciudad, aunque el optimismo de algunos los haga felices convenciéndolos de lo contrario, no es, ni de lejos, la Radio City colombiana».

Con la caída del régimen del general Gustavo Rojas Pinilla, el restablecimiento del gobierno institucional y de las libertades democráticas, y el advenimiento de la televisión, se despertó la iniciativa dormida de la radio y a partir de 1957 se dio el nuevo cambio en la política de programación general. Fundamentalmente, las emisiones se orientaron hacia las noticias, el deporte, las radionovelas y la música grabada. Desaparecieron los grandes espectáculos musicales y la importación exclusiva de figuras internacionales, que ahora encontraban un escenario de mayores expectativas en la televisión. «Con actitud de presagio, los niños comenzaron a abandonar los juegos tradicionales para plantarse frente a la pantalla luminosa. Los viejos no entendían muy bien qué pasaba, se les dibujaba el mundo, les cambiaban los sueños. Con pasos silenciosos, lentos y prudentes como los de los gamos que en cualquier momento emprenderán vertiginosa carrera, la televisión penetró en la vida nacional y se hizo de tal manera hipnótica, indispensable y poderosa, que se convirtió en eje de todos los acontecimientos, centro de la atención colectiva, espejo del devenir nacional.»[4]

NOTAS
1. Revista *Letras y Encajes*, Nº 18. Medellín, marzo de 1936, p. 1964.
2. Luis Zulategui, *Revista Micro*, Nº 10, Medellín, 27 de abril de 1990, p. 5.
3. Camilo Correa, *Revista Micro,* Nº 6, Medellín, 30 de marzo de 1940, p. 2.
4. Abadón, «Ociolatría», Lecturas Dominicales, *El Tiempo,* Bogotá, 20 de febrero de 1994, p. 7

Bibliografía## *Bibliografía*
Áñez, Jorge, *Canciones y recuerdos,* 2 ed., Bogotá, Mundial, 1968.
Castro, José Félix, *Estructura de la radiodifusión*, Bogotá, Cultura, 1962.
Martinete, *A lomo de ondas*, Medellín, Amistad, 1957.
Restrepo Duque, Hernán, *Lo que cuentan las canciones,* Bogotá, Tercer Mundo, 1971.
Téllez Blanco, Hernando, *Cincuenta años de radiodifusión colombiana*, Medellín, Bedout, 1974.

PERIÓDICOS Y REVISTAS
Athenea, Medellín, 1937-1938.
Candilejas, Bogotá, 1956.
Claridad, Medellín, 1930.
El Colombiano, Medellín, 1929-1958.
El Correo, Medellín, 1934-1958.
Cromos, Bogotá, 1928-1931.
Descentralización, Medellín, 1938.
El Diario, 1934-1959.
Gentes, 1934-1952.
Guía de Medellín, 1953.
Guía Turística de Medellín, 1943.
Micro, Medellín, 1940-1941, 1943-1944, 1949.
Progreso, Medellín, 1929-1930, 1939-1943.
Raza, Medellín, 1947-1948.

Hernán Cárdenas Lince

Historia de la publicidad en Medellín

*Las maravillas del boca a boca
o la experiencia publicitaria
de* El Testimonial.

PARA entender al Medellín de las primeras décadas del siglo XIX, conviene más conocer los relatos del viajero sueco Carl August Gosselman, quien llegó a esta ciudad en 1826.

Dice Gosselman: «La ciudad tiene siete iglesias, una de las cuales posee un órgano; un convento de monjas llamado Santa Clara y una casona de piedra, además de un colegio. Su población llega a nueve mil personas, que en gran parte son comerciantes. Las clases más pobres están formadas casi en su totalidad por nativos, y negros casi no se ven». En el ambiente social y económico, tan bien descrito por el viajero sueco, no había necesidad de comunicación publicitaria. Los bienes y servicios que se ofrecían eran perfectamente conocidos por los consumidores y no se requería ninguna cosa distinta de la comunicación boca a boca.

En 1840, tal como anota Eladio Gónima en su libro *Historia del teatro y vejeces de Medellín*: «Los sastres que confeccionaban todos los vestidos eran el maestro Juancho Rojas para la crême, y los maestros Dávila, alias 'Curita', Gómez, alias 'Carpintero', y Domingo Rico para el común». Dado el número de clientes que tenían estos sastres, no se requería ninguna forma de publicidad. Si a una persona le quedaba bien o mal confeccionado un traje se sabía en todos los rincones de la ciudad.

En el mismo libro se encuentran los siguientes datos: «No sabemos si durante la dominación española o en los primeros años de la República se conocía el sombrero de copa o pelo. Nuestras noticias sobre este adorno no alcanzan sino más allá, a los años 1825 o 1826, en que don Manuel María Bonis y don Pablo Esquembrí Pizano introdujeron

de Jamaica unos pocos. Más tarde, doña Rita Uribe de A. aprendió a construirlos». Y hablando de la casaca dice: «La levita era desconocida, y sólo hacemos memoria de haberla visto a don Juan Uribe, que nunca usaba otro abrigo».

Ya en 1812 se había publicado en Medellín la gaceta *Ministerial*, publiciciónes que fue seguida por *Estrella de Occidente* y *Gaceta de Antioquia*, publiciciónes que cuando avisan la llegada de algún producto del extranjero lo hacían dentro de un carácter informativo, sin que gráficamente ni por medio de la redacción se conformaran los elementos que caracterizan la publicidad.

Iglesia y política

En cambio, la propaganda política y religiosa gozaba de especiales privilegios y su influencia se destacaba. Los códigos de comunicación propagandística se manejaban con perfección. La Iglesia católica poseía un sistema casi perfecto para influir sobre la gente, y si bien los sermones desde el púlpito sólo se realizaban los domingos, las campanas anunciaban con sus variados códigos momentos como el Ángelus o situaciones como el duelo, por medio del doblar de las campanas; se tocaba a rebato para indicar un incendio o una de las muchas guerras civiles; y con el toque de las horas se mantenía una supervisión social que no tenía el menor reato para estigmatizar a quien rompiera las reglas del juego.

Era lógico que desde el decreto del 9 de septiembre de 1861 sobre la desamortización de los bienes de manos muertas, las relaciones de la Iglesia con los seguidores de Mosquera fueran tensas y difíciles. Fue así como los sacerdotes adoptaron la táctica de hacer sonar las campanas de las iglesias siempre que algún político opositor se dispusiera a hablar en la plaza pública. Esta estrategia dio pie a serios incidentes, pues la respuesta no se hizo esperar, con disparos al aire por parte de los oradores, lo que fue interpretado por los curas como un atrevimiento execrable. Tocar las campanas era un derecho incuestionable de la Iglesia, al que ninguna persona o autoridad se podía oponer; era su mejor forma de comunicación propagandística. También se utilizaba la matraca, o caja de madera para producir ruidos, durante la cuaresma, porque no se podían tocar las campanas.

Por su parte, los poderes civil y político realizaban desfiles militares, pronunciaban discursos desde los balcones de la plaza principal y recurrían a la comunicación por medio de los periódicos a pesar de que el analfabetismo era sorprendentemente elevado. El poder civil disponía, además, de bandos para comunicarse, los cuales consistían en redobles de tambor para llamar la atención del público, seguidos de la lectura en voz alta de un texto, generalmente la enumeración de normas o disposiciones que la autoridad dictaba. Sólo a partir de la última década del siglo XIX se utilizó la corneta o altavoz para aumentar el volumen de la voz humana.

La cabalgata

Como dato curioso, durante el siglo XIX el elemento de comunicación y despliegue de fuerza se lograba en la propaganda política con las cabalgatas, las cuales tenían importantes significados sociales porque quien poseía un caballo estaba pregonando su posición y poder económico. Así como hoy las estadísticas preelectorales indican las preferencias políticas de los votantes, en el siglo pasado el número de cabalgaduras que asistían a un encuentro marcaba las tendencias del electorado, máxime cuando las constituciones políticas de ese siglo determinaban el voto calificado sólo a los hombres que fueran alfabetizados y tuvieran bienes de fortuna.

Las cabalgatas, cuando se realizaban por razones políticas, eran un enorme instrumento de propaganda, y se acompañaban con un gran consumo de licor. Un cronista de la época, dotado de buen sentido del humor, recordaba cómo una *cabalgata* terminó en *cabalperra*.

Las formas elementales de publicidad para el comercio y las expresiones de propaganda política estaban marcadas por hondas discriminaciones raciales y sociales. Desde el siglo XVII, cuando Miguel de Aguinaga ordenó la realización de un censo en el valle de Aburrá en 1675, se marcaban concretas discriminaciones; por ejemplo, en la letra l de tal censo figuraba Diego Laínez como indio, Juan Luna como mestizo y Marcelo Loaiza como mulato. Pero más curioso todavía es que en 1940 la Fábrica de Licores de Antioquia hablaba del ron como bueno para «la bodega del rico o la despensa del pobre», haciendo alusión a discriminaciones que las muestras de publicidad actual no aceptarían.

Casi todo el siglo XIX transcurre dentro de esquemas sociales y económicos de muy poca variación. El aspecto más preocupante para los medios de comunicación fue el nivel de comprensión del público. El analfabetismo hacía que las publicaciones llegaran a muy pocas manos, y –como ya se dijo y se destacará adelante– aun en las primeras décadas del siglo XX los avisos tenían un carácter meramente informativo, sin que constituyeran en sí mismas piezas publicitarias. Basta observar las publicaciones de periódicos y aun de revistas que llegaban del exterior, las cuales tampoco alcanzaban a constituir piezas de efectiva publicidad salvo contadas excepciones, tales como anuncios para mujeres calvas en *Le Soleil du Dimanche* en 1889, publicación periódica francesa cuya llegada se esperaba con ansiedad en este valle de Aburrá; las pocas personas que sabían francés traducían y enteraban a sus amigos de lo que sucedía en Europa, y sobre las modas que se imponían en las grandes capitales del mundo.

Lo que los muros decían

Fuera de los grafitis, que en general se circunscribían a chismes y a insultos personales, los muros exhibían pocas comunicaciones o avisos publicitarios. Basta dar un vistazo a las fotografías de mediados y de finales del siglo, de las casas y edificios públicos de Medellín, donde raras veces se observan pequeños afiches, los cuales marcaban la bien conservada tendencia a informar la llegada de una ópera, de un circo o de productos extranjeros a algún almacén; ni siquiera se le agregaban adjetivos que incitaran al cliente a consumir.

A partir de 1865, cuando se instaló el telégrafo para comunicar a Medellín con Bogotá por la vía de Puerto Nare, se desarrolló una curiosa costumbre de colocar sobre los muros copias de los telegramas, en los que se daba cuenta de algún hecho político o de la llegada de mercancías a determinado almacén. Era frecuente que un personaje de la política, cuando escribía un telegrama para alabar o protestar por alguna situación que ocurría en la capital de la república, colocara copias de su mensaje en las esquinas más concurridas de la ciudad.

Propaganda en la prensa política

La propaganda política a través de la prensa tuvo especial despegue por los años cincuenta del

La Compañía Colombiana de Tejidos fundada en Medellín en 1907.
Publicidad en 1937 (*Medellín en 1932*. Medellín, 1932)

Publicidad de cigarrillos extranjeros que circuló en la prensa
antioqueña a finales del siglo XIX (*Registro Oficial*. Medellín,
año I # 7, 1877)

¡¡¡LLEGARON!!!

arros de la Habana, fàbrica *La Lejitimidad*.

arros de Ambalema, fàbrica de Tomas C. de Mo-
ina.

rrillos, marcas, *La Lejitimidad i La Honradez*.

estranjero de 38 grados.

o oporto, garantizado como superior.

mejor Brandy-Perla.

breros de Soaza i de Antioquia.

atos del Jeneral Julian Trujillo, trabajados en la
mejor Litografia de Bogotá.

venta por mayor i en detal donde

CONSTANTINO MARTÍNEZ.

ellín, Puente de Junin.

2—2.

Cerrajería de Carlos E. Rave L., 1907
(*El Bateo*. Medellín, serie 4 # 76, 1907)

Afiche anunciando la venta de algunos productos de la
Droguería Restrepo y Peláez en 1920 (*Historia de la
Publicidad gráfica colombiana*. Bogotá, 1992)

696 HERNÁN CÁRDENAS LINCE

siglo XIX, cuando se creó el periódico *El Medelli-nense*, de tendencia liberal radical, órgano de comunicación que fue seguido de inmediato por la aparición del periódico *Nuestra Opinión*, con marcada orientación anticonservadora. Asimismo, para hacer propaganda en el agitado año político de 1851, nació el periódico *La Libertad*, liberal, seguido de *El Federal*, conservador. En 1854 nació *El Travieso*, conservador, y al año siguiente *El Pueblo*, de tendencia liberal.

El afán de propaganda política a finales del siglo se determinó en forma clara con la beligerancia del periódico *La Voz de Antioquia*, propulsor de las ideas conservadoras, dirigido por Juan José Molina, y que mantenía las más violentas luchas ideológicas con *El Espectador*, de franca tendencia liberal, fundado y dirigido en esta ciudad por don Fidel Cano, desde el 22 de marzo de 1887.

Un hecho curioso dentro de los fenómenos de la comunicación para la publicidad fue la fundación del periódico *El Trabajo*, dirigido por Rafael Uribe Uribe, que se dedicó a promover la industria y no las ideas políticas liberales que pocos años después lo llevaron a luchar en la guerra de los Mil Días. Rafael Uribe Uribe, por la época del periódico *El Trabajo*, era el más destacado profesor de economía política en la Universidad de Antioquia.

La llegada del gran siglo XX

Lo más importante para la publicidad, como circunstancia que le dio su advenimiento, fue la transformación social y los cambios que se evidenciaron desde las últimas décadas del siglo XIX, cuando el comercio pasó a ser una actividad al servicio de la industria, proceso similar al que se había dado en Inglaterra, norte de Europa y Estados Unidos. Asimismo, se puso de presente en esos países que cuando el comercio se convierte en un simple auxiliar de la industria, nace paralelamente la publicidad como colaboradora indispensable de la dinámica económica, pues la publicidad hace posible la venta de gran cantidad de bienes que se producen gracias a la utilización de la corriente eléctrica, los motores de vapor y los de combustión.

Los adelantos que posibilitaron los grandes cambios en la ciudad de Medellín y la aparición de la comunicación publicitaria, fueron los siguientes: instalación de los primeros teléfonos en 1891, energía eléctrica en 1895, correo urbano en 1903 y el tranvía tirado por mulas en 1895. Algo que sería de mucha importáncia para que se diera el fenómeno industrial fue la creación de la Escuela Nacional de Minas en 1886. Como espacio social colectivo,

debe destacarse la inauguración del Circo Teatro España en 1895, el Teatro Bolívar en 1918 y el Teatro Junín en 1924.

De agentes viajeros a publicistas

Hay que recordar que la era moderna de la publicidad había principiado en 1843 en Filadelfia, cuando un joven llamado Volney Palmer abrió lo que se podría denominar la primera agencia de publicidad, intermediaria entre las empresas industriales, las artes gráficas y la prensa periódica.

Cuando los industriales directamente y sus agentes viajeros –personajes decisivos en esa elemental publicidad– se vieron limitados en su capacidad de obrar, acudieron al auxilio de las imprentas, las tipografías y las litografías, lugares donde se reunían artistas gráficos y escritores; estos últimos tuvieron la función de los hoy denominados *copies*. Las siguientes empresas ofrecían en esa época lo más importante en arte gráfico: Tipografía Industrial, fundada en 1913, cuyos socios más importantes fueron Gabriel y Manuel Mejía, importadores directos de papel; Tipografía Comercial, fundada en 1915, especializada en trabajos comerciales; la Tipografía Fotoclub, de Eduardo Isaza, fundada a finales del siglo XIX, se distinguía por la novedad de fabricar cajas de cartón, elemento fundamental para los procesos publicitarios.

En 1920 se fundó Vieco y Compañía, empresa que tenía «el ramo del dibujo a cargo del bien conocido artista Luis Eduardo Vieco, y el grabado de líneas y medios tonos lo ejecuta magistralmente Roberto Vieco... En capacidad de ejecutar cualquier trabajo, por complicado que él sea». En 1872 se fundó la Litografía de J. L. Arango, empresa que también competía en la habilidad de hacer cajas.

El profundo cambio social de Medellín coincide con el gran impulso de industrialización que se centró en los años veinte del presente siglo y, tal como se presentaban los cambios en Europa y en Estados Unidos entre las dos grandes guerras, en Medellín se exaltó la imaginación, llegaron influencias literarias, gráficas, y hubo profundas modificaciones en las costumbres. La prensa y las revistas tomaron inusitada fuerza. Un caso curioso ocurrió en los momentos en que se debatía en el Senado de la República la posibilidad de implantar la pena de muerte, y dos grandes oradores, Guillermo Valencia y Antonio José Restrepo, pronunciaron los más elocuente discursos. Chocolate Carmona aprovechó esta circunstancia en la siguiente forma: el periódico *La Defensa*, de Medellín, en un día de agosto destacó, entre las

Aviso publicitario. Medellín, s.f.

...terior de la Tipografía
...dustrial, 1917 (Fotografía
...enjamín de la Calle, Centro
...e Memoria Visual FAES)

«Compañía de Chocolates El Tigre», 1938
(*Claridad*. Medellín, 1930)

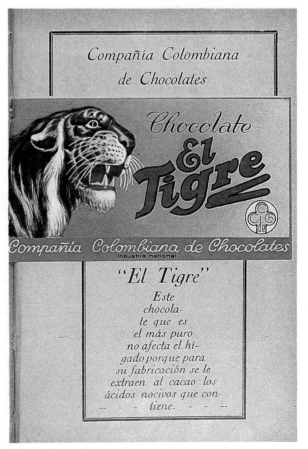

«Publicidad
Triángulo»,
publicidad de
gaseosas en 1965
(Fotografía
Gabriel Carvajal,
foto Carvajal)

noticias de la capital, ésta: «Los liberales y la pena de muerte. Los representantes liberales dicen que, como la pena de muerte sólo será aplicada a determinadas personas, han resuelto dejarla pasar para castigar a todos los que no tomen CHOCOLATE CARMONA, el más delicioso, aromático, rendidor y barato».

Rendón y la cajetilla de Pielroja

La Compañía Colombiana de Tabaco organizó el departamento de publicidad en 1923, bajo la dirección de Enrique Gaviria I. La empresa tuvo el acierto de vincular a artistas de la talla de Ricardo Rendón, José Posada, Humberto Chávez, Pepe Mexía y Horacio Longas. Entre éstos se destacó, por su línea original y prodigiosa, Ricardo Rendón, caricaturista que logró orientar su arte conforme con las últimas tendencias del diseño que se producía en Francia, pero quien conceptualmente absorbió y divulgó lo más actualizado en las artes plásticas fue Pepe Mexía (Félix Mejía Arango). Éste fue el primero en Medellín en recibir publicaciones sobre publicidad y artes gráficas de la calidad de *Graphis*, revista mensual publicada en Suiza con textos en inglés, francés y alemán. Cada ejemplar de esta publicación marcó pautas fundamentales para todas las expresiones gráficas del arte publicitario.

En 1925 la Compañía Colombiana de Tabaco inició la instalación de avisos luminosos en los más altos edificios de la ciudad para promocionar su cigarrillo Pielroja. Se destacaron el instalado en el costado occidental del Parque de Berrío donde se encontraba el de Indulana con una estrella gigante de luces que crecía, el enorme Pielroja luminoso en el edificio de la Compañía Colombiana de Tabaco, y el del costado norte de la plaza, donde también se veían los de Pepalfa y Fatesa; por su parte, Fabricato instaló un enorme aviso luminoso con una rueca que giraba. Pero el que despertó la admiración de todos los medellinenses fue el instalado por el producto veterinario Arsenipur, el cual consistía en un vaquero que cabalgaba mientras hacía girar la soga para enlazar ganado. Esta modalidad de avisos publicitarios con luces de neón y focos intermitentes la trajo a la ciudad el chileno Ibáñez, técnicas y habilidades que pronto fueron copiadas por Eugenio Manso y Luis Maya, quienes poseyeron la fama de electricistas más expertos e ingeniosos.

Por el año 1929 se inicia la era de la radio, auxiliar importantísima de la publicidad, y a la que se mermó parte de su poderío sólo en 1954 con la llegada de la televisión. Por la localización en Bogotá de la sede central de la televisión, comenzó el desplazamiento de la influencia que tenía Medellín en la comunicación publicitaria.

Agencias de publicidad

El señor Alberto Mejía Botero fundó la primera agencia de publicidad llamada Comercio y Anuncios. Sus dibujantes eran Alberto Grisales y Justo Domínguez, artistas que pocos años después se independizaron y organizaron A y D, compañías independientes para el manejo de la publicidad, que funcionaron con éxito al finalizar la década del veinte.

Otra importante compañía de publicidad fue Éxito, fundada por Aquileo Sierra y Jesús Gaviria; su dibujante estrella era David Álvarez. Otro personaje de gran importancia fue Luis Viana Echeverri, quien trabajó primero en lo que se llamaba Oficina de Propaganda del Municipio de Medellín, y luego creó su propia agencia de publicidad, donde se destacaron como pintores para la comunicación publicitaria los señores Francisco Jaramillo y Rubén Henao.

Entre las agencias de publicidad que dejaron una honda huella figuran, al final de los cuarenta y principio de los cincuenta: Par Publicidad, de Francisco Robles Echavarría, empresa que manejó los presupuestos publicitarios más grandes de todo el país; él tuvo la buena idea de llevar a su servicio excelentes artistas y reconocidos personajes de la literatura para la parte de *copy*. Tea Publicidad, de Darío Uribe Aristizábal, es la primera agencia que hace incluir aspectos de la ciencia económica dentro de los procesos de comunicación publicitaria; Arnau Publicidad, del señor Jesús Arnau, distinguido caballero español, hizo aportes novedosos; y Delta Publicidad, fundada por Jesús López y Miguel Capuz.

Un gran personaje de la publicidad en Medellín fue el señor Luis Lalinde Botero, escritor ameno, hombre ingenioso de radio, quien por los años cuarenta ideó la campaña para recolectar fondos para el acueducto municipal con el lema de H_2O. Fue el primer esfuerzo grande en el campo de la propaganda para mover el espíritu cívico de la colectividad. Su otra realización fue el programa radial 'Los catedráticos informan', emisión que él mismo dirigía y que consistía en preguntas que el público hacía a un selecto grupo de profesores.

Agustín Jaramillo Londoño fue otro gran publicista de larga trayectoria, caracterizado por mantener las más estrictas normas de ética comercial, al mismo tiempo que un hábil conocedor de las características psicológicas de los consumidores de nuestra ciudad. Su estilo en la publicidad es tal vez la mejor tipificación de nuestras costumbres

Avisos publicitarios de
las tabacaleras antioqueñas
publicados en los decenios de
1920 y 1930 (*Historia de la
Publicidad gráfica colombiana.*
Bogotá, 1992)

«Ferretería Toledo» ca. 1952
(Fotografía Carlos
Rodríguez, Centro de
Memoria Visual FAES)

comerciales, porque conocía a la perfección todos los sistemas de crédito y plazos de acuerdo con la mentalidad del consumidor medellinense.

Tal vez el sector más destacado de los procesos industriales que ha vivido Medellín es el textil, que se inició desde principios de siglo y en la década del veinte mostró un inusitado despegue. Es necesario reconocer que los industriales de este sector han enfrentado los problemas de mercadeo aportando ingeniosas estrategias publicitarias. Hay una aleccionadora historia que vale la pena referir por sus hondas implicaciones: en el año de 1923 se encontraban en la oficina de Dobson & Barlow, en Londres, tres colombianos que la suerte había reunido cuando trataban de adquirir maquinaria textil moderna. El fabricante de maquinaria preguntó por qué querían adquirir dichos equipos y cuál sería el futuro que podrían esperar. El señor de Barranquilla dijo que su ciudad quedaba al pie del mar y del río navegable más importante del país, lo que garantizaba un comercio mundial creciente; el de Bogotá comentó que su fábrica se ubicaría en San José de Suaita, región donde existía una tradición de tejedores de algodón que se remontaba a la colonia, y que tenía muy cerca las plantaciones de esa fibra para complementar su proceso industrial; el personaje de Medellín explicó que en su ciudad no había ni mar ni río, tampoco algodón y mucho menos tradición textilera, pero que allí se había acumulado capital proveniente de la minería y de la ganadería, lo que agilizaría el comercio, circunstancia que junto con la capacidad de comunicar y hacer deseables las telas que iba a fabricar, garantizaba un éxito a largo plazo; en otras palabras, esbozó un plan de mercadeo publicitario tal como un buen empresario debe hacerlo.

El viejo logotipo de Fabricato era tal como habría salido del puño de uno de sus primeros gerentes; en la década del treinta, en el propio salón de la dirección de Coltejer, se escribió un *jingle* para ser cantado con la música de la canción mexicana «Frambuesas y cerezas». El comercial decía así:

> «Coltejer es el primer nombre en textiles,
>   y fabrica para usted mejores driles.»

> «La coleta Margarita,
>   de Coltejer la más bonita».

> «Y para usted, caballero,
>   el dril Armada es el primero.»

Bibliografía

Berger, Arthur Asa, *Seeing is Believing*, Mayfield Publishing Co, Mountainview, California, 1989.

Banco Comercial Antioqueño, *Rendón*, Medellín, Colina, 1976.

Crónica municipal, Medellín, Lito Iris, 1966.

Gónima, Eladio. *Apuntes para la historia del teatro y vejeces*. Tipografía San Antonio, 1909.

Gosselman, Carl August, *Viaje por Colombia, 1825 y 1826*, Publicaciones del Banco de la República, Bogotá, 1981

Gutiérrez, Benigno A, *Antioquia típica*, Imprenta Oficial, 1936.

Jhally, Sut, *The Codes of Advertising*, Rutledge, Chappman, Inc., New York, 1987.

Latorre Mendoza, Luis, *Historia e historias de Medellín*, Secretaría de Educación y Cultura, Medellín, 1972

Ochoa, Lisandro, *Cosas viejas de la Villa de la Candelaria*, Escuela Tipográfica Salesiana, 1948.

Ospina E., Livardo, *Los hilos perfectos*. *Fabricato*, Medellín, Colina, 1990.

Piedrahíta E., Javier, *Documentos y estudios para la historia de Medellín*, Imprenta Municipal de Medellín, 1975.

—*El Poblado de San Lorenzo*, Medellín, Imprenta Departamental, 1976.

Pratkanis, A., *The Age of Propaganda*, Aronson Freeman Co. New York, 1991.

Raventós, José María, *Historia de la publicidad gráfica colombiana*, Bogotá, 1992

Téllez B., Hernando, *Cincuenta años de publicidad en Colombia*, Gente Nueva, Bogotá, 1981

Sociedad de Mejoras Públicas, *Medellín, República de Colombia,* publicado por Propaganda Comercial, Medellín, Bedout, 1923.

Sociedad de Mejoras Públicas, *Medellín ciudad tricentenaria*, Medellín, Bedout, 1975.

Soleil du dimanche, París, 5 de enero de 1896.

Julián Estrada

Evolución y cambio de los hábitos alimenticios en Medellín durante el siglo XX

«... La gente vivía como encantada en este como limbo de la monotonía y la rutina... la potestad paterna y sacerdotal eran tenidas como fuero divino. Los padres concertaban los matrimonios entre sus hijos y sus hijos se sometían. La vida de estos magnates, sin política, sin finanzas, sin prensa, sin espectáculos, sin clubes, sin cafés, sin parrandas, tenía que apacentarse en los remansos de la religión y el hogar, con alguna salidilla en sociedad. En efecto se levantaban con el alba, *desayunaban*, iban a misa, y volvían a tomar *la media mañana*, se iban al río, a pie o a caballo, *almorzaban* a las ocho, echaban siesta hasta las once, tomaban el *pisco-labis*, daban otro trasiego, *comían* a la una, iban a visitar el Santísimo, tomaban *la media tarde*, se iban de caminata a las cuatro, con tertulia y paliqueo. A las seis rezaban el rosario, y si era invierno, jugaban hasta las ocho o nueve, *cenaban* y a dormir».

TOMÁS CARRASQUILLA
Obras completas

Algunos antecedentes a guisa de entrada

Imposible una mejor radiografía, sobre lo que acontecía con las costumbres gastronómicas en el Medellín de mitad del siglo XIX, que las líneas anteriores de don Tomás. Si bien el literato no detalla en ellas qué se comía y cómo se comía –sobre todo entre las «gentes pudientes», como atinadamente las llamaba Carrasquilla–, no es osado aseverar que dicha gente, además de su reconocida dedicación al trabajo, pasaba el día comiendo y conversando, rezago de una bien heredada costumbre de la cultura española. En ese Medellín el mundo de la cocina y el comedor se caracterizaba por su homogeneidad y provincianismo. En cuanto a la primera, se trataba de un taller familiar donde se aplicaban tradicionales técnicas de preparación y conservación campesinas (carbón y leña para cocinar, salar, ahumar, hervir o remojar para conservar); de estas técnicas se derivaba una trilogía de preparaciones (*fríjoles, sancocho y sudado*), que constituía el recetario regional por antonomasia, en el cual el acompañamiento de yuca, papa, arracacha, mafafa, auyama, cidra, vitoria, maíz y arroz en sus diferentes posibilidades culinarias, enriquecía la calidad y la variedad de estas recetas. De igual manera la cantidad y la calidad de las carnes (pulpas, gordas, menudencias, embutidos; de res, cerdo o gallina), que diariamente acompañaban la trilogía de recetas mencionada, dependían de la solvencia familiar.

En otras palabras, el vínculo rural de la mayoría de los habitantes del Medellín del siglo XIX se manifestaba en la sencillez del recetario, el cual únicamente a principios del siglo XX acusa cambios sustanciales en sus capítulos culinarios de «sopas y secos», así como en los correspondientes a «salsas, dulces y amasijos». En cuanto al comedor, en las familias «de modo» se trataba de un lugar de suma importancia, donde se lucían accesorios importados –los cuales otorgaban prestigio– y donde, con horario riguroso, la sopa se asumía como institución familiar meridiana. En las familias de escasos recursos, comedor y cocina eran un mismo sitio, en el cual guadua, totuma y peltre constituían materia prima de su utilería, y donde alrededor de una mesa o tarima se congregaba toda la familia, ajena a protocolos, pero con igual dignidad y respeto que en las familias pu-

Interior de cocinas campesinas antioqueñas a finales del siglo XIX
(*El Montañes*. Medellín, año II N° 13, 1898 y *El Repertorio*.
Medellín, serie I # 6, 1896)

dientes. Lejanas estaban las cremas, los vinos de mesa y las reglas de cortesía de la aristocracia paisa, y más lejanos aún estaban tenedor y cuchillo de los comedores populares, donde reinaban la mano y la cuchara.

Se trataba pues de una villa con más rasgos de aldea que de ciudad, en la cual, además de las ausencias descritas por Carrasquilla, tampoco había, antes de 1880, hoteles debidamente establecidos, restaurantes, plaza de mercado permanente, panaderías, carnicerías o un comercio de alimentos especializado, actividades y negocios que iban a constituir cien años más tarde, el punto de partida para generar profundas transformaciones en los hábitos alimenticios de los antioqueños. Al respecto Lisandro Ochoa, en el capítulo «La Villa de Nuestra Señora de la Candelaria en el año de 1874», describe el siguiente inventario: «...*cuatro malos hoteles* atendían a los pocos parroquianos que visitaban nuestra tierra. Sus diversas actividades de entonces se limitaban a siete carpinterías, cinco sastrerías, seis boticas, cuatro peluquerías, *seis cantinas*, dos fotografías, tres imprentas, *dos casas de baños públicos*, siete zapaterías y una litografía... catorce consultorios médicos, un teatro, una notaría, dos librerías, tres fábricas de mala cerveza, una casa de locos, cuatro herrerías y un hospital de caridad»[1].

Indudablemente, el Medellín descrito en párrafos anteriores se transforma a finales del siglo XIX y es así como en el poblado donde años antes sólo existían unas cuantas pulperías y algunas droguerías especializadas en la importación de productos comestibles, el comercio de alimentos se convirtió en una actividad de gran importancia, debido al crecimiento demográfico y al desarrollo físico y urbanístico de la ciudad. A partir de finales del siglo pasado el mundo alimenticio de Medellín comienza a sufrir cambios que se deben fundamentalmente al auge de la explotación minera, la consolidación del cultivo de café y la construcción del ferrocarril, los cuales generaron un crecimiento económico sin precedentes y dieron nacimiento a un importante comercio de alimentos (carne, manteca, granos, encurtidos, licores, féculas, vinagre) locales, nacionales e importados; algunos de ellos (cacao, harina de trigo y panela) se convirtieron en productos pioneros del despegue industrial alimentario, que años más tarde incidiría de manera contundente en la «cultura gastronómica» de Medellín.

Ante la demanda de víveres que generaron las empresas y haciendas cafeteras del suroeste, las explotaciones mineras de esta misma región y del noreste, y las obras del ferrocarril, numerosas familias de Medellín derivaban el sustento de sus cocinas, transformándolas en auténticos talleres artesanales en donde producían tamales, arepas, pandequesos, morcillas y chorizos, amén de tapetusas, siropes y guarapos, productos que llegaron a ser más tarde las primeras fábricas de aguardiente, gaseosas y cerveza, respectivamente[2]. En la última década del siglo XIX en Medellín y sus alrededores funcionaban dos cervecerías, una chocolatería y una trilladora de maíz. Por lo anterior, comenzaba a progresar el ámbito de la alimentación. Verdadero vuelco sufre Medellín en la última década del siglo pasado, cuando habiendo institucionalizado desde 1784 el mercado semanal todos los viernes en la Plaza Mayor (Parque de Berrío), en menos de un lustro se construyen dos plazas de mercado. Inicialmente, al oriente de la ciudad, Rafael Flórez construye (1891) la plaza que aún hoy conocemos con su nombre; y tres años más tarde (1894), con planos de Carré, se inaugura la Plaza Amador, financiada por el legendario millonario Coroliano Amador, que se convirtió en polo de desarrollo del barrio más importante de la ciudad desde aquella fecha hasta nuestros días: Guayaquil. Dos plazas de mercado en menos de cinco años son una muestra perfecta de lo que en el comercio de alimentos estaba aconteciendo en la ciudad.

En efecto, además de los numerosos puestos de abarrotería, grano, frutas y legumbres que se concentraban en las dos plazas (diariamente de 4:00 a.m. a 4:00 p.m.) se multiplicaron los vendedores «puerta a puerta» provenientes de las veredas y corregimientos cercanos a Medellín, quienes con característicos pregones anunciaban sus mercancías y competían con el comercio establecido. Se trataba de hombres, mujeres y niños que con los productos a sus espaldas o en la cabeza, tocaban de casa en casa, en días fijos y horario puntual. Se sabía entonces cuando llegaba *la lechera* con leche, mantequilla y quesitos; *la verdurera* con junca, cabezona, tomates, coles, zanahoria y repollo; *el revueltero* con papas, yucas, arracacha, plátanos y mazorcas; *la frutera* con zapotes, mangos, murrapitos, mamoncillos, piñas, guayabas y ciruelas; *la cajonera* o *parvera* con cucas, encarcelados, suspiros, panderos, pandeyucas, pandequesos y otros amasijos propios de la repostería criolla; *las vivanderas* o *los vivanderos*, las primeras con bateas repletas de frutas secas y caladas (papaya verde, cáscara de limón, de cidra, de coco rallado y pulpas de tamarindo), los segundos con grandes ollas llenas de menudencias acompañadas del librillo, el callo o la pata de res. Y para cerrar este ciclo tan especial de «ofertas a domicilio» propias del mundo culinario, semanalmente también aparecían *el leñatero* con sus tercios de leña y el *carbonero* con sus bultos de carbón... fuentes de energía esenciales para transformar todo lo anterior en el recetario de la época.

Nuevos albores, nuevos hervores

En los albores del siglo XX muchas cosas cambiaron en Medellín. En el mundo del comedor, la cocina, el comercio de alimentos y los hábitos que de ellos se derivan, vale la pena destacar lo siguiente: en la primera década del siglo XX se establece la primera fábrica de loza con tecnología extranjera, la cual en 1903 ofrecía tres clases de vajillas que incluían platos, pocillos, platos hondos y jarras para leche; además ofrecía diez tipos de tazas, bandejas y jarras para agua, y en 1908 producía jarrones de vidrio, 25 variedades de vasos para agua, botellas para cerveza, mantequilleras, etc. Igualmente se empiezan a producir molinos, pailas, jarros metálicos, calderos y baterías de cocina, los cuales durante muchos años fueron privilegio de pocas personas, como símbolos de poder y riqueza. A partir de la producción de todos estos accesorios las cocinas populares sustituyen utensilios de invención nativa (totumos, calabazos, cueros, cestos, cucharas de palo, callanas) e inician una revolución sutil en las maneras de preparación y consumo culinario.

De otra parte, la importación de licores era en aquellos años bastante significativa y demostraba los hábitos de consumo que empezaban a adquirir

Portada del primer *Manual de cocina*, publicado en Medellín, 1912 (colección particular)

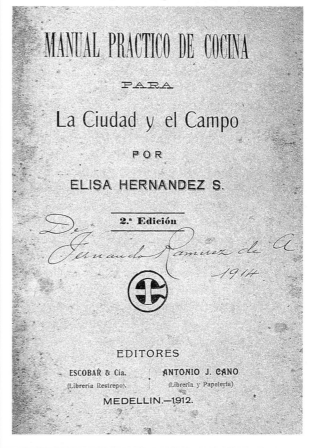

«La Gran Panadería Francesa», ca. 1923
(Fotografía Benjamín de la Calle,
Centro de Memoria Visual FAES)

«las gentes pudientes» de aquella época. Indudablemente, los extranjeros que residían en Medellín (principalmente ingleses, alemanes y norteamericanos), asesores unos de las explotaciones mineras, otros de la naciente industria textil o de empresas metalmecánicas, eran en gran medida los generadores de esa demanda, Cervezas inglesas[3] *Pale-Ale* y *Bass-Ale*; brandy español *Amatista*; ron jamaicano *Paperes*; cigarros cubanos y mejicanos *Corona* y *Hoyo de Monterrey*; vino tinto francés *Borgoña*; vinos españoles *Rioja*, *Málaga dulce* y *Jerez de la Frontera* y una extensa gama de galletería inglesa, turrones españoles, especias orientales (producidas en Inglaterra), se complementaban con el exquisito rancho francés marca *Rodie*. Se trataba entonces de almacenes[4] cuyas estanterías, atiborradas con estas mercancías, parecían auténticas salsamentarias de hoy, y permiten suponer que con su oferta comercial un lento proceso de «aculturación gastronómica» empezaba a gestarse.

Sin embargo, el acontecimiento que desde mediados del siglo XIX marca de manera especial –en términos sociales y gastronómicos– la aristocracia medellinense es la llegada a la ciudad de la familia del general Herrán (1869), que con elegancia y modernismo impone lo que en su momento se denominó «los recibos de la familia Herrán», caracterizados por el ofrecimiento de viandas y licores, servidos con amabilidad y buen gusto, los cuales dieron mucho que comentar... y, por ende, mucho que imitar. Por lo anterior, e influenciados por sus estadías en Europa, los vástagos de las familias más adineradas de la ciudad, al regresar a Medellín y no encontrar el medio para almorzar y cenar en lujosos restaurantes (en la época, moda y furor de la burguesía europea), pusieron en práctica la modalidad inglesa de asociación (el *club*), con el fin de poder realizar sus reuniones, degustar vinos, ofrecer almuerzos y comidas; hacer bailes, juegos y espectáculos y practicar deportes (tenis y golf) que nunca antes, en la tierra del maíz y del fríjol, se habían practicado. En 1866 aparece el primer club con el nombre de «El paquete de cigarrillos», cuyas actividades fueron principalmente la pesca, la caza y la equitación; a este club le siguieron una decena o más[5], cuya mayor parte se fusionó a partir de 1894 en el actual Club Unión, al cual siguieron el Club Campestre y el Club Medellín, fundados en 1924 y 1929, respectivamente.

Por su parte, las familias de clase media institucionalizaron «la jornada gastronómica dominical», aprovechando la vieja tradición de peculiares sitios que ofrecían durante los fines de semana y festivos la posibilidad de hacer dos cosas no muy cotidianas: almorzar fuera de casa y refrescar el cuerpo con un poco de agua... se trataba de «los baños»[6]. Si bien muchos de estos sitios se establecieron desde el siglo pasado, durante las dos primeras décadas del presente siglo gozan de una reputación especial, al transformarse en centros de diversión familiar. Al respecto, en su libro *Estampas de Medellín antiguo*, Rafael Ortiz Arango comenta: «En Medellín, encontramos en numerosos autores, descripciones de baños en los ríos y quebradas desde que llegaron los españoles hasta los días finales de la primera mitad del siglo pasado. Luego comienzan a aparecer los baños públicos en distintos lugares de la ciudad. Estos baños eran a modo de *cafés-restaurantes*, los cuales tenían servicio de baño privado para familias, pero que también eran utilizados, cuando el administrador no era muy rígido, por caballeros acompañados de damas, sin más».

Se trataba de lugares en los cuales, además del encanto de una o varias albercas, la gente se deleitaba saboreando las especialidades de la casa: empanadas, chorizos, morcillas, chicharrones y tamales que los adultos acompañaban con cerveza y aguardiente, en tanto que jóvenes y niños consumían las bebidas que para el momento estaban en todo su apogeo: las gaseosas, para cuya elaboración los fabricantes importaban de Inglaterra esencias de kola, vinola, ginger, limón y naranja. Famosos fueron –entre muchos otros– *los baños de Bermejal*, propiedad de Cipriano Álvarez, a quien apodaban «Amito» y cuyas empanadas constituyen auténtica leyenda culinaria; *los baños de Palacio* (primeros en tener agua caliente), ubicados en Bolívar con Maturín; *los baños del Jordán*, ubicados en Robledo y escenario de sonados amores y escándalos familiares. Finalmente, *los baños de La Puerta del Sol*, en Junín con La Playa, cuyo bar-comedor era lugar de reunión de los intelectuales de la época, y que cambió de nombre por el hasta hoy famoso café «La Bastilla».

En cuanto a los restaurantes de los años veinte se trataba de comedores populares, mejor llamados «sancocherías», ubicados en vetustas casas de tapia y regentadas siempre por mujeres, quienes al mando de su prole ofrecían el más económico, suculento y demandado plato de la cocina paisa. No es osado suponer que la porción exagerada que hoy se acostumbra por doquier en el servicio del «sancocho», tiene su origen en estas sancocherías, donde en «chochas» de porcelana o pedernal aderezaban una montaña de revuelto farináceo con hojas de repollo, zanahorias, choclo y un tasajo de carne gorda (entrepecho, trestelas o morrillo), carnes que también desde la época han recibido el nombre genérico de «carne de sancocho».

En lo que respecta a la oferta hotelera de las primeras dos décadas del presente siglo, las cosas habían cambiado cuantitativa y cualitativamente en comparación con lo expresado en líneas anteriores por don Lisandro Ochoa. En efecto, además de numerosas familias[7] que ofrecían, sin amagos de hoteleros, sus propias residencias, bien para estudiantes de provincia, bien para gente proveniente de otras comarcas del país, la hotelería «profesional» hacía presencia en pleno Parque de Berrío y sus alrededores. En 1912 Guillermo Gebhard, ciudadano austriaco, estableció una cuadra al oriente del parque, el Hotel Europa (cuarto y alimentación; *vin non compris*; tarifa $3.50). Igualmente durante esas dos décadas se fundaron el Hotel Berlín (calle Bolívar No. 3, una cuadra al sur del Parque de Berrío. Propietario: Enrique Escobar. Alojamiento: $1.50ºº); Hotel Victoria (Parque de Berrío, esquina noroeste. Propietario: Luis Alvarez. Alojamiento: $2.00), Hotel América (Calle de Carabobo y Puente de las Pisas. Propietario: Antonio M. Montoya. Concesiones para familias por meses. Alojamiento: $1.20). Tu-

vieron también gran renombre, y fueron fundados durante esas dos décadas, los hoteles Bolívar, Palatino y Continental.

Mención necesaria exigen las ventas ambulantes de comida, cuya aparición los cronistas del Medellín de antaño no precisan con exactitud, pero nos atrevemos a ubicarla en los albores de este siglo, apoyados en registros gráficos y testimonios octogenarios. El producto pionero en esta modalidad de venta fue el «tinto» que, era ofrecido en termos y pocillos de peltre por párvulos en toda la ciudad. Famoso fue un enjambre de hornillas de carbón con ollas de yuca cocinada y bañada en hogao, dispersas por todo Guayaquil, cuyos hervores eran reconocidos a distancia por etílicos comensales; constituían la única alternativa para saciar las hambrunas mañaneras. Fueron los primeros y últimos hervores de una especialidad culinaria que actualmente desearíamos encontrar.

En los años veinte teatro, hipódromo, cine, radio, fonógrafos y otras tantas innovaciones y entretenimientos llegaron a Medellín. Al respecto Jean Peyrat (seudónimo de Ricardo Olano) escribe en su *Guía de Medellín y sus alrededores*; editada por la Sociedad de Mejoras Públicas de Medellín en 1916: «Medellín es una ciudad pequeña y nueva. No hace muchos años empezó a desarrollarse dentro de los modernos conceptos de urbanización. Comienza apenas un pequeño movimiento social que cambiará por otra más amable la vida afanosa y conventual que llevamos». En otras palabras, aquella ciudad que setenta años antes –según Carrasquilla– no ofrecía nada, ahora es una ciudad con clubes, con prensa, con bancos, con espectáculos, con hoteles, sin restaurantes (léase: negocio profesional y especializado)–... pero con cafés.

Cafés, emigrantes, tiendas de esquina, electrodomésticos, recetarios de dedo parado y muchachas de servicio

Lo que en el siglo pasado y hasta muy entrado el presente se denominó *cantina*, fue realmente el origen de lo que hoy llamamos *café*. En efecto, los lugares casi exclusivos del sexo masculino, con sórdida ambientación, sin los más elementales servicios y dedicados exclusivamente a la venta de licor, se transformaron en sitios de refinado amoblamiento, servicio personalizado a la mesa, limpieza permanente, oferta de bebidas y refrigerios, clientela debidamente controlada y, por ende, eventual sitio de visita de mujeres y niños. Rafael Ortiz Arango comenta al respecto: «En el centro de la ciudad había cafés como El Chantacler, El Bar de los Moras y El Café Madrid. En cada uno de ellos era bueno el servicio y se obtenía tanto licores finos, rancho, galletas, cigarrillos y cigarros, como baños de ducha en agua fría y caliente... eran en realidad salones a donde se iba con la familia o con las amigas según fuera la categoría, y allí se podía comer y tomar unos cuantos copetines... algo muy similar a ciertos clubs londinenses, pero muy criollos, y sin necesidad de ser de la nobleza o de los diversos cuerpos de soldados o marinos en retiro y jubilados». Los anteriores, y otros como El Cosmos (que posteriormente se convirtió en hotel-restaurante), Puerto Arturo, El Vesubio, El 93, Café Dum-Dum y El Café del Capitán López (primer lugar de la ciudad con servicio de comedor durante 24 horas y cuyos tamales y fiambres de pollo y papa eran compañía obligada de pescadores y cazadores), conformaban un homogéneo medio de actividades comerciales, financieras, políticas y literarias.

De otra parte, los emigrantes europeos llegados a Medellín desde finales del siglo pasado y principios del presente no objetaron la alimentación ofrecida, debido seguramente a la gran importación de alimentos; sin embargo, no es el caso de los emigrantes de la primera guerra mundial, quienes, sin poder olvidar sus cocinas de origen, empezaron a incidir en nuestro medio y se dedicaron fundamentalmente a consolidar el sector de servicios (hoteles-restaurantes) y a gestar una serie de negocios afines, los cuales años más tarde constituyeron los primeros negocios especializados de hospedaje, salsamentaria, carnicería y repostería de la ciudad. Tal es el caso del Hotel Europa, fundado por un ciudadano austriaco en 1912; la fábrica de embutidos Fridora, establecida por un alemán en 1929, y la repostería Astor, fundada por suizos en 1932. De igual manera, la población extranjera dedicada al comercio especializado de víveres o de delicias gastronómicas incorpora de manera esporádica en las recepciones de la «alta sociedad» productos nunca vistos: espinacas, acelgas, alcaparras, berenjenas, espárragos y champiñones, entre otros.

Lo anterior se complementa con una extensa gama de hortalizas y frutales aclimatados en nuestro medio, traídos por antioqueños trotamundos; es el caso de rábanos, lechugas, peras, duraznos (esto ocurre desde finales del siglo pasado).

Menú para la recepción ofrecida en 1923 al Presidente Pedro Nel Ospina
en el Club Unión de Medellín (Archivo Clodomiro Ramírez Botero FAES)

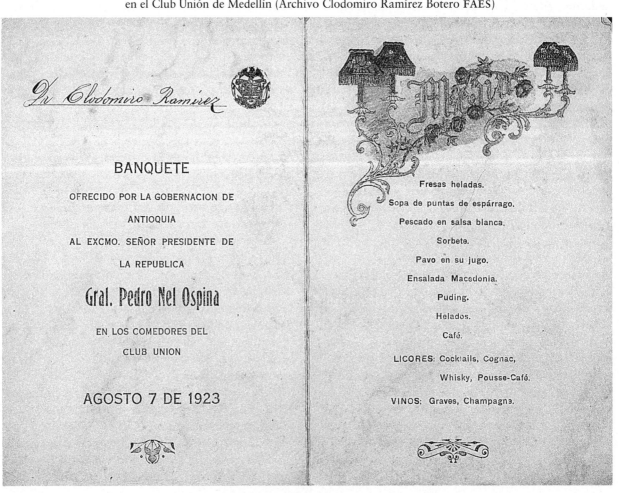

Salón de té Astor. Medellín, 1941
(Fotografía Francisco Mejía, Centro de Memoria Visual, FAES)

Los hábitos alimenticios populares dan cabida a unas cuantas hortalizas y es así como la «ensalada» comienza a ser acompañamiento obligado en la mayor parte de los «secos» de amplios sectores de población urbana. Se trata de la presencia casi cotidiana del repollo, la zanahoria, la cebolla, el tomate, la lechuga y la remolacha en el recetario criollo, el cual hacía años se había apropiado de verduras como habichuelas, arvejas, coliflor, perejil y cilantro. Así, en la década de 1930 a 1940 el número de víveres y productos alimenticios se multiplica, y el mercado urbano se diferencia del campesino por la variedad de nuevos productos naturales de la industria alimentaria en plena expansión.

En esa década existían en Medellín cuatro fábricas de chocolate, dos de galletas, dos de aceite, dos pasterizadoras, cuatro de gaseosas, catorce trilladoras, dos tostadoras de café, una de pastas, una de vinagre y encurtidos, y aparecieron dos fábricas de helados y varias más de hielo, que aportaron un cambio decisivo en los hábitos de consumo de todo tipo de bebidas. Sensación absoluta causaron los helados «esquimales», cuya venta se hacía con un estribillo para cada sabor.

El comercio de alimentos se transformó sustan-cialmente y tuvo papel fundamental en esta transformación la tienda de esquina conocida popularmente como «granero». En efecto, las tiendas cuya oferta se reducía a los productos básicos (granos, licores, grasas, leche, frutas, legumbres, revuelto y carnicería) se convirtieron en seria competencia de las plazas de mercado, las cuales, si bien ofrecían precios bajos, no poseían el sistema de crédito (fiado). Prolifera entonces este tipo de negocio en todos los barrios de la ciudad, generando pautas de abastecimiento que aún hoy continúan vigentes en los barrios populares.

También durante la década de 1930 se inicia un significativo cambio con la comercialización de electrodomésticos. Desde principios del siglo las familias más acomodadas importaron hornos y fogones de carbón (norteamericanos), los cuales en su momento fueron verdadera sensación respecto a la tradicional estufa de leña. A partir de los años treinta, con la expansión del servicio de electricidad se inició una agresiva campaña de comercialización –subvencionada en buena parte por las empresas públicas municipales–, lo que permite aseverar que aún en la población de más bajos ingresos la consecución de una parrilla o una estufa elemental constituía un esfuerzo de la

Interior de la salsamentaria Pic-Nic, Medellín, 1936
(Fotografía Francisco Mejía, Centro de Memoria Visual, FAES)

familia entera. Algo similar acontecía en la clase media, la cual –en su mayor parte– orientaba la canalización de sus ahorros a la reposición del menaje, dando prioridad a la cocción (estufa-horno) y luego a la conservación (nevera). En los años cuarenta se toma la nevera como un electrodoméstico suntuario, que se convierte en ilusión de todas las amas de casa, independientemente de su posición social. La lenta «colonización» de la estufa y la nevera en la cocina antioqueña cambia de un modo fundamental los hábitos de preparación, conservación y compra de alimentos.

Mención necesaria exige un fenómeno de comunicación oral –léase chismografía culinaria–, el cual se genera desde la década de 1920 con la aparición, en el exiguo mercado editorial de Medellín, del primer recetario culinario de autora antioqueña. Se trata de «*El manual de cocina para la ciudad y el campo*» de Elisa Hernández. Si bien la primera edición aparece en 1907, sus ventas no fueron significativas; sin embargo, sus escasas lectoras sí lo fueron y gracias a ellas las recetas de la señorita Hernández empezaron a institucionalizarse de familia en familia y de cocinera en cocinera; simultáneamente el manual comenzó a ser un referente necesario en las «amables discusiones culinarias». Elisa Hernández no sólo dominaba la cocina europea de la época; también demostraba profundo conocimiento de la culinaria paisa. En el texto sus lectoras encontraban desde las más detalladas indicaciones para preparar y servir un almuerzo francés, o una comida de ceremonia, hasta el modo de encender el fogón de leña, o la mejor manera de «despescuezar» una gallina. Es un recetario prolijo (se trata de la primera recopilación de recetas campesinas y de familias de gran finca), en donde la autora mezcla sofisticadas preparaciones extranjeras con productos vernáculos, con el resultado de recetas que hoy se consideran «típicas» en numerosas familias de todos los estratos sociales. El recetario de la señorita Hernández, cuya segunda edición es de 1912, fue durante muchos años el derrotero del hacer culinario de muchas amas de casa en esta ciudad.

En la década de 1940, otra matrona de la «alta sociedad», doña Sofía Ospina de Navarro, publica un nuevo recetario, *La buena mesa*, el cual tuvo una acogida sin precedentes, y se convirtió en cartilla para recién casadas y para muchachas del servicio con rudimentarios conocimientos de lectura. Estos dos libros no sólo aportaron cambios importantes en la culinaria antioqueña, sino que motivaron su conocimiento y divulgación, enriqueciendo de esta manera el recetario cotidiano de las mesas paisas.

Incompleto quedaría el recorrido histórico de la evolución y cambio de hábitos alimenticios en Medellín si no tuviésemos en cuenta la importancia de las «muchachas del servicio» en este proceso: desde la ciudad del «limbo y la monotonía» referida por Carrasquilla, cuando las «nanas-cocineras» eran patrimonio familiar, hasta finales de los años cuarenta del presente siglo, cuando las relaciones de servidumbre en las familias antioqueñas obedecían a una mezcla de paternalismo y

Muestra de utensilios para uso doméstico   (fotografía Benjamín de la Calle,
Centro de Memoria Visual FAES, 1931)

despotismo, la cual dependía de la tolerancia recíproca entre patronas y empleadas. Las muchachas del servicio fueron el eje principal de la armonía diaria en familia; se encargaban de mercados, despensas, comidas y remilgos. Muchas de estas mujeres trabajaron incondicionalmente con una misma familia por más de medio siglo y sus recetas han pasado de generación en generación con su nombre de pila: *el arequipe de Carmen; la posta en salsa de panela de Rosalba; los panderos de Jacinta; la sopa de tortilla de Liboria; los tamales de Aliria*, etc.

Desde finales de esta década, y de manera más contundente en los albores de los años sesenta, las cosas comienzan a cambiar sutilmente y el servicio doméstico inicia una leve emancipación o reivindicación de derechos (sin organizarse gremialmente) a partir de conversaciones telefónicas «clandestinas», encuentros fortuitos en la tienda de esquina e intercambio de ideas en la diaria y obligada compra de leche. Así pues, el servicio doméstico, que hasta finales de los años cincuenta era imprescindible, aun en familias de escasos recursos, tres décadas más tarde impone sus condiciones laborales, y su ausencia genera en muchos núcleos familiares una auténtica revolución de los hábitos alimenticios.

Una era de cambios permanentes a manteles y fogones

De la década de 1950 a la de 1990 la transformación en las costumbres alimentarias es contundente y su origen obedece al cambio de patrones culturales a partir del modelo de vida norteamericano. En los años 50 en el sector industrial alimentario aparecen numerosas empresas con una gran diversificación en su oferta; de una parte, se inicia la era de los productos deshidratados (sopas, jugos, caldos, féculas, cereales y café); de otra, se encuentran en pleno furor los enlatados (salchichas, salsas, sardinas, leches dulces, verduras, sopas, néctares); esta industrialización involucra la aparición de un nuevo sistema de mercadeo de alimentos: *el supermercado*, que revolucionará los hábitos de compra, en detrimento de las tiendas de esquina, abarroterías y plazas de mercado, buena parte de las cuales desaparecieron. En efecto, en 1954 el doctor Juan Luis Uribe y sus hermanos Diego, Gilberto y Hernán inauguran en el sector de la América el primer mercado con sistema de autoservicio, con el nombre de la patrona de la ciudad: «La Candelaria». En esta misma década irrumpe la televisión (1954), que se convierte en el medio más efectivo para la promoción de la nueva oferta alimentaria y en óptimo «vehículo de aculturación gastronómica» de las últimas generaciones, que cambian cualitativamente sus hábitos de consumo.

Almorzar fuera de casa en el Medellín de los años cincuenta no era pan de todos los días. Sólo ciertos sectores de población (ejecutivos y políticos) habían institucionalizado «los almuerzos de negocios» en los cinco clubes existentes (Unión, Campestre, Medellín, Rodeo y Profesionales) o en el quinteto de restaurantes (Hostería, Gambrinus, Manhattan, Cyrus, Don Ramón) apropiados para

Tienda de barrio en Medellín, 1947
(Fotografía Carlos Rodríguez, Centro de Memoria Visual, FAES)

ello. Lejanos estaban aún –para el habitante común y corriente– los almuerzos de hamburguesas,
salchichas o sánduches (trilogía de recetas de le-
gendaria trayectoria en Estados Unidos). Indudablemente, «sánduche de jamón y sánduche de
queso amarillo derretido, acompañados de lechuga, tomate y papas a la francesa» constituyeron el
«santo y seña» de la comida gringa de los años cincuenta y como tal irrumpieron en esta ciudad; fueron «popularizados» por el primer estadero que,
sin ser club privado, ofrecía tan «peculiares» recetas (los *ride-inn* El Dorado). También en esa década hizo su aparición el «perro caliente», y se
convirtió en auténtica leyenda la calidad que de
esta receta lograba (vigente aún) una salsamentaria
en la carrera Junín: El Colmado. De la carrera
Junín merecen mención un conjunto de negocios
afines a la gastronomía, ubicados en esta vía o en
sus alrededores; negocios que por el encanto de su
oferta motivaban en buena parte el tradicional
programa de «juniniar». Muchos de ellos están
vigentes y cumplen hasta 50 años de funcionamiento; otros tantos ya desaparecieron, pero su
importancia gastronómica fue fundamental:
salsamentarias como El Cardesco, La Viña y la

Vid; reposterías como La Suiza y El Astor; panaderías como Capri y Santa Clara; cafeterías como
El Donald, Versalles y San Francisco.

En las décadas de los años sesenta y setenta se
registra la total transformación de las costumbres
alimentarias de los medellinenses. La velocidad
de la vida cotidiana trastorna el comportamiento
de amplios sectores de la población. Al establecerse la jornada de trabajo continua deja de tomarse
la sopa meridiana en familia, y sólo el desayuno
se toma en casa. La comercialización de comidas
preparadas completas o en su modalidad de «me-
cato» se convierte en panacea económica de todas
las clases; aparece gran cantidad de pequeños,
medianos y grandes negocios en los cuales se
expenden almojábanas, pandequesos, pasteles,
pollos, arepas, tacos, empanadas, pizzas, etc. Simultáneamente, restaurantes, bares y cafeterías se
multiplican de tal manera, y en tan corto tiempo,
que las cifras de generación de empleo y las de su
actividad comercial son considerables. La comida
rápida y las cadenas de autoservicio proliferan y
sus especialidades desplazan del «paladar urbano» las preparaciones vernáculas que por muchos
años fueron símbolo de *media mañana* y *algo*:

empanada, buñuelo, chorizo y papa rellena. En otras palabras, la aculturación gastronómica es galopante. Los productos de mar, que antes ofrecían alto riesgo de intoxicación por sus inconvenientes de transporte, se convierten en plato fuerte ofrecido a diario en costosos restaurantes, o constituyen alimentación afrodisiaca para gente de todas las clases y condiciones.

Son dos décadas en las cuales surge un creciente interés por el conocimiento de la alimentación en sí misma y la llamada alimentación natural o vegetariana se convierte en tema de estudio y práctica cotidiana en amplios sectores de población. La alimentación, la cocina y la gastronomía se convierten en tema cotidiano en los principales medios de comunicación. En los programas de educación superior, estudios especializados de nutrición y dietética cumplen varios años de estar involucrados en el pénsum de la Escuela Nacional de Salud Pública (desde 1969). Otros centros de educación establecen programas de tecnología de alimentos (Universidad de Antioquia 1983) e ingeniería de alimentos (Universidad Lasallista, 1984). Por su parte, el gobierno, a través del SENA y en coordinación con la CNT, establece cursos de capacitación hotelera en las áreas de comedor y cocina (desde 1974). En otro campo surgen las *charcuterías* (galicismo en boca de muchos paisas), las cuales ofrecen alimentos que nunca antes estuvieron presentes en fogones y manteles antioqueños.

En los últimos 20 años del presente siglo acontece una verdadera revolución alimentaria en términos de industria, tecnología y costumbres de

consumo: se trata de la congelación de alimentos y de la aplicación del horno microondas para su cocción y consumo inmediatos. Finalmente, en esta ciudad, donde a finales de los años cuarenta no existía ni un restaurante de categoría (según el directorio comercial de la época: *Medellín Capital Industrial de Colombia*, 1947), para 1994 la cifra sobrepasa las dos docenas. Paradójicamente, en la actualidad el símbolo más representativo de la alimentación antioqueña, la arepa, ha sufrido en carne propia la evolución de la alimentación en este siglo. En efecto, el «pan diario» de los antioqueños, que desde sus raíces indígenas exigió una dispendiosa elaboración, hoy en su versión deshidratada se hace como por arte de magia o se produce de manera industrial. Permítasenos una frase que resume literalmente las intenciones de estas páginas: «De la arepa en cayana, a la fábrica de arepas».

NOTAS
1. En la obra de Lisandro Ochoa no se precisan fechas en lo referente al funcionamiento de los hoteles. Se deducen los del siglo XIX, porque el autor hace referencia de ellos como recuerdo de infancia. Son: Hotel Cosmos, Gran Hotel, Hotel de Cabecitas y Hotel de Petaquita.
2. Se estima que la fabricación de cerveza se inicia desde 1875. A finales del siglo pasado existían numerosas fábricas «artesanales» no sólo en Medellín sino en otros municipios del departamento (La Ceja). Famosas fueron en su momento: Cervecería de Cipriano Isaza; Cervecería Cuervo; Cervecería Restrepo Arango; Cervecería Tamayo. Sin embargo, en 1901 se fusionaron Cervecería Antioqueña y La Libertad y crearon Cervecería Unión, la cual perdura hasta nuestros días e hizo desaparecer todas las anteriores. En cuanto a la

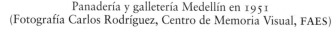

Panadería y galletería Medellín en 1951
(Fotografía Carlos Rodríguez, Centro de Memoria Visual, FAES)

primera fábrica de gaseosas que hubo en Medellín, ésta fue fundada por el señor Salvador Arango y su producto, con el mismo nombre de la empresa, se denominaba «Sidra Holandesa».

3. Los principales importadores de cerveza fueron Modesto Molina, Luis Cardona, Constantino Martínez y Luciano Gómez, quienes traían marcas estadounidenses y alemanas, como «La Guapa», «La Zapa», «Pale-Ale», «Bass-Ale», «El Gallo Negro» y «La Agustina».

4. El negocio de «droguería», al tiempo que importaba y fabricaba drogas y remedios, tenía magnífico surtido de vinos, algunos de alta calidad. Por lo anterior, no es de extrañar que muchos de los propietarios de estas droguerías gozaban de gran clientela, pues eran aficionados a hacer «mezclitas».

5. Realmente lo que en un principio se denominó «club», eran barras de amigos que se identificaban, bien por una manera peculiar de vestir, bien por portar algún accesorio similar (escudo, bastón o sombrero). Gozaron de fama, entre otros: Club la Mata de Mora; Club de la Bohemia; Club Belchite; Club de los 13; Club de la Varita; Club Fígaro y Tandem Club.

6. Tanto en la obra de Rafael Ortiz Arango como en la de Lisandro Ochoa a las únicas fechas que aparecen son la de los baños de Escallón (1876) y la de los baños de Palacio (1924). Respecto a los otros baños mencionados surge la duda de su fecha de fundación en el siglo pasado o a principios del presente.

7. Famosa fue la residencia de la familia Restrepo, situada en la calle Colombia y la carrera Palacé. También los Uribe Piedrahita, cuya residencia se situaba en la carrera Carabobo, frente a la que fue la casa de don Carlos C. Amador.

Bibliografía

Bejarano, Jorge, *Alimentación y nutrición en Colombia*, Bogotá, 1950.

Brew, Roger, *El desarrollo económico de Antioquia desde la Independencia hasta 1920*, Bogotá, 1977.

Carrasquilla, Tomás, *Obras completas*, Medellín, 1958.

Flórez, Luis, *Habla y cultura popular en Antioquia*, Bogotá, 1957.

Gutiérrez, Benigno, *Mosaico de Antioquia la Grande*, Medellín, 1950.

Hernández, Elisa, *Manual de cocina para la ciudad y el campo*, vols. I y II, Medellín, 1923.

Medellín, 1923. Album de la Sociedad de Mejoras Públicas, s.p.i.

Medellín, 1932. Guía comercial de Medellín.

Medellín, capital industrial de Colombia, Medellín, 1947.

Ochoa, Lisandro, *Cosas viejas de la Villa de la Candelaria*, Medellín, 1948.

Ortiz Arango, Rafael, *Estampas de Medellín antiguo*, Medellín, 1983.

Ospina de Navarro, Sofía, *La buena mesa*, Medellín, 1963.

Parsons, James, *La colonización antioqueña en el occidente colombiano*, Bogotá, 1961.

Peyrat, Jean, *Guía de Medellín y sus alrededores*, Medellín, 1916.

Poveda Ramos, Gabriel, *Dos siglos de historia económica de Antioquia*, Medellín, 1979.

Restrepo Moreno, Alonso, *Del fondo de mi totuma*, Medellín, 1942.

Rafael Vega B.

Apuntes para una historia de las librerías de Medellín

¿DE DÓNDE sacaban los libros que leían en el siglo pasado los habitantes de Medellín? Se cuenta que los traían de Bogotá los pocos que viajaban a la capital, a lomo de mula durante once días. Uno de esos libros fue *María* de Jorge Isaacs, que pasaba de casa en casa con los restos de las lágrimas derramadas durante su lectura. La Librería Colombiana de la capital era la proveedora. El doctor Emilio Robledo escribió el capítulo «Medellín hace 40 años» en el libro *Medellín, 1675-1975*, publicado por Celanese Colombiana; en un aparte dice: «Eran muy frecuentadas las librerías de Carlos A. Molina, de Abraham Moreno y hermano, de Manuel J. Álvarez y Cía. y de Clodomiro Díaz G.». De éstas, sólo la de Abraham Moreno y hermano continuó hasta el año 35, la cual se distinguía por su dedicación a los libros religiosos católicos. Fue adquirida por don Carlos Gaviria y la continuó su hijo Jaime Gaviria, como almacén religioso más que librería.

La Pluma de Oro tuvo mucho prestigio como librería dedicada a fomentar la lectura de buena literatura y temas de humanidades. Fue fundada en 1912 por la viuda de Pedro Pablo Piedrahíta; el primer local estaba situado en la carrera Palacé con la calle Ayacucho, después se trasladó al Palacio Amador y posteriormente al Hotel Bristol, hoy TELECOM. Fue adquirida por Emilio y Guillermo Johnson en noviembre de 1926; luego pasó a don Guillermo y se trasladó a la carrera Carabobo con Ayacucho. Allí trabajaron los hermanos Baena, quienes más tarde, a la muerte de don Guillermo, la adquirieron. El último local estaba en Palacé con la calle Caracas, el cual se cerró en forma definitiva en 1981. Gabriel Baena, el menor de la familia, fue el último propietario.

Librería Central,
1975.
(Fotografía de
Gabriel Carvajal).

Otra librería muy antigua fue Restrepo Editora, la cual acabó como papelería especializada en libros de contabilidad. Fue adquirida después por don Luis Pérez, fundador de la Librería Pérez en la calle Boyacá con la carrera Bolívar, la cual se especializó en estilógrafos.

Una librería con historia significativa, pero de la cual no se conocen fechas –se calcula que existió de 1920 en adelante–, fue la Cano, del insigne poeta antioqueño don Antonio J. Cano, llamado El Negro Cano. Esta librería fue centro de reunión de una famosa tertulia de intelectuales hasta la década del cuarenta, aproximadamente. Muchos de ellos pertenecían al famoso grupo de los Panidas, entre quienes figuraban el poeta León de Greiff y el caricaturista Ricardo Rendón. Los intelectuales de esos años, como Tomás Carrasquilla, Francisco de Paula Rendón, Eduardo Zuleta *(Tierra virgen)*, Samuel Velásquez (cuentista y novelista), Lucrecio Vélez, Roberto Botero Saldarriaga *(Uno de los catorce mil)*, Alfonso Castro, Gabriel Latorre, Wenceslao Montoya, Romualdo Gallego, Juan José Botero *(Lejos del nido)*, Sofía Ospina de Navarro, Jesús del Corral, Tulio González *(El último arriero)*, Efe Gómez, César Uribe Piedrahíta, Luis López de Mesa y Fernando González, eran asiduos clientes de esa librería.

Librero intelectual fue el Negro Cano. Roberto Jaramillo, en un ensayo publicado con el título *La lírica de Antioquia*[1], se refiere a Cano como poeta: «Nueva, sin amaneramientos ni exageraciones modernistas, deliciosa y exquisita por su música, por su gracia y atavíos, por la suave vaguedad de los contornos y por la delicadeza de sus sentimientos, es la poesía de Antonio J. Cano». Engalanó Cano la profesión de librero. Después de su muerte, uno de sus hijos continuó con la librería por pocos años. Estaba situada en Carabobo con Boyacá.

En 1926, don Luis Eduardo Marín, ilustre pedagogo, fundó la Librería Nueva, que se distinguió como la mejor librería de la ciudad. Su dueño gozó de gran prestigio y aprecio entre la numerosa clientela que concurría a comprar las mejores novedades que llegaban especialmente de España y Argentina. Sus hijos trabajaron con él hasta que la compró la Científica, y hoy día continúa en la carrera Junín con La Playa. Su primer local estuvo situado en Boyacá con Carabobo, sitio que fue famoso por las librerías. Además de la Nueva, existieron la Católica, la Pérez, la Don Quijote (sucursal de la América), la Cultural, y la sucursal de la Continental. Don Octavio Marín fundó después la Librería Marín, muy exitosa por los estilógrafos que vendía. Le sigue en orden de

antigüedad a la Nueva, la Librería Dante, fundada en 1927 por don Antonio Cuartas Pérez.

La Librería Moderna, de don Jesús Marín, hermano de don Luis, se fundó alrededor del año 1933, en un local de Bolívar con la calle Colombia; más tarde pasó a Junín con Pichincha, donde se liquidó al retiro de don Jesús. Tuvo una tertulia en la que departían Fernando Mora Mora, Fernando Saldarriaga, Pedro Arango, Rafael Urreta, Ignacio Echeverri y otros. Quien escribe esta crónica dio allí sus primeros pasos de librero.

La Librería Voluntad figuraba en Carabobo con Boyacá; más tarde se convirtió en editorial, con sede en Bogotá. Muy famosa, especialmente por la intelectualidad de su dueño, el doctor Abel Naranjo Villegas, fue la Librería Siglo XX, situada en Carabobo con Boyacá. Vecina quedaba la Librería y Almacén de Música de Luis Rosendo Hurtado, al frente de la Librería Cano; éste fue el primer sitio donde se vendió música impresa. La Candelaria, situada en Junín con Maracaibo, aproximadamente en 1946, se llamó la librería de don José Ignacio González, distinguido hombre de letras quien fue director de la Biblioteca de la Universidad de Antioquia.

En 1943 fue fundada la Librería América, de don Jaime Navarro, la cual ocupaba el mismo local en Boyacá con Junín, donde asimismo queda la América No. 2. En el mismo año se fundó la Continental, en Maracaibo con Junín, con el nombre de Librería Universal. En 1950 ocupó el local de Junín con La Playa, y en 1977 pasó a Palacé con La Playa. La venta de discos de música clásica ha sido un complemento de esta librería. Varias tertulias se incubaron allí: una musical con el maestro Joseph Matza, Federico Emmel, Javier Vásquez, Ignacio Isaza M., Marco A. Peláez, Cristian Botero, Luis Carlos Henao, Bernardo Hoyos y otros; y una literaria y filosófica con René Uribe Ferrer y otros. La sucursal de la Continental figuró primero en la desaparecida carrera Caldas, luego en Carabobo con Boyacá y finalmente en Boyacá con Carabobo; fue administrada por Óscar Vega, quien también fomentó una tertulia literaria muy concurrida.

La Librería Técnica fue fundada por don Antonio Donado en la década del cincuenta; actualmente figura en Palacé con Caracas. A Humberto Donado, hijo del anterior, pertenece la Librería Científica, situada en Boyacá con Palacé, contigua a la América.

La Ilustración, de Eduardo Correa, fue célebre sitio de tertulia, especialmente del grupo Nadaísta de Gonzalo Arango; quedaba en Maracaibo con Palacé. Más tarde se instaló en el

Algunos escritores de Medellín: Carlos Castro Saavedra, León de Greiff entre otros, ca. 1950
(Fotografía Gabriel Carvajal, Foto Carvajal)

mismo local la Librería Horizontes, de Federico Ospina. Luego, Alberto Aguirre fundó la Librería Aguirre en el mismo local, hoy en Sucre con Maracaibo, y administrada por Aura López, distinguida periodista. La Cigarra y la Cordobesa fueron librerías que empezaron vendiendo revistas y terminaron más bien pronto. La Castellana, del periodista y hombre de teatro Sergio Mejía Echavarría, quedaba en Junín con Maracaibo. La Difusión, del señor Hernán de los Reyes (chileno), especializada en libros católicos. La Cultural estuvo administrada por Óscar Vega, en Boyacá con Bolívar. La Librería Central, de los hermanos Rosenfeld, vendía únicamente libros en inglés; estaba en Junín con La Playa. Especializada en libros franceses era la Librería Francesa, en Maracaibo con la antigua carrera Unión. Un filósofo, Daniel Ceballos, fundó la Universal en Sucre con Maracaibo; su especialización no le garantizó larga vida a este negocio. La Atenas, de César Vásquez y Rafael Vega, en La Playa con Junín, y más tarde en manos del señor Vásquez en Palacé con Boyacá. La Librería Omega, de Gildardo Jiménez, estaba frente al Palacio Municipal, y la Nueva Granada, en Boyacá con Junín.

De las librerías mencionadas aquí han desaparecido unas veintiocho. Con el nombre de librería hay muchísimas en la ciudad, pero la mayoría venden sólo textos de estudio y artículos de papelería. Hay muchos negocios en oficinas dedicados a la venta de libros a plazos, y en las universidades y supermercados hay puestos de venta de libros, todos los cuales no son propiamente librerías.

Las tertulias en las librerías han desaparecido, porque no hay lugar ni tiempo para ellas; el movimiento y las gestiones modernas de venta y atención al público no lo permiten.

Por último, se mencionan las librerías más recientes: El Seminario, San Pablo, Hijas de San Pablo, Académica, La Oveja Negra, Señal Editora, Temis, Mundo Libro, El Andariego y Vía Comunicaciones.

Entre las fundadas en años recientes y ya liquidadas está La Mesa del Silencio, la cual resurgió en el mismo local con el nombre de Al Pie de la Letra; también La Fragua, Hojas de Hierba y Cosmos.

NOTAS
1. «El pueblo antioqueño», *Revista Universidad de Antioquia*, 1960.

Cementerio de San Pedro en Medellín, 1940.
(Fotografía de Francisco Mejía, Centro de Memoria Visual, FAES).

Gloria Mercedes Arango R.

Los cementerios en Medellín, 1786-1940

DURANTE LA colonia, en el Nuevo Reino de Granada se asimilaron las costumbres funerarias europeas, impregnadas del cristianismo medieval: los muertos eran enterrados en las iglesias o en cementerios contiguos a ellas; se creía que la proximidad al espacio sagrado garantizaba al difunto la salvación de su alma al recibir las preces elevadas por el sacerdote y sus parientes. A diferencia de la antigüedad, cuando los vivos temían a los muertos y los sepultaban fuera de la ciudad para impedir que regresaran, en la Edad Media los muertos dejaron de causar miedo a los vivos y unos y otros cohabitaron en los mismos lugares, detrás de los mismos muros.

Ricos y pobres ocupaban después de la muerte el mismo espacio sagrado, el de la iglesia parroquial, espacio de la "familia espiritual". La cercanía al altar era garantía de salvación y por ello las familias más ricas pagaban a perpetuidad en la iglesia "el derecho de asiento y sepultura", sitio desde donde asistían a las ceremonias religiosas, y posterior lugar de sepultura. Por estos derechos se entregaba una limosna y se daba al comprador un título.

Entierro del Arzobispo Manuel José Caicedo en 1937,
ceremonia en la Catedral Metropolitana
(Fotografía Jorge Obando, Centro de Memoria Visual FAES)

A finales del siglo XVIII las reformas borbónicas trajeron al Nuevo Reino de Granada los vientos de la Ilustración, lo cual propicia ideas nuevas que propugnaban por la salubridad pública. Para los hombres ilustrados de la época, la proximidad entre los vivos y los muertos era foco de contaminación de enfermedades. Carlos III legisló sobre esta materia en 1786 y en 1787 ordenó que se construyeran los cementerios fuera de las poblaciones, en sitios ventilados y distantes de las viviendas (ley 1ª., título 30., libro 10. de la Novísima Recopilación). La legislación española hizo eco de las ideas que primero los médicos y después los sacerdotes ventilaban en Francia desde 1735. Ya no cabía duda: la inhumación en las iglesias se veía como contraria a la salubridad pública e incluso a la dignidad del culto, se preconizaban iglesias limpias, bien aireadas y se rechazaban los "olores fétidos" que exhalaban los cadáveres, causa de numerosas enfermedades. Después de todo, como afirmaba un intelectual de la época, "nos está permitido amar la salud...".

La Cédula Real de 1804, de Carlos IV, insistía en la erección de camposantos fuera de los poblados y adjuntaba la planta y los planos para su construcción. En enero de 1806 el síndico procurador de la Villa de Medellín solicitaba ante el Cabildo licencia para la construcción del primer cementerio, argumentando entre otras cosas que "el pavimento de la Iglesia Mayor [La Candelaria] denota en su continua humedad, y en la textura de la tierra cuando se excava para romper sepulcros, que no transpira, ni respira otra cosa que hálitos corruptos ocasionados de la multitud de cadáveres que en ella se han cerrado...Ya para sepultar a unos es necesario sacar otros, cuyos cuerpos empodrecidos ordinariamente se encuentran... hace el espacio de seis o siete años que se está notando en esta Villa, y sus contornos foráneos el predominio de las calenturas pútridas, corrupciones humurales y otros varios accidentes que en otros tiempos no se habían padecido, y en los presentes han originado general infección..., lo que racionalmente no puede atribuirse a otra causa que a la de los aires... corrompidos ... que se exhalan de los lugares que tienen materia corrupta, y donde se ofrecen frecuentes concurrencias...". La propuesta del síndico procurador fue acogida por el Cabildo de Medellín pero sólo en 1809 se bendijo el primer cementerio, llamado posteriormente de San Benito, ubicado al otro lado de la quebrada Santa Elena, donde hoy está el cruce de Juanambú con Carabobo. Esto no significó que se abandonara la antigua costumbre, ya que en 1824 el gobernador le pedía explicaciones al vicario eclesiástico porque se continuaban enterrando niños y adultos en las capillas de San Juan de Dios, El Carmen y San Benito. La transformación de las prácticas, de la sensibilidad frente a la muerte y la construcción de nuevos espacios sagrados, constituyen un proceso lento. Posiblemente las condiciones precarias del cementerio —sólo en 1821 se le construyó capilla– y la dificultad del paso de la quebrada fueron un freno para la transformación de la antigua costumbre.

En 1827 ya se hablaba de trasladar el cementerio a un lugar más distante del centro de la ciudad. En enero de 1828 se bendijo el cementerio de San Lorenzo, erigido en el sitio donde antes se encontraba la iglesia viceparroquial de San Lorenzo Mártir, a pesar de la oposición de los vecinos. Este lugar era conocido como Camellón de La Asomadera y su vía de acceso fue llamada, una vez construido el cementerio, "Puerto de la eternidad".

En 1826 cursaba una ley en el Congreso que prohibía los entierros en las iglesias, pero Santander decidió vetarla "por temor a que provocase el descontento popular"; al mismo tiempo el vicepresidente publicaba un artículo en el cual defendía la reforma que acababa de rechazar. El clero ilustrado estaba en desacuerdo con los entierros en las iglesias, como se puede observar en los autos de visita de los obispos Garnica y Gómez Plata, en particular este último, que recomendaban construir los nuevos cementerios fuera de los poblados. Todas las parroquias del valle de Aburrá contaban con cementerio en la década de 1840, aunque había algunos mal ubicados, por ejemplo los de Hatoviejo, Belén e Itagüí, que debieron ser trasladados porque estaban situados en el centro de la población, o el de Aná que estaba al otro lado de la quebrada la Iguaná y se dificultaba el traslado de los cadáveres. Donde no había capilla o estaba en mal estado, como en las parroquias de San Cristobal, Itagüí, Aná y La Estrella, se debía construir o reparar.

En 1835 el gobierno republicano expidió una ley sobre cementerios de extranjeros no católicos, por la cual se autorizaba la adjudicación de una fanegada de terreno de las tierras comunales de las ciudades o villas para la construcción del cementerio y de una capilla para las ceremonias del respectivo culto. En contraste, la legislación del Sínodo Diocesano de 1871 fue intolerante porque prescribía que las personas de cultos diferentes del católico fueran enterradas en un espacio adyacente al cementerio católico, sin bendecir y al lado de los suicidas, los pecadores públicos o los párvulos que morían sin bautizar.

La Ley 2a. del 16 de mayo de 1836 impuso una

contribución sobre los bienes de los que fallecían, destinada a construir o terminar los cementerios, y la ley de 8 de junio de 1842 autorizó a aumentar un día de trabajo personal cada año para contribuir a los fines citados. Sólo en 1846, el 2 de junio, se promulgó la ley que ordenaba que todos los cadáveres fueran enterrados en los cementerios

En 1842, cincuenta miembros de la élite de Medellín se reunieron para fundar el primer cementerio privado. La novedad de este proyecto radicaba en que estaba concebido como una sociedad por acciones con una junta directiva para su administración. Estos hombres de empresa declaraban en el acta de fundación: "No nos induce pues a la construcción de éste ningún objeto de vanas y ridículas distinciones, sino el bien general de la población, y... que después de transcurridos tres, cuatro o más siglos, puedan nuestros descendientes, al visitar aquel lugar fúnebre, decir: aquí yacen las reliquias inanimadas de nuestros progenitores, ellos fueron virtuosos, imitémoslos...". Los socios acordaron comprar un terreno en el Camellón de El Llano (donde se encuentra actualmente), lejos del centro de la ciudad porque el que había "está mui inmediato y dominando el lugar, que se halla insanamente bañado por una atmósfera corrompida, que tal vez es la causa ocasional de las pestes endémicas y periódicas que sufrimos aquí...". Este cementerio, que primero se llamó San Vicente de Paúl y después San Pedro, fue bendecido en 1845 y la capilla en 1847.

Con la ley de separación de las relaciones Iglesia-Estado, de 1853, los cementerios fueron entregados a las autoridades civiles. La ordenanza de policía de enero 9 de 1854 le atribuía a los comisarios de policía el deber de impedir el entierro de cadáveres en los poblados, velar por el aseo y limpieza de los cementerios, impedir los espectáculos públicos como teatros, billares o galleras cuando alguna enfermedad epidémica grave atacaba la población, y prohibir que los cadáveres fueran conducidos descubiertos por las calles o que permanecieran insepultos más de seis horas cuando se hallara en peligro la salubridad pública.

El gobierno de Manuel María Mallarino entregó a la Iglesia el control de los cementerios en 1855. Posteriormente, los decretos de Mosquera fueron duros con los bienes de la Iglesia pero dejaron los cementerios a su ciudad. En 1869 la Legislatura del Estado Soberano de Antioquia decretó que los cementerios pertenecían a los habitantes católicos de las respectivas parroquias pero que su administración dependía de los párrocos; de esta ley se exceptuaban los cementerios particulares como el de San Pedro.

La ciudad crecía y delimitaba cada vez más sus espacios. Alrededor de la Candelaria se aglutinaban las familias de mayores recursos. Hacia las afueras, en "El Camellón de la Asomadera", habitaban los artesanos, y el cementerio de San Lorenzo, ubicado en esta zona, terminó por llamarse "El cementerio de los pobres". En 1864, 150 vecinos de este cementerio publicaron una hoja impresa, dirigida al cura de la parroquia, manifestando que "el cementerio de Medellín [el de San Lorenzo],... se halla reducido a una pésima situación. Un descuido lamentable lo ha convertido en campo inculto... Los sepulcros se han perdido... Nada de limpieza, nada que inspire respeto i veneración...; si los sepulcros i las cruces i los monumentos... se han perdido entre las malezas o han sido despedazados por los animales dañinos que vinieron a establecer allí su continua habitación; si no hai, para el ejercicio de las prácticas religiosas, un oratorio decente i adecuado; será en vano que queramos negar que el cementerio ha perdido mucho de su importancia; será en vano que pretendamos librarnos de la vergüenza que debe confundir a todo pueblo católico i civilizado...". Agregan más delante: "...efectivamente da vergüenza... cuando se piensa que la rica, bella i populosa Medellín no tiene un lugar decente para enterrar sus hijos: un lugar que pueda siquiera medio compararse con los panteones, no suntuosos, *pero al menos limpios*, de algunos pueblos mui pequeños i mui pobres del Estado". El párroco elaboró unos estatutos para reorganizar el cementerio mediante el nombramiento de una junta designada por los artesanos presididos por el párroco, con el fin de fomentar el aseo y la limpieza, levantar una suscripción de los vecinos comprometiéndose a pagar una limosna y designar un sepulturero que tenía, entre otras funciones, la de señalar el lugar de las sepulturas, "cuidando de la separación de los dos sexos". Si el cementerio era declarado monumento público, el Cabildo Municipal contribuiría con fondos para su sostenimiento.

Entre tanto, Pedro Justo Berrío y un grupo de notables de Medellín propusieron la reorganización del cementerio de San Vicente de Paúl, al que le cambiaron el nombre por el de San Pedro. La distancia, los obstáculos para atravesar la quebrada de Santa Elena y los costos de sostenimiento de una empresa privada –sin las contribuciones de todos los feligreses–, habían dificultado su funcionamiento.

En 1875 los vecinos del cementerio de San Lorenzo, el "de los pobres", le escriben un memorial al obispo en el que muestran nuevamente el estado de abandono en que se encuentra y amenazan con arrojar los restos de sus deudos al río para evitar la profanación de las lozas por los animales

Capilla de San Lorenzo, Medellín

inmundos. Los solicitantes le advierten al obispo que "... aquí no aparecen las firmas de algunas personas que tienen comodidad, i algunos artesanos que tienen dinero, por que esos tienen sus locales unos i otros sus grandes mausoleos. No hablan sino de pobres los desheredados de la fortuna, los que no tenemos más amparo que Dios i los hombres de buena voluntad". La resolución del obispo dice que van a visitar el cementerio y a resolver lo conveniente.

La Convención Constituyente de 1877, controlada por los liberales radicales, decretó que los cementerios fueran propiedad de los distritos y que su administración correspondiera a las corporaciones municipales. Esta medida suscitó las más encendidas protestas de las autoridades eclesiásticas y de los fieles católicos que elevaron numerosas solicitudes para que los cementerios volvieran a las parroquias. En los autos de visita del obispo José Ignacio Montoya a las parroquias de Caldas, La Estrella, Itagüí, Envigado, El Poblado, Belén, Aná, San Cristobal y demás parroquias del valle de Aburrá, en 1880 y 1881, manifestaba que "como la autoridad civil arrebató á la Iglesia la propiedad de los cementerios quedando estos expuestos á muchas profanaciones y convertidos muchos de ellos en asquerosos muladares, el señor Cura ayudado de los buenos católicos procurará hacer un cementerio de particulares para enterrar solamente a los católicos". Sin embargo, en el imaginario colectivo los cementerios habían

cobrado una dimensión que sobrepasaba los problemas de la salud pública, formaban una propiedad tan perfecta y sagrada como los hogares mismos. Así lo expresaba el obispo Montoya: "¿Por qué pues la ley y las autoridades, que reconocen y respetan nuestro derecho al hogar que nos sirve de morada, lo desconocen y lo destruyen al tratarse del lugar santo donde reposan las cenizas de nuestros antepasados...?". Los cementerios, como reproducción simbólica de la sociedad, reflejaban las inclusiones y las exclusiones que en ella se vivían. Los cementerios católicos no podían albergar los cuerpos de los suicidas, los no bautizados o de otras religiones. ¿Cómo hacer compatibles la misa de cuerpo presente, la procesión presidida por la cruz y el sacerdote revestido con su capa pluvial negra, con un cementerio laico? Si la ritualización de la muerte se definía por unos códigos imperantes desde la colonia y la salvación del alma se sujetaba a las misas de difuntos, el nuevo hogar de los muertos debía ser controlado por la Iglesia católica.

En 1892 el obispo Joaquín Pardo Vergara prohibió los entierros de católicos y celebrar misa en el cementerio de San Pedro porque habían sepultado a una señora de la élite que profesaba públicamente el espiritismo y, al negarse a recibir los sacramentos, había muerto impenitente. El decreto del obispo debía ser leído tres veces consecutivas en la misa parroquial y el cura debía predicar enseñando los puntos doctrinales sobre el tema. La asamblea de socios del cementerio se reunió y, aunque reivindicaron el derecho de enterrar a sus familiares porque lo habían comprado, aceptaron que la iglesia bendijera de nuevo el lugar y levantara la sanción.

Hubo que esperar hasta bien entrado el siglo XX para que se levantara el primer cementerio laico en el valle de Aburrá. El Concejo de Medellín dispuso, por medio del Acuerdo 4 de 1933, la construcción del Cementerio Universal, teniendo en cuenta no sólo el futuro desarrollo de la ciudad sino también el concepto de las autoridades sanitarias, según las cuales se debían clausurar los antiguos cementerios de San Lorenzo y de San Pedro, por constituir ambos, particularmente el primero, una grave amenaza contra la higiene y la salubridad públicas. Para su construcción la municipalidad abrió un concurso que ganó el maestro Pedro Nel Gómez; la primera parte de la obra se inauguró en 1943. Como su nombre indicaba, un cementerio universal debía albergar los muertos de todas las creencias, o sin creencia alguna; sin embargo, el ejecutivo municipal y la curia arzobispal acordaron que el camposanto católico estaría separado por una verja de hierro y la capilla católica quedaría en el interior. Desde el punto de vista urbanístico, el cementerio estaba concebido como jardín y parque y sería un paseo que ocuparía la misma zona de los jardines de la Facultad Nacional de Agronomía, a pocos metros de las avenidas más importantes de la ciudad, que eran las del río Medellín. El cementerio estaba llamado a embecller la ciudad. Su parte más monumental estaba constituida por el ciclo de bóvedas y monumentos destinados a las familias más pudientes de la ciudad. En otra zona estaban localizados los grandes bloques de bóvedas para el pueblo, clasificadas para niños y adultos y ofrecidas a bajo costo. Con el ingreso a la modernidad el cementerio aparece de nuevo como la reproducción simbólica de la sociedad.

Bibliografía
Arango, Gloria Mercedes, *La mentalidad religiosa en Antioquia: prácticas y discursos*, Medellín, Universidad Nacional, 1993

León Restrepo Mejía

La historia de mi barrio

El conocimiento de la historia de Medellín se ha fortalecido en los últimos años, con la realización en tres ocasiones del concurso «Escriba la historia de su barrio».

La realización del concurso

Por iniciativa del Secretario de Desarrollo Comunitario del Municipio de Medellín, arquitecto Gilberto Arango, se convocó en 1986 el primer concurso. Se planteó como una oportunidad de fortalecer el sentido de pertenencia de los ciudadanos a su barrio y a su ciudad, reforzar los lazos de integración comunitaria, y permitir la expresión de aspectos del transcurrir de la ciudad, que normalmente no se expresan en las historias tradicionales.

La convocatoria tuvo un enorme éxito: se presentaron ciento cincuenta y seis trabajos que representaban de manera bastante equitativa los diversos sectores urbanos de Medellín y sus áreas rurales. El jurado calificador otorgó el primer premio a la «Historia del Barrio Los Alamos Bermejal, hoy Alamos Aranjuez», escrita por el líder comunitario Bernardo María Quiroz, la cual fue posteriormente editada por el Municipio de Medellín. El segundo lugar correspondió a «La historia de mi barrio Lorena», de Margarita Cadavid P. y Adela Cadavid Misas.

En 1989 se realizó una segunda versión del concurso. En esta ocasión se presentaron cincuenta y siete historias. «Las Voces de la Esperanza, o de cómo una esperanza se hizo realidad», fue el ganador en esta ocasión. Se trata de un escrito sobre el Barrio La Esperanza-Castilla, para el cual su autor Luis Emiro Alvarez había actuado como aglutinador de un amplio grupo de habitantes, que decidieron el nombre del trabajo mediante una votación pública. Igualmente fue publicado por el Municipio de Medellín. Se otorgaron el segundo y tercer puesto a: «Campo Valdés», de John Pineda Arango y «Manrique Central», de Marta Cecilia Aguirre.

En 1994 se convocó el concurso por tercera vez. En esta ocasión se promovió de manera adicional la realización de talleres y tertulias, orientadas por historiadores de las Universidades de la ciudad, con el fin de colaborar con los interesados en escribir las historias de sus barrios, en aspectos relativos al manejo de fuentes, metodología y estructura del trabajo.

Se presentaron sesenta y nueve historias y resultó ganadora «Santo Domingo Savio, o treinta años de solidaridad», de Hugo Bustillo Naranjo; en segundo lugar: «Historia del Barrio Campoamor», de William Humberto Ramírez; y en tercer puesto: «Crónicas e historias de Barro Blanco», en el Corregimiento de Santa Elena, de Marta Luz Sierra. Estas tres obras fueron publicadas por la Alcaldía y la Secretaría de Desarrollo Comunitario de Medellín.

Las historias que se han escrito

En las diferentes versiones del concurso se han presentado trabajos sobre diferentes barrios y sectores rurales: los barrios más tradicionales surgidos antes de 1900: Boston, El Poblado, Buenos Aires, Robledo o Belén; barrios ya tradicionales del siglo XX, como Manrique, Aranjuez, El Salvador o Villa Hermosa; también barrios y sectores de conformación más reciente, como Santo Domingo Savio, El Salado, Doce de Octubre, Villa de Guadalupe, Juan Pablo II; o urbanizaciones que apenas se encuentran en proceso de configuración como Belén La Palma, Lomas del Tesoro, La Iguaná. Así mismo diversos sectores rurales: Palmitas, San Pablo Aguas Frías, La Capilla del Rosario, Vereda San Ignacio.

El propio sentido de lo que es un barrio y su

consecuente delimitación, es uno de los aspectos que primero llama la atención en estos escritos; y es que la distribución de barrios realizada para efectos oficiales no coincide con el mapa mental que tienen los habitantes de la ciudad. Por ello es posible encontrar desde historia que tienen por objeto una calle: «Niquitao, la calle por donde pasa el Circular», «Historia de mi barrio: Calle negra», o un sector muy definido: «Villa Liliam, parte alta», «Francisco Antonio Zea, IV etapa», «Popular número dos», «Santo Domingo Savio número uno»; hasta historias de sectores muy amplios que exceden la propia denominación de barrio, y toman como objeto de estudio una porción mayor de la ciudad.

Esto sugiere que la imagen y la propia delimitación del barrio están definidas por los recorridos personales, los lugares frecuentados, las amistades y lazos sociales que se tejen. Esto configura una distribución espacial de la ciudad, creada no por los planificadores oficiales, sino por las formas de pertenencia y reconocimiento de los diversos actores sociales.

Los autores de los trabajos

Como respuesta a una convocatoria de la Secretaría de Desarrollo, buena parte de los trabajos han surgido de las Juntas de Acción Comunal. También muchos de ellos proceden de diferentes grupos comunitarios, como una Biblioteca barrial, una Casa de Cultura, la agrupación de teatreros o titiriteros o algún grupo Scout o musical. Y por supuesto, una gran parte han sido escritos por autores individuales, que van desde jóvenes colegiales hasta personas mayores, con grados de escolaridad muy variados y con muy intereses diversos frente a la vida barrial.

Las temáticas desarrolladas

La mayor parte de los trabajos presentados se refieren a barrios de creación reciente, y en general son pocas las historias que van más allá de la década de los años sesenta. En parte porque las fuentes principales han sido las propias vivencias o la tradición oral, que se han complementado con fuentes documentales o gráficas.

El motivo predominante en las diferentes historias es la vida cotidiana: la lucha colectiva por el asentamiento, la supervivencia y el mejoramiento; los sueños, frustraciones y esperanzas de los ciudadanos. Por esto hay diferentes temas que se repiten con gran frecuencia: el proceso de poblamiento, la lucha por adquirir un lugar para construir una vivienda, los conflictos asociados a ese momento. Se evidencian las diferentes oleadas de inmigrantes expulsados del campo, o de gentes procedentes de pequeñas poblaciones en busca de mejores oportunidades familiares, y las diversas migraciones interurbanas. Aparecen los urbanizadores como intermediarios decisivos en la consecución de un lugar, o las invasiones como única posibilidad para amplios sectores.

Y luego de esto se presenta el proceso de construcción de las viviendas, su adecuación a las necesidades particulares, la búsqueda de un mejoramiento gradual, la dotación de servicios públicos, vías de acceso e infraestructura comunitaria: escuela, puesto de salud, tiendas, guardería infantil; y ante todo una capilla o iglesia, pues en la historia de Medellín el sentido religioso ha sido tan importante en muchos casos, que sólo en el momento en que hubo templo, los habitantes empezaron a sentir que en realidad había barrio.

Las historias presentadas mostraron como factor decisivo en la vida de Medellín la fuerza comunitaria, la solidaridad vecinal y el esfuerzo colectivo, que hicieron posibles las empresas comunes y apoyaron también los trabajos individuales. Por ello el convite, el bazar, la venta de empanadas, o la simple ayuda de vecinos, aparecen a menudo como factor decisivo en la lucha por la supervivencia y el mejoramiento.

En este proceso algunas personas se destacan por su labor, hasta convertirse en «personajes» del barrio: los líderes comunales, los sacerdotes, los maestros y otros que contribuyeron a la creación de grandes segmentos de ciudad. Así mismo aparecen personas opuestas al progreso común, defensores de privilegios o que instauran la violencia y el delito, y que han afectado de múltiples maneras a todos los sectores de Medellín. O también «personajes» en el sentido de lo pintoresco y folclórico, encarnados en algún limitado, anciano o demente.

Dado el sentido de la vida cotidiana, los lugares de reunión son hitos referenciales que concretan el sentido e territorialidad: el parque, las canchas de fútbol, las tiendas o cafés, e incluso las esquinas, definen grupos, comportamientos e intereses.

En las historias de barrios hay lugar también para una amplia gama de eventos que ponen de manifiesto los valores sociales, las tradiciones y costumbres, las formas de vestir, las comidas usuales, las festividades, las maneras de divertirse, los juegos populares, los temores ante lo desconocido, la noche, la muerte. Es típico de la forma como se recuerda el pasado en Medellín la constante alusión a aparecidos, espantos, leyendas y sustos nocturnos. Pero es igualmente conmovedora la coincidencia que existe entre la popularización del servicio de energía eléctrica y el consecuente alumbrado público, con el alejamiento de todos esos personajes, que empezaron a poblar los recuerdos antiguos y las casas viejas.

La modernización es un evento que no pasó inadvertido para los barrios ciudadanos. Por el contrario, la radio, el cine, la televisión, o ahora el video y el computador, tienen un lugar importante entre las vivencias y recuerdos de muchos de nuestros barrios.

En fin, la historia de los barrios de Medellín se ha preocupado por destacar lo cotidiano, y con ello ilumina la vida de la ciudad. Y esa ha sido su verdadera dimensión: no se trata de responder a preguntas preelaboradas ni buscar análisis muy coherentes, sino de destacar la vivencia fluida de los acontecimientos, las sensaciones, recuerdos, alegrías y tristezas, sueños y esperanzas, de los hombres y mujeres que han hecho esta ciudad.

Esta ha sido su principal importancia: mostrar la vida colectiva con el encanto y frescura de quienes simplemente la han vivido y la interpretan como relato de la propia vida. Con ello sus autores han rescatado una amplia gama de recuerdos, documentos y memorias, que a través de su parti-cipación en este concurso se han puesto al servicio de la ciudad.

Seguramente también radica ahí la limitación de estos trabajos: su espontaneidad, la confianza ilimitada en la narración y el gran peso que tienen los recuerdos personales y las tradiciones. Sin embargo, no se puede olvidar a la hora de evaluar este conjunto de escritos, que su objetivo principal radica en fortalecer el sentido comunitario, servir como factor de cohesión social, reforzar la identidad colectiva y la pertenencia de los habitantes a su barrio y ciudad. Y en este sentido, la totalidad de los trabajos refleja de manera clara un profundo amor por la ciudad, por su barrio y por su vecindario.

Y si este propósito de fortalecer la conciencia de identidad social se ha logrado, como lo muestra la masiva y reiterada consulta de estos textos por estudiantes, vecinos y organizaciones comunitarias en las diferentes Bibliotecas públicas que los poseen, otro gran logro es que contribuyeron al surgimiento de una delimitación real de las relaciones urbanas, el barrio, como un tema abierto para estudios más sistemáticos.

Miguel Escobar Calle

Crónica sobre los Panidas

CUENTAN LOS cronistas que en 1915, desde el 2 de febrero, «Caruso», el más popular y pintoresco de los voceadores de prensa de la Villa de la Candelaria, a grito herido anunciaba la próxima aparición de «*Panida, Panida, Panidaaaa...*! La gran revista de literatura y arte!».

El día 15 del mismo mes circuló el número uno y el efecto inmediato fue triple: los Panidas celebraron con tremendo alboroto en la sede principal (el Café El Globo) y en las subsedes (el Chantecler y La Bastilla); los lectores escandalizados echaron pestes contra los versos raros de corte modernista de un tal Leo Le Gris, que cantaban a la luna lela y a los búhos «que decían la trova paralela» ; y *La Familia Cristiana*, órgano oficial de la curia, se dejó venir con el consabido veto, censurando la revista y prohibiendo su lectura a los adolescentes «por sus efectos perniciosos».

La revista era la culminación de un proceso de aglutinamiento de ideas y actitudes y posturas y personalidades. Proceso cuyo primer fruto tangible había sido *del Pesebre*, un breve álbum de versos escrito en octubre de 1912 por Pepe Mexía, Jesús Restrepo Olarte, León de Greiff, Jorge Villa Carrasquilla (Jovica), Quico Villa y Gonzalo Restrepo Jaramillo, donde a la manera del Tuerto López, «daban lora» poética, según declara el mismo Restrepo Olarte:

> Este libro es... un cuaderno,
> o mejor, una cartera
> de versos. Decir moderno
> de López o de Cervera.
>
> Incoherencias, bobada
> de algún chillido a deshora;
> en resumen: todo... o nada
> que, belleza y *carajada*,
> todo se llama... «*dar lora*»...

Tartarín Moreira, seudónimo de Libardo Parra, hizo parte del grupo de los Panidas en la segunda década del presente siglo (Caricatura de Ricardo Rendón publicada en la revista *Avanti*, 1912)

Un segundo suceso que contribuyó a la conformación del grupo fue la tremenda pelea a trompadas que ocurrió el 11 de mayo de 1913 en la Plazuela de San Ignacio –llamada entonces de San Francisco–, entre rojos y godos. Aquéllos encabezados por León de Greiff y Gabriel Uribe Márquez, colaboradores de *La Fragua*, un periódico liberal y anticlerical que ese mismo año ha-

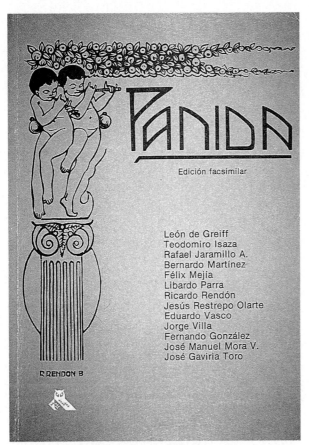

Portada del primer número de la revista *Panida*, que circuló en Medellín en 1915 (Colección fascimilar editada por Colcultura)

Antonio J. Cano, más conocido como el «Negro Cano» (*Lectura y Arte*, Nᵒs 9 y 10, 1915)

bía sido excomulgado por el arzobispo Cayzedo; y éstos, las huestes ignacianas, comandadas por el sacerdote español (y carlista) Cayetano Sarmiento y por José Manuel Mora Vásquez. A la barra de los rojos se unieron los internos de la Universidad de Antioquia y del Liceo Antioqueño, entre los cuales se reseñó a Fernando González, Quico Villa López, Aquileo Calle, Jovica, etc. Cuenta León de Greiff:

«La batalla campal duró tres horas. Intervino –una hora después de iniciarse el «evento»–, la policía. Luego, a las dos horas, una compañía del batallón Girardot (Atanasio). Total, !oh! historiógrafos beneméritos: finalizada (sin difuntos) la guazábara o barahúnda o riza, fuimos hechos prisioneros 40 de los nuestros y ... uno del bando contrario que resultó ser (¡Oh Eironeia!) liberal: el poeta Carlos Mazo».

La pelea, que fue reseñada por la prensa, llevada al púlpito por el clero y consagrada por una caricatura de Luis E. Vieco, sirvió para definir posiciones, ideológicamente hablando, de los futuros Panidas y para enrolar en el grupo a Mora Vásquez, sin que éste modificara nunca su talante conservador, talante que se le acendraría con los años, pues llegó a ser reconocido laureanista.

Un tercer hecho que sirvió para reunirlos fue la expulsión masiva de la Escuela de Minas: en 1913 salieron Pepe Mexía, Jovica, León de Greiff, Restrepo Olarte y Gabriel Uribe Márquez «por subversivos y disociadores».

En cuanto a los panidas artistas, las afinidades goethianas se facilitaron al encontrarse en el recién fundado Instituto de Bellas Artes (1910-1911). Allí se conocieron e iniciaron su camaradería Ricardo Rendón (que llegaba como alumno aventajado del Taller del maestro Francisco A. Cano), Pepe Mexía y Teodomiro Isaza (Tisaza) y el panida músico, Bernardo Martínez Toro, gran pianista y melómano consumado, pero frustrado en sus estudios instrumentales que no pudo culminar porque sus manos demasiado pequeñas le impedían alcanzar la octava en el teclado.

Otra de las causas del origen del grupo es de orden «geográfico»: malos estudiantes (o por lo menos muy desaplicados), en vacancia temporal o permanente, y precoces bohemios metidos en la picaresca local, coinciden en frecuentar los mismos lugares en busca de copas, tertulia, canciones, billares y muchachas... de alguna reputación ligera (tanto los lugares como las muchachas). La lista incluye el Monserrate, «un centro anexo a la Universidad»; el Vesubio, junto a la Escuela de Minas, donde ejercía virtuosísima la «Guapa»; el

Teodomiro Isaza y
Rafael Jaramillo
Arango en el café
El Globo, por
Ricardo Rendón en
1914

Álbum de los
sonetos *El Globo*
(Caricatura de
Pepe Mexía, 1914)

Jordan, aún vivisobrante; las sancocherías con músicos de Guanteros y los primeros burdelitos de Lovaina.

Algún cronista insinúa que fue en estos sitios de aprendizaje picaresco, y no en las aulas universitarias, donde se comenzó a formar el grupo. Y que, además, fue en esos mismos cafetines donde trabaron amistad o cruzaron fuertes disputas con los literatos y artistas de la «vieja guardia».

Que haya sido en unos sitios o en los otros, o en ambos a la vez, el caso es que las *afinidades electivas* los fueron congregando: anarquistoides y rojos la mayoría, y todos voraces lectores y ganosos discutidores, inconformes y rebeldes, con ansias de renovación e ínfulas de francotiradores, impregnados del individualismo radical de Nietzsche y afiebrados admiradores del simbolismo y apoyados por Abel Farina y Tomás Carrasquilla, su surgimiento obedeció, más que a un fenómeno de simple agrupamiento, a una imperiosa necesidad de expresión generacional. En otras palabras, los Panidas, más que un grupo, fueron la primera y lúcida manifestación de una real e histórica generación colombiana que luego se conocería con el nombre de Los Nuevos.

Pero volvamos a la crónica. En 1914 Medellín

no es aún Medellín. Es la Villa de la Candelaria, «un villorrio de los Andes, con pujos de pueblo grande y veleidades de emporio». Pero ya los afanes financieros y los menjurjes bursátiles, los chismes políticos y el fanatismo religioso, el tráfico de la plaza y la creciente proletarización de la mano de obra, hacen del lugar una atmósfera irrespirable para la locura y el ensueño:

Y tánta tierra inútil por escasez de músculos!
tánta industria novísima! tánto almacén
/ enorme!
Pero es tan bello ver fugarse los crepúsculos...

Y aunque los espectáculos en la Villa se reducen a funciones de cine mudo y de maromeros en el Circo España y a zarzuelas y dramones lacrimógenos en el Teatro Bolívar, la actividad literaria es de cierta resonancia e intensidad. El mismo León de Greiff hace un inventario de «los literatos actuantes en la Villa de la Candelaria en esos años lontanos»: «Tomás Carrasquilla, Efe Gómez, Pacho Rendón, Gabriel Latorre, Alfonso Castro, Abel Farina, los tres Canos (el Negro y los dos futuros Canos, Luis y Gabriel, compañeros de Antonio Merizalde, Restrepo Rivera,

Tomás Márquez, V. de Lussich y Jaramillo Medina); Abel Isaías Marín, Ciro y Gustavo, pulsaban la lira ya –también– ora en la Aldea de María, ora en La Valeria, ora en Yarumal (con el 'viejo' Jorge de Greiff). Arenales andaba metido en Honduras, Guatemalas o Méxicos, quizás».

Si a la bastante generosa lista de literatos se une la de los artistas (pintores, escultores, dibujantes), donde se destacan los nombres de F. A. Cano, Tobón Mejía, José Restrepo Rivera, Humberto Chaves, los Vieco, los Carvajal, y se suma la de los músicos con Gonzalo e Indalecio Vidal, las Villamizar, y los Vieco y Marín –por el lado de la música culta– y por el lado popular Pelón Santamarta y Marín y Nano Pasos y Germán Benítez y Blumen y los bambuqueros del Camellón de Guanteros, bien puede decirse que la Villa tenía una «vida artística» bastante movida.

En ese ambiente y esos años surgen los Panidas. En sus inicios, el grupo es apenas la reunión de unos cuantos estudiantes desaplicados y pobres, todos entre los 18 y 19 años de edad. Revoltosos y buscapleitos, rebeldes y soñadores, inconformes y excomulgados... y expulsados a cada rato y de todas partes: primero del Liceo Antioqueño y del Colegio de los Jesuitas y luego de Bellas Artes y la Escuela de Minas y la Universidad de Antioquia. Más interesados por la alquimia que por la química; por la caricatura y la pintura que por el dibujo topográfico o el diseño de construcciones; por la lectura de Nietzsche y Schopenhauer que por la escolástica tomista; por los poetas malditos que por la gramática y el latín; por el anisado que por los textos de Ginebra...

En 1914, «sin previo y minucioso acuerdo comenzaron a reunirse en un cafetín situado cerca al

León de Greiff
por Rendón
en 1914

Caricatura
(1914) de
PEPE MEJIA,
POR RENDON

Parque de Berrío y denominado El Globo», apunta Horacio Franco. El Café quedaba situado exactamente frente a la puerta del perdón de La Candelaria –en ese entonces Catedral de Medellín– y se caracterizaba por tener una biblioteca de alquiler, donde al decir de la mala lengua del panida Villalba (Rafael Jaramillo Arango), «empezó sus armas de piratería bibliográfica Leo Legris». Don Pachito Latorre, propietario del cafetín, promocionaba en la prensa la biblioteca con el siguiente aviso:

> **BIBLIOTECA**
> # EL GLOBO
> La mejor de Medellín. Mil ejemplares casi todos nuevos y todos limpios y en buen estado. Obras científicas, viajes, novelas, historia, poesía etc. etc., de los más connotados autores.
> Tenemos el gusto de ofrecerla al público y muy especialmente a las damas de esta Capital.
> **BOYACÁ, NROS. 208 Y 210**
> (EDIFICIO CENTRAL)

Propiedad del general Pedro Nel Ospina, el Edificio Central era una casona de tres pisos, con muros de tapia encalados y balcones de madera. Allí funcionaban, además de «El Globo», las oficinas y talleres de *El Espectador* y el bufete de abogado de Lázaro Tobón, conocido jurista, y columnista de *El Correo Liberal*. En una buhardilla del tercer piso, identificada con el número 26, que, según testimonio de Eduardo Vasco, «Tomás Carrasquilla, tío político de Pepe, nos pagaba el arriendo», establecieron los Panidas su «oficina de redacción». Era un cuartucho de cuatro varas de fondo, con una mesa y algunas sillas maltrechas, que servía de almacén de caricaturas y versos y donde se guardaban unos cuantos libros descuadernados.

En cuanto al cafetín, tomado por asalto, se convirtió en coto vedado y exclusivo de los trece Panidas y de otros pocos «intelectuales de maduro entendimiento»: Carrasquilla, Farina, Quico Villa, los hermanos Restrepo Rivera, Horacio Franco, Efe Gómez, don Gabriel Cano y... pare de contar. Pues !ay! del pobre burgués o del incauto que se atreviera a meter las narices en El Globo: entre burlas, sarcasmos y cascarazos lo expulsaban de inmediato. El lugar era apenas «una taberna humosa y semipública», con un único salón decorado con caricaturas de los habituales hechas por Rendón, Tisaza y Mexía. Había varias mesas con tableros de ajedrez donde los Panidas y los intelectuales de la «Vieja Guardia» se enfrentaban en «azarosas partidas a lo Philidor», que acompañaban con aguardiente montañero o con el café *tinto* (del cual aseguraban los Panidas ser inventores).

Allí en la «redacción» y en el cafetín, durante el segundo semestre del año 1914, los Panidas se dedicaron al planeamiento, organización y financiación de su revista. Entre tanto, y para entretenerse, se dedicaron a la manufactura del «Álbum de los sonetos El Globo», un cuaderno aún inédito cuya carátula diseñó Pepe Mexía y que contiene veinte poemas de ocho Panidas. Y en forma simultánea iniciaron, bajo la batuta de Le Gris, los ensayos de los coros para el estreno de su «famosa» ópera Caupolicán en honor de Herodes. Tartarín Moreira narra con detalle el suceso:

«–Tú, Tisaza, acompañado de Morayma y de Jova, sostendrás un bemol amarillo durante cuatro días para suplir los sesenta gatos que han de sostener esta armonía el día del estreno...

–Tú, Nano, con Rendón y con Manteco, darás un SI mayor con reflejos de rebuzno durante cuatro horas. Y tú, Pomo, con Cavatini y con Pepe, verterás 49 sostenidos en gris oscuro con cambiantes de ladrillo durante veinte minutos...

–A ver, todos a repetir el «Riconto» acatarrado de la partitura final... Y que no se queje el doctor Lázaro Tobón, que nosotros también pagamos la pieza. A ver: a la una... a las dos... y a las... tres...

El escandalazo hacía detener sorprendida a toda la gente que pasaba por la calle de Boyacá, alarmando seriamente a la policía y a los inquilinos».

En otras ocasiones la pelotera terminaba en pelea, ya fuera a causa de bromas demasiado pesadas o de críticas igualmente ácidas. En una de ellas, que se convirtió en combate a trompadas, Bernardo Martínez, que era bajito pero macizo, cogió al entonces esbelto Pepe Mexía, lo dobló en cuatro como una regla de carpintería y lo echó a rodar por la escalera que daba al sótano. Como de costumbre y por enésima vez acudió el portero:

–Mañana mismo desocupan.

–¿Por qué? –dijo Tisaza.

–Porque no dejan trabajar al doctor Tobón; todos los días pone la queja; dice que las Musas de ustedes no tienen alas sino patas. Que...

–Vea, Quiroga: dígale usted al doctor Tobón que no desocupamos este caballete por ningún motivo. Que vale más una estrofa mía que cien alegatos suyos y que si es tan abogado, que se faje un memorial capaz de hacernos evacuar este sitio. He dicho...».

José Manuel Mora Vásquez
por Horacio Longas, 1930

Por fin, pues, en febrero de 1915 apareció la «famosa» revista. La aventura duró apenas cinco meses (febrero a junio), durante los cuales se editaron diez números, los tres primeros bajo la dirección de León de Greiff y los restantes con Pepe Mexía al frente. Rendón hizo las carátulas, viñetas, orlas decorativas, avisos y cuatro caricaturas de los escritores mayores, todo en clisés grabados a mano. En ella publicaron versos y prosas los del grupo,

incluido Rendón y excluido Bernardo Martínez que nunca quiso figurar en letras de molde. Y todos, salvo Fernando González, firmaban sus textos con seudónimos rebuscados y extravagantes. Para promover las ventas se anunciaba la rifa entre los avisadores y suscriptores de «un hermoso cuadro al óleo»: se trataba de un paisaje *auténtico* del pintor español Rusiñol, ¡hecho por Tisaza!

En *Panida*, además de la ya señalada influencia de Baudelaire y sus seguidores y de la evidente presencia del Tuerto López, afirma Horacio Botero Isaza en un añejo artículo que «hubo decadentismo rubendariaco, simbolismo mallarmeano, bradomineano, filosofar nietzscheano, pesimismo schopenhauereano, sonoridad juanramonesca, y aun el fervoroso panteísmo y la mansedumbre sin igual del Santo de Asís alcanzaban a vislumbrarse». Ello sin contar con el estilo de Francis Jammes que se percibe tras los textos de más de un Panida.

¿Qué pretendían los Panidas? La respuesta la dio Le Gris: «*Nos animaba, ante todo, un propósito de renovación.* Por aquellos tiempos la poesía (y el arte, añade el cronista actual) se había hecho demasiado académica. Nos parecía una cosa adocenada, contra la cual debíamos luchar. Fue esencialmente ese criterio de generación lo que nosotros tratamos de imponer». Y sin duda que lo lograron con la maravillosa poesía del mismo De Greiff, y con la obra filosófica y ensayística de Fernando González, y con la vanguardia clandestina que significa la obra artística de Rendón, y de

Ricardo Rendón en su estudio, ca. 1930
(Fotografía colección particular)

Grupo de los Panidas, caricatura de Elkín Obregón, 1994.

Mexía cuyos monigotes de un subido modernismo formulan una propuesta «emparentada con el Dadaísmo», según juicio del crítico Álvaro Medina. No cabe duda que fue el ímpetu de los Panidas el que comenzó a insuflar aires de modernidad en el arte y en la literatura colombiana. Fueron ellos quienes iniciaron la contemporaneidad. Con ellos aparece la modernidad, al buscar las nuevas ideas y las nuevas formas en antecedentes inmediatos (Nietzsche, Simbolismo, Art Deco, Bahaus, Cubismo, etc.). Pero es una «modernidad» donde aclimatan lo exótico, lo foráneo, lo adaptan, lo vuelven criollo, les sirve de «utensilio de trabajo» y no de modelo calcable. Asimismo, a partir de los Panidas esas dos vertientes que señala Luis Vidales como constantes en la literatura y en el arte colombiano, *la oficial y la subterránea*, no sólo ahondan y amplían sus diferencias sino que la segunda se hace evidente, palmaria, abierta, trasgresora.

Y cerremos esta descabalada crónica contando qué pasó con *Panida* y los Panidas. Editado el último número en junio de 1915, casi de inmediato comenzó la diáspora: en el mes de julio marchó León a Bogotá y más tarde le siguieron Jaramillo Arango y Rendón y Jovica y Restrepo Olarte y Bernardo Martínez; Tisaza y José Gaviria Toro optaron por la «liquidación total de la existencia», en 1918 y 1929, respectivamente, camino que luego seguiría Rendón en 1931. En cuanto a Mora Vásquez y Eduardo Vasco, rápidamente abandonaron sus iniciales inclinaciones literarias y bohemias para dedicarse, el primero al derecho y la política y el segundo a la medicina. Total que como panidas en Medellín sólo quedaron el maestro Fernando González, Pepe Mexía, que devino arquitecto, y Tartarín Moreira, que con el tiempo se consagró como compositor y letrista.

Luis Fernando
Molina Londoño

Los corregimientos

LA DIVISIÓN político administrativa de Medellín ha tenido varios cambios en el presente siglo. Bello por ejemplo, fue corregimiento hasta 1913, cuando pasó a ser municipio. Por 1925, Belén, San Antonio de Prado, San Cristóbal, El Poblado, La América, Robledo, San Sebastián o Palmitas y Guayabal, tenían categoría de corregimiento, aunque los tres primeros, tiempo atrás, fueron municipios. Mazo (Santa Elena) y Berlín aparecen también transitoriamente con aquella condición en los años treinta.

La mayor parte de los 382 kilómetros cuadrados de extensión que posee Medellín, corresponden a su zona rural. Por medio del Acuerdo 54 de 1987, el Concejo de Medellín dispuso la división de la parte urbana en seis zonas en las cuales se reparten 16 comunas que agrupan cerca de 220 barrios.

La parte rural, según el mismo acuerdo, se dividió en cinco corregimientos: San Cristóbal, San Antonio de Prado, Santa Elena, Palmitas y Altavista. Robledo, llamado antes Iguanacita y luego San Ciro de Aná, también tuvo esta categoría hasta 1938 cuando se suprimió por el Concejo Municipal (Acuerdo 142) que lo incorporó a la zona urbana.

Un corregimiento es una unidad político administrativa, que se incluye dentro de la jurisdicción de un municipio. Se conforma de un núcleo urbano y dos veredas como mínimo.

San Cristóbal

Ubicado al Occidente de Medellín, dista 10 km. del centro urbano de la ciudad. Tiene un área de 5.514 hectáreas a una altura que oscila entre los 1.900 y los 2.800 MSNM, con temperaturas de 8 a 21 grados C. Su principal quebrada es La Iguaná. Limita con Bello, Altavista, San Antonio de Prado, y el perímetro urbano. Sus pobladores,

34 en 1675, 600 en 1770 y 4.699 en 1938 pasaron a 24.800 en el año 1990 repartidos en las veredas de Boquerón, San José de la Montaña, El Yolombo, Pajarito, El Carmelo, Pedregal Alto, Pedregal Bajo, Travesías, Naranjal, El Llano, La Cuchilla, El Uvito, Las Playas, La Palma y El Patio.

En el primer padrón de la villa en 1675, San Cristóbal aparece con el nombre de La Culata y su población se componía de mestizos y diez y seis indios tributarios con Don Lázaro, su cacique. El nombre de Culata, dicen algunos, se debió a que la capilla que existía allí tenía su frontis orientado hacia Santa Fe de Antioquia y su parte posterior hacia Medellín. Tuvo categoría de viceparroquia en 1752 y de parroquia en 1771, la primera segregada de la de Medellín. Su patrono es San Cristóbal cuya fiesta es el 27 de julio. En 1786 el visitador Juan Antonio Mon y Velarde obligó a sus vecinos a poblarse y construir casas. Luego lo convirtió en sitio y le nombró alcalde pedáneo. Según el historiador Roberto Luis Jaramillo, los campesinos de San Cristóbal colonizaron las montañas de La Sucia, Palmitas (Urquitá) y Ebéjico (Comunidad), y abrieron el camino a San Jerónimo, a cambio de lo cual les dieron las tierras de Urquitá.

Finalmente esta parroquia fue distrito independiente (Ordenanza 13 de 1853) hasta 1865, cuando se anexó de nuevo a Medellín.

En su jurisdicción esta el Cerro del Padre Amaya, uno de los referentes geográficos y paisajísticos mas espectaculares de la ciudad. Posee ricas vetas de arena y cascajo para la construcción producidos por la descomposición de las rocas del cerro El Moral. Su economía se caracteriza por la intensiva y pintoresca agricultura minifundista de hortalizas y flores que absorbe el mercado de Medellín. En la década de 1880 Don

Manuel Uribe Ángel reconoce como buenos agricultores a los habitantes y da cuenta de cultivos de granadillas, duraznos, higos y chirimoyas.

En el pasado las chirimías de San Cristóbal eran las grandes animadoras de las fiestas de la Virgen de la Candelaria. Desde 1965 cuenta con un colegio de educación secundaria y con escuelas en la mayor parte de las veredas.

San Antonio de Prado

Se le llama la «tierra de los Betancures». En la colonia se conocía con el nombre de El Prado. Está ubicado al Noroccidente de Medellín y dista 19 Km. del centro de la ciudad. Tiene un área de 6.759 hectáreas de extensión a una altura entre 1.700 y 2.500 metros SNM con temperaturas que oscilan de 12 a 22 grados C. Su principal fuente hidrográfica es la quebrada Doña María. Limita con La Estrella, Itagüí, Heliconia, Angelópolis, Altavista, Palmitas y San Cristóbal. Su población de 9.684 habitantes en 1964 pasó a 20.925 en 1990 distribuidos en las veredas de La Florida, Potreritos, Los Astilleros, La Oculta, El Chuscal, Yarumalito, La Verde, Montañita, La Loma, El Salado, Naranjitos, Buenos Aires, Paloblanco, Llanogrande, El Vergel, Pradito, La Manguala, San José, Horizontes, Los Alcones. En algunos casos estas veredas han tomado la denominación de barrios por el acelerado y caotico proceso de urbanización, fenómeno que ha traído así mismo, el deterioro de la economía campesina y del ambiente pueblerino, que sin embargo sus habitantes tratan de conservar.

Perteneció primero a la jurisdicción parroquial de Medellín y luego pasó a la de Envigado. De esta se desmembró en 1813 la de Itagüí en la que quedó S. A. de Prado. En 1887 se convirtió en parroquia. Por Ordenanza 13 de 1894, la Asamblea Departamental, le dio categoría de distrito municipal desgajándolo de Itagui. Se le eliminó poco después por Ordenanza 22 de 1898. Se volvió a crear por Ordenanza 2 de 1903 que le asignó sus actuales límites. Finalmente se suprimió como municipio por el Decreto presidencial del 5 de enero de 1909, que lo anexó a Medellín. El Concejo Municipal lo incorporó como fracción en 1911 (Acuerdo N. 6) y le dio categoría de corregimiento por el Acuerdo 52 de 1963.

Es reconocido por el alto desarrollo de la industria avícola en las veredas La Manguala, Yarumalito y la Verde, sector denominado popularmente como la «Ciudad de las Gallinas». También tiene ganadería lechera, porcicultura, agricultura de tomate de árbol, café, plátano, y frutales. Posee extensas áreas con plantaciones comerciales de pino (V. Yarumalito, Astilleros, El Salado y La Florida).

La población se enorgullece de ser cuna del escultor José Horacio Betancur y del concertista internacional de órgano José Hernando Montoya Betancur (†1994) fundador del Festival de Órgano de Medellín. Cuenta con dos colegios de educación secundaria y con doce escuelas de primaria. La Biblioteca Pública Piloto tiene allí una sucursal desde 1958.

Palmitas

Situado en el extremo Occidental de Medellín a 30 km. del centro de la ciudad por la Vía al Mar, luego de cruzar el alto del Boquerón en el camino hacia Santa Fe de Antioquia. Tiene un área de 5.581 hectáreas de terrenos muy quebrados a alturas que van de 1000 a 2000 metros SNM. con temperaturas entre los 12 y 25 grados C. Su principal quebrada es La Sucia. Limita con San Jerónimo, Bello, San Cristóbal, San Antonio de Prado, Heliconia y Ebéjico.

Es el menos poblado de los corregimientos. Los 3.000 habitantes que tenía aproximadamente en 1991 se repartían en las veredas de El Tambo, Guayabal, La Volcana, La Suiza, La Aldea, La Brecha, Miserengo, La Potrera, La Cruz, Boquerón, El Frísol y Urquitá. Está última tiene el nombre que poseyó Palmitas en la época de la colonia, aunque con posterioridad se le conoció también con los de La Aldea y San Sebastián. Don Manuel Uribe Ángel anotó lo siguiente a finales del siglo XIX: «El paisaje es áspero y desapacible, y sería absolutamente ingrato para la contemplación, si desde las alturas que lo rodean no se alcanzara á divisar la dilatada llanura recorrida por el Cauca entre Sopetrán y Antioquia».

Palmitas fue hecho corregimiento por Acuerdo 52 de 1963 del Concejo de Medellín. La actual cabecera ubicada sobre una abrupta pendiente se extendió con el asentamiento de unas pocas familias atraídas en los años veinte y treinta, por las ventajas que ofrecía el lugar por su cercanía a la proyectada Carretera al Mar. En 1945 se inició la construcción de su templo parroquial. Desde 1980 posee un hermoso cementerio, puesto de salud, colegio departamental de enseñanza secundaria y 8 escuelas.

Su principal actividad económica es la caficultura combinada con cultivos de plátano y caña de azúcar. Palmitas sufre problemas de tierra por deforestación y por la alta concentración de la propiedad en unos pocos, a diferencia de los demás corregimientos.

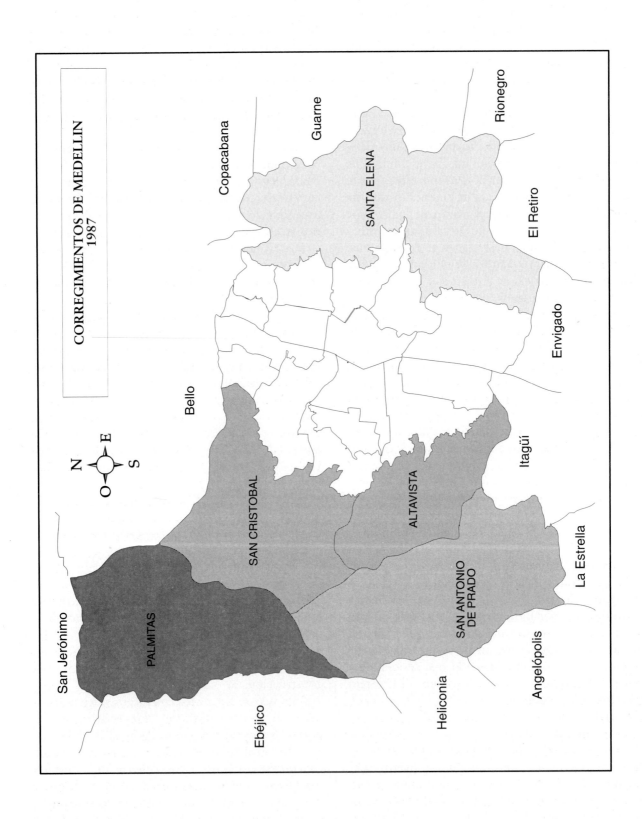

CORREGIMIENTOS DE MEDELLIN
1987

N
O E
S

San Jerónimo

PALMITAS

Ebéjico

SAN CRISTOBAL

Bello

Copacabana

Guarne

SANTA ELENA

Rionegro

El Retiro

Envigado

ALTAVISTA

Itagüí

La Estrella

SAN ANTONIO
DE PRADO

Heliconia

Angelópolis

Altavista

Fue creado por Acuerdo 54 de 1987 del Concejo Municipal aunque se tienen referencias de su poblamiento desde finales del siglo XVII. Está ubicado al Suroccidente de Medellín y dista 9 Km. del centro de la ciudad. Tiene un área de 3.194 hectáreas a alturas entre 1.600 y 2.400 metros SNM. con temperaturas de 12 a 21 grados C. Sus principales microcuencas son las de la quebrada La Guayabala, La Picacha y la Ana Díaz, todas muy contaminadas. De 6.884 habitantes en 1987 pasó a tener 11.442 en 1991. Este crecimiento demográfico se debió al acelerado proceso de urbanización de algunas veredas que están siendo absorbidas velozmente por el perímetro urbano. Altavista contiene las veredas San José del Manzanillo, Capilla del Rosario, La Esperanza, Aguas Frías (Guanteros y Santa Clara), El Corazón y El Morro. La cabecera comprende los barrios de Buga, Concejo de Medellín, La Perla, San Francisco, San José, Barrio Colombia y Manzanares. Funcionan siete escuelas de educación primaria.

Su economía se sustenta en cultivos de café, plátano, helechos ornamentales, pasto de corte para ganado lechero y plantaciones comerciales de pino. Antes era un gran productor de hortalizas. Es sede de una prospera y contaminante industria ladrillera (fortalecida por el auge de la industria de la construcción en los últimos años) que ocupa gran parte de la población de los sectores semiurbanos del corregimiento. Sin embargo un alto porcentaje sigue dedicado a actividades agropecuarias en las veredas San José, Capilla del Rosario, Aguas Frías parte alta, La Esperanza y El Morro.

Santa Elena

Fue creado por el Acuerdo 54 de 1987 del Concejo Municipal. Localizado al Oriente Medellín, dista 17 Km. del centro de la ciudad. Tiene un área de 9.072 hectáreas ubicadas entre 2.000 y 2.500 metros SNM con temperaturas que oscilan entre 8 y 20 grados C. Limita con Guarne, Copacabana, Ríonegro, El Retiro, Envigado y el perímetro urbano de la ciudad. Su principal quebrada es la Piedras Blancas, recurso hídrico que proveyó durante muchos años el principal acueducto de la ciudad. En 1990 contaba con 37.966 habitantes distribuidos en las veredas de El Llano, El Plan, Media Luna, Piedra Gorda, El Placer, Barro Blanco, La Palma, San Ignacio, El Rosario, Piedras Blancas, Matazano, Mazo, El Cerro, El Porvenir, Perico y Pantanillo.

Desde el siglo XVI se hicieron alusiones a Piedras Blancas. Para el siglo XVII allí colindaban los curatos de Medellín y Rionegro. Sus pobladores estaban bajo jurisdicción de este último pero sus relaciones eran mas estrechas con Aburrá. En el siglo XIX la zona tenía unas cuantas minas de aluvión y un ojo de aguasal, perteneciente a los Mazo, apellido que dio nombre a una amplia zona del corregimiento, donde se levantó un templo dedicado a Santa Ana en 1889.

Tiene 14 escuelas de educación básica primaria y un colegio departamental de secundaria. Allí esta Piedras Blancas, el único parque ecológico de la ciudad, con 2.345 hectáreas. El embalse del antiguo proyecto hidroeléctrico también se emplea allí con fines recreativos.

En Santa Elena se combinan el minifundio en las veredas del Centro y el Norte (dedicadas a la agricultura de papa, verduras legumbres), y las medianas propiedades en el sector Sur dedicadas a la ganadería y la agricultura. La mora se ha vuelto un cultivo característico de Santa Elena en los últimos años. Las veredas de Mazo, Piedra Gorda y Matazano están dedicadas casi en su totalidad al cultivo de bosques de pino por parte de las Empresas Públicas de Medellín.

Cuenta con el Centro Regional Comunitario de Atención Administrativa (CERCA) N° 10 donde las diferentes Secretarías municipales prestan servicios a los habitantes. El corregimiento es reconocido ampliamente por sus silleteros, convertidos en símbolo de la ciudad y protagonistas del desfile institucional del 7 de agosto, con el cual se inaugura cada año la Fiesta de las Flores, máximo evento cívico y recreativo de la ciudad.

La significación de los corregimientos para la ciudad está en sus valores naturales como gran área verde que no obstante poseer un débil equilibrio por la presión demográfica, amortigua los impactos negativos generados por la alta densidad urbana, el calentamiento y la contaminación del medio ambiente urbano. Conforman al mismo tiempo la zona de transición hacia municipios vecinos, donde la actividad constructora se expande aceleradamente. En lo geográfico, son un patrimonio paisajístico y un referente visual de primer orden para todos los habitantes del valle de Aburrá. La importancia que las cuencas y microcuencas, especialmente las de Santa Elena, tienen en el abastecimiento de agua para la ciudad (embalse de La Fe) y los municipios limítrofes, convierten a los corregimientos en zonas con una gran potencial económico y natural a pesar de que Medellín ha venido explotando de manera intensiva y poco previsiva sus recursos hídricos, de bosques y tierras a lo largo de este siglo.

Bibliografía

Cárdenas, M., Héctor J., *Propuesta para adelantar un programa de desarrollo agropecuario en la zona rural de Medellín*, Secretaría de Desarrollo Comunitario, Medellín, 1991.

Centro Cultural San Antonio del Prado, *Monografía de San Antonio de Prado*, Manuscrito, San Antonio de Prado, 1986.

Concejo de Medellín, *El concejo de Medellín presente en las inquietudes de la comunidad*, Editores Ltda, Medellín, 1988.

Planeación Metropolitana, «Posición geográfica y extensión del municipio de Medellín» en: Revista de Planeación Metropolitana, N° 1. Medellín, enero-marzo de 1991.

Restrepo Correa, León Jairo, *Historia del corregimiento de San Cristóbal*, manuscrito, Medellín, 1986.

Ríos Gañán, Diana María y William Laureano Restrepo Sierra, *Historia del corregimiento de Palmitas*, manuscrito, Medellín, 1986.

Uribe Ángel, Manuel, *Geografía general del Estado de Antioquia en Colombia*, edición crítica a cargo de Roberto Luis Jaramillo, Ediciones Autores Antioqueños, Medellín, 1985.

Zapata Cuenca, R. Heriberto, *Monografías de Antioquia*. Copiyepes, Medellín, 1978.

S. A. «Noticia Geográfica de Medellín», en Revista Huellas Históricas, N° 13. S. E., Bogotá, 1955.

Sincero agradecimiento a Cecilia Mercado por su apoyo en la recolección de la información y a Roberto Luis Jaramillo por sus datos y generosa colaboración.

Manuel Bernardo Rojas

Cultura popular, músicos y bohemios

AL HABLAR de bohemios no se hace referencia a bebedores consuetudinarios, sino a la expresión de una forma de vida en las condiciones de una ciudad como Medellín, la cual definía a fines del siglo pasado su tránsito definitivo hacia el capitalismo industrial.

Medellín tenía músicos y cantores populares que se caracterizaban por autodidactas, aventureros y comprometidos con oficios de tipo artesanal, al finalizar el siglo XIX. Pedro León Franco, conocido por Pelón Santamarta (Medellín, 1867-1952), Germán Benítez Varón (Medellín, 1860-1948) y Adolfo Marín (Medellín, 1882-Ciudad de México, 1932), entre otros, pueden ser considerados como los primeros que expresaron una visión del mundo en la cual el tránsito de lo rural a lo urbano se ponía de manifiesto. Sus vidas estuvieron signadas por la aventura y la trashumancia. Pelón Santamarta y Adolfo Marín recorrieron varios pueblos de Antioquia y del país y arribaron, finalmente, a otros puntos del continente: primero a Cuba y luego a México, a donde llegaron en 1908; allí hicieron contacto con la casa disquera Columbia, la cual los contrató para grabar. De este modo, Pelón y Marín fueron los primeros colombianos en hacer grabaciones fonográficas; el primero de los cuarenta temas que grabaron fue el bambuco «El enterrador», del cual se desconocen los autores.

Pero, para ambos, la música no era sino otra forma de sobrevivir; junto con ella, Pelón Santamarta y Adolfo Marín ejercían el oficio de sastres. En situación similar vivió Germán Benítez, quien no sólo fue músico popular sino también sastre, albañil, agricultor, cantinero y peluquero. Benítez también formó dúo con Pelón Santamarta, y entre ambos compusieron la música de la canción «Pasas por el abismo», cuya letra fue tomada de un poema del mexicano Amado Nervo (Tepic, México, 1870-Montevideo, Uruguay, 1919).

Este recurso merece tenerse en cuenta, ya que fue frecuente en la música colombiana usar poemas como letras de las canciones. En el caso antioqueño, además del anterior está la canción «Las acacias», cuya letra es del poeta español Vicente Medena Archena (España, 1866-1937) y la música de Jesús Arango, el «Manco» (Medellín 1877-Agua de Dios, 1921), otro aventurero que salió de Medellín a recorrer el país; igual sucede con «Las hojas de mi selva», cuya letra es de Epifanio Mejía (Yarumal, 1838-Medellín, 1913) y la música de Manuel Ruiz, el «Blumen» (Medellín, 1891-1964), quien también llevó una vida bohemia en la ciudad y recorrió el país cantando.

La unión de la poesía con la música popular da cuenta de una renovación temática y formal en la cultura popular; renovación que lleva a pensar que se llevó a cabo un cambio de lo rural a lo urbano. Con este proceso, también la música se transformó. En Colombia, Pedro Morales Pino (Cartago, 1863-Bogotá, 1926) creó una forma de escritura del bambuco sobre el pentagrama, lo cual no indica una continuación de las tradiciones campesinas –que se caracterizan por su permanente improvisación– sino la creación de un producto nuevo y moderno. En Medellín, un personaje como Eusebio Ochoa (Concepción, 1880-Medellín, 1955) es una muestra de esas transformaciones. Él empezó como músico de oídas, pero luego de 1911 estudió solfeo y composición, y terminó como uno de los grandes contrabajistas, profesor en el Instituto de Bellas Artes, miembro de casi todas las orquestas de la ciudad y Maestro de Capilla de la Catedral de Medellín.

Pero con una figura como Carlos Vieco Ortiz (Medellín, 1904-1979), quien no era bohemio, la música popular alcanzó un altísimo nivel. En cambio, Pablo Emilio Restrepo López, León Zafir (Anorí, 1900-Medellín, 1964) y Libardo Antonio

Suceso musical en la década de los sesenta en Medellín: «Milo a Gogo», concierto de Los Yetis
y del Conjunto Kolcana. (Archivo *El Colombiano* y Fotografía Carlos Rodríguez,
Centro de Memoria Visual, FAES)

Parra Toro, Tartarín Moreira (Valparaíso, 1895-Medellín, 1954) sí fueron bohemios. Éstos aprendieron de la poesía culta para renovar la expresión de lo popular. Pertenecían a otra generación, y por ello uno encuentra a Tartarín más comprometido con la cultura urbana y escribiendo letras de tangos, algunos musicalizados por Carlos Vieco. A León Zafir, mientras tanto, se lo ve como un citadino, a pesar de él mismo, que canta con nostalgia a la vida campesina.

Éstos y otros fueron los bohemios de Medellín, que pasaron del barrio Guanteros, a fines del siglo pasado, a diversos sitios (Guayaquil, el centro «decente» y, en general, la ciudad), y contribuyeron a poner la cultura popular en el plano del mundo moderno; su música fue la que se grabó, la cual dista mucho de lo mal llamado folclórico, a pesar de quienes opinan lo contrario.

Bibliografía
Restrepo Duque, Hernán, *A mí cánteme un bambuco,* Medellín, Autores Antioqueños-Eafit, 1986.
—*Lo que cuentan las canciones; cronicón musical,* Bogotá, Tercer Mundo, 1971.
Zapata Cuéncar, Heriberto, *Pelón Santamarta, 1867-1967; vida, andanzas y canciones del autor de «Antioqueñita»,* Medellín, Granamérica, 1966.

Ana María Cano Posada

La prensa
en Medellín

DESDE LA fundación de la prensa en Medellín han aparecido más de mil títulos en la ciudad, que han desempeñado múltiples funciones en la vida local: interlocutores del poder gubernamental, referentes de los ciudadanos para el surgimiento de una conciencia civil, instrumentos de sus dueños para la defensa de sus intereses, espacio para la divulgación de informaciones diversas, arma de periodistas y columnistas para defender o atacar ideas con sus artículos, informaciones o caricaturas. Normalmente han ejercido la vocería de los intereses, opiniones e ideas de diversos grupos y entidades, como el gobierno, los partidos políticos, la iglesia, los gremios industriales, comerciales o artesanales. En ellas se han debatido las ideologías políticas, los problemas económicos, sociales y urbanos, las necesidades artísticas, educativas y culturales, el deporte.

No se conoce muy bien la historia de este periodismo, pues no existen estudios amplios sobre este tema, y son muchos los periódicos de los que no se conoce ningún ejemplar o sobre los que se tienen referencias muy vagas e imprecisas.[1]

El periodismo nació en Antioquia con la república y se gestó en la necesidad de divulgar las nuevas ideas políticas, ilustradas y republicanas. Durante el siglo pasado la prensa fue esencialmente ideológica y partidista. Los periódicos, que circulaban semanal o mensualmente y tenían unas pocas páginas, publicaban ante todo una reducida información política y un amplio conjunto de opiniones sobre este tema. Se consideraban ante todo como formadores de opinión mas bien que como informadores, y usualmente se comprometieron con la defensa a ultranza de intereses regionales, en una actitud defensiva frente a otras regiones del país o frente al gobierno central. Muchas veces lo regional dominaba al punto de hacer olvidar las rencillas políticas. Por otra par-

te, muchos periódicos insistieron, más que en grandes debates intelectuales y políticos, en asuntos de orden práctico y económico, como los negocios, la minería, la arriería, la colonización, las obras públicas o el progreso, sobre todo en la última parte del siglo pasado.

Eran además periódicos que duraban pocos meses o años para luego desaparecer o cambiar de nombre –lo que ocurría con mucha frecuencia en el sector oficial, que raras veces mantuvo un título en forma permanente– o propietario y que sólo comenzaron a publicar ilustraciones y avisos a finales del siglo. Por otra parte, la prensa estuvo con frecuencia afectada por circunstancias como las guerras civiles, que impedían la llegada de papel y en las que a veces se incautaban los tipos de imprenta para fundir como municiones o se decomisaban como represalia contra los adversarios políticos.

Prensa gubernamental y política

Esta prensa política, surge en primer término como órgano de divulgación y debate político de propiedad del estado. Este fue el caso de la primera imprenta, que funcionó en 1812 en Rionegro y fue manejada por el cartagenero Manuel María Viller Calderón. Allí se publicó *La Estrella de Occidente* (1813-14), redactada por Francisco José de Caldas y Francisco Antonio Ulloa, de la cual no parecen existir ejemplares en la actualidad. Fue sucedida –probablemente editadas en Medellín– por *La Gaceta Ministerial (1814-15)*, y por *El Censor*, que se publicó diariamente entre abril y junio de 1815.[2]

Después de la interrupción producida por la reconquista, la prensa oficial reaparece en 1822, con *El Eco de Antioquia* (1822-23): nada existe de lo que pueda haberse publicado entre 1823 y 1830, fecha en la que ya había una nueva impren-

Lectura y Arte. Medellín. Nºs 7 y 8, 1904
(Sala Antioquia, Biblioteca Pública Piloto)
b. *La Semana*. Medellín, Nº1, 1915 (**FAES**)

El Medellín. Medellín año 1 # 25, 1901

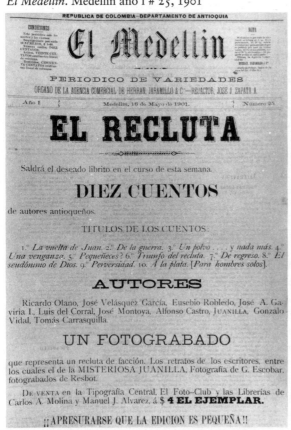

Lectura y Arte. Medellín. # 6, 1904
(Sala Antioquia, Biblioteca Pública Piloto)

Prometeo. Medellín, # 14, 1989

ta en la ciudad, la del payanés Manuel A. Balcázar. De Viller aparecen textos publicados al menos hasta 1832, y la imprenta de Balcázar, posteriormente administrada por Silvestre Balcázar, figura hasta 1867.

Entre 1830 y 1850 la prensa oficial, usualmente conservadora, estuvo representada por *El constitucional antioqueño* (1832-1837) y *El Antioqueño Constitucional* (1846-1848), que cambió su nombre, evocando el título del primer periódico, por *La estrella de occidente* (1848-1851).

La prensa privada surge como prensa de oposición política, frecuentemente en polémica con los periódicos oficiales. Así, entre 1845 y 1847 se publica *El amigo del país*, apoyado por comerciantes y mineros liberales ricos como Marcelino Restrepo o José Domingo Sañudo, y que realiza una fuerte polémica contra los jesuitas y al que sucede *El Censor*, publicado en la nueva imprenta liberal de Jacobo Facio Lince.

A partir de 1850 los periódicos estatales cambian con frecuencia de nombre, tienen poca vida y se especializan más en el registro de los actos de gobierno. Aparecieron la *Gaceta Oficial de Medellín*, en 1850-52 y la *Crónica Municipal* (1870-75, 1880, 1890, 1897 y con nueva numeración desde 1912 hasta hoy). El gobierno departamental publica, entre otros, *El constitucional de Antioquia* (1855) el *Boletín Oficial* (1861), la *Gaceta Oficial* (1853) y el *Repertorio Oficial* (1886). Mientras tanto los más importantes periódicos particulares son *El Pueblo* (1855, liberal), en el que publica sus crónicas Emiro Kastos, *Antioquia* (1857, conservador), en el que colaboraron Demetrio Viana, Pedro Justo Berrío y Marceliano Vélez, y en el que sostenían que era tarea de los antioqueños ocuparse de la generación de riqueza para que Bogotá pensara y especulara con los aconteceres políticos, que no conducen a ninguna parte, el *Índice* (1864-70, Liberal), en el que Camilo Antonio Echeverri defendió la autonomía de la región y la *Sociedad* (1872-), conservador, de Néstor Castro.

La regeneración provoca nuevamente el alinderamiento político de los escritores antioqueños. Camilo Botero Guerra y Rafael Uribe Uribe publican *El Cartel Liberal*, para combatir las ideas de Rafael Nuñez, que son defendidas por Pedro Restrepo Uribe en *El Progreso*, así como por Juan José Molina y Marceliano Vélez, quienes apoyaron la línea de la regeneración desde el banco conservador en *La Voz de Antioquia*. Pero el más importante vocero de intereses políticos fue *El Espectador*, lanzado en pleno auge de la regeneración para defender el radicalismo liberal, y dirigido por don Fidel Cano. Aparecido en 1887, fue víctima de continuas persecuciones y conflictos: el primer cierre lo sufrió a los 30 días de su salida, el 22 de marzo de ese año. También fue cerrado en 1893 por publicar un discurso del Indio Uribe en homenaje a Epifanio Mejía, pero en el que aludía a las emisiones clandestinas...

Para todos estos periódicos la lucha por la supervivencia era difícil, y el control o propiedad de una imprenta era decisivo para contar con mayores posibilidades de expresión. Después de las imprentas iniciales de Viller y Balcázar, los liberales contaron con la de Jacobo Facio Lince, y los conservadores con la de Nazario Pineda. Entre los periodistas y editores conservadores se destacaron en la segunda mitad del siglo pasado Isidoro Isaza, Demetrio Viana, Néstor Castro y Marceliano Vélez. Entre los liberales Camilo Antonio Echeverri, y a finales de siglo Camilo Botero Guerra, Fidel Cano y Rafael Uribe Uribe

La atención por el arte y la cultura

Durante la segunda mitad del siglo se advierten dos nuevas tendencias en los periódicos locales, que responden a las necesidades culturales y recreativas, por una parte, y pragmáticas y de progreso, por otra. En primer lugar, el amplio número de publicaciones de temas literarias, educativos, científicos (derecho, farmacia, medicina, agricultura) y culturales, que abarcan sobre todo la época de 1880 a 1930, verdadera época de oro de la prensa cultural local, en la que se publicaron centenares de trabajos literarios. Entre los más notables se encuentran *El Oasis* (1868), de Isidoro Isaza, *El Cóndor* (1870), *La Miscelánea* (1886, de Juan José Molina y de 1894 a 1907 de Carlos A Molina), en la que escribieron Rafael Uribe Uribe y Fidel Cano, la *Bohemia Alegre* 1895), el *Repertorio* (1896) de Luis de Greiff y Horacio M Rodríguez, el *Montañés* (1897), dirigido por Gabriel Latorre y entre cuyos redactores estuvieron Efe Gómez, Tomás Carrasquilla, Saturnino y Carlos E Restrepo, *Lectura Amena* (1904), *Alpha* (1906), de Luis de Greiff, Antonio J. Cano y Mariano Ospina Vásquez, para la cual escribieron autores como Tomás Carrasquilla, y que pagaba a los autores. *Panida* (1915), de León de Greiff, Fernando González, Ricardo Rendón, Felix Mejía y los demás del grupo inmortalizado por el poema de de Greiff. *Studio* (1918) de César Uribe Piedrahita, *Cyrano*(1921), de Enrique Montoya Gaviria, *Sábado,* (1921) de Gabriel Cano y Ciro Mendía, una de las más bellas e importantes: logró publicarse durante 100 semanas, ilustrada con frecuencia

El Oasis. Medellín, serie III, trim II N° 14, 1873
(Sala de Prensa, Universidad de Antioquia

c. *Lectura Breve*, Medellín, #
22 y 23, 1925 (FAES)

La Unión Católica de Antioquia.
Medellín, trim I N° 2, 1856

Interior de los talleres de El Colombiano en 1942 (Fotografía Francisco Mejía, Centro de Memoria Visual FAES)

por Francisco Antonio Cano y Ricardo Rendón, y con cronistas como Luis Tejada, Otto de Greiff, comentarista de música, Blanca Isaza de Jaramillo Mesa, poetisa que hacía las notas de sociedad y Camilo C. Restrepo, empresario y político preocupado por el progreso de la ciudad. *Lectura Breve* (1923), de Francisco (Quico) Villa continuó el esfuerzo de los anteriores, y *Letras y Encajes*, (1926-1958) de Teresa Santamaría, atendió los temas culturales junto con la promoción del papel de la mujer. No se pueden olvidar revistas dedicadas a la música o al teatro, como la *Lira Antioqueña* (1886), *Notas y Letras* (1889) la *Revistas Musical* (1900) de Gonzalo Vidal o *El Libreto* (1893), a los estudios jurídicos, a la educación (Los *Anales de la Universidad*, (1870 a 1933), o los que querían orientarse al "bello sexo", como *La Golondrina* (1881), de Juan José Botero, la *Mañana* (1890) y la *Guirnalda* (1895). Tampoco puede dejar de mencionarse la prensa humorística, entre la que se destacó *El Bateo*, (1907) de Enrique Castro, en la que escribieron los mejores escritores locales y que logró sobrevivir hasta mediados de siglo, satirizando la vida política, cultural y social de la ciudad.

Las necesidades industriales, comerciales y gremiales

En segundo lugar los periódicos especializados en asuntos económicos, financieros, técnicos cívicos o industriales, en los que escribieron muchos de los escritores liberales, que probablemente querían evitar confrontaciones políticas y buscar un acuerdo regional sobre la base del desarrollo económico. Estos periódicos insistieron en la discusión de la idea de progreso, en el debate sobre obras públicas, y usualmente fueron hostiles a las guerras civiles, por el temor a la recesión económica que producían las confrontaciones bélicas. Entre ellos pueden mencionarse el *Boletín Industrial* (1869, 1874), el *Boletín Comercial e Industrial*(1877, 1905, 1910), la *Revista Industrial* (1879), de Fidel Cano, Camilo Botero G., el *Ferrocarril de Antioquia* (1883), el *Industrial* (1884, 1898, 1905) el *Progreso* (1884) y el *Trabajo* (1884) de Rafael Uribe Uribe, así como el *Progreso* de la Sociedad de Mejoras Publicas y don Ricardo Olano y el *Boletín de Estadística* que comienza en 1912 y se vuelve regular desde 1914, dirigido por Alejandro López y Jorge Rodríguez. Quizás una señal de la importancia de este periodismo pragmático y del interés que la industria estaba despertando está en que entre 1880 y 1930 hay por lo menos 7 publicaciones que tienen en su título la palabra "industrial".

El siglo XX y la información política

Con el crecimiento de Medellín, la prensa comienza a incorporar nuevos elementos, sin abandonar del todo los que caracterizaron al siglo XIX. La información no tenía una función central en la prensa del siglo XIX, aunque se incorporaban los remitidos sobre el gobierno nacional o las guerras civiles en las publicaciones de la época. A partir de 1920, con el apogeo de los diarios, la gente lee la prensa para saber que pasa en el mundo y en el país, pero también en la ciudad: la propia existencia urbana, la conformación de la ciudad, los hábitos de sus habitantes, las costumbres sociales y sus desarrollos y avances son fuente continua de polémicas y debates.

El primer diario que se publicó en la región fue gubernamental: el *Boletín Oficial*, que comenzó en 1875 y funcionó hasta fines del siglo, tras un cambio de nombre a *Repertorio Oficial*. En el mismo año se intentó un diario privado, *El Correo de Antioquia*, que no parece haber alcanzado el año de vida: se conocen 50 ediciones. Un *Diario de Noticias* circuló en 1886, pero tampoco duró. El primer diario realmente exitoso fue *La Patria* (1900-1906), del general Juan Pablo Gómez Ochoa. Luego apareció *El Colombiano*, fundado en 1912 por Francisco de Paula Pérez. y que es hoy el más antiguo diario de la ciudad. y en 1919 *La Defensa*, que se convirtió en el más denodado e intransigente defensor del conservatismo y de un catolicismo que veía en el liberalismo el peor peligro para la sociedad. Muy cercano a la curia, se enfrentó con decisión fanática a los peligros del modernismo: es bien conocida su violenta polémica contra la obra de Débora Arango en 1939 y 1940. Defensor de los movimientos obreros cristianos, era visto por las masas liberales como un enemigo: en muchas ocasiones fue apedreado por manifestaciones populares y el 9 de abril de 1948 sus instalaciones fueron incendiadas. Igualmente ortodoxo fue *El Pueblo,* diario católico dirigido por José López Henao, que circuló durante los años treintas.

El Colombiano mantuvo en general una línea editorial menos intransigente y más ecuánime que *La Defensa*. Además de su fundador, lo dirigieron en sus años iniciales Jesús María Yepes y Julio César García. Logró a partir de 1930, cuando fue adquirido por Fernando Gómez Martínez, quien había participado también en la fundación de *La Defensa,* y por Julio C. Hernandez, una notable solidez económica, en buena parte apoyada por el desarrollo de una nueva forma de publicidad: los avisos clasificados, y por su penetración en todo el departamento de Antioquia. Fue el primer periódico local en lograr un público masivo: de 1700 ejemplares en 1930 pasó a unos 50000 en 1950 y a más de 100000 en la actualidad. Siempre ha sido un elemento decisivo en el conservatismo local, y sus directores –Fernando Gómez Martínez, Juan Zuleta Ferrer, Juan Gómez Martínez– han ejercido notables cargos públicos: la gobernación del departamento, la alcaldía de la ciudad, embajadas y varios ministerios. Abierta al arte, defendió a Debora Arango contra sus enemigos, y en sus páginas hicieron sus primeros trabajos Horacio Longas y Fernando Botero. Su suplemento cultural desplazó de alguna forma las revistas literarias: en los cuarentas, con el nombre de "Generación", fue dirigido por Otto Morales Benítez, y luego, como "Suplemento Literario", por Jorge Montoya Toro.

En la vertiente liberal, pero dando amplio espacio a la información, siempre muy orientada por intereses políticos, surgieron *La Organización*, diario que se publicó ente 1908 y 1912, dirigida por Nicolás Mendoza y luego vocero de los "Chispas": Alejandro y Libardo López, En ella tuvieron notable participación Jesús Tobón Quintero, Libardo Parra (Tartarín Moreira) y el médico Emilio Jaramillo. En 1913 Tomás Márquez Uribe fundó el *Correo Liberal*, en cuya dirección lo sucedió Jesús Tobón Quintero, y que cambió en 1926 su nombre a *Correo de Colombia*. Un año después Tobón Quintero inició un diario nuevo, el *Heraldo de Antioquia*. En 1944 Tobón Quintero, quien era aún su director, vendió sus instalaciones a un grupo liberal que empezó a publicar *El Correo*, bajo la dirección de Aurelio Mejía. Fue luego dirigido por Diego Tobón Arbeláez y Antonio Panesso Robledo. *El Espectador* se bifurcó en , cuando comenzó a publicarse

también en Bogotá, y finalmente cerró su edición de Medellín en 1978. También durante el siglo XX fue víctima frecuente de censuras oficiales y eclesiásticas, hasta el punto de que Monseñor Caycedo omitía ya incluirlo en las prohibiciones por considerarlo superfluo.

En el clima de consenso y tolerancia que trató de imponerse a comienzos de siglo, como respuesta a la guerra de los mil días y a la pérdida de Panamá, tuvo un papel importante *Colombia*, inicialmente un semanario dirigido por Carlos E. Restrepo y Antonio Jota Cano, el poeta y librero conocido como "el negro", y que se convirtió en semanario en 1916: en él escribieron Clodomiro Ramírez, Mariano Ospina Vásquez, Jorge Rodríguez, Pedro Pablo Betancur y Gil J. Gil, y dieron importancia a los temas obreros y educativos.

Durante los treintas las polémicas políticas se agudizaron con el triunfo liberal. *El Diario* fue fundado en 1930 por Eduardo Uribe Escobar y Emilio Jaramillo. Se enfrentó con frecuencia al *Colombiano* y criticó la alianza entre el conservatismo y la iglesia católica. El esfuerzo liberal por consolidar un espacio de información y debate se reforzó con la consolidación de *El Correo*, continuador de *El Heraldo de Antioquia*. Fue dirigido por Emilio Jaramillo hastas su muerte, en 1949. En la década de 1960 fue su director John Gómez Restrepo. Ciro Mendía dirigió su suplemento literario y doña Sofía Ospina de Navarro hacía ingeniosas notas sobre los chismes sociales.

El cierre de *El Diario*, en 1974, y de *El Correo*, en 1978, dejó a la ciudad sin un diario liberal. La hegemonía de la prensa conservadora parecía total y definitiva, encabezada por el Colombiano, que

«Voceadores» de Prensa, 1954
(Fotografía Carlos Rodríguez,
Centro de Memoria Visual FAES)

Empleados revisando el tiraje de El Correo, ca. 1960
(Fotografía Carlos Rodríguez,
Centro de Memoria Visual FAES)

se acercaba a los 100000 ejemplares diarios, y apoyada por *La Defensa*, menos leído pero de importancia ideológica, y por diarios ocasionales como *Hoy*, fundado en 1957 por Manuel Ospina Vásquez. El esfuerzo liberal por tener un vocero se realizó con la creación en 1979 de *El Mundo*, dirigido inicialmente por Darío Arismendi. Este periódico trató de establecer algunos modelos y patrones nuevos en el manejo de la prensa: se apoyó casi por completo en jóvenes graduados en periodismo y comunicación, buscó producir suplementos y materiales documentales especializados y menos efímeros, creó un Consejo Editorial para buscar una posición menos personal del director frente a los acontecimientos. Sin embargo, no ha logrado consolidarse del todo, su relación con los directorios de su partido ha sido con frecuencia difícil, y su circulación sigue siendo, comparada con la de *El Colombiano*, reducida.

Desde 1950 la importancia de la publicidad para el mantenimiento de los medios de comunicación ha influido sobre su independencia y su orientación, Además, la preferencia publicitaria por la radio y la televisión, por su carácter masivo, ha debilitado el apoyo a lo escrito. Mientras tanto, los periódicos, aunque con una circulación mucho mayor, parecen demostrar un menor compromiso que durante la primera mitad de siglo y sus periodistas, a pesar de comenzar con títulos profesionales universitarios, muestran menos mística y espíritu que muchos de los que se hicieron en el trabajo.

Las revistas culturales

Después del gran auge de los primeros treinta años del siglo, los treintas son relativamente pobres en número, pero hay algunas publicaciones de gran importancia, como *Claridad*, de J . Yepes Morales y Jorge López Sanín. y la *Revista Antioquia*, escrita en su totalidad por Fernando González. *Temas*(1941), con un formato similar al de selecciones y que agrupó a escritores como Carlos Castro Saavedra, Jesús Tobón Quintero, Jaime Sanín Echeverri, Alberto Jaramillo Sánchez y Fernando González, llegó a una circulación de 6000 ejemplares en 1943. Una de sus principales preocupaciones, como el de muchos otros periódicos de la región, fue el descentralismo y la reivindicación frente al gobierno nacional. Pero las revistas culturales ya no tendrían ese papel único de comienzos de siglo: la televisión, la prensa diaria, el acceso a una producción editorial más amplia, les ha robado lectores. Durante los cuarentas y los cincuentas desaparecieron casi del todo las revistas de intelectuales, y sólo sobrevivieron las

que tenían algún patrocinio institucional. Un grupo, que ha venido creciendo y ampliándose, fue el de las universidades, en el que se destacaron la *Revista de la Universidad de Antioquia*, fundada en 1935 y la UPB, fundada en 1937: ambas existen todavía, y a ellas se han sumado publicaciones como la *Revista de Extensión Cultural* de la Universidad Nacional, *Estudios Sociales* de Faes, *Sociología* de la Universidad Autónoma Latinoamericana y decenas de revistas académicas publicadas por las universidades locales.

El otro grupo fue el de las revistas de empresa. *Gloria* de Fabricato, dirigida por Aquileo Sierra y publicada entre 1948 y 1950 en forma bimestral, combinaba para sus lectores de clase media el material cultural (cuentos, poemas, artículos sobre arte) con el consultorio sentimental e información utilitaria y la promoción del civismo. *Lanzadera*, de Coltejer, dirigida por Mario Escobar Velásquez, se publicó semanalmente entre 1949 y 1953: en ella se encuentra buena información científica, pero también publicó a Kafka y a Borges, y fue víctima de la censura del gobierno de Rojas Pinilla. *Colombia Ilustrada* fue publicada por Coltejer a partir de 1969 bajo la dirección de Joaquín Piñeros Corpas, como una revista cultural de lujo, con pocas referencias locales. *Fabricato al Día*, dirigida por Hernán Saldarriaga, dio énfasis a los artículos científicos, como los del Hermano Daniel, y a la fotografía. Similar esfuerzo cultural y de divulgación tuvo *El Impresor*, de Editorial Bedout, que llegó a los 100 números bajo la dirección de Hernando García. En la actualidad este tipo de revistas ha desaparecido casi por completo, o se han convertido en publicaciones orientadas a los empleados de quien las publica: ya no tienen un papel público en la cultura local.

Dentro de las publicaciones culturales vale la pena recordar también a *Cuadro*, de Alberto Aguirre, dedicada ante todo a la crítica de cine de alto nivel. En los ochentas toma su lugar, con un gran profesionalismo, *Kaleidoscopio*, apoyada por la actividad del Centro Colombo Americano, y en la que escriben sus notas críticos como Luis Alberto Alvarez y Orlando Mora.

Una revista de poesía, *Acuarimantima*, se publicó en forma bimensual entre 1973 y 1982, y bajo el aliento de Elkin Obregón y Juan Manuel Arango reflejó el prolífico movimiento poético de la ciudad. *Prometeo*, de Fernando Rendón y Angela García, tomó el relevo y se acerca ya a los 40 números: el Festival de Poesía que se celebra anualmente en Medellín es una de sus creaciones. *Brujas* fue vocera literaria del naciente movimiento feminista colombiano, publicada entre 1982 y

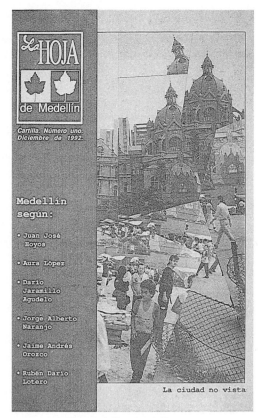

La Hoja de Medellín. Medellín, # 1, 1992

La Semana. Medellín, #1, 1915 (FAES)

1985 bajo la orientación de Martha Cecilia Vélez y María Vélez.

Durante los últimos diez años los periódicos tuvieron que enfrentar un desafío para el que estaban mal preparados. La presencia de la droga y de la violencia estímulada por su actividad no pudo ser enfrentada en forma coherente: una visión pragmática limitada impedía ver la relación entre el desarrollo de esta actividad y la pérdida de una visión de ciudad, de un compromiso real. La prensa, cuya independencia ya se había reducido, optó en forma general por tender un manto de silencio, autocensura y eufemismos frente a este flagelo. La presión de la droga afectó incluso a publicaciones marginales y poco difundidas, como *Frivolidad*, de Carlos Mario Gallego y Elkin Obregón, que tuvo que desaparecer después de un número dedicado a los "universicarios". Pero en medio de violencias y de bombas, los periodistas intentaban reflexionar y luchar contra la decadencia del papel crítico e independiente de la prensa. En un seminario convocado por el alcalde Juan Gómez Martínez, ex-director de *El Colombiano*, los asistentes firmaron un manifiesto contra la manipulación y "en favor de una subjetividad honesta, que nos permita mirar todas las versiones sin naufragar en ninguna".

Este espíritu de recuperación y de redefinición del papel de la prensa en una ciudad difícil puede advertirse en el peso que los diarios de la ciudad han dado a la información local, en la atención creciente a la vida de los barrios populares, antes casi invisibles y en el espíritu más crítico frente a las autoridades. Síntoma de esto es también el surgimiento en 1992 de *La Hoja*, orientada por Héctor Rincón y quien escribe esto, que busca mirar una ciudad tan desacredita y devastada con ojos a la vez críticos y de descubrimiento de los matices creativos y sorprendentes de la supervivencia de sus habitantes en medio del asedio y los desafíos de la violencia.

NOTAS

1. Existen por lo menos algunas listas o inventarios detallados: el publicado por Jorge Restrepo Uribe y Luz Posada de Greiff en *Medellín, su origen, progreso y desarrollo*, (1981), pag 556 y la bibliografía de Maria Teresa Uribe y Jesus

2. Publicó 32 números en 6 semanas, según la información de Jorge Restrepo Uribe y Luz Posada de Greiff..

Calle de Abejorral, donde se encontraban las sedes editoriales de los periódicos *La Buena Prensa*, *Tierra Santa*, 1963 (Fotografía Jorge Obando, Colección particular)

Conrado González Mejía[*]

La educación primaria y secundaria (1880-1950)

Formación de educadores

En el desarrollo de la Educación de Medellín, ocupan lugar de preeminencia las instituciones que han sido maestras de maestros, cuya misión irradia benéfico influjo en todas las entidades educativas estatales o privadas.

Escuela Normal Antioqueña de Varones

En 1872, con el fin de dar mayor impulso a la reforma instruccionista, ordenó el gobierno central la creación de Escuelas Normales en las capitales de los Estados soberanos. Comenzó así a funcionar en Medellín la Escuela Normal Nacional de Institutores, bajo la dirección del pedagogo protestante alemán Amadeo Weiss. Como el gobierno de Antioquía, presidido por el general Pedro Justo Berrío, no estaba de acuerdo con la reforma educativa del régimen radical, impulsó su propia reforma y creó la Escuela Normal Antioqueña de Varones, que inició labores en 1873 en el edificio aledaño al de la Universidad de Antioquía, en la plazuela de San Ignacio. Para dirigirla, fueron contratados los profesores católicos alemanes Christian Siegert y Gustavo Bothe, quien transformaron la pedagogía mediante la adopción y puesta en práctica de los principios de Pestalozzi, y graduaron los primeros maestros en las personas de don Alejandro Vásquez U., don Angel María Díaz Lemos, don Joaquín Antonio Uribe y Bonifacio Vélez entre otors.

Con mucha oposición y mínima acogida, el establecimiento regentado por Bothe fue clausurado

en 1874. La Normal Antioqueña fue reglamentada en diciembre de 1873: quedaron fijadas las asignaturas de sus estudios, que tendrían una duración de dos años, y la obligación de cada estudiante de hacer una práctica docente en la Escuela Anexa, creada para tal efecto. Los años juveniles de esta institución estuvieron afectados por las guerras civiles (1876, 1879-80, 1885, 1895 y 1899-1902), en las cuales los maestros debían enrolarse en los bandos contendientes y los planteles educativos tenían que servir como cuarteles a las fuerzas del gobierno.

Reabierta entre 1904 y 1906, adquirió verdadera regularidad y continuidad solo a partir de 1909, cuando ya regía en el país la ley 39 de 1903, orientada por el antioqueño Antonio José Uribe, y que reformó el sistema educativo nacional en forma que combinaba elementos centralistas y descentralistas: el gobierno nacional fijaba contenidos y planes de estudio, maestros e inspectores dependían de los departamentos y los municipios tenían la obligación de suministrar y dotar los locales escolares. Se creó también entonces la escuela nocturna para la alfabetización de adultos.

Los primeros maestros del presente siglo los graduó el plantel en 1912, y entre ellos estuvieron Carlos Ceballos y Tulio Gaviria, futuros rectores de la normal, don Eduardo Machado, que señaló los derroteros de la Casa de Menores de Fontidueño, don Elías Gutiérrez, poeta de prestigio.... Precisamente correspondió a Ceballos, como rector, colocar la primera piedra del nuevo edificio dispuesta por la Asamblea Departamental, en un lote rural del barrio La Ladera, donde se construyó un hermoso diseñado por el arquitecto belga don Agustín Goovaerts y construido por el ingeniero don Carlos Cock Parra. Inaugurado en 1931, todavía es hoy muestra de noble arquitectura escolar y merecedor de dedicada conservación.

*Los editores de esta obra, al mismo tiempo que rinden un homenaje a su colaborador Conrado González Mejía, quien murió sin concluir su artículo, quieren agradecer a José Barrientos Arango, quien trabajó con don Conrado en este estudio y debió completar los borradores que dejó su autor.

La Normal pasó en 1933 a ser establecimiento del orden nacional (Normal Nacional de Varones), carácter que aún conserva. A finales de agosto de 1934, apenas iniciado el gobierno de Alfonso López Pumarejo, fue escenario de hechos políticos y religiosos que trascendieron el ámbito local, llegaron a conocimiento de gobierno nacional y aún fueron objeto de candentes debates en el Congreso de la República. En efecto, los estudiantes liberales retiraron de las aulas las imágenes de santos y crucifijos, y se negaron a cumplir la norma que obligaba a los internos a asistir a la capilla a rezar el rosario todas las noches y a misa los domingos. Además, fundaron un ‹Centro de Estudios Sociales›, en el que debatían diversos problemas y escuchaban conferencias como la del estudiante Tomás de Aquino Moreno, en la que se hizo la apología de la 'escuela laica' y se atacó con vigor a la religión católica. Estudiantes y profesores conservadores, con el apoyo de los periódicos de su corriente, denunciaron estas situaciones y protagonizaron con sus oponentes violentos enfrentamientos que obligaron al Ministro de Educación Nacional, doctor Luis López de Mesa, a cerrar la institución.

La normal fue reabierta en febrero de 1935, bajo la dirección del médico Luis Mesa Villa, como rector, y como vicerrector el joven pedagogo santandereano Miguel Roberto Téllez, graduado en la Normal Central de Bogotá y con cursos de especialización en Psicología Experimental, en Bélgica con Octavio Decroly y en Suiza, en el instituto Juan Jacobo Rousseau, con Jean Piaget y Eduardo Claparede. Pero el mismo año de la reapertura hubo otra vez graves incidentes, como el del Cristo destruido y enterrado por unos estudiantes, que dio motivo a excomuniones, peregrinaciones de desagravio y severas medidas disciplinarias. [1]

Ha sido la Escuela Normal de imponderable efecto sobre las distintas áreas de la educación en Antioquia y Colombia. De sus aulas salieron, hasta la creación de las Facultades de Educación, los profesores y rectores del Liceo Antioqueño, los Liceos Departamentales y Municipales, y de los centros pedagógicos privados y públicos de Medellín y el Departamento. Taller y Laboratorio, allí se adoptaron y aplicaron diversos métodos y teorías, bajo la mirada vigilante de maestros como Miguel Roberto Téllez, Conrado González Mejía, Nicolás Gaviria Echavarría, Moisés Melo G, Ramón Carlos Góez, Libardo Bedoya Céspedes, Upegui, Libardo Mendoza y tantos otros que colman su historia.

Escuela Normal de Señoritas

El Congreso de la República votó en 1873 las partidas presupuestales necesarias para establecer Escuelas Normales de Institutoras en las capitales de los Estados. La de Antioquia inició labores en 1875, bajo la dirección de la señora Marcelina Robledo de Restrepo, quien contó con la colaboración de eminentes profesores como Manuel Uribe Ángel, Luciano Carvahlo, Emiliano Isaza y Gustavo Bothe y, en 1882, Baldomero Sanín Cano. Suspendida en varias ocasiones, fue reabierta en 1904, cuando fue su subdirectora María Rojas Tejada, egresada del plantel y una de las más connotadas formadoras de maestras del departamento y entre las directoras de la Anexa estuvieron otras de prestigio como María González, Cecilia López de Mesa y Laura Montoya.. Desde entonces la mujer tomó la delantera en la docencia: es dato elocuente que en 1902 había aquí 98 maestros y 393 maestras. De 1914 a 1935 fue rectora la pedagoga de Itagüí María Jesús Mejía, otra gran formadora de maestras,

A partir de 913 el plan de estudios se desarrollaba en cinco años: los tres primeros de cultura general, uno de formación en pedagogía para optar al título de Maestra de primaria o elemental, y un quinto para el título de Maestra Superior o de Secundaria. En 1916 la monja salesiana italiana Honorina Lanfranco abrió la enseñanza infantil, con el que las alumnas de quinto año podían optar también al título en Educación Infantil, con lo que se inició esta modalidad educativa en Antioquia.

Al suprimir en 1922 el gobierno nacional el auxilio para la Normal, esta pasó al departamento, quien asumió todas las responsabilidades para que sirviera dando ópimas cosechas hasta 1935, cuando fue fusionado con el Colegio Central de Señoritas para dar nacimiento al Instituto Central Femenino, luego Instituto Isabel la Católica y hoy Centro Educacional Femenino de Antioquia CEFA.

Como una de las consecuencias de estas guerras hay que recordar que en los planteles masculinos fue necesario nombrar maestras, lo que generó agudas polémicas, que relata el doctor Julio César García.[2]

Señal adicional de los prejuicios de la época era que "La Normal de Institutores recibía en sus aulas únicamente personas de claro linaje y la más reconocida prestancia social", al decir de la doctora Sonny Jiménez de Tejada.[3] Jóvenes de las clases populares podían entrar a la Escuela. Modelo, fundada en 1920 por las señoritas Laura

Toro y Sofía Correa, con el apoyo del gobernador, general Pedro Nel Ospina, y del secretario de Instrucción Pública, Pedro Pablo Betancur. Allí recibían cursos de artesanía y rudimentos de comercio, y al terminar el cuarto año de secundaria recibían el grado de Maestras Rurales. Esta escuela tomó luego el nombre de Instituto de Comercio Pedro Pablo Betancur, y en 1959 fue adscrita al Instituto Isabel la Católica, antes Instituto Central Femenino.

Instituto Central Femenino

Al llegar Alfonso López Pumarejo a la presidencia, se empeñó en introducir cambios profundos a la vida nacional, en especial en el orden de la educación. Para entonces, las jóvenes no podían obtener el título de bachillerato, pues solo podían optar a títulos secundarios en magisterio o comercio, y ninguno de ellos daba acceso a la educación universitaria. Para hacer las reformas necesarias, y en vista de las carencias presupuestales, la Asamblea Departamental decidió en 1935 fusionar los dos establecimientos femeninos oficiales de secundaria, la Normal de Institutoras y el Colegio Central de Señoritas, que daban los cuatro primeros cursos de secundaria, y abrir los últimos dos años. Se creó así el Instituto Central Femenino, que ocupó el local de la central y continúa formando bachilleres y maestras.

Como primera rectora, que contó con el apoyo entusiasta del director de educación de Antioquia don Joaquín Vallejo Arbeláez, se desempeñó la señorita Lola González, egresada de la Normal de Señoritas y quien regentaba su propio colegio.'La reemplazó en 1937 la pedagoga española Enrique Séculi Bastida, quien, a pesar de los prejuicios y de la oposición de algunos sectores de la ciudad, logró motivar a las estudiantes para la formación profesional e introdujo novedosas y positivas reformas, como la fundación de una escuela nocturna para formar enfermeras, secretarias, administradoras de hoteles y de clínicas, cursos de capacitación en idiomas, corte y confección, culinaria y dibujo industrial y artístico, enseñanza de deportes y gimnasia sueca. Para tener el espacio para estas actividades ordenó retirar bustos e imágenes de algunos héroes y santos, lo que provocó agudas y tendenciosas críticas, lo mismo que el cambio de los pantalones bombachos usados por las alumnas en gimnasia y baloncesto, por atractivas y cómodas pantalonetas a medio muslo. Además, propició la creación de escuelas anexas, para

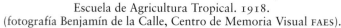

Escuela de Agricultura Tropical. 1918.
(fotografía Benjamín de la Calle, Centro de Memoria Visual FAES).

el desarrollo de las prácticas docentes de las alumnas de Magisterio. Un año de permamencia de la señorita Séculi bastó para que al Instituto adoptara una mentalidad modernizante.[4]

Facultades de educacion

La apertura de la Facultad de Educación de la Universidad de Antioquia dio comienzo a la formación de profesores de secundaria en áreas como idiomas-literatura, matemática-física, biología-química, ciencias sociales-filosofía y posteriormente educación física. En años recientes la Universidad abrió licenciaturas para educación preescolar, primaria y especial. Se inició con ello una expansión acelerada en la formación de licenciados, tarea a la que se sumaron la Universidad Pontifica Bolivariana, la de Medellín, la Autónoma Latinoamericana, la San Buenaventura, la Universidad Cooperativa de Colombia, el Instituto Politécnico Colombiano y el Instituto Tecnológico de Antioquia.

Instituciones religiosas

Con la vigencia de la constitución de 1886 y la aprobación del Concordato de 1887 se produjo un cambio substancial en la orientación de la educación, sujeta cada vez más a una clara intervención de la Iglesia Católica. Durante las últimas décadas del siglo pasado, muchas comunidades religiosas se instalaron en Colombia y en particular en Medellín. En esta capital, con respaldo del gobierno, se dedicaron a educar en grandes colegios a los hijos de las familias acomodadas, y en institutos y escuelas satélites, en forma gratuita, a estudiantes provenientes de las clases populares. Esta doble labor dejó perdurable huella en la formación de los antioqueños de este siglo.

Ante la imposibilidad de dar a conocer en estos apuntes los innumerables planteles que abrieron sus puertas en Medellín en los años historiados, pondremos de relieve los que más largo camino han recorrido.

Colegio de la Presentación

Desde su destierro en París en 1877, el obispo José Ignacio Montoya gestionó la venida a Medellín de las Hermanas de la Caridad de la Presentación. El primer grupo de hermanas, dirigido por la Madre Chantal, se trasladó a Medellín a expensas del obispo en 1879. El colegio inició labores el 22 de enero de 1880 y se convirtió así en el más antiguo plantel de Medellín regentado por una comunidad religiosas. Fue directora durante veinte años la Hermana Susana, de profunda huella. Ya en 1904 había 380 estudiantes y en 1910

enseñaban nueve religiosas, de las cuales sólo dos eran francesas, incluyendo a la directora, la Madre del Sagrado Corazón de Jesús. Para esta época la enseñanza se orientaba por el método montesoriano, la madre Anunciación dio posteriormente prueba de su beneficencia sin límites, al destinar la casi totalidad de su haber patrimonial a la parte física del Colegio, situada en Pichincha con la antigua carrera de San Félix, donde también estaban el convento y el internado. Allí funcionó hasta 1975, cuando fue trasladado al barrio La América.

El gesto de la madre Anunciación fue acicate para que el gobierno otorgara auxilios fiscales para la construcción que se adelantaba en el barrio Los Ángeles, a donde se trasladó en 1924 el pensionado Francés, creado en 1912 para el estudio práctico de los idiomas inglés y francés. Este local fue, además, asiento del convento de novicias y del Colegio Santa Inés, para niñas pobres.

Colegio de San Ignacio

La Compañía de Jesús, expulsada en 1850 por el presidente José Hilario López, sólo pudo volver en 1884 al país, en minúsculo grupo conformado por los padres Vicente Ramírez, antioqueño y Zoilo Arjona, bogotano, engrosado al año siguiente por otros tres religiosos.

Con este cuerpo docente y en virtud de contrato firmado entre el gobierno de Antioquia y la Compañía de Jesús, se abrió el 4 de febrero de 1886 el colegio de San Ignacio, con 200 alumnos, en un local situado en la Plazuela de San Ignacio, al lado de la Universidad. Entre sus primeros rectores se recuerda al padre Mario Valenzuela, poeta y escritor, quien distribuyó las asignaturas en seis años, para otorgar el grado de Bachiller en Filosofía y Letras, y el padre Luis Jáuregui, quien asumió la dirección en 1895.

Entre sus discípulos debe citarse a Luis López de Mesa, graduado en 1905 con un trabajo titulado Materia y Forma, y Fernando González.

En la finca Miraflores, adquirida en 1915, hizo construir el padre Zumalabe en 1916 una cancha de fútbol, en la que se inició la práctica de este deporte en la ciudad. En 1919 se concluyó la reconstrucción del viejo edificio de la Plazuela San Ignacio, bajo las riendas rectorales del erudito padre José Prudencio Llona, animador de la revista Estudios, fundada años antes por el padre Tomás Villarraga.

En 1957 se trasladó el colegio a las magníficas instalaciones de la zona del Estado, donde han continuado impartiendo educación en los niveles de preescolar, primaria y bachillerato.

Dormitorios de los alumnos del Colegio San Ignacio de Medellín, ca. 1935
(fotografía Francisco Mejía, Centro de Memoria Visual FAES).

Colegio de San José

Fue fundado el 9 de abril de 1890 por los hijos de San Juan Bautista de la Salle, Al año siguiente inició labores una escuela para niños pobres. Fue también el precitado obispo Montoya quien se empeñó en concertar con la comunidad lasallista la venida de estos educadores. El ambicioso proyecto se hizo verdadero cuando el prelado Mgr. Bernardo Herrera Restrepo firmó el contrato con el hermano visitador Bernon Marie que, llegó a Medellín en compañía de un grupo de religiosos que abrió eficazmente sus aulas, donde hallaron cobijo ciento cuarenta niños.

Al comienzo funcionó el colegio en la llamada Casa de los Huérfanos, en la cra. Girardot con Bolivia. Pasó luego a ocupar un edificio en Bolívar con Caracas. En enero de 1904 el colegio fue autorizado para expedir grados de bachiller en Ciencias y en Filosofía y Letras.

En 1924 la Asamblea Departamental, durante la administración del doctor Ricardo Jiménez Jaramillo, votó una partida considerable para erigir un gran edificio para la vida interna del colegio en el sitio tradicional de ‹El Morro›, parte alta del barrio Boston, lugar a donde se trasladó en 1953. Para apoyar su trabajo académico, ha contado con dos instituciones de notable arraigo en la comunidad educativa y cultural: el Boletín, órgano de divulgación de los trabajos literarios de los estudiantes, y el Museo de Ciencias Naturales, al cual dedicó toda su ciencia y su paciencia el sabio hermano Daniel, y en el cual se conservan abundantes muestras de plantas colombianas, colecciones taxidérmicas de mamíferos, aves e insectos y una significativa muestra mineralógica nacional.

Colegio de La Enseñanza

El 1 de septiembre de 1899, días antes del estallido de la guerra de los mil días, llegaron a la capital de Antioquia las religiosas de la Compañía de María, más conocidas como de La Enseñanza. En Medellín contaron con cómoda vivienda donada por doña Liberata Arango Barrientos, en lo que tuvo mucho que ver la tutela del obispo Mgr. Joaquín Pardo Vergara. Fue su primera superiora la madre Matilde Baquero, española que desde 1893 residía en Bogotá, quien contó con la asesoría de dieciocho religiosas, cuatro de las cuales dirigían una escuela gratuita para niñas pobres. En 1914 estaba al frente del colegio la Madre Belarmina Casas, acompañada en el cuerpo docente, además de las religiosas, por profesoras egresadas de la Normal de Señoritas. Un cuatrienio después las superioras confiaron al encomienda a la Madre Magdalena Herrán, de cuya obra se han hecho lenguas las generaciones que bajo su guía se educaron, así como de las veintidós profesoras que en el año 1923 enseñaban a casi trescientas alumnas. Por esta época el colegio patrocinaba una escuela gratuita para jóvenes de la clase obrera y otra dominical para niñas pobres. Finalmente, digamos que del local de la calle Colombia con Tenerife el colegio se trasladó en 1955 a Villa de Lestonnac, en el barrio El Poblado.

Colegio de María Auxiliadora.

Desde 1906 las monjas de la comunidad salesiana estaban encargadas de la escuela de niñas del barrio Gerona. El colegio de secundaria fue fundado por sor Concepción Ospina, hija de don Mariano Ospina Rodríguez, sor Ana Rita Troconis y sor Ana Samudio, e inició labores el 15 de enero de 1915 en local propio situado en Bolívar con Perú. Fue importante de suyo la nueva creación educativa, empero lo que significó un paso transcendental fue la llegada en 1916 de la monja italiana Honorina Lanfranco, quien difundió la didáctica de los Jardines de Niños, que la religiosa enseñó y esparció desde su cátedra en la Normal de Señoritas, con junto con la metodología monstesoriana. Los métodos se fundaban en "la observación la reflexión y el raciocinio, con proscripción de los métodos puramente teóricos o nemotécnicos, según se expresaba en el informe anual de 1940 de la directora Hermana María Carmagnani. Importante en la historia de la pedagogía infantil fue el año de 1923, cuando del grupo de 230 alumnas diplomadas salieron las primeras jardineras. El colegio otorgaba diplomas de Maestra Elemental, Maestra Jardinera y en Comercio,. Desde 1940 vive su vida de comunidad y academia en el monumental edificio que se erigió sobre la avenida Echeverri con el Palo, donde también ha funcionado un bachillerato nocturno para damas.

En general, en todos estos colegios religiosos, tanto masculinos como femeninos , existían los internados con su rígida reglamentación, como aquella de que los alumnos requinternos solo tenían dos salidas en el año. Además, las practicas religiosas como la misa dominical, la comunión de los primeros viernes y los retiros espirituales anuales eran de observancia obligatoria.

Los colegios de varones otorgaban el título de bachiller, después de cinco o seis años de estudio. En cambio, en los femeninos sólo era posible obtener un certificado o diploma de Maestra. Allí, al curriculum general se agregan asignaturas orientadas a las labores manuales hogareñas, como culinaria, modistería, dibujo y en algunos, dactilografía y contabilidad.

Se usaban habitualmente mecanismos de estímulo como billetes y recompensas semanales y mensuales, menciones honoríficas trimestrales y calificaciones en conducta, urbanidad y orden. Los exámenes finales eran orales, con asistencia

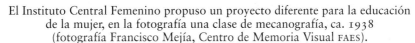

El Instituto Central Femenino propuso un proyecto diferente para la educación de la mujer, en la fotografía una clase de mecanografía, ca. 1938 (fotografía Francisco Mejía, Centro de Memoria Visual FAES).

Cuadro 1			
OTROS COLEGIOS Y ESCUELAS RELIGIOSAS CREADAS EN MEDELLIN			
INSTITUTO "PEDRO JUSTO BERRÍO" [1]	1918	Salesianos	Masculino
COLEGIO DEL SAGRADO CORAZON	1930	Hermanas del Sagrado Corazón de Jesús	Femenino
EL CARMELO	1942	Carmelitas	Femenino
PALERMO SAN JOSE	1943	Franciscanas Misioneras	Femenino
FRAY RAFAEL DE LA SERNA	1943	Franciscanos	Masculino
LICEO SALAZAR Y HERRERA	1945	Curia y parroquia de la América	Masculino y Femenino
BELEMITAS	1946	Hermanas Betlemitas	Femenino
CALAZANS	1953	Padres Escolapios	Masculino
INMACULADA	1953	Terciarias Capuchinas	Femenino
JESUS MARÍA	1958	Comunidad de Jesús María	Femenino
CORAZONISTA	1963	Padres Corazonistas	Masculino
NUESTRA SEÑORA DE CHIQUINQUIRA	1963	Comunidad de Santo Domingo	Femenino
ESCUELAS POPULARES EUCARISTICAS [2]	1932		Masculino y Femenino

[1] Fundado en Boston como Casa del Sufragio, para niños vagabundos. Poco a poco fue convirtiéndose en escuela industrial, con talleres de sastrería, zapatería, tipografía, ebanistería y mecánica. En 1925 se transformó en el Pedro Justo Berrio, dedicada a la enseñanza de artes y oficios. Hoy es Bachillerato Técnico Industrial.

[2] Fundadas por el padre Miguel Giraldo Salazar, con apoyo de la curia arquidiocesana, para brindar educación primaria gratuita a los niños pobres de la ciudad. Aún subsisten algunas.

de padres de familia y autoridades eclesiásticas para los de religión.[5] *(ver Cuadro 1)*

Instituciones oficiales de secundaria

Origen de este nivel educativo en Antioquia fue el colegio dirigido por los padres franciscanos y convertido en Colegio de Antioquia en 1822: pese a los cierres, interrupciones, cambios de nombres y programas universitarias, el colegio tuvo siempre como núcleo el colegio de secundaria, que comenzó a llamarse en 1901 el Liceo Antioqueño. En este año la Universidad de Antioquia fue reorganizada, bajo la dirección de don Carlos E. Restrepo, y la sección secundaria quedó dividida así: los tres primeros años integraban el Liceo Antioqueño y los dos últimos, la Escuela de Filosofía y Letras. Podría otorgar el título de Bachiller en Filosofía y Letras. El liceo fue puesto bajo la dirección de don Justo Pastor Mejía, antiguo secretario de la universidad. Debido al lastimoso derrumbe fiscal, el Liceo, como toda la Universidad, estuvo cerrado entre 1904 y 1910, cuando reinició actividades con mayores bríos. Sus logros comenzaron a verse en la década del veinte, cuando rigieron sus destinos Juan B. Montoya y Flórez, Emilio Robledo, Alejandro Vázquez, Tomas Cadavid Uribe y Antonio Mauro Giraldo, y enseñaron en sus aulas ciudadanos eminentes maestros como Gabriel Latorre, Juan José González, Manuel José Sierra, Joaquín Antonio Uribe , Julio Cesar García y cuántos más. Entre 1913 y 1921 se cumplió la histórica rectoría del doctor Miguel María Calle, durante la cual se construyó la hermosa e imponente fachada obra del arquitecto Horacio Rodríguez, y se dio al servicio el salón de grados o Paraninfo.

De esta época se recuerda la creación de una organización estudiantil, establecida a partir del 5 de septiembre de 1920 cuando se reunió la primera Asamblea General de Estudiantes de Antioquia.

De gran transcendencia para la educación colombiana fue la presencia en el país en 1923 del pedagogo belga Octavio Decroly, quien en asoció de otros pedagogos realizó tareas de asesoría y cursos de capacitación para maestros, tres becados por cada departamento, en el Gimnasio Moderno de Bogotá. La consecuencia inmediata de esta visita fue la iniciación de un gran movimiento de renovación pedagógica que tuvo en Medellín su expresión más connotada en el Liceo Antioqueño, las escuelas Normales, y los colegios privados de San José, San Ignacio y el Ateneo Antioqueño.[6]

En la década del treinta, conflictiva y problemática, los estudiantes del liceo participaron activamente en los incidentes protagonizados por los dos partidos tradicionales. Con motivo de la guerra civil española, estudiantes y profesores del Liceo se dividieron en beligerantes grupos de derecha e izquierda y hasta se constituyó un activo comité Pro-República española. No fueron escasas las manifestaciones y enfrentamientos, como lo atestigua un liceista de esa época, el médico José Ignacio González E.[7]

En 1940 se fusionaron la Escuela de Filosofía y Letras y el Liceo, y fue nombrado rector don Julio César García. En su homenaje, y al cumplir veinte años de ejercicio docente, la Asamblea Departamental creó en 1945 la escuela preparatoria ‹Julio César García› adscrita al Liceo. Funcionó en un local frente a la Plaza de Flórez como concentración de quintos de preparatoria, para que los aspirantes al colegio llegaran mejor prepara-

UNA APROXIMACIÓN A LA TORRE DE BABEL

En 1937 el Liceo Antioqueño estuvo situado en la Plazuela San Ignacio, entre las carreras El Palo Girardot, que mueren en el barrio Santa Ana y entre las calles Pichincha y Ayacucho. Era un edificio de tres plantas, hecho de adobe y cemento, y con grandes ventanales y techos de teja de barro ennegrecidas. Tenía además dos patios alrededor de los cuales se disponían los salones de clase, las oficinas administrativas y la rectoría de la Universidad de Antiquia. La pagaduría y la direción del Liceo daban a la Plazuela y la calle Ayacucho.

El Liceo limitaba por el costado sur con un aiglesia, que servía de frontera con el colegio de San Ignacio. Estos eran unos maravillosos y pacíficos vecinos, cuyo establecimiento, por Girardot, tenía un observatorio astronómico. El Liceo Antioqueño ocupaba la mitad de la manzana. Sobre la calle Girardot quedaba la Facultad de Derecho, que ocupaba el segundo piso y en el tercero funcionaba la emisora de la Universidad. El primero lo ocupaba la biblioteca.. El edificio del Liceo Antioqueño, en el segundo piso y mirando a la Plazuela, estaba situado el Paraninfo, aula máxima de la Universidad de Antioquia. Allí conocimos al doctor Eduardo Santos, al antropólogo Paul Rivet, conferencistas nacionales y extranjeros y a grandes intérpretes del piano,

...En los primeros años no hubo cosa importante en el pénsum ni en los profesores; si en los compañeros, que provenían de todos los estratos sociales y de los diversos pueblos del Departamento de Antioquia, especialmente del Valle de Aburra. Hijos de banqueros, de mineros, de industriales, de comerciantes, de peluqueros, de choferes, de lavanderas, de campesinos, de albañiles (en mi caso), negros, blancos, mestizos, mulatos, cuarterones, zambos y chilangos. "Raza de todas las razas", las "cien flores de la raza cósmica" de la cual alguien habló. Era la aproximación al amerindio. Liberales, conservadores, comunsitas, protestantes, católicos, librepensadores, anarquistas, ateos, místicos y nihilistas, eran la verdadera universidad. En estos diversos tipos humanos y sus maneras de pensar estaba implícito el concepto de Universidad. Había exámenes semestrales o cada año, puertas abierats durante todas las horas del día, cátedra libre y una maravillosa biblioteca. No había agresividad hacía afuera y la sexualidad era poco reprimida, pero lo que sí había era una verdadera integración de clases sociales, con una interación equilibrada. La educación era casi gratuita, pues exigían la declaración de renta del padre o acudiente ...

González Escobar, José Ignacio, *Concordia, años de frenesí y de guerra*, Medellin, Ediciones Autores Regionales, 1988.

Cuadro N°. 2
EDUCACION EN MEDELLIN, 1910-1991

Año	Población	Primaria	Secundaria	Superior	Tasa Ees. Primaria	Tasa Ees. Secundaria	Tasa Ees. Superior	Tasa	Primaria Hombres	Mujeres
1910	64409	7000	2458	844	10,87%	3,82%		14,68%		
1915	70714	8485	3355		12,00%	4,74%		16,74%		
1920	85143	10013	3120	890	11,76%	3,66%		15,42%	5342	4671
1925	104841	11515	3200	524	10,98%	3,05%		14,04%		
1930	129443	14021	3327	715	10,83%	2,57%		13,40%	7249	6772
1935	140876	15807	4150	796	11,22%	2,95%		14,17%		
1940	184453	22900	6113	1820	12,42%	3,31%		15,73%	11754	11146
1945	246607	23504	5289	1376	9,53%	2,14%	0,56%	12,23%	12478	11017
1950	329705	30964	6642	2193	9,39%	2,01%	0,67%	12,07%	15010	15954
1955	453289	53164	8626	2222	11,73%	1,90%	0,49%	14,12%	27264	25900
1960	609183	74266	16611	3621	12,19%	2,73%	0,59%	15,51%	37689	36577
1965	819990	113416	33167	8497	13,83%	4,04%	1,04%	18,91%	56548	56865
1970	1023324	157816	64879	18470	15,42%	6,34%	1,80%	23,57%	80160	77656
1975	1228510	191746	103535	32727	15,61%	8,43%	2,66%	26,70%	93981	97765
1980	1359036	178882	124003	30409	13,16%	9,12%	2,24%	24,52%		
1985	1468089	165957	115836	52338	11,30%	7,89%	3,57%	22,76%		
1991	1641070	182949	146317	64558	11,15%	8,92%	3,93%	24,00%		

* FUENTE: Dane, **Medellín en Cifras**, Bogotá, 1976

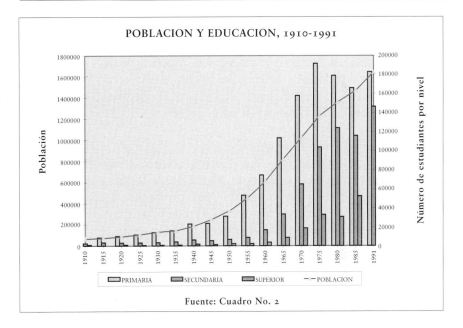

POBLACION Y EDUCACION, 1910-1991

Fuente: Cuadro No. 2

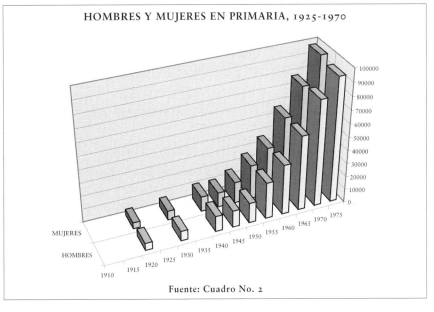

HOMBRES Y MUJERES EN PRIMARIA, 1925-1970

Fuente: Cuadro No. 2

dos, y recibió desde su iniciación el mote cariñoso de ‹La Manga›. Fue clausurada en 1960.

Así como en 1936 la persecución de profesores conservadores produjo rupturas y enfrentamientos, que culminaron en la creación de la Universidad Pontificia Bolivariana finales de la década del cuarenta la persecución a los docentes liberales volvió a crear conflictos que llevaron al cierre temporal del Liceo a comienzos de 1949, en sucesos que condujeron a la creación de la Universidad de Medellín. en 1950.

En 1960 el Liceo dejó su tradicional sede en la Plazuela de San Ignacio para trasladarse al barrio Robledo, donde permaneció hasta 1989, año en que el Consejo Superior de la Universidad, decidió clausurarlo, aduciendo principalmente razones de orden público y de bajo nivel académico. Terminó así, de un plumada, una historia de 188 años de fructífera existencia, en los cuales el Liceo fue el hogar intelectual de cientos de profesores y miles de estudiantes que en sus aulas recibieron su formación integral, y una escuela práctica de democracia social y tolerancia, basada en la convivencia de estudiantes de los más diversos orígenes, condiciones y formas de pensar.

Colegio Central de señoritas

Por inspiración del doctor Pedro Pablo Betancur y de la educadora María Rojas Tejada y con el apoyo del diputado Luis de Greiff, fue creado en 1912, en la gobernación de Clodomiro Ramírez. Comenzó a funcionar en 1913 bajo la dirección de Matilde y Laura Tisnés, quienes encauzaron su acción para proporcionar a las educandas el aprendizaje de Cultura General en tres años y de Economía Doméstica en dos, que incluía desde culinaria hasta costura, sombrerería, horticultura, jardinería, enfermería, pintura, dactilografía y música. De la mayor importancia fue la enseñanza de fotograbado con máquinas traídas de europa, que pasaron en 1917 a la Escuela de Arquitectura y de allí a la Imprenta Departamental. Vivió hasta 1935, cuando dio origen al Instituto Central Femenino.

Instituto Tecnico Universitario

Fue creado en 1934 por la Universidad de Antioquia para l enseñanza de Contabilidad y demás asignaturas relacionadas con el comercio. Era nocturno y fue asimilado en 1523 por el Instituto Nocturno de Bachillerato.

Instituto Tecnico Superior Pascual Bravo

En 1937 la Asamblea Departamental creó la sección de artes y oficios de la Universidad de Antioquía, la cual se denominó a partir de 1937 Pascual Bravo, y se dedicó a la enseñanza vocacional, retomando en el sector oficial el hilo del productivo Escuela de Artes y Oficios creada en 1970 por el doctor Berrio. En 1948 en virtud de la ley 143 paso a depender de la nación y se convirtió en Instituto Técnico Superior, capaz de otorgar bachilleratos técnicos en Mecánica, Electricidad y Electrónica.

Instituto Popular de Cultura

Fue creado por el Concejo Municipal, por iniciativa de los ediles Luis Villa y Diego Tobón Arbeláez, en 1944. Orientado a atender las necesidades intelectuales de la población obrera de la ciudad, el plan de estudios contemplaba la escuela primaria para adultos; artes y oficios; educación física y deportes y extensión cultural, Además, se dictaban cursos de ciencias sociales y económicas y derecho obrero. En la década del 50 enseñaron en sus secciones de artes pintores y escultores como Emiro Botero, José Horacio Betancur y Ramón Vázquez.

Fue génesis de la Escuela Popular de Arte EPA, creada en 1970, con sus programas en Artes Plásticas, Música, Danza, Teatro y Folclor, del Liceo Manuel José Betancur, en San Antonio de Prado, y de la escuela de Capacitación y Alfabetización Municipal. Ofrece hoy un variado conjunto de programas vocacionales y tecnológicos, como dibujo industrial, secretariado, electromecánica, mecánica industrial, electricidad, informática, etc., en un esfuerzo para educar para la vida y el trabajo que cumple ya 50 años.

Instituto Departamental Tulio Ospina

Creado en 1947 por el departamento para enseñanza de artesanía y pequeña industria.

Liceo Nacional Femenino Haviera Londoño

La Ley 48 de 1945 creó los Colegios Mayores en todo el país, dependientes del Ministerio de Educación nacional. Al año siguiente inició labores el Colegio Mayor de Antioquia, bajo la dirección de Teresita Santamaría de González. En 1949 comenzó a funcionar su sección bachillerato, la cual, por gestión de su directora Alicia Giraldo Gómez, fue independizada en 1965 con el nombre de Liceo Nacional Femenino Javiera Londoño.

Liceo Nacional Marco Fidel Suarez

Creado en 1954 con el objeto de servir de c entro piloto de experimentación docente. Fue dirigido oiniciaslemnte por el padre José Gómez

Hoyos y a partir de 1957 por el pedagogo Moisés Melo Gutiérrez. Durante algunos años estuvo entre los colegios mejores de la ciudad, pero posteriormente dificultades de orden público lo han puesto en situación de crisis continua.

Otros Liceos
Gilberto Alzate Avendaño (1959
Departamental
Liceo Concejo de Medellín (q057)
Liceo Lucrecio Jaramillo Vélez, 1967
Liceo Benjamín Herrera, 1967
Liceo Alfredo Cock (1969), Liceo Santa Rosa de Lima (1969)

Instituciones particulares
Desde fines del siglo pasado diversos colegios particulares, tuvieron como alumnos a vástagos de familias pudientes. Algunos de estos planteles, ya desaparecidos, fueron; Escuela de La Paz (1876); Colegio Martínez Herrán (1877), Colegio de San Luis (1878); Colegio de la Unión (1881). De unos cuantos de los que llegaron al siglo presente nos ocuparemos en la líneas que siguen.

Instituto Caldas
Fue fundado por el pedagogo Miguel Jaramillo Chorem en el Retiro en 1954 y pasó luego a Manizales, a Rionegro y finalmente a Medellín en

1904. Hacía énfasis en la enseñanza comercial y editaba el periódico *El Deber*. En 1923 lo dirigía el eminente pedagogo Antonio José Saldarriaga, declarado primer Maestro de la Juventud por la Asamblea General de Estudiantes de Antioquia, reunida en 1922. Funcionó hasta mediados de la década del 30

Ateneo Antioqueño
Fundado por el señor Joaquín G. Ramírez en 1918, se caracterizó por seguir los métodos de Montessori y Froebel para los dos primeros grados y de Decroly para el tercero. Además, en cuarto y quinto se enseñaba encuadernación y carpintería y cada agrupación tenía su parcela de cultivo para la práctica de la agricultura.

Colegios de Enseñanza Bilingüe.
Comienza esta modalidad en Medellín, alimentada por la existencia de grupos numerosos de familias inmigrantes, con la fundación en 1946 del Colegio Teodoro Herzl, de la comunidad hebrea. Vendrían luego el Columbus School, en 1947, el Colombo Británico en 1956, el Colombo Alemán, en 1968 y el Colombo Francés en 1978.

Instituto Jorge Robledo
Como respuesta a la revolución educativa que había impulsado don Agustín Nieto Caballero,

Aspecto que presentaba el aula de la clase de sociales del Colegio La Enseñanza, dirigido por la comunidad de María Nuestra Señora (fotografía Francisco Mejía, Centro de Memoria Visual, FAES).

fundador en 1914 del Gimnasio Moderno en Bogotá, dos de sus alumnos y discípulos, que habían escuchado con devota entrega sus lecciones en la Universidad Pedagógica de Colombia fundaron esta casa de educación fincada en las eras decrolianas del Gimnasio. Decano el primero del Instituto Filológico de la Universidad de Antioquia y Rector el segundo de la Normal Nacional de Medellín, Miguel Roberto Téllez y Conrado González aunaron voluntades para abrir el Instituto en enero de 1949. Los padres de familia se vincularon a su impulso y por iniciativa de los señores Vicente Uribe Rendón y Martiniano Echeverri Duque, pudo inaugurar amplias instalaciones para jardín infantil y primaria en 1954, por zona despoblada de Otrabanda. Constituyeron luego los padres de familia la Corporación Educativa ‹Jorge Robledo›, dedicada la educación y con una duración de 99 años. En sus cuarenta y cinco años de existencia, ha mantenido siempre un espíritu de innovación educativa, una excelencia académica destacada y de formación integral en compartidos valores morales, cívicos y sociales.

A partir de 1950 surgen nuevas instituciones educativas, de las que mencionaremos a vuelo de pájaro el Instituto Colombiano de Educación, el Instituto Moderno de Educación, El Instituto Conrado González Mejía, el Instituto El Poblado, el Instituto Cervantes, el Instituto Josefa del Castillo, el Instituto Antioquia, el Instituto Antioquia el Ateneo Horizontes, el Externado Patria, el Colegio Académico de Antioquia, el Colegio Santa Inés, el Colegio San Rafael, el Colegio Miguel de Unamuno, el Gimnasio los Cedros.

Instituciones educativas especiales

Desde comienzos del siglo XX surgieron en Medellín establecimientos que se dedicaron a llenar los vacíos dejados por los institutos formales en lo tocante a la educación artística, comercial, de los impedidos visuales y auditivos y de los menores díscolos y delincuentes.

Instituto de Bellas Artes

Hace un poco más de una centuria empezó a funcionar en la ciudad la Escuela de Música Santa Cecilia, dirigida por el payanés don Pedro J. Vidal, padre del autor del himno antioqueño. Por la misma época se abrieron estudios o talleres de pintura, como el del maestro Francisco A. Cano, quien, después de haber estudiado en Europa, regresó a Medellín en 1902.

Teniendo como base estos dos establecimientos, el 26 de septiembre de 1910 la Asamblea General de la Sociedad de Mejoras Públicas aprobó la fundación de una Escuela de Música, Pintura y Escultura, con el nombre de Instituto de Bellas Artes. Inició labores en febrero de 1911 bajo la dirección de su promotor, don Gonzalo Escobar.

La recreación hacía parte de las actividades desarrolladas por los alumnos del colegio San Ignacio hacia 1939 (Fotografía Francisco Mejía, Centro de Memoria Visual FAES).

LA SMP la dotó de un cómodo local llamada Palacio de Bellas Artes, situado en Córdoba con La Playa, y en 1994 inauguró una nueva sede más moderna en Ayacucho con Cervantes.

En su largo recorrido el Instituto tuvo la fortuna de contar con la presencia de mentoría de maestros como Jesús Arriola, Francisco A. Cano, Humberto Chaves, el pintor Belga Pierre Brasseur, Pedro Nel Gómez, Eladio Vélez, Harold Martina, y los escultores Ramón Elías Betancur y Bernardo Vieco. En ella han recibido su formado inicial artistas plásticos como Marco Tobón Mejía, Ricardo Rendón, Bernardo Vieco, Pedro Nel Gómez, Rodrigo Arenas Betancur, Humberto Chaves y Fernando Botero, y músicos como Alba del Castillo, Blanca Uribe y Teresita Gómez .

Casa de Menores

En 1914 la Asamblea Departamental dispuso la fundación de una casa correccional para menores de edad, la cual comenzó a funcionar en el centro de la ciudad. En 1915 se trasladó al sector de Fontidueño, en límites con el municipio de Bello y en 1920, a instancias del pedagogo don Tomás Cadavid Restrepo, el establecimiento pasó a llamarse ‹Casa de Menores y Escuela de Trabajo›. Como director fue escogido precisamente el mismo don Tomás quien llamó como su colaborador al joven y en el transcurso de los años famoso médico David Velásquez Cuartas. Con el paso de los años se sucedieron directores, maestros orientadores psicólogos e instructores de talleres, hasta que en 1951 la escuela fue encomendada a los frailes Terciarios Capuchinos. No sobra relatar que estos desvelados servidores de la comunidad han tenido como órgano de difusión de sus conocimientos y experiencias las revista *Alborada*.

Escuela Remington de Comercio

Entrada la segunda década de este siglo Medellín comenzaba a convertirse e en centro empresarial, comercial y bancario. Esta situación requería formar personal capacitado en disciplinas comerciales, empresa que asumió en 1915 Gustavo Vázquez Betancur, joven audaz y decidido quien al fundar su Escuela Remington inició en Colombia la educación no formal en el área.

Escuela de Ciegos y Sordomudos

El maestro Francisco Luis Hernández, egresado de la Escuela Normal de Institutores de Medellín encontró casualmente, mientras caminaba por Medellín, papeles que tenían la dirección de un instituto europeo dedicado a la educación de ciegos, sordomudos y anormales mentales. Inmediatamente se dio a la tarea de escribir a varias partes para obtener informaciones más completas acerca de estos temas. Fruto de estas indagaciones fue el trabajo titulado "El maestro del ciego y del sordomudo", con el que ganó en 1924 el primer premio de un concurso de la Universidad de Antioquia. El gobernador de entonces, doctor Ricardo Jiménez Jaramillo, se interesó en el asunto y en 1925 reglamentó la ordenanza No 6 de 1923, por la cual se creaba la escuela de Ciegos y Sordomudos, primera institución de su género establecida en el país. Para dirigirla fue nombrado el señor Hernández.[8]

Desde sus comienzos, en la Escuela se empleó el método Braille, adaptado por el Instituto correspondiente de Madrid, para enseñar a leer y escribir a los invidentes. A los sordos se les enseñaba por el método llamado gráfico o intuitivo y por la lectura táctil. Luego pasaban todos a la sección de primaria durante cuatro años, donde unos se preparaban para ingresar al bachillerato, otros a las normales y otros, después de aprender un oficio, ingresaban al mercado laboral.

Merced al tesón, la voluntad y la fe extraordinaria del señor Hernández, la escuela salió adelante, obtuvo una sede propia en Aranjuez, se dotó de talleres y gozado de gran prestigio nacional e internacional. En 1961, al retirarse su primer director, entraron a regentarla los hermanos de la Comunidad de San Gabriel, quienes le dieron nuevo impulso. En 1988 terminaron su misión y asumió la dirección la doctora Maribel López.

Cubrimiento de la educación primaria y secundaria entre 1910 y 1990

El cuadro 2 muestra la magnitud de la matrícula escolar en Medellín entre 1910 y 1990, con base en estadísticas oficiales. Como puede advertirse, ya en 1910 se había alcanzado una elevada tasa de escolaridad: uno de cada 7 habitantes de la ciudad era estudiante, proporción que se mantuvo constante hasta 1960. Fue pues en el período anterior, entre 1870 y 1910, cuando mejoraron substancialmente los niveles educativos de la población local. Desde esa fecha hasta 1960 apenas fue posible atender el crecimiento de la población, pero sin que se dieran progresos reales en el cubrimiento educativo. Después de 1960 y hasta 1975, se advierte el rápido aumento de la proporción de jóvenes que pueden matricularse en secundaria. De 1975 a hoy, el sistema escolar no logra siquiera crecer al ritmo de la población, en un momento en que esta cambia ya a un ritmo mucho más moderado. Todo esto muestra como los dirigentes públicos de las últimas décadas han disminuido el apoyo a la educación, lo que no ha dejado ni dejará de tener serias consecuencias para el progreso de nuestra ciudad. Los gráficos 1 y 2 permiten ver estos hechos, el primero en valores absolutos y el segundo como proporción de los estudiantes con el conjunto de la población. El gráfico número 3 muestra la importancia que tuvo desde comienzos de siglo la educación femenina en la ciudad, pues desde 1920 las diferencias de escolaridad entre los dos géneros eran muy pequeñas; ya en 1970 el número de mujeres en las escuelas primarias era superior al de los varones.

NOTAS

1. Testimonio del doctor Miguel Roberto Téllez.
2. Julio César García, *Historia de la Instrucción Pública en Antioquia*, Medellín, Universidad de Antioquia, 1962 (2a. ed.), pags. 89-93.
3. Sonny Jiménez de Tejada, "Surgimiento y desarrollo de la educación femenina en Antioquia", *Universidad de Antioquia*, , No 158, pags. 609-624, Medellín, 1964.
4. Vladimir Zapata y Marta <luz Restrepo, *Historia del Instituto Central Femenino: Recuperación de una memoria educativa.* Medellín, Publicaciones del Instituto Tecnológico de Antioquia, 1986, pags. 11-12.
5. Humberto Quiceno C, "La educación primaria y secundaria en el siglo XX", en Jorge Orlando Melo (ed.), *Historia de Antioquia*, Medellín, 1988, pag 363-366.
6. María Betty de la Pava Garavito, "Misiones Pedagógicas". Documento inédito, Seduca, Faes, Fundación Restrepo Barco. Medellín, 1022, p. 21.
7. José Ignacio González E, *Concordia, años de frenesí y de guerra* Medellín, Ediciones Autores Regionales, 1988, pag. 88.
8 . Juan A. Pardo Ospina y Francisco Luis Hernández, *Nuestra lucha por los ciegos de Colombia*, Medellín, Talleres Granamérica, 1949, p. 13.

Bibliografía

Academia Antioqueña de Historia, *Un siglo de gobierno en Antioquia, 1886-1986* . Medellín, Talleres Gráficos del Departamento.

Academia Antioqueña de Historia, *Varones ilustres de Antioquia, 1903-1978*, Medellín, ed. Universo, 1978.

Barrientos Arango, José, "Origen de tres universidades antioqueñas, UPB, U. de M y UNAULA", en *Mundo Universitario* , 19 Bogotá, En-Mar 1982)

Betancur, Agapito, "La educación en Medellín en el pasado", en Sociedad de Mejoras Públicas, *Medellín: Ciudad tricentenaria, 1675-1975, Pasado-Presente-Futuro* Medellín, Bedout, 1975

De la Pava Garavito, Maria Betty, "Misiones Pedagógicas. Formación de formadores". Folleto inédito, Seduca, FAES, Fundación Restrepo Barco, Medellín, 1992.

García, Julio César, *Historia de la Instrucción Pública en Antioquia*, Medellín, Edit. Universidad de Antioquia, 1962, 2a ed.

González Escobar, José Ignacio, *Concordia, años de frenesí y de guerra*, Medellin, Ediciones Auotres Regionales, 1988.

González Mejía, Conrado (coordinador general), *Grandes forjadores*, Medellín, Edit. Edinalco, 1975. (Publicación de Viviendas de Antioquia, S.A, VIDA)

Helg, Aline, *La educación en Colombia (1918-1957)*, Bogotá, Fondo Editorial CEREC, 1987.

Jiménez de Tejada, Sonny, "Surgimiento y desarrollo de la educación femenina en Antioquia", en *Universidad de Antioquia*, 158: 609-624, Med, 1964.

Pardo Ospina, Juan A. y Francisco Luis Hernández, *Nuestra lucha por los ciegos en Colombia* Medellín, Talleres Granamérica, 1948.

Quiceno G., Humberto, "La educación primaria y la secundaria en el siglo XX", en Jorge O. Melo, coord, *Historia de Antioquia*, Medellín, Suramericana de Seguros, 1988.

Safford, Frank, *El ideal de lo práctico*

Secretaría de Educación y Cultura de Antioquia, *Itinerario de la Instrucción Pública en Antioquia, 1833-1990*, Medellín, Edit. Edinalco, 1990

Silva, Renán, "La Educación en Colombia", *Nueva Historia de Colombia, IV*, Bogotá, Editorial Planeta, 1989.

Zapata ,Vladirmir, y Marta Luz Restrepo. *Historia del Instituto Central Femenino; Recuperación de una memoria educativa*, Medellín, Publicaciones del Instituto Tecnológico de Antioquia, 1986

Cronología

1541/08/24
Jerónimo Luis Tejelo descubre el Valle de Aburrá y le da el nombre de San Bartolomé.

1574
Gaspar de Rodas pide al Cabildo de Santa Fe de Antioquia una merced de tierra en Aburrá. Le dan tres leguas. Vino por llano de Ovejas a Niquía.

1581
Rodrigo Hidalgo pleitea por tierras de Aburrá por haber perdido allí 100 cabezas.

1582
Empiezan a adquirir tierras compañeros de Rodas y otros.

1589
Rodas da tierras a Alonso de Rodas.

1607
Muere G. de Rodas. Tierras van a sus herederos Alonso y María de Rodas.

1610/07
Se rematan tierras de Alonso de Rodas en Aburrá.

1616/03/02
El oidor de la Real Audiencia de Santa Fe y visitador de Antioquia Luis Herrera Campuzano junta los indios de Aburrá y de Peque y Ebéjico en el pueblo de indios de San Lorenzo de Aburrá; donde hoy esta plaza de El Poblado.

1630
Se menciona fiesta a la Virgen de La Candelaria.

1633
Cabildo de Antioquia nombra alcaldes para el Valle de Aburrá.

1646
Traslado de San Lorenzo a orillas de quebrada de Ana (hoy Santa Elena). Se inicia construcción de Capilla de San Lorenzo, llamada luego de San José.

1648
Abierto Hato Grande para ganadería.

1649
Se inicia la construcción de la iglesia de la Candelaria de Aná cuyo primer cura es Juan Gómez de Ureña.

1650
Trasladada Virgen de la Candelaria de San Lorenzo a Aná, según dice informe de 1676.

1659
La capilla de Aná es consagrada como parroquia por el obispo de Popayán.

1667
Real Provisión ordena establecer villa en el Valle de Aburrá.

1670/11/15
El gobierno de Santa Fe de Antioquia se opone a fundación.

1671/03/20
Gobernador Francisco Montoya y Salazar ordena

fundación. Real Audiencia suspende hasta que Consejo de Indias decida.

1674/05/09
Nombrado Miguel de Aguinaga gobernador.

1674/11/22
La reina de España Mariana de Austria firma cédula que autoriza la fundación de la villa de Nuestra Señora de la Candelaria de Medellín en el valle de Aburrá.

1675/08/07
Presentada cédula de fundación a Consejo de Indias a petición de Miguel de Aguinaga.

1675/10/12
Asume Aguinaga, de Juan Bueso de Valdés.

1675/10/14
Aguinaga ordena matrícula de personas en el Valle y obedece cédula.

1675/11/02
Aguinaga funda a Medellín en el antiguo sitio de Aná.

1675/11/17
Posesionados regidores.

1675/11/24
Erección formal en Villa.

1675/11/26
Orden de empedrar.

1675/12/02
Cura es Lorenzo de Castrillón. Cabildo ordena que casa de cabildo sea la de Castrillón, quien se opone.

1676
El cabildo de la Villa coloca "el mico" en la Plaza Mayor para sujetar y torturar presos; Gobernador de Antioquia da licencias para abrir tiendas en Medellín.

1676/01/03
Cabildo pide agrupar indios en San Lorenzo.

1677
Se construye el primer acueducto para la villa. Informe dice que hay 30 hatos y unas 4 000 personas.

1677/01/25
Se ordena que agua se coja de Quebrada de Aná "por el llano de Guanteros" o Gualteros.

1678
Cabildo nombra a Nuestra Señora de La Candelaria como patrona de Medellín. Se inicia construcción de iglesia de San Benito.

1678/03/31
El rey Carlos IV concede escudo de armas a la villa.

1680
Cristóbal de Toro Zapata; procurador; dice que Medellín tiene 280 familias; las más de "mulatos; indios y jeques". Primera escuela de Pedro de Castro.

1682
Se inicia construcción de ermita de la Veracruz por Juan Céspedes de Hinestroza.

1683
Gobernador Pedro Eusebio Correa revoca autos que daban Guanteros a pobres.

1690
Se crea la parroquia de indios de La Estrella (Los Yamesies) segregándola de la parroquia de La Candelaria.

1692
Gobernador Correa desplaza familias pobres de Cerro de las Sepulturas a Guanteros.

1700
Don Miguel Sánchez de Vargas abre otra escuela.

1705
Otra escuela; de Juan José de Orrego, Pbro.

1706
Se sublevan esclavos de Medellín, Rionegro y Marinilla. Las autoridades coloniales los someten; azotan y ahorcan a los principales cabecillas.

1712
Carlos Molina reconstruye iglesia de la Candelaria.

1715
Epidemia de viruelas y "tabardillo". Causa la muerte a muchos vecinos de la Villa.

1720
Hay dos italianos (únicos extranjeros) en Medellín.

1721
Asesinado Don Miguel Vásquez por cura Juan Sánchez de Vargas, de una estocada. El prelado escapa y va a Roma a pedir perdón. Regresa y muere arrepentido en Medellín.

1723
Cabildo concede licencia a maestro Cristóbal Rodríguez para poner escuela de niños.

1727
Robo a la iglesia de La Veracruz. La mulata Narcisa de Quirós confiesa el robo pero es perdonada a cambio de orar el tabernáculo de la capilla.

1729
Alférez Real Antonio de la Quintana trae primer reloj de sobremesa de campana.

1730
Movimiento sísmico. Daños especialmente en el templo de la Candelaria.

1731/05/07
Tiembla la tierra en Medellín. El cabildo nombra como patrono de la Villa a San Francisco de Borra, patrono protector contra temblores, borrascas y tempestades.

1756
Gobernador José Barón de Chaves ordena apertura de calles. Figuran 10 mujeres como venteras.

1766
El gobernador Chaves crea en Aburrá los partidos de Copacabana, San Cristóbal y Envigado y les nombra alcaldes, así como en La Candelaria, Hatogrande y Barbosa.

1767
Hubo necesidad de demoler la iglesia de la Candelaria.

1768/03/12
Pbro. Salvador de Villa coloca primera piedra de Iglesia de la Candelaria, en plaza mayor.

1771
Se desgaja a la Candelaria; parroquia de San Cristóbal en la Culata.

1772
Hatoviejo convertida en Parroquia.

1773
Se crean las parroquias de Santa Gertrudis del Envigado [en 1774?] y de Bello [en 1772?], segregadas de La Candelaria de Medellín. Se inaugura nueva iglesia de La Candelaria.

1776
Francisco Silvestre hace traza de Envigado.

1776/02/10
Consagrado templo de La Candelaria.

1776/7
Censo.

1777
El virrey Manuel Antonio Flores Maldonado establece el correo entre Santa Fe de Antioquia, Medellín, Rionegro, Yolombó, Marinilla y Cancán.

1778
Llega a Medellín Mariano Hinojosa, pintor quiteño.

1781
Revolución Comunera de Guarne. Algunos vecinos de Medellín participan en ella. Se crean los partidos de Hatoviejo, Aguacatal, Itagüí, Guayabal, Quebradarriba y Altavista en Otrabanda.

1783
El gobernador Silvestre ordena la apertura de nuevas calles en los barrios de San Juan y de San Lorenzo o Mundo Nuevo llamado hoy barrio San José.

1784
Se crea la Real Fábrica de Aguardiente.

1786
El oidor y visitador Juan Antonio Mon y Velarde establece la primera escuela pública de Medellín. El Concejo de la villa autoriza al doctor (abogado) Joaquín Gómez Londoño a abrir una escuela privada con cátedras de lectura; primeras letras y gramática.

1786
Cabildo encarga a José María Giraldo primer mapa [perdido]. Mon diferencia vías con nombres: como amargura, consolación, alameda, Palencia, etc. Comienza el mercado semanal de los viernes.

1787
Se empieza a construir el Hospital San Juan de Dios.

1788
Se traslada para los domingos el mercado público de la Plaza Mayor. Llegan monjas carmelitas.

1788/02/12
Mon y Velarde dicta auto de visita: ordena puentes para otra "banda"; casa para "mujeres perdidas"; casa para "niños expósitos y evitar los muchos infanticidios que cada día se experimentan"; "escuela pública de primeras letras para impedir tanto idiotismo y barbarie". caminos a Antioquia; Rionegro; Santa Rosa de Osos y "el que llaman de Barbosa".

1788/08
Mon concluye su mandato. Hizo construir el alcantarillado; nomencla las calles; construye el matadero, la casa capitular y el primer puente sobre la quebrada Santa Elena.

1789
Se abre el camino a Puerto Nare. Antonio Monzón coloca la primera fuente de agua en la plaza principal o de Berrío. Traído órgano a Medellín.

1790
Se levanta un plano de la Villa de Medellín. Se atribuye al maestro pintor José María Giraldo. Levanta nuevamente otro al año siguiente. Se adiciona al mercado de los viernes el mercado dominical. Marinilla es villa. José María Giraldo hace plano de Medellín; primero sobreviviente.

1791
Segundo plano de Giraldo.

1791/12/26
Demolida la Veracruz y se inicia reconstrucción.

1792
Se construye la iglesia y convento de Nuestra Señora del Carmen por iniciativa de doña Ana María Alvarez del Pino. Se funda la Cofradía de San José. Peste de tabardillo.

1792/04/13
Varios sismos entre abril 13 y junio 10; sacuden la Villa: "año de los temblores en Medellín".

1795
Epidemia de sarampión.

1796
Se establece la primera fundición de oro en Medellín y se pone a cargo del maestro platero José Joaquín de Henao.

1797
José Antonio Benítez "El Cojo" inicia la escritura del *Carnero de Medellín* donde registra gran parte del acontecer de la villa hasta 1836. Inaugurado Hospital de San Juan de Dios.

1798
Se censan las edificaciones existentes en la jurisdicción de la villa. En la Ladera, Francisco López y Domingo Aguilar montan una tenería.

1799/08/15
Elevado globo en La Ladera (Mariano Valera).

1799/09/07
Juan Carrasquilla eleva globo muy grande.

1801/09/09
CR autoriza abrir escuela y colegio a Franciscanos.

1802
Padre José A. Naranjo reconstruye San Benito.

1802/03/01
Fray Marcelino Trujillo inicia obra de Iglesia de San Juan de Dios. (Colombia x Cúcuta). Albañil Leonardo Torres.

1803
Terminada la Veracruz.

1803/07/20
Abierta escuela de primeras letras en Colegio Franciscano.

1803/08/02
Se inicia convento de San Francisco, en plazuela que se llamó luego de San Ignacio o José Félix de Restrepo.

1804
Los vecinos de Medellín solicitan que nueva diócesis se instale en la Villa. El médico Fray Marcelino

Trujillo inicia la ampliación del Hospital San Juan de Dios. Juan Carrasquilla promueve instalación de dos telares, con dos artesanos traídos de Bogotá. Introdujo también la cesárea.

1804/10
Se inicia aplicación de vacuna contra viruela, promovida por Juan Carrasquilla.

1805/0/03
Inaugurada con misa solemne iglesia de San Juan de Dios.

1807
Empieza a funcionar una nueva Casa de Fundición de Medellín según privilegio concedido a Don Francisco González de Honda.

1808
José Manuel Restrepo establece coordenadas de la ciudad con instrumentos. Se abre colegio de secundaria en convento de San Francisco.

1809/14
Primer entierro en cementerio; en Juanambú con Carabobo.

1810
Empieza la Revolución y se cierra colegio de San Francisco.

1812
El cartagenero Manuel María Viller funda la primera imprenta en Rionegro, que luego pasó a Medellín. Se reabre colegio de los franciscanos, bajo rectoría de Miguel Uribe Restrepo. Es sancionada la Constitución del Estado de Antioquia.

1813
Llega a Medellín Francisco José de Caldas. Se construye en mampostería el puente de Arco sobre la quebrada Santa Elena (hoy Bolívar con la avenida de Greiff).

1813/08/11
Don Juan del Corral, presidente dictador, declara la independencia de la provincia de Antioquia.

1813/08/21
Del Corral erige en ciudades las villas de Medellín y Marinilla.

1814
El sabio Caldas instala la Academia de Ingenieros Militares. Envigado es erigido como Distrito -municipio- independiente de Medellín. Crea la nueva parroquia de Belén, segregándola de La Candelaria.

1814/0425
Número 1 de *Gaceta Ministerial de la República de Antioquia*.

1815
Sale el primer número del periódico *El Censor* en el que colaboraron el sabio Caldas y José Félix de Restrepo.

1816/04/05
Entra Warleta a Medellín. Gobierno, a su partida, queda en Medellín (Vicente Sánchez de Lima).

1819/08/13
Entra Córdoba triunfante a Medellín y expulsa de Antioquia a los ejércitos españoles.

1820
Escuela la maneja Felipe Restrepo.

1820/02/12
José María Córdoba vence en Chorrosblancos (cerca

a Yarumal) a los españoles que ocupaban a Antioquia.

1822
El tipógrafo José Manuel Balcázar pone en funcionamiento la segunda imprenta de la ciudad. Nace en Envigado el sabio Manuel Uribe Ángel.

1822/03/18
Creada en Medellín por José Manuel Restrepo "Sociedad de Amigos del País".

1822/10/09
Santander expide el Decreto que ordena crear el Colegio de Antioquia en Medellín, en el edificio del colegio-convento de San Francisco, para enseñanza de primeras letras y secundaria (gramática y filosofía, y mineralogía).

1823/02/23
Se abre Colegio de Antioquia, con Escuela lancasteriana bajo la dirección de Víctor Gómez.

1825
El comerciante Juan Uribe Mondragón trae el primer piano a Medellín. Boussingault pasa la visita y da primer informe geológico del Valle de Aburrá.

1826
El sueco Carl August Gosselman visita la ciudad. Iniciada sala de El Coliseo, por Pedro Uribe Restrepo. Carl Sigismund von Greiff llega a comienzos de año a Medellín.

1826/04/17
Medellín se convierte en capital de Antioquia.

1827
Monseñor Mariano Garnica Dorjuela es nombrado Obispo de la Diócesis de Santa Fe de Antioquia pero durante su gobierno reside casi todo el tiempo en Medellín.

1828/01/07
Inaugurado cementerio de San Lorenzo.

1829
Rebelión de José María Córdoba.

1830 -
Conspiración de Medellín; fraguada por los batallones venezolanos que respaldaban al gobierno de Urdaneta. Al final son descubiertos y sus cabecillas fusilados en la Plaza Mayor. Cerrado Colegio Académico para uso como cuartel.

1830/04/16
Se quema una casa de balcón y con ella un almacén de Don Juan Uribe Mondragón; ubicada en la Plaza Principal.

1831
En el patio o "salón de actos" del Colegio de la Provincia se estrena el primer teatro de la ciudad con la tragedia "Jaira" de Voltaire; dirigida por Miguel Uribe Restrepo.

1832
Se abre una escuela privada de las señoras Dolores, Tomasa y Petrona Caballero. Nombre de Iguaná se cambia por San Ciro [Luego Aná].

1833/11/26
Creadas cátedras de derecho en Colegio de Antioquia, con lo que comienza en 1835 la educación universitaria en Medellín.

1834
El doctor Pedro Uribe Restrepo forma una compañía

para construir el Teatro de La Unión, convertido más adelante en el desaparecido Teatro Bolívar.

1835
Llegan de Estados Unidos los ebanistas David y José Hilario Harris.

1835/10/19
Inicio de labores en Colegio Académico.

1836
Don Juan Uribe Mondragón trae a la ciudad la primera carroza para dos caballos. Rebelión del Padre Botero. Protesta contra el régimen de Santander. Ley elimina Tribunales de Comercio. Pedro Uribe Restrepo trae drogas de Europa y abre segunda botica.

1836/06/17
Mariano Ospina Rodríguez rector del Colegio Académico.

1837
Llega a Medellín el músico Eduardo Gregory quien organiza una banda con violines, flauta, fagot y piano, que dirige José María Ospina. Se inicia enseñanza de química en Colegio de Antioquia.

1838
Debuta orquesta de José María Ospina en baile de Juan Uribe Mondragón para inaugurar su casa en lo que sería parque Bolívar. Instalado reloj de la catedral, regalado por T. Moore. Baile donde Gabriel Echeverri para celebrar. Abierta tercera botica de William Jervis.

1839
Se lleva a cabo en casa de don Gabriel Echeverri el primer baile de disfraces que se hace en la ciudad. Llega Enrique Hauesler. Obispo Gómez Plata ordena destrucción de capilla de San Lorenzo. Venden el local.

1840
Epidemia de viruela que se prolonga hasta 1841. Más de 5.000 víctimas en Antioquia.

1840/07/22
Primer elefante llega a Medellín.

1840/10/08
Salvador Córdoba se declara Jefe superior y Comandante Militar de Antioquia.

1841
Desfilan por la ciudad los ejércitos triunfadores en la batalla de Salamina. María Martínez de Nisser es coronada de laureles en la Plaza Mayor (Berrío).

1841/08/09
Ajusticiados públicamente en Medellín José María Vesga y Tadeo Galindo.

1843
Llegan los jesuitas a Medellín.

1844
El inglés Tyrell Moore dona los terrenos en Villanueva para un parque -el de Bolívar- y una iglesia, -la catedral de Villanueva. Fundada Caja de Ahorros de Medellín. Hay exhibición industrial por promulgación de constitución de 1843.

1845
Creada la Sociedad Filarmónica de Medellín por Edward Gregory. Cámara Provincial rechaza entrega de Colegio Académico a Jesuitas.

1845/06/16
Primer entierro en cementerio de San Pedro.

1846
Enrique Haeusler construye el puente de Colombia sobre el río Medellín. Presidente Tomás Cipriano de Mosquera visita la ciudad. Se funda la sociedad de ayuda mutua Congregación San José. Jesuitas abren Colegio de San José. José María Facio Lince, rector del Colegio Académico.

1847
Sale *El Censor*. Existen proyectos para Villa Nueva.

1847/09/20
Conflicto entre Colegio Académico y jesuitas por llaves de San Ignacio; Cámara provincial quita iglesia a Jesuitas y les da la de San José.

1848
El pintor Fermín Isaza instala el primer gabinete fotográfico de daguerrotipia. Caldas es erigido en Distrito -municipio- por la Cámara Provincial de Antioquia. Se desgajaba de La Estrella.

1849
El Censor apoya a José Hilario López. Pedro A. Restrepo jefe político. Temor a cólera.

1835/aprox.
Existe escuela de Manuel Mejía Cano (allí estudió Camilo A. Echeverri).

1850
Se realiza en la Plaza Mayor el acto de la liberación definitiva de los esclavos de acuerdo con la ley. Muere obispo de Antioquia Juan de la Cruz Gómez Plata. Expulsión de los jesuitas por gobierno nacional.

1850/01
Gobernador José Gutiérrez de Lara celebra fiesta de libertad de los esclavos en plaza mayor.

1850/04/07
Apertura de clases del Colegio de Santa Teresa. Toca la sociedad filarmónica (Bellini).

1851
Estalla en Medellín la Revolución acaudillada por Eusebio Borrero. El liberal Camilo Antonio Echeverry funda la Sociedad Democrática. Se inaugura el alumbrado público de cebo. Abierta Escuela Normal en Medellín. Se funda sociedad democrática, encabezada por Camilo A. Echeverri; Hauesler, Eugenio Sanín, etc.

1851
Viene a Medellín Manuel Pombo. Hay puentes en Junín; La Toma, Bocana.

1851/01/01
Se abren 3 escuelas para mujeres, por ordenanza oficial; 330 alumnas. Una la dirige Marcia Escobar Uribe, oficial.

1851/05/15
Se promulga la ley que divide a Antioquia en tres provincias: Medellín con capital esta ciudad; Córdoba con capital Rionegro y Antioquia con capital Santa Fe de Antioquia.

1851/06/01
Empieza a funcionar la Escuela Normal de Institutores creada por ley nueve años atrás.

1851/06/30
Rebelión conservadora. Termina en septiembre.

1851/10/20
Faciolince gobernador de provincia de Medellín.

Emeterio Ospino, Pbro., es rector del Colegio Provincial.

1852
Marceliano Vélez es el primer abogado graduado en el Colegio Provincial (U. de A.). De Greiff escribe "Apuntamientos topográficos y estadísticos sobre la provincia de Medellín". Ley establece jurisdicción especial para comercio. En Antioquia opera sólo un año a partir de 1853.

1853
Se cambia pila de Monzón por una de bronce, que en 1925 estaba en la plazuela José Felix de Restrepo.

1853/05/12
Llega a Medellín la Comisión Corográfica dirigida por Agustín Codazzi. Viene E. Price, que afina el órgano de la Catedral armado por Hauesler.

1853/11/12
Constitución Municipal de la provincia de Medellín. Esta legislatura expide leyes contra vagancia.

1854
Se forman batallones de soldados en Medellín para marchar a Rionegro y someter a la Provincia de Córdoba que apoyaba la Rebelión del General Melo. Se abre el Colegio de La Unión en el antiguo local que ocupaba el colegio de los Jesuitas.

1854/01/02
Legislatura de Medellín reglamenta educación primaria.

1855
Emiro Kastos publica *Julia*. Fundado *El Pueblo* por Camilo A. Echeverri; Benigno Restrepo y Lucrecio Gómez.

1855/04/14
Medellín, Capital de Provincia de Antioquia, por cambio de ley territorial.

1855/05/15
Camilo A. Echeverri como "personero" reclama casa del cabildo.

1856
Emiro Kastos publica "Arturo y sus habladurías" en *El Pueblo*.

1856/06/11
Capital del Estado Soberano de Antioquia.

1856/07/01
Inicia clases de química y mineralogía en Colegio Académico Francisco Flores Domonte.

1856/11/30
Promulgada constitución del Estado de Antioquia. Trasladado colegio de Mariano Ospina Rodríguez de Fredonia a Medellín.

1857
Carlos A. Gónima compone los dramas Ottavio Rinnucini y La Envidia, primeras piezas teatrales locales. Don Gabriel Echeverry como urbanizador particular inicia la construcción del paseo de La Playa. Endereza el curso de la Santa Elena y siembra ceibas en las orillas. Se construye un puente en La Toma sobre la quebrada Santa Elena. Alcalde Uladislao Vasquez hace empedrar Plaza de Berrío.

1858
Existe colegio de San Ildefonso: en éste enseñó Camilo A. Echeverri.

1859
Manuel Dositeo Carvajal publica.

1859/12/05
Ley reorganiza Colegio del Estado y le da carácter universitario.

1860
El médico y botánico francés Charles Saffray visita a Medellín. El Gobernador de Antioquia Marceliano Vélez ordena la fabricación en Medellín; de las primeras monedas de oro. Saffray dice que entre el pueblo de Medellín, "en los suburbios hace furor el bambuco", y que "Es baile nuevo aquí". Tropas de Mosquera trajeron el tiple. Se termina cúpula de la Candelaria. Luis Johnson construye Palacio de Justicia.

1861
El medellinense José María Jaramillo siembra la primera gran plantación de café en Antioquia.

1861/02
Levantamiento liberal en Antioquia; encabezado por Camilo A. Echeverri y Clemente Jaramillo.

1861/06/16
Batalla de Carolina; ganan conservadores. Presos Pascual Bravo y Liborio Mejía.

1861/10/29
Ataque liberal a cárcel de Medellín.

1862
El General Mosquera como Presidente Provisional de los Estados Unidos de Colombia entra triunfante a la ciudad de Medellín.

1862/01/14
Batalla de Santo Domingo; derrotado Pedro Justo Berrío.

1862/05
Creada Casa de Moneda de Medellín.

1863
Expulsado obispo Riaño por Mosquera. Queda Garro de vicario. Se funda Almacén Universal. En 1897 es de Alonso Ángel e Hijos.

1863/04/20
Pascual Bravo gobernador de Antioquia.

1863/07
Valerio Jiménez asume como Vicario por los antiliberales.

1863/4
Existe colegio de San Luis.

1864
Expedido Código Civil de Antioquia. Camilo A. Echeverri redacta *El Índice*. Se abre Escuela de Artes y Oficios.

1864/01/04
Batalla de El Cascajo. Pedro Justo Berrío derrota a Pascual Bravo.

1864/04/18
Murillo reconoce a Berrío.

1864/08/04
Constitución de Antioquia.

1865
Se inicia la construcción del camino de Bolívar a Quibdó que pondrá a Medellín en comunicación con el Atrato. Compañía de Rossi Guerra y Luisia por primera vez presenta ópera en Medellín. Debuta la soprano italiana Asunta Masetti. Trinidad Arango de Martínez abre el Colegio de Niñas de Santa Teresa. Don Vicente Restrepo, Juan Lalinde y otros fundan la Sociedad de Ornato, germen de la Sociedad de Mejoras Públicas y Ornato. Inaugurado telégrafo a Bogotá por Puerto Nare.

1865/06
El primer domingo es elegido Berrío gobernador de Antioquia por cuatro años.

1865/07/20
Se reúne legislatura de Antioquia. Hay ópera (Ernani, Lucia, Lucrecia Borgia). Colegio de Jesús; dirigido por José María Gomez Ángel; de San José, para señoritas.

1866
Llega de Bogotá la Compañía de Opera y Zarzuela de Juan del Diestro con su estrella Matilde Cavaletti. Presenta por primera vez zarzuelas. Abierta fotografía de Pastor y Vicente Restrepo. Se reabre Escuela Normal Reabierto colegio. Director de Normal es Graciliano Acevedo. Don Juan Uribe Santamaría trae de Bogotá varias colmenas de abejas de Castilla con el ánimo de montar una explotación apícola. Acaudalados personajes de la ciudad junto con el Estado de Antioquia constituyen la Empresa del Telégrafo Eléctrico Colombiano. José Eleuterio Arango funda periódico *El Artesano*. Gregorio Gutiérrez González escribe la *Memoria sobre el cultivo del maíz*.

1867/04/25
Se emite el primer mensaje telegráfico entre Medellín y Rionegro.

1868
Don Pablo Lalinde construye puente de madera de Palacé sobre la Santa Elena. El ingeniero alemán Agustín Freidel lo reemplaza en 1873 por uno de ladrillo. Este mismo año se construye el de Junín.

1868/02/14
El Papa Pío IX crea la Diócesis de Medellín.

1868/09/16
Temblor de tierra sacude a Medellín.

1868/12/08
Valerio Antonio Jiménez asume como primer obispo de Medellín (y Antioquia, anexada).

1868/9
Se funda *El Oasis*, dirigido por Isidoro Isaza.

1869
Federico Velázquez funda en Medellín el Casini, restaurante y tertulia literaria muy concurrida. José Eleuterio Arango funda *La Voz del Pueblo*. Obispo Jiménez crea *Repertorio Eclesiástico*.

1869/02/03
El obispo Jiménez funda el Seminario Conciliar.

1870
Muere alcoholizado Juan Esteban Zamarra. Berrío ordena que en normales se siga el método de Wilson, Calkins y Pestalozzi.

1870/01/22
Decreto crea Biblioteca del Estado de Antioquia.

1870/07/01
Se abre la Escuela de Artes y Oficios, dirigida por Enrique Haeusler. La Escuela existe hasta 1916

1871
Pedro Justo Berrío ordena la construcción de un camino de Medellín al río Magdalena. En mayo el

ingeniero norteamericano Jorge Griffin inicia los trabajos. La Compañía de José Zafrané presenta zarzuela en Medellín. Se inician las gestiones para la construcción de la Catedral Metropolitana o de Villanueva. Una gran creciente de la quebrada Santa Elena arrastra con el puente de Junín. Creada Asociación del Sagrado Corazón de Jesús. Creada Academia de Ciencias Naturales. Aparece la *Revista Científica e Industrial*.

1871/09/14
Ley 149 crea Banco de Antioquia.

1871/10/14
Colegio de Antioquia se convierte en Universidad de Antioquia.

1872
El Concejo aprueba la construcción del puente de Carabobo sobre la quebrada Santa Elena. Abre sus puertas el Banco de Antioquia; gerenciado por Recaredo de Villa. Llega, contratado por el gobierno nacional, el pedagogo alemán Amadeo Weiss para dirigir la Normal Nacional de Institutores. Llegan para la Escuela Normal del Estado, los pedagogos católicos europeos Christian Siegert y Bothe. Aparecen *La Libertad* (José Eleuterio Arango) y *La Sociedad Cristiana*, dirigida por Ospina Rodríguez. Muere Gregorio Gutiérrez González en Medellín.

1872/01
Camilo A. Echeverri crea Internacional Socialista.

1872/10/19
Asesinato de Emigdio Upegui, en Santa Elena, por Pedro Advincola Calle y otros.

1872/08/01
Se abre normal de Antioquia con nombre de Escuela Modelo de Antioquia.

1873
La Asociación del Sagrado Corazón funda el primer asilo de ancianos.

1873/05/29
Asume obispo José Ignacio Isaza.

1873/08/07
Berrío asume presidencia.

1873/10/28
Expedido Código de minas. Los títulos adquiridos antes de esta fecha incluyen subsuelo. Los que siguen lo excluyen para ciertas minas.

1873/12/02
Daniel Escobar "El Hachero" mata en la Aguacatala (donde hoy está la Eafit) a siete personas.

1874
El gobierno de Antioquia contrata al maestro bogotano León Villaveces para dictar cursos de litografía en la Universidad del Estado. Uno de sus alumnos fue Jorge Luis Arango quien abre luego su propio taller de litografía en Medellín. La novela *Annunzziata y Pergoleso* de Juan José Molina es un éxito editorial. Se construye el puente de El Palo sobre la quebrada Santa Elena.

1874/01/01
Pedro Justo Berrío asume rectoría Universidad de Antioquia.

1874/02/10
Universidad de Antioquia ordena crear Escuela de Minas.

1874/02/14
Presidente Recaredo de Villa celebra el contrato de construcción del Ferrocarril Puerto Berrío-Medellín con Francisco Javier Cisneros. Las obras se inician ese año.

1874/12/29
Muere obispo de Medellín José Joaquin Isaza. Lo reemplaza Jiménez.

1875
El mejicano Antonio Guerrero asciende en globo aerostático. Se inaugura carretera de Medellín a Barbosa. La casa comercial Restrepos y Cía. se constituye en banco. Se funda el Banco Mercantil de Medellín. El italiano Felipe Crosti comienza Catedral de Villanueva. Alumnos de ingeniería de la Universidad de Antioquia hacen mapa topográfico de Medellín. Abierto Escuela de la Paz: Marco A. Ochoa, Díaz Lemos. Creado Banco Mercantil de Medellín. Llega José Viteri de Popayan, músico, con los Vidal. Hauesler dirige Escuela de Artes y Oficios.

1875/01/02
Empieza a funcionar la Escuela Normal de Institutoras de Antioquia.

1875/02
Muere Berrio.

1875/10/29
Cisneros inicia trabajos en ferrocarril.

1875/11/20
Se graduaron los primeros maestros de la normal.

1875/11/20
Ascenso en globo de Antonio Guerrero.

1875/11/24
Hay "Hospital de Caridad del Estado"; se pone primera piedra para casa de maternidad [y "enajenados de la razón"?]: arquitecto Felipe Crosti.

1875/11/24
Celebración del segundo centenario. Se toca misa de Mozart.

1875/12/18
Pedro Nisser firma, como cónsul de Suecia y agente de Antioquia, contrato con Lars Daniel Johansson para venir como herrero a Escuela de Artes y Oficios, en Estocolmo.

1876
Llega a Medellín Gonzalo Vidal; autor de la música del himno antioqueño. Estalla la Guerra Civil llamada de "las Escuelas" que se prolonga hasta 1877. Comienza consumo de chicha; traída por Guardia Nacional. Hermanas de la Caridad reciben el manejo del Hospital de San Juan de Dios.

1876/04/07
Montoya es nombrado obispo de Medellín.

1876/08/08
Recaredo de Villa y Baltasar Botero decretan guerra en Antioquia.

1877
Abierta Normal en local del antiguo seminario, luego de la UPB. Sociedades democráticas publican *El Demócrata*, hasta 1870.

1877/02/01
Abierto Colegio de Martínez y Tomás Herrán.

1877/04/09
Medellín en manos de los liberales.

1877/05/09
Ley 35, anticlerical.

1877/05/22
Llega Julián Trujillo con sus tropas. Ocupan casas de ricos conservadores.

1877/07/20
Se gradúan primeras maestras de la normal.

1877/09
Incidentes de "cintas azules": se suspenden garantías.

1877/12/05
Ley exige matrimonio civil.

1877/12/20
Asume gobernación Daniel Aldana. Hay botica de los Isaza (godos) y de Peña (liberales).

1878
La Compañía de Ópera Italiana con cantantes como la Albieri, la Pocoreli y otras se presenta acompañada por músicos locales. Jorge Luis Arango monta la primera litografía de la ciudad. Enrique Haeusler inicia construcción del puente de Guayaquil o de La Concordia para comunicar la cabecera con Belén, Guayabal, Itagüí y Caldas. Es inaugurado en 1880. También construye el puente sobre la quebrada Doña María en Itaguí. Juan J. Molina publica *Antioquia Literaria*. Fundada litografía de Jorge Luis Arango. Se abre Casa de Enajenados.

1878/05
Plaga de langostas.

1879
Gran incendio en Palacé con Ayacucho. Camilo A. Echeverri redacta *La Balanza*. Rengifo traslada gobernación a casa de Mariano Ospina Rodríguez [donde esta Palacio de Calibío?]. Suspendido pago de deuda.

1879/01/25
Revolución conservadora en Antioquia.

1879/01/26
Rengifo dispara a campana de La Candelaria.

1879/02/01
Rengifo derrota rebeldes en El Poblado (Los Mangos y El Cuchillón): 170 muertos.

1879/02/18
Rengifo toma dinero del banco.

1879/03/31
Preso obispo Montoya.

1879/04/11
Desterrado Montoya. Al día siguiente sale para Europa.

1879/09/07
Elecciones presidenciales: ganó Rengifo en Antioquia.

1880
El geógrafo alemán Friedrich von Schenck visita a Medellín. Don Alonso Ángel exporta a Londres los primeros sacos de café pergamino. Se funda el Banco Botero Arango e Hijos. Genaro Gutiérrez pone en funcionamiento la Fundición de Oro Gutiérrez. Se inicia ferrocarril entre Medellín y Puerto Berrío.

1880/01/22
Llegaron Hermanas de la Caridad.

1880/01/25
Una nueva rebelión conservadora se produce en la ciudad y general Wenceslao Vegal se por el liberal Ricardo Gaitán Obeso.

1880/01/28
Rebelión de Jorge Isaacs y Ricardo Gaitán Obeso en Medellín.

1880/02/01
Se abre Colegio de La Presentación.

1880/02/21
Incendio de casa de Coriolano Amador.

1880/03/06
Firmado tratado de paz entre Isaacs y P. Restrepo Uribe.

1880/04/23
La Iguaná se desborda y arrasa con el sitio de Aná [hoy Los Colores]. Nueve muertos y 2.500 damnificados, que se reubicaron en Robledo.

1880/05/16
Regreso Montoya.

1881
Puente Iglesias, construido por José María Villa, comunica a Medellín con el Suroeste Antioqueño. Se constituye la Compañía Cerámica Antioqueña Se funda el Banco de Medellín La familia Ospina Vásquez establece una fundición. Gonzalo Gaviria monta gabinete fotográfico. Compra archivos de la fotografía de Don Pastor Restrepo y Ricardo Wills, que venía funcionando desde 1866. Se unen colegio de La Paz y de Santo Tomas: Colegio de la Unión.

1881/05/25
Decreto 333 ordena crear Escuela Nacional de Minas.

1881/07/20
Fundado Club de la Varita.

1881/11/29
Se crea el Museo de Zea -hoy Museo de Antioquia.

1882
Se crea la Sociedad de San Vicente de Paul. Exhibición de fonógrafo de Edison. Fundado Banco Popular de Medellín. Ley crea Manicomio Departamental.

1882/10
Liberado Camilo A. Echeverri.

1882/10/14
Cometa.

1882/10/23
Fundación de Sociedad de San Vicente de Paúl.

1883
Se funda el Banco del Progreso y el Banco del Zancudo? Se crea la parroquia de La Veracruz. Se inicia construcción de iglesia de Robledo (Sitio Nuevo, a donde se traslado por inundación de la Iguaná). Fuerte epidemia de viruela. Se realiza la primera cuelga del río Medellín en el trayecto Guayaquil-Moravia. Fundado club de la Mata de Mora: introdujo el póker. Fundación del Banco Central Hipotecario.

1883/04/02
Se emite el primer mensaje telegrafiado entre Medellín y Bogotá por la línea Manizales-Honda.

1884
Se crea la Compañía Infantil Antioqueña de teatro que actuó en un establecimiento particular llamado Teatro de Variedades. Don Luciano Restrepo introduce por primera vez ganado lechero Holstein. Se funda la Casa bancaria Vicente V. Villa e Hijos. Se crea el Club de La Bohemia, de carácter social y cultural para hombres. Padre nicaragüense Félix Pereira inicia construcción del frontis de la Iglesia de San José. En

1926 Agustín Goovaerts realiza el diseño y edificación de las naves. Sismo. Fundado Club de La Bohemia. Se cantan *La Barcarola*: "y así escuchando de la mar el melancólico rumor/como se va llevando la arena el río/Estrella que iluminas el piélago en que bogo." Fundada Imprenta Republicana por Juan José Molina.

1884/07/15
Muere Obispo Montoya. Lo reemplaza como vicario Jiménez.

1884/11/05
Se reporta movimiento sísmico en Medellín.

1885
Manuel Uribe Angel publica su *Geografía y Compendio histórico del Estado Soberano de Antioquia en Colombia*. Pastor Restrepo crea una fundición de oro y plata, y un laboratorio de ensaye de metales. Bernardo Herrera Restrepo es nombrado obispo de la diócesis de Medellín.

1886
Se crea el Club Belchite. Funciona hasta 1896. Epidemia de "varillas" o tétano infantil de puerperio. Nicolás Caicedo inicia trabajos del tranvía de mulas. Se inicia construcción de Museo y Biblioteca de Zea. Se construye local de Asamblea, conocido como Palacio de Justicia. Al frente se construye la Torre de teléfonos y telégrafos (Torre de Pilatos) Juan José Molina empieza a publicar *La Miscelánea*. Gonzalo Vidal trae imprenta musical a Medellín. Ley 60 ordena crear Escuela Nacional de Minas.

1886/01
Llega obispo Herrera.

1886/02/04
Abierto colegio de los jesuitas de San Ignacio.

1887
Se crea la Academia de Medicina con apoyo del gobernador Marceliano Vélez Se organiza la Tertulia el Casino Literario orientada por Carlos E. Restrepo. Fundada la Escuela Nocturna para Obreros. José Ignacio Lora publica poema sobre *Valle de Medellín*, largo y ridículo. Desde entonces se dice dar lora. Se construyen torres de La Candelaria. Regresan los jesuitas.

1887/03/22
Sale No. 1 de *El Espectador*.

1887/04/11
Abre la Escuela de Minas. Se suspende a los tres meses.

1887/07/07
Establecida Academia de Medicina de Medellín.

1887/10/23
Inaugurado el tranvía: Veracruz a Bermejal.

1888
Se construye el Manicomio Departamental en el barrio Bermejal según planos de Luis Johnson. Actúa Compañía de Zarzuela de Monjardín e Iglesias. Escuela de Minas reabre sus puertas el 2 de enero. Se crea la Escuela de Música Santa Cecilia. Luis Johnson inicia construcción de Manicomio de Bermejal. Visita a Medellín Compañía Lírico-Dramática de Alba y Luque. Se abre Escuela de Artes y Oficios de Santander, luego Escuela Normal Artesanal. Creada gendarmería.

1888/01/10
Reaparece *El Espectador* por autorización de Payán.

1888/02
Monseñor Herrera Restrepo prohíbe leer, comunicar, transmitir, conservar o de cualquier manera auxiliar a El Espectador. por articulo de Mario Arana que contrasta pobreza evangélica con jubileo de León XIII.

1888/05/14
La Compañía Ospina Hermanos se obliga con municipio a construir el matadero a cambio del derecho a explotarlo durante 20 años.

1889
Félix de Bedout funda tipografía. Se crea el centro Social masculino denominado Club Boston o Club de los Trece. Funciona hasta 1893. Ocurre una epidemia de tifo y disentería. Llega Carré. Compañía de Ópera Zenardo Lombardi; el violinista Rafael D'Alemán se queda en Medellín. Se instala en Medellín el Instituto Caldas, de Miguel Jaramillo Chorem, lo sucedió Antonio J. Saldarriaga.

1890
Manuel José Álvarez C. y Roberto Tobón inician acueducto surtido con aguas de la quebrada Piedras Blancas. El Municipio y el departamento abren licitación para llevar a cabo el alumbrado eléctrico de la ciudad. El Concejo establece la regulación en la construcción de edificios sobre las líneas de prolongación de las calles de la ciudad, con el fin de realizar un crecimiento ordenado. Sociedad de San Vicente crea Agencia de Pobres y Caja de Ahorros. Carrasquilla publica *Simón el Mago*. Fundada Compañía Telefónica en Medellín. *El Cadalso* de Fidel Cano; poesías de Hugo. Salesianas fundan León XIII.

1890/02/13
Aparece *El Monitor*, periódico de educación publica.

1890/03/19
Fundado colegio de San José, de Hermanos Cristianos.

1890/11/01
Abren los Talleres de San Vicente, en local de antigua escuela de Artes y Oficios: mantas; toallas; tapices.

1891
Se crea en la ciudad "La Tertulia Literaria" dedicada a cultivar el amor al arte y las letras. Asisten a ella Manuel Uribe Ángel, Camilo Botero Guerra, Carlos E. Restrepo, Tomás Carrasquilla, Pedro Nel Ospina, Efe Gómez, etc. El bogotano Joaquín Pardo Vergara es nombrado obispo de Medellín. Asume el cargo al año siguiente. El Concejo concluye la Casa de Mendigos, obra iniciada por el banquero José María Díaz. El Departamento de Antioquia pone a funcionar la primera central telefónica de la ciudad que constaba de 50 líneas Se introduce el patinaje. Carrasquilla publica capítulo de *Frutos de mi tierra*.Viene compañía de Opera de Zenardo y Lombardi.

1891/01/25
Se inaugura la Plaza de Flórez, construida por privilegio otorgado por el Concejo al bogotano Rafael Flórez. Al año siguiente fracasa porque la gente no acudía.

1892
Se abre la Foto Rodríguez. Se celebra el "IV Encuentro de los dos Mundos". Entre los actos conmemorativos está la inauguración del Parque Bolívar. El Concejo distribuye entre la población el ensayo de don Manuel Uribe Ángel titulado *Colón, América y Medellín*. Se reglamenta el alquiler de aguas pertenecientes al municipio y se inicia la ampliación del acueducto de Piedras Blancas. Se construye puente colgante de San

Juan o La América sobre el río Medellín. Se cambia por otro mas firme en 1921 para habilitar el paso del tranvía. Abierto el manicomio.

1892
Comienza la venta de gaseosa: cidra holandesa.

1892/06
Joaquín Pardo Vergara, nombrado obispo.

1892/07/20
Primera exposición de arte, en la "quinta de Juan Uribe".

1893
Camilo Botero Guerra edita el bisemanario *El Movimiento*. Aparece hasta 1894. Se realiza la "Primera exposición artística e industrial" de Medellín. Francisco Antonio Cano se lleva todos los premios.

1893
Se gradúan los primeros colombianos ingenieros de minas en la Escuela de Minas de Medellín. La vieja Plaza Principal o Mayor se convierte en Parque y se le da por nombre el de Berrío. Se inaugura estatua de Pedro Justo Berrío, de Anderlini. Se construye el puente del Arzobispo sobre la quebrada Santa Elena en el sitio por donde hoy pasa la avenida Oriental.

1893
Botero Guerra publica *El Oropel*, novela urbana, y *Rosa y Cruz*. Existía Club del Palito y Brelan. Creada Casa de Jesús, María y José para niñas desvalidas. Llega compañía de Zarzuelas dirigida por Jesús Arriola, quien se queda.

1893/08/05
Fiesta a Epifanio en Teatro Bolívar; habla el indio Uribe.

1893/08/08
Gobernador suspende *El Espectador* y apresa a Fidel Cano por publicar discurso del Indio Uribe.

1894
Fundado Club Unión, une Belchite, la Mata de Mora y el Boston. La Mora [?] se llamó antes Brelán, Tandem y Club del Comercio. Hay teléfonos domiciliarios. Segunda época de *La Miscelánea*; Antonio J. Duque abre la primera oficina de ingeniería.

1894/06/23
Se inaugura el nuevo Mercado Cubierto de Guayaquil, de Carré.

1894/1901
Publicada *La Miscelánea*, dirigida por Carlos A. Molina, hijo de Juan José.

1895
Nace en Envigado Fernando González. Nace en Medellín León de Greiff. Se reúne en el Café La Bastilla la tertulia literaria "La Bohemia Alegre" y publica revista de este nombre}. Se da al servicio el Puente de Occidente, obra de José María Villa, que pone en comunicación a Medellín con Santa Fe de Antioquia. José Antonio Tamayo funda la Cervecería Tamayo que rápidamente acredita sus productos en la ciudad. Se desata en Medellín una epidemia de fiebre tifoidea [o viruela?]. Se constituye con capital privado la Compañía Antioqueña de Instalaciones Eléctricas, para producir energía. Hay bicicletas (velocípedos).

1896
Tomás Carrasquilla publica en Bogotá *Frutos de mi tierra*. Se presenta la compañía de Ópera y Zarzuela de Uguetti y Dalmau. Justiniano y Juan de la Cruz Escobar fundan los Talleres de Fundición de Robledo Se crea el Banco del Comercio. Gobernador cede para talleres de San Vicente la Quinta de la Ladera. Enseñaba imprenta, carpintería, zapatería, tejidos. Epidemia de disentería. Visita a Medellín compañía de Azzali: Mignon, Traviata, Payasos.

1896/06
Primera publicación colombiana con fotograbados, fotografías: *El Repertorio colombiano*.

1897
Se presenta una nueva invasión de langosta y una fuerte epidemia de gripa. *La Miscelánea* convoca al primer concurso literario especializado en narrativa costumbrista. Se presentan 58 obras. Carrasquilla publica *Blanca*. Gónima *Vejeces* y *Crónicas históricas*. Viene Francisco Navech, arquitecto. Carrasquilla publica *A la diestra de Dios padre* y Eduardo Zuleta: *Tierra virgen*. Exposición de arte.

1897/09
N° 1 de *El Montañés*: Tomas Carrasquilla: *A la diestra de dios padre*.

1898
Se presenta la primera película de cine en Medellín por medio del proyectoscopio producido por la firma Edison. La ciudad es visitada por el francés Pierre D'Espagnat. Debuta en Medellín el talentoso violinista Brindis de Salas. La América se erige en parroquia desgajada de la de Belén. Se fundan el Club Brelán y el Club Fígaro. Se dan mortales epidemias de gripa que produce el deceso de muchas personas. La epidemia se repite en 1901. Se reconstruye el puente de Boston o de Sucre sobre la quebrada Santa Elena. Fundado colegio femenino de La Merced. Cantina de los Moras es popular. Fundado Club Fígaro.

1898/08/07
La ciudad se alumbra por primera vez con bombillas eléctricas, con planta de Santa Elena.

1899
Llega primer automóvil a Medellín. Es marca Diedome Boutom, francesa. Lo trae Carlos Coriolano Amador. Llega el cinematógrafo de Lumiere al Teatro Gallera de Medellín. Camilo Botero Guerra publica *De paso*. Viene a Medellín Morales Pino, con la Lira Colombiana. Hay fotos de Melitón, pero fechadas en 1897.

1899/02/09
Fundada Sociedad de Mejoras Publicas. Iniciativa de Carlos E. Restrepo.

1899/02/28
Se inician clases en el Colegio de La Enseñanza.

1899/05/06
Baile blanco en casa de Daniel Botero.

1899/05/11
Inaugurada exposición de arte impulsada por Brelán, en Municipalidad, en honor de F. Cano. Se exhibe el primer gramófono de Amador.

1899/10/12
Carnaval en Medellín: bailes, disfraces, dura hasta 1925.

1900
Se abre cantina Barcelona cerca de puente de la Toma.

1901
Se funda el Banco Central, el Banco Minero, el Banco Agrícola y el Banco Republicano: la Cervecería Antioqueña por iniciativa de Eduardo Vásquez, Antonio José Gutiérrez, Manuel J. Álvarez y otros.

Doña Clemencia Trujillo crea Almacenes La Primavera; Alfonso Castro escribe cuentos urbanos; *Notas humanas*. Se crea el Liceo de la Universidad de Antioquia. Obispo Joaquín Pardo Vergara decreta la erección del monumento al Salvador del Mundo para inaugurar la llegada del nuevo siglo. El Concejo establece que todas las aguas que corren por la ciudad son propiedad del municipio. Se unen clubes Brelán y Fígaro en Tándem (habían traído dos bicicletas de tándem). Entusiasmo por el ciclismo.

1902

La diócesis de Medellín es elevada a la categoría de Sede Metropolitana y monseñor Joaquín Pardo adquiere la dignidad de arzobispo. Se inicia construcción de la Iglesia del Sagrado Corazón en Buenos Aires con planos de Francisco Navech. Creada Compañía Antioqueña de Tejidos. Demolidos muros y pilares españoles alrededor de la Veracruz.

1902/11

Creado Colegio Tutelar de Antioquia, para jóvenes linajudos de mala conducta.

1903

La SMP primer correo urbano en Medellín. Fundada la Academia Antioqueña de Historia. Se publica el primer número de *Lectura y Arte*. Benjamín de la Calle abre su fotografía en Medellín que funciona en Guayaquil hasta su muerte en 1934. Fernando Córdoba agrupa la Lira Antioqueña con músicos de la ciudad asesorados por el maestro Jesús Arriola. Libardo López funda el periódico liberal *La Organización*. Manuel J. Álvarez Carrasquilla funda el barrio Majalc. Carrasquilla publica: *Salve Regina*. Guayaquil en urbanización. Se impone maquina de coser.

1904

Luis Cano publica *Lectura Amena*, revista sobre arte y literatura. Se edita hasta 1905. Se establece la Compañía de Gaseosas Tobón S. A., antecedente de Postobón Estalla crisis bancaria y económica. Se incendia la planta telefónica contigua a la Casa de Gobierno Departamental en Bolívar con Calibío. Rendón publica *Inocencia*.

1904/03

Nicanor Restrepo Giraldo alcalde, hasta 1908.

1904/09/10

Pánico bancario en Antioquia. José T. Herrán y Pedro Nel Ospina piden medidas.

1904/11/28

Decreto 949 crea Cámara de Comercio de Medellín.

1905

La Sociedad de Mejoras Públicas construye el Hipódromo de La Floresta en el terreno donde hoy está el Colegio Calasanz. La Compañía Antioqueña de Tejidos monta una fábrica de hilados y tejidos en Bello con Llega el segundo automóvil a Medellín. Manuel José Álvarez contrata con el municipio el fomento y administración de una Feria de Ganados en Guayaquil. Funciona hasta 1920. Creada Junta Fomentadora del Acueducto de Hierro, dirigida por Camilo C. Restrepo Callejas. Epidemia de tifo. Emilio Restrepo Callejas funda la Compañía Antioqueña de Tejidos (Hatoviejo).

1905/05

Juegos florales. Segunda exposición artística industrial.

1905/07/15

Organizada sociedad del Banco de Sucre.

1905/12/01

Asume arzobispado de Medellín Manuel José Caycedo.

1906

Isidoro Silva publica el Primer Directorio Telefónico y Comercial de la ciudad de Medellín para el año1906. El Apostolado de la Oración saca el primer número de su revista *La Familia Cristiana*. Revista *Alpha*.

1906/07/20

Tercer Certamen Artístico e Industrial.

1907

Pedro León Franco ("Pelón Santamarta") y Adolfo Marín componentes del dúo de trovadores Pelón y Marín son los primeros artistas antioqueños y colombianos en grabar un disco. Enrique Castro publica el primer número del periódico *El Bateo*. Se funda el banco Vásquez, Correa y Cía. Camilo C. Restrepo contrata con la firma inglesa Schloss Brothers el adelanto de las redes de tubería de hierro para el acueducto municipal. Fusilado ultimo condenado, en puente de Guayaquil. Fundación de Coltejer.

1908

Ley 1 crea departamento de Medellín. Se hace nuevo plano; Horacio M. Rodríguez inicia construcción de Hotel Magdalena; primer edificio de concreto en Colombia.

1908/04/22

Gonzalo Mejía preso por gobierno de Reyes.

1908/05

Reyes viene a Medellín. Fidel Cano y Carlosé Restrepo hacen oposición.

1909

Se funda en Medellín la fábrica de Fósforos Olano.

1909/02/25

Organizada sociedad del Circo España. Gerente Uladislao Vásquez. Arquitecto Horacio M. Rodríguez. Circo funciona hasta 1936.

1909/06

Justiniano Macías, alcalde.

1910

Guillermo Moreno Olano trae el primer balón de fútbol. Se crea el Tenis Club. Primera pista de patinaje Se organiza Mesacé. Se funda la Acción Social Católica. Se desata la primera huelga de trabajadores en el país: los sastres entran en paro. Carrasquilla publica *Grandeza*. Gabriel Arango Mejía publica las *Genealogías de Antioquia y Caldas*. Se funda la Librería Cano del Negro Antonio J. Cano. Olarte construye el Hospicio de San José, que aún existe. Lira Antioqueña, impulsada por Jesús Arriola, grabó en NY 150 piezas. Exposición Nacional organizada por SMP. Fundada la Industrial de Cigarrillos.

1911

El presidente Carlos E. Restrepo pone primer riel del Ferrocarril de Amagá. SMP crea el Instituto de Bellas Artes. Municipio recibe el matadero al finalizar el privilegio de Ospina Hermanos. Creada Empresa de Acueductos del Municipio. Roberto Medina funda Fábrica de Tejidos de Rosellón. Creada Policía de Aseo.

1912

Francisco de Paula Pérez funda *El Colombiano*. Se funda *La Pluma de Oro*. Se crea el Banco Alemán Antioqueño, que se convierte mas adelante (1942) en Banco Comercial Antioqueño. Llega tren a Barbosa.

Se funda el primer Patronato de Obreras por los jesuitas. El doctor Jorge Rodríguez, comisionado por el municipio, contrata con el ingeniero René Rigal los estudios para acueducto de hierro. El municipio organiza recolección de basuras. Apolinar María crea Sociedad de Ciencias Naturales. Mgr. Manuel José Caycedo prohíbe leer a *Alpha*, que cierra, pues no había imprenta que la hiciera. Se funda Patronato de Obreras. H.M. Rodríguez inicia edificio de Banco Alemán Antioqueño. Se inicia nueva Iglesia de El Poblado. "Planos de Medellín" futuro. Se inicia capilla de la Virgen de Loreto. Primer vuelo en Medellín hecho por Schmidt.

1912/12/28
Se ensaya hidroplano de Gonzalo Mejía. Se crea la "Juventud Católica", asociación de jóvenes laicos. Creada la Sociedad Antioqueña de Ingeniería.

1913
Se crean la Fábrica de Muebles El Ospina y la Tipografía Industrial. Llega línea del ferrocarril a Bello. Creada Compañía Industrial de Cemento Antioqueño, por Pedro Vásquez Uribe y sus hermanos. El Concejo establece el primer reglamento de tránsito para la ciudad. Cano pinta *Horizontes*. Creada Compañía Antioqueña de Autobuses (Olano): tres líneas: América; Buenos Aires y Villa Nueva. *Humano*, dirigida por Luis Eduardo Vieco, Julio Posada R. Se reúne grupo de Panidas.

1913/01/26
Vuela en Medellín el primer avión. Lo piloteaba el canadiense John Schmidt.

1913/02/13
Empieza a funcionar el Colegio Central de Señoritas - hoy Colegio Central Femenino de Antioquia, CEFA.

1913/05/05
Elecciones con disturbios.

1913/05/11
Trifulca entre rojos y azules en Plazuela de San Francisco. León de Greiff encabeza rojos.

1913/05/13
El Concejo aprueba el plano de "Medellín Futuro" elaborado por el doctor Jorge Rodríguez Lalinde en asociación con la Sociedad de Mejoras Publicas. También autoriza la construcción del Bosque de La Independencia para conmemorar el centenario de la declaración. En las 22 cuadras de terreno la SMP siembra más de cinco mil árboles. Horacio M. Rodríguez inicia nueva edificación de Universidad de Antioquia; Paraninfo, etc. El 13 de octubre el gobernador Ramírez ordena construir Palacio Departamental donde está Cuartel de Gendarmería, Guardia Civil y Penitenciaría (actual palacio municipal).

1913/05/16
Creada legalmente la Fundación Hospitalaria San Vicente de Paul.

1913/08
Desfile de 100 años de independencia de Antioquia. Carrasquilla diseña carroza para Cámara de Comercio.

1913/09
Revista *Arte*, de Francisco Villa.

1914
Se funda la Compañía Cinematográfica Antioqueña para distribuir y exhibir películas norteamericanas. Se crea la Casa de Menores conocida también como Escuela Tutelar. Don Tulio Ospina impulsa la fundación de la Sociedad Antioqueña de Agricultores Surge la asociación de mujeres trabajadoras "Congregación de Hijas de María" y la Unión de Artesanos y Obreros de Medellín. El municipio y algunos particulares constituyen la Compañía Telefónica de Medellín. Sale revista *Progreso* de SMP. Viene Virginia Fábregas.

1914
Organizado primer equipo profesional de fútbol.

1914/02/13
Compañía de fósforos de Olano se vuelve anónima; primera.

1914/03/07
Llega a Medellín el primer tren, de Berrío, y se inaugura estación de Cisneros, diseñada por Enrique Olarte.

1914/04/27
Se inauguran autobuses de Ricardo Olano. Se vende *Cachos y dichos* de Trujillo.

1915
Primer partido público de fútbol en Medellín. Se constituye la Compañía de Tejidos de Rosellón. Se funda la Tipografía Comercial. Se abre el Colegio de María Auxiliadora. Gustavo Vásquez funda la Escuela Remington. Fundado Instituto de Ciegos y Sordomudos. Se pone en funcionamiento el orfanato de San José. La Compañía Telefónica de Medellín compra al Departamento de Antioquia la planta de teléfonos. La Sociedad de Mejoras Públicas abre el Bosque de la Independencia. Salesianos abren Casa del Sufragio. Revista *Avanti*, de E. Posada Cano. Rendón hace álbum de cigarrillos Pierrot.

1915/02/10
Sale *El Espectador* en Bogotá.

1915/02/15
Se publica *Panida* dirigida por León de Greiff. Colaboran Fernando González, Ricardo Rendón, Tartarín Moreira, Félix Mejía, etc.

1916
Se funda Noel. Empieza a funcionar en Bello la Escuela de Agricultura Tropical y Veterinaria. Se crea el Partido Obrero y se organiza su correspondiente capítulo en Medellín. Se inicia la construcción del Hospital de San Vicente de Paúl según planos del francés A. Gavet. Horacio Marino Rodríguez inicia remodelación de la sede de la Universidad de Antioquia en San Ignacio. Se urbanizan Aranjuez y Berlín. Contratado empréstito para acueducto. Se reabre la Escuela de Agronomía de U. de A. Creado Club Noel. Revista *Colombia*, de Carlos E Restrepo y el Negro Cano.

1917
Cancionero de Antioquia de Ñito Restrepo. Municipio compra a Coriolano Amador el mercado de Guayaquil. La SMP de Medellín organiza el Congreso Nacional de Sociedades de Mejoras Públicas. Epidemia de viruela y gripa. Vendido El Coliseo, que se convierte luego en Teatro Bolívar. Creada la Gota de Leche.

1917/03/27
Incendio en la manzana Occidental del Parque de Berrío.

1917/05/01
Se celebra por primera vez el Primero de Mayo.

1917/05/29
Se inaugura monumento de El Salvador.

1917/08/04
Concejo crea Cuerpo de Bomberos.

1917/09
Una serie de temblores de tierra se sienten en la ciudad.

1917/10/12
I Congreso de Mejoras Nacionales.

1918
El Municipio compra la Compañía Antioqueña de Instalaciones Eléctricas. Se crea el Instituto Técnico e Industrial. Los trabajadores del Ferrocarril de Antioquia entran en huelga. Se inicia remodelación del antiguo Teatro Municipal y se le cambia su nombre por el de Bolívar. *Protocolo de la urbanidad*, de Ospina. Se crean apartados de correos..

1918/04/24
La Asamblea crea en Medellín la Policía de Fábricas.

1918/11/09
Hay epidemia de gripa en la ciudad; se crea Junta de Socorros.

1919
Se inicia tranvía eléctrico. Municipalización de teléfonos y energía. Surgen barrios obreros. Se inicia plaza de ferias. Creado parque de Piedras Blancas. Fundada por la Juventud Católica *La Defensa*. Edificio Olano, de Olarte, de 4 pisos, primero con ascensor (terminado en 1922). Inaugurado Teatro Bolívar remodelado. Luis Eduardo Vieco abre fotografía. Creada por Alfonso Vieco la Orquesta Unión Musical, primera sinfónica local. Abel Uribe Jaramillo crea colegio dental.

1919/01/15
Muere Fidel Cano. Ley 22 ordena busto: con apoyo Pacho Pérez: firmo Suarez. Obra se encomendó a Francisco A. Cano.

1919/01/27
Se constituye la Compañía Colombiana de Tabaco y la Compañía de Tejidos Unión.

1919/05/01
Creadas las Empresas Municipales, para administrar agua, energía, teléfonos, etc.

1919/09/16
Fundada Compañía Colombiana de Navegación Aérea por Guillermo Echavarría: primera aerolínea comercial en el mundo.

1919/10
Sale periódico *La ciudad futura*, de Olano.

1920
Se inaugura una nueva Plaza de Ferias en la calle Colombia cerca del río. Llega Goovaerts. Se inicia construcción de cárcel de La Ladera. Se organiza la Banda Departamental de Música Laura. Casa de Corrección se convierte en Casa de Menores. Se funda la tipografía Vieco y Cía. Más de 300 obreras y cerca de 150 trabajadores de la Fábrica de Tejidos de Bello realizan la primera huelga en industria en Colombia (Bethsabé Espinosa). Incendio quema plaza de Berrio. Creado grupo escénico de Medellín : Teresita Santamaría.

1920/02
Huelga en Rosellón y una semana después en Fabricato.

1920/02/26
Constituida jurídicamente Fabrica de Hilados y Tejidos el Hato, Fabricato, e inicia labores.

1920/09/06
Francisco González es el primer antioqueño en sobrevolar a Medellín en un avión biplano. Se funda en Medellín la Compañía Naviera Colombiana dedicada a la navegación a vapor en el río Magdalena.

1920/11/07
La economía de Medellín entra en crisis. Numerosas casas bancarias comerciales e industriales se cierran. Cerca de 3 000 obreros se quedan sin trabajo.

1921
Se crea Laboratorios Uribe Ángel; la de sal de frutas LÚA y que aun sigue activa. Germán Saldarriaga del Valle funda la Cacharrería Mundial. Terminado edificio de la Farmacia Pasteur. Salen revistas *Cyrano y Sábado*. Se funda la Sociedad Protectora de Animales. Se inaugura la nueva planta eléctrica de Piedras Blancas. Coltabaco establece seguro de vida a trabajadores. Tranvías eléctricos pasan al Municipio y se inauguran líneas a La América, Buenos Aires y Bosque. Se inaugura la Estación Inalámbrica de Las Palmas (telégrafos), obra de Agustín Goovaerts.

1921/05/14
Conflicto por retrato de Cano en Medellín.

1921/06
Problema por matrimonios civiles en Medellín. Atrasos fiscales de 4 y 5 meses.

1921/10/29/30
Se incendian todos los edificios del costado occidental del Parque de Berrío.

1922
Se ponen en funcionamiento las fábricas de Productos Respin y Café La Bastilla. Baja la falda femenina y aparece el talego. Salesianos crean Taller en El Sufragio. Pedro Nel Gómez y Eladio Vélez exhiben.

1922/05/07
Se incendia toda la manzana ubicada en Bolívar por Boyacá y Calibío.

1922/10/09
Fundado Colegio de Antioquia.

1923
Se inaugura el Hospital La María. Se instala el primer teléfono público en Medellín. Don Jorge Obando monta "Foto Obando". Se crea agencia del Banco de la República. A ésta se le da categoría de sucursal en 1926. The Anglo South American Bank abre sucursal en Medellín Se crea la Unión Obrera. Se inicia la iglesia del Sagrado Corazón de Jesús en Guayaquil, según planos del belga Agustín Goovaerts. Rendón diseña marca de Pielroja. Fabricato inaugura central de 250 kw. Postobon vende Popular, Limonela, Bretaña.

1923/04/12
Funciona primera cardadora eléctrica en Fabricato.

1923/08/07
Inauguración oficial de Fabricato; la hace presidente Pedro Nel Ospina. Inaugurada estatua ecuestre de Bolívar de Macagnani.

1924
Con la fusión de varias empresas pequeñas se crea la Compañía Nacional de Chocolates. Germán Olano funda el Club Campestre de Medellín. El centro Obrero San José inicia la publicación de *El Obrero Católico*. Se instala el acueducto de hierro en Belén, La América y El Llano. Tiempo después se extiende a Guayaquil, Robledo, San Cristóbal y Lotero. Coltabaco lanza Pielroja. Primer aparato de radio en Medellín: de Luciano Restrepo.

1924/08/29
Constituida Liga Patriótica por Colombia y por Antioquia.

1924/09/24
Inaugurado edificio del Club Unión.

1924/10/04
Inaugurado con película de Chaplin el edificio Gonzalo Mejía y el Teatro Junín. Hotel Europa, diseñado por Goovaerts.

1924/10/12
Inaugurada estatua de Cisneros de Tobón Mejía junto a estación del tren.

1924/11/18
Se constituye sociedad de municipios para realizar el Tranvía de Oriente a Guarne y Marinilla.

1925
Se inicia construcción de la carretera Medellín-Sonsón. Se inaugura en 1931. Se filma en Medellín *Bajo el cielo antioqueño*, la película colombiana más taquillera por muchos años. Inicia labores la Escuela de Ciegos y Sordomudos concebida por el pedagogo Francisco Luis Hernández. Se construye la primera planta de clorinación del acueducto de Medellín. Se inicia la construcción del Palacio de Gobierno Departamental, del Palacio Nacional, de la Normal Nacional de Varones, con planos de Agustín Goovaerts. Jesús Tobón Quintero propone carretera al mar. *Letras y Encajes*.

1925/03/22
Asamblea aprueba carretera al mar.

1925/05/10
María Cano elegida Flor del Trabajo.

1925/05/26
Manifestación contra la pena de muerte. Hablan Carlos E. Restrepo y María Cano.

1925/10/04
Elecciones parlamentarias violentas en Medellín.

1925/11/21
Llega presidente Ospina para fiestas de 250 años de Medellín. Fiestas en Unión y Campestre. Cabalgata con presidente. Primera piedra de Palacio Nacional.

1926
Se fundan Librería Nueva y Tejidos Medina. Gonzalo Mejía asume campaña vía al mar. Se inicia cobertura de quebrada Santa Elena.

1926/04/30
Se inicia urbanización de El Prado.

1926/08/22
Presidente Ospina visita a Medellín con Laureano Gómez. Discurso en Estación.

1926/10
Iniciado edificio de Bellas Artes (Nel Rodríguez).

1927
Se inauguran edificios de la Escuela de Medicina (contigua al hospital San Vicente) y de la Escuela de Derecho en Girardot con Ayacucho. Primer número de *El Heraldo de Antioquia*, dirigido por Jesús Tobón Quintero. Debuta en Medellín el dúo Obdulio y Julián Primer Congreso Cafetero Nacional funda la Federación Nacional de Cafeteros. Se funda Cine Colombia. Entran en huelga los taxistas. El paro se repite en 1929.

1928
Se termina la construcción de la carretera Medellín-Rionegro. Francisco Mejía abre su estudio fotográfico. El Banco de Bogotá compra las acciones del Banco Republicano de Medellín. Se da al servicio la termoeléctrica de Guayaquil. Se instala el trolebús. Se inicia el Palacio Municipal según planos de Martín Rodríguez. Se inauguran el edificio del Seminario Conciliar, iniciado en 1919 según proyecto de Juan Buscaglione, y el Palacio de Bellas Artes, obra de Nel Rodríguez. Movimiento por carretera al mar. Concejo compra Morro de los Cadavides (Nutibara). Fundada por Félix Restrepo la Librería Voluntad. Carrasquilla: *La marquesa de Yolombó*.

1928/02/10
Fundada Sociedad Antioqueña de Cemento.

1929
Estalla en Envigado una nueva huelga en la Fábrica de Rosellón. Inaugurado túnel de La Quiebra. Se crea la Federación Antioqueña de Fútbol. Marco Aurelio Arango funda primera asociación de empresas manufactureras bajo el nombre de "La Industria Nacional Colombiana". El municipio inaugura el servicio de buses eléctricos entre la plaza de Cisneros y La Toma. El *Viaje a pie* de Fernando González.

1929/06
Fundado Club Medellín.

1929/10/12
Se inaugura el Tranvía de Oriente con coches de motor a gasolina. Pone en comunicación a Medellín con Guarne, Marinilla y Rionegro.

1930
Se terminan los trabajos de cobertura de la quebrada Santa Elena desde el actual lugar que ocupa el Teatro Pablo Tobón Uribe hasta la carrera Junín. El tramo entre Junín y Palacé se había canalizado desde 1926. Alfredo Daniels organiza HKO, primera emisora radial de la ciudad. Marco Tobón Mejía esculpe el mausoleo de Jorge Isaacs en el Cementerio de San Pedro. Cine Colombia proyecta la primera película sonora en Medellín. Se crea Cervecería Unión, uniendo varias existentes. Se funda el cementerio Israelita. Poblamiento de Aranjuez y parte baja de Manrique. *Libro de Signos*: de Greiff. Aparece revista *Claridad*. Pedro Nel Gómez exhibe en Medellín sin éxito. Asfaltada vía a la América y el Poblado.

1930/01/22
Olaya en Medellín: gigantesca manifestación. Presenta programa.

1930/05/29
Ocurre fuerte temblor de tierra mientras la ciudad dormía.

1930/06/30
Firmado en Medellín contrato para Carretera al Mar.

1931
Se inicia construcción del campo de aviación de Medellín. Don Gonzalo Mejía funda UMCA para cubrir la ruta Medellín-Turbo. Se constituye Locería Colombiana. La Asamblea crea Lotería de Medellín.

1931
Se erigen las parroquias de Nuestra Señora del Sagrado Corazón de Jesús en el barrio Buenos Aires y la de San José en el centro; ambas desgajadas de La Candelaria.

1931/08/12
Se inaugura la Catedral de Villanueva el día que el Obispo Manuel José Cayzedo cumple veinticinco años al frente de la Diócesis.

1931/08/13
Compañía Radiodifusora de Medellín. (Voz de Antioquia).

1932
Nace Fernando Botero. José María Bravo Márquez funda el "Orfeón Antioqueño". Se realiza la Exposición Industrial de Medellín. Se crea la Escuela Dental de la Universidad de Antioquia. Se inaugura la Central de Guadalupe impulsada por el ingeniero Horacio Toro Ochoa. Universidad de Antioquia admite a odontología (Mariana Arango). Decreto abre bachillerato a mujeres (decreto 277 de 1933).

1933
Se funda el Club Deportivo Independiente Medellín. Luis Eduardo Yepes abre el primer Almacén Ley en Medellín. Funciona en el Edificio Olano (Parque de Berrío); existía en Barranquilla desde 1923. Se construye el cementerio Universal, con diseño de Pedro Nel Gómez. Viene ópera de Bracale, y se quedan Luisa Manighetti y Mascheroni. Inaugurado órgano alemán en la Catedral con obras de Bach. Cubierta quebrada La Palencia, hacia Ayacucho por la actual avenida Oriental. Empieza a transmitir emisora cultural de Universidad de Antioquia.

1934
Se constituye Imusa. Empieza a funcionar la fábrica de Tejidos Leticia Ltda. Don Jesús Mora funda la industria textil Tejicondor. Se crea la Unión de Productores de Leche Proleche. Antonio Fuentes López funda Discos Fuentes. Gran exposición de Pedro Nel Gómez.

1934/02/23
Convención Occidentalista en Cali.

1934/02/27
Constituida la Compañía de Cemento Argos.

1934/05/09
Inaugurado el nuevo edificio del Hospital de San Vicente de Paúl.

1934/05/26
Se terminó iluminación eléctrica de Palacé entre Bolivia y Jorge Robledo.

1934/06/02
Estalla huelga del Ferrocarril de Antioquia.

1934/12/01
Acuerdo define nomenclatura numérica.

1935
Se crea Revista de la U. de A. Se funda la Sociedad de Arquitectos de Medellín. Se construye primer puente en concreto reforzado: Argos. Banco Central Hipotecario inicia la construcción de vivienda barata en Medellín; comienza ola de huelgas en el sector textil que se extiende hasta 1936. Coltejer Rosellón; Tejidos de Bello, cerca de 1.800 obreras de las trilladoras de café de Medellín, tranviarios, sastres, electromecánicos, choferes de taxi, operarios de la Planta Pasteurizadora del Municipio, etc.; entran en paro. Se funda la Federación de Sindicatos FEDETA. Pedro Nel Gómez inicia los frescos en el Palacio Municipal. Los termina en 1938. Jaime Santamaria crea Ecos de la Montaña.

1935/05/10
Muere Francisco A. Cano.

1935/06/24
Gardel actúa en el Junin y luego muere carbonizado en un accidente aéreo en el campo de aviación.

1935/08/14
Se reúne Congreso Eucarístico en Medellín.

1935/10/29
Compañía Colombiana de Radiodifusión; S. A., se convierte en Voz de Antioquia.

1936
Fundado el Instituto Central Femenino. Tomás Carrasquilla recibe el Premio Nacional de Literatura. Aparece la *Revista Antioquia*, de Fernando González. La Voz del Triunfo. Se gradúa en Universidad de Antioquia Mariana Arango T., cirujana dentista.

1936/08/8-9
Refriega política: atacado *El Colombiano*; muerto Carlos Arango Muñoz.

1936/09/14
Fundada UNIVERSIDAD PONTIFICIA BOLIVARIANA por Pbro. Manuel José Sierra. Conservadores se retiran de Universidad de Antioquia.

1937
Se desarrolla en Medellín el movimiento descentralista. Tiberio Salazar Herrera es nombrado arzobispo. Huelga del Ferrocarril de Antioquia. Paro de Choferes de Medellín y del Municipio de Medellín y sus empresas públicas. Se incendia la plaza de mercado de Guayaquil. Luego se reconstruye. Asfaltada vía a Belén.

1937/01
Rafael Arredondo alcalde.

1937/06/22
Muere Mgr. Cayzedo.

1937/07/05
Murió Carlos E. Restrepo.

1937/08
Felix Mejía, alcalde.

1937/10/12
Inaugurado Palacio Municipal (Martín Rodríguez); frescos de Gómez dan golpe.

1938
Huelga de los trabajadores de Coltabaco y una más de los del Ferrocarril. Se funda el Sindicato de Coltejer. Se funda Simesa, el Instituto Técnico Pascual Bravo, la facultad de Ing. Química en UNIVERSIDAD PONTIFICIA BOLIVARIANA. Líderes cívicos y políticos de los departamentos de Antioquia y Caldas inician el Movimiento Descentralista. Empresas Municipales inician la ampliación de la Central de Guadalupe. Se implanta en Medellín el impuesto de valorización. Radio Nutibara.

1938/02/01
Comienza a producir Tejidos el Cóndor. Mosaicos Medellín.

1938/02/04
Un fuerte temblor de tierra. Se derrumba el viejo caserón del convento de las Carmelitas en la calle de El Palo.

1938/10/03
Desbordamiento de la quebrada El Hato: el mayor por décadas.

1938/10/25
Muere Efe Gómez.

1938/12/05
Antioquia (Medellín?) ganó nacional de fútbol, en Campo de Libertadores. Trasmitido radialmente.

1939
Entran en huelga los trabajadores municipales de Medellín. Exposición de Débora Arango en Club Unión. Fabricato adquiere Compañía de Tejidos de Bello. Luisa Manighetti crea Orquesta Sinfónica del Conservatorio de Medellín.

1939/02/12
Primera piedra del Campestre.

1939/06
Aparece *Generación*, suplemento de *El Colombiano*, dirigido por Otto Morales Benítez y Miguel Arbeláez Sarmiento.

1939/06/22
Hay conflicto en Universidad de Antioquia. Gobernador E. Montoya sugiere cierre. Rector es Jesús Echeverri Duque. Emilio Jaramillo mediador. Tribunal Superior deplora el 28 el fin de la Universidad de Antioquia.

1940
Medellín queda comunicada por carretera con el Valle del Cauca, Manizales y el Tolima. Crean la industria de Confecciones Colombia, luego Everfit-Indulana y la Embotelladora de Medellín S. A., envasadora de la Coca Cola. Las Empresas Municipales instalan la telefonía automática. Muere Clodomiro Ramírez. Avanza canalización del río. Se construyen Banco de Bogotá, Cervecería Unión, Teatro Avenida de Bernardo Mora, Fabrica Noel (Palacé), Fedecafé en San Juan hacia el río.

1940/03/13
Presidente Santos pone primera piedra de nuevo edificio de Minas.

1940/03/14
Muere Alejandro López.

1940/07
El urbanista Karl Brunner visita a Medellín y se le encarga una propuesta de planificación para la ciudad. Firma de Nel Rodríguez hace Metro Avenida. F. Mejía hace Noviciado y Ancianato de la Presentación en Los Ángeles. Vieira rediseña Parque de Bolívar.

1940/10/12
Celebración de Día de la Raza. Hotel Europa. Banco Aleman-Antioqueño.

1940/12/19
Muere Tomás Carrasquilla.

1941
José María Acevedo funda la fábrica de artículos eléctricos Haceb. Se crean las parroquias de El Calvario, el Sagrado Corazón en Guayaquil y 18 más en toda la ciudad. Se inicia la construcción del Hotel Nutibara según planos del norteamericano Paul Williams. Se inaugura en 1945. Fabricato introduce telas estampadas. Muere Mgr. Manuel José Sierra. Surge cadena Kresto. Primer cobro de valorización. Bedout y Hernando Téllez B. graban discos en Medellín. Restrepo Duque dice que fue en 1940.

1941/08/06
Inaugurado nuevo edificio del Campestre.

1942
Se empalman los ferrocarriles de Amagá y del Pacífico. Carlos Correa gana el Salón Nacional de Artistas con su obra pictórica La Anunciación y produce escándalo. Arzobispo de Medellín el santandereano Joaquín García Benítez. Se inicia la

Plaza de Toros La Macarena según proyecto del arquitecto Félix Mejía Arango. Inaugurados hipódromos de la Floresta y San Fernando.

1942/04
Cierra *Generación*. Alfonso Mora dirige Biblioteca de la Universidad de Antioquia; Germán Fernández Jaramillo la de Universidad Pontificia Bolivariana.

1943
Jaime Navarro abre Librería América. Indulana y Fabricato organizan y patrocinan el Concurso de Música Nacional. Las Empresas Públicas Municipales inauguran la planta de purificación de Villa Hermosa. Demolido el edificio donde estaba el Café La Bastilla en La Playa por Junín. Inicia Arquitectura UPB. Pedro Nel Gomez traza barrios curvos de Laureles.

1943/06/09
Mascheroni funda Compañía Antioqueña de Ópera, que dura hasta 1947.

1944
Se funda Sedeco. Fabricato en consorcio con Burlington Mills crea a Pantex. Se lleva a cabo en Medellín la Gran Exposición Industrial Nacional. Fundada en Medellín la Asociación Nacional de Industriales ANDI. Con motivo del Primer Congreso Nacional de Ingenieros se inaugura la nueva sede de la Escuela Nacional de Minas en Robledo con planos de Pedro Nel Gómez y Gerardo Botero. Se crea la carrera de Ciencias Económicas de la Universidad de Antioquia. Fernando Gómez Martínez y otros reviven la campaña descentralista. Se funda la Unión de Trabajadores de Antioquia, UTRAN. Se crea Instituto Popular de Cultura.

1944/06/22
Aparece el primer número del diario *El Correo*.

1944/07/10
Apedreados *El Colombiano* y *La Defensa*. Manifestación a favor de López, encabezada en Guayaquil por el director de Biblioteca Santander, Julio Hoffman.

1944/07/19
Durante un partido entre el Deportivo Independiente Medellín y el equipo Huracán en el Campo de Los Libertadores (donde hoy está la Iglesia San Joaquín), al cual asistieron más de 3 000 aficionados, hubo desórdenes que dejaron 5 muertos y 5 heridos.

1944/11/04
Fundado sindicato de Fabricato impulsado por el padre Damian Ramírez.

1944/12/12
Se funda la Compañía Suramericana de Seguros.

1945
Se crea la Orquesta Sinfónica de Antioquia. Diego Echavarría funda la Biblioteca Pública de Itagüí. Se crean Pintuco, la Sociedad Aeronáutica de Medellín, SAM, y el Banco Industrial Colombiano, BIC.

1945/03/04
Se inaugura la Plaza de Toros La Macarena.

1945/05
Balacera en Medellín: herido Miguel Zapata Restrepo.

1945
Surge música de carrilera.

1946
Camilo Correa funda PROCINAL, compañía que intentaba producir cine en Medellín. Se funda en Medellín la Federación Nacional de Comerciantes,

FENALCO Se inaugura la Escuela de Bibliotecología del Colegio Mayor de Antioquia. Se construye el edificio de la Naviera Colombiana según planos de Ignacio Vieira, Federico Vásquez y Alberto Dothee.

1947
Berta Zapata Casas, primera abogada de la Universidad de Antioquia. Huelga de trabajadores del Ferrocarril de Antioquia. Abre clínica Medellín. Vieira construye fabrica de Everfit en Robledo. Unión Indulana cambia nombre por Atlético Municipal. Se juega en el estadio de San Fernando. Dueto de Antaño graba primer disco. Se trasmite Los Catedráticos Informan.

1947/06/16
Muere Ricardo Olano.

1947/11/08
José Gutiérrez Gómez, presidente de la ANDI

1948
Se inaugura la Clínica de Maternidad "Luz Castro de Gutiérrez". Se crea la Cadena Radial Colombiana, Caracol. Fabricato inicia construcción de vivienda para obreros. Se inaugura la nueva fábrica de Coltabaco en la Autopista Sur, con planos de Nel Rodríguez. Catedral de Villanueva es nombrada Basílica Menor. Fabricato se vincula a Voz de Medellín y fundan RCN: Fundada emisora cultural de UPB. Concurso Fabricato de bambuco: declarado desierto; Luis Uribe gana con pasillo *Cucarrón*.

1948/04/09
Motines por muerte de Jorge Eliécer Gaitán. Incendio del diario conservador *La Defensa*.

1948/10
Se contrata plan piloto con Wiener y Sert.

1949
RCN. Fundado Sonolux. Se fundan Almacenes Éxito y Caribú. Julio Arias Roldán, alcalde. Gilberto Rodríguez diseña Hospital Pablo Tobón Uribe, y Vieira construye Teatro Lido.

1949/02
Abre el Instituto Jorge Robledo.

1950
Se fundan la Universidad de Medellín, CODISCOS, la Asociación Colombiana de Pequeños Industriales, ACOPI y Cementos El Cairo con una planta en Santa Bárbara. Empiezan a funcionar para los trabajadores, los servicios de salud del Seguro Social. Terminado edificio de Fabricato, de Federico Blodek y Felix Mejía.

1950/03
Sert y Wiener presentan propuesta de Plan Piloto de Medellín.

1951
Se suspende el servicio del tranvía eléctrico y se reemplaza por autobuses. Rodolfo Pérez González crea la coral Tomás Luis de Victoria. Empieza a funcionar la Escuela de Enfermería de la Universidad de Antioquia. El arzobispo de Medellín crea las parroquias de Cristo Rey en Guayabal, Santa Teresita en Laureles, San Judas Tadeo en Castilla y 15 parroquias más. El Alcalde de Medellín ordena trasladar todos los establecimientos de prostitución al barrio Antioquia.

1951/12/07
Se adopta legalmente el Plan Piloto.

1952
Se funda la Biblioteca Pública Piloto para América Latina. Empresas Públicas inauguran hidroeléctrica de Riogrande y represa de Piedras Blancas. ICT construye Los Libertadores.

1952
Se presenta en el Teatro Bolívar Un Ángel de la Calle, de Arce Aragón.

1952/02/14
Un sismo aterroriza a Medellín y daña estatua de El Salvador.

1952/02/26
Jorge Ortiz Rodríguez, alcalde. Se comienza a usar el bluyín.

1952/09/06
Club El Rodeo.

1953
Se funda Federación Antioqueña de Ganaderos. Se funda la Empresa Colombiana de Refractarios. Se crea la empresa de Publicidad TEA. Ramón Hoyos va a la Vuelta a Francia.

1953/03/06
Tercera Vuelta a Colombia.

1953/03/19
Se inaugura el estadio Atanasio Girardot con capacidad para 36 000 espectadores. Planos y dirección del arquitecto Antonio Mesa Jaramillo.

1953/08/03
El dictador general Gustavo Rojas Pinilla visita a Medellín.

1953/11/07
Creado Caracol.

1954
Se inaugura diamante de béisbol Llega la primera señal de la Televisora Nacional a Medellín. El Museo de Zea, luego de Antioquia, se instala en la antigua Casa de Moneda. Se abre la Facultad de Ciencias Educativas de la Universidad de Antioquia. Las empresas industriales afiliadas a la ANDI fundan la Caja de Compensación Familiar de Antioquia, COMFAMA; la primera en Colombia.

1954/07/12
Ocurre la tragedia de Media Luna 74 muertos.

1954/07/28
Teresita Santamaría de González nombrada por Rojas Pinilla miembro suplente de Asamblea Constituyente.

1955
Se inaugura la carretera Medellín-Cartagena. Camilo Correa estrena su película "Colombia Linda". El Deportivo Independiente Medellín es campeón nacional. Se inaugura el coliseo de baloncesto. Se crea la Facultad de Arquitectura de la Universidad Nacional en Medellín. Las antiguas Empresas Municipales de Energía, Acueducto, Alcantarillado y Teléfonos se convierten en Empresas Públicas de Medellín. Se construye la avenida 33 (calle 37), y avenidas a La América o San Juan y Pichincha o "Canalización". Alcalde Darío Londoño Villa ordena destrucción del Teatro Bolívar.

1956
Se inaugura la nueva feria de ganados de Medellín, con diseño de Antonio Mesa Jaramillo. Se crea el Banco Ganadero. Se funda en Medellín la empresa PAR Publicidad. Se inicia la avenida El Poblado y la avenida Los Industriales. BCH construye Provenza,

en el Poblado. Inaugurada primera fase de Central de Riogrande Obra 203. Universidad de Antioquia crea la Escuela Interamericana de Bibliotecología.

1956/08/05
Muere Gonzalo Mejía.

1957
DIM es campeón nacional. Se funda en Medellín la Cámara Colombiana de la Construcción, CAMACOL. Doris Gil Santamaría es elegida Reina Nacional de la Belleza. Las EE PP inauguran edificio Miguel de Aguinaga. Se inaugura en 1960. Nel Rodríguez construye capilla del Colegio San José, Templo del Espíritu Santo. Fausto Cabrera funda El Búho en Medellín, y pronto lo traslada a Bogotá.

1957/11/11
Violento temblor de tierra.

1957/12/08
Monseñor Tulio Botero Salazar, arzobispo.

1957/12/12
Un nuevo temblor.

1958
Creada Industrias Metalúrgicas Apolo. Se traslada a Bello el Manicomio Departamental que cambia de nombre por el de Hospital Mental, diseñado por Nel Rodríguez. La Sociedad Médica de Antioquia, SOMA, inaugura su clínica. Nel Rodríguez construye edificio del BCH de Colombia, con fresco de Fernando Botero.

1959
Se crea el Conservatorio de Música de la Universidad de Antioquia. Primer concierto público con instrumentos antiguos del grupo Pro Música Antigua de Medellín dirigido por Javier Vásquez Arias, con participación de Álvaro Villa, Clara Victoria Gómez y Mario Gómez Vignes. Se fundan Corporación Financiera Colombiana y Corporación Financiera Nacional. La Arquidiócesis de Medellín comienza la construcción de los Barrios de Jesús con el objeto de dar vivienda a la gente pobre recién llegada a la ciudad.

1959/03/22
Descubierto laboratorio para cocaína, heroína y morfina en Medellín (según Arango y Child).

1959/04/18
Temblor de tierra sacude a Medellín.

1960
La Arquidiócesis de Medellín da inicio a la Gran Misión Arquidiocesana. Muere el ingeniero Horacio Toro Ochoa. Se construye la avenida Ochenta entre Colombia y la calle 30. Se da al servicio en 1962. Inaugurado nuevo terminal del Olaya Herrera. Poblamiento de Popular, Santa Cruz, parte alta de Manrique y Castilla. Muere Jorge Arango Carrasquilla.

1961
Se inaugura el zoológico Santa Fe. La Universidad de Antioquia programa por primera vez el "Martes del Paraninfo" durante la rectoría de Jaime Sanín Echeverri. Se crea la Acción Sindical Antioqueña , ASA, grupo disidente de la UTRAN.

1961/04/03
Se funda la Bolsa de Medellín.

1962
Se funda la Escuela de Administración y Finanzas Instituto Tecnológico EAFIT (ó 1960). Se constituye en Medellín FEDEMETAL.

1962
Se crea MASA: Municipios Asociados del Valle de Aburrá. Inaugurado el nuevo Seminario Conciliar de Medellín, con planos de Nel Rodríguez.

1962
Huelga de trabajadores de Rosellón y de la Planta de Acabados de Coltejer.

1962/07/30
Un temblor de tierra avería Escuela Normal de Varones y Hospital León XIII del ISS, donde casi se destruye un fresco del maestro Pedro Nel Gómez.

1963
Se funda la Cooperativa Cafetera Central de Distribución y Consumo Ltda. y el Instituto Politécnico "Jaime Isaza Cadavid". Concejo convierte en corregimientos a San Antonio de Prado y a Palmitas (antes San Sebastián). Se amplía carrera Bolívar y se inaugura el edificio de la Biblioteca Pública Piloto.

1963/02/23
Ejército da muerte a diez huelguistas de trabajadores de Cementos El Cairo en el Municipio de Santa Bárbara.

1963/06/05
Paro cívico de 24 horas en Antioquia.

1964
Muere Fernando González. Se funda el Museo Etnográfico de la Madre Laura. Se crean Industrias Fonográficas Victoria y Enka. Empieza a funcionar la Escuela de Salud Pública. Huelga en Mosaicos Titán, la más larga de la década: dura 900 días. Concejo crea las Empresas Varias de Medellín.

1965
Muere Jesús Mora. EPM construye la Central Hidroeléctrica de Guadalupe II. Se inaugura el teatro Pablo Tobón Uribe.

1965/08/08
Camilo Torres llega a Medellín; lo detienen en ASA.

1966
Alberto Correa funda la coral Estudio Polifónico de Medellín. EPM inauguran el primer desarrollo de la Central de Nare en Guatapé. Se fundan la Universidad Autónoma Latinoamericana y la Escuela Municipal de Teatro.

1966/03
La Asociación de Institutores de Antioquia apoya huelga nacional de maestros.

1966/03/02
Creado Municipios Asociados de Medellín.

1967
Muere Luis López de Mesa. Se realiza Festival de Ancón. Se "aparece" la virgen María Auxiliadora en templo de Sabaneta. EPM, ICEL, la Empresa de Energía Eléctrica de Bogotá y la CVC crean a Interconexión Eléctrica S. A., ISA, EMP inaugura el túnel de conducción de agua desde la represa de La Fe a Envigado. Nuevo paro general de educadores.

1967/04/26
Muere María Cano.

1968
Simesa crea a Holasa. Se funda Plastiquímica S.A. Se crea la Biblioteca Central de la Universidad de Antioquia; que acoge desde 1951 la colección de la antigua Biblioteca de Zea. Se realiza la II Asamblea

General del Episcopado Latinoamericano, CELAM, o "Conferencia de Medellín". La curia inaugura el cementerio parque La Candelaria. Se derriba el Teatro Junín para construir edificio Coltejer. Se inicia la construcción de las transversales del Poblado. Coltejer realiza la I Bienal Interamericana de Pintura.

1969
Las Empresas Varias dan al servicio las plazas de mercado satélites en La América, Belén, Campo Valdés, Castilla, Flórez y Guayabal. Se inaugura la Ciudad Universitaria de la Universidad de Antioquia.

1970
Se inaugura el Hotel Intercontinental. Se construye la Avenida El Poblado-Envigado. II Bienal de Arte de Coltejer. Se crea el Museo Universitario de la Universidad de Antioquia por la fusión del Museo Antropológico fundado por Graciliano Arcila Vélez en 1943 y del Museo de Ciencias Naturales fundado en 1942. El Museo de Antioquia (Zea) realiza el primer Salón de Arte Joven. Se inauguran el Hospital Pablo Tobón Uribe y el Cementerio Jardín Campos de Paz. Derrumbe en Santo Domingo Savio. Se puebla el 12 de Octubre, ICT.

1971
Secuestro y muerte del industrial Diego Echavarría Misas. Su familia dona su residencia en el barrio El Poblado para el Museo El Castillo.

1972
III Bienal de Arte de Medellín. Se inaugura el Museo Etnográfico Miguel Ángel Builes. El ciclista antioqueño Martín "Cochise" Rodríguez se convierte en campeón mundial de la hora en el velódromo de Varesse (Italia). Se funda Universidad de San Buenaventura. Se da al servicio parque cementerio Jardines Montesacro. Inaugurado edificio Coltejer. Se construye la avenida Oriental y los puentes de San Antonio sobre la calle San Juan.

1972/04
VII Exposición Mundial de Orquídeas e inauguración del Jardín Botánico de Medellín "Joaquín Antonio Uribe".

1972/11/03
Se inaugura el Centro Comercial San Diego, el primero de su tipo en el país y la Central de Abastecimientos o Plaza Mayoritaria.

1973
Robo en Envigado de la calavera del filósofo Fernando González. Concejo ordena obra de arte pública en todo edificio público. El club Atlético Nacional de Medellín gana el campeonato colombiano de balompié profesional. Se ordena el retiro fuera del Valle de Aburrá de la Planta de Sulfácidos. Gran movilización pública contra impacto ambiental de esta empresa. Se termina la construcción de la Represa de La Fe para dotar de energía y acueducto al Valle de Aburrá. Fundado Teatro Libre de Medellín, primera sala independiente.

1973/04/23
Sismo en Medellín, hubo un muerto.

1974
Muere Sofía Ospina de Navarro. Se inauguran el Parque Norte, el Centro de Exposiciones y Convenciones, el Centro Suramericana y el Monumento a la Vida de Arenas Betancur. Varias empresas industriales y financieras antioqueñas fundan la Corporación de Ahorro y Vivienda CONAVI. Se crea la Compañía de Empaques S. A. Se inaugura el

edificio del Banco de la República en el Parque de Berrío. Se inicia la ampliación de la carrera Bolívar.

1974/04/14
Creciente de la Santa Elena inunda parte oriental del centro. Mueren ocho personas.

1974/09/29
Un deslizamiento de tierra en el barrio Santo Domingo Savio: 100 muertos.

1975
Se celebra el tricentenario de la fundación de Medellín. Se crea la Casa Museo Pedro Nel Gómez. Mueren Francisco de Paula Pérez; León de Greiff; Mariano Ospina Pérez. Fundada carrera de teatro en la Universidad de Antioquia y de artes plástica en la UN de Colombia. Luis Ospina Vásquez crea la Fundación Antioqueña para los Estudios Sociales, FAES. Creada Corporación Financiera Suramericana. EPM inauguran central de Guatapé. Sofía Medina de López es la primera mujer Alcalde de Medellín.

1976
Pablo Escobar es capturado con 36 kilos de coca.

1976/01/10
Se inaugura el cementerio Jardines de la Fe. EE PP construye el proyecto hidroeléctrico de Nare.

1977
Se inauguran el "Pueblito Paisa" en el cerro Nutibara y el Museo Filatélico del Banco de la República. Fernando Botero dona al Museo de Antioquia colección de sus pinturas para crear la Sala Pedrito Botero. Se inicia ampliación de Puente de Colombia y de la avenida San Juan hasta la carrera 70, y la construcción de avenida del Ferrocarril.

1978
Sale de la estación de Cisneros el último tren con destino a Puerto Berrío y se clausura estación. Entra a funcionar una nueva contigua a la Terminal del Transporte. Se crea el Museo de Arte Moderno. Se termina torre del Banco Cafetero. Medellín realiza los XIII Juegos Centroamericanos y del Caribe. Mgr. Alfonso López Trujillo, arzobispo coadjutor de Medellín. Se amplia exportación de coca a Estados Unidos.

1979
Muere Ciro Mendía. Se crea la Empresa de Transporte Masivo del Valle de Aburrá. EE PP construye el proyecto hidroeléctrico de Guatapé II. Se funda "Medellín Cultural".

1979/04/28
Circula el primer número del periódico *El Mundo*.

1979/11/23
Movimiento sísmico averió gravemente las iglesias y otros edificios.

1980
Se construye la autopista Medellín-Bogotá. Se concluye intercambio vial entre la avenida del Ferrocarril y San Juan.

1980/12/16
Asamblea crea Área Metropolitana del Valle de Aburrá.

1981
Se realiza la IV Bienal de Arte de Medellín.

1981/05/13
Huelgas en el sector bancario, Sofasa, Plásticos Gacela y Muebles El Ospina.

1981/10/21
Huelga de educadores.

1982
Quiebra de la Financiera Furatena y del Grupo Correa o Grupo Colombia. Fabricato en concordato. Se crea la Corporación Financiera Corfiantioquia. Fundado Cementos Rioclaro. Se inicia la urbanización La Mota, según planos de Laureano Forero. Se construye la avenida Regional. Ambas obras se concluye en 1987. Pablo Escobar es elegido parlamentario.

1983
Se abre la licitación para Metro del Valle de Aburrá. Creada la Orquesta Filarmónica de Medellín por iniciativa de Luis Alberto Correa. Se construye el Teatro al Aire Libre "Carlos Vieco Ortiz" en el Cerro Nutibara. Se crea el Parque de las Esculturas en el cerro Nutibara. Se inaugura el Centro Comercial Villanueva en las antiguas instalaciones del Seminario. Se construyen los puentes Horacio Toro Ochoa (Av. Oriental) y Nutibara, de un kilómetro de largo.

1983/03/07
Transmite emisora cultural de la Cámara de Comercio de Medellín.

1983/09
Auto de detención contra Pablo Escobar por asesinato en 1977 de dos detectives.

1984
Se crea en Medellín el cargo de Alcalde Cívico para velar por espacio público. Se inaugura el Planetario de Medellín. Fernando Botero dona al Museo de Antioquia colección de sus esculturas. Debora Arango hace retrospectiva.

1984/08/15
Las Empresas Varias de Medellín dan al servicio la Plaza de Mercado Minorista.

1984/10/20
Suspensión de servicio de acueducto por seis días, por derrumbe.

1984/11/23
Empresas Varias dan al servicio relleno sanitario de la Curva de Rodas en Bello.

1985
Se crea el Palacio de la Cultura de Antioquia "Rafael Uribe" en la antigua Gobernación de Antioquia. Se construye la Terminal de Transportes. Se construye el terminal aéreo del aeropuerto José María Córdoba de Rionegro. La oficina de Planeación Metropolitana formula el Plan de Desarrollo Metropolitano del Valle de Aburrá. Se inician las obras del Metro.

1985/08/11
Entra en funcionamiento el primer canal regional de televisión en Colombia, Teleantioquia.

1985/10
Se inaugura la Primera Exposición Industrial de Medellín.

1986
Se coloca en el Parque de Berrío la escultura de Fernando Botero titulada "Torso de Mujer" y conocida como "La Gorda". Se construye el puente de San Diego para adecuar el intercambio vial entre las avenidas 33, Oriental y San Diego.

1986/06
El Papa Juan Pablo II visita a Medellín.

1987
Es inaugurado el nuevo Centro Administrativo La Alpujarra. Inaugurado Teatro Metropolitano. El Concejo crea los corregimientos de Altavista y Santa Elena. EE PP inicia la construcción del proyecto de aprovechamiento múltiple de Riogrande II.

1987/05
Alcalde William Jaramillo Gómez presenta mapa de riesgos de la ciudad.

1987/09
Derrumbe sepulta viviendas en Villatina. Deja 600 muertos, 1.500 damnificados y más de 120 viviendas destruidas.

1988
Juan Gómez Martínez, primer alcalde de Medellín elegido por voto popular. Santa Sede crea las diócesis de Caldas y Girardota. Se construye puente de Argos: reemplaza el de 1935. Pablo Escobar es llamado a juicio por muerte del director de *El Espectador* Guillermo Cano.

1988/09/17
Crecientes en todas las quebradas del occidente de Medellín; se inundan más de veinte barrios: 15 personas muertas, varios desaparecidos, más de 100 tugurios destruidos.

1988/11/23
Las quebradas Santa Elena y La Loca se salen de sus cauces.

1989
Nacional gana la Copa Libertadores de América. Se construye puente de Bulerías.

1989/0
Asesinado gobernador Antonio Roldán Betancur.

1990
Arzobispo López es trasladado a Roma. Una explosión destruye una manzana y media de viviendas y deja 9 muertos y 50 heridos.

1990/04/11
Bomba produce la muerte de 21 policías y deja 135 heridos. En total son asesinados 250 agentes de policía ese año en Medellín.

1990/05/24
Explota carrobomba en el Hotel Intercontinental. Deja doce muertos.

1990/07/23
Múltiple homicidio en la taberna Oporto en Envigado (julio 23) deja 19 muertos.

1990/08/07
Presidente César Gaviria crea la Consejería Presidencial para Medellín. Durante cuatro años se desempeñan en el cargo María Emma Mejía y Jorge Orlando Melo.

1991
Importantes hallazgos arqueológicos de objetos prehispánicos en el cerro de El Volador. Monseñor Héctor Rueda Hernández, arzobispo.

1991/02/16
En atentado en la Plaza de Toros mueren 25 personas.

1992
El Concejo crea el parque del Volador. Ximena Restrepo gana bronce en los 400 metros en Juegos Olímpicos de Barcelona. Se abre centro comercial Unicentro.

1992/05
Pablo Escobar se somete a la justicia y es puesto en prisión en "La Catedral".

1992/06
Se posesiona segundo alcalde electo popularmente: Luis Alfredo Ramos.

1992/08
Se fuga Pablo Escobar.

1993
I Feria Internacional del Libro de Medellín. Entra en operación el Instituto para el Manejo Integral de la Cuenca del Río Medellín, "Mi Río". Se concluye hidroeléctrica Riogrande II.

1993/12/02
Muerto por la policía Pablo Emilio Escobar Gaviria.

1994
El Municipio crea el Archivo Histórico de Medellín. Se inicia edificio de EPM en La Alpujarra e hidroeléctrica Porce II. Se dan al servicio la nueva Terminal del Transporte del Sur y telefonía celular. Se inicia la construcción del Parque San Antonio.

1995
Se da al servicio Metro de Medellín.

1995/01/01
Se posesiona tercer alcalde electo, Sergio Naranjo.

Índice

Autores

ACEVEDO CARMONA, DARÍO
Andes, Ant. 1951. Historiador y magíster en historia de la Universidad Nacional. Profesor de la Universidad Nacional. Autor de *Gerardo Molina, el intelectual y el político*, Medellín, 1986; *Testimonio de un demócrata*, Medellín, 1991; *El magisterio de la política, selección de textos y nota biográfica de Gerardo Molina*, Bogotá, 1992. *La mentalidad de las élites sobre la violencia en Colombia: 1936-1949*, Bogotá, 1995. Colaboró en la *Gran enciclopedia de Colombia*, Bogotá, 1991, y en las *Crónicas del Nuevo Mundo*, Medellín, 1992. Ha publicado artículos en *Historia crítica, Anuario Colombiano de Historia Social y de la Cultura, Revista Universidad de Antioquia, Revista de Extensión Cultural* (Universidad Nacional, Medellín), *Unaula, Gaceta de Colcultura, Foto* y Escuela Nacional Sindical.

ÁLVAREZ ECHEVERRI, TIBERIO
Médico anestesiólogo de la Universidad de Antioquia. Es profesor de la Universidad de Antioquia, presidente de la Academia Antioqueña de Medicina y de la Sociedad de Medicina de Medellín. Autor de varios libros sobre anestesióloga, tratamiento del dolor e historia de la Medicina. Ha publicado artículos en Iatrea ???

ÁLVAREZ, MORALES VÍCTOR
Licenciado en historia de la Universidad Nacional y doctor en historia del Colegio de México, 1973. Fue decano de la Facultad de Ciencias Humanas y vicerrector académico de la Universidad de Antioquia, donde actualmente dirige la maestría en historia. Entre sus publicaciones se encuentran «Algunos antecedentes históricos del narcotráfico en Colombia y Antioquia», *Vía Pública*, 10, Medellín, 1991; «De la región a las subregiones en la Historia de Antioquia», en *VIIII Congreso Nacional de Historia de Colombia*, Bucaramanga, 1992; «La estructura interna de la colonización en Antioquia» en *Colonización antioqueña*, Manizales, 1987; «La formación histórica del noroeste antioqueño», *en Patrimonio histórico regional, identidad y planeación urbana*, Medellín, 1992, «Notas sobre la cultura de la esclavitud», *Unillacta* Nº 1, Pasto, 1985; *La Universidad de*

Antioquia en el Frente Nacional, 1957-1985, Medellín, 1996.

ARAMBURO SIEGERT, CLARA INÉS
Antropóloga de la Universidad de Antioquia, 1982.Especializada en administración y gestión urbana, Instituto de Estudios de Administración Local, Madrid, 1985. Investigadora de los proyectos «Tradición y modernidad en la cultura urbana de Medellín, 1975-1992», Corporación Región, y «Plan de Gestión Ambiental para Urabá», Corpourabá-Universidad de Antioquia, 1994.

ARANGO, LUZ GABRIELA
Doctora en sociología de la Escuela de Altos Estudios en Ciencias Sociales de París, 1984. Profesora de la Universidad Nacional. Ha publicado *Magia, religión e industria: Fabricato 1923-1982*, Medellín, 1991. Compiló con Mara Viveros y Rosa Bernal *Mujeres ejecutivas: dilemas comunes, alternativas individuales* (Bogotá, 1995) y con Magdalena León y Mara Viveros *Femenino, masculino plural: ensayos sobre género e identidad*, Bogotá, 1995.

ARANGO R., GLORIA MERCEDES
Medellín, 1947. Profesora de la Universidad Nacional en Medellín. Socióloga y magíster en historia de Colombia. Ha publicado *La mentalidad religiosa en Antioquia, prácticas y discursos, 1820-1895* (Medellín, 1993); «Rituales y prácticas funerarias en el Valle de Aburrá, siglo xix», en *Una mirada a Medellín y al Valle de Aburrá* (Medellín, 1993), así como artículos en *Sociología* y UNAULA.

ARCHILA NEIRA, MAURICIO.
Bogotá, 1951. Licenciado en filosofía y letras y magíster en economía y recursos humanos de la Universidad Javeriana, y doctor en historia de State University of New York, Stony Brook. Profesor y director del posgrado de historia de la Universidad Nacional, sede de Bogotá y presidente de la Asociación Colombiana de Historiadores. Ha publicado *Aquí nadie es forastero* (Bogotá,1986), *Barranquilla y el río* (Bogotá,1987), *Ni amos ni siervos* (Bogotá,1985), *Cultura e identidad obrera:*

Colombia 1910-1945 (Bogotá,1991), así como artículos en el *Anuario Colombiano de Historia Social y de la Cultura, Boletín Cultural y Bibliográfico.* Colaboró en la *Historia de Colombia* (Bogotá, Editorial Salvat) y en la *Nueva Historia de Colombia* (Bogotá, 1987).

AVENDAÑO VÁSQUEZ, CLAUDIA
Historiadora de la Universidad Nacional en Medellín, 1990. Ha participado en las investigaciones «Historia local y regional del Urabá Antioqueño», «60 años de políticas culturales del Estado en Colombia, 1930-1990», «Urbanal 75 años», «Suramericana de Seguros 50 años» y otras. Autora de «Concierto Barroco», *Revista Contextos*, 9 (Medellín).

BOTERO HERRERA, FERNANDO
Bogotá, 1950. Sociólogo de la Universidad Javeriana, 1973, y doctor de tercer ciclo en economía de Grenoble, 1986. Profesor Emérito de la Universidad de Antioquia, es hoy profesor de la Universidad Nacional en Medellín. Autor de *El mercado de fuerza de trabajo en la zona bananera de Urabá* (Medellín, 1981), *La industrialización en Antioquia; génesis y consolidación 1900-1030* (Medellín, 1984), *Urabá: colonización, violencia y crisis del Estado* (Medellín, 1990), *Andi 50 años* (Medellín, 1994) e *Historia de la ciudad de Medellín, 1890-1950* (Medellín, en prensa). Colaborador de *Realidad Social* (Medellín: Gobernación de Antioquia, 1990) y de *Una mirada a Medellín y el Valle de Aburrá* (Medellín, 1993) y de *Cuadernos Colombianos, Lecturas de Economía* y *Revista Antioqueña de Economía y Desarrollo.*

BOTERO GÓMEZ, FABIO
Planificador urbano y regional, profesor de la Universidad Nacional en Medellín y asesor del Municipio de Medellín. Fue director de Ferrocarriles del Ministerio de Obras durante la construcción del Ferrocarril del Atlántico, ingeniero de redes de las Empresas Públicas de Medellín y jefe de Planeación Física de Medellín. Autor de *La ciudad colombiana* (Medellín, 1991) y de *Cien años de la vida de Medellín* (Medellín, 1994). Colaborador de diversas revistas y de la *Historia de Antioquia* (Medellín, Suramericana de Seguros, 1987),

CANO POSADA, ANA MARÍA
Medellín, 1956. Comunicadora Social de la UPB, 1979, becaria del Centro de formación de

periodistas de París, 1984. Ha sido profesora de la Universidad de Antioquía (1982-85) y la Universidad Javeriana (1988), y editora de *El Mundo Semanal* (1983) y *La Hoja de Medellín*, desde 1992. Dirigió los programas Calidoscopio (1987) y Mesa de Noche (1985).Es columnista de *El Espectador* desde 1986 y autora de *Entrevistas* (Bogotá, 1985) y coautora de *Medellín secreto* (Medellín, 1995) y «La prensa en Medellín en este siglo», *Revista de Economía y Desarrollo* (Medellín, 1986).

CÁRDENAS LINCE, HERNÁN
Medellín. Abogado de la UPB, hizo estudios de posgrado en la Universidad de Marsella-Aix en Provence, con tesis sobre epistemología y semiótica en la comunicación. Ha sido publicista, profesor universitario, consejero económico en el Ministerio de Relaciones Exteriores y colaborador de la página editorial de *El Mundo* de Medellín.

CASTILLO ESPITIA, NEILA
Nacida en Moniquiráá, se graduó en antropología en la Universidad Nacional de Colombia en 1981. Realizó investigaciones bajo el auspicio de la Fundación de Investigaciones Antropológicas del Banco de la República y es profesora de la Universidad de Antioquia desde 1982. Autora de *Arqueología de Tunja* (Bogotá, 1984), y *Antioquia, pasado aborigen* (Bogotá, 1992), «Reconocimiento arqueológico del Valle de Aburra», en *Boletín de Antropología* (Medellín, 1995). Ha publicado artículos en el *Boletín del Museo del Oro* y la revista *Antropos* (Medellín).

CASTRO, PATRICIA
Medellín. Historiadora de la Universidad de Antioquia (1994). Fue coinvestigadora del proyecto «Historia del Hospital San Vicente de Paúl» y auxiliar en el proyecto «Relaciones cotidianas entre las clases sociales en Antioquia, 1850-1930» dirigido por Patricia Londoño. Asesora del proyecto «Un futuro para nuestro pasado», beca de creación Colcultura 1994.

CÓRDOBA OCHOA, LUIS MIGUEL
Licenciado en ciencias sociales de la UPB y magíster en historia de Colombia de la Universidad Nacional. Profesor del Departamento de Historia de la Universidad Nacional en Medellín.

COUPÉ, FRANÇOISE

Socióloga y planificadora urbana. Profesora de la Universidad Nacional en Medellín. Profesora invitada en el Institute for Housing and Urban Development Studies de Rotterdam, Países Bajos. Autora de *El mejoramiento barrial en América Latina*, Medellín, 1991, *Las urbanizaciones piratas en Medellín: el caso de la familia Cock*, Medellín, 1993.

DUQUE, EDDA PILAR

Comunicadora social de la UPB. Periodista de *El Colombiano* y colaboradora en varias revistas y emisoras culturales. Profesora de la UPB y directora de programas en Teleantioquia. Mención de honor, 1989, y premio India Catalina, 1990 y 1991, en el Festival de Cine de Cartagena. Medalla Simón Bolívar del Ministerio de Educación Nacional. Colaboradora en la *Historia de Antioquia* (Medellín, 1987). Autora de *Veintiún centavos de cine* (Medellín, 1988) y *La aventura del cine en Medellín* (Bogotá, 1992).

ESCOBAR CALLE, MIGUEL

Armenia (Quindío), 1944. Licenciado en Filosofía y Letras, UPB. Profesor universitario y editor. Curador de la Sala Antioquia de la Biblioteca Pública Piloto. Director de Publicaciones de la Secretaría de Educación y Cultura de Antioquia. Compilador de los libros *Francisco A Cano: Notas artísticas*, León de Greiff, Medellín, 1987; *La columna de Leo*, Medellín, 1985; Luis Tejada, *Mesa de redacción*, Medellín, 1989; María Cano, *Escritos*, Medellín, 1985; Ignacio Gómez Jaramillo, *Anotaciones de un pintor*, Medellín, 1987; Julio Posada, *El machete y otros cuentos*, Medellín, 1989, Horacio Longas, *Álbum de Caricaturas*, Medellín, 1987; Tartarin Moreira, *Cancionero, verso y prosas* (en colaboración con Hernán Restrepo Duque), Medellín, 1985. Fue colaborador de la *Historia de la caricatura en Colombia* (Banco de la República) y de la *Historia de Antioquia* (Medellín, 1987).

ESTRADA OCHOA, JULIÁN

Bogotá, 1951. Estudios de administración hotelera en Bruselas y antropólogo de la Universidad de Antioquia, 1983, con mención de honor por su tesis *Antropología del universo culinario*. Profesor de antropología de la alimentación en la Universidad de Antioquia. Ha publicado artículos sobre gastronomía en diversos periódicos y revistas, y colaboró en la *Historia de Antioquia* (Medellín, 1988), *Crónica del Nuevo Mundo* (Medellín, 1992), *Colombia, país de regiones* (Medellín, 1993), *Enciclopedia de Colombia*. (Bogotá, 1993).

FARNSWORTH-ALVEAR, ANN

Doctora en Historia de Duke University, con una tesis denominada *Gender and the limits of industrial discipline: textile work in Medellín, 1910-1960*. Profesora del Departamento de Historia de la Universidad de Pennsylvania.

GONZÁLEZ MEJÍA, CONRADO

Nació en San Pedro (Ant.) en 1912 y murió en Medellín en 1995. Licenciado en ciencias de la educación en la Normal Superior de Bogotá, realizó estudios de posgrado en la Sorbona y en la Ècole Normale Superieur de París. Fue rector de la Normal Nacional de Medellín, fundador y rector del Instituto Jorge Robledo y del Instituto «Conrado González Mejía» de la misma ciudad. Fue jefe de la Oficina de Pénsumes y Programas y director del Departamento de Supervisión Nacional del Ministerio de Educación. Entre sus escritos se destacan los textos didácticos de *Historia de América* y *Breve historia de la humanidad*, Medellín, s.f., así como las obras *Pedagogía y otras Bagatelas*, Medellín, 1986; *El Palacio de Calibío*, Medellín, 1986, y *De algunos cronistas, relatores e historiadores de dos siglos (1493-1701)*, Medellín, 1992.

HERMELIN, MICHEL

Ingeniero en geología y petróleos, Facultad de Minas, 1965; M. Science, Geología, Colorado State University, 1969; M. Arts y candidato a doctor, Princeton University, 1973. Profesor de la Universidad Nacional en Medellín y de EAfiT. Ha publicado más de 150 artículos científicos y de divulgación en revistas nacionales e internacionales y varios libros técnicos y de texto. Fue director de Ingeominas y es consejero de la Comisión de Ciencias Básicas de Colciencias, miembro de la junta de la Fundación para la Promoción de la Investigación y la Tecnología del Banco de la República y vicepresidente de la Comisión de Geociencias para Planificación Ambiental, Unión Internacional de Ciencias Geológicas. Miembro correspondiente de la Academia Colombia de Ciencias.

JARAMILLO ARBELÁEZ, ANA MARÍA

Socióloga de la Universidad de Antioquia e Investigadora de la Corporación Región. Ha publicado «El presente unido. Una experiencia inconclusa», *Ponencias del V Congreso Nacional de Sociología*, Medellín, 1986; «La moralización de las costumbres del pueblo trabajador antioqueño: la campaña contra el alcoholismo», *Revista Relecturas*, 2 (Medellín, 1987); «Tradiciones y valores en la primera generación obrera antioqueña», en *Historia y cultura obrera*, Medellín, 1980. Es coautora de *Sudor y tabaco*, con Jorge Bernal (Medellín, Sintracoltabaco, 1989) y de *Medellín: las subculturas del narcotráfico*, con Alonso Salazar (Bogotá, 1992).

JARAMILLO, ROBERTO LUIS

Profesor de la Universidad Nacional de Medellín. Abogado de la Universidad de Antioquia, realizó estudios de posgrado en historia andina en la Universidad del Valle-flacso. Autor de *Cartografía urbana de Medellín*, Medellín, 1993, con Verónica Perfetti; colaborador de la *Historia de Antioquia* (Medellín, 1987), de las notas críticas de José Antonio Benítez, *Carnero y miscelánea de varias noticias, antiguas y modernas, de esta Villa de Medellín...*, Medellín, 1988, y de Manuel Uribe Ángel, *Geografía general del Estado de Antioquia*, Medellín, 1985.

JIMÉNEZ QUINTERO, ELKIN

Maestro de la Normal de Varones de Medellín (1965) y Licenciado en Historia y Filosofía de la Universidad Autónoma Latinoamericana (1976) y magíster en Educación de la Universidad de Antioquia. Ha trabajado como maestro durante 28 años. Fue fundador de la Escuela Nacional Sindical y es miembro del Centro de Estudios e Investigaciones Docentes. Autor de *Adida 40 años*, Medellín, 1991, y coautor de *Magisterio antioqueño: Medellín 1900-1980*, Medellín, 1993.

JURADO JURADO, JUAN CARLOS

1963. Historiador de la Universidad Nacional de Medellín, 1992. Ha sido auxiliar en varias investigaciones. Publicó el artículo «Orden y desorden en Antioquia: pobres y delincuentes entre 1750 y 1850» en *Estudios Sociales* Nº 7 (Medellín, 1994).

LONDOÑO, PATRICIA

Medellín, 1951. Profesora de la Universidad de Antioquia. En 1974 obtuvo la Licenciatura en Sociología en la UPB, y en 1983 la maestría en historia urbana de la Universidad del Estado de Nueva York (Albany). Actualmente es candidata al doctorado en historia en la Universidad de Oxford.

Ha publicado numerosos artículos, en especial sobre historia de la vida cotidiana e historia de la mujer, en *Boletín Cultural y Bibliográfico, Credencial Historia, Revista de la Universidad de Antioquia, Estudios Sociales, Estudios Colombianos* e *Historia y Sociedad*. Colaboradora de la *Historia de Antioquia* (Bogotá, 1988), *Nueva Historia de Colombia* (Bogotá, 1989) y *Las mujeres en la historia de Colombia* (Bogotá, 1995).

LONDOÑO VÉLEZ, SANTIAGO

Medellín, 1955. Administrador de EAfiT, con posgrado en la Universidad de Texas. Curador, investigador y autor de los catálogos de las exposiciones *Colombia 1886, Museo del Oro cincuenta años, Museo Anzoátegui, Rafael Mesa fotografías, Benjamín de la Calle fotógrafo* y *El grabado en Antioquia*. Coautor del libro *Débora Arango* y colaborador de *Historia de Antioquia* (Medellín, 1986), *Nueva Historia de Colombia*, (Bogotá, 1989), *La mujer en la historia de Colombia* (Bogotá, 1994) y del tomo sobre biografías de la *Gran enciclopedia de Colombia* (Bogotá, 1994). Preparó las antologías e introducciones de *Tradiciones Peruanas* de Ricardo Palma (Bogotá, 1991), *Cuentos brasileños del siglo XIX*, Bogotá, 1992, y *Cuentos Hispanoamericanos del siglo XIX*.

MAYOR MORA, ALBERTO

Cali, 1945. Sociólogo y candidato a magíster en historia de la Universidad Nacional de Colombia. Director del posgrado en sociología y vicedecano de la Facultad de Ciencias Humanas de la misma universidad, y profesor visitante de la Universidad de Oxford, 1985-1986. Ha publicado *Ética, trabajo y productividad en Antioquia* (Bogotá, 1989), *La recolección de información*, Bogotá, 1987. Colaboró en la *Nueva Historia de Colombia* (Bogotá, 1986) y ha publicado numerosos artículos en *Revista Colombiana de Sociología, Revista Dyna, Revista de Extensión Cultural* y *Credencial Historia*.

MELO, JORGE ORLANDO

Medellín, 1942. Licenciado en filosofía y letras de la Universidad Nacional y Ms.. Artes en historia de la Universidad de North Carolina. Profesor en la Universidad Nacional, Universidad del Valle y Duque University. Autor de *El establecimiento de la dominación española* (Medellín, 1977), *Sobre historia y política* (Bogotá, 1981), *Predecir el pasado: ensayos de historia de Colombia* (Bogotá,

1993). Dirigió la *Historia de Antioquia* (Medellín, 1987). Es el director histórico de *Credencial Historia*. Fue Consejero Presidencial para Medellín y actualmente es director de la Biblioteca Luis Ángel Arango de Bogotá.

MOLINA LONDOÑO, LUIS FERNANDO

Nació en Envigado en 1960. Historiador de la Universidad Nacional, sede de Medellín, en la que se graduó con una tesis sobre las minas del Zancudo. Realizó además estudios sobre Archivos en Madrid. Es autor de *El Palacio Nacional de Medellín* (Medellín, 1991), *Palacio de la Cultura de Antioquia* (Medellín, 1990), *La tierra como material de construcción: el caso de la tapia* (Medellín 1988). Ha publicado además numerosos artículos históricos en el *Boletín Cultural y Bibliográfico, Credencial Historia, Revista Antioqueña de Economía y Desarrollo, Iatrea,* etc.

NARANJO MESA, JORGE ALBERTO

Profesor de física, mecánica del medio continuo y mecánica de fluidos de la Universidad Nacional en Medellín; ha enseñado también en la UPB y en la Universidad Autónoma Latinoamericana. Ha publicado *Estudios de Filosofía del Arte* (Medellín, 1987), *Los trabajos experimentales de Galileo* (Medellín, 1988), *Introducción a la mecánica de los medios continuos* (Medellín, 1992), así como las novelas *Los caminos del corazón* (Medellín, 1992) y *La estrella de cinco picos* (Medellín, 1995), además de numerosos artículos en las revistas *Escritos, Universidad de Antioquia, Universidad de Medellín, Sociología* y en el suplemento de *El Mundo.*

ORTIZ MESA, LUIS JAVIER

Licenciado en filosofía y letras de la UPB y maestro en historia andina de la Facultad Latinoamericana de Ciencias Sociales (FLACSO) en Quito. Profesor de la Universidad Nacional en Medellín, ha sido director del Departamento de Historia, del posgrado en historia de Colombia y de la Facultad de Ciencias Humanas y vicerrector encargado de la misma universidad. Ha publicado *El federalismo en Antioquia 1850-1992: aspectos políticos* (Bogotá, 1985), fue colaborador de la *Historia de Antioquia* (Medellín, 1987) y ha publicado artículos en *Gaceta de Colcultura, Ciencias Humanas, Revista de Extensión Cultural* y en el *Anuario Colombiano de Historia Social y de la Cultura.*

PATIÑO MILLÁN, BEATRIZ AMALIA

Cali, 1952. Licenciada en Historia de la Universidad del Valle, 1974, y magíster en Historia Andina, Universidad del Valle, 1992. Profesora de la Universidad de Antioquia y decana encargada de la Facultad de Ciencias Sociales y Humanas. Ha publicado *La economía del tabaco en la gobernación de Popayán, 1764-1820,* Cali, 1974; *Guía temática documental del Archivo Histórico de Antioquia, siglos xvi y xvii,* Medellín, 1977; «Factores de unidad en el Nuevo Reino de Granada y la posterior formación del Estado Nacional», *Estudios Sociales* 3, Medellín, 1986; «Indios, negros y mestizos: la sociedad colonial y los conceptos sobre las castas», en *Ciencia, cultura y mentalidades en la historia de Colombia. Memorias del VIII Congreso Nacional de Historia de Colombia,* Bucaramanga, 1993, y *Criminalidad, ley penal y estructura social en la provincia de Antioquia, 1750-1820,* Medellín, 1994. Recibió el premio de historia de Antioquia por esta última obra. Colaboró también en la *Historia de Antioquia* (Medellín, 1987).

PÉREZ FIGUEROA, CÉSAR

Ingeniero agrónomo de la Universidad Nacional de Medellín, magíster en Ciencias de CATIE en Turrialba, Costa Rica, y magíster en ciencias forestales de la Universidad de Yale. Hizo también estudios para el doctorado en la Universidad de Hamburgo. Profesor durante 34 años de la Universidad Nacional, donde dirigió el Instituto Forestal, el Departamento de Ciencias Forestales y el Posgrado en Silvicultura y Manejo de Bosques. Fue asesor del Plan Metropolitano del Valle de Aburra y ha realizado consultorías e investigaciones para muchas entidades nacionales y extranjeras. Es profesor emérito y profesor honorario de la Universidad Nacional.

PERFETTI DEL CORRAL, VERÓNICA

Arquitecto de la Universidad Javeriana, 1982. Candidato a doctor en arquitectura de la Universidad Politécnica, en España. Fue consultora del proyecto «Ciudad y centro histórico» (1989-1990), COLCULTURA-PNUD. Directora ejecutiva de la Asociación Colombiana de Facultades de Arquitectura (1982-1985) y miembro del Comité Editorial de la revista *Escala; Arte, Arquitectura e Ingeniería*. Realizó la investigación «Las transformaciones de la estructura urbana de Medellín» y publicó, con Roberto Luis Jaramillo, *Cartografía urbana de Medellín, 1790-1950,* Medellín, 1993.

PIEDRAHITA, JAVIER

Pbro. Nacido en 1924 en La Ceja del Tambo, estudió en el Seminario Conciliar de Medellín y fue ordenado sacerdote en 1948. Ha sido profesor y decano, durante 18 años, del Bachillerato de la Universidad Pontificia Bolivariana, así como miembro del tribunal eclesiástico y funcionario de la curia de Medellín. Es autor de *Historia de la Arquidiócesis de Medellín*, (Medellín, 1968), *Batalla de Chorros Blancos* (Medellín, 1972), *Documentos y estudios para la historia de Medellín* (Medellín, 1988), *Historia eclesiástica de Antioquia* (Medellín, 1973), *Monseñor Félix Henao Botero* (Medellín, 1990) El *templo y la parroquia de San José* (Medellín, 1993) y varias obras más.

POVEDA RAMOS, GABRIEL

Ingeniero químico de la UPB, ingeniero eléctrico de la Universidad del Valle y magíster en matemáticas aplicadas de la Universidad Nacional de Colombia. Profesor universitario y funcionario y asesor de la ANDI. Es actualmente profesor en la UPB. Ha publicado *Antioquia y el ferrocarril de Antioquia*, Medellín, 1974; *Políticas económicas, desarrollo industrial y tecnología en Colombia*, Medellín, 1976; *Historia económica de Antioquia*, Medellín, 1988; *Simesa, medio siglo de siderurgia colombiana*, Medellín, 1988; *La Andi y la industria en Colombia, 1944-1984*, Medellín, 1984; *Minas y mineros en Antioquia. Dos siglos de historia económica de Antioquia*, Medellín, 1979. Colaboró en Jorge Orlando Melo (ed.), *Historia de Antioquia*, Medellín, 1988.

RESTREPO MEJÍA, LEÓN

Medellín, 1953. Filósofo y arquitecto, con especialización en Conservación de la Universidad de Buenos Aires. Profesor de la Universidad Nacional, sede de Medellín. Ha realizado investigaciones sobre arquitectura religiosa en Antioquia y sobre el patrimonio arquitectónico de la zona cafetera.

REYES CÁRDENAS, ANA CATALINA

Medellín. Historiadora y magíster en historia de la Universidad Nacional. Profesora y directora del Departamento de Historia de la Universidad Nacional. Entre sus publicaciones figuran *Hombres, tiempos y espacio*, Medellín, 1991, y, con Magdala Velásquez, *Para construir la paz: conozcamos y vivamos los derechos humanos*, Medellín, 1992, «La huelga del ferrocarril de Antioquia», *Revista de Extensión Cultural*,

Medellín, 1982; «La crisis del estado», *Ciencias Humanas* N° 8 , Medellín, 1985, «Tres rupturas de la Unión Nacional», *Revista de Sociología*, Medellín, 1985; «Higiene y salud en Medellín 1890-1930», *Estudios Sociales* N° 7, Medellín, 1994; «La mujer y la familia en la primera mitad del siglo XX en Medellín», en *Una mirada a Medellín y al Valle de Aburrá*, Medellín, 1994; «Historia de la vida familiar en Colombia en el siglo XIX», en *Historia de la vida privada en Colombia*, Bogotá, 1996. Colaboró en la *Nueva historia de Colombia*, Bogotá, 1989, y fue asesora de *Las mujeres en la historia de Colombia*, Bogotá, 1995.

RODRÍGUEZ ÁLVAREZ, LUIS CARLOS

Medellín, 1964. Médico de profesión, musicógrafo e investigador musical, ha hecho parte de grupos corales e instrumentales de aficionados. Colaborador del *Diccionario Enciclopédico de la Música Española e Hispanoamericana*, publicado por la Sociedad General de Autores de España, donde aparecen artículos biográficos suyos sobre más de 150 compositores colombianos. Ha publicado artículos en la *Revista Universidad de Antioquia* y *Platea 33*.

RODRÍGUEZ, PABLO

Nacido en Tuluá, 1955. Historiador de la Universidad del Valle, y maestro en estudios latinoamericanos de la Universidad Nacional Autónoma de México. Ha sido profesor de la Universidad del Valle, la Universidad Nacional en Medellín. Es actualmente profesor de la Universidad Nacional y director del *Anuario Colombiano de Historia Social y de la Cultura*. Ha publicado *Seducción, amancebamiento y abandono en la colonia* (Bogotá, 1991) y *Cabildo y vida urbana en el Medellín colonial* (Medellín, 1992), así como artículos en *Revista de Extensión Cultural*, *Ciencias Humanas*, *Sociología*, *Historia Crítica*, *Credencial Historia*, *Historias*, *Gran Enciclopedia de Colombia* (Bogotá, 1991) y *Familia y cotidianidad en Iberoamérica* (México, 1992).

ROJAS LÓPEZ, MANUEL BERNARDO

Historiador de la Universidad Nacional de Colombia en Medellín, 1994. Su tesis de grado, *El rostro de los arlequines, Tartarín Moreira y León Zafir, dos mediadores en la primera mitad del siglo XX en Medellín*, será publicada en 1996 por la Editorial de la Universidad de Antioquia. Autor de un artículo en el libro *Bohemios* (Bogotá, 1994).

SAAVEDRA RESTREPO, MARÍA CLAUDIA
Medellín, 1950. Economista de la Universidad de
Antioquia y doctora en economía de la Universidad
Autónoma de Barcelona. Investigadora del Centro
de Investigaciones Económicas (CIE) y profesora de
la Facultad de Ciencias Económicas de la
Universidad de Antioquia. Ha publicado
«Antioquia en los inicios del proceso de
industrialización: algunos aspectos relativos a la
capacitación técnica», *Lecturas de Economía* 37,
Medellín, 1992, y participó en varios proyectos de
investigación.

SANTOFIMIO ORTIZ, RODRIGO
Barrancabermeja. Fotógrafo e historiador.

SILVA, RENÁN
Bogotá, 1951. Sociólogo de la Universidad del Valle
y profesor de la misma institución. Ha publicado
Dos estudios de historia cultural Cali, 1993)
*Epidemias de la viruela de 1782 y 1892 en la
Nueva Granada* (Cali, 1992), *Escolares y
catedráticos en la sociedad colombiana* (Bogotá,
1985), *Prensa y revolución a finales del siglo XVII.*
(Bogotá, 1988), *Universidad y sociedad en la
Nueva Granada* (Bogotá, 1992). Próximamente
presentará su tesis de doctorado en la Universidad
de París. Es colaborador habitual del *Boletín
Cultural y Bibliográfico* y del *Boletín
Socioeconómico*

TORO B., CONSTANZA
Medellín, 1954. Economista de la Universidad de
Antioquia, 1984. Dirigió el área de archivos de FAES
entre 1973-1986. Coordinó y escribió el libro
*Compañía Colombiana de Tabaco S.A. Setenta y
cinco años de progreso y servicio*, Medellín, 1994,
y fue asistente de investigación del libro de Doris
Wisse, *Antología del pensamiento de Mariano
Ospina*, Bogotá, 1990, y del de Peter Santa María,
*Origen, desarrollo y realizaciónes de la Escuela
Nacional de Minas*, Medellín, 1994. Ha publicado
«Inversión privada en servicios públicos. El caso del
alumbrado eléctrico en Bogotá y Medellín: 1886-
1918», *Lecturas de Economía* 15, Medellín, 1984;
«Apuntes sobre finanzas públicas en Colombia
durante el siglo XIX», *Contaduría* 11, Medellín,
1987.

URIBE DE H., MARÍA TERESA
Licenciada en sociología de la UPB y posgrado en
planeación urbana de la Universidad Nacional de
Medellín. Profesora de la Universidad de Antioquia
e investigadora del Instituto de Estudios Políticos
de la misma institución. Autora de *Poderes y
regiones, problemas de la Constitución de la nación
colombiana, 1810-1850*, Medellín, 1987; *Urabá,
¿región o territorio?*, Medellín, 1992, y de
numerosos artículos en revistas académicas de
Medellín.

VALENCIA RESTREPO, JORGE
Medellín, 1949. Economista de la Universidad de
Antioquia, diploma en economía de la London
School of Economics, Ms. Sc. en la misma
institución Profesor investigador de la Universidad
de los Andes. Ha sido profesor en la Universidad de
Antioquia y la Universidad Nacional, sede de
Medellín. Autor de *Cambio económico y primacía
urbana en América* (Bogotá, 1994), con Luis
Alberto Zuleta. *Sector financiero colombiano, un
análisis del desarrollo de la intermediación
financiera*, (Medellín, 1980), Artículos en
Desarrollo y Sociedad. Coeditor con María Emilia
Correa de *Desarrollo sostenible en la economía
latinoamericana* (Bogotá, 1995)

VEGA BUSTAMANTE, RAFAEL
Librero de profesión, fundó en 1943 la Librería
Continental, que todavía gerencia. Crítico musical
de *El Colombiano* desde 1946 y colaborador en
asuntos musicales de varias publicaciones y
emisores comerciales y culturales. Fundador y
directivo del Conservatorio de Música de la
Universidad de Antioquia y promotor de diversas
empresas musicales.

VILLEGAS BOTERO, LUIS JAVIER
Itagüí, 1941. Licenciado en filosofía y letras de la
Universidad Javeriana y magíster en historia de la
Universidad Nacional, con tesis laureada «La trama
del poder: la administración de Pedro Justo Berrío,
1864-1873». Profesor y decano de la Facultad de
Filosofía de la UPB, profesor y decano de la Facultad
de Educación de la Universidad del Tolima y
profesor y decano de la Facultad de Ciencias
Humanas de la Universidad Nacional en Medellín.
Además de artículos en *Ciencias Humanas* y
Credencial Historia, publicó *Aspectos de la
educación en Antioquia durante el gobierno de
Pedro Justo Berrío, 1864-1873*, Medellín 1991;
Compañía Suramericana de Seguros, 1944-1994
(Medellín, 1994), con Roberto Luis Jaramillo.
Premio Nacional de Historia de Colcultura, 1995.

YEPES LONDOÑO, MARIO

De formación autodidacta en teatro. Maestro en arte dramática honoris causa de la Universidad de Antioquia. Ha dirigido grupos de trabajadores industriales y de estudiantes, y la Corporación de Teatro el Tablado. Promotor y profesor de la escuela de teatro de la Universidad de Antioquia. Ha dirigido, entre otras, *Un réquiem por el padre Las Casas*, de Enrique Buenaventura; *La Panadera*, y de B. Brecht; *La casa de Bernarda Alba*, de García Lorca, *El montaplatos*, de H. Pinter, y *Don Juan*, sobre textos propios y de varios autores. Ha puesto en escena 13 obras de ópera teatro musical. Ha publicado artículos en diversas revistas y ha sido traductor de teatro, poesía. Autor de cuatro obras teatrales inéditas. Recientemente estudió dramaturgia en el Playwrights Theatre School de Nueva York.

INVESTIGADORES GRÁFICOS

CÓRDOBA RESTREPO, JUAN FELIPE

Caldas (Ant.), 1963. Historiador de la Universidad de Antioquia. Participó en los proyectos de reorganización de los archivos de la Beneficencia de Antioquia y el Municipio de Marinilla. Colaborador en el volumen de biografías de la *Gran Enciclopedia de Colombia* (Bogotá, 1994). Editor en el Departamento de Publicaciones de la Universidad de Antioquia.

TRUJILLO M., CLAUDIA

Diseñadora gráfica industrial de la UPB. Coordinó el Centro de Memoria Visual de la Fundación Antioqueña de Estudios Sociales (FAES), hizo la curaduría para la exposición fotográfica «Benjamín de la Calle Fotógrafo» (FAES, Banco de la República, Biblioteca Pública Piloto) y fue asistente de curaduría para las exposiciones fotográficas de Francisco Mejía, Rafael Mesa, Carlos Rodríguez y «Memoria Visual e Identidad Cultural, Antioquia 1890-1950» (FAES, Banco de la República, Universidad de Antioquia).

Impreso en los talleres gráficos de
Panamericana Formas e Impresos S.A.
Santafé de Bogotá, D.C. - Colombia
1996